*Fürst und Bolt*

# Tagebuch eines in Italien im Jahre 1848 gefangenen österreichischen Offiziers

*1. Band*

Fürst und Bolf

**Tagebuch eines in Italien im Jahre 1848 gefangenen österreichischen Offiziers**

*1. Band*

*Inktank publishing, 2018*

*www.inktank-publishing.com*

*ISBN/EAN: 9783747774038*

# Tagebuch

in Italien im Jahre

1848

gefangenen

österreichischen Offiziers.

Erster Band.

Innsbruck,
gedruckt mit Wagner'schen Schriften.
1850.

# Vorwort.

Oesterreichs neue Aera beginnt am 15. März 1848, und Epoche in selber macht der fünfte Tag der Mailänder-Revolution, der 22. März. Unglaubliches geschah! — Jede Theorie ist grau, mörderische Gestalten tauchen gleich Pilzen auf, radiren im Nu alle Paragraphen eines morschen Systems, und selbst einige tausend Bajonnete in den Händen des tüchtigsten Feldherrn müssen weislich weichen, aber nur darum weichen, um einst um so sicherer und schöner zu siegen. Viele Opfer fallen ob der gerechten Sache in solch' bedrängter Zeit, man hält förmlich Jagd auf sie; — auch ich bin eines dieser. — Man versucht meist Alle, wie einst seine Herrlichkeit Luzifer den Heiland, zum Verrath, man fesselt manchen in Ketten und wirft alle, fast ohne Unterschied, in den Kerker, wo sie alle Annehmlichkeiten einer Verbrecher-Kolonie verkosten müssen. Besonders ist man mit aller Sorgfalt und Schlauheit darauf bedacht, neben allen erdenklichen physischen Leiden sie auch moralisch, und das mit wahrem Geschicke, zu Boden zu treten, während man der Welt glauben macht, man handle aufs humanste.

Damit aber die Leiden so wie die Schändlichkeiten, die man an mehr als 200, meistens in den verhängnißvollen Märztagen in italienische Gefangenschaft gerathenen Offizieren übte, für die Armee aufgezeichnet bleiben, habe ich meine Kerkerstunden diesem Zwecke gewidmet und führe sämmtliche Geschichten derselben, wie ich sie erlebte oder wie sie mir von den Leidenden selbst treu mitgetheilt wurden, vor.

Nun mein gütiger Leser, rüste Dich mit recht viel Geduld und noch mehr Ausdauer, und wisse, Glücklicher, der Du Deiner Freiheit Herr bist und vielleicht in der Art noch nicht beraubt warst, daß die Langweile unter solch einer Constellation wie die meinige war, mit Wuchtschwere auf das Gemüth eines armen im Kerker schmachtenden, angeblichen Kriegsgefangenen eindringt. Fast herrenlos war ich da, mußte mir noch obendrein gefallen lassen, daß man sich noch über mich einer humanen Behandlung rühmte, mich aber bei jeder Gelegenheit als Barbaren hinstellte, und sich mit einer rein italienischen Schändlichkeit wie ein Alp auf mich legte, um mich zu erdrücken. — Verehrtester! das ist auch ein Kampf, und zwar einer mit Giganten und Drachen nach moderner Art, denn in selben ist's die Aufgabe, gegen die größte Infamie und die perfideste Schändlichkeit um die Wette einzustehen. Ich lebte in einem Chaos von Ergebnissen der krassesten Art, in einem Labyrinth von schrecklichen Fanfaren, deren Fäden sich in meiner Hand zu Tauen gestalteten. Jeder Tag, ja jede Stunde brachte Begebenheiten, die sich so rasch auf einander drängten, daß sie unter meiner Feder veralteten.

Wenn bei solch' einem Windstoße dem erst flügge gewordenen Vögelchen oft zu schwindeln beginnt, da es vielleicht einen zu weiten Flug unternimmt,*) wenn es da nur zwitschert, wo es frei aus voller Kehle singen sollte, obwohl der Herr auch ihm das Wahre mit Flammenschrift in die Brust so klar schrieb, wie es einst auf Moses Tafel stand, so übe Milde an ihm und bedenke, dieses war ja des Armen einziger Trost, sein einziges Labsal, und somit — ganz militärisch Pardon.

Doch, während meine Kameraden für Kaiser, *Vaterland* und Recht bluteten, und aus den errungenen Siegen Wonne schlürften, konnte ich gleich *Ugolino* nach dem Wasser, nur darnach seufzen, und nur bei den moralischen Tantalus-Qualen, die ich litt, das schwarzgelbe Band ans Herz drückend nach einer baldigen Erlösung schmachten, um dann auch als freier Mann mit voller Stentorstimme, wie der Verfasser des deutschen Soldaten auszurufen:

Kaiser, mein Herr! befiehl nur, wo ich für Dich und mein theures Vaterland sterben soll.

*) Ist des Verfassers erstes Schriftchen.

# Inhaltsverzeichniß.

Erster Band.

## I.

### Vom Ausbruche der Revolution in Bergamo bis zur Erstürmung des Erziehungshauses.



## II.

### Von meiner ersten bis zur zweiten Gefangenschaft.

Seite

Seite



## III.

## Von der zweiten Gefangenschaft in Bergamo bis zur Reise nach Mailand.



## IV.

## Reise nach Mailand, Kerkerleben daselbst und Miscellen.

Seite



## V.

## Erlebnisse anderer gefangener Offiziere und Beamten.



---

# I.

## Vom Ausbruche der Revolution in Bergamo bis zur Erstürmung des Erziehungshauses.

### Erste Guardia civica.

Es war der 19. März, als Abends 6 Uhr mir ein Unteroffizier die Meldung machte, daß in der nahen Vorstadt S. Caterina, im Gasthause al Angelo eine Militärpatrouille *mit bewaffnetem* Civile gemischt Italien und den Papst hoch *leben lasse*; was eine Menge Volkes allda versammelt habe. Gewohnt zwar von früher her an manche Kravalls, *frappirte* mich doch die Keckheit, und um so mehr der *Umstand*, daß es Militär und bewaffnetes Civil gemenget sei, das einen solchen Auflauf veranlasse. Ich spannte um, nahm die Chargen mit und ging des Weges zu dem Obersten Heyntzl des Infanterie-Regiments Erzherzog Sigmund, dessen Leute die Militärpatrouille bildeten. Als ich in die Gasse komme, höre ich die mir bezeichneten Rufe, und zu meiner Seite lispelt sich das Civile: el va! el va! — er geht! er geht! Bei der Thorwache S. Caterina angelangt, ertheilte ich dem Wach-Kommandanten den gemessenen Befehl, die Militärpatrouille, falls sie in die Stadt einpassiren wollte, so lange aufzuhalten, bis ich rücklange oder ihm andere Befehle hierwegen zukommen.

## 2

In die Nähe der Kaserne S. Giovanni gelangt, erfahre ich von dem Inspektions-Feldwebel, daß der Oberstlieutenant Baron Schneider, eben auch von E. H. Sigmund Infanterie, in der Kaserne sei, und die Mannschaft in Bereitschaft stehe. Dieses änderte meinen Plan, da ich hiermit kürzer an Mann kam. Ich meldete den Vorfall dem benannten Oberstlieutenant, welchen ich im Inspektionszimmer mit dem größten Theil der Herren seines Bataillons fand, und derselbe verfügte auf meine Hiobspost, daß der Hauptmann Kurz mit einer Kompagnie alsogleich in die Vorstadt S. Caterina rücken solle, um da die nöthigen Arrestationen zu bewirken und die Ruhe wieder herzustellen.

Im Hinausgehen aus der Kaserne, in welcher sich unter der Mannschaft bereits die Ursache meines Kommens verbreitet hatte, hörte ich hinter mir den Ruf: „Nein, es sind nicht Sigmunder, sondern Geppertianer.“ Obwohl dieses auf mein eigenes Regiment gezielt war, so freute es mich doch; denn es zeigte mir, daß unter diesen Leuten Ambition und ein guter Geist sei. Ganz froh konnte ich aber diesmal nicht mehr werden; denn im Geiste gieng es mir schon vor, daß der Wachkommandant am Thore meinen Befehl nicht befolgt haben wird, weßhalb ich eilte, um die Gewißheit zu erlangen. Leider war es so. Auf meine erste Frage, ob die Patrouille noch nicht durch sei, gab er mir naiv zur Antwort: „Ja wohl, ich konnte sie nicht aufhalten; denn Civil und Militär zusammen zählte gegen vierzig Mann.“ Dieses brachte mich auf, und als ich einmal sah, es sei nicht mehr zu ändern, ließ ich den Wachkommandanten mit einigen zugeworfenen Drohworten jammern, ohne ihm weiter Gehör zu geben, bis nicht Hauptmann Kurz mit der Kompagnie anrückte, welchem ich von dem Bockstreiche des Cerberus an der Hölle die Mittheilung machte.

Hauptmann Kurz führte seine Mission zu Ende, ohne das mindeste, wie ganz natürlich, gefunden zu haben; ich aber genoß noch das Vergnügen mich bei dem herrlichen Abend an der Mondesfinsterniß höchlich zu weiden.

Dieses war für mich das erste Auftreten des sich so bald zum Orkan gestaltenden Sturmes.

Diese Episode hätte mich zu Anfang nicht in eine so große Aufregung versetzt, wenn man mir mitgetheilt hätte, daß am selben Tage Se. kaiserliche Hoheit der Herr Erzherzog und Brigadier Sigismund dem Civile gestattet habe, sich zu bewaffnen und mit einigen Mann Militär begleitet zu patrouillieren.

## Erste Nachricht von Mailand.

Wie gewöhnlich verfügte ich mich am 20. in die Kassa, wobei ich früher ins Offiziers-Kaffeehaus Peguri ging. Hier hörte ich die erste Neuigkeit, daß unser geliebter Feldmarschall mit den Truppen ins Kastell gezogen sei, und Mailand blockire; was mir als recht zweckmäßig erschien, das ich auch unverholen den da befindlichen Civillisten auftischte, worüber sie aber höchlich die Nase rümpften. Auch kam der Regiments-Adjutant Lieutenant Sattler, und brachte einen eben aus Verona erhaltenen Privatbrief, worin es hieß, daß das Regiment Sigmund in einigen Tagen nach Mailand abrücken werde; welche Botschaft unter den anwesenden betheiligten Offizieren die größte Freude verbreitete, da ihnen die finstere Stimmung der guten Bergamasker durchaus nicht gefiel.

Ich machte mich endlich auf und ging zum Obersten Heyntzl, in dessen Wohnung die Kassen depositirt waren. Seine erste Frage, als er mich sah, war, wie mir die Anordnung von der Bürgerbewaffnung gefalle, und was ich davon halte. Daß ich darüber erstaunte, war nicht zu wundern, da man in der Eile, in der damals Alles beschlossen wurde, mich mit der ämtlichen Benachrichtigung hierwegen überging. Zweckmäßig konnte ich es nicht nennen, wie es leider die Folge auch zeigte.

Noch vor meinem Abgehen von da erhält der Oberst Heynzl den Befehl mit dem Bataillon seines Regiments am 24. März nach Mailand abzurücken, da dessen Stelle in Bergamo das Infanterie-Regiment Hohenlohe besetzen wird. Der Oberst beschließt den Abmarsch geheim zu halten, da ihm bereits der Wille der Bergamasker, sein Bataillon nicht abziehen zu lassen, zu Ohren gekommen war, und setzt fest erst am 23. Abends die Wägen zum Abmarsch zu fordern.

Am Heimwege begegne ich dem Gensdarmerie-Rittmeister Zoppini, der gerade von einem in Civil verkleideten Gensdarmen die Meldung erhält, in Trevéglio seien die Verbrecher aus dem Kerker befreit, die Gensdarmerie-Kaserne angezündet und noch sonstige Excessen verübt worden. Auch erzählt mir dieser Rittmeister, daß die Mailänder von der konstituirenden Versammlung für den 3. Juli nichts wissen wollen, und daß sie eben diese Verzögerung so empöre, da sie hiermit keine Abhilfe erhielten, und man ihre Forderungen hiemit nur verschieben wolle. Obwohl ich gegen seine Ansicht war, so gelang es mir doch nicht ihn über meine Anschauung dieser Sachen ins Klare zu bringen; weßhalb ich es vorzog ihm mein Kompliment zu machen.

Nun ging ich mit einem großen Umweg noch den Verpflegs-Assistenten Dirnböck zu besuchen, den ich zwar nicht zu Hause fand, doch aber am Wege starken Militär- und Civilpatrouillen begegnete, und wendete mich zuletzt meinem Hause zu, das ich zwischen 2 und ½3 Uhr Nachmittags erreichte.

Vor dem Hause angelangt, finde ich eine Menge Leute aller Klassen nebst einer bewaffneten Bürgerpatrouille, mit Gensdarmen gemengt, angeführt durch den Dr. Grassent. Alles jauchzt einem Wagen entgegen, in dem eine ziemliche Zahl von Gesindel mit Waffen versehen, sitzt, und heranfährt. Ich frage einen nebenstehenden Civica, was das zu bedeuten habe, worauf er mir erwidert, man habe vom

Conte Luppi aus Redona dessen Waffen gegen eine Empfangsbestätigung abgeholt. Da ich bemerkte, daß unter die Leute sich auch meine Thorwache gemischt hat, so jage ich solche auf ihren Posten, und verweise sie, warum sie nicht vielmehr bei einem solchen Volksauflauf unter das Gewehr tritt. Diese meine kategorische Rede scheint auf diese liebe Bürgergarde keinen günstigen Eindruck zu machen; doch verläuft sie sich nach einigen Minuten, und ich gehe meinen Geschäften nach.

## Unerwarteter Abmarsch des Bataillons von E. H. Sigismund Infanterie und hiemit eigentlicher Beginn der Revolution in Bergamo.

Kaum hatte ich abgespeist, was um ½5 Uhr Nachmittags gewesen sein mag, so kommt die auf die Post gesendete Ordonnanz zurück, und eröffnet mir ganz consternirt, daß in der Vorstadt die Sturmglocke geläutet werde, da man das Regiment Sigmund nicht nach Mailand abziehen *lassen wolle.* Ah, Fabel! dachte ich mir, und jagte den *Mann* aus dem Zimmer; wie soll das Regiment schon jetzt abziehen, da ich erst vor einigen Stunden bestimmt hörte, wann es eigentlich abrücken soll, und zudem ist ja noch die Institutswache vom Regimente da; was wohl bei einem Abmarsche nicht sein könnte. — Doch um ½6 Uhr Abends vernehme selbst ich einzelne Dechargen, so wie auch ein Sturmgeläute in der Ferne. Was soll das bedeuten; wird wohl nur ein Kravall sein. Aber sowohl Chargen als mein Privatdiener bringen mir später Abends die Hiobspost, der Regiments-Adjutant sei gefallen, ebenso auch der Oberst Heyntzl, dessen Pferd herrenlos in den Gassen herumrennen solle; endlich die Bagagewache sei desarmirt und gefangen, eben so habe auch die Banda ihre Instrumente weggeworfen und sich ergeben, das Civile habe alle diese in die Kaserne St. Giovanni eingesperrt.

Nachdem aber in meiner Vorstadt und in der eigentlichen Stadt, von mir aus zu sehen, die vollkommenste Ruhe herrschte, hielt ich noch immer den Abmarsch für erlogen. Jedoch um 8 Uhr Abends theilte man mir mit, das Regiment Sigmund sei wirklich fort, und die letzte Kompagnie habe sich sogar beim Ausmarsche über 2 Stunden in den Gassen herumgeschlagen. Das bringt mir doch endlich die Ueberzeugung auf, an dem Abmarsche müsse etwas wahres sein, ich halte die Sache aber nicht als so erheblich; denn der Gedanke lebte in mir fort, Hohenlohe ist zum Ersatz für Sigmund bestimmt und wird daher, wenn der Abmarsch sich bewährt, gewiß auch seinerseits den Befehl erhalten haben, gleich an seine neue Bestimmung nach Bergamo abzurücken. Nicht minder täuschte ich mich leider — stets in der fixen Ueberzeugung, daß man bei einer schlimmen Lage aufs Erziehungshaus gewiß nicht vergessen würde, da man dann gewiß eine Sauvgarde oder Verstärkung der Wache, kurz irgend einen Befehl vom Brigade-, Stadt- oder Platz-Kommando senden würde, wornach sich das Erziehungshaus-Kommando zu halten habe. Daß nichts kam, das lullte mich in volle Sicherheit. Die Mannschaft und die Chargen kamen wie gewöhnlich Abends nach Hause, das Thor wurde gesperrt, und im und ums Institut herrschte die größte Ruhe; obwohl mich das fortwährende Feuern in der Ferne, so wie einzelne dumpfe Schläge wie von einer türkischen Trommel (war der Kanonendonner Mailands, wie ich später erfuhr), nicht recht zur Ruhe kommen ließen.

### Gerücht, daß die Insurgenten das Erziehungshaus desarmiren wollen, — Vertheidigungs-Maßregeln dagegen.

Den folgenden Tag, den 21., ging das Plänkeln fort und nahm im Gegentheile zu; so wie ich aus dem Feuern entnehmen konnte, mußte es in der Nähe von Porta St.

Antonio sein, was mich wieder in der fixen Idee bestärkte, das sei das Infanterie-Regiment Hohenlohe, welches einrückt. Leider täuschte ich mich auch in dem; denn es war der Angriff, welchen die Insurgenten aufs Pulvermagazin fruchtlos unternahmen.

Die Knaben gehen wie gewöhnlich in die Schule; doch als ich um ½9 Uhr früh vom Gärtner des Seminars und einer Charge erfahre, daß das Civil das Institut stürmen will, um die Gewehre zu bekommen, treffe ich sogleich die nöthigen Anordnungen zu einem kräftigen Empfang, d. i. ich lasse alle Oeffnungen des Hauses mit Hausrequisiten verbarrikadiren, armire nicht nur die ganze Wartmannschaft mit Beiziehung der Institutswache und noch drei Mann, die als Schneider gerade da kommandirt sind; auch die größeren Zöglinge ließ ich scharf laden und treffe meine Dispositionen so, daß ich mich mit vereinter Kraft mit der Mannschaft stets dahin werfen kann, wo etwa von den Insurgenten der Angriff gemacht würde. Die Chargen müssen nach der Tour fortwährend visitiren, um die Wachsamkeit Aller rege zu erhalten. Ich selbst ging bald da bald *dorthin*, besonders auf den Hausboden, von wo aus ich eben nichts sah, als daß in den vorliegenden Vorstädten in der Ferne gekämpft wurde. Auf der bei der Augustiner Kaserne befindlichen Terrasse sah man alles schwarz — von lauter Grenzern; im nahen Lazarethe aber war es wie todt.

## Mangel an Lebensmitteln, äußerer Kampf und noch immer Hoffnung auf das Einrücken von Hohenlohe-Infanterie.

Sowohl zu Mittag als zu Abend mußten die Knaben, von denen die mittleren und kleinen sich vereint, unter Aufsicht, im Speisesaale befanden, da essen, wo sie eben waren; zudem kam noch, daß dem Erziehungshause die Lebensmittel zu fehlen begannen, da der Lieferant schon am verflosfenen Tage keine mehr brachte, und selbst das allernöthigste; sogar Butter, Eier ꝛc. das man bis nun durch die Gefälligkeit des Gärtners des Seminariums erhielt, konnte man nicht mehr habhaft werden, da er sich weigerte solches sogar nur für meine Person herbeizuschaffen, vorgebend, man drohe ihm mit dem Tode, falls er noch der Anstalt Lebensmitteln zustecke, da sich in selber Kroaten befänden, was wahrhaftig zu meinem größten Leidwesen nicht der Fall war.

Das Sturmgeläute und Schießen begann nun auch in der nahen Vorstadt; — ich glaube, man kommt mir zu Hilfe, doch es ist nichts, — es nimmt immer zu, — ich glaube, man beabsichtigt schon im Ernste den Angriff aufs Haus; — doch auch wieder nichts.

Nach dem, was ich von meinem Observatorium unterm Dach, und aus den Aussagen des Gärtners schließen kann, schlägt man sich beim Thore St. Catarina. Interessant ist es zu sehen, wie auf fast 600 Schritte ein braver Schütze der auf der Terrasse bei St. Agostino auf der Lauer liegenden Grenzer mit seinem Stutzen 2 emsige Steinhelden vom Dache, gleich Sperlingen herabschießt, und das Läuten der Glocken bei St. Alessandro in Pignolo dem kühnen Heldenvolke so verleidet, daß es auf einmal daselbst verstummt. Eben so beginnt an diesem Tage der Angriff auf die untere Hauptwache, und da einige wenige kühne Straßen-Helden sich auf dem Bastion bei St. Agostino versammeln, um von da aus mit aller Bequemlichkeit dieses Spektakel anzusehen, so habe ich das Vergnügen aus meinen Fenstern zu sehen, wie die braven Szluiner ihnen auch diese Unterhaltung verleiden; denn es fallen zwei, drei Schüsse, worauf im Knäul der Helden ein schrecklicher Wirrwar und Geschrei entsteht, und nach einigen Augenblicken auch nicht der Schatten dieser Muthigen zu sehen ist.

Man hört fortwährend in den eintretenden Pausen des Kampfes dumpfe Schläge, die in mir immer die Hoffnung leben lassen, jetzt, jetzt kömmt der bedrängten Garnison der versprochene Succurs durch Hohenlohe aus Brescia. Leider mußte es Täuschung sein; denn es waren die Kanonaden unserer Braven zu Mailand.

Was ists aber, daß weder vom Brigade-, noch vom Platz- oder sonstigen Truppen-Kommando mir eine Verhaltungs-Ordre zukömmt? — General Graf Salis wird das Erziehungshaus wohl doch nicht ganz vergessen? — Fatale Lage! — So große Verantwortungen und ganz so machtlos dem Schicksal sich Preis gegeben zu sehen. — Ich kanns nicht glauben. — Man setzt wahrscheinlich voraus, das Erziehungshaus werde nicht angegriffen. — Doch sollte es geschehen, bene, dann werde ich mich schlagen, bis mir Hilfe kommt.

## Disposition für die Nacht, — Absendung zweier Chargen zum Erzherzog wegen Herbeischaffung von Lebensmitteln.

Es wird so 9 Uhr Abends, und es bleibt nichts übrig, als die ermatteten Knaben endlich zu Bette gehen zu lassen, und die Bewachung des Hauses blos der geringen Zahl der Wartmannschaft zu überlassen; — was auch geschieht.

Der Mangel an Lebensmitteln und die ungewiße Lage nöthigten mich die Bestimmung zu treffen, daß der Feldwebel Wimmera in Begleitung einer andern Charge nach Mitternacht, wenn es etwas ruhiger geworden ist, aus dem Institute hinausgehen und sich zum Brigade-, Stadt- oder Platz-Kommando schleichen solle, um nicht nur die bedrängte Lage der Anstalt zu melden, sondern sich auch Verhaltungsbefehle zu erbitten, und, wenn es thunlich sein sollte, vom Lieferanten Moscheny die unerlässig nöthigen Lebensmittel herbeizuschaffen. — So für alles vorgesorgt, werfe ich mich um 11 Uhr angezogener aufs Bett, ohne mich aber bei dem äußern Gepolter einer besonderen Ruhe erfreuen zu können.

Nach Mitternacht, den 22. um 1 Uhr, gehe ich hinab, um zu visitiren, sende, da es in der Stadt ganz ruhig geworden ist, die beiden früher bestimmten Chargen, gleich wie es Noe mit den Tauben aus der Arche that, aus dem Haus, und gehe sodann wieder in mein Zimmer, nachdem ich mich von dem ruhigen Schlafe der Zöglinge überzeugt hatte, und bin dermalen glücklicher als vor Mitternacht; denn Orpheus schließt mir sanft die Augen.

## Erstürmung des Militär-Spitals, Rücksendung zweier daselbst krank gelegenen Knaben und Besorgnisse wegen der zwei ausgesendeten Chargen.

Es ist schon 6 Uhr früh, als ich die Augen öffne, und meine erste Frage war, ob die Chargen rücklangten, was man mir zu meinem Erstaunen verneint. — Das ist nicht schlecht! — Jetzt bin ich noch um zwei meiner vertrautesten Leute ärmer. — Auch beginnt kurz darauf in der Nähe des Militär-Spitals ein Höllenlärm, Schießen und Glockengeklämper. — Gute Nacht! die Sachen machen sich gut. — Ich stelle die Knaben jeden schnell da auf, wo sie den Tag zuvor waren, und gewärtige jeden Augenblick einen kühnen Anlauf auch aufs Institut. — So wird es 8 Uhr. — Man ruft mich, daß ein Mann des Militär-Spitals mit den daselbst krank gewesenen Knaben erscheine. Ich lasse die armen Kinder auf einer Leiter über die Gartenmauer ins Haus steigen, und erfahre von ihnen, daß die Insurgenten das Militär-Spital gerade jetzt erstürmt, den Kommandanten gefangen, und Alles — wegen des ihnen hartnäckig geleisteten Widerstandes zertrümmert hätten. — Gleichzeitig übergibt mir der die Knaben führende Mann, dem man befahl diese Kinder ins Institut zu führen, das nachfolgende

Placat, mit dem Ersuchen es dem Feldwebel Pabitzky einzuhändigen.

· Al Conte Casati, Presidente del Governo provisorio di Lombardia.

Fratelli!

Carlo Alberto non mancò a se stesso, non mancò all' Italia. Un esercito di 30 mila e più uomini, oltre i volontarj guidati da suoi magnanimi figlj, è da jeri in marcia verso la vostra Città.

Ancora poche ore d'eroismo, e voi sarete salvi.

Coraggio, fratelli! e fra poco ci abbracciaremmo liberi e felici.

Novara il mattino del 20 Marzo 1848 ore 4.

Vi trascriviamo una copia dell' II. ufficiale decreto ministeriale 19 Marzo, giunto in quest' istante, 20 Marzo 3 ore pomeridiane.

*Si è deciso* or ora dal Rè in consiglio di conferenza:

1. Partiranno immediamente per la frontiera lombarda 30 mila uomini di linea.
2. Convegno di tutti i volontari a Novi, Casale e Chivasco.
3. I figlj del Ré faranno parte dell' armata.

Per mezzodì d'oggi saranno dal nostro canto avviati alle frontiere i volontarj Novaresi; i Lomellini faranno altretanto verso Pavia.

Iddio è con noi.

Il Comitato di Novara.

---

12

An den Grafen Casati, Präsidenten der provisorischen Regierung der Lombardie.

Brüder!

Karl Albert hielt sich und Italien sein Wort. Ein Heer von mehr als 30,000 Mann nebst den Freiwilligen, geführt von seinen großmüthigen Söhnen, ist seit gestern im Marsche gegen eure Stadt.

Noch wenige Stunden des Heldenmuthes, und ihr seid gerettet.

Muth, Brüder! und in Bälde umarmen wir uns frei und glücklich.

Novara den 20. März 1848 um 4 Uhr früh.

Wir geben auch eine Abschrift des zweiten ämtlich ministeriellen Dekretes vom 19. März, welches in diesem Augenblicke, den 20. März um 3 Uhr Nachmittags anlangte. Es ward endlich vom Könige im Rathe entschieden:

1. Unmittelbar werden an die lombardische Gränze 30,000 Mann Infanterie abrücken.
2. Alle Freiwilligen geben sich das Rendevous zu Novi, Casale und Chiavasco.
3. Die Söhne des Königs werden der Armee zugetheilt.

Heute Mittags werden von unserer Seite die freiwilligen Novaresen zur Gränze abgesendet; die Lomelliner werden dasselbe gegen Pavia thun.

Gott ist mit uns.

Das Comitat von Novara.

Der Inhalt ist genug frappant. Da ich aber meinen Freund Italiener kenne, so ist solches nur eine kühne Floskel in meinen Augen, und um nicht durch die Mittheilung desselben der Ruhe und dem Vertrauen meiner Leute Eintrag zu thun, stecke ich solches ohne weiters in die Tasche.

Dieser Vorfall macht mich um meine zwei abgesendeten Chargen noch besorgter; doch es vergeht die Zeit unter fortwährendem Visitiren bei dem äußeren Lärm, und es wird 9—½ 10 Uhr.

**Endliches Rücklangen des Feldwebels Wimmera und seines Begleiters; ihre Meldung stellt die Trostlosigkeit und hoffnungslose Lage, in der die Militärbehörden das Erziehungs-Haus ließen, ins klare Licht.**

Da kommt Feldwebel Wimmera so wie sein Begleiter, in Civil gekleidet, zurück. Hierüber bin ich eben so hoch erfreut als erstaunt. Dieselben melden mir, sie seien beim Abgehen glücklich durch Porta S. Caterina gelangt; da habe man ihre Tritte gehört und sie angerufen, worauf sie mit Italia, dieses als ihre muthmaßliche Losung voraussetzend, antworteten, worauf wieder Ruhe folgte und sie weiter in Contrada S. Tomaso beim Militär-Spitale, welches geschlossen war, vorbeigegangen seien. In die halbe Gasse gelangt, entstand wieder Lärm, und von allen *Fenstern erscholl* der Ruf: **all' armi! all' armi!** — zu den *Waffen!* Auch jetzt half ihnen ihr angenommenes Feldgeschrei, womit sie bis ans Ende der Gasse gelangten, wo sie *noch* eine Barrikade glücklich überschritten. Von da aus wendeten sie sich, da sie wieder eine Barrikade zu überschreiten hatten, zu der nahen Wohnung des Herrn Erzherzogs und Brigadier Sigmund, gelangten auch durch selbe glücklich durch, und sahen zu ihrem Leidwesen das Thor dieser Wohnung nicht nur geschlossen, sondern auch keine Wache, ja nicht einmal das mindeste Zeichen, daß ein lebendes Wesen im Palaste sei. —

Indem sie gegen einander das Erstaunen hierüber äußerten, und sich dem Plätzchen vor der Kirche S. Alessandro in Pignolo näherten, schien mit einem Male der bis nun hinter den Wolken sie protegirende verrätherische Mond fast mit Sonnenhelle auf sie, und ihr Lispeln vereitelte ihre bis nun geglückte Mission; denn sie wurden angerufen, antworteten zwar wieder Italiani, doch dieses Mal fruchtlos.

Alle Fenster belebten sich mit Bewaffneten, man schlug auf sie mit Gewehren an, bewarf sie mit Steinen, — wobei der Korporal Hodina an der rechten Hand mit einem Steine verwundet wurde. — Da sie sich aber zurückziehen wollten, sprang man von allen Seiten auf sie heraus, gebot ihnen die Waffen abzulegen, — welchem sie aber nicht nachkommen konnten, da ich es in diesem Falle für zweckentsprechender hielt, sie ohne Waffen gehen zu lassen. — Man ergriff sie und führte sie in den Palast des Grafen Agliardi, wo man sie befragte, wer sie seien und was sie wollten. Diese Frage konnten sie mit nichts anderem beantworten, als daß sie sagten: wir sind Lehrer des Militär-Knaben-Erziehungshauses, und man sandte uns aus, um den Lieferanten zu vermögen den armen Kindern Lebensmittel, an denen sie Mangel leiden, zu verschaffen. Mit diesen Worten trafen wir doch die Saite, die in ihnen noch von Menschlichkeit klang. Man rief: o poveri ragazzi! o arme Kinder! — da man uns wirklich auch als Lehrer des Instituts erkannte.

Man zwang uns in den heitern Zimmern des Palastes nieder zu sitzen, trug uns Wein auf; und als wir diesen als ein italienisches Gebräu fürchtend ausschlugen, befahl der Graf seinem Diener schwarzen Kaffee zu bringen, genoß selbst zuerst eine Tasse davon, und ließ uns den andern aufwarten. Auf unser Andringen uns zum Lieferanten, oder wenigstens ins Institut zu senden, wollte man ungeachtet aller Vorstellungen kein Gehör geben. So mußten wir alles anhören und ansehen, was da vorging; man erzählte uns, der Herr Erzherzog sei schon gestern Nachts um 11 Uhr (d. i. den 20. auf den 21.) davon, — es sei der Platzmajor gefangen und keine Militärbehörde mehr, als die Kroaten in der Kaserne S. Agostino; die untere Hauptwache habe man gestern schon erstürmt, — eben so das Pulvermagazin und alle Thore, — eine Kompagnie von Sigmund Infanterie nebst der Banda sei in der Kaserne S. Giovanni gefangen, — kurz unsere Sache sei ganz verloren.

Während wir in dieser schrecklichen Ungewißheit da saßen, hörten wir bald den Ruf: die Kroaten kommen, bald einzelne Dechargen und Böllerschüsse, worauf Alles an die Fenster eilte, und wir zu unserem großen Genuße sahen, wie so mancher Bramarbas selbst an einem Orte, wo er seiner Person vollkommen sicher war, doch nur mit zitternder Hand und am ganzen Körper bebend nur die Mündung seiner vortrefflichen Doppelflinte —, ohne zu zielen, aufs Geradewohl bei den Fensterlucken hinausstreckte, um irgend eine Heldenthat auszuführen. Alles wahrscheinlich nur der beliebten Sicherheit wegen. Wars aber nichts, da blieb einer bei jedem Fenster als Wache, die übrigen legten ihre Gewehre in Ruhe hin, und hatten nichts eiligeres zu thun, als in die rückwärtigen Zimmer zu laufen, um ihre abgespannten Nerven, nach so großer Gefahr, durch Speise und Trank, wovon ungeheure Vorräthe auf den Tischen aufgespeichert lagen, zu erquicken, und den ermatteten Körper sodann auf den da am Boden ausgebreiteten Matrazen in gemüthlicher Ruhe neu zu beleben.

Es mag gegen 7 Uhr früh gewesen sein, als wir ungewöhlinches Schießen und Läuten hörten, und man uns nach Langem endlich sagte, das Militärspital werde angegriffen und sei erstürmt, der Kommandant gefangen. Nicht lange währt es, so entsteht ein immenser Jubel, der sich auch in den Palast des Grafen verpflanzt; man bringt das Proclam, womit den Italienern angekündigt wird, daß der König Karl Albert in Begleitung seiner 2 Söhne die Gränzen mit 30,000 Mann überschritten habe. Ein betäubendes **Eviva** erschallt nach dem andern und in dem maßlosen Jubel, in dem wir die Helden des Tages sehen, machen wir auf die leidenden Knaben aufmerksam. Es erscheint etwas später der **Capitano del Circolo** — der Bezirkshauptmann

— welcher die Versicherung gibt, er werde sich an die Munizipalität hierwegen wenden, schon gestern seien Lebensmitteln geschickt worden, das Volk aber habe den Wagen geplündert, weil es den Kroaten, die im Institute seien, nichts senden wollte.

Endlich führten uns die 3 Söhne des Grafen selbst zum Lieferanten, wo eine Anweisung wegen Zustellung von Lebensmitteln gemacht und versprochen wurde selbe gleich ins Institut zu senden. — Da wir nun forderten ins Institut rückgeführt zu werden, zwang man uns Civilkleider anzulegen, und führte uns durch die Porta S. Antonio, durch mehrere Gassen, wo wir zahllose Barrikaden und Tausende von bewaffneten Insurgenten aller Stände, darunter Leute von der Militär-Polizei, Gensdarmerie und selbst vom Infanterie-Regimente Sigmund sahen. Selbst das Thor S. Catarina war mit Hunderten von Abenteurern besetzt, und in der Vorstadt S. Caterina wimmelte es ebenfalls von ihnen. In der Nähe des Instituts gelangt, ließ man uns frei weiter gehen. Wir sahen vom Militär keine Spur, das aber, daß die Stadt ganz in den Händen der Insurgenten, das Grenz-Bataillon Szluiner aber in der Kaserne S. Agostino eingeschlossen sei. Von einem Succurs ist keine Idee. Wir sind der Wuth des Pöbels anheimgestellt, wenn wir einen Widerstand leisten. Das sehen wir uns verpflichtet dem Herrn Oberlieutenant zu melden. — Bene — war meine Antwort, gehen Sie hinab, und berufen Sie gleich alle Chargen in die Kanzlei.

## Kriegsrath.

Nun ging ich mit mir schnell zu Rathe, was zu thun sei, und ich fand die Lage wirklich höchst kritisch.

Als die Chargen — es mag 10 Uhr Vormittags gewesen sein — zusammengekommen waren, begann ich, wie folgt:

„Ich bin Soldat und Sie gleich mir. Als solche müssen wir stets bereit sein unser Blut und Leben da zu lassen, wo es unser geliebter Monarch und die Ehre fordert. Die Lage, in der wir uns alle nach der mir von den hier stehenden 2 Chargen gemachten Mittheilung befinden, (welche eben von der ihnen gegebenen Mission rücklangten) ist höchst kritisch. — Sie sehen, wie ich bereit war und noch immer bin jeden Angriff aufs Institut zu empfangen. — Doch muß ich in der Lage, in welcher wir sind, auch im Gefühle meiner Pflicht bemerken, daß wir Erzieher und Beschirmer der uns anvertrauten Jugend sind. — Die Stadt ist in der Gewalt der Insurgenten, ich habe gar keine Befehle von meinen Höheren, — das Grenz-Bataillons-Kommando scheint nicht ans Erziehungshaus zu denken, oder kann uns nicht helfen. Ich erkläre Sie alle bei dieser großen Verantwortlichkeit als einen Kriegsrath, und gebe ihnen zur Berathung, ob wir uns entweder erstens beim Angriff zu schlagen haben, bis man uns zu Hilfe kommt oder überwindet, oder zweitens ob wir uns als bloße Lehrer und Erzieher betrachten und *keinen offenen* Widerstand leisten sollen.

Der erste Fall ist mir und Ihnen gewiß am liebsten, doch wir müssen in unserer Lage wohl überlegen, daß die *Bestürmer* Insurgenten, d. i. Leute allerlei Gelichters, viele hiezu noch im betrunkenen Zustande sind. Sollte da das Unglück auf unserer Seite sein, so dürfte das Leben der Kinder in Gefahr kommen; wir aber durch unsern Widerstand bei den wenigen uns zu Gebothe stehenden Mitteln, dem Staate selbst mit Aufopferung unsers Lebens keinen Dienst erweisen, da, wie es heute im Militär-Spitale der Fall war, sodann alles geplündert würde. Unsere Aufgabe wäre somit von uns als Soldaten, nicht aber auch als Erzieher nur dann günstig gelöst, wenn Bergamo später zur Raison geführt würde. Im zweiten Falle, wo wir zuerst als Erzieher dastehen, könnte es uns durch ein kluges Benehmen gelingen, nebst unserer Ehre auch das Leben der Kinder und sämmtliches

2

ärarische Gut dem Monarchen zu retten, und so als Soldaten und Erzieher mit Geschick den sich um uns geschlungenen gordischen Knoten getheilt zu haben.

Sie sehen mich bereit und stark sowohl die eine als die andere Aufgabe zu lösen. Nun berathen Sie sich. Ich gehe in mein Zimmer, und in einer halben Stunde nehme ich Ihren Beschluß über diese Alternative entgegen.«

Während die Chargen in der Kanzlei deliberirten, ging ich in meinem Zimmer mit mir selbst zu Rathe, was in beiden Fällen gleich anzuordnen am Zweckmäßigsten sei. — Kaum mit mir einig kommt der Feldwebel Wimmera und meldet, die Chargen hätten bereits einen Entschluß gefaßt. Ich verfüge mich in die Kanzlei und einstimmig erklären mir da alle, sie seien für den zweiten Fall gestimmt, daß ist: in der verlassenen Lage, in der man uns ließ, keinen offenen Widerstand zu leisten, das Erziehungshaus nur als Lehranstalt und uns als Erzieher zu betrachten.

Nun ordnete ich an, daß die Gewehre gleich zu entladen und auf ihren Platz zu stellen, alle Knaben aber ohne Ausnahme in den Speisesaal unter die Aufsicht der Inspektions-Charge zu stellen sind. Ferner daß, sobald das Haus gestürmt oder sonst zur Uebergabe aufgefordert werden sollte, nur ich gleich zu rufen sei, da ich schon dann das Weitere veranlassen werde. — Einige Chargen baten mich das Hausschild — den kaiserlichen Doppelaar — herabzunehmen, da mir die zwei Chargen aussagten, daß sich jetzt das Volk nach Erstürmung des Militärspitals mit der würdigen Arbeit des Zertrümmerns aller österreichischen Schilde beschäftige. — Ich verneinte es kurzweg. Einige der Chargen meinten, wir reitzten nur hiermit das Volk, worauf ich bestimmt erwiderte: »das Volk kann es herabreißen, ich muß der Macht weichen; nie werde ich es aber gestatten, daß solches unsrerseits herabgenommen wird. Nun gehen Sie, und befolgen Sie die erhaltenen Befehle.«

## 19

## Sturm aufs Erziehungshaus.

In fast nichts, außer den frappantesten und unverschämtesten Lügen, gefällt sich Herr **Dottore Dulcamara** so gut, als wie im Läuten der Glocken. Gehämmert und nicht geläutet wird schon mehrere Tage vor jeder kirchlichen Feierlichkeit vom frühen Morgen bis in die späte Nacht hinein. Es ist nicht zu wundern, daß man daher hier zu Lande in Behandlung der Glocken so viel Geschick entwickelte und es hierin förmlich zur Kunst brachte. Zu diesem Behufe sind auch die Glocken ganz eigens mit einer förmlichen Maschine versehen, welche, wie z. B. am Glockenthurme zu Cremona, eine eigene Tastatur gleich einer Orgel hat, auf welche Art denn alle möglichen Melodien, Märsche, Walzer, Polkas &c. mit ziemlicher Präzision gegeben werden. — Wo derlei Maschienerie nicht ist, da sieht man die Glocken-Virtuosen zwischen den Glocken stehen und aus freier Hand dieses Spiel treiben. Wer wollte sich daher wundern, wenn in dieser Revolution gerade die Glocken eine Hauptrolle *spielten*. Man bediente sich derselben nun, um sich über den *wahren* Stand der Dinge in den verschiedenen Stadttheilen zu verständigen. Kurz gesagt, die Glocke war ihr Telegraph. *Diesen* gebrauchte sie während der fünf Tage des März in seiner größten Ausdehnung; denn da, wo man anzugreifen gesonnen war, ließ man auf alle Glocken der nächsten Umgebung mit einer Furie hämmern, als wenn es sich darum handelte alle Dämonen von Dante's Hölle zu vertreiben. — So nun begann es beiläufig um ½ 11 Uhr Vormittags zu toben, als ich nebstdem noch einen ungeheuern Lärm und ein frequentes Schießen sich dem Institute nähern höre. — Fast gleichzeitig kommt der Feldwebel Wimmera und meldet mir, man stürme das Erziehungshaus. — Ich spanne um und gehe hinab, während gegen das Hausthor mehrere Schüsse fallen, — ich höre wiederholt: **abasso l'acquila! abasso!** herab den Adler! herab! — Es folgen Schüsse, dann

*

Schläge gegen das Thor. — Ein Volkshaufen stürmt an, — darunter Bürger. Ich rufe ihnen zu, ihr Anführer soll zum Pförtchen der Wachstube kommen. — Das ganze Volk ruft: apprire o si dà fuoco! fuora il Commandante! aufmachen oder man legt Feuer an! Heraus der Kommandant! — Es wird endlich die Verbarrikadirung des Wachtzimmer=Thores weggenommen, nachdem ich mich früher durch ein Fenster überzeugte, daß einige wohlangesehene, mir bekannte Bürger — darunter Zanchi, Galisse der Vorstadt S. Caterina — unter dem Volkshaufen sind und ihn zu befehligen scheinen. — Ich lasse die Thüre öffnen, und der Haufe stürmt gegen solche an. Ich frage nun nach dem Begehren; dieselben fordern mich auf, mit ihnen zum Conte Camuzzi zu gehen, worauf ich erwidere: Alles, was Sie nöthig haben mit mir abzuhandeln, kann auch so geschehen, und bedenken Sie wohl, daß Sie es hier mit einer Erziehungsanstalt zu thun haben." — Dieselben erklärten, sie dürfen nicht von ihren erhaltenen Befehlen abweichen, und dieses um so weniger, als es das Volk so wolle. — Ich machte noch Einwendungen, doch sie gaben mir zu erkennen, daß hier alles nichts fruchte. Ich bin nun entschlossen sie zu begleiten; doch man fordert mich auf den Säbel abzulegen. Ich schnalle ab und will ihn nach rückwärts dem Feldwebel Wimmera reichen; doch sie fassen mich beim Arm und verhindern solches, während gleichzeitig zwei aus dem Volke auf mich rufend ihre Gewehre anschlagen: finiamolo! beenden wirs! Die zwei Bürger, die mich hielten, wiesen sie zwar gleich zur Ruhe, doch ein Dritter, Rechnungsfuhrer Galisse aus Lesse bei Gandino, hat sich schon des Säbels bemächtigt. — Auf dieses reiße ich mich von den zweien, die mich halten, los, und trete frei unter die Mörderschaar heraus, laut rufend: andiamo! — gehen wir!

## 21

## Triumph-Zug.

Die zwei Bürger geboten auf meinem Zuruf der übrigen Horde zurück zu treten, was von allen, bis auf einige — nicht sieges- sondern weintrunkene schmutzige Kobolde befolgt wurde, und auf Zureden dieser Bürger standen endlich auch diese von ihrem Vorsatze ab; doch die zwei Begleiter wollten mich unter den Arm nehmen, welches ich nicht zuließ, worauf sie hievon abstanden und sich zur Seite gehend hielten.

Nun ging es fort in die Vorstadt S. Caterina, wo das ganze Volk in der Gasse wie bei einer Prozession stand oder aus den Fenstern herabsah, und von 10 zu 10 Schritten sperrten Reihen abenteuerlich bewaffneten Volkes aller Klassen gleich den Schuppen einer Schlange quer über die Gasse. Man machte mir sehr artig Platz, alles grüßte mich freundlich ohne Unterschied und bedauerte meine Lage. Schnöder Hohn bei solcher Ehre. Vollauf hatte ich zu thun diese freundlichen Grüße zu erwidern, was mir gewiß nicht leicht kam, da die Galle in mir im strengen Sinne kochte. So gings bis zur Kirche S. Caterina, — da höre ich von rückwärts rufen: in dietro, è mio, è mio, — zurück, er ist mein. Dieses hörend bleibe ich mit meinen Begleitern stehen und sehe den Bürger Fornoni, der vom Ende der Gasse diesen Ruf weitschallend wiederholt. — Doch meine Begleiter lassen sich nicht irre machen, und nachdem sie ihm ein kurzes nò! — nein! — zugerufen hatten, wird der Weg fortgesetzt — Sich dem Thore S. Caterina nähernd, ersuche ich die Führer mich nicht durch selbes und die Stadt, sondern in der Circumvalation um selbe zum Camozzi zu führen. Sie verweigern mir selbes, erwidernd, das ganze Volk wolle und müsse mich sehen. Perfide Infamie! — Während ich so diese Worte mit ihnen spreche, fallen mehrere Schüsse vom Thore aus gegen uns; doch scheint man absichtlich schlecht gezielt zu haben, da die Kugeln mehrere Klafter seitwärts

Schläge gegen das Thor. — Ein Volkshaufen stürmt an, — darunter Bürger. Ich rufe ihnen zu, ihr Anführer soll zum Pförtchen der Wachstube kommen. — Das ganze Volk ruft: apprire o si dà fuoco! fuora il Commandante! aufmachen oder man legt Feuer an! Heraus der Kommandant! — Es wird endlich die Verbarrikadirung des Wachtzimmer-Thores weggenommen, nachdem ich mich früher durch ein Fenster überzeugte, daß einige wohlangesehene, mir bekannte Bürger — darunter Zanchi, Galisse der Vorstadt S. Caterina — unter dem Volkshaufen sind und ihn zu befehligen scheinen. — Ich lasse die Thüre öffnen, und der Haufe stürmt gegen solche an. Ich frage nun nach dem Begehren; dieselben fordern mich auf, mit ihnen zum Conto Camuzzi zu gehen, worauf ich erwidere: Alles, was Sie nöthig haben mit mir abzuhandeln, kann auch so geschehen, und bedenken Sie wohl, daß Sie es hier mit einer Erziehungsanstalt zu thun haben." — Dieselben erklärten, sie dürfen nicht von ihren erhaltenen Befehlen abweichen, und dieses um so weniger, als es das Volk so wolle. — Ich machte noch Einwendungen, doch sie gaben mir zu erkennen, daß hier alles nichts fruchte. Ich bin nun entschlossen sie zu begleiten; doch man fordert mich auf den Säbel abzulegen. Ich schnalle ab und will ihn nach rückwärts dem Feldwebel Wimmera reichen; doch sie fassen mich beim Arm und verhindern solches, während gleichzeitig zwei aus dem Volke auf mich rufend ihre Gewehre anschlagen: finiamolo! beenden wirs! Die zwei Bürger, die mich hielten, wiesen sie zwar gleich zur Ruhe, doch ein Dritter, Rechnungsfuhrer Galisse aus Lesse bei Gandino, hat sich schon des Säbels bemächtigt. — Auf dieses reiße ich mich von den zweien, die mich halten, los, und trete frei unter die Mörderschaar heraus, laut rufend: andiamo! — gehen wir!

## 21
### Triumph-Zug.

Die zwei Bürger geboten auf meinem Zuruf der übrigen Horde zurück zu treten, was von allen, bis auf einige — nicht sieges- sondern weintrunkene schmutzige Kobolde befolgt wurde, und auf Zureden dieser Bürger standen endlich auch diese von ihrem Vorsatze ab; doch die zwei Begleiter wollten mich unter den Arm nehmen, welches ich nicht zuließ, worauf sie hievon abstanden und sich zur Seite gehend hielten.

Nun ging es fort in die Vorstadt S. Caterina, wo das ganze Volk in der Gasse wie bei einer Prozession stand oder aus den Fenstern herabsah, und von 10 zu 10 Schritten sperrten Reihen abenteuerlich bewaffneten Volkes aller Klassen gleich den Schuppen einer Schlange quer über die Gasse. Man machte mir sehr artig Platz, alles grüßte mich freundlich ohne Unterschied und bedauerte meine Lage. Schnöder Hohn bei solcher Ehre. Vollauf hatte ich zu thun diese freundlichen Grüße zu erwidern, was mir gewiß nicht leicht kam, da die Galle in mir im strengen Sinne kochte. So gings bis zur Kirche S. Caterina, — da höre ich von rückwärts rufen: in dietro, è mio, è mio, — zurück, er ist mein. Dieses hörend bleibe ich mit meinen Begleitern stehen und sehe den Bürger Fornoni, der vom Ende der Gasse diesen Ruf weitschallend wiederholt. — Doch meine Begleiter lassen sich nicht irre machen, und nachdem sie ihm ein kurzes nò! — nein! — zugerufen hatten, wird der Weg fortgesetzt — Sich dem Thore S. Caterina nähernd, ersuche ich die Führer mich nicht durch selbes und die Stadt, sondern in der Circumvalation um selbe zum Camozzi zu führen. Sie verweigern mir selbes, erwidernd, das ganze Volk wolle und müsse mich sehen. Perfide Infamie! — Während ich so diese Worte mit ihnen spreche, fallen mehrere Schüsse vom Thore aus gegen uns; doch scheint man absichtlich schlecht gezielt zu haben, da die Kugeln mehrere Klafter seitwärts in eine Gartenmauer einschlagen. Meine Begleiter erheben einen furchtbaren Lärm gegen die Nobili ihres Gelichters. Ich durchschreite das Thor und mache das Ersuchen mich gleich links seitwärts gegen die Kaserne S. Giovanni zu führen, weil dies der kürzere Weg ist; doch aber auch das wird nicht angenommen, unzweifelhaft aus der Ursache um nicht die Heldenschaar um einige Blätter ihres Lorbeerkranzes zu verkürzen. — So mußte ich mich fügen, und es ging nun aufwärts in der Gasse S. Tomaso, wo ich wieder in Lebensgefahr gerieth, da, weiß der Himmel aus welchem Grunde, sich so zwei gegenüberstehende Plenklerketten sich zu zausen begannen, indem sie auf einander anschlugen, ohne daß es zum Feuern kam. — Ich ging beim Militärspital, das die Insurgenten besetzt hatten, vorbei bis zur Kirche S. Alessandro in Pignolo, sodann hinab — bei dem Offiziers-Kaffeehause Peguri vorbei, durch das Thor S. Antonio durch, bis zur Casa Comozzi.

Auf diesem Wege sah ich die Aussage meiner zwei Chargen vollkommen bestätigt. Ueberall zeigte man sich freundlich gegen mich, so wie im Borgo S. Catarina, und in der Nähe der Kirche S. Alessandro stand der Bürger Moretti aus S. Paolo bei Bergamo, welcher an mich herankommend mir die Hand drückte und mit Thränen in den Augen zu mir sagte: **Quanto mi questo dispiace, si faccia coraggio!** Wie unangenehm ist mir dieses! Fassen Sie Muth. Meine Erwiederung war: **Grazie; questo non manca à me** — ich danke; dieser mangelt mir nicht. Nur beim Offiziers-Kaffeehaus stand die stereotype Figur des Kaffeesieders Peguri, welcher sich nicht weniger Groschen während mehr als eines Menschenalters von den österreichischen Offizieren erfreute, glotzte mich an, gleich als ob er mich in seinem Leben nie gesehen hätte, obwohl ich durch 9 Jahre bei ihm fast täglich einsprach. In der Nähe, da wo den Oberstlieutenant Baron Schneider, wie ich später erfuhr, die erste Kugel traf, rief mir aus einem Hause links vom dritten Stockwerke ein Mann herab: au il bunnetto, wofür ich, wie ganz natürlich, mittels der Kappe grüßen mußte, um wenigstens äußerlich die mir zukommenden Grüße zu erwidern.

Die Zahl der Bewaffneten, die ich während meines Triumphzuges sah, mochte nicht über 1500 gewesen sein.

---

## II.

# Von meiner ersten bis zur zweiten Gefangenschaft.

### Erste Gefangenschaft.

Kaum durchs Thor getreten, das abgesperrt und auswendig von 30 Bewaffneten bewacht war, deren Befehlshaber ein stämmig hoher, im Gesichte ganz verwachsener Bauer, wie Cerberus an der Hölle, die Thorklingel in der Hand hielt, und bis an die Zähne wie Riccaldini schrecklichen Angedenkens bewaffnet war, stand ich vor dem ältesten Sohn Ambroggio Camozzi und dem Conte Gambarini, welche mich schweigend, und wenigstens dem äußeren nach in größter Ruhe empfingen.

Dieses sehend finde ich mich zum Sprechen genöthigt und beginne: „Sie haben mich diesen Triumphzug machen lassen, wissen daher, wer ich bin. — Doch es kann nicht schaden, wenn ich es ihnen wiederhole: Ich bin der Kommandant des Militär-Knaben-Erziehungshauses hier und hege die Ansicht, daß eine Anstalt, besonders wo Ihre eigenen Landeskinder erzogen werden, selbst in einem so extremen Falle anders zu behandeln sei als es heute mit dem Militärspitale der Fall war, das man erstürmte und plünderte. Dann bedenken Sie, hier handelt es sich auch um Ihre eigene Ehre!

— Auf dieses gab man keine Antwort, sondern Camozzi fragte mich nur trocken, von welchem Herrn in Bergamo ich aufgenommen zu werden wünsche. — So! — wenn man mich als Gefangenen zu halten beabsichtiget, dann ist mir jeder von Ihnen gleich, — aber ihre Geschichte wird eben nicht gar schön werden; erinnern Sie sich nicht, daß selbst bei den letzten Vorfallenheiten in der Schweiz die Erziehungs-Anstalten der Jesuiten, gegen die es doch vorzüglich ging, respektirt wurden?«

Während meine Rede auf den Gambarini keinen Eindruck zu machen schien, da er mich nur immer stark fixirte ohne ein Wort zu sagen, las ich in den Gesichtszügen seines Doppelgängers Camozzi eine günstige Umwandlung. Er nahm mich auch, ohne ein Wort zu sagen, unter den Arm und führte mich durchs Zimmer des Portiers in den Hof des Palastes, der voll von den schauerlichsten Gestalten war. — Hier angelangt wiederholte ich, nur mit andern Worten, das eben zuletzt Gesagte, und es fiel mir bei dem Anblick des elenden Gesindels im Hofe ein Pariser Scherz ein, den ich lange zuvor — weiß nicht mehr wo — über den unverschämten praktischen Communisten las, den ich hier seiner Trefflichkeit wegen wieder zu geben versuchen will: Unlängst schnitt ein solcher Praktikus im Gedränge einem Herrn die Frakschöße ab. Der Eigenthümer des Rockes drehte sich um und nahm den kühnen Communisten beim Kragen. Was machen Sie da? fragte er. — Das sehen Sie ohnehin. Ich nehme nach dem System des Communismus die Hälfte ihres Fraks. Der Frakträger, welcher auf einmal Spensermann geworden war, schlug sein großes spanisches Rohr am Rücken des Diebes entzwei, und sagte: Parbleu, auch ich bin ein Communist, ich theile meinen Stock ehrlich mit Ihnen, da nehmen Sie die Hälfte davon. —

Wie ein Blitz fuhr mir der Gedanke durchs Gehirn, diesen Millionenmann mußt Du doch mit irgend einer Dro-

## II.

# Von meiner ersten bis zur zweiten Gefangenschaft.

### Erste Gefangenschaft.

Kaum durchs Thor getreten, das abgesperrt und auswendig von 30 Bewaffneten bewacht war, deren Befehlshaber ein stämmig hoher, im Gesichte ganz verwachsener Bauer, wie Cerberus an der Hölle, die Thorklingel in der Hand hielt, und bis an die Zähne wie Riccaldini schrecklichen Angedenkens bewaffnet war, stand ich vor dem ältesten Sohn Ambroggio Camozzi und dem Conte Gambarini, welche mich schweigend, und wenigstens dem äußeren nach in größter Ruhe empfingen.

Dieses sehend finde ich mich zum Sprechen genöthigt und beginne: „Sie haben mich diesen Triumphzug machen lassen, wissen daher, wer ich bin. — Doch es kann nicht schaden, wenn ich es ihnen wiederhole: Ich bin der Kommandant des Militär-Knaben-Erziehungshauses hier und hege die Ansicht, daß eine Anstalt, besonders wo Ihre eigenen Landeskinder erzogen werden, selbst in einem so extremen Falle anders zu behandeln sei als es heute mit dem Militärspitale der Fall war, das man erstürmte und plünderte. Dann bedenken Sie, hier handelt es sich auch um Ihre eigene Ehre!

— Auf dieses gab man keine Antwort, sondern Camozzi fragte mich nur trocken, von welchem Herrn in Bergamo ich aufgenommen zu werden wünsche. — So! — wenn man mich als Gefangenen zu halten beabsichtiget, dann ist mir jeder von Ihnen gleich, — aber ihre Geschichte wird eben nicht gar schön werden; erinnern Sie sich nicht, daß selbst bei den letzten Vorfallenheiten in der Schweiz die Erziehungs-Anstalten der Jesuiten, gegen die es doch vorzüglich ging, respektirt wurden?«

Während meine Rede auf den Gambarini keinen Eindruck zu machen schien, da er mich nur immer stark fixirte ohne ein Wort zu sagen, las ich in den Gesichtszügen seines Doppelgängers Camozzi eine günstige Umwandlung. Er nahm mich auch, ohne ein Wort zu sagen, unter den Arm und führte mich durch's Zimmer des Portiers in den Hof des Palastes, der voll von den schauerlichsten Gestalten war. — Hier angelangt wiederholte ich, nur mit andern Worten, das eben zuletzt Gesagte, und es fiel mir bei dem Anblick des elenden Gesindels im Hofe ein Pariser Scherz ein, den ich lange zuvor — weiß nicht mehr wo — über den unverschämten praktischen Communisten las, den ich hier seiner Trefflichkeit wegen wieder zu geben versuchen will: Unlängst schnitt ein solcher Praktikus im Gedränge einem Herrn die Frakschöße ab. Der Eigenthümer des Rockes drehte sich um und nahm den kühnen Communisten beim Kragen. Was machen Sie da? fragte er. — Das sehen Sie ohnehin. Ich nehme nach dem System des Communismus die Hälfte ihres Fraks. Der Frakträger, welcher auf einmal Spensermann geworden war, schlug sein großes spanisches Rohr am Rücken des Diebes entzwei, und sagte: Parbleu, auch ich bin ein Communist, ich theile meinen Stock ehrlich mit Ihnen, da nehmen Sie die Hälfte davon. —

Wie ein Blitz fuhr mir der Gedanke durch's Gehirn, diesen Millionenmann mußt Du doch mit irgend einer Drohung ins Bockshorn jagen. Ich begann, mich zu ihm schlau hinneigend, eine weniger rhetorisch, mehr aber tragisch mimische Vorstellung. Herr Graf, heute stehen die Sachen so und morgen vielleicht anders, — indem ich zuerst die Fläche der Hand und dann ferners die Kehrseite hinwies; — Herr Graf, bedenken Sie wohl, für Sie können die Sachen sich auch zum dritten so gestalten, — wobei ich ihm die Hand ähnlich dem Beile der Guillotine hinzeigte.

Diese kühne Rede in meiner Lage machte des reichen Kautzes Blut in den Adern stocken, und nach einem minutenlangen Anstarren sagte er kleinlaut: Sie haben recht! aber was soll ich thun?

Somit hatte ich meinen Tyranen da, wo ich ihn wollte, und rückte nun mit meinem vorgefaßten Plane heraus. „Gut, Sie fragen mich, und ich muß Ihnen rathen mich so schnell als möglich in meine frühere Stellung unbeschadet meiner Ehre zurück zu geben, und wenn es nöthig wird, mit Ruhe und Besonnenheit eine zweckentsprechende Uebergabe der Anstalt — nach eingeholter Weisung meiner Behörde zu bewirken. Dies ist der einzige Weg, auf dem Sie sich nicht selbst nahe treten.“

„„Ja, Sie sprechen gut, doch ich kann hierüber nicht entscheiden, es hängt solches von der provisorischen Regierung ab, und die ist in der Stadt, wohin ich Sie werde behufs dieses Zweckes führen lassen.““

„Herr Graf! es ist also schon, wie Sie die Güte haben zu sagen, eine provisorische Regierung? und Sie wollen mich dahin wieder einen zweiten Triumphzug machen lassen? Bin sehr verbunden, — doch mit dem thun Sie ja gerade das Gegentheil dessen, was ich Ihnen gerade anrieth, und das Sie als richtig fanden. Muß denn gegangen sein? kann man solches nicht schriftlich abthun und mir eine zweite Erniedrigung ersparen, welche ich um die Erziehung Ihrer Jugend wahrlich nicht verdiene? Uebrigens, mein Herr, gehen Sie hin und fragen Sie meine Kinder, wie ich sie behandelte, und ich bin ruhig, wenn Sie in dieser Beziehung an mir das thun, was ich an denselben übte.« — Der Graf nahm mich bei der Hand und sagte: kommen Sie mit mir dorthin in die Kanzlei, ich lasse schreiben. Nun wurde an die provisorische Regierung ein Schreiben mit dem Ersuchen abgesendet, die Bestimmung treffen zu wollen, daß ich ins Erziehungshaus zurückgebracht und bis zur gehörigen Uebergabe der Anstalt ganz so zu verbleiben habe, wie solches vor dem Akt der Erstürmung der Fall war.

Wir gingen nun in den Hof zurück. — Hier bot er mir Kaffee an, worauf ich entgegnete, daß ich an Hämorhoider leide; daher leider diesen Lieblingstrank seit Jahren entbehren müsse. Nun trug er mir Bordeaux, Champagner oder sonst einen Wein an, den ich aus gleicher Ursache ablehnte. Jetzt kam die Reihe an die Cigarren, die ich wirklich nicht entgegen nehmen konnte, da ich kein Raucher bin; — das machte ihn fast stutzen, und er meinte, eine Cotolette würde mir denn doch nicht schaden. Auch da fand ich die Entschuldigung im Mangel des Appetits. Doch um seine Höflichkeiten zu erwiedern, fügte ich bei, eine Suppe würde mir behagen.

Kaum hatte er den Befehl um eine Suppe ertheilt, so kam ein rabiat aussehender bis zu dem Augapfel verwachsener italienischer Mars, und forderte mich in Gegenwart des Grafen auf, meinen Chargen im Institute schriftlich zu befehlen die Waffen abzugeben,. da sie solches nicht thun wollen; worauf ich erwiderte: »in diesem Augenblicke bin ich ein Gefangener. Da Sie die österreichischen Militärgesetze nicht kennen, so muß ich Ihnen erklären, daß weder ein Vorgesetzter in solcher Lage wie ich derlei Befehle ertheilen, noch ein Unterthan annehmen darf. Zwar habe ich vor meiner Gefangenschaft mit den Chargen beschlossen bei einem etwaigen Angriff keinen bewaffneten Widerstand zu leisten, weil die Anstalt ein Kinder-Erziehungshaus ist; doch in diesem Augenblicke bin ich nicht mehr freier Kommandant. Falls die älteste Charge, welche nach unseren Militärgesetzen nunmehr meine Stelle ersetzt, beschlossen hätte anders zu handeln, so thut Sie nur das, was in ihrer dermaligen Macht steht. Ich aber erkläre Ihnen aufs Bestimmteste, daß Sie von mir nie das verlangte Befehlschreiben erhalten werden.“ Diese determinirte Erklärung schien ihm zu genügen; denn er machte schweigend sein Kompliment und gieng.

Kaum war dieser Unmensch abgetreten, kam ein noch viel größerer Barbar, und wollte die zwei Lehrer: Feldwebel Pabitzky und Korporal Döpke in seine Gewahrsam nehmen, und zwar nach seiner Aussage um seine Rache an ihnen kühlen zu können. — Dieser Kanibale war eben jener Fornoni, der bei meinem Triumphzug auch nach mir lechzend schrie. Ich appellirte an Menschlichkeit, und verwendete meine ganze Beredsamkeit, um diese zwei Schlachtopfer aus den Krallen ihres Geiers zu retten. Es gelang mir auch seine vorgebrachten Gründe zu Wasser zu machen. Doch dieser Vampyr kam noch einmal, und auch in den folgenden Tagen, um sich dieser zweien zu bemächtigen; doch jedesmal fruchtlos, denn immer fand er meine Philypika, mit der ich ihn aus dem Feld schlug, und es blieb ihm nur sein beliebtes Begeifern.

Nun war die Suppe bereit; der Graf führte mich in ein kleines Zimmer im Erdgeschoße am Hofe, und gab mir seinen Rechnungsführer, einen gesetzten aber schlauen Kopf als Gesellschafter mit, während vor der Thüre sich mehrere Bravi — wie sie meinten, unbemerkt postirten. Ich sprach von indifferenten Sachen, und schöpfte mir einige Löffel voll Suppe aus der Schale auf den Teller. — Gleich beim Genuß des ersten Löffel voll fand ich den Brei ungeheuer gesalzen, und zwar so, daß man das Salz zwischen den Zähnen knirren hörte. Es war mir nicht möglich mehr als 3 Löffel hinabzubringen, und während dieses Würgens tritt der Graf ein, und frägt mich, wie mir die Suppe munde?

— „Gut, doch ist sie so stark gesalzen, daß ich solche nicht genießen kann.“ — Ists möglich, rief er; Koch! eine andere weniger gesalzene Suppe bringe er! — Der Graf nahm meinen Löffel, tauchte nur die Spitze desselben in die Suppe ein wenig ein, und kostete sie. — Diese delikate Vorsicht rief mir mit einemmale die Vergiftungsgeschichten einer Borgia ins Gedächtniß, und als der Graf nach dem Verkosten sagte, ich finde — sie nicht so versalzen, antwortete ich etwas pikirt: kann wohl sein; Herr Graf tauchten ja nur die Löffelspitze ein, und dann trinken Sie wahrscheinlich auch Wein, — nun da mögen sie es wohl so finden, wie Sie sagen. — Er schien mich verstanden zu haben, und indem er sagte: Gut, so trinke ich die ganze Suppe, denn ich habe ohnehin Appetit! ergriff er die Tasse, und führte sie zu Munde. — Bis zum Munde und nicht weiter, dachte ich im selben Augenblicke, stand auf, erfaßte ihm beide Hände, sprechend: „Herr Graf! Sie trinken diese Suppe nicht? — es ist genug, — ich habe sie genossen. — Sie sind aber Cavalier gleich mir, Ihr Wort genügt mir!“ Wie vom Blitze berührt stand er da, senkte langsam die Hände, sah mich starr an, und setzte die Tasse wieder auf den Tisch. — Ohne eines Wortes mächtig zu sein entfernte er sich in ein Seitengemach. — Für mich kam die andere Suppe, die ich mir nun schmecken ließ; worauf ich im Zimmer über meine sonderbare Lage nachdenkend auf und ab ging.

Ich bemerke, daß im Hofe die Wachen sich abseits ziehen. Der Graf tritt zu mir wieder ein, und indem er sich forschend umsieht, als ob man ihn vom Hofe aus bemerken kann, geht er auf mich mit den Worten zu: „Aber warum haben Sie, Herr Cavalier, mir dieses Unrecht angethan?“ — Ich, war meine Erwiderung, weiß nicht, ich bin hier in Ihrer Gewalt, und vertraue eben auf ihre Biederkeit wie auf einen echten Cavalier. — Auf dieses fielen ihm Thränen aus den Augen, und er hatte mich, ohne daß ich mich noch dessen erwähren konnte, umarmt und geküßt. — Selt-

genblicke bin ich nicht mehr freier Kommandant. Falls die älteste Charge, welche nach unseren Militärgesetzen nunmehr meine Stelle ersetzt, beschlossen hätte anders zu handeln, so thut Sie nur das, was in ihrer dermaligen Macht steht. Ich aber erkläre Ihnen aufs Bestimmteste, daß Sie von mir nie das verlangte Befehlschreiben erhalten werden.“ Diese determinirte Erklärung schien ihm zu genügen; denn er machte schweigend sein Kompliment und gieng.

Kaum war dieser Unmensch abgetreten, kam ein noch viel größerer Barbar, und wollte die zwei Lehrer: Feldwebel Pabitzky und Korporal Döpke in seine Gewahrsam nehmen, und zwar nach seiner Aussage um seine Rache an ihnen kühlen zu können. — Dieser Kanibale war eben jener Fornoni, der bei meinem Triumphzug auch nach mir lechzend schrie. Ich appellirte an Menschlichkeit, und verwendete meine ganze Beredsamkeit, um diese zwei Schlachtopfer aus den Krallen ihres Geiers zu retten. Es gelang mir auch seine vorgebrachten Gründe zu Wasser zu machen. Doch dieser Vampyr kam noch einmal, und auch in den folgenden Tagen, um sich dieser zweien zu bemächtigen; doch jedesmal fruchtlos, denn immer fand er meine Philippika, mit der ich ihn aus dem Feld schlug, und es blieb ihm nur sein beliebtes Begeifern.

Nun war die Suppe bereit; der Graf führte mich in ein kleines Zimmer im Erdgeschoße am Hofe, und gab mir seinen Rechnungsführer, einen gesetzten aber schlauen Kopf als Gesellschafter mit, während vor der Thüre sich mehrere Bravi — wie sie meinten, unbemerkt postirten. Ich sprach von indifferenten Sachen, und schöpfte mir einige Löffel voll Suppe aus der Schale auf den Teller. — Gleich beim Genuß des ersten Löffel voll fand ich den Brei ungeheuer gesalzen, und zwar so, daß man das Salz zwischen den Zähnen knirren hörte. Es war mir nicht möglich mehr als 3 Löffel hinabzubringen, und während dieses Würgens tritt der Graf ein, und frägt mich, wie mir die Suppe munde?

— „Gut, doch ist sie so stark gesalzen, daß ich solche nicht genießen kann.“ — Ists möglich, rief er; Koch! eine andere weniger gesalzene Suppe bringe er! — Der Graf nahm meinen Löffel, tauchte nur die Spitze desselben in die Suppe ein wenig ein, und kostete sie. — Diese delikate Vorsicht rief mir mit einemmale die Vergiftungsgeschichten einer Borgia ins Gedächtniß, und als der Graf nach dem Verkosten sagte, ich finde — sie nicht so versalzen, antwortete ich etwas pikirt: kann wohl sein; Herr Graf tauchten ja nur die Löffelspitze an, und dann trinken Sie wahrscheinlich auch Wein, — nun da mögen sie es wohl so finden, wie Sie sagen. — Er schien mich verstanden zu haben, und indem er sagte: Gut, so trinke ich die ganze Suppe, denn ich habe ohnehin Appetit! ergriff er die Tasse, und führte sie zu Munde. — Bis zum Munde und nicht weiter, dachte ich im selben Augenblicke, stand auf, erfaßte ihm beide Hände, sprechend: „Herr Graf! Sie trinken diese Suppe nicht? — es ist genug, — ich habe sie genossen. — Sie sind aber Cavalier gleich mir, Ihr Wort genügt mir!“ Wie vom Blitze berührt stand er da, senkte langsam die Hände, sah mich starr an, und setzte die Tasse wieder auf den Tisch. — Ohne eines Wortes mächtig zu sein entfernte er sich in ein Seitengemach. — Für mich kam die andere Suppe, die ich mir nun schmecken ließ; worauf ich im Zimmer über meine sonderbare Lage nachdenkend auf und ab ging.

Ich bemerke, daß im Hofe die Wachen sich abseits ziehen. Der Graf tritt zu mir wieder ein, und indem er sich forschend umsieht, als ob man ihn vom Hofe aus bemerken kann, geht er auf mich mit den Worten zu: „Aber warum haben Sie, Herr Cavalier, mir dieses Unrecht angethan?“ — Ich, war meine Erwiderung, weiß nicht, ich bin hier in Ihrer Gewalt, und vertraue eben auf ihre Biederkeit wie auf einen echten Cavalier. — Auf dieses fielen ihm Thränen aus den Augen, und er hatte mich, ohne daß ich mich noch dessen erwähren konnte, umarmt und geküßt. — Selt-

gen überzeugte mich, daß ich ihn durchblickt hatte; denn er hielt mich augenblicklich im Einverständniß mit dem Grafen, und daher für einen Schändlichen. — So sehr dieser Gedanke in mir wurmte, so dachte ich darauf, wie es mir möglich werden könnte ihn für diesen Verdacht ein wenig zu züchtigen. — Die Gelegenheit ergab sich auch gleich. — Der Graf hatte gegen Bartels, der im Lehnsessel ganz non chalance lag, dieselbe Aufmerksamkeit wie früher gegen mich; er frug ihn nämlich, womit er ihm aufwarten könne, und ging bei dem fortwährenden Verneinen des Kameraden einen ziemlichen Register durch. Da ich aus den Gesichtszügen des Grafen entnahm, wie diese trockenen, negativen nò, nò und immer nò einen Sturm herbeischworen, mengte ich mich in die Unterhandlung, indem ich die Frage hinwarf: „Eine Cotelette dürfte Dir gewiß nicht unwillkommen sein"; worauf Bartels erwiderte: „Mangare una Cotoletta" — meinethalben eine Kotelette, — Als diese kam, (versteht sich in Begleitung einer Flasche Wein und Brod), sieht mich Bartels scharf ironisch an, und sagt auf deutsch: „Willst Du nicht mithalten?" — Grazie; ne approfitaj momenti sono in tal punto alla gentilezza del Sigr. Conte« — Ich danke; vor einigen Augenblicken habe ich von der Gefälligkeit des Herrn Grafen in dieser Beziehung profitirt, — war meine Entgegnung; denn das sollte nun meine Rache sein. Auf dieses machte Bartels ein langes Gesicht, wittert wirklich bei mir Verrath, und, wie ich meine, fürchtet er wie ich früher eine eben nicht unmögliche Vergiftung. — Das Zerschneiden der Cotolette geht sehr langsam von Statten, welchem ich aber goutirend zusehe; endlich will er das kleinste Stückchen aufgabeln. In diesem Augenblicke aber ergreife ich seine Hand mit den Worten: „Freund! ich sehe, die Cotolette sieht sehr gut aus; — erlaube, daß ich sie koste!" — Mit diesen Worten nehme ich ihm die Gabel aus der Hand, gable mir das größte Stückchen auf, und übergebe ihm alsdann die Gabel, schmunzelnd beifügend: „Esse nur zu, die Cotolette ist wirklich vortrefflich.“ Er folgt meinem guten Rathe, und in einigen Augenblicken ist Cotolette, Wein und Brod verschwunden.

So mag es zwei Uhr Nachmittags geworden sein. Ein Bruder des Camozzi kommt zu uns herein, und zeigt sich sehr höflich; im Laufe des Gespräches merke ich, daß auch er einer der Satrappen der provisorischen Regierung sei. — Hierauf bestürme ich ihn sowohl wegen des fürs Erziehungshaus gemachten Antrages, als auch zu Gunsten meines Kameraden Bartels und respective des Militärspitals. — Mir gab er Hoffnung, doch meinem Kameraden wenig. — Wir warteten nun so fort auf die herabzulangende Entscheidung. Während dieser Zeit erzählte der junge Minister uns beiden zum Hochgenusse, wie sich die Kroaten höllisch schlagen und ihnen ihre besten Schützen da und dort erlegen; ein unglaublich tapfrer Widerstand werde ihnen überall und namentlich im Pulvermagazin entgegengesetzt; denn dort seien die Kroaten ganz ruhig beim Wachzimmertische gesessen, als wenn es draußen gar nichts gäbe, nur wenn wir sie mit unsern Schüssen zu sehr molestirten, so haben sie sich von ihren Sitzen ruhig erhoben, um nach uns zu sehen, das uns meist die größten Opfer kostete. — So z. B. sagte er, war unser bester Schütze, den wir da hinter der Mauer des nahen beim Pulvermagazin befindlichen Friedhofes hatten, ein äußerst verwegener Mann, noch dazu des langen Wartens müde gewesen, da die Kroaten auf unsere vielen Schüsse kein Lebenszeichen von sich gaben; brach endlich in die Worte aus: „Wartet, ich werde durch dieses Schußloch hinübersehen, was denn diese verfluchten Kroaten eigentlich machen!“ — Dieses sprechend neigte er den Kopf, um durch ein kaum thalergroßes Loch hinüber zu sehen; — aber fast in demselben Augenblicke schreit er fürchterlich auf, und der kühne Späher stürzt mit beiden Armen auswärts schlagend nach rückwärts mit zerschelltem

3

Kopfe. — Eine Kroatenkugel fuhr ihm ins Auge; — er athmete nicht mehr. — Schreckliches Entsetzen unter allen! durch eine Stunde lang wollte uns Keiner mehr zum kleinsten Schußloche. — Dann erzählte er, daß die Kroaten später beim Abzuge von da fast alles Pulver mit sich nahmen, so daß ein Kroat, der von ihnen auf dem Wege erschossen worden sei, einen Brodsack um den Hals gehabt habe, in welchem sich nicht weniger als 75 Pakete scharfer Patronen nebst einem von ihm kurz vor seinem Tode angebissenen Laib Brodes befanden. Den Rest des Pulvers aber hätten die Kroaten im Magazin unbrauchbar gemacht, indem sie die Parkette in der Mitte zerbrochen, das Pulver am Boden verstreuten, mit Erde mengten, mit Urin netzten, und sodann noch mit Füßen zertraten; wodurch sie jetzt Mangel an Pulver leiden, da sie überdies noch die 14 Fässer Pulver, die bei der Finanz hätten sein sollen, nicht finden können. — Hochgenuß für mich!

Schon vor dem Anlangen des Lieutenant Bartels kam der alte Graf Camozzi, und erzählte mir, der Kaiser habe abgedankt, in Wien sei Republik; worauf ich ihn schnell abtrumpfte, da ich ihn als einen zwar schlauen, dem Rufe nach aber als einen dummen alten Gimpel kannte. „Sprechen Sie nicht so zu mir; ich weiß, in welcher Stellung ich bin. Ihre Rede findet bei mir weder Wiederhall noch Glauben. Sagen Sie mir lieber, wie viel Söhne Sie haben.“ — Diese Frage schien ihm zu genügen, denn er entfernte sich.

Endlich kömmt ein Gesandter der provisorischen Regierung mit der Antwort, ich sei, wie solches vorgeschlagen wurde, gleich und ohne mindestes Aufsehen ins Erziehungshaus zu meiner früheren Stellung zurück zu führen, und es habe alles bis zur weitern Bestimmung im primitiven Stande zu verbleiben. — Ich forderte nun eine Sauvegarde, damit es nicht etwa einem andern Haufen einfalle das Erziehungshaus wiederholt zu stürmen, was man mir auch zusagte.

Auch kam die Nachricht, worüber diese Helden jubelten, daß das Kroaten-Bataillon Szluiner mit der Stadt eine Kapitulation abgeschlossen habe, vermög der es heute um 6 Uhr Nachmittags mit Waffen und Bagage abziehen könne, daß an ihrer Spitze zur größern Sicherheit der Bischof von Bergamo im Ornate ziehend ihnen das Geleite aus der Stadt geben werde. — So, also eine Kapitulation und vom Erziehungshause gar keine Rede, als wenn solches gar nicht hier wäre! Schön; wo ist denn der Platzmajor? kennt weder er noch der Kroatenmajor ihre Pflicht? — Armes verwaistes Institut!

Nun trennte mich das Schicksal vom Kameraden Bartels, welcher noch im Hofe blieb. Ich hörte erst bei der endlichen Rückkehr aus meiner Gefangenschaft, daß er richtig zur provisorischen Regierung geführt, und von derselben als Parlamentär in die Kaserne S. Agostino zu den Szluinern gesendet wurde, wo er auch blieb, mit ihnen später abzog und so — glücklicher als ich — der schmählichen Gefangenschaft entging.

Mich nahm nun der Graf unter den Arm, und führte mich in sein Appartement im 4ten Stock, um Civilkleider zum Rückgang ins Institut anzulegen.

## Rückkehr in die frühere Stellung.

Travestirt und im Hofe angelangt, kommen vier bewaffnete Insurgenten mir zu; und der Graf führte mich in den Hinterhof und von da in den Garten. Sowohl auf dem Wege dahin als schon früher in seiner Wohnung selbst, wo er mich mit allen erdenklichen Höflichkeiten wörtlich genommen überschüttete, drückte er mir öfter und versteckt Hand und Arm, beifügend: „Ich empfehle Ihnen, Herr Kavalier, meine Familie.“ —

Nach einigem Herumsuchen fand sich endlich der Schlüssel vom Pförtchen eines Hinterthores; ich gelangte von meiner

*

Eskorte begleitet ins Freie auf die Circonvalationslinie der Stadt. Die vier edlen Knappen des Heeres der Unüberwindlichen waren so gentil mich zu fragen, welchen Weg ich wünsche ins Erziehungshaus einzuschlagen. Wie ganz natürlich bezeichne ich ihnen jenen, der noch am freiesten vom Tagsgetriebe war, d. i. um die Stadt über die Felder. Zwar mußte ich auch da zwei Mal die Gasse traversiren, und mich zwischen einer Barrikade durchzwängen, bei welcher noch ein kleines Kanönchen, womit sie in ziemlicher Zahl versehen waren, auf einer ganz originellen Laffetirung stand. Der Weg führte mich auch bei der Werkstätte des Bürgers und Kupferschmidwaaren-Fabrikanten Pozzo vorbei, welchen ich als einen ausgezeichnet ehrlichen Mann zu kennen glaubte; aber leider muß ich jetzt sagen, daß ich meine Voraussetzung nicht sehr begründet fand. Meinen freundlichen Gruß erwiederte dieser Schlaukopf kalt, welches mich befremdete. Doch ist es beim Menschen schon so: was er gerne möchte, glaubt er eben gerne, und sucht sich selbst oft bei dem handgreiflichsten Gegentheile sehr lange zu überzeugen, das sei nur Zufall, die Folge werde aber zu eigenen Gunsten gewiß entscheiden.

So kehrte ich fast ungesehen ins Institut zurück, und die Bramarbasaden meiner Begleiter belustigten mich am Wege nicht wenig; denn der eine erzählte, daß er fünf Kroaten, der andere sogar sieben und so jeder von ihnen eine tüchtige Porzion derselben erlegt habe. Gehorsamer Diener, wenn da ein jeder dieser schmutzigen Kobolde unter den armen Kroaten so aufgeräumt hätte, wie diese vier Scipionen es vorgaben, was wäre da aus dem armen Bataillon der Szluiner geworden! Während meines ganzen Weges hörte ich keinen Schuß; dieses bekräftigte mir, daß es mit der Kapitulazion der Kroaten seine Richtigkeit haben müsse.

Beim Erziehungshause angelangt fand ich schon beim Thore die Sauvgarde; als ich durchs Wachtzimmer eintrat, (denn das Hauptthor und die übrigen Ausgänge waren noch immer verbarrikadirt) empfingen mich meine Knaben mit Jubel und ebenso die nicht fortgeführten Chargen. Ich befahl augenblicklich, daß sich sämmtliche Chargen zu versammeln haben, zog den Militär-Uniform an, und erhielt sonach vom Feldwebel Wimmera die Meldung, daß man während meiner Gefangenschaft sämmtliche Waffen und Munizion abgefordert habe, die er, da von einem Widerstande nicht mehr die Rede sein konnte, ausgeliefert hat. Sonst sei man gar nicht ins Haus gekommen. Die Knaben hätten aber, als man mich fortgeführt hatte, geweint und ein Zettergeschrei um mich gemacht, da sie mich durchaus frei wissen wollten. Ich theilte ihnen gegenseitig meine Erlebnisse mit. Da die Anstalt bis zu ihrer förmlichen Uebergabe in der Art zu verbleiben hatte, wie sie früher war, so befahl ich nunmehr die Verbarrikadirung gleich abzunehmen, die Schulsäle und alle übrigen Lokalien in den frühern Stand zu setzen, und daß am folgenden Tag die Schule nach früherer Ordnung zu beginnen habe.

Gemäß der Lage, in der nun das Institut stand, ordnete ich strengstens an, daß kein Mann, von mir angefangen, bis auf Weiters aus dem Institute gehen dürfe, weil eine gänzliche Isolirung unerläßlich nöthig ist. Für den Dienst außer dem Hause bestimmte ich den Führer Saibene als Italiener, und war darauf bedacht zwischen mir und der provisorischen Regierung eine Mittelperson zu erhalten.

Später gegen Abend brachte der Lieferant Moschent die dem Institute nöthigen Lebensmittel, und kurz darauf erschien der Bürger Antonio Monzini mit der Mittheilung der provisorischen Regierung, daß man ihn zur Zwischenperson ernannt habe. Eben brachte er mir die Versicherung, daß auch der Feldwebel Pabitzky, — den einige Bürger nicht freigeben wollten, — noch heute Abends im Institute eintreffen wird; was auch geschah. Die Lehrer Adelstein und Döpke, welche man ebenfalls fortgeführt hatte, waren in

Folge meiner hierüber noch in casa Camozzi gemachten Anforderungen schon früher ins Institut zurückgeführt.

Es mochte noch nicht eine Stunde vergangen sein, daß mich Monzini verließ, so sehe ich ihn wieder athemlos und am Leibe bebend zu mir kommen, und bat mich ihm zu gestatten, als Sauvgarde nur zwei Mann vor dem Institute zu lassen, da man der andern bedürfe, nachdem die Kroaten nicht mehr abziehen wollen, und man sich daher wieder schlagen müsse. Was konnte ich thun, als das zugeben, was zu verhindern nicht in meiner Macht stand? Freudig war ich bewegt ob dieser Kunde; denn ich machte aus selber die Folgerung, daß das Kroaten-Bataillon der Szluiner die Kunde erhalten haben mochte, entweder das lange ersehnte Infanterie Regiment Hohenlohe oder eine andere Truppe werde als Verstärkung stündlich anlangen. Gut wäre es wohl so gewesen, um mich aus meiner fatalen Lage zu bringen; doch die Götter hatten es diesmal im Rathe anders beschlossen. — Abends wurde das Thor gesperrt, den Schlüssel nahm ich selbst zu mir, damit (die zwei Schaarwächter machten mir wenig Kummer und Sorge) wenn sich die Umstände für mich günstig gestalten sollten, ich schleunigst die nöthigen Maßregeln treffen könne.

## Abzug des Kroaten Bataillons der Szluiner.

Von den Ergebnissen der letzten Tage zu Tode ermattet, begann ich ein gutes Schläfchen zu machen, doch schon (den 23. März) um 1 Uhr nach Mitternacht weckte mich ein schreckliches Bataille-Feuer aus meinen süßen Träumereien. Aus dem Bette springend, eile ich zum Fenster und es präsentirt sich meinen Blicken ein vehementes Feuer bei der Kaserne St. Agostino, das sich an der Courtine der Circonvalazionslinie gegen Norden verlängert. Nun ist mir Alles klar. Ich sehe mich vom Anlangen eines jeden Sukurses enttäuscht, und kann nicht mehr zweifeln, daß sich das Grenz-Bataillon auf dieser Seite durchschlägt. Die Wahl des Weges ist sehr gut. — Ach! die Armen, wie tapfer sie sich schlagen; könnte ich ihnen nur auch helfen! — Gott wahre und leite sie glücklich ins Freie, denn sodann wird es ihnen leichter sein sich mit geringem Verluste nach Brescia durchzuschlagen. Das Feuer nimmt immer mehr zu; ich rufe alle Chargen, die lagen wach; ordne ihnen an in die Schlafsäle zu gehen und darauf zu sehen, daß kein Knabe aufstehe oder gar zum Fenster gehe. Ich laufe im ganzen Hause bald da bald dort zu einem Fenster; sehe, wie es draußen steht und ob Ordnung im Hause ist. Die Knaben schlafen ruhig fort; denn es ist 1 ½ Uhr nach Mitternacht, — der stärkste Schlaf bei Kindern. Ein Glockengeläute, ein Schießen und ein Schreien, daß es einen erbarmen möchte, dauert fort. Man sieht, wie sich das Feuer gegen die Porta St. Lorenzo zieht, hingegen aber bei der Kaserne St. Agostino abnimmt.

Besonders wird es jetzt da stark, wo die Häuser den armen Grenzern ein Défilé bilden; — man sieht sie durchdringen; — das ist ein Heldenmuth! Die Schüsse nehmen auch da ab, man hört sie aber fort in der Ferne. So vergeht eine viertel Stunde, und ich halte mich überzeugt, daß meine Lieben bei dem früher bezeichneten Thore glücklich durchgekommen sind. Nun aber wohin werden sie sich wenden? — Ein Larm läßt sich in den Feldern beim Lazarete hören; mir scheint es, daß solches die Insurgenten sind, die von den Grenzern gedrängt sich da zurückziehen, oder ihnen vielleicht gar den Uebergang über den Serio abzuschneiden gedenken. Das Gemurmel kömmt näher, — ein Schuß fällt, — die Kugel dringt durch die Jalusien, und das Fenster in einen Balken der Decke des großen Schlafsaales. Wer soll das sein, der sich einen solchen Frevel erlaubt? das können nur Insurgenten sein! Ich gehe daher schnell auf den Gang um zur Hand zu sein, falls sie wieder ans Erziehungshaus wollten, um ihnen die

Sauvgarde entgegen zu stellen. Doch der Lärm nimmt ab, und verstummet, wie auch die Schüße. — Gott sei Dank, die Kroaten haben sich glücklich durchgeschlagen. Recht hatten sie es so an zu stellen. Der schändlichste Verrath hätte ihrer ungeachtet aller Kapitulazion doch gewartet; denn so wie ich dieses Völkchen nunmehr kenne huldigt es nur dem Satz der Neuzeit: „der Zweck heiligt das Mittel.“ Dieses moderne Princip heiligt es in seinem größten Umfange durch seine von keinem Volke der Erde erreichten Lugen und Verläumdungen, wozu es auch als ein Mittel zum Zwecke selbst den Treubruch rechnet.

Doch warum dachten die Grenzer bei ihrem Abzuge nicht auch an das Erziehungshaus? War es ihnen unmöglich uns mitzunehmen? — Hatten sie wegen dem Institute gar keine Befehle? — oder dachte man egoistisch an sich allein? oder hatte man vielleicht, was ich selbst nicht glauben kann, so total den Kopf verloren, um ganz zu vergessen, daß im Orte auch ein Erziehungshaus sei? Wo war denn der mit der Lokalität so wohl bekannte Platzkommandant? Den Philantropen spielen, mit der Jugend leppisch gut sein ist wohl keine Kunst, aber im entscheidenden Augenblicke sich als Mann von Kopf bewähren, das ist eine andere Sache. — Daß so mancher Pedant in so außerordentlicher Lage selbst noch den eigenen Kopf suchen möchte, der ihm fest am Rumpfe hing, wenn er ihn zu größerer Sicherheit vielleicht noch mit beiden Händen umfaßt hielt, ist natürlich; nie haben wir von solchen Menschen etwas anderes gewärtiget. Bitter getäuscht mögen sich wohl solche Klügler gefunden haben, die dem Civile vergötternde Ehrfurcht brachten, die wie wohl dem Militär angehörig, doch Jeden ihres Gleichen nur als Knecht, das Civile aber als König und Herr ansahen. Ja für solche Freunde mußte, wenn den andern ein Licht aufging, ein Flambeau leuchten und die in neuester Zeit frequent gewordene Frase „zu spät“, mußte sie steif machen und zu einem Eisklotze umformen. O! —

Was soll ich solch' Getäuschten zurufen: Du goldenes Kalb oder du goldener Ochs? — Was soll der Herr ihnen zu Ehren dann bauen, vielleicht ein elfenbeinernes Haus oder gar einen goldenen Palast? — Nein bei Leibe nicht; für sie steht des Herrn Stall und Krippe stets bereit. Ich kenne und weiß aus Erfahrung alter Kautze, daß dich das Antike vor allem anzieht. Genießet es, je älter und schlechter als es ist — ich gönne es euch; denn einer der Eurigen war ohne Zweifel die mittel- oder unmittelbare Ursache, daß mir die Gefangenschaft und der Kerker zu Theil wurden; freilich ging es manchen derselben besser als mir und meinen Genossen; denn während dem wir im Kerker gefesselt, bewacht und auf alle Arten geschunden wurden, behielten hingegen diese ihre bequeme Wohnung, genossen lukulische Mahle gegen unsere spärliche Mahlzeit, und machten vielleicht noch Hof bei den neuen und alten Satelitten. Einer aber fand sogar keine Zeit seinen schwer verwundeten und gefangenen Kameraden zu besuchen, obwohl es allen übrigen im selben Orte gefangenen Offizieren vom Comitato di Guerra gestattet wurde diesen Akt der Barmherzigkeit ein auch mehrmal in der Zeit ihres Sieges daselbst zu üben. — Aber meine Alten, ich bin in dieser Beziehung ein ganz eigener Junge! — selbst meine Leiden vertausche ich nicht mit euren Freuden. — Lieber Leser! verzeihe mir nun diese für dich gewiß langweilige Philippika; denn das Herz ist mir zu voll. Auch du wirst diese Erfahrung gewiß als Erdenmensch gemacht haben, daß einem bei vollem Herzen der Mund übergeht. Zwar ein altes, aber wahres Sprichwort.

Es war einmal nicht zu ändern; man überließ das Erziehungshaus seinem Schicksale. Mein Plan war nun einfach. Ich trachtete vor der Hand mich jeder nähern Verbindung mit der Insurgenten-Regierung zu enthalten; denn, dachte ich mir, gewinne ich Zeit, so ist da Alles gewonnen. Erfährt der Feldmarschall Graf Radetzky den Abzug der Garnison, so wird er schon darauf bedacht sein, Bergamo zur Raison zu bringen, was ihm nicht schwer fallen dürfte.

## Sicherstellung aller dem Institute nöthigen Bedürfnisse.

Gegen 8 Uhr Früh kam der Lieferant Giovanni Moscheni, um sich anzufragen, wie es um ihn stehe, und daß er bereit sei dem Erziehungshause seine Lieferung, so lange ich Kommandant bin, der Art fortzusetzen, wie er kontraktmäßig verbunden ist, ob er hiefür gezahlt werde oder nicht. Lobenswerther Antrag. Auch bedauerte er offen die Verirrung seiner Landsleute; meinte, er habe sehr viel verloren, möchte aber nochmals so viel zahlen, wenn unsere Truppen zurückkämen, an dem er nie zweifeln werde. Ich versicherte ihm die richtige Saldirung seiner Zeit, und fügte bei, daß vielleicht die provisorische Regierung, da sie bis auf Weiters den Bestand der Anstalt zugegeben habe, (da das Erziehungshaus ganz mittellos ist, indem die Kassa beim Stadt-Kommando sich befand, und ich nicht weiß, was mit ihr geschehen ist,) vielleicht auch die Zahlung leisten werde, worüber er mit den neuen Machthabern sprechen könne; ich werde es ebenfalls der Mittelperson, dem Herrn Monzini, sagen. Herr Moscheni meinte, die provisorischen Herrn könnten solches leicht zahlen, denn er wisse bestimmt, daß sie sich nur in der Finanzkassa zu Bergamo an 300,000 Zwanziger angeeignet haben. — Ich ließ d.n Herrn Monzini rufen, und er ging bald in meine Ansicht ein. Am 24. erhielt ich die Zusicherung für alle Lieferanten schriftlich.

## Eindruck des Rückzugs des Feldmarschall Grafen Radetzky aus Mailand auf die Bergamasker.

Es mochte 2 Uhr Nachmittag sein, als sich das Gerücht verbreitete, daß der Feldmarschall Graf Radetzky Mailand mit seinen Truppen geräumet habe, und man befürchtete, daß er über Bergamo die Kavallerie senden werde. Ein panischer Schrecken ergriff die Bevölkerung; — eine Menge Landleute ziehen bewaffnet zusammen; man errichtet, wie ich höre, neue Barrikaden. — Ach! wenn nur eine Kolonne über Bergamo ginge, — wenn schon der unglückliche Abzug wahr ist! — Gott! wie selig wäre ich, mich befreit zu sehen; denn zu jedem Abzug bin ich bereit. — Doch leider wird es 6, ja schon 8 und 9 Uhr Abends, und noch immer kommt die heiß ersehnte Befreiung nicht. Ich gehe zu Bette; es ist 11 Uhr; noch nichts. Gute Nacht, das Erziehungshaus ist allein zu unbedeutend, höhere Zwecke müssen zu erreichen vorliegen; ich bleibe ein Opfer. — Orpheus nehme mich in seine milden Arme, und lasse mich für Augenblicke die elende Lage vergessen, in der ich bin.

## Versuch mich zum Uebertritte zu überreden.

Außerdem, daß fast alle Eltern der Kostknaben in mich drangen ihre Fahne zu umfassen, was ich artig — aber mit Bestimmtheit stets zurückwies, kam (es mag am 25. März gewesen sein) der Conte Luppi von Redona, welchen ich seit meinem Sein in Bergamo sehr gut kannte, da er sich stets bald um diesen bald um einen andern Kostknaben annahm, zu mir mich zum Treubruche zu überreden. Seine Schlauheit kam hiebei ganz seiner perfidesten Schändlichkeit und maßlosesten Unverschämtheit gleich. In der Abenddämmerung, daher im Zwielichte, einer einem Schurken ganz anpassenden Beleuchtung, höre ich an meiner Thüre ganz scheu klopfen. Auf mein barsches **avanti**! (herein) folgt ein lang gedehntes „**è permesso**" (ist's erlaubt); was mich zum wiederholten **avanti**! nöthigt. Auf dieses geht endlich die Thüre sehr langsam auf, und eine gebückte, zusammengeschrumpfte Gestalt kommt sich langsam aufrichtend mit vielen Bücklingen an mich heran. Ich erkenne Herrn Mephistofeles, und bringe ihn endlich zum Niedersitzen auf das

Sopha nach seiner schlauen Einleitung: »er komme, um zu sehen, wie es mir gehe; er habe mit größten Leidwesen erfahren, man habe auch das Erziehungshaus gestürmt, und mich im Triumphe herumgeführt, was nicht recht gewesen sei; ich möchte das dem Volksaufruhre zu Guten halten, es freue ihn aber herzlich, daß man diesen Mißgriff wieder gut gemacht habe und er konnte sich nicht versagen beim Vorbeifahren eigens abzusteigen um sich von meinem Befinden zu überzeugen und sich mir in Allem zu Diensten anzubieten.«

Ich erwiedere in einem eben so höflichen Tone und in schlauer Wendung: »daß mich so viel Aufmerksamkeit rühre, (aber schwach;) und daß es mir hiebei nur sehr leid sei von seinem freundlichen Anbote keinen Gebrauch machen zu können, und dieses aus dem höchst einfachen Grunde, weil ich nichts bedarf, da ich hoffe in Bälde meine lästige Lage mit Ehren beendet zu sehen.«

Nach einem bedenklichen Mieneschneiden begann er: »Herr Oberlieutenant, Herr Kavalier! Sie kennen mich schon viele Jahre als Ehrenmann; ich bin 80 Jahre alt, stehe am Rande des Grabes, und Sie werden zugeben, daß ich einige Erfahrung habe, auch ich war Soldat; mir ist es ganz gleich, wie sich die Welt gestaltet. Ich liebe gewiß mehr Ruhe als die jetzige Aufregung; doch der Zustand, in dem wir uns vor dem Aufstande befanden, war unerträglich, — glauben Sie meinen Worten; sehen Sie mich an, ob ein Mann in meinem Alter, der nächstens vor dem Richter Aller stehen wird, anderes als Wahrheit reden kann. Ihre Sache ist gänzlich verloren, ihr Heer zertrümmert und der Rest auf der Flucht. Nichts kann mehr Italiens Freiheit in Fesseln legen, wir sind, Gott wollte es, — frei! Sie sind geliebt von ihrer Jugend und Allen, die Sie kennen. Ihnen kann und wird es bei uns sehr gut gehen; solche Männer wie Sie wissen wir zu schätzen; Sie machen ihr Glück!« — Nun hatte ich genug. Weil ich schwieg, und vorerst hören wollte, wie weit ein so alter

Mann sich vergessen, vielmehr schädlich sein kann, glaubte er vielleicht mich bereits für sein schändliches Vorhaben gewonnen zu haben; er hätte sich weiß der T..., (denn als der stand er in Menschengestalt eben so vor mir wie Herr Lu... vor Christus) was erlaubt, wenn ich nicht auf einmal aufgesprungen wäre und, indem ich ihn scharf und ironisch maß, ihm erwiedert hätte: „Ich ehre das Alter, Herr — Sie sprechen aber nicht als Ehrenmann, für den ich Sie halten soll. — Sie haben sich an mir geirrt: ich bin nicht der Mann des Treubruches. Ich liebe meinen Monarchen und mein Vaterland, habe ihnen Treue gelobt und werde sie unter allen Umständen bewahren; weßhalb ich Sie ersuche ihre Ansichten über mich darnach zu berichtigen!“ Er wollte mir noch allerlei Barbareien aufzählen, die unsere Truppen besonders die Kroaten in Mailand verübt haben sollen; doch ich schützte ein dringendes Geschäft vor, das ich bei den Zöglingen abzuthun hätte, beifügend, ich kenne die Disciplin unserer Truppen, und dieses sei mein Maßstab, welchen ich ähnlichen Fabeln anlege. — So empfahl sich die italienische Mumie auf Niewiedersehen.

## Besuche der Eltern bei den Kindern und ihr Vertrauen in mich.

Die in Bergamo befindlichen Eltern der Zöglinge fanden sich schon am 23. und jene von Mailand, Monza, Pavia, Lecco, Como und Brescia in den folgenden Tagen des März und April bei mir ein, waren höchst erstaunt mich noch als österreichischen Offizier amtirend zu finden, und erklärten sich fast einstimmig dahin aus Achtung für mich ihre Kinder erst dann aus dem Institute zu nehmen, wenn ich dasselbe übergeben müsse; wobei einige österreichisch Gesinnte mir offen gestanden, sie hielten unter meiner Obhut ihre Kinder sicherer als zu Hause. Viele von ihnen erklärten sich vor mir ganz offen gegen die Empörer. Daß auch ein Theil sich in revoluzionären Phrasen gefiel, ist natürlich; doch sehr wenige trugen es ganz offen vor, da ich gleich bei ihrem Beginne sie höflich ersuchte meiner Person und Denkungsart nicht nahe zu treten. Den Knaben gestatte ich mit ihren Eltern zu speisen, und ich muß gestehen, daß die Eltern ihre Kinder mir mit Dank zur festgesetzten Stunde wieder zurückführten. Im Allgemeinen waren auch die Briefe, welche den Knaben zukamen, im Ausdrucke recht gemäßigt, bis auf einige Familien, von denen ich es gerade am wenigsten erwartet hätte, da sie eben von Gnaden unseres Kaiserhauses lebten. Doch zu großer Ehre der Kinder muß ich sagen, daß sich solche viel besser benahmen als die Angehörigen selbst; so z. B. erhielt der Knabe Maschka von seinem Bruder, einem Deutschen, der in einer Buchdruckerei in Mailand angestellt war, ein wirklich infames Schreiben. Nachdem ich es dem Knaben mit der einfachen Bemerkung zugestellt hatte: „Da, lieber Maschka, ist ein Brief von deinem Bruder in Mailand; ich bin von dir überzeugt, daß du ihn so zu würdigen wissen wirst, wie er es verdient“ — sah ich ihn nur 15 Schritte sich entfernen, selben lesen, sodann mit vor Wuth glühendem Gesichte in Stücke zerreißen, und sogar wegwerfen. Als andere Knaben dieses sahen, und herankommend fragten, was ihm sei, hörte ich ihn sagen: „Mein Bruder ist ein Narr oder ein Lump!“ So könnte ich mehrere Beispiele aufzählen, wenn ich nicht befürchtete langweilig zu werden.

## Besorgnisse, ob den Knaben nichts fehle.

Fast täglich, besonders in den ersten Tagen kamen Bürger, die mich fragten, ob den Knaben nichts fehle, welches aber in den ersten Tagen des Aprils aufhörte, da ich zu verstehen gab, daß so was unschicklich ist, indem ich nur meinen Vorgesetzten hierüber Antwort zu stehen habe, und die Eltern der hier befindlichen Knaben es von ihren Kindern ohnehin erfahren.

## Die dreifärbigen Zeichen schleichen sich ein, und ich kann solches nicht abschaffen.

In Folge der Einladungen der Zöglinge, die ich, um nicht Anstände zu haben, geschehen lassen mußte, wobei die Eltern ihren Kindern Cocarden oder dreifärbige Bänder auf den Spenser oder die Kappe hefteten, geschah es, daß in acht oder zehn Tagen von der Erstürmung des Instituts an bald da bald dort sich ein Knabe auch im Hause dieses Zeichen aufsteckte; Anfangs ganz ohne schlimme Absicht mehr zur Zierde. Die Kinder sind wie Affen in dieser Beziehung. Ich fürchtete durch ein direktes Verbot entweder bei den Kindern oder den Angehörigen eine Erbitterung herbeizuführen, und ignorirte solches daher ganz. Diese Maßregel erwies sich auch bald als das Beste, wie ein späterer Vorfall gezeiget hat, den ich mir nun vorzuführen erlaube.

## Erbitterung der Knaben gegen Feldwebel Wimmera und die Demonstration, dann mein günstiges Dazwischentreten.

Es mochte am 15. April gewesen sein, als ich um die Rapportstunde früh im offenen Corridor auf und abging, und der Feldwebel Wimmera sich zu mir gesellend mich auf das unartige Betragen einiger Zöglinge und das Benehmen einiger Gemeine, ja selbst Chargen aufmerksam machen zu müssen glaubte, was mir aber schon früher nicht entgangen war. Ich gab ihm mein Mißvergnügen darüber kund, beifügend, ich werde dem bald ein Ende machen. Dann befahl ich den Rapport zusammen zu stellen. Er that, wie ihm befohlen war, da er die Inspekzion zu übernehmen hatte. Nach Beendigung des Rapports entfernte ich mich auf mein Zimmer mit dem Vorsatze erst bei einer schicklichen Gelegenheit die Betreffenden wegen ihres Betragens zurecht zu weisen. Feldwebel Wimmera aber, welchen die Knaben bei mir über sie klagen sahen, und vielleicht auch hörten, war über diese Jungen so erboßt, daß er ihnen im Allgemeinen seine Meinung sagte, und dann in Reihen abmarschiren ließ, worüber sich einige zu brummen erlaubten, da sie glaubten, er wolle sie Alle mit Herummarschiren bestrafen. Feldwebel Wimmera fing nun an mit ihnen zu lärmen, ließ sie aber doch endlich abtreten. Nun wollten sich aber einige Boßhafte an ihm rächen und in einem Nu waren alle Wände und Stiegen mit: evviva Pio IX., (Es lebe Pius IX.) besudelt. Der Feldwebel Wimmera kommt ganz desperat zu mir, und meldet mir solches. Nach kurzem Ueberdenken des Vorfalls gehe ich herab in die 4. und 5. Klasse (wo ohnehin ich den Vortrag zu halten hatte, da die Knaben mittlerweile in die Schule gegangen waren), und rede ihnen im Allgemeinen zu Gemüthe, gehe von einem Gegenstand auf den andern, und endlich mache ich wie ganz zufällig die Bemerkung, daß ich auf meinem Wege in den Klassensaal eine Menge von Gekritzel auf den Wänden bemerkte, worunter ich evviva Pio IX. oft deutlich las. — Es sei mir sehr unangenehm von meinen Kindern zu sehen, daß sie mich kränken wollen, und spann so den Faden mit Geschick fort, daß der größte Theil der Knaben vor Rührung zu weinen und zu schluchzen begann. Als ich solches sah, schloß ich mit den Worten: „Nun zeigt mir, Kinder, daß ihr mich liebt. Addio!“ — Ich stand auf und ging auf mein Zimmer in der Erwartung, was sie machen werden. — Es verging keine Viertel Stunde, und alle Wände waren von den Gekritzel perfekt gesäubert. Nie wieder erlaubte sich ein Zögling nur ein Wort mehr an die Wand zu schreiben. — Bei der nächsten Gelegenheit als ich wieder in die Schule kam, sagte ich den Knaben, daß ich nie an ihrer Zuneigung gezweifelt habe, und in Vorhinein schon wußte, was sie auf meine Worte thun würden.

## Wühlen der Sauvgarde.

Keinem wird es auffallen, daß, wenn auch nicht in den ersten Tagen doch aber in der Folge, die Sauvgarde, welche nicht immer, besonders gegen Ende aus Bürgern sondern oft aus zusammengerafftem Gesindel bestand, das nur des Geldes halber diesen Dienst übernahm, einen ungünstigen Einfluß nehmen werde, welcher sich hauptsächlich an der kommandirten Mannschaft zeigte, und selbst bei einigen Chargen zu wuchern begann. Die so vielen Erzählungen der abenteuerlichsten Gerüchte bei nicht festen Charaktern, und der Mangel an nöthiger Bildung mußten viele Schwächen, — die vom Individuum selbst noch unerkannt in selbem schlummerten —, aufregen und in Vorschein bringen, gleich einigen Fischgattungen, die nur dann an die Oberfläche des Meeresspiegels kommen, wenn die See in ihren Tiefen aufgeregt ist. Und wahrlich auch das war ein gewiß nicht gewöhnlicher Sturm; denn er hatte bei seinem Auftreten ganz den Anschein eines Orkans, der so zu heulen begann, als wollt' er sausend und brausend seinen Firlefanz wenigstens über ganz Europa machen.

## Ungehorsam und Leichtfertigkeit einiger Chargen.

Mein Verbot nichtauszugehen ging aus der präkeren Lage hervor, in der wir uns befanden, und es mußte von Jedem, der mit Ruhe und Besonnenheit darüber nachzudenken im Stande war, als das einzige Mittel erkannt werden, daß durch gänzlichen Abbruch jeder näheren Berührung mit der empörten Außenwelt seine Selbstständigkeit bis zur Uebergabe und die Ehre für immer zu erhalten sei. Doch die eigenen Leidenschaften sind meistens des Menschen hartnäckigste nnd größte Feinde, besonders bei jungen Leuten, wenn diese mit dem Kapitalfehler des Men-

4

schen zusammentreffen. — Nichts war den Leuten, besonders aber einigen Chargen lästiger, als das Verbot des Ausgehens. Je strenger ich darauf hielt — (denn Abends sperrte ich das Hausthor nach dem Zapfenstreich selbst, nahm den Schlüssel zu mir und ließ erst um 6 oder 7 Uhr früh wieder öffnen) —, um so schwerer fiel es denselben. Sie suchten alle Mittel und Schliche auf mir auf eine andere Art zu entwischen. Sogar des Nachts stiegen sie über Mauern, um das Antlitz des holden Mondes — besser bewundern zu können. Daß ich dahinter kam, ist natürlich; da die Lage durchaus nicht der Art war durch Strafen einzuschreiten, (was ihnen den jetzt mehr als je nöthigen Respekt der Zöglinge entzogen hätte,) mußte ich mit aller Energie und der determinirtesten Entschiedenheit bei derlei Fällen auftreten. Als Korporal N., der nach dem Korporalen N. der Flüggste war, sich beikommen ließ des Nachts um 1 Uhr eine Parutschade zu seiner Holden im blaßen Mondlichte zu machen, wobei, da man das Haus mit Spionen umstellt hatte, er für meine Person angesehen wurde, welches mir auf eine pikante Art zukam, so ließ ich den tollen Jungen zu mir kommen. Da er nicht sogleich es bekennen wollte, mußte ich ihm zeigen, daß er es mit einem Manne zu thun habe, der bei noch vorkommendem Ungehorsam oder gar vielleicht Wiedersetzlichkeit gegen ihn und jeden der Art Pflichtvergessenen von seinen bei sich habenden Waffen augenblicklichen Gebrauch machen würde. — Ich hatte zwei Sackterzerolen, jede mit zwei Läufen, die ich stets bei mir trug; diese waren meine Gefährten beim Triumphzug am 22. März, und blieben es stets bis zum letzten Augenblick, denn sie waren immer für den bestimmt, welcher es gewagt hätte meiner Person zu nahe zu treten, besonders im äußersten Falle um nicht ungeracht zu fallen. Als ich meinen Jungen entschlossen meine Puffer vorzeigte, beichtete er, zerfloß in Thränen, gelobte es nicht mehr zu thun; und ich — verzieh dem reuigen Sünder, ihm bedeutend, seinen lockern Kumpanen meine unerschütterliche Willenskraft und die Gefahr, in die sie sich wegen ihrer Mondsüchteleien mit mir stürzten, nur zu sagen; denn es sei mir recht, daß Jeder wisse, wie er mit mir steht. Dieses hatte gute Folge, denn die Krankheit schwand. — Auch fiel einigen Herrn Lehrern der Vortrag schwer, und ich hatte auch in dieser Beziehung Noth; denn obwohl wenig oder gar nichts gelernt wurde, was in dieser Lage zu entschuldigen war, — so war diese Schule doch nur das einzige Mittel, die Knaben und selbst die Lehrer zu beschäftigen und leichter im Zaume zu halten.

## Regiments-Kaplan Bunz von Sigismund Infanterie kommt den Religions Unterricht den Knaben zu ertheilen.

Gleich nach den ersten Tagen des Aufstandes kam der Herr Regimentskaplan Bunz des Infanterie-Regiments E. H. Sigismund eines Morgens zu mir, und sagte, die provisorische Regierung habe ihm aufgetragen ins Erziehungshaus zu gehen und den Religions-Unterricht — so wie früher — zu ertheilen. Dieses war mir sehr angenehm. Doch die zweifelhafte Sprache und überhaupt das Ganze seines Betragens ließ in mir den Gedanken aufkommen, auch er sei wie viele Andere zu den Insurgenten übergetreten, weßhalb ich anfänglich ebenfalls gegen ihn meine Zurückhaltung im Betragen und Worten anwendete. Er sagte mir, daß er das Civilspital besuche; — erzählte mir von den armen, verwundeten Soldaten, was mich sehr ergriff, lobte die Behandlung der Verwundeten, und besonders die Bedienung durch ansehnliche Bürger-Frauen; er sagte ferner, er sei bei einem Conte logirt und sehr gut beköstiget, — er habe bereits 2 Mal beim Bischof gespeist und gehe ganz frei und unbeanstandet im Orte herum. — Ihn nicht kennend ließ ich ihn blos reden, und sorgte dafür, daß er bald in die Schule gieng. In den nächsten Tagen schwand aber immer mehr und mehr mein Verdacht, als er mir Grüße des am 20. März beim Ausmarsch stark verwundeten Oberstlieutenant Baron Schneider ausrichtete, welcher in Casa Grumelli, seiner früheren Wohnung, in der Kur lag. Auch brachte er mir die allgemeine Augsburger Zeitung, die ich aber selbst, wie ich später sagen werde, auf anderem Wege erhielt. — Aus seinen Mittheilungen entnahm ich schon, daß er wenig Takt in der Welt habe, und besorgte für seine weitere Freiheit das, was wirklich auch eintraf, d. i. man beschränkte ihn anfänglich im Herumgehen auf einen gewissen Umkreis, und sperrte ihn endlich in die Gefängnisse St. Antonio, — wo alle gefangenen Aerzte von Geppert- und Sigismund-Infanterie waren —, ein, wo er so lange belassen wurde, bis der zweite Transport der zu Bergamo gefangenen Herrn, worunter auch ich mit dem Oberstlieutenant Baron Schneider war, nach Mailand abging, mit dem er ebenfalls einballirt wurde. Die Ursache, warum man ihn gefangen setzte, war, daß man ihn beschuldigte, er habe der kranken und blessirten Mannschaft gegen das Interesse der provisorischen Regierung gepredigt, und die Mittel an die Hand gegeben ihre Leintücher zu zerschneiden und sich mittels dieser Streifen statt eines Strickes aus den Fenstern des Nachts herabzulassen und zu entfliehen. — Lächerliche Anklage, besonders wenn man bedenkt, daß durch den zehnfachen Cordon, den man um die Gefangenen geschlossen hatte, es selbst gesunden, auch mit der italienischen Sprache nicht gelingen konnte sich zu den Ihrigen durchzuschleichen; — was konnten da erst kranke und blessirte Kroaten thun? frage ich. — Doch man wollte eine Ursache haben, um ihn einzusperren, und um die war dieses Völkchen nie verlegen.

Daß sich dieses Volk so leicht in seine eigene Lüge so hineindenkt, als seie sie Wahrheit, ist nicht zu wundern, und die Möglichkeit mit einer solchen Ueberzeugung zu lügen, daß es der Lügner selbst glaubt, wird man nur dann ganz begreifen, wenn man selbst der gebildetern Klasse, d. i. der höhern Beamten krasse Unwissenheit im historischen, geographischen und statistischen Fache näher kennen gelernt und sich überzeugt hat, wie der Italiener in der gräßlichen Befangenheit lebt, er, nur er sei die Blüthe der Civilisation, alle übrigen Völker um ihn herum seien fast noch im Naturzustande, daher Barbaren; nur dem Franzmanne und aus besonderer Protection — aber dies auch nur zu gewisser Zeit — läßt er zu, sich hinter ihn reihen zu können.

Einige Beispiele als Beleg dessen. Der piemontesische Feld-Kriegs-Kommissär zu Savonna, ein sonst gebildeter und sehr artiger Mann, machte eines Tags dem Oberstlieutenant Baron Schneider bei Gelegenheit, als man über die vom Feldmarschall Grafen Radetzky an seine Gegner gnädigst ertheilten Schläge sprach, die interessante Bemerkung: Oesterreich müsse wenigstens sechs Millionen Soldaten auf den Füssen haben, wenn es in Polen, Böhmen, Oesterreich, Ungarn und Kroatien kämpfe, nach Deutschland Truppen sende und noch mit so kolossaler Masse von Militär in Italien auftrete.

Bei einer andern Gelegenheit äußerte er sich, als man erzählte, die piemontesischen Gefangenen seien zu Josefstadt, Linz, und im Innlande &c.: „das wird etwa drei bis vier Stationen von Italiens Grenze sein.“

Ein anderer Weise meinte, als über den Krieg in Schleswig-Holstein gesprochen wurde: „Es ist doch kurios, daß sich dieses Preußen in die Geschichten Deutschlands mengt, Geschichten, die ihm nichts angingen und von seiner Grenze so weit lägen, da es ja selbst im äußersten Winkel Europas ist.“

Ich könnte noch eine große Zahl derlei Flämmchen des hohen Wissens vorführen, wenn ich nicht wüßte, daß mein Leser schon an diesen wenigen übergenug hat, und daß ihm die Ursache des Ausdruckes nun leicht verständlich sein wird, warum die Austriaci von solch einem hochgebildeten Volke als Barbaren, Bären, die Kinder fressen, den Kopf unter den Arm tragen und ein Fenster im Bauche haben, geschildert wurden und dies vollen Ernstes geglaubt wurde. Entblödete sich ja nicht der Sindacco von Savano (die erste Person des Ortes, welche hier zu Land selbst mehr als der General in Allem zu sagen hat) vor mehreren gefangenen Offizieren die unverschämte Behauptung aufzustellen, daß die Italiener nach den alten Griechen das gebildeiste Volk der Erde wären und es nunmehr auch seien. — Dieses ist der Polarpunkt der aufgeblasensten Dummheit; denn noch kleinwenig mehr, so ist man in jenen Regionen, wo das Wort verstummt und der Gedanke erstarrt.

### Meinen einzigen Trost: die Augsburger Zeitung, erhalte ich durch den Feldwebel Wimmera.

Daß in solchen Nöthen, wie die sind, in denen ich steckte, wo ich mich wie auf offener See während des heftigsten Sturmes in einem keinen Kanot, bar aller Hülfe und jeden Trostes, nur auf mich beschränkt sah, die allgemeine Augsburger Zeitung mein Einziges, ja mein Alles war, wird mir Jedermann zugeben, der wie ich ein österreichisches Herz im Busen trägt. Und wie blutete mir dieses Herz bei Lesung der Schilderung des Rückzuges meiner treuen Brüder aus Mailand über Lodi und Crema an die Adda, von da an die Chiese und den Mincio, endlich sogar die Etsch; beim Verrath in Venedig und beim Räumen aller Städte des Lombardischen Königreichs bis auf Verona und Mantua. — Wie knirschte ich mit den Zähnen, daß ein großer Theil des Gesammtvaterlandes sich selbst vergißt, den greisen Feldmarschall nicht so schnell als es aller Braven Wunsch war, stark macht, um die Schmach am verrätherischen Feinde zu rächen und ihm und der Welt zu zeigen, wie hoch Oesterreichs Aar zu fliegen vermag. — Mit Hochgenuß las ich die Antwort unsers alten Helden Radetzky an die Mailänder provisorische Regierung und deren eben so schlaue als lügenhafte Anforderung betreffs einer Auswechslung der Ostaggi — Geiseln, die Lieutenant Steiner meines Regiments hin und zurück überbrachte. — Wehmuth überkam mich bei den Artikeln, welche leider die Zerrissenheit meines Vaterlandes zur Nachricht brachten; oft woran Facten mit so düstern Farben gemahlt, daß schwache Köpfe leicht an eine Angonie dieses mächtigen tausendjährigen Reiches zu glauben sich versucht fühlen konnten. — Ende gut, alles gut, dachte ich mir, Glück auf! Oesterreich, verdiene Dir wieder die Palme, den Preis des Tages.

Wenn des lebenskräftigen Feldherrn Baron Welden Armeebefehl — der des sogenannten „Schwert Italiens“ Prophet wurde — auf jene Tapfern, (die das Glück unter seinem Kommando zu stehen hatten) einen solchen Eindruck machte, wie auf mich, den in Banden gelegten, so *konnte es* nicht anders kommen, als daß Radetzky und Er mit ihren Heeren den Feinden zu Phantomen wurden, welche sie ruhelos von einem Orte zum andern verfolgten, und gleich einem Alp alle zu Tode zu drücken drohten. Nie habe ich am endlichen Sieg Oesterreichs gezweifelt; — denn stets erschien mir der Zweifel an der eigenen Sache ein halber Verrath. Immer, selbst in den ungünstigsten Lagen (dieses müssen alle mir nahegestandenen Leidensgefährten jeden Grades sagen) fühlte und sprach ich, daß es zuverlässig anders kommen wird. Nie habe ich die Todtenglocke gezogen. Und bei Gott, man brachte mir, als ich noch im Erziehungshause war, die verwegensten und schändlichsten Lügen: — bald wurde Radetzky gefangen und im Käfig bereits zur Schau herumgeführt; — bald wie ein Hund erschlagen; — jetzt nahm man das ganze österreichische Hauptquartier gefangen, — dann wurde die Festung Peschiera von den Piemontesen zum sechsten Male bereits eingenommen, und man erwartete stündlich die gänzliche Vernichtung unseres Heeres.

Es ahndete keiner, daß ich die Augsburger Allgemeine Zeitung lese, denn Feldwebel Wimmera erhielt sie in Geheim, und steckte sie mir eben so zu (das that ich auch auf diese Art um jedes Aufsehen zu vermeiden) welche uns immer die Jeremiaden des Herrn Dulcamara erläuterte. Mehrere Jünger des Volkes: Dio—lo—vole, boten mir ihre Zeitungen zum lesen an, und lobten mir als ämtliches und authentisches Blatt den venti due Marzo. — Was das für ein Blatt aber war, dürfte jeder meiner Leser zur Genüge wissen; ich aber werde es immer als das infamste Machwerk der Presse, das je erschienen ist und noch erscheinen kann, halten. Ich verschanzte mich bei solchen Anträgen stets hinter meine vielen Geschäfte, und blieb bis zum Ende nicht nur meines Kommando im Erziehungshause, sondern auch meiner ganzen schmählichen Gefangenschaft dem gefaßten Vorsatze treu, in dieser Zeit nie ein italienisches Zeitungsblatt oder Buch zu lesen.

## Desertion der Wartmannschaft.

Beim Abmarsche des eigenen Regiments in den ersten Tagen des März erhielt ich das Verpflegsgeld natürlich nur pro mense März l. J.; wornach auch bis Ende besagten Monats die Mannschaft nach Vorschrift, mit Ausnahme der 6 Mann und des Gefreiten von Sigismund Infanterie, die von ihrem Regimente einzuberufen vergessen wurden, verpflegt wurde. Statt Brot mußte ich sowohl diesen als auch den Leuten von Sigismund Infanterie schon am 21. März d. J. Zöglings-Brot erfolgen, und letzteren hiezu auch die Kost gleich den übrigen Kommandirten verabfolgen. Nach Ablauf des Monats März erhielten, wie es sich von selbst versteht, weder Chargen noch Mannschaft ihre Geldgebühr. — Aus diesem entstand eine höchst harte

Lage. — Die Chargen brauchten Geld, um die Wäscherin zu bezahlen; dann wollten sie auch nebst der Knabenkost, nicht die alte Gewohnheit lassend, Wein, Salami ꝛc. noch extra verspeisen. Dasselbe und noch ärger war es mit der Mannschaft. Ich that, was ich vermochte: ich ließ ihnen die Wäsche gleich jedem Zögling vom Instituts-Wäscher reinigen, gab ihnen auch Frühstück, dann Mittags an den festgesetzten Tagen 3 mal in der Woche Wein; die Chargen erhielten von dem Reste der Knaben-Verpflegs-Gelder ihre vorgeschriebene Zulage, auch half ich ihnen noch sonst, wie ich nur konnte. Die Chargen fingen an ihre Lage zu begreifen, nicht so die Wärter, welche einer nach dem andern desertirten, so zwar, daß in den ersten 8 Tagen des Monats April außer meinem Privatdiener, den zwei Köchen und noch zwei Mann Alle entwichen waren. Ein Glück war es noch, daß die 6 Mann von Sigismund mir blieben, da sie Venetianer waren. Der Gefreite aber, der in Bergamo zu Hause war, ließ sich, bevor er noch desertirte, wie ich später hörte, bei der Guardia Civica einschreiben. Possirlich war es, wie diese Leute zwischen der Furcht später als Deserteure behandelt zu werden, und der Neigung nach Hause zu gehen schwankend eine Mittelstraße suchten. Sie meldeten sich zu 1 oder 2 zum Rapport, und baten mit Urlaub auf 5 bis 8 Tage nach Hause gehen zu dürfen; so dachten sie einst der Behandlung als Deserteure zu entgehen. — Ich negirte solches natürlich, und sie empfahlen sich wenn nicht an demselben so längstens am nächsten Tage im Stillen. Mir kam gewöhnlich beim Abend-Rapporte die Meldung zu, so viele Mann sind noch nicht eingerückt, und hiemit war es auch um selbe geschehen. Einen dieser Nichtswürdigen ereilte, wie man erzählte, in der Nähe seines Geburtsortes auf 2 Milien angelangt, der Lohn seiner Schandthat; denn die nach allen Richtungen streifenden Patrouillen der Guardia Civica hielten ihn für einen Spion oder flüchtigen Gefangenen, da er auf den

Anruf nicht stehen blieb, und erschoßen ihn. Der Gefreite Sigismund hatte aber die Keckheit und Unverschämtheit sich in halb betrunkenem Zustande Abends vom Inspektions-Korporale Adelstein mir vorstellen zu lassen, und so mich um die Löhnung anzusprechen. Ich sagte ihm, — was er ohnehin wußte, da ich es im Instituts-Befehl veröffentlichte —, warum er dermalen keine Löhnung erhalten könne, und verwies ihn aufs Reglement, ihm auch den Sinn dieses genau zergliedernd. Da er nun nichts mehr erwiedern konnte, so erlaubte er sich mich zu fragen, wer ihm wohl eine andere Montur geben werde, wenn diese zerrissen ist; worauf ich ihn im barschen Tone sagte, für das wird seiner Zeit, wenn sie wirklich unbrauchbar ist, das Aerar sorgen. Auf dieses gab er mir die Erwiederung: „Sig. Tenente! non cerchi d' intimorirmi con alzare la voce!“ (Herr Lieutenant! glauben sie nicht mit Erhebung der Stimme mich einzuschüchtern) Ah! jezt war meine Geduld zu Ende; ich ließ durch den Inspektionirenden die Thür öffnen, und schnellte ihn bei selber hinaus. Kaum war er draußen, so ging er mit einem gewissen Gemeinen Delasanta von Geppert Inft. durch. Beide standen, wie man mir sagte, noch am selben Abend als Guardia Civica beim Thore St. Caterina Wache. Daß sich dieser Vorfall ereignete, war das Werk einer Mittelperson des Capitano della Civica, Antonio Monzini, welcher diese 2 Mann, wie ich hörte, denselben Tag noch in der Früh unter seine Scharwachfahne geworben hatte. — Als ich ihm diese Infamie vorhielt, erwiederte er, es sei ihm unbekannt gewesen, daß es Leute des Erziehungshauses sind. — Die mir treu gebliebenen Leute muß ich sehr loben, besonders meinen Privatdiener Giovanni Tuini, welcher mich noch als Gefangenen selbst bis Mailand begleitete, und stets treu blieb. Bei dem Mangel an Wärtern mußte ich die großen Knaben in der Küche, zum Auskehren der Zimmer und Gänge, zum Lampenanzünden ꝛc. gebrauchen, was sie auch sehr willig verrichteten.

59

## Schreckliche Gerüchte.

Schon in den ersten Tagen nach der fatalen Katastrophe brachte man mir die schrecklichsten Nachrichten. Da kam ein Ueberläufer von Geppert Inft. und erzählte den Vorfall in Monza auf eine Art, daß man hätte glauben sollen, es habe sich keiner unserer Herren gerettet, alle seien erschossen, niedergestochen, verwundet im Spital oder gefangen. Mein Cousin Anton sei mit dem Säbel im Munde und zwei Pistolen in der Hand, nachdem er sich heroisch vertheidiget und mehrere der Aufständischen niedergeschossen habe, endlich selbst mit dem Säbel, Bajonett und der Picke niedergemacht worden. Der Mann, welcher mir diese schreckliche Kunde brachte, fügte noch bei: »ich selbst sah es, und eben so wäre es ihrem Bruder ergangen; doch ich schrie: „laßt diesen Offizier, er war gegen uns immer sehr gut!« Dieses habe ihm das Leben gerettet, doch sei er stark verwundet im Spital zu Monza. Beide waren verwundet; was im Ganzen wahr ist, wird in ihren Erlebnissen schon gesagt werden. — Andere kamen und erzählten, wie man die Sachen der Herrn Offiziere ans Volk vertheilt hätte, wobei deren Uniforme auf die Thüren aufgenagelt und angespuckt worden wären; daß alle Kassen des Regiments mit den Hacken erbrochen und das ganze Geld an das Volk und die treubrüchigen Soldaten hinausgeworfen worden sei; — daß endlich alle Instrumente der ganzen Banda nebst Monturen rc, dann die 2 Fahnenbänder von den Monzanern geraubt worden seien. Dieses sagten die Weiber unserer Bandisten; es erwies sich auch als wahr; das ganze Bataillon, das von Geppert in Monza war, sei übergegangen. Von den Offizieren hätten sich nur Major Sterchele, Hauptmann Attems, Leipold und Muhlwerth, dann Lieutenant Blaschkovich mit kaum zwei starken Zügen nach Mailand zum Radetzky durchgeschlagen. — Von Lecco hieß es, die ganze Kompagnie habe die Gewehre gestreckt, nicht ein Schuß sei gefallen, der Kommandant habe sich ergeben; auch sagte man, er heurathe eine Comascherin, und erhalte ein schönes Haus in Lecco zum Geschenk, da er Hauptmann der Guardia civica sei. — Das konnte ich nicht von diesem Manne glauben; — ich fand ihn auch als Gefangenen zu Mailand im Polizei-Arrest St. Margherita mit den andern Herrn. Ebenso sei es in Sondrio und Morbegnio mit der 11. und 12. Kompagnie gegangen, von denen aber die Offiziere einen Paß erhalten hätten, und in die Schweiz gegangen seien. Wie es dem ersten Bataillon in Mailand ergangen ist, hörte ich Anfangs nicht; später aber verlautete, der Herr Oberst sei gefallen, ebenso Hauptmann Henriquez; das Bataillon sei aber beisammen und mit der Armee. Letzteres entzückte mich. — Beim Rückzug des Marschalls sang und jubelte man in der ganzen Stadt, daß alle Deutschen mit Sack und Pack ersaufen müssen; denn das ganze Land sei überschwemmt, da alle Kanäle durchstochen sind; — alle Straßen seien in gewisser Entfernung abgegraben, — alle Brücken abgetragen, — alle Gassen selbst der kleinsten Dörfer mit unzerstörbaren Barrikaden in Unzahl versehen. — Von allen Seiten stehe das ganze Land in Aufruhr unter den Waffen, habe die Armee umzingelt, und die Piemontesen 80,000 Mann stark, mit einer sehr guten Artillerie und famosen Kavallerie haben bereits Pavia passirt; — es werde das Ganze nur noch eine großartige Menschenjagd sein, u. s. f. Zudem kam noch das Faktum in Malegnano, das ganz entstellt erzählt wurde. Aus Mailand erzählten die Eltern der Knaben Sachen, daß einem die Haare zu Berge gestanden wären, wenn man nur die Hälfte geglaubt hätte. Alle aber sagten: „io lo sentito," — ich hörte es, — und fast keiner „io lo veduto." ich sah es. Sie erzählten immer, vor dem Kastell lägen 12—13000 erschlagene Mailänder und Deutsche; — Porta dicinese sei nebst vielen Häusern bis auf den Grund zerstört; ebenso andere Thore und eine

Menge Gebäude, worunter auch das Scala-Theater, — die Eisenbahn, Hauptwache und Municipalität; kurz Mailand haben diese Barbaren so zugerichtet, daß man es nicht mehr kenne; — Andere widersprachen diesen offen und sagten, es sei gar nicht so stark verletzt, da die Bomben, die man in die Stadt warf, nicht zersprangen, so daß Kinder nach deren Niederfallen gleich mit ihnen spielten. — Die Kroaten bedeckten sie schon mit aller nur erdenklichen Schmach; denn sie sagten, selbe hätten lebende Kinder auf ihre Bajonette wie Ferkeln gespißt, und seien sie herumdrehend damit herumgegangen; — dann hätten sie die Menschen, Möbeln rc. mit Scheidwasser verbrannt, in mehreren Häusern alle Bewohner auf die abscheulichste und grausamste Art ums Leben gebracht; sogar Menschenfleisch hätten sie gegessen, dann gestohlen und geraubt, wo es nur möglich war. Gerade recht, so etwas glaube ich schon gar gleich! — Ueber ihre eigene Biederkeit fanden sie nicht genug Worte sie herauszustreichen; nicht nur Männer und Weiber, sondern auch Kinder von 8—10 Jahren jeden Geschlechtes hätten wie Helden gekämpft, sich den österreichischen Kanonen entgegengeworfen, und die Kavalleristen von den Pferden herabgerissen; zu den Barrikaden habe man die schönsten Wägen und Möbeln hergeschleppt, und eine ganz große Barrikade aus lauter Stempelpapier gemacht. Der Barrikadenbau sei für Jeden eine große Auszeichnung gewesen, und man habe junge Herrn und Damen aus den besten Häusern, (die vorhin nur den feinsten Handschuh an der Hand ertragen konnten) gesehen, große Pflastersteine vom Trottoir herabwälzen, und zu diesem Deckkugelapparate zusammenschichten.

Die Einzelnheiten ihres Heldenkampfes, wie sie ihn zu nennen belieben, waren tragisch-komisch, und man hätte hierüber gern ohne Ende weinen und lachen mögen. Wollte ich nun alle Gerüchte hersagen, die man über die andern Städte der Lombardie und des Venetianischen aussprengte, so könnte ich schon mit diesen allein einen Folioband anfüllen. Ich lasse es dahingestellt sein; doch wie es in den lombardischen Städten wirklich war, das werde ich in den folgenden Leidensgeschichten darthun.

Das Traurigste vom Ganzen war für mich in der verlassenen Lage die Räumung von Mailand und der Rückzug der Armee, wobei man keine Colonne über Bergamo sandte, wodurch ich gelegentlich hätte erlöst werden können. Was man über die Vorfallenheiten in Wien 2c. sprach, ging schon gar ins Fabelhafte; doch darüber konnte ich mich in der Allgemeinen Augsburger Zeitung Rathes erholen.

## Rettung meines und meines Cousins Anton Mailänder Sparkasse-Büchels.

Das Weib des Führers Gallina, die ihren Sohn Felix im Institute als Aerarial-Zögling hatte, versicherte mich, daß alle Sparkasse-Bucheln des Regiments, die sich in der Kasse zu Monza befanden, daselbst beim Comitato di Guerra depositirt sind, und daß jeder Eigenthümer, der seinen Anspruch auf eines nachweisen kann, solches auch erhalte. Von meinem ganzen Feldequipirungs- und Uniformirungsbetrag hatte ich nur 552 Zwanziger 4 Cent. in einem Mailänder Sparkasse-Büchel. Auch der Führer Saibene meldete sich, daß er in Monza ein Büchel über 500 fl. C. M. habe, und bat mich ihm zu gestatten dahin zu gehen, um solches abzuholen. In der Hoffnung, daß er auch nach meinem Büchel sich umsehen könnte, damit ich wenigstens nicht mein ganzes Geld verliere, gab ich ihm um so williger den Urlaub. Er erhielt vom Comitato di Guerra zu diesem Behufe als Italiener einen „foglio di via per Monza", ging und langte in zwei Tagen mit seinem Büchel zurück, mir die frohe Kunde bringend, daß richtig auch mein Büchel daselbst sei, und man habe ihn versichert, daß man es mir übergeben würde.

Zugleich fügte er noch bei, es sei daselbst noch ein anderes Büchel mit der Aufschrift: Anton Kriegsfeld; doch den Betrag, über den es laute, konnte er nicht einsehen. Dieses war aber das Eigenthum meines Coussins. Ich sandte ihn gleich mit einer Vollmacht zur Erhebung beider Sparkassa-Bücheln, um auch jenes meines Coussins zu retten, nach Monza ab, da ich vorgab auch jenes mit Antonio Kriegsfeld bezeichnete sei mein, aber der Geldbetrag, über den es laute, sei mir unbekannt. Der Führer langte am nächsten Tag zurück und brachte mein Büchel, nicht aber das meines Coussins, weil man die Ursache wissen wollte, warum ich nicht den Betrag, über den es laute, angeben könne. Ich brachte ihnen eine Fabel vor, führte sie hiemit hinters Licht, sandte den Führer wieder nach Monza, und er brachte mir endlich auch dieses Büchel. Die Sparkasse war aber noch nicht offen. Erst im letzten Augenblicke, als die Dokumente der richtigen Uebergabe des Erziehungshau'es unterschrieben waren, übergab ich mittelst Vollmacht diese beiden Sparkasse-Bücheln an den Bürger Francesco Pozzo, um das Geld zu meinen Gunsten zu realisiren. Wie sich dieser gentiluomo, — an welchem ich mich so stark täuschte —, benahm, werde ich noch an seinem Platze erzählen.

## Wollen wieder Waffen.

Es schien dem Comitato di Guerra nicht genug die Waffen abgenommen zu haben, als ich in Casa Camozzi gefangen gehalten wurde; denn am 26. März, als ich nach dem Früh-Rapporte unten im offenen Corridor stand, wagte sich eine bewaffnete Horde unter der Anführung eines — wenn ich nicht irre — jungen Schneidermeisters, Antonio Ferefli ins Haus, und überbringt mir das schriftliche Ansuchen ihnen alle Trommeln zu geben, d. i. daß sie solche abzunehmen haben. Verweigern konnte ich solches nicht, denn ich hätte mich nur in meiner Lage lächerlich gemacht. Ich ließ also ohne Anstand geschehen, was durchaus nicht zu verhindern war. Nun dachte ich, es werde in dieser Beziehung Ruhe eintreten, doch weit geirrt. Am 26. März kamen die Herren Cedroni und Balania mit Schuß- und Seitenwaffen furchtbar bewaffnet, gerade als ich bei Tische saß, und zur zweiten Speise greifen wollte. Ihre trockene Anrede war: „Herr Kommandant! hier ist ein Schreiben des Comitato di Guerra“, und hiemit gaben sie mir einen Brief in Dienstesform in die Hand. Ich nahm ihn, und ohne solchen zu erbrechen oder weiters anzusehen, legte ich ihn auf den Speisetisch, und fing im höflichsten Tone an sie zum Niedersetzen einzuladen, da ich auf ihre Höflichkeit rechnend mein Essen zu beenden wünsche. Sie sahen einander an, und wollten etwas erwiedern; doch ich ließ sie nicht zu Wort kommen, sondern zwang sie mit lauter Höflichkeitsfloskeln wirklich Platz zu nehmen, ging an meinen Tisch und setzte mein Mahl fort, wobei ich von höchst indifferenten Sachen sprach. —

Meine Ruhe und die Nichteröffnung des überbrachten Briefes, dann meine Gespräche, kurz mein ganzes Benehmen überraschte sie so, daß ich ihre Verlegenheit ersah und mich hieran höchlich weidete. Nun nahm ich mir vor, es möge kommen wie es wolle, mir mit diesen Radamontes einen Spaß zu machen. — Nachdem ich mit möglichster Gelassenheit mein kleines Mahl genossen hatte, griff ich nach dem Schreiben, öffnete es, und fand zu meinem Erstaunen und zur größten Freude den Stoff meinen Schwank auszuführen.

Das Schreiben war in absolut befehlendem Tone, und forderte von mir augenblickliche Auslieferung aller und jeder Waffe, die im Institute sei. Ohne mich zu besinnen, hatte ich schon die Point der folgenden Hetze, die zu meinem Jux nöthig war, gefaßt. — Ich stand nämlich rasch auf, und sagte mit barschem Tone: „Meine Herren! dieses kann ich nicht thun!!!“ — Wie zwei gehetzte Eber sprangen diese beiden Ganimedes auf, und ihre Waffen krampfhaft fassend riefen sie in schrecklichster Disharmonie wie auf ein Kommando „Warum?“ — Mit möglichst größter Mundfaulheit ließ ich das „weil ich nicht kann“ hören. Dieses brachte sie vollends aus der Fassung, und nachdem sie sich einige Zeit glotzend satt an mir gesehen hatten, wobei ich mich des hellsten Auflachens kaum enthalten konnte, stotterte der Eine endlich: „Ja, haben Sie die Güte, Herr Oberlieutenant, uns zu sagen, warum Sie es nicht thun können.“ Aus dem einfachen Grunde entgegnete ich: „Da, wo nichts ist, hat selbst der Kaiser nichts zu befehlen.“

Wo sind aber die Waffen des Instituts, meinten sie. — Das sollten Sie ja besser als ich wissen, war meine Antwort. — Nun stieg aber die Verlegenheit der zwei Herrn wieder. „Wie meinen Sie das, Herr Kommandant?“ — Ganz so, wie ich es sagte: Sie sollen es besser wissen als ich. — „Aber wie? das Comitato sendet uns ja darum.“ „So“ — begann ich von Neuem, — „das ist ergötzlich,“ und fing zu lachen an; — das Comitato nahm sie, während man mich in Casa Camozzi gefangen hielt, par force ab, forderte am 26. noch die Trommeln, weiß jetzt von all dem nichts, und will wieder Waffen, es sollte doch wissen, daß hier keine Waffenschmiede ist.“ — Diese zwei Sendlinge wußten nun nicht, woran sie sind, und ersuchten mich ihnen hiefür nähere Beweise zu geben, da sie sonst es nicht wagen zurückzukehren. Ich rief die 2 Chargen, die ihnen auch einige des Haufens nannten, welche das Institut in meinem Absein desarmirt hatten; es wurde sogar ein Bürger der Vorstadt St. Caterina, welcher gerade als Sauvgarde beim Erziehungshaus mit einem geraubten Zöglingsgewehr versehen war, hinaufgerufen, der ihnen endlich den schlagendsten Beweis der Richtigkeit meiner Angaben ertheilte.

Doch wollte ich mich noch weiter unterhalten, und sagte,

5

es seien noch hölzerne Gewehre; sie forderten auch solche, da sie den gemessensten Befehl haben alle Waffen abzunehmen. — Ich schmunzelte und ließ einige derlei hölzerne Prügel hinauftragen, worauf ein allgemeines Gelächter entstand. Nachdem ich ihnen die Aufklärung hierüber ans Comitato schriftlich gegeben hatte, und beifügte, das Erziehungshaus in weiterem mit bewaffneten Besuchen zu verschonen, da sie die einer Erziehungs-Anstalt so nöthige Ruhe stören, entfernten sich die Helden des Tages.

## Meine schwierige Lage, endlich die Haltung als österreichischer Offizier sticht den Italienern in die Nase.

Nicht leicht dürfte eine Stellung persönlich genommen kritischer für einen subalternen Offizier sein, als es meine im vollsten Sinne des Wortes war. Hier kam es vorerst aufs richtige Erfassen der Lage, und auf ein in Allem determinirtes Handeln an. Ich mußte vorerst und immer als solcher dastehen, der ich bin, nämlich als österreichischer Offizier. Dieses ist im Allgemeinen jedem Ehrenmann keine Schwierigkeit, wo es sich nur um seine Person handelt; doch in einzelnem Falle, wo so große Verantwortungen auf einem lasten, wird die Sache eben kitzlicher. — Hätte man mich nicht verlassen oder vergessen, was unverantwortlich ist (denn bis zur Stunde weiß ich nicht, wie es eigentlich kam, daß ich dem eigenen Schicksale mit so vielen Kindern überlassen wurde), so wäre meine Lage persönlich um vieles leichter gewesen; denn entweder wäre ich nebst den Ararial-Knaben und den Chargen im entscheidenden Augenblicke mit der Truppe fort, oder da solches, wie es später der Abzug der Kroaten zeigte, nicht möglich gewesen wäre, es hätten sich früher mit Zurücklassung einer Charge und der Knaben geeignete Conventionen machen lassen können, während die andern Unteroffiziere und ich mit den Kroaten sich durchgeschlagen hätten. — Hiezu wäre aber nöthig gewesen das Erziehungshaus mit in die Disposition der Truppe zu nehmen, was nicht geschah. Und so konnte das Erziehungshaus ungeachtet aller Anstrengung des Kommandanten kein anderes Ende finden, als das ihm zu Theil wurde. Mein Plan mußte sich nach der fast täglich sich anders gestaltenden äußeren Lage auch ändern, und das Einzige, was hiebei stets als Maßstab mir diente, war die Ehre und das Beste des Staates.

So stand ich vom 20. bis 22. Früh bereit — auch ohne Suckurs und weitere Anordnungen mich bei jedem Angriffe aufs Haus so lange zu schlagen, bis mir eine Unterstützung zukommt, die ich ohnehin, wenn es draußen ernstlich herginge, als bestimmt annahm, aber fruchtlos erwartete. Die Noth an Lebensmitteln und das Bedürfniß von der Militärbehörde ein Lebenszeichen zu erhalten nöthigten mich, wie oben erzählt wurde, 2 Chargen mit dieser Mission des Nachts zu betrauen, die mir die Ueberzeugung brachten, Alles sei für uns verloren. Somit kam es zum kriegsrechtlichen Beschluß sich nicht zu vertheidigen, und sich blos als Lehrer der Lehranstalt anzusehen. Diesem folgte die Erstürmung und meine erste Gefangenschaft. Aus dieser entsprang durch mein kluges Benehmen gegen die Insurgenten-Regierung die schwierige Stellung, in der ich wie früher das Erziehungshaus bis zur normalen Uebergabe fortführte. Doch mein wahrer Plan war Anfangs mich so lange als nur möglich in dieser indifferenten Stellung zu halten, um in dem mir höchst wahrscheinlich scheinenden Falle, daß entweder das Regiment Hohenlohe oder ein anderer Truppenkörper den Kroaten beispringen würde, dem Staate das ganze ärarische Gut zu retten.

Nach dem Abzug der Kroaten und beim Rückzug des Feldmarschalls aus Mailand am 23. März — hätte mich jede fliegende Colonne befreien können. Auf dieses dachte

*

ich immer, und war zu Allem bereit; auch dieses sollte nicht geschehen.

Später als unsere Armee am Mincio stand, ihre beiden Flügel an Verona und Mantua gelehnt hatte, hegte ich noch volle Zuversicht; — denn ich dachte mir, die Wiener werden den Feind als das ansehen, was er ist, und der Feldmarschall dürfte da in längstens 14—20 Tagen, theils durch die nahe in den anstoßenden General-Kommanden stehenden Truppen theils durch die alten braven Tiroler so verstärkt werden, daß er die Spada d'Italia am Bauche hinauswerfen könne. So wäre ich wieder befreit. Welche Zufriedenheit müßte mir da vom alten Feldmarschall zu Theil werden, dacht ich mir, wenn er einen verloren geglaubten Posten noch unversehrt da fände, wo ganze Truppenkörper das Feld räumen mußten! Diese Idee war mein Polarstern; in diesem schönen Gedanken erging ich mich, ohne ihn — leider später verwirklichen zu können. Nachdem der Feldmarschall nebst den Festungen Verona und Mantua, nach dem von Klausewitz aufgestellten System — nur die Etsch mit fliegenden Korps besetzt hielt, und Peschiera mir wie ein dem Feinde hingeworfenes Bein schien, woran man wolle, daß sich die Piemontesen daran zum Zeitvertreib die Zähne ausbrechen; nachdem die allgemeine Augsburger-Zeitung noch andere Bedrängnisse der Monarchie zur Kunde brachte, und da die Tiroler nur in ihrem Lande, was wohl begründet schien, jede Invasion zurückwiesen, wodurch auf eine Offensive unserer Armee für Monate nicht zu denken war, folglich meine Verhältnisse sich auch immer unhaltbarer zeigten: erst jetzt dachte und drang ich zuletzt förmlich auf eine Uebergabe des Instituts. Für meine mündlichen und schriftlichen Anforderungen blieb immer der frühere Maßstab; meine Bedingungen waren gerecht und billig; allein die infame Insurgenten-Regierung gab gar keine andere Antwort, als das Erziehungshaus sei in seinem dermaligen Zustande dem übergetretenen Lieutenant Tatti des eigenen Regiments zu übergeben.

Das Ende vom Liede war die in Allem normalmäßige aber unbedingte Uebergabe der Anstalt, und meine und meiner Chargen Gefangenschaft mit Ausnahme des Feldwebels Wimmera, der als krank für einige Tage zurückblieb, des Führers Saibene und Korporals Adelstein, die auch nach der Uebergabe dort im Dienst blieben; von ihnen sobald getrennt kam ich mit ihnen erst in Genua zusammen, ohne sie jedoch sehen zu können.

Meine Erscheinung in completer österreichischer Uniform pickirte die Herrn Lombarden ungeheuer; doch sie sahen ein, dies sei einmal nicht zu ändern. Sie ließen sich jedoch in sottovento hören: „Wenn er nur das Röschen von seiner Kappe abnehmen oder solche gar nicht aufsetzen möchte.“ Hierin konnte ich durchaus nicht nachgeben; denn das wäre ein halber Verrath gewesen. Meine Antwort war, daß ich die österreichische Kappe auch im Zimmer aufbehalte. Das Sauvolk mußte seinen Ingrimm verbeißen, und das war für mich ein großer Genuß. Dazu kam noch, daß ich, da ich nicht über die Thorschwelle kam, im offenen Corridor Vor- und Nachmittag einige Stunden herumging, um in freier Luft Bewegung zu machen, und daß Jeder, der ins Institut kam, sich an mir als einem österreichischen Offizier weiden mußte.

## Mein mündliches und schriftliches Drängen die Uebergabe des Instituts betreffend.

Wie schon gesagt, es wurde nun nöthig und bereits Pflicht, bei den so mißlich gestalteten Verhältnissen, auf eine Uebergabe der Anstalt unter möglichst günstigen Bedingnissen zu dringen. — Schon früher in den ersten Tagen Aprils forderte ich schriftlich, daß man sich mit dem Feld-Marschall hinsichtlich der Uebergabe der Anstalt ins

Einvernehmen setzen müsse; doch ohne Erfolg. Man gab mir gar keine Antwort. Ich erklärte endlich später den Herrn Monzini und Tasca offen, daß man um einen Uebernehmer sich umsehe; ich sandte zu diesem Behufe eine National-Liste aller ärarischen Knaben ein, in der ich sie in vier Kategorien nach der Nationalität der Eltern theilte; jene zwei, welche als Deutsche zu betrachten waren, reihte ich mir und den Chargen bei, um mit allem Nöthigen versehen und verpflegt auf einem von ihnen zu bestimmenden Wege, wenn nicht zur Armee des Feldmarschalls wenigstens nach Tirol gesendet zu werden. Ein schöner Vorschlag! — dachte aber dieses Schurkenvolk je an einen so edlen Akt? — Es kam ein Beamter Segretario del Comitato di Guerra Herr Botta zu mir, und forderte nähern Aufschluß über diese Liste, über die Zahl der Knaben, des Wart- und Lehrpersonals. Ich fand an ihm einen höchst verschmitzten und italienisch gebildeten Mann. Er fand alle meine Vorschläge und Ansichten begründet und schön; doch meinte er, hierüber müsse und könne nur die Mailänder provisorische Regierung entscheiden, wohin man Alles nunmehr senden werde. — Auch wollte er so recht fein und sauber durch eine geschickte Wendung von mir erlangen, daß ich eine Schrift abgebe, worin ich mich als ihren Gefangenen erkläre, indem dieses alle Herrn, die hier gefangen sind, gethan hätten. Ich machte ihn auf die Lächerlichkeit dieser Anforderung aufmerksam, da ich ja mit ihrer Zustimmung bis zur Uebergabe als österreichischer Offizier in meiner Stellung verbleibe, folglich bis dahin unmöglich etwas anderes sein kann. Dann fügte ich bei, ich hoffe, man wird in Mailand die Rechtlichkeit meiner Anforderung nicht übersehen, und so könnte ich weder Ostaggio, vielweniger aber ein Gefangener sein. Gefangene Herrn, sagte ich, haben sie keine, wenn sie die Art und Weise wohl bedenken, auf welche diese Herrn in ihre Hände geriethen. Dieses wollte er natürlich nicht zugeben, und ich lenkte auf einen andern

Gegenstand über. Im Fluß der Rede, wo er ein recht gesundes Urtheil zeigte, sagte er mir auch ganz offen: Herr Oberlieutenant! obwohl man über den Feldmarschall Radetzky allenthalben schmäht, so kann ich Sie versichern, man weiß doch sehr wohl, daß er beim Ausbruch der Revolution der einzige Mann war, welcher klar in die Verhältnisse sah. — „Ja, entgegnete ich, so weiß ich nun auch die wahre Ursache, warum man ihn vor dem Volke durch den Straßenkoth schleift. Sie fürchten ihn!!!“ Er lächelte und schwieg.

Vom 15. April an tribulirte ich fort und fort, daß eine Uebergabe gepflogen werde. Wann und wie es hiezu kam, das werde ich noch später erzählen.

## Kassa-Verlust und Jammer um die Depositen.

Meine Kassa befand sich nach den bestehenden Vorschriften beim Stadtkommando, und nachdem in Bergamo Se. kaiserliche Hoheit der Herr E. H. Sigismund Brigadier und Stadt-Kommandant war, so genehmigte das hohe General-Kommando, daß alle Kassen beim jeweiligen Obersten der Garnison liegen dürfen. — Am 20. März waren in der Kassa alle bis dahin eingegangenen Gelder hinterlegt. Ich sandte wegen des mit Ende März nöthigen Geldbedarfes die Geldfassungs-Dokumente mit dem Kassa-Journal zum respicirenden Feldkriegs-Kommissariat nach Brescia, daher abgeschlossen werden mußte; seit diesem Abschlusse sah ich die Instituts-Kassa nicht wieder. Gleich nachdem ich in meine Stellung zurückkam, und die Kroaten abgezogen waren; fragte ich, wo die Kassa sei, doch Niemand wußte oder vielmehr wollte mir's sagen. — Durch die Militär-Witwe Belli, die einen Sohn als Aerarial-Zögling im Institute hatte, vernahm ich kurz vor dem Sturme, daß alle Kassen auf die untere Hauptwache gebracht worden seien; was aber mit ihnen weiter geschehen ist, wußte sie eben nicht anzugeben. Nur sagte sie, daß man eine Kassa mit Hacken geöffnet habe, das Geld sei aber eine Beute des stürmenden Gesindels geworden. Wissend, daß sie zum pensionirten Hauptmann, nun neu creirten lombardischen Obersten Massi, welcher einer der 8 Obersten war, die das Primat in Bergamo führten, ins Haus gehe, ersuchte ich sie auf gute Art zu erforschen, wo meine Kassa ist. — Doch es war fruchtlos, und ich erfuhr erst in der zweiten Gefangenschaft von meinem Nachfolger im Kommando dem Ueberläufer Direttore Tatti (welcher später, so wie sein Vater schon früher zum lombardischen Hauptmann ernannt wurde), daß meine Kassa bei der Finanz aufgefunden worden, und die Barschaft so richtig darin befunden worden sei, wie ich es bei der Uebergabe angegeben habe.

Nach einigen Tagen — gegen das Ende des Monats März meldeten sich bei mir alle Lieferanten um ihre Depositenbeträge. Ich klärte sie auf, daß solche in die Kassa des Infanterie-Regiments Baron Geppert Nr. 43 bei ihrem Einfließen nach Vorschrift depositirt wurden, worüber ich ihnen die bezüglichen Dokumente zeigte, beifügend, daß ich nunmehr nicht wisse, ob diese Gelder beim Abrücken des Infanterie-Regiments Geppert, wie es hätte geschehen sollen, dem Regimente Sigismund übergeben worden seien oder nicht. Die Leute waren wie ganz natürlich besorgt, und ich rieth ihnen die Anforderung an die provisorische Regierung zu stellen, zu welchem Behufe ich einem Jeden die Bekräftigung des Thatbestandes ämtlich ausfertigte. Diese genügte ihnen; ich wünsche, daß sie ihr Geld erhalten, da sie bis zum letzten Augenblick treu ihrem Kontrakte ihre Verbindlichkeiten hielten. Der Regiments-Auditor, Oberlieutenant Golling, der mit mir gefangen war, sagte mir aber, das Regiment Geppert habe im Sinne gehabt, diese Depositen erst nachträglich wegen Mangel an Zeit beim Garnisons-Wechsel an Sigismund zu übergeben; dieselben hatten das Loos sämmtlicher Kassen unseres Regiments in Monza.

**Lage des Instituts-Gebäudes, Unmöglichkeit von da zur Truppe zu gelangen und dieses war die Ursache, warum auch ich dem Beschlusse des Kriegsrathes beitrat.**

Das Erziehungshaus-Gebäude befindet sich außerhalb der Vorstadt St. Caterina gegen 3—400 Schritte, steht ganz frei bis auf ein Bauernhaus, das durch den Spielhof hievon getrennt ist; dann sind vor demselben ebenfalls auf 50 bis 60 Schritte 2 andere Bauernhäuser. Ferner gegen West, wo die Schwimmschule des Erziehungshauses ist, steht auf höchstens 300 Schritte eine ganze Häuserreihe, gegen Nord ist auf 2—300 Schritte das Lazzaretto, das vor dem Ausbruch der Revoluzion von 1 Division Grenzer besetzt war, von wo aber die Truppe, entweder als ich am 20. bei der Auszahlung war, oder in der Nacht vom 20. auf den 21. in die St. Augustino-Kaserne abrückte. Daß ein Haus mit so isolirter Lage, umgeben auf allen Seiten in der wirksamsten Gewehr-Schußweite von Bauten aller Art nicht sehr geeignet ist, mit einigen Mann unverläßlicher Truppe (Italiener) von denen fast alle wohl gut zu Wärtern nicht aber für einen Kampf sich eigneten, bei einer Unzahl Oeffnungen, langen Widerstand zu leisten, wird Jedermann zugeben. — Wäre ich aber vor dem 22. Früh angegriffen worden, hätte ich mich pflichtgemäß bis zu einem Suckurs gehalten, — wenn man mir solchen gesandt hätte. Vor dem 22. Früh hielt ich die Sache als einen sehr bedeutenden Krawall, deren einige ich kurz zuvor erlebt hatte; man ließ mich ohne Unterstützung, ja sogar ohne irgend einen Befehl, folglich konnte ich nur auf Zurückweisung eines Pöbelangriffes denken. Als ich aber die wahre Sachlage erfuhr, war selbst das Kroaten-Bataillon nur auf die eigene Kaserne beschränkt, dachte nur auf seinen Rückzug, und war von den Insurgenten fest eingeschlossen.

Erziehungshauses genöthigt war im letzten Augenblicke — erst am 27. April — die Bagage gegen Empfangsbestätigung dem Comitato di Guerra zu Bergamo nach gehöriger Aufklärung zu übergeben. Dieser Herr Franzesko Pozzo spielte aber seine Rolle als Heuchler so vortrefflich, daß ich, obwohl es mir hinsichtlich der Bagage nicht ganz in der Ordnung schien, doch in dem Umstande, daß er bei [illegible] bedeutend voluminöser Bagage leicht hätte verrathen werden können, wodurch seine Person ebenso wie die Bagage gefährdet gewesen wäre, eine Entschuldigung seiner Unverläßlichkeit zu finden glaubte. Genug dem; ich setzte auf ihn noch immer so viel Vertrauen, daß ich ihm — wie schon früher gesagt, mein und meines Cousins Sparkassa-Büchel zum Erheben des Geldbetrages übergab. Bevor ich noch von Bergamo nach Mailand abgeführt wurde, kam er nach wiederholtem meinerseitigen Ersuchen endlich am Vorabend [illegible] zu mir im Gefängnisse, und übergab mir einen Napoleon d'or nebst einiger Scheidemünze — mir eröffnend, daß er den übrigen Betrag von 7 Napoleond'ors dem Comitato di Guerra, (bei dem er mit dem Gelde gewesen sei, um sich die Erlaubniß zu holen mir das Geld zu überbringen) habe hinterlegen müssen; er fügte noch bei, man werde selbes beim Anlangen in Mailand dem Kommando der Gefangenen daselbst zu meinen Gunsten übergeben. — Dieses Geld waren die 210 Zwanziger 56 Centesimi als eingelöster Betrag des Sparkassa-Büchels von meinem Cousin Anton — von meinem Gelde hatte ich also noch keinen Heller. Was wollt' ich thun? ich verwies es ihm, daß er unnöthig zum Comitato gegangen sei, und mich eben dadurch um mein Geld gebracht habe. (Ich gab das Geld noch als mein Eigenthum aus, um es sicherer zu retten). — [illegible] ich ihn diesen Bockstreich wenigst[illegible] beim [illegible] betrag zu machen, so wie auch [illegible] kündigen und mir bei einem [illegible] hörte, zu gewissen Stunden [illegible] als sehr österreichisch gesinnt zeigte, voller Artigkeiten gegen mich war, und jährlich wenn ich mit den Zöglingen nach der Hauptprüfung tagelange Excursionen aufs Land machte, für die Knaben einige Wägen, Pferde rc. hergab, ohne einen Heller anzunehmen, auch oft mit uns selbst hinausging, um uns leichter den Eintritt in eine oder die andere Villa, wo Sehenswürdiges sich vorfand, zu verschaffen. Grund genug ihn wenigstens für besser als seine übrigen Landsleute zu halten. — Er sprach, als er mit mir allein war ganz unverholen, daß alles Geschehene wohl unbegreiflich leicht erzielt worden sei; doch, daß er, als ganz österreichisch Gesinnter — dies Alles als einen nutzlosen und für Land und Volk höchst nachtheiligen, wenn nicht unglücklichen Vorfall halte; er bedauerte die Schändlichkeit Kinder von 6 bis 10 Jahren zum Barrikadenbau mit zu verwenden, damit sie nur ja jung genug solche schändliche Ideen begreifen lernten. In diesem Tone sprach er fort. Ich war Anfangs zurückhaltend; doch beim zweiten und dritten Besuche fing ich an ihm zu trauen, da er mir manches lügenhafte Gerücht berichtigte. Es war mir höchst angenehm diese Perle, wie ich nun meinte, in dieser Lage zu besitzen, und dieses umsomehr als ich von Seite des Oberstlieutenants von Leutzendorf nicht weniger als 7 Kisten mit Bagage hatte, die er mir beim Abmarsch des Regiments in der Absicht zurückließ, ihm solche seiner Zeit mittelst Frachtwagen nachzusenden. Eine tüchtige Last in solch schöner Lage! — Ich war, wie es jeder an meiner Stelle eben gemacht hätte, darauf bedacht, auf irgend eine Art diese Bagage bei diesem Bürger im Geheimen zu depositiren, um solche für alle kommenden Fälle zu retten. — Ich eröffnete daher diesem Bürger mein Ansinnen, in das er scheinbar einging; doch aber schob er sein Wort von einem Tag auf den andern, denn bald war der Wagen nicht da, bald regnete es, bald konnte er sich auf den Zwischenmann nicht verlassen; kurz das Ende vom Liede war, daß ich nach Uebergebung des

Erziehungshauses genöthigt war im letzten Augenblicke — erst am 27. April — die Bagage gegen Empfangsbestätigung dem Comitato di Guerra zu Bergamo nach gehöriger Aufklärung zu übergeben. Dieser Herr Franzesko Pozzo spielte aber seine Rolle als Heuchler so vortrefflich, daß ich, obwohl es mir hinsichtlich der Bagage nicht ganz in der Ordnung schien, doch in dem Umstande, daß er bei so bedeutend voluminöser Bagage leicht hätte verrathen werden können, wodurch seine Person ebenso wie die Bagage gefährdet gewesen wäre, eine Entschuldigung seiner Unverläßlichkeit zu finden glaubte. Genug dem; ich setzte auf ihn noch immer so viel Vertrauen, daß ich ihm — wie schon früher gesagt, mein und meines Coussins Sparkassa-Büchel zum Erheben des Geldbetrages übergab. Bevor ich noch von Bergamo nach Mailand abgeführt wurde, kam er nach wiederholtem meinerseitigen Ersuchen endlich am Vorabend zu mir im Gefängnisse, und übergab mir einen Napoleond'or nebst einiger Scheidemünze — mir eröffnend, daß er den übrigen Betrag von 7 Napoleond'ors dem Comitato di Guerra, (bei dem er mit dem Gelde gewesen sei, um sich die Erlaubniß zu holen mir das Geld zu überbringen) habe hinterlegen müssen; er fügte noch bei, man werde selbe beim Anlangen in Mailand dem Kommando der Gefangenen daselbst zu meinen Gunsten übergeben. — Dieses Geld waren die 210 Zwanziger 56 Centesimi als eingelöster Betrag des Sparkassa-Büchels von meinem Coussin Anton; — von meinem Gelde hatte ich also noch keinen Heller. — Was wollt' ich thun? ich verwies es ihm, daß er unnöthig zum Comitato gegangen sei, und mich eben dadurch um mein Geld gebracht habe. (Ich gab das Geld noch als mein Eigenthum aus, um es sicherer zu retten). — Doch bat ich ihn diesen Bockstreich wenigstens nicht beim andern Geldbetrag zu machen, so wie auch den ganzen Betrag aufzukündigen und mir bei einem Besuche (den man, wie ich hörte, zu gewissen Stunden den gefangenen Offizieren in

Mailand machen könne), im Geheimen zuzustecken, worüber ich ihm die Bestätigung des Empfanges ebenso oder auf eine andere mir mögliche Weise zukommen lassen werde. — Er versprach Alles hoch und theuer; doch es sollte anders kommen. Ich war über anderthalb Monat in Mailand, und hatte eine Frau schon 3mal auf meine Kosten meines Geldes wegen nach Bergamo gesendet, ohne noch einen Zwanziger erhalten zu haben. Ich schrieb ihm Briefe auf Briefe; mir gab er nie eine Antwort; doch antwortete er auf die Schreiben dieser Frau, log mich und sie jedes-Mal an. — Endlich kurz vor meinem Abgehen von Mailand nach Genua, d. i. fast nach 2 Monaten, wo er jedenfalls das ganze Geld schon in Händen haben mußte, sandte er mir im Tone, als wenn er mir noch eine große Gnade hiemit erwiese, 8 Napoleondors, beifügend, die noch rückständigen 18 Napoleond'ors werde er in Bälde der Frau zu meinen Gunsten selbst einhändigen. Ich hinterließ daher dieser Frau die schriftliche Ermächtigung, welche zu größerer Sicherheit vom **Commando dei Prigionieri di guerra a St. Margherita** in Mailand vidimiren ließ, kraft der sie nicht nur dieses Geld zu meinen Gunsten zu erheben, sondern in was immer für einen Fall hierin gleich mir einschreiten könnte. — Ich schrieb dem Herrn Pozzo aus Genua, auch aus Aqui und Savona dringend, im letzten Schreiben sogar sehr derb, umsomehr als ich nicht nur dieses Geld, sondern auch den größern Theil meiner Bagage d. i. Bücher, Bilder &c. von bedeutendem für mich unschätzbarem Werthe, die ich in einer sehr großen wohl verschlossenen Kiste gegen seine Empfangsbestätigung bei ihm zurückgelassen hatte, nun gefährdet sah.

Alles blieb fruchtlos: er gab mir keine Antwort. — Selbst als ich in Mailand aus der Gefangenschaft anlangte, schrieb ich ihm, diesmal aber recht grob, und fügte ihm folgendes Program bei: „**Per ordine del Governatore principe di Schwarzenberg del 15 Agosto è istituita**

bene Figur von einem Commessario del Comitato di Guerra ein Schreiben dieses hohen Amtes, mir befehlend, die besprochenen zwei Knaben gleich zu senden. Ein so determinirter Befehl hätte bald eine bedeutende Collission hervorgebracht, daß ich die Knaben nicht gesendet haben würde; doch eine halbe Stunde früher war schon Monzini da und hatte diese Knaben bereits abgeholt; daher ich nichts anderes zu thun vermochte, als zähneknirschend das Befehlschreiben für bessere Zeiten zu depositiren, da es von einem pensionirten österreichischen Obersten — nunmehr Collonnello lombardo Garibaldi unterfertigt ist. Kann der Schändliche für seine eifrigen Dienste — die er der provisorischen Regierung leistete — den wohlverdienten Lohn erhalten, so soll es mich unendlich freuen; kann aber auch ich etwas zu seinem Wohl beitragen, dann halte er sich meiner Person versichert, da ich ihm für seine schmachvolle Behandlung bei Gelegenheit meiner zweiten Gefangensetzung zu sehr hohem Danke verbunden bin. Er ist ein recht alter und feiner Halunke. — Die Knaben kamen erst um neun Uhr Abends zu Hause, und der Inspekzionirende meldete mir, daß sie über erbärmlichen Hunger klagen, nachdem man ihnen nur ein Süppchen mit einer kleinen Semmel und ein wenig Fleisch verkosten ließ. Ich befahl den armen Knaben Brot und einige Ueberreste des Abendessens zu reichen, und somit war die Sache beendet.

### Lieutenant Tatti des eigenen Regiments ist Ueberläufer, und wird zum Direttore des Instituts ernannt.

Ich glaube, es war am 19. April gegen 10 Uhr Vormittags, als ich im Hofe herumging und sehe, wie eine mir nicht unbekannte Figur mit Schnurbart und einem faustgroßen „Pius IX." am dreifarbigen Bande am Rocke hängend, beim Thor ganz stolz hereinstürmt. Ich bleibe stehen, und bei seinem Näherkommen erkenne ich den Lieutenant-Ueberläufer-Tatti des eigenen Regiments. Er grüßt mich freundlich, und ich erwiedere den Gruß gemessen, worauf er mich nach meinem Befinden frägt. Ich stelle die Frage, was er wünsche, worauf er erwiedert: „Ich bin zum Direttore dieser Anstalt ernannt, und komme um sie zu übernehmen.“ „Freut mich unendlich,“ — war meine Antwort, — „daß diese schöne Mission noch einen meiner früheren Kameraden des Regimentes trifft!“ — Diese Mistifikation schien er nicht zu verstehen, oder vielmehr er verstand sie wirklich nicht; denn der neue illustrirte Herr Direttore wie ich später vom Oberlieutenant Gobato von Haugoviz Infanterie (der bei seinen Eltern in Bergamo gefangen und später mit mir in St. Margherita zu Mailand im Kerker war) vernahm, äußerte sich beim Zuhausekommen gegen seine Eltern und Schwestern auf ihre Frage, wie ich ihn empfangen hätte: „Sehr gut, es hat ihn sogar noch gefreut, daß er das Erziehungshaus an einen Offizier seines Regiments übergeben muß!“ — So einen Dummkopf kann ich gar nicht bedauern, bevor ich nicht bestimmt weiß, zu welchem — Geschlecht er eigentlich gehört, denn ich möchte in meiner Milde nicht gerne ungerecht sein.

Ich forderte nun über seine Ernennung etwas Schriftliches zu sehen? — Er zog einen großen Bogen gleich einem englischen Zeitungsblatte hervor, und hielt mir hiemit sein Dekreto vor die Nase. Ich überzeigte mich von der Richtigkeit; denn das Ministerio di Guerra di Milano stempelte diesen Gelehrten zum Direttore, ohne ihm eine andere militärische Würde zu verleihen.

Vom 16. war das Dekret datirt. Ich fragte: „Welchen Titel bekommt das Erziehungshaus?“ Worauf er entgegnete: „Der piemontesische General, Kriegspräsident in Mailand, hat mir auf eine gleiche Frage geantwortet: „„Provabilmente si darà il nome — orfanotrofio militare!““ und ich glaube, daß man hier nunmehr die Kinder der am

6

Felde gebliebenen Soldaten unterbringen wird.“ — „Das ist gut, sagte ich, denn dann werden sehr viele zusammenkommen.“

Nun fragte ich, wann und wie die Uebergabe zu geschehen habe. Er meinte, das Comitato habe befohlen, sie solle gleich beginnen und schon morgen beendet sein. Diese oberflächliche Uebergabe ließ ich nicht zu; denn hiezu sei es nicht nöthig gewesen, daß ich so lange in einer jedenfalls unangenehmen Stellung blieb. Ich forderte eine ruhige, geordnete, für denjenigen Theil, den ich vertrete, anständige und jedenfalls kommissionelle Uebergabe. Er möge dies gleich als meine bestimmteste Antwort dem Comitato überbringen, denn ich thue es auf keinen Fall anders. Es stehe zwar in ihrer Macht mich gleich festzuhalten, und weiß der Himmel was noch, wodurch die Uebergabe in einem Augenblick geschehen sei; doch sie verletzten damit ihre eigene Ehre, die sie sich mit der ruhigen Behandlung dieser Anstalt gemacht hätten. —

Sie mögen nun thun was ihnen gefällt. Dann, fügte ich bei: spreche ich an, mich und die deutschen Lehrer, wie ich es bereits schon vorgeschlagen habe, mit ihrer Habe und die deutschen Aerarial-Knaben mit ihrer ganzen Kleidung und Wäsche gehörig verpflegt, über die Schweiz nach Tirol in Wägen zu transportiren. Wenn man in diesen Vorschlag eingeht, meinte ich, werde ich an den Dokumenten zu arbeiten beginnen, so daß nach den Ostertagen, d. i. am 25. April mit der Uebergabe sogleich begonnen werden könne. Ich erwarte daher noch eine Antwort. Er versprach mir solche zu bringen, indem er gleich zum Comitato gehe, und entfernte sich, ohne aber früher als am besagten 25. zu kommen.

Das Institut soll den Namen „Orfanotrofio Militare“ erhalten, ich mache solches einigen Eltern der Kostknaben bekannt und das Comitato di Guerra will mich in den Kerker werfen.

So wie ich gerade sagte, daß mir der Direttore illustro mittheilte, das Erziehungshaus werde nach der Uebergabe „Orfanotrofio Militare“ genannt, schrieb ich noch denselben Tag zwei Privatbriefe an Eltern der Kostknaben, wie ich es später an Alle thun wollte — um ihnen solches nach gegebenen Versprechen bekannt zu geben.

Ich begann mit der Frase: „Nachdem ich das Institut übergebe und solches in ein Orfanotrofio Militare umgewandelt wird ꝛc.“ —

Diese Briefe brachten eine Revolution im Comitato hervor; denn einem dieser Benachrichtigten fiel es zufällig ein, als er um den Paß bei dieser Behörde war, daselbst zu erzählen, daß das Erziehungshaus eine Anstalt für Orfani werde, daher er seinen Sohn herausnehme. — Ich wußte von diesem Vorfalle nichts, Abends gegen 7 Uhr den 20. oder 21. April kam der Segretario Botta mit dem Monzini zu mir und ohne weitern Umschweife begann er: „Wer hat Ihnen die Erlaubniß gegeben diesen Brief zu schreiben?“ — „Ich“, war meine Antwort. Diese ebenso resolute Antwort mit einem durchdringenden Blick begleitet, auf eine so kecke Frage, brachte den Helden auf andere Gesinnungen. Er begann nun: „Wer sagte Ihnen, Herr, daß aus dem Erziehungshause ein Orfanotrofio Militare werde?“ — „„Wer? — Ihr neuer Herr Direttore Tatti.““ — »Nicht möglich, Herr, denn ich sprach ihn gerade.“ „„Ist mir sehr leid, wenn er Ihnen nicht die Wahrheit sagte.““ Nun klärte ich ihnen auf, wie ich dazu kam es zu wissen. — „Was hatten sie hiemit für einen Zweck?“ „„Ich habe Ihre Fragen nicht weiter zu beantworten. — Denn ich handelte meines Amtes als österreichischer Offizier und Kommandant.

*

Dieses könne ihnen vollkommen genügen, daß ich meine Machtvollkommenheit hiemit nicht überschritt, da es sogar meine Pflicht ist, die Eltern von Allem in Kenntniß zu setzen, was ihre Kinder betrifft. Es kann wohl nicht bestritten werden, daß es für die Eltern höchst wichtig ist diesen Wechsel zu wissen, damit sie den Entschluß fassen können, ob sie ihre Kinder auch in einem Orfanotrofio belassen wollen oder nicht. Dann habe ich zu ihrer Richtschnur noch einen andern derlei Brief geschrieben."" "Nun da muß ich Sie bitten, Herr Kommandant, mir solches schriftlich geben zu wollen, — sagte er — da ich den gemessensten Auftrag habe hierüber dem Comitato zu berichten."

Ich that solches mit zwei Zeilen. Herr Monzini fand mein ausgesprochenes Recht als österreichischer Kommandant in dieser Hinsicht richtig, was anfänglich Botta negiren wollte, da er behauptete, dieses wäre nicht mehr mein sondern des Tatti Recht, da er bereits vom Kriegsministerium zum Direttore ernannt sei. Worauf ich entgegnete, daß ich, in so lange die ganze Uebergabe des Institutes nicht positiv geschehen ist, ihm nicht auch die geringsten Attribute meiner Machtvollkommenheit überlassen werde und könne. — Dieses überzeugte ihn endlich. —

Im Fortgehen war er sehr höflich, und im Ueberströmen der Artigkeiten zeigte er mir (aber nur als Geheimniß, das Mandat, wodurch ihm vom Comitato die so eben besagte Nachforschung anbefohlen und schließlich die Machtvollkommenheit übertragen wurde, mich, falls er Verdacht fände, gleich zu arretiren und in die Kerker St. Antonio einzusperren. Ich bedankte mich lakonisch für so viel schlecht angebrachte Aufmerksamkeit. Später erfuhr ich, daß sechs Mann Guardia civica am Thore unten auf mich warteten.

## Abschluß, monatlicher, dann der Rechnung, und Uebergabs-Dokumente.

Der monatliche Abschluß zur Auszahlung geschah wie bisher, nur ließ ich von den Lieferanten statt Quittungen blos Conto in Dupplo machen, wovon ich einen der provisorischen Regierung zur verbürgten Zahlung der Lieferanten zustellte; ich behielt aber das Duplikat zum Rechnungs-Belege. Im Monat März machte ich aber zwei Rechnungs-Abschlüße d. i. ich ließ die Conten vom 1. bis 21. abgesondert von jenen vom 22. bis Ende besagten Monats machen. Für den Monat März erhielten die Lieferanten von der provisorischen Regierung nach ihrer Mittheilung gegen den 15. April Alles bezahlt. Pro April d. i. bis inclusive 26. hat man ihnen viel später die Conten saldirt. Nachdem nur vier Tage zum gewöhnlichen halbjährigen Rechnungsabschluß fehlten, so bewirkte ich dies ganz in der Art, wie es immer geschah. Nach Beendigung dessen verfaßte ich die Uebergabs- und Uebernahms-Dokumente in Duplo auf Grundlage der abgeschlossenen Rechnung.

Nachdem der die lokalkommissariatischen Dienste versehende Verpflegs-Assistent Dirnböck ebenfalls gefangen saß, so bestimmte ich zwei Chargen, welche dessen Stelle beim Erziehungshause da versehen mußten, wo es nöthig wurde.

## Kommissionelle Uebergabe des Erziehungs-Hauses am 25., 26. und halben 27. April.

Am 25. April Früh kam der Direttore Tatti behufs der Uebernahme. Man ließ mir schon früher durch Monzini sagen, daß alles ärarische Gut ohne Unterschied übergeben werden müsse, so auch die Knaben, indem die provisorische Regierung wegen Rücksendung der deutschen Kinder seinerzeit schon sorgen werde. Das mir und den Chargen gehörige Eigenthum lasse man uns aber bei. Saubere

Convention mit diesen Schurken; — aber was ist zu thun? Mir wurde auch eröffnet, daß die Uebergabe und Uebernahme in Beisein einer gemischten Kommission mir gestattet werde, wozu von ihrer Seite die Bürger-Hauptleute Tasca und Monzini bestimmt seien; — meinerseits bestimmte ich zwei Chargen des eigenen Regiments als Kommissions-Mitglieder und dieses aus dem Grunde, um zu seiner Zeit, wenn es nöthig werden sollte, solche schneller bei der Hand zu haben. Mit den Dokumenten in der Hand begann die Uebergabe Stück für Stück von Früh bis Abends den 25. und 26.; endlich am 27. Früh zehn Uhr war selbe beendet. Nebst jenem, was nach der Rechnung da sein sollte, waren noch eine Unzahl von Effekten, Montur, Wäsche, Bücher x. da, welche ich durch einen guten Haushalt während fast neun Jahren meines Kommandos, seit der Errichtung des Institutes, — zum Besten der Anstalt zusammenbrachte. Damit ich einst zu zeigen vermag, wie väterlich ich für die mir zur Erziehung übergebene Jugend sorgte, wurden auch diese Sorten kommissionaliter übergeben und dieses umsomehr, als sich der würdige Herr Direttore gleich zu Anfang gegen mich äußerte, als er so viele Sachen und Materiale sah, das außer Rechnung sei: „Gut, das werde ich verklopfen!“ So mag er es dann schon verklopfen, dachte ich mir, aber jedenfalls nicht ohne hiefür seinerzeit wieder geklopft zu werden. — Bei der Uebergabe waren nebst den Kommissions-Gliedern stets noch jene Chargen zugegen, welchen das ärarische Gut da und dort zur Beaufsichtigung übergeben war.

Unterfertigung der Uebergabs-Dokumente; man will mich wieder in den Kerker werfen. — Es kommt davon ab, und man zwingt mich zur schriftlichen Erklärung, daß ich ein Kriegsgefangener sei. — Abforderung meiner Waffen.

Zur Unterschrift der Uebergabs-Dokumente mußte ich mich zum Comitato di Guerra begeben. — Nach meinem Triumphzug vom 22. März war dieses das erste Mal, daß ich außer das Hausthor kam.

Da das Comitato di Guerra in derselben Lokalität war, wo früher der Herr C. H. Sigismund wohnte, welches eine kleine viertel Stunde in der untern Stadt vom Erziehungshause entfernt ist, so mußte ich mehrere Gassen durchschreiten. — Ah! — Wie fantastisch sah es da gegen früher aus. Aus jedem Hause, oft aus jedem Stockwerke flatterte eine unsinnig große, dreifärbige Fahne mit oder ohne Motto heraus. — Auf einer stand mit Lapidarbuchstaben geschrieben: Evviva l'Italia! auf einer anderen: Evviva Pio XI.! sogar Evviva Iddio. Alle Thore jener Gebäude, wo früher unsere Truppen bequartirt waren, sah ich grün, roth und weiß bemalt. Alles, was nur auf unsere Herrschaft im weitesten Sinne hindeutete, war abgerissen, weggekratzt, überweißt oder mit den Trikolorfarben überpatzt. Zu diesem Aeußern der Stadt kam noch die fantastische Kleidung der Bewohner jeden Geschlechts und Alters. Der Eine war ganz schwarz mit einem befiederten Kalabreser am Kopfe und einer Stahlkette um den Hals, woran entweder ein handgroßer Pio IX. oder ein stählernes Kreuz hing. — — Der Andere war von Fuß bis zum Kopfe ganz paperlgrün mit gleichartigen Hut sammt einer erklecklichen Schwungfeder, dann einem Kreuz vom Trikolortuche auf der Brust. — Die Bürgerwachen trugen auf Hut und Kappe gedruckte oder geschriebene Aufschriften. — Alles — selbst der Aermste — hatte auf seinem Pintsche (elendem Hute) oder auf der

Brust irgend ein Tricolorzeichen. — Die Frauen nahmen sich erst recht lustig aus. Viele trugen förmlich grün, weiß und roth rubricirte Kleider mit großmächtigen Kreuzen am linken Busen; einige waren ganz als Amazonen gekleidet; noch andere hatten handgroße, förmliche Porträte des Pabstes in Glas und Rahmen am Halse hängend; es gab deren auch so patriotische, welche ein stählernes Kreuz nebst einem Brustbild des obersten Hirten und nebenbei noch eine dreifarbige Rosette sich anhängten. Anfangs gingen alle Behosten mit Flinten, Pistolen und Dolchen aller Art; selbst Frauenzimmer hohen und niedern Ranges trugen Dolche bei sich, und machten so martialische Gesichter, als wenn die Welt unter ihren leichten Gazellen-Tritten erbeben müßte. Der Klerus, welcher bei diesem Aufstande ebenfalls mit den Reichen des Landes sich in die erste Parallele stellte, zeigte seinen Eifer in dieser Hinsicht nicht nur mit Worten, sondern auch thatsächlich. Dieser Kaste schien es etwas ganz natürliches dem Kelche des Heilandes auch das Schwert beizugesellen, uneingedenk des Spruches unseres Heilandes: »Friede sei mit Euch.« — Fast alle Jünger Petri waren bewaffnet, und zogen nicht nur zahlreich mit jeder Kreuz-Legion, sondern ganze Seminarien übten sich täglich auf den offenen Plätzen der Stadt in den Waffen, um nächstens zu den Freischaren der Lombarden zu stoßen, damit sie da zur cacciata del tedesco oder barbaro« (was ihnen gleichbedeutend war) verwendet werden könnten. — Selbst dem Kinde, das kaum zu laufen begann, hängten die Eltern die Patrontasche um, gaben ihm ein hölzernes Gewehr in die Hand und setzten selben einen papierenen Czako auf den Kopf. Jede Schule war aufgelöst; man sah die Schüler da und dort in Reihen von ihren Lehrern in den Waffen auf die lächerlichste Art meistern, statt ihnen die Sätze der Grammatik zu zergliedern. Alles wurde aufgeboten, um den letzten Nerv des Volkes aufzuregen und selbst dem jungen Herrn Dultamara Muth zum entscheidenden, abentheuerlichen Zuge zu machen. Wer wollte mir nicht glauben, daß mich der Anblick einer solch' bewegten Bevölkerung, welche in der wahnsinnigen Ueberzeugung lebte, der Deutsche sei vor ihm geflohen und er habe nichts weiter zu thun, als ihn über den Brenner und Isonzo zu verfolgen und sein Panier dort aufzustecken, zum innigsten Mitleid stimmte; denn ich sah und hörte, wie sich jeder kindisch geberdete und in den Sack log, und wie man sich statt zu handeln in kopflosen Phrasen erging.

In dieser Stimmung langte ich beim Comitato di Guerra an. Man ließ mich in einen Vorsaal unter mehreren Vorwänden gegen zwei Stunden warten, während die kriegerischen Machthaber im Salon daneben weis der Himmel über welche Wichtigkeit beriethen. Der übergetretene pensionirte nunmehrige lombardische Oberste Garibaldi ging nicht nur öfters bei mir vorbei, sondern machte sich auch im selben Zimmer, wo ich war, vieles zu schaffen, jedoch stets ohne von mir die mindeste Notiz zu nehmen. Dieser nichtswürdigen Behandlung müde ersuchte ich die Kommissions-Mitglieder Monzini und Tasca diesem elenden Spiele ein Ende zu machen, und zur kommissionellen Unterfertigung der Uebergabs-Dokumente zu schreiten. Dieselben verfügten sich sonach in den hohen Rath, und kamen nach einigen lauten Erörterungen mit der Erklärung zurück, daß nunmehr die Unterfertigung Statt finden könne. Nach diesem solennen Akte, und nachdem man mir das Duplikat der Uebergabs-Dokumente übergeben hatte, führt man mich in das Zimmer des Secretario del Comitato di guerra, einem gewissen Botta, der mir — wie schon früher gesagt — im eigenen Quartiere einen Besuch abgestattet hatte. Selber erklärte mir in sehr aufgeblasener Manier, daß ich nunmehr die schriftliche Erklärung von mir geben müsse ihr Kriegsgefangener zu sein. Ich setzte ihm auseinander, was man unter Kriegsgefangenen verstehe, daß ich höchstens nur als **ostaggio** behandelt werden könne, wenn man an mir und meinen Chargen so maßlose Perfidie zu üben gesonnen sei, obwohl ich nie bezweifelte, daß man bei mir, (als dem einzigen Offizier in der ganzen Lombardie, welcher in dieser besonderen Lage ist), eine Ausnahme machen und mich zu meiner Truppe werde abgehen lassen. — Dies schien nur seine Lachorgane zu kitzeln. Mit Hohn in den Zügen und Geberden zeigte er mir die schriftlichen Erklärungen des Major Kirchmayer und des Oberstlieutenants Baron Schneider, so wie anderer hier gefangenen Herrn mit dem Beisatze: „Sie unterfertigen gefälligst eine gleiche Gefangen-Erklärung, oder man wird sich ihrer Person, wie es schon früher beschlossen war, versichern.“ Dieses brachte mich in den aufgeregtesten Zustand; denn solch eine Essenz der impertinentesten Nichtswürdigkeit brachte alle meine Fiebern in Aufregung. Ich sprang von meinem Stuhle auf, und es wäre zu einem schrecklichen Auftritte zwischen mir und den mich hänseln wollenden Wälschen gekommen, wenn nicht Monzini und Tasca dazwischen getreten und mich besänftiget hätten. Der Verstand, welcher mir **en carrière** davon zu rennen begann, stellte sich wieder ein, und ich begann zu überlegen, daß ein Widerstand in meiner Stellung mich nur nutzlos gefährden müsse. Ich setzte mich dem Aeußern nach beruhigt nieder, und genügte der Anforderung mit der Erklärung: ein Gefangener zu sein, und in **casa Grumelli** mich aufzuhalten.

Somit wollte ich mich entfernen; bevor man mir aber solches gestattete, wurde ich noch aufgefordert meine Waffen abzugeben. Da ich aber auch in diesem Stücke nicht gleich genügen wollte, so bedrohte man mich mit einer Visitirung. Dies zwang mich um eine so niedere Behandlung nicht zu erdulden, in die Abgabe meiner Waffen, die noch aus einem Degen und zwei Sack-Terzerolen bestanden, (welche Doppelläufe ich auch in diesem Augenblicke in der Tasche hatte) einzugehen und zu fordern, daß, weil diese Waffen ein Andenken meines seligen Vaters sind, solche einem von mir zu wählenden Bürger gegen Empfangs-Bestätigung übergeben werden dürften, welches man mir auch endlich zugestand. Somit war auch diese Mission zu Ende, und ich ging von Tatti, Monzini und Tasca begleitet von dannen. Meine Aufregung war noch immer groß, so daß ich nicht umhin konnte meinen Begleitern die härtesten Worte zu spenden. Tasca konnte solches nicht ertragen, und empfahl sich; Monzini hingegen war ungeachtet dessen herzlich gegen mich, und theilte mir mit, daß ich es nur ihrem Dazwischenkommen im Rathe des Senates zu verdanken habe, nicht in Kerker St. Antonio gesperrt worden zu sein, wozu mich schon im Vorhof des Comitat-Gebäudes die Eskorte erwartet habe. Auf meine Frage, woher es komme, daß man solch' kanibalische Behandlung gegen mich üben wollte, sagte er mir, (aber alles dieses als Geheimniß): „Man beschuldigt Sie sich geäußert zu haben, daß nicht fünfzehn Tage vergehen würden, und der verrätherische Piemontese würde gleich den aufrührerischen Lombarden auf dem Bauche über den Po und Ticino hinausgeworfen sein.“ Auch habe man mich gar nicht mehr nach Hause gehen lassen wollen, sondern sei darauf bestanden mich direkte in casa Grumelli zu führen, welches er eben hintertrieben habe. — Ich mußte ihm noch danken — vorausgesetzt, daß seine Aussage wahr sei. — Ehrliche Dispositionen und scharmante Rücksichten, die man mit mir vor hatte!

Somit war ich meines Kommandos de facto enthoben, man nannte mich von nun an: Excommandante. Extenente oder schlechtweg der republikanischen Gesinnungen halber nur beim Namen wie einen Pudel.

## Abschied von den Knaben und Chargen; Gefangensetzung in casa Grumelli.

Zu Hause angelangt warf ich nun, so schnell als es ging,

meine Sachen in die Kiste, den Koffer und den Reisesack, übergab meine Waffen und die Kiste gegen eine Empfangs-Bestätigung dem Bürger Pozzo, (welchen mein gütiger Leser schon kennt), und machte mich mit dem Allernöthigsten auf die Reise zur zweiten sehr harten und langen Gefangenschaft. Beim Heraustreten aus meiner Zimmerthüre standen sämmtliche Zöglinge und Chargen da, um Abschied von mir zu nehmen. Die Knaben weinten und klammerten sich mir an Hände und Füße, die Chargen verabschiedeten sich mit thränenden Augen ihre eigene Lage vergessend, da sie eben den folgenden Tag gleich mir in die Gefangenschaft ziehen mußten, selbst die zurückgebliebenen Wärter schlossen sich diesen an, und das Ganze war für mich die rührendste Scene meines Lebens, ein Augenblick, der mich alle überstandenen Leiden und Unbilden vergessen ließ. Der Abschied war mir ein Beweis, daß ich von meinen Zöglingen und Untergebenen nicht nur geachtet, sondern auch aufrichtig geliebt war; — gewiß der schönste Lohn treu erfüllter Pflicht, und zeichnet den Geber gleich den Empfänger aus.

Mit Mühe konnte ich mich erst mehrere hundert Schritte vor dem Erziehungshause von meinen Lieben trennen, und setzte, — von dem neuen Direttore Tatti begleitet, hinter meiner wenigen Bagage, die geführt wurde, hergehend und in mich gekehrt, — den Weg gleich einem Schiffbrüchigen in casa Grumelli in die obere Stadt fort. Hier angelangt empfing mich im Vorsaal der Conte Medolago sehr kalt, und erst nach ziemlich langer Rücksprache meines Führers wies man mir ehemalige Bedientenzimmer zur Wohnung an, und gestatte mir zu dem im selben Hause schwer verwundet liegenden Oberstlieutenant Baron Schneider des E. H. Sigismund 45. Linien-Infanterie-Regiments zu gehen, welcher gleich mir ganz entzückt war einen Menschen zu finden, mit dem er sich durch gegenseitige aufrichtige Mittheilung die Leiden erträglicher machen konnte. Nun gab es zwischen mir und meinem neuen Leidensgenossen, welchem ich meine aufrichtigste Hochverehrung stets bewahren werde, vieles zu erzählen über das bis dahin beiderseits erlebte, und es ward schon fast 11 Uhr Nachts, als ich mich mit dem Versprechen, den folgenden Morgen recht früh bei ihm wieder einzufinden, von ihm trennte und mich in meinen Taubenkobel zur Ruhe begab.

So sorgte für mich das Schicksal gütig, denn es führte mich zu einem allgemein geschätzten und geachteten Manne, dessen Liebe ich mir erwarb, und mit dem ich bis zu Ende des horrenten Dramas gleich dem Kastor und Polux vereint lebte.

---

## III.

# Von der zweiten Gefangenschaft in Bergamo bis zur Reise nach Mailand.

### Leben in casa Grummelli.

Noch lag ich im Traume, in welchem alle fantastischen Gestalten des vorigen Tages mir chaotisch vorschwebten, als die Thür meines Zimmers mit Gepolter aufging, und ich aus meinen unangenehmen Träumen geweckt wurde. Zwei mir von Sehen aus bekannte Personen schritten auf mich zu, deren eine mit offenen Armen auf mich losging und im jammernden Tone in die Worte ausbrach: „Sie sind der Wohlthäter und Erzieher unserer Jugend gewesen, — lieber Kommandant! trösten Sie sich, — verzweifeln Sie nicht, ertragen Sie das herbe Geschick mit Fassung, — vertrauen Sie auf den Allmächtigen.“ In diesem Tone ging es fort, ohne daß man mich zum Worte kommen ließ. Gleichzeitig machte mir aber sein Begleiter hinter dem Rücken des Lobredners Zeichen, die ich dahin auslegte, nichts auf die geschwollenen Redensarten des guten Phrasisten zu halten. Ich ließ es daher geschehen; als so der gute Mann sich erschöpft hatte, kam auch ich endlich an die Tour. Die beiden Herren waren Doktoren der Medizin, welche den Oberst-Lieutenant Baron Schneider behandelten. Da derselbe den Abend zuvor bemerkte, daß meine Augen entzündet waren, so war er so aufmerksam, dieselben zu ersuchen mich besuchen zu wollen. Da wir uns nunmehr verständiget hatten, so machte der Gesetztere der Herren, Doktor Cima, das Recept und ich war bedient.

Obwohl das **Comitato di Guerra** mir gestattete meinen Privatdiener mit in die Gefangenschaft in **casa Grumelli** zu nehmen, so ließ ich denselben doch ins Erziehungshaus zurückgehen, da ich aus seinen weinerlichen Mienen ersah, daß er nicht sehr gerne und guten Sinnes die herbe Lage mit mir zu theilen geneigt schien. Derselbe kam täglich, um mich quasi nur zu sehen; ich war doch dabei froh eine Person zu haben, mittelst der ich das, was ich noch im Institute bedurfte, vermitteln könnte.

Ich und der Oberstlieutenant Baron Schneider waren so ziemlich gut bewacht; denn vor dem Thore standen zwei Schildwachen der **Guardia civica**, im Zimmer selbst war beständig ein Bedienter, den man eigens für den Oberstlieutenant gedungen hatte, und der auch mir das Essen aus Gefälligkeit holte. Im Zimmer selbst war meist der Conte Medolago, welcher sich mit der aufopferndsten Hingebung gleich einer Amme der Bedienung des verwundeten Oberstlieutenants hingab. Demselben stand noch zur Seite als Aushülfe ein Winkeladvokat, dann ein gewisser Guarnerio, Schreiber der Munizipalität, ein kopfloser sonst aber gutmüthiger Republikaner der ersten Klasse. Jeder, der uns besuchte, mußte durch diese Vorposten durch; um einen Einlaß zu erhalten, bedurfte es noch einer speziellen schriftlichen Ermächtigung des **Comitato di Guerra**, worin es ausdrücklich befohlen wurde, mit uns Gefangenen nur in Gegenwart unseres Cerberus, und das wieder nur in italienischer Sprache von durchaus unpolitischen Gegenständen zu sprechen, so wie jedes etwa zweideutige Reden oder Gestikuliren auf das Bestimmteste hintanzuhalten. — Wie schon damals die Befehle des gestrengen Comitats respektirt wurden, geht daraus hervor, daß fast täglich meist zum Oberstlieutenant Baron Schneider eine Menge Personen kamen, die sich auch ohne Erlaubnißzetteln den Eintritt erlaubten. Was die Beaufsichtigung bei Besuchen im Zimmer selbst anbelangt, so muß man den uns überwachenden Herren es zum Lobe nachsagen, daß sie uns den größten freien Spielraum ließen, und so zartfühlend waren, bei derlei Gelegenheiten sich gleich aus dem Zimmer zu entfernen, um auf uns nicht den mindesten Zwang, auch nur dem Scheine nach zu üben. — Schreiben war uns zwar ebenfalls strenge verboten, doch unsere Wächter ließen auch da geschehen, was uns gefiel; sie trugen uns selbst Papier, Tinte und Feder dazu an. Obwohl solches der Oberstlieutenant in seiner Lage, — indem er sich im Bette kaum zu rühren vermochte, nicht benützen konnte, so machte ich ihm den Sekretär, und schrieb, was er bedurfte.

Die uns Besuchenden waren theils gut theils schlecht gesinnt, und wir mußten daher nach der Person, mit der wir es zu thun hatten, unsere Reden moderiren. Der Oberstlieutenant schenkte übrigens keinem der aufrührerisch Gesinnten einen Pardon, er wußte sie mit geschickten Redewendungen stets in eine lächerliche Lage zu bringen, und geißelte solche auf das Artigste wie mit Nagelstiche fast zu Tode. Gewöhnlich wiederholten einige dieser Helden ihren ersten Besuch nicht, nur die Zäheren setzten sich öfter während unseres Seins in Bergamo dem beissenden Witze des Oberstlieutenants aus. Angenehm war das für uns wohl nicht, doch wir konnten es nicht ändern. Um so lieber waren uns die Besuche der Gutgesinnten; denn sie brachten uns nicht nur die allgemeine Augsburger, — sondern auch einen Wust von italienischen Zeitungen; daß unter den letzteren il ventidue Marzo die schlechteste war und uns mit ihren lügenhaften Artikeln ergötzte, (besonders wo man das eine nach dem andern Mal die Einnahme von Peschiera mit der Trompete des Erzengels Gabriel der Welt verkündete), ist sicher wahr. Klassisch genug fingen alle diesen Artikel mit der Phrase an: „Si dice, — si sente, si vuol sapere di buona fonte, — si scrisse a noi etc., nie aber es ist wirklich so.“ Ja meine lieben Heldensöhne, sagten wir oft, laßt nur den alten Feldmarschall machen, er wird euch, meine unermüdeten Bramarbas, schon die Haare aus dem Barte zupfen, wenn ihr ihm auch nur Stand haltet; waget es nur, den deutschen Barbaren Zahn gegen Zahn, und Auge gegen Auge am Felde der Ehre zu kommen.

Ich hatte alles, was einem Gefangenen gute Dienste leisten konnte, mit mir genommen, wie z. B. die Generalstabs-Karte der österreichischen Monarchie, ein Plesllsches Perspektiv u. a. Sachen mehr.

In den ersten Tagen befand sich der Oberstlieutenant fortwährend im Bette, erst 8 Tage vor unserem Abgehen nach Mailand stand er auf, und nahm hiebei so an Kräften zu, daß er, seinen rechten Arm in der Schlinge, mit dem Stocke, ohne von Jemanden geführt zu werden, im Zimmer auf und ab gehen konnte. Der Himmel ward ihm auch in dieser Beziehung sehr günstig; denn das in den Monaten März und April fortwährende Regenwetter hörte mit einem Male auf, und die schönsten Tage waren nicht nur seiner Herstellung sehr günstig, sondern gestatteten uns mit dem Perspektiv bei der wunderschönen Aussicht, welche wir aus unseren Fenstern hatten, die herrlichsten Excursionen in die vorliegende Landschaft zu machen und hiemit, so wie auch mit einer Lektüre den Geist aufzufrischen. Was den Oberstlieutenant und auch mich besonders ärgerte, war das fortwährende Trommeln und Trompeten, der sich unter unseren Fenstern vom Auf- bis zum Niedergange der Sonne in den Waffen übenden Schaarwachen. Da es aber schon im Leben nichts Bitteres gibt, dem nicht etwas Süßes beigemengt wäre, so belästigte uns hiebei doch die ganz klassische Haltung der neuen Vaterlandsvertheidiger und in sonderheit ihrer mit Dampf avancirten hohen und niederen Offiziere. Ich erhielt zum Lebensunterhalte täglich zwei Zwanziger und der Oberstlieutenant vier; zudem war noch die Contessa Augusti, welche in demselben Hause wohnte, so artig, dem Oberstlieutenant das Frühstück und Mittagessen, die Vesper so wie das Abendessen auf das Beste zubereitet aus ihrer Küche täglich zu senden.

Da, wie schon früher gesagt, mein Diener nur auf Besuch zu mir kam, so begann ich schon hier mich in der edlen Kunst des Stiefelputzens einzuüben, um sie später in viel ausgedehnterem Sinne an ihrem Platze zu appliciren. Zwar hart, aber auch gut, besonders wenns nicht anders sein kann.

So verging ein Tag nach dem andern, indem ich mich meistens von Früh bis spät am Abende beim Oberstlieutenant aufhielt, dessen frischen Geist und guten Humor bei seinen physischen und moralischen Leiden ich nur bewundern konnte.

Der Conte Medolago übte das Werk der Barmherzigkeit auf eine ganz außerordentliche und ausgezeichnete Weise; er war dem Oberstlieutenant Tag und Nacht stets zur Seite, gab ihm das Essen ein wie die Mutter dem einmonatlichen Kinde, und ließ sich nicht einmal bei dem Nothdürftigsten desselben das Recht nehmen, ihn selbst zu bedienen, — aus Furcht, daß eine ungeschickte Hand dem leidenden Manne ein neues Wehe verursachen könnte. Ehre daher diesem edeln Manne, der selbst seinem verwundeten Feinde mit solch' einer beispiellosen Hingebung warten konnte. Derselbe besuchte uns auch später im Kerker St. Margherita zu Mailand. Der Oberstlieutenant fand Wege, seiner Frau über die Schweiz zu schreiben, und erhielt auch noch am Vorabende unserer Abreise von da nach Mailand ein Antwortschreiben derselben, was ihn entzückte. Ich erhielt ebenfalls einen unerwarteten Besuch — und dieses war die Mutter der zwei Brüder Galotti, welche, als sie hörte, daß sie mich gefangen gesetzt hätten, eigens mit ihren Söhnen aus Mailand zu mir die Reise machte, um mir in jeder Beziehung ihre Dienste anzubieten. Wie sie später, als ich im Kerker zu Mailand war, sich für die Erziehung ihrer Söhne gegen mich dankbar zeigte, werde ich noch an seinem Platze anführen.

Auch sämmtliche Zöglinge kamen öfters, — bei Gelegenheit als sie spazieren gingen, mich zu besuchen, welche Aufmerksamkeit mich freute, und ich es ihnen darin vergalt, daß ich, als mich eines Tags Monzini zum Spazierengehen abholte, (was nur ein Mal während meiner ganzen Gefangenschaft hier stattfand) ihnen diesen Besuch erwiederte. Bei dieser Gelegenheit sah ich auch zum ersten Mal den Anzug eines lombardischen Linienoffiziers, und zwar zu meinen Leidwesen am Körper eines früheren österreichischen Oberlieutenants, der — vielleicht nach dreißig und mehr Jahren, in welchen er so manchen Groschen seines Monarchen erhielt und vieler nicht unbedeutender Berücksichtigungen theilhaftig ward, doch nichts eiligeres zu thun wußte, als seine Fahne zu verlassen, und sich in das Kleid der Rebellen zu stecken. Nicht seinet- sondern seiner zahlreichen Familie halber will ich seinen Namen verschweigen, obwohl er einst mich im eigenen Regimente Kamerad nannte. Einer lobenden Erwähnung verdienen die beiden Aerzte, Cima und Longaretti, welche den Oberstlieutenant Baron Schneider behandelten. Auf Longaretti's Verstand wirkten die Märztage sehr ungünstig ein; denn es kamen Tage, an welchen er gänzlich irre redete, daher ihm auch Doktor Cima, ein sehr praktischer, liebenswürdiger und gebildeter Mann, beigegeben war. Dieselben kamen täglich öfters, und besonders Doktor Cima verkürzte uns so manche Abendstunde mit seiner geistreichen Unterhaltung. Eines Abends, als wir ihm scherzweise verwiesen hatten, warum er gerade heute so spät komme, war seine Entschuldigung diese, daß ihn eben der hier gefangene Platzmajor, — der von einem Besuche von Conte Moroni zu Hause kommend — traf, so lange im Gespräche aufgehalten habe. Solches erregte bei uns nicht geringe Verwunderung und dieses um so mehr, als wir auch erfuhren, daß er gar keine Wache oder sonstige Aufsicht vor seinem Quartier habe, wo man doch den schwer blessirten Oberstlieutenant Baron Schneider, (der ohnehin nicht im Stande war, selbst in den letzten Tagen, mehr als zwanzig Schritte nur im Zimmer zu machen), wie einen Verbrecher bewacht hielt; wozu noch kommt, daß er früher schriftlich das Ehrenwort geben mußte, sich unter keinem Vorwande aus Casa Grumelli zu entfernen. — — Was aber noch dem Oberstlieutenant Baron Schneider unangenehmer berührte, war, daß er, wie gesagt, hören mußte, sein Kamerad gehe zu den Gewalthabern der Aufständischen, ohne ihn nur einmal besucht oder sich nur nach seinem Befinden erkundigt zu haben, welches um so schwerer zu entschuldigen ist, als die meisten übrigen gefangenen Offiziere, wie z. B. die Oberlieutenants Mitscherling und Conte Puppi selbst der Verpflegsassistent Direnböck ein oder mehrmal ihn besuchten.

Viel Spaß machte uns dagegen Doktor Longaretti, besonders wenn das Wetter auf ihn ungünstig einwirkte, da war er so herzlich, daß man hätte laut lachen mögen, wenn man des Aermsten Zustand nicht gekannt hätte. — Eines Tags verehrte er uns eine gedruckte Rede in Prosa über seinen zu früh verblichenen Freund, den Compositore di musica maestro Donizetti, welcher nur zu früh der Musikwelt entrückt wurde. Dieser ausgezeichnete Maestro verfiel vor längerer Zeit in geistige Lethargie, und selbst die Versetzung in die heimathliche Luft nützte ihm nichts; denn in den ersten Tagen des Aprils schnitt die unerbittliche Parze seinen Lebensfaden entzwei. Sein Begräbniß war solenn zu nennen, was zur Ehre seiner Landsleute gesagt werden muß.

Am 8. Mai kam ein gewisser Formentini vom Comitato di Guerra, und brachte uns die schriftliche Weisung, daß wir unsere Bagage zur Absendung nach Mailand bereiten sollten, da wir am 12. in der Früh dahin abgeführt würden.

So sehr uns die harte Lage, welche uns in Mailand gewärtigte — die wir auch per fama kannten, — unangenehm berührte, so war es uns doch erwünscht, unter mehrere Offiziere zu kommen. Selbst der Oberstlieutenant, welcher, in Wahrheit gesagt, noch nicht so gekräftigt war, um ohne Gefahr diese Reise zu unternehmen, entschloß sich (nach vorheriger Berathung mit seinen beiden Doktoren) doch zu selber, denn er wollte durchaus nicht allein zurückbleiben.

Jener, welcher uns diesen vom Präsidenten Colleoni gefertigten Befehl überbrachte, in dem ich nur kurz weg **il Prigioniero di Guerra de Kriegsfeld Ferdinando** ohne Beifügen einer Charge betitelt wurde, war ein Cujon ersten Ranges, und hieß Formentini. (Derselbe äußerte sich im Gespräche gegen einen unserer Wächter: **ora sarebbe meglio da fucilare tutti quelli, che vengono fatti prigionieri; così non si agravassero le spese del Governo**). (Es wäre an der Zeit alle die, welche gefangen werden, zu erschießen, um nicht die Regierung mit den Auslagen für solche noch zu beschweren). Elender Wicht, kämest du nur einmal unter meine Klauen, ich würde dir schon zeigen, wohin deines Gleichen gehört.

Bei dem ganzen Vorfall berührte den Oberstlieutenant Baron Schneider nur die Rücksichtslosigkeit des Comitats unangenehm, nachdem sie ihn, ohne einen Arzt — früher zu befragen, ob er in seinem Zustande auch die Strapazen der Reise ertragen könne, ohne weiters zum Abgehen bestimmten.

Freilich als Doktor Cima kam, und man ihm die erhaltene Ordre mittheilte, war er hierüber ergrimmt, verfügte sich gleich zum Comitate, und wirkte daselbst wenigstens aus, daß man für den Oberstlieutenant einen Wagen besorgte, damit er bis zur Deligenze fahren könnte, indem es ihm durchaus unmöglich geworden wäre, den Weg mit den übrigen Herren zu Fuß zu machen.

Am 11. Mai um 2 Uhr Nachmittags kam wieder Formentini, versiegelte die Bagagen, ließ sich von uns eine Bestätigung über deren Zahl geben, und führte sie mit sich gleich fort.

An demselben Tage machte noch die Contesse Augusti dem Oberstlieutenant die Abschieds-Visite, so wie auch Zavvarid, Frizzoni und Meris.

Nun will ich meinem Leser die Verwundung und Gefangennehmung meines Leidensgefährten vorführen, und lasse ihn demnach selbst sprechen.

## Verwundung und Gefangensetzung des Oberstlieutenants Freiherrn Ludwig Schneider von Arno.

Am 18. März saß ich mit meinem Obersten Heyntzel im **Albergo d'Italia** beim Speisen; da kam das Billet des Generalen Grafen Salis, welches uns beide zur Whistpartie zum Erzherzog, der eben von seiner Reise rückgekehrt war, einlud. — Während der Whistpartie bringt man das Manifest von Aufhebung der Censur 2c.; bald darauf erscheint ein Polizei-Kommissär mit der Anzeige, daß sich in der unteren Stadt lärmendes Gesindel sammelt. Auch hören wir da zuerst das Gerücht von der Errichtung einer provisorischen Regierung in Mailand.

Ich erhalte den Auftrag, das Bataillon in Bereitschaft zu setzen, und nachdem ich solches veranlaßt hatte, ging ich zur Whistpartie wieder zurück.

Außer der Arretirung einiger Individuen fiel aber nichts vor; — die Nacht lief ruhig ab, und ich schlief beim Regiments-Adjutanten aus dem Grunde, weil mein Quartier von der Kaserne fast eine halbe Stunde entfernt in der obern Stadt (**casa Grumelli**) war.

Den folgenden Tag ging ich um 6 Uhr früh zu meinem Obersten, fand dort den Gensd'armerie Offizier, Oberlieutenant Conte Naldi, welcher erzählte, daß im Laufe der Nacht in Treviglio die Gefängnisse erbrochen und die Gefangenen befreiet worden sind.

Ich ging nun in die Kaserne, nm zu sehen was es

Neues gibt. Die Rapporte meldeten nichts; ich verfügte mich zum Generalen Grafen Salis, um ihm dieß zu melden und seine Befehle einzuholen. Ich fand da ziemliche Unschlüssigkeit; von Mailand kam noch keine Nachricht.

Um 11 Uhr Vormittag geht der Erzherzog mit seiner Suite und von zwei Grenz-Patrouillen eskortirt auf die Municipalität; eine große Menschenmenge strömt ihm nach und dieses unter Lärm und Geschrei. Eine Bürger-Deputation stellt sich ihm vor, und bestürmt ihn um die Bewilligung der Errichtung der Guardia civica. Man weiß sich keinen Rath, da es hierüber an Verhaltungsbefehlen gebricht; der Erzherzog gibt eine halbe Zusage. Der Zudrang wird immer größer, Alles will sprechen; wir bewegen endlich den Erzherzog sich zu entfernen, und er geht nach Hause. Bald kommt aber da zu ihm eine zweite Deputation wieder wegen Errichtung der Guardia civica. — Er bewilligt endlich die Errichtung — jedoch ohne Waffen. Was nützt das? — Bald darauf kommt eine dritte Deputation; der Erzherzog kann nicht widerstehen, und bewilligt endlich die Vertheilung der Waffen. General Salis ist hierüber desperat; der Erzherzog selbst bereut es, und will sein Kommando niederlegen, kommt aber sonach zu dem Entschlusse, das Geschehene dem Feldmarschall anzuzeigen. Der Bericht geht mittelst eines berittenen Gensd'armen ab.

An allen Straßenecken der Stadt findet man bereits die Aufforderung sich in die Guardia civica einschreiben zu lassen. Ich habe die Ehre bei Sr. kaiserlichen Hoheit zu speisen, wobei es aber so ziemlich schweigsam hergeht.

Abends gehen schon die Patrouillen vermischt von uns und der Guardia civica; zum Schlusse mache auch ich eine Patrouille an alle Thore der unteren Stadt, und finde außer einigen Betrunkenen nichts. Da, wie ich sah, unsere

Lage sich düster gestaltete, so verließ ich meine Wohnung und quartierte mich beim Obersten ein, wohin ich auch meine Pferde und Bagage herab kommen lasse.

Den folgenden 20. ist Geldauszahlung beim Obersten um 11 Uhr früh, wo wir den Befehl erhalten, am 24. nach Mailand abzurücken. Um 1 Uhr speiste ich mit dem Obersten im Gasthause zum Falcone, von wo aus der Oberst zum Erzherzog gerufen wird, welcher ihm den Befehl mittheilt, sogleich nach Mailand aufzubrechen.

Dieses macht in der Kaserne große Bewegung, und der Oberlieutenant Mitscherling, welcher keinen Vorspann bekommen kann, wird mit Steinen geworfen.

Es wird sonach beschlossen, alle Bagage zurückzulassen und der Oberlieutenant Mitscherling beauftragt, selbe morgen oder übermorgen nachzubringen. Um jedoch die Kasse und den Wagen des Obersten mitzuführen, geht der Oberlieutenant Passt mit einer halben Kompagnie auf die Post und requerirt zwei Paar Pferde, führt sie in die Wohnung des Obersten, allwo solche nebst unseren Pferden unseren Vorübermarsch abwarten sollten. Ein Mann von dieser halben Kompagnie erhielt bei dieser Expedition einen Schuß durch den Czaco; in der obern Stadt hört man häufiges Plänkeln, hin und wieder Sturmläuten. Wir erwarten unsere Wachen; da dieß aber sehr lange dauert, so gewinnt die Bevölkerung Zeit sich vorzubereiten, um unseren Abmarsch zu erschweren wo nicht zu verhindern, worüber sich das Gerücht verbreitet, daß namentlich in contrada d'Osio Häuser und Dächer zu unserem Verderben vorbereitet seien, da man durchaus nicht zugeben wolle, daß wir die Mailänder Truppenmacht vermehren.

Ich mache daher auch den Vorschlag die Kompagnie aus St. Marta mit der Fahne, so wie die Bagagewägen aus der Wohnung des Obersten mittelst einer andern Kompagnie abholen zu lassen und dann bei Porta St. Caterina hinauszumarschiren. Der Oberst nimmt den Vorschlag an, und der Hauptmann Mollinari setzt sich bereits in Marsch, um solchen auszuführen. Da fällt es dem Obersten ein, man könne dieß für Furcht auslegen; ich spreche natürlich kein Wort mehr, versammle mein Bataillon und wir marschiren ab, und zwar gegen Porta St. Antonio bei der Wohnung des Obersten vorbei, um die Bagagen und auch die besagte Kompagnie in St. Marta aufzunehmen, und so vereint abzurücken.

Es regnete fortwährend, der Oberst ging zu Fuß vor der Avantgarde, und auf sehr kurze Distanz hinter derselben folge ich zu Pferde mit den fünf Kompagnien, die Bande an der Queue. Auf der Piazzetta di St. Antonio — in der Nähe des Offiziers-Kaffeehauses Peguri — beim Einbiegen in die Contrada ai tre passi zeigen sich Gesichter an den Fenstern, welche abasso rufen; zugleich fallen von hoch oben mehrere große Steine. Der Oberst läßt die Avantgarde Front machen, und eine Salve geben; mein Pferd hiedurch erschreckt, macht eine Wendung und versucht durchzugehen. Ich wende alle Kraft an, um es zu erhalten, kann es jedoch nicht verhindern, in die anstoßende Gasse St. Antonio einzubiegen. Gleich im Anfange derselben und während ich noch beschäftiget bin, das Pferd aufzuhalten, fallen von den Fenstern zwei oder drei Schüsse. Ich spüre wie einen elektrischen Schlag im rechten Arme, der Degen entsinkt meiner Faust, ich will meine Pistolen ergreifen, die rechte Hand aber versagt mir den Dienst. Ich bin durch den rechten Arm geschossen. Mein Pferd durch diesen Schuß noch mehr erschreckt, vielleicht auch selbst getroffen, drängt immer weiter nach vorwärts und ich bin außer Stand, mit der linken Hand es allein zu erhalten, es überschreitet das Thor und sprengt im vollen Laufe durch die Vorstadt Borgo Palazzo. Steinwürfe und Schüsse verfolgen mich wie ein gehetztes Wild, ich fange selbst an mein Pferd noch mehr zu animiren, um nur ins Freie zu kommen. Endlich habe ich die Vorstadt hinter mir; ich biege in den ersten Weg rechts ein, in der Idee, die Circonvallations-Linie zu erreichen und mich vielleicht so wieder meiner Truppe anzuschließen.

Indem ich mich jedoch einer Häusergruppe nähere, bewegt sich gegen mich ein Volkshaufe von 50 Köpfen, worunter auch einige Bewaffnete mit drohenden Gesichtern und Geberden.

Da ich schon einmal verwundet und kampfunfähig war, so wollte ich denn doch nicht massakrirt werden; ich wende also noch einmal mein Pferd, welches bereits hinkte, finde einen anderen Seitenweg, gebe beide Spornen und nach einigen hundert Schritten gelange ich halb ohnmächtig in ein großes Haus, wo ich einige Bauersleute bitte, mich aufzunehmen.

Nach einigem Hin- und Herreden führten sie mich in eine Küche, und leisteten mir Hilfe, so gut sie es verstanden. Ich verlangte einen Doktor, aber es war keiner im Orte; Niemand fand sich, der in den nächstgelegenen Ort gehen wollte. Endlich verlangte ich nach einem Geistlichen, theils um mich mit ihm besser zu verständigen, theils auch weil ich mich meinem Ende nahe glaubte. Derselbe kam, und schickte auch gleich nach einem Doktor. Als dieser eintraf, untersuchte er meine Wunde, und verband dieselbe. Außer diesem hatte ich noch einen zweiten Schuß, jedoch nur aus Schrott bestehend, im Gesichte; da sie zuerst den Hut durchdringen mußten, so waren sie nur oberflächig in die Haut eingedrungen. Nebstbei hatte ich eine starke Contusion am linken Oberarm erhalten, welche wahrscheinlich von einem Hammer- oder Steinwurfe herrühren mochte.

Der Doktor Picinetti aus Seriate eröffnete mir, daß er mich nach einem Orte werde transferiren lassen, wo ich sicher und unter guter Pflege mich befinden würde; ich war mit Allem einverstanden. Man richtete mir ein gutes Bett zurecht, und ich hatte noch so viel Kraft, um selbst acht bis zehn Schritte zu demselben zu machen. Nachdem ich ungefähr eine Stunde getragen wurde, gelangten wir endlich in ein sehr anständig eingerichtetes Haus, welches, wie ich später erfuhr, dem Doktor selbst gehörte, und sich in Seriate befand. Die Nacht verging mir langsam und unter rasenden Schmerzen, die sich erst gegen Tagesanbruch milderten. Der 21. März verging bis zum Abende ohne besonderen Vorfall, außer daß ich hin und wieder Sturmläuten hörte, und daß der Doktor in meinem Namen an meine Frau nach Verona schrieb. Gegen Abend kam jedoch der Doktor zu mir, und sagte, es sei ein sonderbarer Fall geschehen: es hätten nämlich die Grenzer in Bergamo zwei Parlamentärs als Geiseln behalten, und es seien aus dieser Stadt einige Deputirte herausgekommen, indem man dort erfahren habe, daß ich mich hier befinde. Ich verlangte nun diese Herren selbst zu sprechen, und fragte sie, was sie von mir in dieser Sache erwarteten. — Dieselben gaben mir zu verstehen, daß ich durch einige Zeilen den Kommandanten der Grenzer vielleicht bewegen könnte, die Geiseln wieder herauszugeben. Ich versuchte, was ich nie gethan, nämlich mit der linken Hand zu schreiben. Ob diese zwei Zeilen etwas genützt, weiß ich nicht; aber so viel wurde mir bekannt, daß die Geiseln wieder ihre Freiheit erhielten. Nach diesem Vorfalle eröffnete mir der Doktor, daß er mich bei ihm nicht für genug sicher erachte; weßhalb ich im Laufe der folgenden Nacht in einen sicheren Ort transportirt werden würde.

Wie gesagt, so geschah es auch. In der Nacht vom 21. auf den 22. März wurde ich ungefähr eine Stunde Wegs nach Scanzo zu einem andern Doktor Picinelli, Vetter des vorigen, gebracht. Hier verlebte ich ziemlich ruhig unter guter Pflege und in einem sehr elegant eingerichteten Zimmer die Tage vom 22. bis 27. Abends. Besondere Vorfälle waren für mich zwei Briefe, die mir das Comitato di Guerra offen mit dem Bedeuten zuschickte, selbe nach genommener Einsicht wieder zurück zu stellen. Hier erfuhr ich auch die Räumung Mailands von unsern Truppen, den Abzug der Grenzer von Bergamo, der den Einwohnern der Stadt und des Landes sehr zu schaffen machte. Hin und wieder erzählte man mir von Grausamkeiten, welche die Kroaten verübt haben sollten. Mit meiner Wunde ging es anscheinend gut; eine Entzündung, die sich gebildet hatte, verlor sich allmälig wieder. Der Sohn des Hausherrn, ein hübscher Junge von 15 Jahren, schrieb, indem ich diktirte, einen zweiten Brief an meine Frau, der auch auf die Post gegeben wurde — aber wahrscheinlich vergebens, denn alle Kommunikation schien unterbrochen. Unter allen bittern Empfindungen, die mich den ganzen Tag bedrückten, entsprang die bitterste aus der Unmöglichkeit meine Familie zu benachrichtigen und zu beruhigen.

Am 27. Mittags erhielt ich ein Schreiben vom Comitato di Guerra, worin mir dasselbe den Beschluß eröffnete, mich nach Bergamo und zwar in die Casa Grumelli (meiner früheren Wohnung) übertragen zu lassen. Ich verließ eines Theils ungern diesen stillen Aufenthalt, anderen Theils aber hoffte ich durch diese Veränderung wenigstens in eine genauere Kenntniß über die Ereignisse des Tages zu kommen. — Ungefähr um 4 Uhr brachte man mich in eine Krankentrage, und der Weg nach Bergamo wurde angetreten, auf dem mich außer den beiden Doktoren noch 6 bis 8 Guardia civica begleiteten. Man hatte mir unter anderem auch einen Brief des Verpflegs-Assistenten Dirnböck überbracht, worin mir derselbe bekannt gibt, daß er sich vielleicht in der Lage befinde, einige meiner Effekten mir zurückzuverschaffen, folglich um eine Beschreibung derselben bitte; dann, daß er in einigen Tagen seine Heimreise antreten werde, und sich daher antrage, meine Aufträge an meine Familie zu übernehmen.

Wir langten in der Dämmerung bei Porta S. Caterina an, und es war eben noch hell genug, daß ich eine innerhalb des Thores erbaute ungeheure Barrikade wahrnehmen konnte. Auf verschiedenen Umwegen eben dieser Barrikaden wegen gelangten wir endlich an eine Wohnung, woselbst der Transport über die Treppe mir nicht geringe Angst wegen meiner Wunde machte, da man mich mit meiner Bahre nach allen Seiten wenden und drehen mußte, um hinauf zu gelangen. In meiner schönen Wohnung angelangt, in der ich mich wenige Tage vorher als freier Mann breit gemacht und der wunderschönen Aussicht erfreut hatte, erhielt ich sogleich einen Besuch eines Abgeordneten des Comitato di Guerra, welcher im Namen dieser Behörde mir das Bedauern über das mir widerfahrene Unglück ausdrückte.

Nun will ich aphoristisch sagen, was mir besonders während meines Seyns bis zum Anlangen des Oberlieutenants Kriegsfeld vorkam.

Den 8. April starb der berühmte maestro di musica Donizetti; an demselben Tage wurden 300 Gefangene, worunter zwei Offiziere, aus Brescia gebracht.

Den 9. dieses Monats läßt mich die allgemeine Augsburger-Zeitung bei der Wiedereinnahme von Como an der Seite des E. H. Sigismund tödtlich getroffen fallen. Ich schreibe eine Berichtigung an die Redaktion, (welche die Güte hatte, mich bei diesem Vorfalle gelegentlich zum Obersten zu avanciren) und bedanke mich für so viele schlecht angebrachte Aufmerksamkeit.

Den Brief besorgte mir ein Schweizer, der Bürger Zavvarid. Von jenen aus Brescia gekommenen Offizieren des Infanterie-Regiments Fürst Schwarzenberg geht Lieutenant Mazzoleni nach Mailand, um Dienste zu nehmen; aber der andere Lieutenant, Rath, wird zu mir einquartirt.

Am 11. April findet das Begräbniß des verstorbenen maestro Donizetti mit ungeheurem Pompe statt. Den folgenden Tag wird um Mittag ein großes Requiem in der untern Stadt für die angeblich nur 32 in den Märztagen in Bergamo Gefallenen abgehalten, wobei 100 Mailänder

Guardia civica sich einfinden; zur größern Verherrlichung des Festes hört man von Früh bis Abend Kanonade und Musik. Auch wird ein Diner im Gasthause alla Fenice abgehalten, und die Stadt erdröhnt von Evvivas ohne Ende. Die folgenden Tage kommen Berichte vom Kriegsschauplatze, die sich aber nicht bestätigen. Am 15. wird ein Te Deum über unsere Vertreibung abgehalten. Ein Mailänder-Brief erzählt von einer sogenannten dritten Revolution in Wien, wobei dreitausend Wiener, darunter drei Erzherzoge, gefallen sein sollen; auch hieß es, der Kaiser sei gefangen, Fiquelmont ermordet, viele Palais zerstört. Ich glaube vor der Hand gar nichts. Am 16. erzählt man mir zum fünften Mal die Einnahme von Peschiera und zwar mit allen Details; doch sie bestätigt sich eben so wenig wie fast alle ihre Berichte. Doktor Cima verkündet mir den Besuch der Marchesa Scotti, die mir etwas sehr Angenehmes zu sagen habe; ich wußte nicht was. Ferner erzählt mir Doktor Cima die Schlappe, die der General S. Fermo mit seinen Paduanern bei Montebello erhielt. Nachmittags besuchen mich einige junge Herren: Presti, Terzi, Albani ꝛc.; wiederholte Besprechungen der Mailänder Ereignisse, natürlich im Widerspruche mit den Berichten der Unsrigen.

Den folgenden Tag kam die Marchesa Scotti, und ich war gespannt auf die gute Nachricht; — sie besteht jedoch aus einem Lob, das sie aus dem Munde einiger Verwundeten unseres Regiments über mich im Spital vernommen hat. Ich wollte lieber, sie hätte mir Nachrichten von den Meinigen gebracht. Wo werden sie wohl sein? wo werde ich sie wiedersehen? wann meinen lieben deutschen Boden begrüßen?

Wir alle müssen schriftlich unser Ehrenwort geben, das Haus nicht zu verlassen, und uns als Kriegsgefangene zu betrachten ꝛc. Dies ist in Bezug auf mich eine ganz überflüssige Maßregel, denn ich kann mich im Bette ohnehin nicht einmal rühren, und, wie ich höre, ist überdies das Hausthor mit zwei Wachen besetzt.

Nachmittags besucht mich Zavvarid mit Mitscherling, Oberlieutenant des eigenen Regiments, welcher bei ihm als Gefangener ist, und nach eigener Aeußerung von selbem auf das Ausgezeichnetste behandelt wird. Am selben Tage kommt auch Contessa Augusti (meine Näherin) eine sehr artige Dame; auch meldete man mir einen neuen Gefangenen meines Regiments.

Am folgenden Tage d. i. am 18. besucht mich Meris. Die Baronesse Marenzi, welche in casa Maffeis als zurückgehalten sich befindet, läßt mir sagen, daß sie von ihrem Gemahl aus Verona auf einem großen Umwege endlich einen Brief erhalten habe. Ich erhalte keine Silbe von den Meinigen, doch hoffe ich, daß ich durch die Baronesse Marenzi den Meinigen von mir werde Kunde geben können. Sie sind vielleicht in Wien, beinahe wäre mir solches lieber. Der mir gestern angekündigte Gefangene ist der Oberlieutenant Puppi, wie ich es auch vermuthet hatte. Die Doktoren bezeigen sich mit dem Gange meiner Krankheit immer sehr zufrieden; trotz dem bin ich noch immer fest gebunden an das Bett. In welch' fürchterlicher Lage muß sich meine Frau befinden, wenn sie von allen meinen Briefen keinen erhielt, oder aber gar in der allgemeinen Augsburger Zeitung meinen Tod las. Den kommenden Tag sollte Oberlieutenant Puppi ebenfalls zu mir logirt werden, was aber nicht geschah. Nachmittags bringt mir Doktor Cima ein Blatt des Mailänder Piraten, welcher die aus dem Globe entnommene Nachricht wieder gibt, daß Bergamo bombardirt und der General Schneider erschossen worden sei. Nur so fort avancirt, meine Lieben! aber lebendig, wenn ich bitten darf. — Ich werde in ein anderes Bett transportirt, wobei ich meines Armes halber sehr viele Aengsten ausstehe. Man bringt uns schon einige Tage keine Siegesnachrichten. —

Heute den 20. kommt der bedauerungswürdige Doktor Longaretti, und plauscht eine Menge des lächerlichsten Zeugs zusammen; denn der Narren-Paroxismus ist bei ihm heute stark. Nachmittags besucht mich wieder die Contessa Augusti mit ihrem Sohne, später Zavvarid mit seinem Schwager Steiner, einem sehr artigen und gebildeten Mann. Es kommt mir bei einigen, die mich besuchen, vor, als kämen sie, um sich an mir zu weiden oder aber mich als wildes Thier zu beschauen. Heute ist es gerade ein Monat, daß ich blessirt wurde. Es ist eine fürchterlich lange Zeit für mich, wenn man bedenkt, daß ich nichts von den Meinigen weiß.

Der folgende Tag brachte mir in der allgemeinen Zeitung die Correspondenz des F. M. Radetzky mit Casati hinsichtlich der Auswechslung der Gefangenen, welche mir das bestätigt, was ich ohnehin vermuthete; dies lehrt mich, welcher Maßstab bei gewissen Gerüchten, Erzählungen und Blättern anzulegen ist. — Unter andern erzählte mir auch Steiner, was ich auch schon früher gehört hatte, nämlich, daß der Freischaaren-Hauptmann Bonorandi auf meinem Schimmel weggeritten sei, dieß gibt mir wenig Hoffnung meine andern Pferde und Bagage wieder zu finden. — Schon wieder erzählt man mir zum sechsten Male die Einnahme von Peschiera; ferner, daß in Wien alles auf einen neuen Ausbruch deute; endlich, daß die Ungarn weder Rekruten geben, noch den ihnen zugemutheten Theil der National-Schuld übernehmen wollen. Ich bleibe übrigens dem Systeme treu, und glaube vor der Hand gar Nichts.

Den 22. April wurde wieder des Auferstehungsfestes halber fast den ganzen Tag mit den Glocken geläutet und noch mehr geschossen; letzteres sogar aus den Fenstern. Schade ums Pulver. Meris — mit dem ich Dienst Subaltern-Offizier war und der seit vielen Jahren ausgetreten, verheirathet und als Privatmann hier lebt, besucht mich; ich höre, daß alle gefangenen Offiziere nach Mailand, einige sogar nach Alessandria transportirt werden sollen. Letzteres wäre eine schlechte Aussicht auf die gehoffte Heimkehr. Ich möchte doch wissen, welche Zeitungen recht haben. Nach den italienischen sind die Piemontesen Sieger bei Goito geblieben —, nach der Allgemeinen waren es die Unsrigen. Ein ähnlicher Widerspruch zeigt sich in Betreff des Gefechtes bei Castelnuovo. Ich glaube aber jedenfalls wieder der allgemeinen Zeitung; was mich nur wundert und mir nicht gefällt, ist, daß man vom Korps des Feldzeugmeisters Nugent fast gar nichts hört.

Den nächsten Tag besucht mich Prestl mit seiner sehr hübschen, aber leidend aussehenden Frau; ich höre, daß auch die letzt verkündete Einnahme von Peschiera so erlogen ist, wie alle früheren.

Ich diktire einen Brief an meine Frau; Zavvarid wird mir die Expedition besorgen. Da ich ihn vom Comitato di Guerra früher lesen lasse, so habe ich doch eine Aussicht, der Armen in ihrer verzweifelten Lage einen Trost zukommen zu lassen.

Es trifft mich am 24. ein harter Schlag; denn meine Mitgefangenen: Hauptmann Auditor Lobinger von unserem Regiment und Lieutenant Rath von Schwarzenberg Infanterie —, haben heute vom Comitato di Guerra den Befehl bekommen, daß sie übermorgen den 26. nach Mailand transportirt werden. Ich muß wegen meiner Wunde — wer weiß wie lange — hier zurückbleiben; das ist wohl sehr traurig! Es besucht mich wieder die Contessa Augusti, so wie auch die Schwester meines lieben Pflegers Conte Medolago. Ich disputire mit ersterer —; sie ist aber unnachgiebig republikanisch. Medolago, welcher meinen Brief zum Comitato di Guerra getragen hatte, und mir versprach daselbst auszuwirken, daß die Baronin Morenzi mich besuchen dürfe, kömmt zurück und sagt mir, daß er darüber erst morgen oder übermorgen eine Antwort erhalten werde. Ich begreife diese Schwierigkeiten nicht.

Heute der 25. ist also der letzte Tag, wo ich mich der Gegenwart der Leidensgefährten erfreue, und somit muß ich das Tagebuch, welches ich in die Feder diktirte, so lange unterbrechen, bis ich es selbst führen kann. Die allgem. Zeitung vom 20. läßt mich, Gott sei Dank! wieder auferstehen, und mir bei dieser Gelegenheit ein Lob angedeihen, welches ich wirklich nicht verdiene; denn ich hätte mit dem besten Willen keine Heldenthaten verrichten können, da mich der erste Schuß kampfunfähig machte.

Den 26. früh Morgens scheiden meine Gefährten; mein Tagebuch ist somit geschlossen bis auf bessere Zeiten und mein Kopf vertritt dessen Stelle; daher auf Wiedersehen! — Die Götter sind mir gar nicht so unhold, denn heute den 27. Abends 8 Uhr werde ich durch die Einquartirung des Oberlieutenants und Erziehungshaus-Kommandanten Ferdinand von Kriegsfeld, sehr angenehm überrascht.

---

# IV.

## Reise nach Mailand, Kerkerleben daselbst und Miscellen.

### Reise von Bergamo nach Mailand in die Kerker von St. Margherita.

Zeitlich früh wurde am 12. Mai aufgestanden und sich reisefertig gehalten.

Nachdem ein Frühstück eingenommen war, kam endlich Botta, Segretario del Comitato di Guerra, wohlbewaffnet uns mit sich fortzuführen. Vor dem Thore stand ein Zweispänner, welcher für den Oberstlieutenant Baron Schneider bestimmt war, dann sechs Bürgerwachen und der bereits abgeholte Bunz, Kaplan des Infanterie Regiments E. H. Sigismund, nebst einem Unterarzte des Szluiner Grenz-Bataillons. Bei dem wunderschönen Morgen, der auf eine solche düstre Szene nicht zum Vortheilhaftesten paßte, wurde zuerst in der Stadt selbst der Rundzug begonnen, indem man die noch mitzugehenden Gefangenen abholte. Es waren außer den bezeichneten Personen noch der Platz-Hauptmann Hrdlilzka, der Oberlieutenant Mitscherling von Sigmund Infanterie, und ein Unterarzt des Szluiner Bataillons, welcher beim Abzug seines Bataillons an einem Fuß verwundet bis dahin im Civil-Spital zur Kur gelegen war. Diese Rundreise war weder angenehm noch kurzweilig, besonders mit solch schöner Eskort; es war doch gut, daß die Gassen nicht belebt waren. Ueberall stand auf den Häusern mit Kohle, Kreide und Röthel entweder: **Morte ai Tedeschi! morte ai ladri! — morte ai Republicani!** vermischt mit **Corraggio! Concordia! Unità! Più che corraggio! Evviva Italia libera! — Evviva Carlo Alberto! — Carlo Alberto re di tutta l'Italia! — Evviva la Costituzione**; und so dgl. Es mochte schon 5 Uhr sein, als wir so zu Wagen und zu Fuß in der Nähe des **Albergo d'Italia** in einem gewöhnlichen Diligence-Wagen einballirt wurden. Sowohl unser Führer als seine Getreuen postirten sich auf die vorsichtigste Weise im Wagen selbst, um jedem Versuch zum Entkommen noch zeitlich genug entgegentreten zu können. Unsere Fahrt bis Treviglio bot nichts besonderes dar; nur sahen wir zu unserem Leidwesen, als auf der halben Fahrt ein wenig gerastet wurde, einen desertirten italienischen Grenadier-Korporalen, welcher uns unangenehm berührte. Was mich aber freute war, daß dem Oberstlieutenant Baron Schneider die Reise so gut anschlug.

In Treviglio angelangt, führte man uns direkte an den Bahnhof und ließ uns gleich in einen Wagon der zweiten Klasse einsteigen, wohin einige der Herren ihr Frühstück bringen ließen. Bis zur Abfahrt wurden wir von einigen piemontesischen Offizieren und Gemeinen, die vom oder auf das Feld der Ehre reisten, zur Genüge besehen, ohne aber nur im mindesten insultirt zu werden. Um sieben Uhr ging der Zug ab und wir langten in einer Stunde darauf im Bahnhofe zu Mailand an, dieses wieder ohne die mindeste Unannehmlichkeit. Nachdem ich meinen Privatdiener schon am vorhergehenden Tage nach Mailand abgesendet hatte, um in einem österreichisch gesinnten Hause meine wertheste Habe zu depositiren, so war ich sehr angenehm überrascht, nicht nur ihn, sondern auch mehrere meiner frühern Zöglinge im Bahnhofe zu finden, welche meiner warteten. Leider war mir nur gestattet aus der Ferne ihnen die Worte zuzurufen: „Ich glaube, man bringt mich dahin, wo einst die Polizei-Direktion war, d. i. nach St. Margherita!« Durch Zeichen gaben mir dieselben zu verstehen, daß mich daselbst nichts Angenehmes erwarte, so wie, daß sie nicht ermangeln würden, mich zu besuchen. Bei dieser Mittheilung benahmen sie sich aber so furchtsam und zurückhaltend, daß ich auf das, was kommen sollte, sehr gespannt war. Nach einigem Harren ließ man uns endlich aus dem Wagon heraus, pfropfte uns in einen Omnibus, und nachdem der Führer Botta dem Roßlenker eingeschärft hatte, nur recht schnell durch die Stadt zu fahren, was uns schon auffiel, ging es von dannen.

Kaum waren wir aber in der Nähe des Thores Porta Tosa angelangt, so fing eine Menge Gesindel rechts und links und hinter dem Omnibus zu laufen und zu pfeifen an. Wie wird es erst in der Stadt werden, dachte ich mir. Beim Thor wollte unser wohlmeinender Führer, ungeachtet des Zurufs des Wachkommandanten der National-Garde nicht halten, mußte sich aber doch hiezu endlich bequemen, da dieser goliatgroße Lümmel es durchaus nicht anders zuließ. Während dem er sich mit Botta herumzankte, pfiff und schrie das Völklein, das sich um den Omnibus versammelt hatte, recht lustig drein. Man zeigte uns mit den Fingern die Mistgabel, rufend, paga Pio IX! Porchi tedeschi!! u. dgl. mehr. In der Zeit als man uns so bediente, betrachtete ich mir die Zerstörung, welche unsere Truppen beim Abzug hier gemacht haben; doch fand ich die Sachen nicht so gräßlich, als man sie allgemein geschildert hatte, denn es waren nur einige Häuser bei diesem, Porta Vittoria genannten Thore zerstört. Endlich waren die Anstände mit dem Wacht-Kommandanten gehoben und es wurde weitergefahren; indem aber der Kutscher recht derb den Pferden zusetzte, so ging es frisch von Statten, das lärmende Gesindel konnte nicht nachkommen, und wir sahen in kurzer Frist beim Theater alla Scala in die Gasse einlenken, wo unser neues Palais zum Empfange bereit war.

Zwar begann hier das Volk von allen Seiten, als es den Omnibus bemerkte, gegen denselben zu rennen, doch unser Führer hatte die Sache so gut abgekartet, daß wir schnell durch den Haufen durchrutschend von der corrumpirten Außenwelt getrennt uns im Innern des Gefängniß-Gebäudes St. Margherita befanden, dessen Eingang durch einen sehr starken Wachposten der Guardia civica besetzt war. Hier mußten wir noch eine kurze Zeit im Wagen warten, bis man uns aussteigen ließ, und in den Hinterhof, wo die Kerker sind, in den ersten Stock hinaufführte.

Schwer ist es mir die Gefühle wieder zu geben, die sich beim ersten Anblick der uns bestimmten Kerker und der schon da befindlichen Leidensgefährten aller Grade meiner bemächtigten.

Nicht weniger als achtzig gefangene Offiziere und Beamte harrten unser da im pitoyabelsten Zustande. Viele meiner Kameraden des Regiments fand ich hier, das Wiedersehen war bitter, viele unter ihnen waren verwundet, unter diesen war auch mein Bruder, — unser aller Loos war im hohen Grade bedauernswerth. Man führte uns nun in die Kanzlei, wo wir übergeben wurden. Nachdem wir unsere Bezahlung für diesen Tag erhalten hatten, wies man uns in den Kerkern Betten an. Erst jetzt erfuhren wir, daß all die Schmach, die wir beim Anlangen in Mailand eben erfahren hatten, gegen das, was den übrigen Kameraden bei ihrem Einzuge geschah, ein noch sehr brillanter Empfang genannt werden mußte. Diese Berücksichtigung hatten wir also unserem Führer zu verdanken, welches mich auch gegen ihn milder stimmte, als ich es durch sein früheres Betragen in Bergamo war. Bei der Einquartirung hier hatten wir ihm auch vieles zu danken, denn er verwendete sich auf das Wärmste bei unserm neuen Kommandanten, daß man den Oberstlieutenant Baron Schneider in ein alkovenartiges Zimmerchen, das für den General Schönhals bestimmt war, legte, und nachdem er nicht ohne einer Beihülfe sein konnte, so gestattete man, in dieses kaum fünf bis sechs Schritte im Quadrat haltende Zimmerchen auch das Bett für mich zu stellen.

### Kerkerleben in St. Margherita unter dem Regime Francia's.

Wie schon früher gesagt, wußte ich bereits was uns im Allgemeinen in Mailand erwartet, da die Mailänder selbst unter den Lombarden ihrer Herzlosigkeit in Behandlung der Gefangenen halber berühmt waren; denn während in Mailand die gefangene Mannschaft nur ein Mal in der Woche eine elende Suppe mit ganz wenig schlechtem Fleische erhielt, gaben die Bergamasker ihren Gefangenen eine gute Fleischsuppe selbst dann noch wochentlich drei Mal, als ihnen eigens von der provisorischen Haupt- oder vielmehr Halunken-Regierung ausdrücklich befohlen wurde, sich in der Verabfolgung der Nahrung gleich ihnen in Mailand zu benehmen. Daß es der armen in Mailand gefangenen Mannschaft vom Feldwebel abwärts jammerschlecht ging, ist leider wahr. Doch der gute Geist soll, wie ich hörte, dieselbe nie verlassen haben, und da, wo man solche zum Uebertritt verführen wollte, zeigte er sich immer in seinem schönsten Glanze.

Alle, vorzüglich die ungarischen Soldaten, wurden mit allen möglichen Ueberredungsmitteln durch Worte und Geld zum Verrathe bearbeitet. Eines Tags soll im Kastell der Regiments-Kaplan Mensinger von Reisinger-Infanterie nebst einem polnischen Freiwilligen erschienen sein und Alles versucht haben, um Leute für die italienische Insurgentenfahne zu werben; doch es hätte ihm bald hier eben so schlecht bekommen, wie später gegen Ende Juli in Castellaccio zu Genua, wo er dieses Manöver bei den Gefangenen wiederholte, und die Mannschaft ihn nicht nur mit Indignation abwies, sondern bald gesteinigt hätte. —

Wie es den gefangenen Offizieren in der Rochetta des Kastells zu Mailand unter dem Kommando des übergetretenen österreichischen Offiziers Margheritis erging, wird noch an seinem Platze gesagt werden. Ich gehe daher gerade auf die niederträchtige Behandlung über, welche noch vor meinem Anlangen in dem Kerker St. Margherita zu Mailand den gefangenen Offizieren daselbst zu Theil wurde.

Bis gegen den 10. Mai standen solche unter dem Kommando eines früher pensionirten Stabs-Offiziers Namens Francia, der vor nicht gar lange in dem österreichisch-italienischen Regimente Nr. 45 diente. Dieser Elende bereitete durch sein rücksichtslos hartes Benehmen den Gefangenen die bittersten Tage. Ich will nur Einiges hier sagen, was meinen Ausdruck „der Elende“ gewiß vor der ganzen Welt rechtfertigen wird.

Jeder Offizier, den man brachte, wurde gleich dem schändlichsten Verbrecher — auf das Genaueste visitirt, man nahm ihm Scheere, Federmesser, ja selbst jedes militärische Ehrenzeichen, kurz Alles ab, und steckte ihn in einen Kerker voll Unrath, der wahrscheinlich noch von den schmutzigsten Verbrechern herrührte, so daß einem der Athem verging, da die Ausdünstung einen zum Ersticken drohenden Gestank erzeugte. In dieser wirklich entehrenden und schändlichen Verwahrung gab man den Gefangenen nichts als einen elenden Strohsack, eine Kotze und ein Leintuch, ganz so wie sie in Kerkern üblich sind, und dieses Bettzeug mußte sich jeder ohne Unterschied, selbst der Stabs-Offizier, in seinen Kerker tragen. Hier in einem Raume, in welchem nicht mehr als vier Betten auch bei reinlichem Zustande gesundheitshalber gestellt würden, lagen acht, auch zehn Offiziere und mußten hiezu noch in der ersten Zeit bei Tag und Nacht ihre Nothdurft daselbst verrichten, da sie stets eingesperrt waren. Die Gefangenen durften nur bis zu einer gewissen Stunde das Licht, welches sie selbst kaufen mußten, brennen. Bei der mephytischen Luft, die sich da des Nachts erzeugte, hätte es Todesgefahr gebracht, wenn man sich zu einem Fenster gewagt hätte, denn dieser Unmensch war nichtswürdig genug, den auf Wache stehenden Gensdarmen täglich Abends laut aufzutragen, — und dieses ja so, damit es die Offiziere hören sollten, die Gewehre zu laden und denjenigen, welcher aus den unvergitterten Fenstern des einen Zimmers (denn es war wirklich nur Ein solches Zimmer vorhanden) auf den Gang herauszusteigen versuchen sollte, allsogleich zu erschießen.

Daß er nicht zu schreiben erlaubte, ist noch natürlich; er erlaubte aber auch nicht die geringste Gemächlichkeit, und visirte Alles, was den Offizieren zugebracht wurde. So z. B. als einem Herrn gedörrte Zwetschken gebracht wurden, suchte er unter denselben Flintenkugeln, und machte eine Menge dergleichen schändlichsten Schergen-Manövers, die ihn auch zum gemeinsten und rücksichtslosesten Kerkermeister stempeln. Ihm zur Seite standen die gewöhnlichen Ober- und Unter-Kerkermeister, die unter ihre sonstigen Verbrecher auch die gefangenen Offiziere reihten. Ein jeder dieser Kerker war mit doppelten Eichenthüren von drei bis vier Zoll Dicke und armstarken eisernen Riegeln, in der innern Thüre mit einer vergitterten Lucke zum Oeffnen und Schließen versehen.

Die Fenster hatten zollstarke Eisengitter, waren bei einigen Kerkern hiezu noch hoch oben angebracht, um zu solchen nicht gelangen zu können; in anderen waren die Gitter sogar doppelt angebracht, und in Nr. 33 war nebst dem noch von Außen ein Drahtgitter.

Daß bei einer solchen Verwahrung weder Luft noch Licht in gehöriger Masse einströmen konnte, war der Gesundheit höchst nachtheilig und machte die Lage der Gefangenen schrecklich. Hiezu kam noch die elende Kost; denn man gab den Gefangenen bis zum 20. April als Nahrung ein halb Pfund Brod, eine kleine Schale schlechte **Minestra**, zwei Unzen Rindfleisch und eine derartige Portion Schöpsernes, auch statt dessen einige Mal eine — Sage Eine! — Polpette oder einige Macheroni, dann einen Mezzo-Wein; — dieses Alles in einem kaum genußbaren Zustand war die Nahrung für 24 Stunden, wobei man aber als Desert stets die große „Generosità della nazione italiana“ (die Großmuth der italienischen Nation) mit auftischte. Erst vom 20. an, auf vielseitige Klagen und die Verwendung des ebenfalls gefangenen Platz-Majors Spanner wurden dem Subaltern-Offizier einschließlich des Kapitäns zwei Zwanziger, dem Hauptmann drei, dem Stabs-Offizier einschließlich des Obersten vier, und dem Generalen sechs Zwanziger erfolgt. Mit dem war es wohl in etwas besser, doch nachdem der Oberkerkermeister zugleich auch der Traiteur oder Koch der Offiziere war, so wurden die Speiseportionen mit ungestempelter Willkühr zugerichtet und taxirt. Man erhielt das Essen meist kalt, das Fett natürlich gestockt und durfte sich nur das geben lassen, was der Oberscherge für den Tag zu essen bestimmte. Ein kleines ungedecktes Tischchen, kaum groß genug, daß die Hälfte der im Kerkerzimmer Gefangenen daran Platz nehmen konnte, war die Tafel, an der man speisen mußte. Für zehn Personen wurden vier bis fünf Löffel und Gabeln, aber höchstens nur ein oder zwei Messer gegeben, — eine Vorsicht, wie man sie nur gegen Verbrecher übt. Von Gläsern und Flaschen keine Spur, denn ein irdener Krug mit Pippe war das Gefäß, dessen man sich bedienen mußte. Nachdem nur in der Früh von den Unterschergen ausgekehrt ward, der einzige Dienst, den sie unentgeldlich thaten —, so mußten in jedem Zimmer die Offiziere nach der Tour, wo es nöthig wurde, den Tisch putzen und den Boden säubern. Die Leintücher wechselte man alle zwanzig Tage oder gar nach Verlauf eines Monats, und da erhielt man solche, die nicht von grober Hausleinwand, sondern de facto von nicht feinerer Gattung als Strohsackleinwand waren. Ein Waschbecken mußte für ein Zimmer genügen, ebenso ein

Handtuch, und dieses wurde wochentlich nur gewechselt. — Bettmachen, Stiefel- und Kleiderputzen, überhaupt Alles was in den Bereich der kleinen Bedürfnisse gehört, mußte ein Jeder für sich bestellen. Gut ging es noch jenen Gefangenen, die mit einiger Leib-Wäsche versehen waren, aber es gab deren, wie ich einige einzeln vorführen werde, — welche außer dem Hemd und der Gattie, die sie am Leibe trugen, nichts hatten. Diesen wurde endlich nach vielen Vorstellungen ein Gefangenhemd und derlei Gattie gegeben, und sie mußten noch froh sein wenigstens etwas zum Wechseln erhalten zu haben.

Das Geringste, was man sonst bedurfte, mußte von den Gefangenwärtern mit schwerem Gelde erkauft werden, denn man zahlte nicht nur die Sachen selbst doppelt, sondern mußte noch des Schergen Gefälligkeit und Freundlichkeit lohnen, dann aber noch überdies Gott danken, daß man es nur erhielt.

In der ersten Zeit durfte Niemand die Offiziere besuchen, später nur diejenigen, die vom Ministerium die Erlaubniß erhielten, und selbst dieses nur an gewissen Tagen zu den festgesetzten Stunden. Kam daher jemand, der dieses strenge Gebot nicht kannte, oder hatte er sich vielleicht aus irgend einer dringenden Ursache um eine Viertelstunde verspätet, so wurde er abgewiesen. Wenn man die Offiziere aus irgend einer Ursache rief, so geschah es kurzweg beim Namen, ohne Unterschied wer es sei.

Man suchte moralisch drückend einzuwirken, daß man bei den unbedeutendsten Geringfügigkeiten den Offizieren sogar mit Strafe drohte; zum Beweise dessen diene folgendes Kermeisterstückchen Francia's. — Bei Gelegenheit, als in diesem Lokale gefangene Offiziere neu anlangten, die von den übrigen Leidensgefährten mit freudigem Zurufe begrüßt wurden, ergrimmte dieser Unmensch hierüber so, daß er den Letzteren auf das heftigste zurief: „Es wird mir einer von Ihnen noch die Butter zahlen!“ — O Schändlichkeit ohne

Grenzen. Diese abscheuliche Kreatur erwarb sich eben durch diese elende Behandlung große Verdienste bei den provisorischen Machthabern, denn sie ernannten ihn, — dieses aber zu meinem persönlichen Glücke — zum Oberstlieutenant und Platz-Kommandanten von Crema, und er übergab sein so würdig geführtes Kommando zum Hochgenusse und zur größten Freude aller Gefangenen in den ersten Tagen des Monats Mai. Sein Name wird aber für immerwährende Zeiten als der Schändlichste unter den Schändlichen auf der schwarzen Tafel prangen.

## Kerkerleben in St. Margherita zu Mailand unter dem Kommando des Majors Scanagatta.

Nachdem der Oberstlieutenant Baron Schneider mit dem früheren Kommandanten Francia bei einem Regimente gedient hatte und er die elende Behandlung desselben nicht kannte, so hoffte er und ich mit ihm, daß wir uns einiger Rücksichten zu erfreuen haben werden. Wir waren daher unangenehm berührt, als wir dessen Ablösung hörten, doch unser Leid verwandelte sich bald in Freude, als wir die von ihm geübten Schändlichkeiten erfuhren und sahen, daß der neue Kommandant Major Scanagatta gegen uns Alle sich höchst würdig benahm und alles that, was nur in seinen schwachen Kräften lag, um unsere harte Lage zu mildern.

Dieser Major Scanagatta ist der Bruder der in der österreichischen Armee berühmt gewordenen Scanagatta, welche an seiner Statt in die Neustadter Akademie aufgenommen wurde, den Lehrkurs daselbst beendete und als Offizier zu einem Infanterie-Regimente ausgemustert ward, worauf sie es bis zum Oberlieutenant brachte. Erst als sie in einem Treffen verwundet wurde, erkannte man sie als Mädchen; dieselbe ward sofort als Oberlieutenant pensionirt und vermählte sich später (wie ich mir sagen ließ) mit einem Hauptmann, welchen sie, wenn es aus der Schule zu schwatzen erlaubt ist, mehr mit ihren chevaleresken Amazonen-Aventuren als mit ihrer Sylphidengestalt berückte. Der Major Scanagatta war schon über 30 Jahre in Pension und hatte, — wenn ich nicht irre, — nie unter Oesterreich gedient, sondern wurde noch von der vorigen französischen Regierung übernommen. Er war ein Mann von 70 und einigen Jahren, hatte alle Feldzüge Napoleons in Spanien und Rußland mitgemacht, ward in letzterem verwundet — mit Einbuße eines Auges, — und gefangen. Er wußte daher besser als Francia zu würdigen, was der Offizier selbst als Gefangener für eine Behandlung zu gewärtigen habe.

Er gestattete uns gleich, auf dem Gange von Früh bis Abends frei herumzugehen, erlaubte täglich die Besuche, behandelte uns selbst auf das Zuvorkommendste, indem er uns sogar Briefe unaufgebrochen einhändigte, unsere Schreiben ungelesen von uns selbst versiegeln ließ und auf die Post sandte. Während man unter dem Regime Francia's nur den 22. Marzo haben konnte, verschaffte er uns nicht nur mehrere in- und ausländische Zeitungen, welche er uns oft nebst allen erschienenen Bulletins selbst im Sacke mitbrachte, sondern sogar auch die allgemeine Augsburger Zeitung. Er sorgte dafür, daß unsere Kost besser wurde, daß wir uns bei der großen Hitze, die eintrat, auch mit Gefrorene erquicken konnten; kurz, er that so viel als in seiner Macht stand, um in der Behandlung das Kerkerartige zu verwischen. Daß es ihm nicht in Allem gelang, kann durchaus nicht ihm zur Last gelegt werden, denn nicht geringe Unannehmlichkeiten hatte er auch deshalb mit dem Oberpolizei-Kommissär Dr. Faba. Dieser H— war früher Arzt zu Padua, nachher Hauslehrer in einer venetianischen Familie zu Mailand; derselbe soll (nach dem Ausspruche der Fürstin Belgiojoso) ein Mann von Geist, aber einer nur oberflächlichen Bildung, hiezu noch locker und bis zur

Tollheit eitel sein. Dieser machte es sich nun in seiner neuen Stellung zur ersten Aufgabe, alles zu thun, um nur die gefangenen Offiziere recht mit Füßen zu treten. Nach allen Seiten und Richtungen umgab er uns mit Spionen, die jede unserer unschuldigsten Handlungen seinen Wünschen zu Folge verdächtigten, um etwas gegen uns und hiemit auch gegen unseren Vertreter Major Scanagatta zu finden, den er nicht weniger als sieben Mal bei der provisorischen Regierung verklagte, und in seiner letzten Klageschrift ausdrücklich anführte: der Major sei ein **Prottetore in vece d'essere un rugido custode** (ein Vertheidiger statt eines rauhen Kerkermeisters) der Gefangenen." Man setzte dem armen alten menschenfreundlichen und rechtlich denkenden Manne so zu, daß er um seine Ablösung ersuchte, die ihm auch in den letzten Tagen des Juni zu Theil wurde.

Nun einige Episoden während seines Kommando's. Der Tag begann bei uns mit der Eröffnung der Kerker, die täglich früh um 6 Uhr geschah, bei welcher Gelegenheit der Unter-Kerkermeister in jedes Zimmer eintrat und sich mit aller Aufmerksamkeit nicht nur von der Präsenz der Gefangenen überzeugte, sondern auch sonst noch umsah, ob man sich nicht vielleicht die Nacht über in einer Mauer irgend ein Loch zum Entkommen gemacht habe; — damit aber ja jeder, der noch schlief, aufwache, so rief er mit kreischendem Tone sein „**buon giorno**" zum Abschied. Kaum war dieser weg, so kam ein anderer seiner Komilitonen und rief oder rüttelte uns wach, fragend, ob man weißen oder schwarzen Kaffee und wie viel Brot hiezu wolle. Sonach kam der Milchmann und nach diesem der Thürsteher Giovanni, ein ausgepichter Halunke, welcher den Speisezettel für Mittag brachte und die Ordinationen entgegen nahm. Wenn man um 7 Uhr Morgens sich das Frühstück bestellte, so konnte man froh sein, solches um 9 Uhr zu erhalten, das ein von Schmutz träufelnder Marqueur kredenzte. — Zwischen 6 und 9 Uhr wurden alle Kerker durch die zwei Wasferträger Tonin und Carlin, (letzterer diente mir) ausgekehrt. Diese zwei Diener waren zwar selbst Gefangene — wie fast alle Unterschergen — und durften sich auch nicht aus dem Hause entfernen, doch sie waren gewiß die besten Menschen von allen, die wir um uns hatten, da sie sich stets gegen uns artig betrugen und uns alles thaten, was sie nur vermochten. — Bis zu Mittag ergingen sich die Offiziere meist am Gange, dann spielten sie zum Zeitvertreib Karten oder erzählten sich sonst Schnurren zusammensitzend in irgend einem Kerker; einige erhielten Bücher zum Lesen, noch andere schrieben Briefe, mehrere zeichneten (wo besonders der Verpflegs-Assistent Dirnböck sich mit Portraitiren aller Gefangenen, die er sehr genial auffaßte, beschäftigte). Auch an Musik und Gesang fehlte es nicht, denn der Lieutenant Baselli von Albrecht-Infanterie war ein Virtuos auf der Zither und wurde von Lieutenant Eiberg desselben Regiments recht gut accompagnirt. Als Sänger sind zu nennen nebst Baselli, Lieutenant Andrè und Rath.

Um Mittag begann das Austheilen des Essens und währte bei 128 Gefangenen 3 bis 4 Stunden. Nachdem mit dem Essen bald da bald dort nach der Tour begonnen wurde, so traf es abwechselnd in einem Kerkerzimmer einmal um 12 oder 1 Uhr, ein anderes Mal um 3 oder 4 Uhr das Mittagmahl einzunehmen. Hiebei mußte man sich alles das gefallen lassen, was hierüber schon von mir gesagt wurde, wozu nur noch kam, daß man Suppe, Fleisch, Zuspeise und Braten auf einmal erhielt, deshalb stets die eine oder andere Speise kalt essen mußte. Hinsichtlich der Bettwäsche ꝛc. wurde es gegen früher nicht viel besser, denn man hatte nur für die Stabsoffiziere und die Hauptleute, dann für solche, welche ein Trinkgeld gaben, einige Rücksichten. Bei der Bedienung benahm sich vorzüglich ein Gefreiter von E. H. Albrecht Infanterie Namens Casallini — welcher des frechsten Gelichters unter allen war — nebst dem Fanghund Lauuada und der Bullenbeißer — schlechtweg Narr — **Ranciglio** — am schlechtesten gegen uns; hiezu kam noch der Lampenanzünder, der als gedungener Spion überall und nirgends zu sehen war.

Kaum hatte man das Essen hineingewürgt, so kam schon die Nachfrage um schwarzen Kaffee oder Gefrorenes. Hierauf kam der Eine, welchen man das Frühstück, dann ein Anderer, dem man das Mittagessen, endlich ein Dritter, welchem der schwarze Kaffee oder das Gefrorene gezahlt werden mußte. Somit wurde es 5 Uhr Nachmittags, um welche Stunde man gewöhnlich alle Zeitungen erhielt. Damit beim Vorlesen derselben kein großes Aufsehen gemacht werde, so wurde die Augsburger Zeitung vorgelesen, nämlich durch den Hauptmann Delser von Ceccopieri, wobei sich die Stabsoffiziere und Hauptleute einfanden, und durch den Lieutenant Jung von E. H. Albrecht Infanterie für die übrigen Herren; alle italienischen Zeitungen las aber der Oberstlieutenant Baron Schneider vor.

Klassisch war es einer solchen Vorlesung beizuwohnen, die Herren saßen und lagen ordentlich zusammengeschichtet auf den Betten, Stühlen und Bänken, wozu erstere des Tages (wie es gewöhnlich in Kasernen geschieht, um die Bettwäsche zu schonen) auf der Kopfseite zusammengerollt waren. Das dabei aus Pfeifen und mit Zigarren ordentlich gedampft wurde, versteht sich von selbst. Bei der bedeutenden Zahl der Zuhörer war es doch mäuschenstille, und nur, wenn die Hauptartikel vorgelesen wurden und etwas Interessantes darin vorkam, erhoben sich die Stimmen **pro** und **contra**, überall aber nur im Sinne der gerechten Sache. Am Tische lagen General- und Special-Karten, um den Gang der Begebenheiten möglichst genauer und anschaulicher verfolgen zu können. Sehr unangenehm berührten uns jedoch die Umtriebe der Swornost-Partei in Prag; dagegen erhob uns das Benehmen der wackern Tiroler, welche in einer Achtung gebiethenden Würde dermalen mehr als je der Welt zeigten, was schlichte, einfache aber männliche und kräftige Bewohner der freien Berge als treue Anhänger des angestammten Herrscherhauses zu thun im Stande sind. Entzückend waren »die Worte der Tiroler an die Wiener«; denn sie sprachen sich klar darüber aus, daß sie nur jene Freiheit wollen, welche auf Recht und Glauben sich stützend, mit Treue und Biederkeit im Bunde ist, und für diese wollten sie Alle für Einen und Einer für Alle ihr Leben nur als leichten Preis achten. Nichts wollten sie fordern in bedrängter Zeit von des Kaisers Majestät, sondern nur helfen vor der Hand, und zur Zeit wären sie ja ohnehin dessen sicher, was ihnen als nöthig ihr geliebter Monarch gewiß geben wird. — Gut sagten sie weiter: »Das Land, das wir bewohnen, ist Tirol; es ist kein Departement der Stadt Paris. So meinen wir's, vielleicht auch andere Provinzen; und stündet ihr allein, was soll dann euere Residenz bedeuten?« Mit wie viel Biedersinn reichen da gleichzeitig die Tiroler den Wienern die Bruderhand zum Bunde und sagen: »Für wahr, ihr dürft euch dieser Hand nicht schämen! Was sie geleistet, fragt die Geschichte.« In der allgemeinen Wiener Theater-Zeitung, von welcher mir einige Nummern zukamen, lasen wir mit Wonne die Heldenthaten des zehnten Jäger-Bataillons, meist Oesterreicher, welche in einem Kirchhofe zu Tombetta ringsum dicht vom Feinde eingeschlossen sich durch denselben durchhieben. Der darin zitirte Ausruf der päbstlichen Schweizer im piemontesischen Heere, als sie unserer tapferen Jäger ansichtig wurden: »Schon wieda dö varfluchta Jaga doa!« machte uns große Freude.

Wie erquickte unsern Geist die Nachricht von unserem Waffenglück bei der Eroberung der feindlichen Verschanzungen bei Montanara und Curtatone! Daß unser Hauptheer bei Goito auf dem rechten Ufer des Mincio, daher in der rechten Flanke der feindlichen Stellung Posto gefaßt hatte, erweckte in uns die kühnsten Hoffnungen; nur konnten wir nicht begreifen, was das für ein klassisches Manöver sei, indem man hier sogar davon sprach, daß die Oesterreicher bereits bei Chiari gesehen worden seien. Doch unsere Freude war leider mit Bitterkeit gemischt, denn wir lasen schon im nächsten Blatte die Kapitulation von Peschiera, die zwar ehrenvoll, jedoch stets ein Unglück blieb. Daß es so und nicht anders kommen mußte! — Wären nur nicht die meisten Völker unseres so mächtigen Staates in einer förmlichen Apathie und dächten an die Worte, welche Sommer bei der Beschreibung der Völkerschlacht bei Leipzig treffend sagt:

„Will die Zwietracht sich im Innern regen,
Droht von Außen Euch erneute Schmach,
Dann faßt tapfer, so wie wir den Degen,
Folgt dem Rufe Euer Fürsten nach;“

dann wäre es gewiß nicht zu dieser Uebergabe gekommen.

So waren wir stets in einer fieberhaften Aufregung, denn bald hörte man günstige, meist aber sehr ungünstige Nachrichten und mußte sich erst selbst das etwa Mögliche herausfinden, worin wir aber einen so ziemlich sichern Takt uns erworben hatten. Lügen der krassesten Art brachte man uns massenhaft zu. Ich kann mich noch recht gut des hellen Gelächters Aller erinnern, als man in der allgemeinen Zeitung ein Bulletin von Bergamo las, nach welchem die Oesterreicher bei einem Versuch auf Goito eine neue Niederlage erlitten hätten, wobei der General Schwarzenberg mit seinem Adjutanten durch eine Kanonenkugel entzwei gerissen worden sei. In diesem Bulletin bedienten sich die Bergamasken des Kraftausdruckes: „Questo vuol dire mirare e colpire nel centro!“ (Dieses heißt aufs Centrum zielen und treffen). Daß man die persönliche Todesverachtung des Königs Karl Albert und seiner Söhne bis ins Lächerliche übertrieb, dürfte hinlänglich die feste Behauptung beweisen, selbe hätten sich dem feindlichen Feuer so exponirt, daß der König durch eine Kanonenkugel am Ohre leicht verwundet worden sei. Ja, wohl möglich, wenn man mit Knödeln geschossen hätte. Die Einnahme von Vicenza und jene von Treviso ließ den italienischen Heldenmuth zusammensinken und zeigte ihnen deutlich, was sie zu erwarten haben, wenn der Feldmarschall offensiv gegen sie ins Feld rücken wird. Um zu sagen, wie sich unsere Truppen bei diesen Gelegenheiten schlugen, genügt, den Verlust der Offiziere anzuführen, der vierfach das gewöhnliche Verhältniß überstieg.

Die freudigste Sensation auf alle Herren machte das hier folgende Lied unseres greisen Dichters Grillparzer, welcher nach langer Pause endlich seine Nachtigall-Töne wieder vernehmen ließ:

Feldmarschall Radetzky.

Glück auf, mein Feldherr, führe den Streich!
Nicht blos um des Ruhmes Schimmer,
In deinem Lager ist Oesterreich,
Wir Andern sind einzelne Trümmer.
Aus Thorheit und aus Eitelkeit
Sind wir in uns zerfallen,
In denen, die Du führst zum Streit,
Lebt noch ein Geist in Allen.
Dort ist kein Jüngling, der sich vermißt,
Es besser als Du zu kennen,
Der, was er träumt und nirgends ist,
Als Weisheit wagt zu benennen.
Und Deine Garde, die nicht nur wacht,
Nein auch bewacht und beschirmet,
Sie hat nicht der eigenen Sicherheit Acht,
Wenn Nachts die Trommel stürmet.
Der Bürger Deiner wandernden Stadt,
Er weiß, diese Stadt ist sein Alles,
Die, wenn sie die Flamme ergriffen hat,
Ihn mitzieht zum Abgrund des Falles,
Und Deine Minister, die Führer im Heer,
Sie führen das Schwert an der Seite,

Zu strafen, wenn's irgend nöthig wär'!
Gehorsam ist Frieden im Streite,
Die Gott als Slav' und Magyaren schuf,
Sie streiten um Worte nicht hämisch,
Sie folgen, ob deutsch auch der Feldherrnruf,
Denn: Vorwärts ist ung'risch und böhmisch.
Gemeinsame Hilf' in gemeinsamer Noth
Hat Reiche und Staaten gegründet,
Der Mensch ist ein Einsamer nur im Tod,
Doch Leben und Sterben verbindet.
Wär uns ein Beispiel Dein ruhmvoller Krieg,
Wir reichten uns freudig die Hände.
Im Anschluß von Allen liegt der Sieg,
Im Glück eines Jeden das Ende.

Ich will meinen gefälligen Leser nicht mit weiteren Citaten behelligen, und nur sagen, daß wir an dem Kampfe, obwohl vom Schauplatze ferne, einen gewiß nicht mindern, leider nur passiven Antheil nahmen, als es unsere streitenden Kameraden thun konnten. — Wenige begnügten sich mit den Vorlesungen, sondern die Zeitungsblätter circulirten zur gehörigen Nachlese bei den Herren und wurden von einigen Bestbeflissenen ordentlich studirt.

So wurde es 6 und oft auch 7 Uhr Nachmittags, wo man die bereits früher bestellten Sorbets — die schon meist halb geschmolzen waren — erhielt, und gleichzeitig die Ordination fürs Abendessen machte.

Nach selben begann der Corso, d. i. Einhundert acht und zwanzig Offiziere ergingen sich vor dem Schlafengehen auf einem engen, dumpfen, kaum vierzig Schritte langen, sechs bis sieben Schritte breiten Gange fast in Masse geschlossen, um vor dem Schlafengehen wenigstens einige Bewegung zu machen. Selbst aber auch dieses ließ man uns nicht ruhig genießen, denn in der dem Gange gegenüber liegenden Lokalität fanden sich, gerade zu dieser Stunde bei den Fenstern stets Neugierige ein, um die österreichischen gefangenen Offiziere zu begaffen und sich an ihrem Anblick wie an den wilden Thieren in einer Menagerie zu weiden; dieses alles nur um unsere moralischen Qualen, welche die physischen stets weit übertrafen, mit allen Kunstgriffen der niedrigsten Art zu erhöhen. — Dieser tragisch drastischen Scene machte aber der einbrechende Abend ein Ende, indem nach Untergang der Sonne unter der Oberleitung des Adjutanten Nulli, der Ober- und Unterkerkermeister, — nach der bei den Verbrechern im Erdgeschosse abgehaltenen Visite, mit der Lampe und den Kerkerschlüsseln in der Hand klirrend, den Herren zurief **numero trenta tre** (d. i. jenes Numero bei dem man abwechselnd abzuschließen begann) **si chiude — dentro**! — Da sah man die Herren von dem betreffenden Numero in ihre Zelle zur Fortsetzung des traurigen Daseins gehen, wobei jeder Herr früher auf seine Nothdürfte bedacht sein mußte, um nicht des Nachts seine übrigen Kameraden zu molestiren; bei einigen aber, die krank waren, mußten in dieser Beziehung die Leidensgefährten derselben Zelle sehr viel ertragen. Sah nun der Kerkermeister, daß die Zahl der Gefangenen vollzählig ist, so begnügte er sich nicht immer mit der stillen Ueberzeugung, sondern er begann laut zu rufen: „**Quanti sono? — un, due**, u. s. f. zählte er sie und sagte sodann **sono tutti, — va bene, — felice notte**! — letzteres jedoch nur dann, wenn er recht artig sein wollte. Knarrend schlug er nun die erste Thür zu, zog den Riegel vor, ließ aber die Lucke offen — um nach Abschließung aller Kerker in einer halben Stunde darauf sich von der inneren Ordnung und Ruhe zu versichern, worauf erst die zweite Thüre zugemacht wurde. Mit einem Kerker zu Ende, ging es so fort mit allen, selbst mit jenen der Stabsoffiziere, welche zwar ein abgesondertes Lokale hatten, sich aber einer nicht viel besseren Behandlung erfreuten, da der einzige Unterschied nur darin bestand, daß sie beim Einsperren die letzten waren und vier Zimmer mit einander in Verbindung standen.

Vor dem Einsperren erhielten sie das noch zu Abend bestellte Essen, worauf gewöhnlich zuerst in den Zellen fürs Leibliche gesorgt wurde; ein Stündchen spielte man oder zerstreute sich auf sonst eine Art, bis Morpheus die Oberhand gewann, in dessen Arme man sich warf, um wenigstens im Schlafe in andern bessern Gefilden einige Stunden lustwandeln zu können.

So war es bald im Innern der Zellen ruhig, und nur von Außen am Gange hörte man die Tritte der wachhabenden Gensd'armen und im Hofe das Herumgehen der Wachposten **Guardia civica**, wenn man den Lärm, den die Verbrecher Tag und Nacht machten, für Nichts rechnet.

## Kerker-Mischmasch. Du lieb's Kafeehaus!

Auch wir hatten ein Kaffeehaus aber ver . . . . Kaffeehaus! — hier schenkte man keinen Kaffee, auch keinen Liqueur, und doch war es ein Kaffeehaus. Das hat fast das Ansehen eines Räthsels; doch ich fürchte, daß es nicht sehr gelungen sei, und um nicht langweilig zu sein, lasse ich lieber gleich dessen Lösung folgen.

Dieses ist nun der beseligende Ort, — **Il paradiso terrestre.** Da versammelten sich meistens die jungen Herren, welche ihre Mondsichteleien — da man die Nacht nicht benützen konnte — des Tages über versuchten. Freilich hieß es nun im alten Schäferliedchen nicht mehr „du guter Mond", sondern du „gute Sonne", denn das war nur schuldige Courtoisie für die holde Dame; sie war ja nun die gute, die holde, die unwiderstehliche, ja sogar die unüberwindliche; — er, der bleiche Wanderer war ganz aus der Mode, völlig in Scart, denn seinen verrätherischen Blicken konnte oder durfte man nicht mehr trauen. — Um aber die lieblichen Sterne, welche man des Tags, nach Aussage der Astronomen, nur durch eigene Instrumente oder aus sehr tiefen finstern Kellern sehen kann, nicht zu vermissen, zog man sich da in eine nahe Zelle oder in den blassen Schatten einer Säule zurück und suchte die goldenen Weltkörperchen nicht am Himmelsgewölbe, sondern meist in horizontaler Richtung vis-à-vis. — Bei Gott! es war nicht übel, denn von den drei Grazien waren hier zweie, wovon die Eine ein höchst üppig und schlank gebautes Figürchen; — die Andere, zwar kleiner, hatte doch einen wunderschönen Teint, bezaubernde Augen und herrliche Taille. Ein ganz liebes, zwei bis dreijähriges Mädchen, der personifizirte Cupido stand ihnen zur Seite! Und da sollte man nicht schmachten? — Diese holden Geschöpfe waren theilweise unsere Leidensgefährtinnen und mußten ihres Vaters halber, der im Kastell eingekerkert saß, so manche Thräne vergießen. Sie waren mit uns sehr freundlich; doch es galt auch da, sehr auf der Huth zu sein, um nicht in die Klauen der milden provisorischen Regierung zu fallen. Auf diesem kleinen Seitengange fanden sich, wie gesagt, ziemlich viele, meist junge, aber auch alte Herren (letzteren möge solches nur zum Ruhme gereichen) den ganzen Tag hindurch ein, um ihr welkes Herz an so lieblich freundlichen Gestalten neu zu beleben und für die Stunde der Einsamkeit zu stählen. Dann war dieser Korridor auch das Oertchen, wo man ungestört spielen konnte, worin sich leider nicht immer im bescheidenen Maße gehalten wurde. Da jene an diesem Gange befindlichen drei Zellen am abgeschiedensten im ganzen Lokale waren, so wurden da meist musikalische Akademien gegeben, die oft recht anziehend wurden, besonders wenn der Schreiber Nulli seiner republikanischen Kerkermission vergaß und sich seiner Künstlerlaufbahn erinnernd (da er ein Theatersänger war) mit seiner höchst angenehmen Tenorstimme in Begleitung einer Guitarre uns ergötzte. — Auch war das der Ort, wo für die zweite Abtheilung die Zeitungen vorgelesen wurden. Daher kam der Name Kaffeehaus; o du lieb's Kaffeehaus! —

## Die österreichische Volkshymne wird Ursache einer Klage, — eine Nachtwache der Guardia civica wird getauft.

Das arme Herz mußte sich bei uns Gefangenen Luft machen. Da und dort fingen die Herren die Volkshymne zu singen und zu pfeifen an, welches alsogleich vom Ober-Kommissär Faba zum schrecklichen Vergehen gemacht wurde, und weßwegen auch gleich die Klage gegen den Kommandanten einlief, daß er solches gestatte. Freilich mußten wir nun vorsichtiger mit unsern Gesängen sein, was wir aber auch meist nur unserm menschenfreundlichen Oberstlieutenant Scanagatta zu lieb thaten, da wir dessen Absetzung befürchteten, die leider später doch erfolgte.

Ich hatte noch immer Augenentzündung, mußte daher früh und Abends ein kaltes Fußbad nehmen; da wir aber, wie gesagt, des Nachts in den Zellen eingesperrt wurden, so blieb mir nach genommenem Bade nichts anderes übrig, als das Wasser beim Fenster hinauszuschütten. Zufällig befand sich aber das Fenster meiner Zelle gerade über dem Durchgange vom ersten in den zweiten Hof, wo für gewöhnlich der Wachposten der Guardia civica des Nachts auf- und abging, welche Nebenumstände aber ich früher nicht ins Auge faßte, wodurch es ohne mein Wissen und Wollen geschah, daß ich eines Abends einen Herrn dieser Schaarwache recht fein und sauber abwusch, was mir bald schlecht bekommen wäre, da am nächsten Tag zeitlich früh eine Kriminalanklage schon gegen mich vorlag. Man frug wer sich erlaubt habe, des Nachts die Flüssigkeit eines Urintopfes auf eine Guardia civica herab zu lassen. Ein ordentlicher Aufruhr war's, von dem ich in meinem Zimmer noch nichts wußte, da ich stets früh und Abends für mich und den Oberstlieutenant Baron Schneider nach gepflogenem Aufbetten mit ziemlichem Geschicke das Stiefel- und Kleiderputzer-Handwerk übte. Als ich daher nach vollbrachtem amüsanten Geschäfte zur Konversation in eine Zelle mich schleichen will, fällt man mich von allen Seiten an, ob ich es sei, der so Schreckliches verübt habe, da man bereits kommissionell ermittelt hatte, woher der Ausguß komme. Da ich wohl schuldig, doch keine böse Absicht mit der That verbunden hatte, auch durchaus nicht zugeben konnte, daß es jemand anderen aufgebürdet werde, oder aber gar alle Herren hierwegen leiden müßten; so bestätigte ich ganz frank und frei die That und wies nach, wie es geschehen sei. — Der Kommandant Scanagatta zweifelte nicht im mindesten an der Wahrheit meiner Aussage und dieses um so weniger, als man sich auf meine Anforderung überzeugte, es sei blos Wasser gewesen. — Der arme Kommandant klagte mir unter vier Augen über das schreckliche Regime unter dem er stehe, und vertrat mich gleich einem Vater, denn man hatte nichts Geringeres mit mir vor, als mich in einen abgesonderten Kerker in Eisen zu werfen. Dank sei daher der Einsicht und Gerechtigkeit des Kommandanten, daß es hiezu nicht kam, denn er stellte sich lieber selbst als Blitzableiter den Rabiaten entgegen.

## Behandlung der gefangenen Offiziers-Frauen und Kinder, so wie der Weiber der Prima-Planisten.

Alles ohne Unterschied, selbst Kinder in Windeln machte die provisorische Regierung zu Gefangenen, denn sie ging ja von dem edlen Grundsatze der Gleichheit aus. In St. Margherita war daher auch die sechzigjährige Frau des Artillerie-Hauptmanns Kellner, dann eine eben so alte Fouriers- und eine Kapellmeistersfrau mit mehreren Kindern, worunter noch eines in Windeln, das sie an der Brust hielt. Dieselben waren zusammen in zwei Kerkern im Erdgeschosse Tag und Nacht eingesperrt, nur erst unter dem menschenfreundlichen Kommandanten Scanagatta erlaubte man ihnen zwei Stunden täglich von 4 bis 6 Uhr Nachmittags im Hofe herumzugehen. Zu essen bekamen sie noch schlechter als wir, und nachdem der Hauptmann Kellner bereits drei Zwanziger für sich erhielt, so zwang man ihn hievon auch seine Frau zu erhalten. Es war empörend und zugleich wehmüthig anzusehen, wie man alles mögliche that, um zu verhindern, daß dieser alte ehrwürdige Hauptmann, der schon vierzig Jahre im Ehestande verlebt hatte, mit seiner Frau sich verständigen könne, was nur durch Zeichen geschah. Denn in der ganzen Zeit meines Aufenthaltes im Kerker gestattete man ihm nur zwei einzige Mal mit ihr in der Kanzelei des Kommandanten zu sprechen. Erst vor meinem Abgehen kam ihm die außerordentliche Begünstigung zu mit seiner Frau zu Mittag in seiner Zelle zu speisen. — Die Frau des Kapellmeisters, welche mit der kargen Kost bei dem Umstande als sie noch ein Kind an der Brust hatte, mit ihrer übrigen Familie durchaus nicht zu leben vermochte, suchte sich durch Waschen und Flicken der Wäsche einiger Offiziere Geld zu verdienen; auch ist mir bekannt, daß unsere Herren für sie eigens eine Kollekte machten, da ihnen die Aermste in der bedrängten Lage erbarmte. Doch wurde sie, bevor wir noch nach Genua abgeführt wurden, mit ihrem Manne auf freien Fuß gesetzt, und wir beneideten selbe noch bei ihrem Abziehen in die Heimath.

Später kam noch ein verheiratheter Offizier mit mehreren Kindern; dann war noch durch die ganze Zeit unserer Gefangenschaft der pensionirte Hauptmann Kuberth mit seinem dreijährigen Knaben, einem sehr lustigen Jungen, welcher uns so manchen Spaß machte, als Kriegsgefangener da zurückbehalten.

**Molestie, die man durch die Verbrecher erdulden muß; — der eingesperrte toskanische Advokat verschafft sich Gehör.**

Das Gepolter uud Geschrei der unter und neben uns gefangenen Verbrecher war horrend. Den ganzen Tag von Aufgang der Sonne bis in die tiefste Nacht hinein schrie dieses Höllenvolk in allen Thonarten alles unter einander. Da hörte man Schimpfworte der eckelhaftesten Art gegen uns, gegen die Deutschen und was sehr en vogue war, gegen Radetzky; doch gab es auch solche wieder, welche Radetzky und die Deutschen hoch leben ließen, worunter sich besonders ein sehr alter Mann mit schneeweißen Haaren auszeichnete, welcher ungeachtet, daß die andern ihn zu ermorden drohten, doch fort und fort in unerschütterlichstem Gleichmuthe rief: „Evviva Radetzky!“ — Wie sich da am Hof einer der National-Gardisten sehen ließ, so waren auch schon alle Verbrecher an den Fenstern und schrieen wie aus einem Halse: „porchi-guardia ciucca, — guardia schivia! oder aber ludri, ludrononi, ludrononononi canajonononi! ließ sich aber einer der Secondins sehen, so ging es wie ein Lauffeuer von einem Kerker zum andern „mulè!“ Dieses hörte man Tag und Nacht fast ohne Unterlaß. Bei der Nacht wurden neue Verbrecher gebracht, von denen sich oft viele sträubten ruhig in den Kerker zu gehen. Da gab es immer ein mordialisches Spektakel, denn entweder fielen die Secondies wie Henkersknechte über sie her und schlugen sie halb tod, oder die Verbrecher begannen, sobald die Wächter abgezogen waren, einen erbärmlichen Lärm zu schlagen, der gewöhnlich mehrere Stunden fortwährte, bis endlich solch ein versoffener Kerl sich heiser geschrien oder zum Zusammensinken müde gepoltert hatte.

Des Tags nun riefen die neu angekommenen Halunken den andern zu, erkannten sich gewöhnlich an der Stimme, und nachdem sie gegenseitig mit den Kerkernummern ins

Klare gekommen waren, erzählten sie sich sehr possirlich ihre letzten Abenteuer. — Gegen die Mittagsstunde begann aber ein eigenes Spektakel, denn der Hunger und Durst, besonders wenn man sie auf das Essen eine halbe Stunde warten ließ, machte diese Menschen im vollsten Sinne des Wortes zu wilden Bestien. Außer dem alten Manne, der den Marschall Radetzky hoch leben ließ, machte sich noch ein Invalide im österreichischen Jägerrocke besonders bemerkbar, welcher den ganzen Tag auf dem Kerkerfenster sitzend, bei welchem er seine Füße herausstreckte, italienisch, deutsch und französisch sang und schrie, und als Apostel auftrat, indem er jedem verkündete, in einem Monat ist Radetzky hier und die Deutschen lassen dann die Schiori tanzen.

Ein Gegenstück zu diesen Wilden gab ein äußerst schönes Mädchen von 15 bis 16 Jahren, welches man einkerkerte, indem man vorgab sie sei dem Kloster entsprungen; doch das wahre Motiv, wie ich hörte, soll ihre Standhaftigkeit gegen unklare Angriffe auf ihre Ehre gewesen sein. Es ist daher nicht zu wundern, daß sich bei unsern Herren für sie ziemlich viel Sympathie zeigte, deren sie sich aber in der Folge durch ihr zu freies Benehmen mit den Secondins nicht sehr würdig zeigte; ob nun dieses aus Nothwendigkeit oder Neigung entstand, das mögen die Götter entscheiden, doch sie war jedenfalls die Ursache, daß das liebe Kaffeehaus für kurze Zeit leerer als gewöhnlich war.

Zeitweise wurden in die Kerker besonders nach dem 29. Mai republikanische Nobili gebracht, was uns das Vergnügen machte, einige solcher Herren gleich uns eingekastelt zu sehen.

Auch war ein toskanischer Advokat schon seit den Märztagen hier, welcher ungeachtet seines schriftlichen und mündlichen Anforderns doch nie verhört wurde. Endlich wurde es ihm zu arg und er fing, als er eines Tags einen Polizei-Beamten (commissario del comitato di publica sanità) erblickte, von seinem Kerker eine herrliche, im schönsten Italienisch mit einer hellklingenden Stimme klar vorgetragene Rede an, in der er die Schändlichkeit der provisorischen Regierung hinsichtlich seiner Behandlung ins klare Licht, stellte, sich besonders darauf fußend, daß er Italiener sei. Er traf den rechten Mann und die Rede machte eine so günstige Wirkung, daß man ihn aus seinem Kerker entließ und in einem sehr anständigen Zimmer einquartirte, worauf er verhört und freigelassen wurde.

## Auszahlung und Messe, dann Anzug der Herren.

Täglich zwischen 9 und 10 Uhr ging der Schreiber Rulli von einer Zelle zur andern und erfolgte da die uns bestimmte Bezahlung.

Ebenso wurde alle Tage zwischen 8 und 9 Uhr früh durch den Regiments-Kaplan Bunz eine heilige Messe gelesen, wo derselbe selbst das Glöcklein nahm und uns mit selbem zusammen rief. Ministranten waren dabei der Lieutenant Piazza von Geppert und der Lieutenant Baselli von E. H. Albrecht Infanterie. Während der Messe, welcher stets der Major Scanagatta beiwohnte, waren wir Anfangs von bewaffneten Gensd'armen in der Kapelle bewacht, später unterblieb dieses jedoch, als man uns bei der zugenommenen Zahl der Gefangenen und der Hitze gestattete, auch in dem hintern Hof und in den daselbst befindlichen Kerkerzimmern frei herumzugehen.

Einzig in ihrer Art war die Kleidung der Herren. Einige waren meist in Hemd und Gattien, andere hatten bloß die Pantalons, viele ließen sich einen leichten Sommerüberwurf machen und trugen solchen, noch andere, welche einen Militär-Rock salvirt hatten, trugen diesen; kurz das Ganze bildete ein pitoyables Bild besonders bei jenen Herren, die man in Hemd und Gattien in den Kerker brachte, welche meist durch Geschenke der übrigen Kameraden gekleidet wurden.

Um ein sprechendes Bild dieses Elends als ein Titel-Kupfer zu meinem Tagebuche zu bekommen, trachtete ich mit dem Oberstlieutenant Baron Schneider die Erlaubniß zu erhalten, mittelst Daguerrotypie eine Abbildung jenes Theiles unserer so gastlichen Wohnung mir zu verschaffen, wo sich der Gang befindet. Alle gefangenen Herren versprachen sich auf diesem Gange in gehöriger Gruppirung zu stellen, um so das Porträt eines jeden einzelnen zu erhalten, was gewiß nicht uninteressant gewesen wäre. Es gelang uns das Versprechen hiezu zu erhalten; der Künstler kam auch, besah sich das Lokale, machte den Akkord und versprach den nächsten Sonntag zu kommen. Doch wer nicht kam, war er und mittlerweile erhielten wir einen anderen Kommandanten; auch da versuchten wir zu unserem Ziele zu gelangen, der Künstler kam wirklich mit seiner Maschine und war schon im Begriffe, solche aufzustelleu, als der unfreundliche neue Kommandant Legnani solches nicht zuließ und sich wegen der noch näheren Erlaubniß hierwegen zum Ministero di guerra verfügte, von wo aus dann das bestimmte Verboth kam. Hiermit war mein herrlicher Plan zu Wasser geworden.

## Kerkerjux.

Fast täglich waren einige Späße, da der gute Humor einige Herren selbst in der drückendsten Lage nie ganz verließ. Bei derlei Gelegenheiten waren es immer gewisse Schlachtopfer die, wie man kurz zu sagen pflegt, herhalten mußten. Daß man es bei solchen Gelegenheiten auf die Extrabranchen meist abgesehen hat, ist etwas bekanntes, und daher kam es auch hier so. Der arme Regiments-Kaplan, der Feldkriegskommissär u. a. m. wußten sich übrigens trefflich in ihre Lage zu schicken. Denn während der Geistliche die Messe las, machte man ihm auf seinem Bette einen höchst possirlichen Altar zurecht, oder man packte ihm alle seine Sachen wie zu einer Abreise zusammen und machte ihm so manchen Schabernack. Gut wars noch, wenn er den Spaß verstand, denn machte er ein böses Gesicht zum schlechten Spiel, so wurde er durch ein eigenes Gericht zum Fuchsprellen verurtheilt, auf eine Kotze geladen, und da sah man bald wie Seine Ehrwürden in der Luft die possirlichsten Sprünge machte. Dieses Urtheil wurde an so manch anderen Schlachtopfern noch vollzogen, und endete stets zu aller Zufriedenheit. — Jeder, welcher das ihn getroffene harte Geschick nicht mit voller Resignation zu ertragen verstand, mußte so manche Neckereien in Ruhe hinnehmen, da Niemand eines andern halber mehr molestirt sein wollte, als er ohnehin schon vom Schicksal zu dulden verurtheilt war. So hatte der Platz-Hauptmann Hrdliczka, welchen die Zugluft unendlich beläſtigte, mit diesem von den Herren aufgestellten republikanischen Grundsatze der Gleichheit viel zu schaffen. Derselbe dankte daher auch dem Himmel, als es ihm gelang, durch Verpfändung von hunderttausend Lire zu seiner Familie als „prigioniero libero" abzugehen.

## Man will für die Gefangenen einen schönen Palast sammt Garten hergeben, doch an dessen Statt werden vierundzwanzig Herren in die Rocchetta des Kastells eingesperrt.

Da die Hitze im Monat Juni bedeutend zunahm, ebenso auch die Zahl der Gefangenen bis auf 128 anwuchs, so kam es endlich auf viele Vorstellungen des Kommandanten Scanagatta dazu, daß man eine Kommission bestimmte, welche sich von dem überfüllten Belag zu überzeugen und ein neues, mehr geeignetes Lokale auszumitteln hatte.

Schon den zweiten Tag darauf hörten wir von unserem Kommandanten, daß ein herrliches Palais sammt Garten nur eine italienische Meile von Mailand entfernt, auf der Straße nach Como für uns vorgefunden worden sei; später hieß es.: nein es sei nicht vor Mailand, sondern nahe an einem Thore, man beginne es bereits einzurichten und in einigen Tagen werde die Uebersiedlung des Nachts in diese uns sehr brillant vorgemalte gastliche neue Wohnung Statt finden. — So wurden wir immer auf die moralische Folter gespannt, da man uns Versprechungen einer bessern Unterkunft machte, um uns nur die herbe Lage, welche bereits für uns im vorhinein bestimmt war, um so fühlbarer zu machen. Statt des versprochenen Palastes fanden wir den nächsten Morgen auf unserem Gange einen Zettel aufgepickt auf welchen vierundzwanzig Namen der Herren standen, welche man um Platz zu gewinnen ohne weiters anwies ihre Sachen derart in Bereitschaft zu halten, damit sie in der kommenden Nacht in die Rocchetta des Kastells gebracht werden können. Wie befohlen, so geschah es auch, denn den nächsten Tag waren wir in St. Margherita um vierundzwanzig Leidensgefährten weniger, welche in der Rocchetta in vier kleinen Zimmern, die mit einem kaum zwei Schritt breiten Gange miteinander in Verbindung standen, eingekerkert unter einer elenden Behandlung so lange seufzten, bis sie gleich uns nach Genua abgeführt wurden.

## Wann und wie es gestattet war, die gefangenen Offiziere zu besuchen.

Der Major Scanagatta nahm es ungeachtet der bestehenden Anordnung, die Gefangenen nur von 10 Uhr Vor- bis 1 Uhr Nachmittags — mit Ausnahme der Sonn- und Feiertage — zu besuchen in dieser Beziehung nicht sehr genau, denn er sagte nichts, wenn auch die Besucher früher oder später kamen, und sollte es auch am Sonn- oder Feiertage sein. Wenn die Besuchenden kamen, so mußten sich dieselben gerade in die Kanzlei zum Kommandanten verfügen, welcher sodann erst die betreffenden Herren rufen ließ.

Obwohl die Gespräche stets in Gegenwart seiner oder des Schreibers Nulli, — beide sprachen ziemlich gut deutsch, — gehalten werden mußten, so waren doch beide, besonders aber Scanagatta, so rücksichtsvoll, daß sie entweder auf das Gespräch gar nicht achteten oder aber sich für kurze Zeit aus dem Zimmer entfernten, um Gelegenheit zu geben, sich gegenseitig ohne Scheu auszusprechen, so wie Briefe und was man sonst bedurfte zu empfangen. — Oft kamen der Besuchenden so viele, daß die Kanzlei ganz vollgepfropft war, denn es hatten einige vom Ministerium die Erlaubniß, ihre Angehörigen täglich zu besuchen, andere gestatteten sich solches auch ohne Erlaubniß, worunter auch jene zwei Familien gehörten, welche die einzigen waren, die unter tausenden, die mir für die Erziehung ihrer Kinder hätten verbunden sein sollen, mir wirklich ihre Dankgefühle ohne Rückhalt und Scheu offen bekundeten. Dieselben sandten täglich irgend Jemand zu mir, um sich nach meinem Befinden und Bedürfnissen zu erkundigen, reinigten meine und des Oberstlieutenant Baron Schneider Leibeswäsche, brachten mir Obst und thaten Alles überhaupt, um sich mir gefällig und dankbar zu zeigen. So wie ich erfuhr, beabsichtigten diese Edlen im Vereine mit einigen wenigen, welche meiner doch nicht ganz vergessen hatten, ein Ansuchen ihrerseits an die provisorische Regierung zu stellen, mich ausnahmsweise frei nach Tirol ziehen zu lassen, was aber der 29. Mai, der Tag an welchem Casati in persönlicher Lebensgefahr schwebte, vereitelte. Ungeachtet man uns unter dem Regime Scanagata's, wie ich zeigte, doch etwas milder hielt als unter seinem kanibalischen Vorgänger, so erstaunte doch der uns aus Bergamo besuchende Doktor Longaretti selbst über diese mildere Behandlung so, daß, wenn ich nicht dazwischen gekommen wäre, es zwischen ihm und dem Kommandanten — durch Mißverständnisse herbeigeführt — zu einem Auftritte gekommen wäre.

## Einige Erleichterungen und Aufmerksamkeiten, die man unter dem Kommando des Majors Scanagatta hatte.

Er forderte nicht, daß man Briefe in seiner Gegenwart schrieb, und gestattete dieses auch in den Kerkern allein zu thun, jedoch ersuchte er nur, solches nicht zu offen zu machen, damit er nicht Unannehmlichkeiten bekomme. Dieses war schon eine sehr bedeutende Rücksicht, wofür ich ihm ganz besonders verbunden bin, da ich hiemit die Möglichkeit erhielt, mir die nöthigen Notizen zu meinem Tagebuche zu sammeln. Brachte man ihm einen Brief, so frug er nach nichts anderem, als ob nichts Politisches darin enthalten sei, ließ sich ihn fast nie näher vorzeigen, sondern ersuchte nur selben gleich selbst zu siegeln, worauf er ihn denselben oder am nächsten Tage auf die Post absendete; wovon man sich auch später überzeugte, da die Herren auf fast alle unter ihm abgesendeten Briefe Antwort erhielten. Kamen hingegen Briefe an, so kam er auf den Gang heraus, rief die betreffenden Herren, erbrach einige Male, aber nur zum Scheine, meist aber gar nicht dieselben, und übergab sie an den Eigenthümer.

Damit die Herren von ihrer eigenen Bagage den nöthigen Gebrauch machen könnten, gestattete Scanagatta nicht nur täglich ins Magazin zu gehen, wo selbe depositirt war, sondern erlaubte das bei sich zu behalten, was man gerade wollte.

Die guten Mailänder stellten sich nicht damit zufrieden, die Herren bloß von den gegenüber stehenden Fenstern zu begaffen, sondern einige Schändliche hievon nahmen sich sogar die Kühnheit, uns in den Kerkern mit ihren Besuchen ohne Erlaubniß des Kommandanten molestiren zu wollen, welche Frechheit von unseren Herren so bestimmt zurückgewiesen wurde, daß sich einer dieser Unverschämten hierwegen beim Kommandanten beschwerte, welcher ihm aber nicht nur kein Recht angedeihen ließ, sondern auch bestimmt die Anordnung traf, womit es in der Folge keinem möglich wurde, sich eine solche Niederträchtigkeit ferner zu erlauben.

## Des Schreibers Nulli Benehmen gegen die Gefangenen.

Als Schreiber und Adjutant war dem Kommandanten ein früherer Tenorsänger, dessen Frau sich als Prima donna in Süd-Amerika zu Peru befand, beigegeben. Derselbe war ein Erzrepublikaner, und als es sich um den Anschluß der Lombardie an Piemont unter dem König Karl Albert handelte, kam er zu uns schimpfte erbärmlich über die provisorische Regierung und versicherte, daß es zu dem Anschluß gewiß nicht kommen werde, nachdem tausende in Mailand bereit seien, diesen Traditor Carlo Alberto (wie er ihn nannte), in diesem Falle zu erdolchen. Sein Benehmen gegen die Herren war aber stets gemessen artig, weßhalb ihm die meisten Herren nicht unwohl wollten, denn konnte er irgend etwas thun, ohne eine persönliche Verantwortung zu erhalten, so gab er sich hiezu willig her, und erwies so manchem Gefälligkeiten, worunter auch ich mich zählen muß. Daß er uns mit seinem Gesange öfter einige Stunden des Kerkerlebens zu versüßen trachtete, habe ich bereits früher gesagt.
Als wir daher nach Genua abgeführt werden sollten, so ersuchte er uns, ihm ein Certifikat über sein Verhalten ausstellen zu wollen, um seiner Zeit hievon geeigneten Gebrauch machen zu können, welches auch eine große Anzahl der Herren that.

Ich glaube, er bedurfte dessen kaum, denn bei der großen Milde, die unser geliebter Feldmarschall Radetzky den Mailändern nach seinem glorreichen Einzuge angedeihen ließ dürfte ebenso wenig ihm als dem Major Scanagatta nur irgend eine Unannehmlichkeit begegnet sein. — Ich sah auch

Nulli bei meinem Rücklangen aus der Gefangenschaft in Mailand am Corso in gemächlicher Ruhe spazieren gehen.

## Ideen, welche zwischen mir und meinem Zimmer-Genossen in den einsamen Stunden besprochen wurden, um die lahme Zeit zu tödten.

Müde des Herumgehens im Gange und in den Kerkerzellen warf man sich oft aufs Bett und gedachte mancher vergangenen und noch kommenden Stunden, daß gleich des Stoffes zum Sprechen im Uebermasse war. Der Sturz des monarchischen Systems durch die Flucht des Fürsten Metternich und die von Seiner Majestät somit seinen Völkern gnädigst geschenkte Konstitution wies deutlich hin, daß auch für die österreichische Armee eine neue Aera, der es in so mancher Beziehnng bedurfte, hereinbreche. Das Abtreten des höchst seligen Hofkriegsrathes deutete auf eine glückliche Wiedergeburt, und der ausgebrochene Krieg selbst berechtigte zu den schönsten Hoffnungen, daß aus dessen Pandorabüchse und unter den unbezweifelt zu erwartenden Siegen unserer Heere nur Gediegenes für Oesterreichs Aera zu Tage gefördert werde. — Freilich ist auch die Masse des theils Umzugestaltenden oder des neu zu Schaffenden nicht unbedeutend, so daß es wahrlich nichts weniger als eines so mächtigen Anstosses und so glücklicher Conjunkturen bedurfte, um die theils im Innern gehegten Wünsche Tausender von österreichischer Militärs, theils die leider nicht oft genug von Einzelnen, meist uber ohne Beachtung — hörbar gewordenen Stimmen über das Wohl des Ganzen zur gerechten Geltung zu bringen. Dank der Vorsehung, daß das Streben so vieler Edlen, endlich zu seinem Rechte kommen und die Zeit nun alles wie mit einem Zauberschlage hervorbringen wird. — Doch es bedarf da immer noch eines geschickten Arztes, der die Sonde kühn und glücklich zu führen versteht, um eine solche Kur naturgemäß und günstig zu beenden; dann aber wird bei den ausgezeichneten Führern, deren unsere Armee so glücklich ist, sich zu erfreuen, das österreichische Banner wie immer hoch in den Lüften zum Wohle und Schirme aller seiner Völker und zum Schrecken seiner Feinde wallen.

Obwohl ich mich bei Weitem nicht berufen fühle, über so wichtige Gegenstände auch nur annähernd ein rathgebendes Wort zu sprechen, (das auch nicht im Zwecke meines Tagebuches liegen kann), so wird man es mir doch bei meiner wohlmeinenden Absicht nicht übel nehmen, daß ich mir erlaubte, einige Aphorismen der mit meinen Leidensgefährten besprochenen frommen Wünsche oder Ideen über jene Verhältnisse hier anzuführen, wovon einige durch so viele Jahre dem Bereiche meiner Pflicht näher lagen und daher auch von mir schärfer ins Auge gefaßt werden konnten.

## Was zum Besten der Unteroffiziers-Kandidaten zu wünschen wäre, da in dieser Beziehung die Knaben-Erziehungsanstalten in Italien durchaus nicht hinreichen.

Der bei weitem größte Theil der Unteroffiziere wird aus der gemeinen Mannschaft gewählt, da der Zuwachs aus den Erziehungshäusern nicht mehr als 3—4 Individuen jährlich für ein Regiment beträgt. Ehemals, als der Soldat noch Zeit Lebens dienen mußte, sah er es als einen besondern Vortheil an, durch Beförderung zum Unteroffizier sein Seyn zu verbessern, die Forderungen an ihn für diese Charge waren auch nicht der Art, wie man sie jetzt macht. Es war also leichter den Abgang zu ersetzen, und selbst einen solchen Unteroffizier, wenn er sich durch lange Dienstjahre die nöthige Routine erwarb, auch zum Unteroffizier zu avanciren, da man auch diesen damals noch für eine Maschine, nicht für ein selbstdenkendes und thätiges Wesen ansah. Nebstbei erhielt die Armee durch die Reichswerbung eine Menge geschickter junger Leute, die bei uns ihres Fortkommens sicher waren, und sich daher mit Vorliebe dem Dienste im Heere ihres Reichsoberhauptes widmeten. Solche avancirten gewöhnlich bald zu Unteroffizieren, unter welchen sich wieder eine große Anzahl fand, die selbst den Anforderungen jener Zeit für Offiziersstellen entsprachen, und sie auch erhielten.

Jetzt hat sich die Sache anders gestaltet, die Werbungen haben aufgehört, und die Kapitulation ist an die Stelle der beständigen Dienstzeit getreten. Vom Gesichtspunkte der Menschlichkeit betrachtet ist diese letztere Maßregel sehr zu loben, sie dürfte jedoch bei dem Rekrutirungs-System der Armee, — besonders was die Heranbildung geschickter Unteroffiziere betrifft — großen Nachtheil gebracht haben.

Der heutige Soldat, namentlich in der italienischen Truppe, zählt von der Assentirung an schon die Tage und Stunden, die er noch zu dienen hat. Es liegt ihm nicht die Vervollkommnung im Dienste und sein Weiterkommen am Herzen, sondern seine Gedanken sind einzig und allein darauf gerichtet, was er nach ausgedienter Kapitulation für eine Beschäftigung ergreifen werde, oder wie er wohl früher durch Beurlaubung sich dem Dienste entziehen könne. Kurz, mit einem Worte gesagt, er betrachtet seine Bestimmung als Soldat nur als Nebensache, der er bloß so viel Aufmerksamkeit widmet, als nöthig ist, um nicht den strengen Militärgesetzen zu verfallen. Bei solchen vorherrschenden Ideen ist es dann kein Wunder zu sehen, daß Leute die Beförderung zum Unteroffiziere ablehnen, weil sie als solche keine so lange Beurlaubung als der Gemeine ansprechen können; ja es sind schon Beispiele — besonders in den italienischen Regimentern — vorhanden, daß wirkliche Unteroffiziere sich deßhalb zur Ablegung ihrer Charge meldeten. Bei der Ertheilung des Urlaubs wird wieder auf jene besonders Bedacht genommen, welche zu Hause etwas besitzen, also solche, bei denen man wieder einen früheren Schulbesuch voraussetzen kann. Die Zurückbleibenden sind sonach gewöhnlich armer Leute Kinder, die gar keinen Unterricht genossen haben, oder sich oft, wenn sie auch solchen erhielten, diesen verheimlichen, um ja nicht in die Unteroffiziers-Schulen bestimmt zu werden und zur Beförderung den Vorgesetzten auf eine solche Weise in die Augen zu fallen. Daß Malviventen und Leute von schlechter Conduite nicht beurlaubt werden dürfen, ist wohl in einer Beziehung zweckmäßig, jedoch vom rein militärischen Gesichtspunkte betrachtet nur als eine eiserne Nothwendigkeit anzusehen, da sie jedenfalls den Platz eines braven Mannes in den Reihen einnehmen, wodurch die Zahl der zu Unteroffizieren Heranzubildenden oder Fürzuwählenden nicht unbedeutend gemindert wird. Was kann nun der Kompagnie-Kommandant aus solchem Materiale für die Besetzung der Unteroffiziersstellen Tüchtiges heranbilden? — Troz seinen Bemühungen, und nehmen wir selbst den guten Willen der Leute an, bringen sie es doch, — da ihre Geisteskräfte nie geübt wurden, der Unterricht in den Kompagnien- und Unteroffiziersschulen auch der verschiedenen Dienstesverrichtungen wegen oft unterbrochen werden muß, selten weiter, als daß sie nothdürftig lesen und schreiben lernen. Und doch zwingt oft der Drang der Umstände solche Individuen zu Unteroffizieren zu ernennen, obgleich man überzeugt ist, daß sie ihre Verrichtungen als Charge nicht Genüge zu leisten vermögen, aber Noth kennt kein Geboth. — Die Zahl der sich nun mit ihrem Willen aus dem Schlamme emporarbeitenden Kompagnie-Schüler ist daher nie genügend für den stattfindenden Abgang, umsomehr, da, wie schon gesagt, aus den Erziehungshäusern jährlich nur einige Zöglinge zu jedem Regimente einrücken (wovon aber auch nicht alle gerathen, und wo auch nur für die acht italienischen Infanterie-Regimenter, das Kavallerie-Regiment und die zwei Jägerbataillone, blos zwei derlei Institute bestehen), welche in der rohen Masse der übrigen eben so wenig als ein Tro-

werbung eine Menge geschickter junger Leute, die bei uns ihres Fortkommens sicher waren, und sich daher mit Vorliebe dem Dienste im Heere ihres Reichsoberhauptes widmeten. Solche avancirten gewöhnlich bald zu Unteroffizieren, unter welchen sich wieder eine große Anzahl fand, die selbst den Anforderungen jener Zeit für Offiziersstellen entsprachen, und sie auch erhielten.

Jetzt hat sich die Sache anders gestaltet, die Werbungen haben aufgehört, und die Kapitulation ist an die Stelle der beständigen Dienstzeit getreten. Vom Gesichtspunkte der Menschlichkeit betrachtet ist diese letztere Maßregel sehr zu loben, sie dürfte jedoch bei dem Rekrutirungs-System der Armee, — besonders was die Heranbildung geschickter Unteroffiziere betrifft — großen Nachtheil gebracht haben.

Der heutige Soldat, namentlich in der italienischen Truppe, zählt von der Assentirung an schon die Tage und Stunden, die er noch zu dienen hat. Es liegt ihm nicht die Vervollkommnung im Dienste und sein Weiterkommen am Herzen, sondern seine Gedanken sind einzig und allein darauf gerichtet, was er nach ausgedienter Kapitulation für eine Beschäftigung ergreifen werde, oder wie er wohl früher durch Beurlaubung sich dem Dienste entziehen könne. Kurz, mit einem Worte gesagt, er betrachtet seine Bestimmung als Soldat nur als Nebensache, der er bloß so viel Aufmerksamkeit widmet, als nöthig ist, um nicht den strengen Militärgesetzen zu verfallen. Bei solchen vorherrschenden Ideen ist es dann kein Wunder zu sehen, daß Leute die Beförderung zum Unteroffiziere ablehnen, weil sie als solche keine so lange Beurlaubung als der Gemeine ansprechen können; ja es sind schon Beispiele — besonders in den italienischen Regimentern — vorhanden, daß wirkliche Unteroffiziere sich deßhalb zur Ablegung ihrer Charge meldeten. Bei der Ertheilung des Urlaubs wird wieder auf jene besonders Bedacht genommen, welche zu Hause etwas besitzen, also solche, bei denen man wieder einen früheren Schulbesuch voraussetzen kann. Die Zurückbleibenden sind sonach gewöhnlich armer Leute Kinder, die gar keinen Unterricht genossen haben, oder sich oft, wenn sie auch solchen erhielten, diesen verheimlichen, um ja nicht in die Unteroffiziers-Schulen bestimmt zu werden und zur Beförderung den Vorgesetzten auf eine solche Weise in die Augen zu fallen. Daß Malviventen und Leute von schlechter Conduite nicht beurlaubt werden dürfen, ist wohl in einer Beziehung zweckmäßig, jedoch vom rein militärischen Gesichtspunkte betrachtet nur als eine eiserne Nothwendigkeit anzusehen, da sie jedenfalls den Platz eines braven Mannes in den Reihen einnehmen, wodurch die Zahl der zu Unteroffizieren Heranzubildenden oder Fürzuwählenden nicht unbedeutend gemindert wird. Was kann nun der Kompagnie-Kommandant aus solchem Materiale für die Besetzung der Unteroffiziersstellen Tüchtiges heranbilden? — Trotz seinen Bemühungen, und nehmen wir selbst den guten Willen der Leute an, bringen sie es doch, — da ihre Geisteskräfte nie geübt wurden, der Unterricht in den Kompagnien- und Unteroffiziersschulen auch der verschiedenen Dienstesverrichtungen wegen oft unterbrochen werden muß, selten weiter, als daß sie nothdürftig lesen und schreiben lernen. Und doch zwingt oft der Drang der Umstände solche Individuen zu Unteroffizieren zu ernennen, obgleich man überzeugt ist, daß sie ihre Verrichtungen als Charge nicht Genüge zu leisten vermögen, aber Noth kennt kein Geboth. — Die Zahl der sich nun mit ihrem Willen aus dem Schlamme emporarbeitenden Kompagnie-Schüler ist daher nie genügend für den stattfindenden Abgang, umsomehr, da, wie schon gesagt, aus den Erziehungshäusern jährlich nur einige Zöglinge zu jedem Regimente einrücken (wovon aber auch nicht alle gerathen, und wo auch nur für die acht italienischen Infanterie-Regimenter, das Kavallerie-Regiment und die zwei Jägerbataillone, blos zwei derlei Institute bestehen), welche in der rohen Masse der übrigen eben so wenig als ein Tropfen Wasser im Meere eine merkliche Veränderung hervorbringen.

Diesem — wie nun gezeigt — seit mehreren Jahren unverkennbaren Mangel an guten und brauchbaren Unteroffizieren könnte vielleicht mit der gesetzlichen Bestimmung abgeholfen werden, wenn in den Normalhauptschulen eine Art von militärischer Vorbildung bestände, wodurch jeder Bürger schon vor dem Eintritte zum Militär eine für diesen Stand nöthige Politur hätte, und somit nicht ganz unvorbereitet in denselben träte, wo wieder aus den Kompagnie-Mannschaft-Schulen zur Weiterbildung der sich am meisten Eignenden eigene Bataillons Unteroffiziersschulen unter einer besondern Leitung mit einem bestimmten Kurs und zweckmäßigen Einrichtung errichtet werden könnten. Daß dem großen Ausnahms-Systeme beim Eintritt in den Militärstand ebenfalls begegnet werden müßte, ist eine jetzt fast unausweichlich scheinende nöthige Aufgabe, deren zweckmäßige, dem Militärgeiste entsprechende Lösung höchst schwierig, aber auch eben so wichtig ist. Hiedurch würde man Individuen in hinlänglicher Zahl bekommen, welche durch ihre Fähigkeiten jene Stellen würdig ausfüllen würden, welche stets mit Männern besetzt sein müssen, die Kraft und Tüchtigkeit in sich einen, nachdem sie die unentbehrlichsten Stützpfeiler des militärischen Gebäudes bilden.

Obwohl man mir diesen Mangel an aller militärischen Vorbildung der aus den übrigen Volksklassen unmittelbar in die Armee tretenden Individuen sicher zugeben wird, so sehe ich schon in Vorhinein mir mit dem Einwurfe begegnen, daß in jedem Truppenkörper eben zu diesem Behufe die nöthigen Schulen sowohl für Offiziere, Kadeten und Unteroffiziere gleich wie auch für die Mannschaft bestehen. Doch derjenige, der sich hiemit überzeugt hielte, dieses Uebel in den Regimentern damit an der Wurzel gefaßt zu haben, zeigt nur, daß er von der Nothwendigkeit diesen Uebelstand zu beseitigen, wohl überzeugt sei, nicht aber noch, daß die wirkliche Beseitigung desselben nichts zu wünschen übrig lasse. Betrachten wir diesen Ausspruch näher und gehen auf die hierüber bestehenden Vorschriften zurück, so finden wir, daß, nachdem die Idee darüber von oben nur im Allgemeinen angeregt ist, diese so wichtige Sache auch stets von den verschiedenen Ansichten der Kommandanten abhängt und sonach auch manigfältig modifizirt wird, da der eine zu wenig, der andere aber zu viel fordert, wodurch das rechte Maß der dem Unteroffizier nöthigen Praxis und Theorie oft verloren geht.

So lange daher nicht eigene Lehrbücher für die verschiedene Schulen in den Regimentern festgesetzt sind, von denen als Norm unter strengster Verantwortung nicht abgewichen werden darf, und jedem Kommandanten auf das Bestimmteste bezeichnet wird, in wie weit die Schüler in Theorie und Praxis zu führen sind, hat man noch immer keinen ernsten Schritt zur Beseitigung des Uebels gethan. Was sollen auch Schulen Erkleckliches erzielen, wenn solche eigentlich nur den Winter hindurch bestehen, und meist im Frühjahre beim Beginne der Waffenübungen aufhören, die Schüler das im Sommer wieder vergessen, was sie im Winter mangelhaft und oberflächlich erlernten, so, daß im Herbste jederzeit neuerdings beim A, B, C angefangen werden muß. Nicht daß ich hiemit aus einem Regimente eine bloße Schule zu machen, nur im weitesten Sinne gedächte, so wird keiner läugnen können, daß nur in der innigsten Harmonie der Praxis mit der Theorie die Lösung der wirklichen Heranbildung von Chargen liegt; denn bei Vernachlässigung des einen oder des andern kann solche eben so wenig Erfolg haben, als das Bemühen, ein Wasser zu messen, das man mit einem Siebe schöpfen und es darin aufbewahren wollte.

Daß es in dieser Beziehung meist so ist, macht auch, daß sich das Interesse bei der Fruchtlosigkeit dieser Sache eben so sehr verminderte und die Schulen (namentlich aber für Kadeten- und Offiziere) meist nur dem Namen nach bestehen.

## Die zu großen Formalitäten im Schreibgeschäfte näher ins Auge gefaßt, sind dem Zwecke des Militärs zuwider.

Daß es Zeiten gab, wo man alle schriftlichen Geschäfte der mangelhaften Federgewandtheit halber meist in Rubriken zwängte, war damals, aber jetzt nicht mehr zu entschuldigen. Aus diesem entstand eine Pedanterie, die oft ins Fabelhafte gieng. So mancher Militär hatte, wenn er es nicht verstand seinen Berichten diese metallene Zwangsjacke anzuziehen, viele herbe Stunden zu erdulden, denn bald war eine römische Zahl da, wo man eine deutsche wollte, oder aber ein horinzontaler statt eines vertikalen Striches vorhanden; da wieder wollte man eine starke statt einer feinen Linie; kurz wollte der Vorgesetzte seinen Feldwebel empfindlich chikaniren, so war das der rechte Weg, denn er gab ihm den rubrizirten Bericht das eine nach dem andern Mal bald wegen diesen, bald wegen jenen meist nichtssagenden Formenfehlern zur Umarbeitung zurück, wodurch nicht nur der Fleiß des Unermüdetsten auf eine harte Probe gestellt wurde, sondern hiemit auch die köstliche Zeit unnöthig vergeudet ward, die jedenfalls zu etwas Besserem hätte verwendet werden können.

Jetzt, wo man auch bei dem Unteroffizier mehr Bildung zu treffen gewohnt ist, bleibt ein solcher Schemazwang etwas Drückendes, der selbst nachtheilig auf die Mittheilungsgabe der Chargen einwirkt. Nur jenes wäre daher nach meiner Ansicht der tabellarischen Form zu unterordnen, was unbedingt der nöthigen Uebersicht halber die Kommanden zur unentbehrlichen Zusammenstellung ihrer sonstigen Arbeiten benöthigen. Gehen wir aber und betrachten die Menge der Protokolle, Listen, Konsignazionen und zahllosen Rechnungen, welche dem mit der Manipulation betrauten Feldwebel zugewiesen sind, so wird es uns keine Mühe kosten herauszufinden, daß derselbe, um in Friedenszeiten dieser

Aufgabe zu genügen, alles andere fast bei Seite lassen muß; wenn es aber gilt vor den Feind zu ziehen, so sage da jeder was er wolle, ich aber behaupte für meinen Theil, daß ein sowohl beschlagenes Schreibgeschäft nicht wie im Frieden platterdings geführt werden kann, und daß solches durch diese gebieterische Nothwendigkeit auf ihr wahres Medium zurückgeführt wird, bei welchem man es auch in Friedenszeiten belassen sollte. — Durch dieses wahre Maß in dem unentbehrlichen Schreibgeschäfte würde nicht nur dieses, sondern auch der rein militärische Dienst gewinnen; denn bei Vereinfachung und Verminderung der Schreibereien würden viel weniger Verwirrungen in selben in Kriegszeiten entstehen, da die diesen Dienst führende Charge in dem sich einmal eigen gemachten Schreibgeschäfte wirklich auch im Felde gleichmäßig fortfahren könnte; außerdem bliebe noch der Vortheil, daß der werkführende Feldwebel (der eine nicht unbedeutende Stellung in der Kompagnie einnimmt) auch in rein militärischer Beziehung mehr zu leisten im Stande wäre, als es dermalen sein kann. Daß bei Vereinfachung des Geschäftes auch die Heranbildung der Stellvertreter sehr bedeutend erleichtert wird, bedarf keines näheren Beweises.

Es wäre daher Zeit auch weniger auf unwesentliche Formen einen Werth zu legen, und es z. B. bei Berichten oder Meldungen, wo ja ohnehin durch die Charge die Stellung des Untergebenen gegen den Vorgesetzten keinem Zweifel unterliegt, dahin gestellt sein zu lassen, daß der Untergebene, welchen Ranges er auch sei, nach Nennung seiner Charge und des Namens bloß mit „Ich überreiche, — ich berichte oder melde" begönne, ohne „Unterzeichneter, Gefertigter, Endesgefertigter oder Endesunterzeichneter" in jeder Periode ein oder mehrmal mit dem Beisatze „gehorsamst zu unterlegen, ergebenst zu unterstellen, unterthänig zu unterbreiten," wobei wieder im vorhinein sich mit den Phrasen entschuldigt wird, dieses werde nur „unmaßgeblichst oder unvorgreiflichst," und was der noch mehr für übliche Dienstes-Curtoisien sind, mit einzuflechten. — Es handelt sich in jedem dienstlichen Aufsatze nicht um poetische Ausschmückungen oder klassische Redefiguren, sondern stets um Kürze, Bündigkeit, Deutlichkeit und Bestimmtheit, ohne daß hiebei noch ein fließender, in gewählten Ausdrücken sich bewegender Styl aus dem Auge gelassen werden soll. Nur diese abgeschmackten Kanzlei-Phrasen wären zu beseitigen, welche ohnehin nur Zweideutigkeiten verursachen und nichts anderes mehr bedeuten, als daß sie uns an die Zeit mahnen, in welcher die Dimensionen des Zopfes und die Knöpfe gewisser Fußbekleidungen wichtiger erschienen, als der Schmuck einer dem Zeitgeiste entsprechenden Schriftsprache.

## Unbedingte Nothwendigkeit des stehenden Heeres.

Wenn man die Revolutionen in Frankreich, namentlich die des Jahres 1848, dann jene in Italien, Oesterreich und ganz Deutschland näher betrachtet, und die da und dort schauderhaften Kämpfe im Besondern mit kritischem Auge aufmerksam und unbefangen ins Auge faßt, so wird es keine Mühe kosten, herauszufinden, daß es meist Kämpfe der Willkühr gegen das Gesetz und die Ordnung, oder mit einem Worte gesagt, der Barbarei gegen die Civilisation sind. Ich erlaube mir nun die Frage: Wer trug gegen die zügellosen Arbeitermassen bei den Aufständen in Paris die Palme des Sieges davon? — War es die Nationalgarde oder das Militär? — Die Antwort ist Jedermann leicht, denn da und wo es sonst noch dazu kam, that die Nationalgarde keineswegs allgemein ihre Schuldigkeit, denn es fehlte ihr meist an Einheit, Muth und Energie, und ohne das Zuthun der Truppen hätten diese schrecklichen Kämpfe schauderhaft mit der Anarchie in ganz Europa geendet.

Unzweifelhaft wahr bleibt es, daß bewaffnete Menschen durchaus noch keine schlagfertigen Heeren sind und nur mit Heeren lassen sich Schlachten schlagen! — Was ist daher eine levée en masse? — Nichts anderes als ein unverantwortliches Vergeuden der besten Kräfte der Nation. Das Entgegenstellen solch großer Volksheere kriegsgeübten Truppen nichts anderes als das Opfer von Hunderttausenden von Menschen, welche unnütz auf die Schlachtbank geführt werden. Was nützen da auch Körperkraft, Muth, Ausdauer und selbst die Waffenfertigkeit Einzelner, wenn dem Ganzen die kriegerische Befähigung mangelt? — Solche geben dann nur Bravourstückchen, kriegerische Abenteuer, sonst aber kein anderes Resultat. Die stehenden Truppen Europa's sind dagegen in Form und Wesen von Volksheeren himmelweit unterschieden, sie haben bei ihrer Tüchtigkeit wesentlich die Bestimmung, mit der möglichsten Schonung von Menschenleben, Material ꝛc. die höchsten Zwecke in kürzester Zeit zu erreichen; und bei ihnen ist jedes Gefecht nur das Mittel zur Erreichung desselben, welches aber auf keine andere Weise als mit der diesen Armeen inwohnenden kriegerischen Befähigung des Ganzen errungen werden kann.

Wer wollte noch den hohen Werth des ungeschmälerten Bestandes eines braven, kampfgeübten und wohl disciplinirten Heeres in Abrede stellen? — Nur Unverstand und Böswilligkeit sind solches zu thun im Stande, oder solche Faktoren der Gesellschaft, welchen das Militär ein Dorn im Auge ist, da es sie beim Fischen im Trüben stört.

Selbst der sonst gut denkende Theil, der nur aus Unkenntniß der wahren Sachlage eine Volksbewaffnung wünscht und dem Wahne lebt, sie genüge gegenüber stehenden Heeren, lasse es sich sagen, daß dieses ein Experiment wäre, welches zum Unglück der Nation auf eine Weise ablaufen müßte, daß es überhaupt unthunlich würde ein zweites zu machen. Lassen wir es daher mit dieser Vertretung dahingestellt sein, die Zeit dürfte alle diese Wohlmeinenden schon

Blick scheinen dürfte. — Nachdem aber diese Wahl aus den Offizieren hervorgeht, so dringt sich hier auch die Frage von selbst auf, ob bei selben in ihrer Weiterbildung nichts zu wünschen übrig ist.

Ehe man diese Frage beantwortet, muß früher untersucht werden, woher die österreichische Armee ihren Abgang an Offizieren ergänzt.

Dieses geschieht:

1. Durch die austretenden Zöglinge der Wiener-Neustädter und der Ingenieur-Akademie, dann der Kadeten-Kompagnie zu Ollmütz und Gratz und der bestandenen zu Mailand, so wie auch der Pionnier-Schule zu Tuln.

2. Durch die von den Garden zu den Regimentern eingetheilten Offiziere.

3. Durch Söhne adeliger Familien.

4. Durch Offiziers- und Beamten-Söhne.

5. Durch Söhne aus dem Bürgerstande, und

6. Durch die eigenen Unteroffiziere der Regimenter, von welchen ein bedeutender Theil ihre Bildung in den Regiments-Knaben-Erziehungshäusern erhielt.

Nur die unter 1. angeführten Erziehungs-Anstalten sammt der Garde allein liefern jährlich — beiläufig — über 300 für den Militärstand gebildete Zöglinge; für Kriegsjahre eine allerdings etwas geringe Zahl, da der Abgang im Felde so bedeutend ist. Rechnet man aber, daß sich die Monarchie nun schon eines mehr als dreißigjährigen Friedens erfreute, so findet sich, daß sie in dieser Zeit nur aus diesen Instituten einen Zuwachs von wenigstens 8 bis 10,000 systematisch gebildeten Individuen erhielt. Schlägt man nun in diesem Zeitraume den Abgang durch Todesfälle, Pensionirungen, Quittirungen, den Uebertritt in Civildienste u. s. f. auf die Hälfte an, so wären noch immer 4 und 5,000 für ihr Fach erzogene Offiziere vorhanden, was beiläufig die Hälfte der Infanterie-Offiziere betragen dürfte, — eben kein ungünstiges Verhältniß für ein Heer, wenn jeder zweite Offizier eine höhere Vorbildung genossen hat. Ich sage Vorbildung, denn die Theorie allein, auf die man sich in Instituten in den meisten Fällen beschränken muß, macht noch nicht den praktisch brauchbaren Mann, welchen man doch bei jedem Geschäfte sucht und fordert. Aber selbst die in der Schule erlernte Theorie ist und kann nicht erschöpfend sein, theils weil der Verstand 17 bis 18jähriger Jünglinge noch nicht genug gelichtet ist, um schon in das innere Wesen der Wissenschaft ganz einzudringen, theils würde die festgesetzte Zeit nicht hinreichen, um zu diesem Ziele zu gelangen. Sie ist also nur als eine Anleitung oder Anweisung zur künftigen gründlichen Fortbildung für den Mann, der das Erlernte praktisch anzuwenden Gelegenheit hat, anzusehen.

Diese Fort- und eigentliche Ausbildung der Offiziere ist zwar durch Vorschriften einigermaßen bedingt und im Worte daher scheinbar da, aber fehlt faktisch in der Ausübung doch meist ganz — im Allgemeinen genommen — in unserer Armee, und zwar aus folgenden Gründen:

Der aus einer Erziehungs-Anstalt zum Regimente eingerückte Offizier oder Kadet wird zu seiner Kompagnie eingetheilt, um den Dienst und das Exerzieren praktisch zu betreiben — was allerdings in der Ordnung ist; denn Diensteskenntniß im ganzen Umfange, und Fertigkeit im Exerzieren sind das Brotstudium des Soldaten. Aber dieses Studium darf sich bei Individuen, die auf weitere Beförderung Anspruch machen, nicht auf bloße mechanische Fertigkeit beschränken, sonst werden wohl gute Drathpuppen, aber keine selbstständigen und denkenden Männer gebildet. Bloßer Materialismus ist ja bei jetziger Bildung aller civilisirten Armeen selbst dem Unteroffizier nicht hinreichend, und es wird schon an ihn einigermaßeu die Forderung gemacht, auch selbstständig in seinem Bereiche handeln zu können.

Man muß daher gleich Anfangs solche Neulinge, so viel es thunlich ist, in alle Lagen zu bringen suchen, um sie

11

nicht nur vielseitig für den Dienst zu bilden, sondern sie auch aus ihrem Benehmen in den verschiedenen Verhältnissen besser beurtheilen und kennen zu lernen. Leider ist es in den meisten Fällen mit der Aneignung des Dienstes und des Exerzierens auf diese oder andere Art um die Fortbildung des akademischen Zöglings im Regimente beendet; denn Niemand frägt weiter nach seinem sonstigen Wissen; Niemand gibt ihm Veranlassung dieses zu zeigen, oder den Impuls es zu läutern und zu nähren, da die Art und Weise, — wovon später gesprochen werden soll — wie die Offiziers-Schulen (Theorien) bestehen oder vielmehr bei den meisten Regimentern effektuirt werden, keinen Nutzen schafft. Was er in der Akademie erlernt hat wird aus Mangel an Ausübung vergessen und der hoffnungsvollste Jüngling gelangt nach mehreren Jahren zu der traurigen Ueberzeugung, daß alle seine Mühe und sein ganzer Fleiß im Studieren nun unbeachtet brach liege und — vielleicht vergeblich war. Machte es der Bedarf an Adjutanten von Zeit zu Zeit nicht nöthig, sich der Akademiker zu erinnern, oder suchte man den einen oder den andern nicht für eine Anstellung außer der Truppe, — deren in Friedenszeiten auch wenige sind —, so würden sie sich spurlos in der Armee verlieren.

So ist bis nun das Material benützt worden, welches der Staat mit so bedeutenden Kosten der Armee aus den Erziehungs-Instituten lieferte. Die Kräfte sind da, werden aber nicht benützt, und so bemüht man sich dann im Augenblicke vergeblich das Schwert zu ziehen, das man Jahre lang ungebraucht in der Scheide verrosten ließ.

Untersuchen wir nun, was die Armee durch den Eintritt adeliger Jünglinge gewinnt. Unbestritten wahr ist es, daß der ritterliche Muth und die glänzendste Tapferkeit auf den Schlachtfeldern sich von den Voreltern auf unseren Adel vererbt hat.

Mit Bewunderung sieht man noch Söhne der meisten und reichsten Familien jeder Gefahr Trotz biethen und dem oft sicherem Tode entgegen gehen, wo sich die Gelegenheit dazu darbiethet, aber die gute alte Sitte der Vorfahren, sich auch für das Kriegshandwerk vorzubereiten, ist bei vielen des heutigen Adels in Vergessenheit gerathen. Von Kindesbeinen an wurden die Junker auf der Burg ihrer Väter in der Führung der verschiedenen Waffen, im Tummeln und Bändigen der Streitrosse geübt. Auf Jagden gegen reißende Thiere gab man ihm die erste Gelegenheit, seinen Muth und seine Geschicklichkeit zu zeigen; nur nach glänzenden Beweisen von Tapferkeit in Gefechten erhielt er den ersehnten Ritterschlag, bestandene Abenteuer, auf Turnieren errungene Siege mußten nebstbei zur Verherrlichung seines Namens beitragen.

Die wissenschaftliche Bildung wurde als unter der Würde eines Ritters betrachtet, und den Mönchen und Unedeln überlassen. So einseitig uns auch diese Erziehung für den Krieger scheinen mag, so reichte sie doch für jene Zeiten, wo Mann gegen Mann focht, und persönliche Tapferkeit gewöhnlich den Ausschlag gab, vollkommen aus, und eine gute Faust war ehemals deshalb eben so viel werth, als nunmehr ein guter Kopf. Es geschah hiemit auch alles das, was die damaligen Umstände erheischten, und Niemand konnte dem Adel vorwerfen, daß er unvorbereitet in die Reihen der älteren Kampfgenossen eingetreten sei. Von Vielen unseres jungen Adels kann man solches leider nicht sagen. Obgleich es im Durchschnitte — ausgenommen Italien — wenige adelige Familien gibt, aus deren Mitte nicht ein oder mehrere Söhne den Soldatenstand erwählen, so findet man doch bei ihnen äußerst selten eine militärische Vorbildung; ihre ganze Erziehung ist vielmehr für die Salons als einen bestimmten Beruf berechnet; und so jagen dieselben blos einem encyklopädischen Wissen nach, das als Frontspice Vielwisserei, im Kerne aber eine leere im heutigen Zeitgeiste leider moderne Zerrissenheit birgt. Durch hohe Verbindungen eines schnellen Fortkommens sicher, liegt ih-

*

nen selbst die Erlernung des gewöhnlichen Wissens nicht sehr am Herzen, so daß sie dann als Vorgesetzte höheren Ranges sich durch Verstöße nicht selten der Kritik ihrer Untergebenen aussetzen. Und doch wie ganz anders könnte es sein! — Begabt mit Glücksgütern jeder Art, wäre es ein ein Leichtes für diese Familien, ihren Söhnen eine solche Erziehung zu geben, daß sie in jedem Stande als Muster für die Uebrigen dienen könnten, indem sie ihnen jetzt, was wahre militärische Bildung betrifft, meistens nachstehen, und so den vielen Schreiern über die Privilegien des Ades selbst die Waffen gegen sich in die Hände geben, um ihr Ansehen zu untergraben, und sie in der öffentlichen Meinung herabzusetzen. Schade, daß es die Elite der Nation so weit kommen läßt uneingedenk, daß sie vorzugsweise berufen sei, durch hohe Bildung im Felde und im Kabinete zu glänzen. Daß es ihr an Talenten hiezu nicht gebricht, bewiesen auch in neuerer und neuester Zeit Mehrere, welche durch ihre Kenntnisse und die dem Staate geleisteten wichtigen Dienste der Stolz ihres Vaterlandes und die mächtigste Stütze des Thrones und Vaterlandes geworden sind. Es bedürfte demnach nur einiger einflußreicher Männer aus dem Adel, die es über sich nehmen wollten, bei ihren Standesgenossen, theils durch eigenes Beispiel in der Erziehung ihrer Kinder, theils durch Verständigung und Vereinigung zu diesem Zwecke hinzuwirken. Der edle Sinn unserer Adeligen, der sich für alles Hohe und Gute empfänglich zeigt, würde Wetteifer in der Geistesbildung wecken, der sie eben auf dem Felde der Wissenschaften in die forderste Reihen stellen müßte, wie ihre Tapferkeit sie bisher im Kampfe stets an der Spitze erblicken ließ.

Die Söhne des ärmeren Adels, wenn sie nicht zufällig eine besondere Protektion genießen, stehen in denselben Verhältnissen, wie die Söhne der Offiziere und Beamten, deren Eltern, wenn sie nicht so glücklich sind, ihren Sohn in einer Militär-Erziehungs-Anstalt unterzubringen, nicht die Mittel besitzen, um durch besondere Meister den Knaben, wenn er Lust zeigt Soldat zu werden, gehörig vorzubereiten. Sie schicken ihn, bis er das vorgeschriebene Alter zur Affentirung erreicht, in die öffentlichen Schulen, wo aber — wie natürlich — obwohl von allen andern etwas, nur nicht vom Kriegswesen vorgetragen wird. Tritt nun der junge Mensch als Kadet in ein Regiment, so findet er auch dort meist neben der Belehrung über das Nöthigste im Dienste und Exerzieren keine Gelegenheit zur weiteren militärischen Ausbildung.

In diesem Zustande bleibt er einige Jahre in der Kaserne, und wird endlich aus Rücksicht für die Verdienste seines Vaters, oder weil die Noth es gebiethet und nichts Besseres vorhanden ist, Offizier, ohne die für die neue Charge nöthigen Kenntnisse zu besitzen.

Das Nämliche gilt auch von den Söhnen des Bürgerstandes, die sich gegenwärtig nebstbei mehr dem Civildienste und dem Industriellen, als dem Militär widmen. Sie unterliegen zwar der Stellung, und würden, wenn dabei nicht so viele Auswege für die Reicheren, also besser Erzogenen sich dem Soldatenstande zu entziehen, offen ständen, wenigstens einen guten Stamm für Unteroffiziere bilden, an denen die Armee — besonders bei den italienischen Regimentern — jetzt eben nicht minder aufliegt; denn die ohnehin kurze Dienstzeit, welche noch mit vier und oft einer noch mehrjährigen Beurlaubung auf kaum einige Jahre herabschmilzt, bringt der Heranbildung von tüchtigen Chargen großen Nachtheil. — Was bei diesem System freiwillig unter die Waffen tritt, ist gewöhnlich nicht das Beste, es sind entweder verunglückte Studenten, oder solche junge Leute, welche keinen Sinn für gute Ordnung haben, und im Militär auf freies Leben rechnen.

Was endlich den Ersatz der Offiziere aus den Unteroffizieren des Regiments selbst betrifft, so ist hier nach dem, was früher über den Zuwachs von den minder bemittelten Ständen gesagt wurde, nicht viel Ausbeute zu hoffen.

Eine allgemeine Wehrpflichtigkeit würde, nachdem jeder Staatsbürger ohne Unterschied seine geistigen Kräfte auch im Militärwesen erproben müßte, selbst bei einer viel geringeren Dienstzeit, doch auf die Auswahl der Unteroffiziere und aus diesen wieder der Offiziere gewiß höchst günstig einwirken.

Nach dem bis nun Gesagten läßt sich die eingangs gestellte Frage hinsichtlich der Weiterbildung der Offiziere schon näher beleuchten, und es wird hiemit Jedem leicht sein zu begreifen, worin die Ursache der Klagen einiger Chefs über die Unbehilflichkeit ihrer Subalternen liegt, welche wieder alle Schuld auf die Vorgesetzten zu wälzen suchen, welches ein gewisses Gefühl von Unbehaglichkeit und Mißtrauen auf beiden Seiten erzeugt, was äußerst nachtheilig auf das Ganze einwirken muß.

Hiezu trägt nun bei:

1. Der Mangel an aller militärischen Vorbildung bei den aus den übrigen Volksklassen unmittelbar in die Armee tretenden Individuen, für deren Qualifizirung zu Offizieren auch da nicht die nöthigen sistematischen Vorkehrungen getroffen sind, und

2. Vernachlässigung der weiteren Fortbildung der aus den verschiedenen militärischen Erziehungs-Anstalten in die Regimenter als Offiziere oder Kadeten eintretenden Zöglinge.

Was ich hinsichtlich der über Unteroffiziers-Schulen bestehenden Vorschriften in meinem Wunsche zum Besten der Unteroffiziers-Kandidaten sagte, hat im Allgemeinen seine Geltung auch bei jenen für Offiziere, wozu noch kommt, daß der eine Kommandant nicht ruhig schlafen zu können glaubt, wenn die jüngsten Lieutenants nicht schon zu Feldherren herangebildet werden; — Strategie-Manöver, höhere Mathematik und weiß Gott was Alles werden den

Zuhörern in der Schule zum Besten gegeben, von denen manche noch keinen Zug, selbstständig zu kommandiren und kaum die vier Rechnungsarten inne haben.

Bei anderen Regimentern verfällt man in das entgegengesetzte Extrem, der sogenannte Dienst wird als das non plus ultra aller Bestrebungen eines Offiziers angesehen, und diejenigen oft feindlich betrachtet, welche über diese Grenze hinauswollen. Bei der Wahl der Lehrer wird nicht immer mit der nöthigen Umsicht vorgegangen, weil man in der Conduite-Liste des einen oder des anderen Offiziers diesen oder jenen Gegenstand in der Rubrik „in anderen Wissenschaften“ findet, so wird ihm ohne weitere Prüfung dieses Fach übertragen, uneingedenk, daß zwischen dem bloßen Erlernten in der Schule und dem Vortrag eines Gegenstandes, besonders für reifer denkende Zuhörer ein himmelweiter Unterschied sei, und daß selbst bei gründlichem Wissen eines Faches noch eine einfache und klare Mittheilungsgabe desselben mit Lust zum Vortrage gepaart als unerläßliche Erforderniße nöthig sind, um nur einigermaßen auf einen günstigen Erfolg rechnen zu dürfen, da sonst die Kompromittirung des Lehrers eine unausbleibliche Folge einer solchen Wahl ist.

Aber wie ist diesem Uebelstande abzuhelfen? dürfte man nun fragen.

Auch hierüber sagte ich bereits, als ich von den Unteroffiziers-Kandidaten sprach, ein Wort; hier will ich aber noch meine Ansicht in dieser Beziehung etwas deutlicher auszusprechen versuchen.

Damit aber jene dort bezeichneten Regiments-Bildungs-Anstalten das leisten, was man von ihnen zu erwarten berechtiget ist, so wäre von Oben an für die Armee ein Lehrplan zu entwerfen und eigens hiezu verfaßte Lehrbücher zu verfassen, nach denen vorgetragen werden müßte. Um aber auch in der praktischen Ausführung der dießfälligen Vorschriften eine Gleichförmigkeit zu erzielen, dürfte es nöthig sein, in Wien einen Zusammentritt von — im Lehrfache erfahrenen Männern zu veranlassen, welche unter den Augen der höchsten Militär-Behörde diesen Plan ausarbeiteten. So wie nun dieser vollendet und sanktionirt wäre, müßten aus jedem General-Kommando die fähigsten Offiziere nach Wien beschieden werden, um nicht nur theoretisch, sondern auch praktisch von den Mitgliedern der Kommission der verschiedenen Fächer belehrt, und dafür eingeübt zu werden d. h. sie hätten sich nicht nur die verschiedenen wissenschaftlichen Gegenstände, so weit es die Vorschrift bestimmt, vollkommen eigen zu machen, sondern sie müßten hierüber vor der Kommission auch öffentliche Vorträge halten, wodurch sich diese von der Fähigkeit der Offiziere im Vortrage die Ueberzeugung verschaffen würde. Bei dieser Gelegenheit müßten von den Kommissions-Mitgliedern an die vortragenden Offiziere verschiedene Fragen gestellt, und ihnen diese oder jene Zweifel aufzulösen geben werden, um zu sehen, ob sie die Fassung nicht verlieren und ihrem Fache gewachsen sind; mit einem Worte, diese Musterlehrer hätten einen strengen Lehrerkonkurs zu machen.

Nach vollendeten Prüfungen würden diese Offiziere beim betreffenden General-Kommando die von den verschiedenen Regimentern hiezu ausgewählten Individuen auf dieselbe Art, unter Inspezirung eines Generals oder Stabsoffiziers zu unterrichten und zu prüfen haben. Erst dann, wenn die Bildung der zu Lehrern ausersehenen Offiziere auf diesem Wege beendet wäre, könnte zur Errichtung der Schulen bei den Regimentern geschritten werden.

Es ist nicht zu läugnen, daß im Laufe der Zeit, theils durch neue Fortschritte in ein oder der anderen Wissenschaft, theils durch andere Umstände veranlaßt, eine Abänderung des ursprünglichen Lehrplanes nöthig wird; denn nichts, was Menschen schufen, ist vollkommen, daher immer einer Verbesserung fähig; aber solche Verbesserungen dürften bei strengster Verantwortung, ja selbst Ahndung der unteren Behörden nicht von diesen willkührlich vorgenommen werden, sondern sie hätten ihre diesfälligen Ansichten und Vorschläge dem Ministerium vorzulegen, welches dann das Zweckmässige und von der Zeit Gebothene selbst einleiten und allgemein anordnen würde. Nur auf diese Weise bliebe die Einheit des Unterrichtes unangetastet.

Ich erlaube mir nun, über die Schulen selbst etwas beizubringen.

In dieser Beziehung geht meine Ansicht dahin, daß die Regiments-Kadeten- und die Offiziers-Schule stets beim Regimentsstabe zu bestehen hätten, damit sie der Oberst ununterbrochen beaufsichtigen und auf den regelmäßigen Gang, der Vorschrift gemäß, gehörig einwirken könne.

Für die erstere wären die fähigsten Unteroffiziere von jeder Kompagnie, die Kadeten, welche noch gar keine militärische Vorbildung erhielten, zu bestimmen.

Die Regiments-Offiziers-Schulen wären vorzüglich für Offiziere ohne frühere Vorbildung, für die Kadeten, welche bereits militärische Kenntnisse besitzen, und für jene, die sich in der Regiments-Kadeten-Schule ganz besonders auszeichneten, vorzügliche Fähigkeiten besitzen, und eben im praktischen Dienste hierauf bei den Kompagnien Hoffnung gaben, tüchtige Offiziers-Aspiranten zu werden, auch nicht sehr im Alter vorgeschritten sind, bestimmt.

So gebe es zur Heran- und Weiterbildung in einem Regimente (mit jenen, welche ich früher anführte, als ich von den Unteroffizieren sprach) folgende Schulen:

1. Kompagnie-Mannschafts-,
2. Bataillons-Unteroffiziers-,
3. Regiments-Kadeten- und Offiziers-Schulen.

Doch was würden aber alle diese Schulen auch nützen, wenn die darin gebildeten Individuen kein Interesse für ein weiteres Studium hätten? Sie würden ebenso verkümmern und in Verfall gerathen, wie es bei vielen Akademien bisher der Fall war.

Es gibt nur wenige Menschen, die z. B. das Gute aus reinen Beweggründen thun, oder aus bloßer Liebe für die Wissenschaft die Mühe nicht scheuen, sie freiwillig zu erlernen. Ueberall ist das materille Interesse mit im Spiele. Dieser mächtige Hebel muß also mit benützt werden, um die Menschen zur Thätigkeit zu spornen. Man eröffne den Offizieren und Unteroffizieren nur die Aussicht auf Lohn und Vortheil für ihre Bemühung, nach geistiger Ausbildung zu streben, so wird es dabei gewiß nicht an Wetteifer fehlen.

Das einfachste Mittel, hier zum Zwecke zu gelangen, ist nach meiner Ansicht die Aufstellung des Grundsatzes; daß kein Kadet oder Unteroffizier zum Offizier — und kein Offizier in der Tour zu einer gewissen Charge in den höheren Grad vorrücken könne und dürfe, bevor er nicht eine öffentliche Prüfung vor einer eigens hiezu bei den Brigade-, Divisions- und General-Kommanden bestehenden Kommission über die für die höhere Charge vorgeschriebenen Kenntnisse und Obliegenheiten bestanden hat, nach deren günstigem Resultate erst die Beförderung vom Ministerium oder von dem Inhaber erfolgen dürfte.

Diese Einrichtung besteht bereits bei mehreren Armeen in Europa. Weit entfernt, hierin eine sklavische Nachahmung zu wünschen, könnte doch manche Einzelnheit wohl auch benützt werden.

Es dürften hiebei folgende Hauptfragen zu lösen sein:

1. Was soll der Offizier nach den verschiedenen Chargen, was der Unteroffizier oder der Kadet als Aspirant für eine Offiziersstelle lernen?

2. Wie lange soll der Lehrkurs dauern?

3. Bis zu welcher Charge hat der Schulbesuch zu dauern?

4. Welche Modalitäten haben bei der Prüfung und bei dem Vorschlag des Geprüften zur Beförderung Statt zu finden?

5. In welchem Umfange wäre diese Maßregel Anfangs einzuführen?

6. Woher sind die Kosten für Bücher, Papier und sonstige Schreibrequisiten zu bestreiten?

Ueber solche Gegenstände ein entscheidendes Wort sprechen zu wollen, wäre von mir eine Anmaßung, daher ich hierüber nur eine wohlmeinende Ansicht folgen zu lassen mir erlaube, und meinen gütigen Leser ersuche, diese nur als eine Andeutung anzusehen. In diesem Sinne schreite ich zur Beantwortung der einzelnen Fragen:

Ad 1. Da die Verrichtungen der Unter- und Oberlieutenants nicht so wesentlich von einander abweichen, daß für jede dieser Chargen eine besondere Bildungsstufe erforderlich wäre, so dürften für diese Grade folgende Lehrgegenstände vorzutragen sein, als:

a. Waffenlehre. Dabei so viel von der Artillerie, als für einen Infanterie-Offizier unumgänglich zu wissen nöthig und nützlich ist, damit er rücksichtlich der Kenntniß dieser Waffe nicht gänzlich ein Laie bleibe; praktisch wäre die Bedienung des Geschützes, das Zielen und Treffen zu lehren.

b. Gefechtslehre. Nicht nur für jede Waffengattung einzeln auf dem geeigneten Terrain, sondern auch ihr gemeinschaftliches Zusammenwirken im Gefechte, wobei die Placirung des Geschützes nicht unberücksichtigt bleiben darf.

c. Terrainkenntniß. Dieser Gegenstand dürfte weil zweckmäßiger im Freien, mehr durch Anschauung der verschiedenen Terraintheile in ihrer natürlichen Größe und Gestalt, als bloß theoretisch in der Schule behandelt werden.

d. Beständige Befestigung. Davon nur das Nöthigste, nämlich Benennung und Zweck der verschiedenen Werke.

e. Feldbefestigung. Wäre ausführlich vorzutragen, und dabei besonders der praktische Theil, nämlich die Erbauung der Feldschanzen zu berücksichtigen.

f. Felddienst. So vollständig als möglich, verbunden mit praktischer Anwendung des in der Schule Vorgetragenen.

g. Dienst-Reglement im ganzen Umfange. Hier darf man sich nicht auf das bloße Auswendiglernen der verschiedenen Vorschriften beschränken, sondern der Offizier muß in den Geist derselben eindringen; häufige Fragen über die jeder Anordnung zum Grunde liegende Absicht des Gesetzgebers dürften am Besten zum Ziele führen. Die praktischen Ausübungen der Garnisonsverhaltungen, das Lagerabstecken, Einrücken in und Abrücken aus dem Lager, die Lagerordnung u. s. w. — Nebstbei müßten die Schüler noch Aufgaben über das Benehmen in den verschiedenen Lagen, in die sie besonders als selbstständige Kommandanten im Dienste kommen können, zur Ausarbeitung gegeben werden, um sie zum Nachdenken zu zwingen, ihre Ansichten kennen zu lernen, und was nöthig ist, zu berichtigen.

h. Exerzier-Reglement. Auch da handelt es sich mehr um praktische Gewandtheit, als um bloß theoretische Kenntniß. Bei jeden Bewegungen muß der Zweck derselben, ihre Anwendbarkeit nach Verschiedenheit des Terrains und das Verhalten jeder Charge auf ihrem Platze auf das Genaueste erklärt, und die Schüler geübt werden, mit einer Kompagnie jede Aufgabe schnell und regelrecht ohne Vorbereitung auszuführen.

i. Pionnier-Dienst. Nur im Auszuge, was ein Infanterie-Offizier unumgänglich zu wissen nothwendig hat, und dieses so viel als möglich auch praktisch ausgeführt.

k. Kriegsgeschichte. Besonders die der neueren Zeit. Die der älteren Zeit nur kurz.

l. Situations-Zeichnung. Vollständig und gründlich.

m. Fortifikations-Zeichnung. Hauptsächlich Zeichnung und Entwurf der Feldverschanzungen, von der steten Befestigung bloß das Verzeichnen der jetzt üblichen Umrisse.

n. Mathematik. Hievon vorzüglich die Geometrie, die Aufnahme mit dem Meßtisch und besonders jene à la vue, und das Nöthigste vom Nivelliren. Von der ebenen Trigonometrie, was zum Aufnehmen unumgänglich erheischt wird. Berechnung der Flächen und der einfachsten regelmäßigen Körper. Von der Arithmetik die dem Soldaten in seinen Dienstesverhältnissen am häufigsten vorkommenden Rechnungen; von der Algebra einen gedrängten Auszug.

o. Geschäfts-Styl. Hiebei ist vorzüglich die Verfassung aller militärischen Aufsätze, nach ihrem Inhalt sowohl als nach der äußeren Form, zu berücksichtigen. Viele Ausarbeitungen und das Vorlesen und Zergliedern guter Aufsätze werden dabei besonders vortheilhaft wirken.

p. Baukunst. Nur so viel, daß der Offizier bei Baukommissionen, Kasernverwaltungen, Aufsicht über Bauführungen nicht ganz der Willkühr der Werkleute preisgegeben sei.

q. Geographie. Vorzüglich der europäischen Staaten und darunter besonders ausführlich jene der österreichischen Monarchie und jene Deutschlands. Die anderen Welttheile nur kurz. Von der alten nur so viel, als zum Studium der Geschichte nöthig ist. Von der mathematischen die nothwendigsten Begriffe. Kenntniß und Gebrauch der Landkarten ist hauptsächlich zu empfehlen; beim Vortrag muß auf das dem Soldaten besonders Wissenswürdigste Rücksicht genommen werden: als Gestaltung des Terrains in den verschiedenen Ländern, die festen Plätze und ihre Bedeutenheit im Kriege, die Straßen, Flußübergänge, Breite und Tiefe der Flüsse, die Beschaffenheit der Ufer rc. mit einem Worte: es muß eine Militärgeographie gelehrt werden. Mit dem Vortrage der Geographie kann man auch einige statistischen Notizen über die europäischen Staaten verbinden.

r. Geschichte. Da die Schüler schon Menschen von reiferem Urtheil sind, so müssen ihnen nicht bloß die Thatsachen erzählt, sondern auch die Veranlassung und Folgen derselben dargelegt, und sie zugleich gewöhnt werden, das

Geschehene nach den in der Zeitepoche herrschenden Ansichten, dem Grade der Kultur der Völker und den Mitteln, die ihnen zu Gebote standen, zu beurtheilen. Es versteht sich, daß die uns näher stehenden Völker und die neueren Ereignisse, und darunter wieder, was Oesterreich und Deutschland betrifft, am ausführlichsten zu behandeln sei. Vorlesungen der Lebensgeschichten berühmter Krieger alter und neuerer Zeit dürfen beim Vortrag der Geschichte nicht fehlen.

Daß das Fechten, Reiten, Schwimmen und die sonstigen militärischen Leibesübungen eben mit zum Unterrichte zu nehmen sind, wird Jedermann zugeben.

Dieß wären nach meiner Ansicht beiläufig die Gegenstände, welche jeder Subalterne sich in der Schule eigen machen müßte. Ich will damit keineswegs sagen, daß das Wissen des Offiziers mit einem solchen Kurse abgeschlossen sei, sondern bin vielmehr der Meinung, daß diese erste Bildung die Bahn zu weiterem Selbststudium öffnen solle, auf welcher der Offizier erfolgreicher fortzuschreiten im Stande sein wird, wozu er in der Schule die nöthigen Vorbegriffe erhalten hat. Jeder wißbegierige junge Mann, der von der Wichtigkeit seines Standes durchdrungen ist, wird den dießfälligen Erwartungen gewiß entsprechen. Um aber selbst die minder Fleißigen zu zwingen, das Erlernte wenigstens zu wiederholen, wäre festzusetzen, daß, wenn auch die vorerwähnten Lehrfächer für den Ober- und Unterlieutenant die nämlichen sind, jeder sich doch neuerdings einer Prüfung aus denselben unterziehen müßte, so oft er auf dem Punkte steht, vom Unter- zum Oberlieutenant vorzurücken, was nur dann stattfinden dürfte, wenn er in der Prüfung gut bestände.

Diese Prüfung wäre aber nicht beim General-Kommando, sondern bei dem Regimente oder der Brigade mittelst einer dazu eigens bestimmten Kommission abzuhalten.

Der Hauptmann ist nicht bloß als Kommandant einer Kompagnie zu betrachten, sondern er kömmt auch in die Lage, eine Division zu befehligen, daher er nicht mehr füglich zum Besuche der Schulen verhalten werden kann. Es ist daher seinem Selbststudium alles empfohlen, was dazu erfordert wird, einen solchen Körper am Exerzierplatze sowohl, als im Felde zweckmäßig zu leiten, jeden Untergebenen gehörig zu instruiren und auf jeden Zweig des Dienstes zweckmäßig einzuwirken. — Höhere taktische Kenntnisse, Beurtheilung größerer Terrainsabschnitte und ihre Anwendbarkeit zu Positionen, schriftliche Relationen darüber, Entwerfung der Dispositionen zum Angriff und zur Vertheidigung, der wirkliche Angriff und Vertheidigung derselben, Kritik solcher von Anderen ausgeführten offensiver und defensiver Feld-Manöver, Entwürfe zu Verschanzungen größerer Bodentheile, daher erweitertes Wissen der Feldbefestigung, Kenntniß des militärischen Geschäftsganges, des Oekonomiesystems und der Armeegesetze wären beiläufig die Gegenstände, welche sich ein Oberlieutenant eigen machen, und darüber geprüft werden müßte, wenn er auf die Beförderung zum Hauptmann Anspruch machen will.

Der Hauptmann, welcher zum Major vorzurücken wünscht, muß sich mit den Grundsätzen der höheren Kriegsführung und mit dem Nöthigsten des Generalstabsdienstes im Felde bekannt machen, damit er von dem Generalstabsoffizier nicht gänzlich abhängig sei, und sich als Kommandant, auf dem doch die ganze Verantwortlichkeit ruht, geltend zu machen wisse. Ein fleißiges kritisches Studium der Kriegsgeschichte, Beurtheilung über ein oder den anderen Feldzug, Entwicklung seiner Ansichten über die Kriegsführung en detail in ein oder dem anderen Lande nach Beschaffenheit des Terrains, weiteres Studium der permanenten Fortifikation, das Manövriren, Vervollkommnung und praktische Ausführung der beim Hauptmann erwähnten Gegenstände im höhern Maße dürfte den Hauptmann zu dem brauchbar machen, was man von ihm als Major und Kommandanten einer schon bedeutenden Truppe zu erwarten berechtiget ist. Je umfassender seine Pflichten sind, eine desto strengere Prüfung müßte der Hauptmann, der als Kandidat für die Majors-Charge auftritt, bestehen. Diese Prüfung des Hauptmanns zum Stabs-Offizier ist nicht mehr jene für die Subalternen-Offiziere, nämlich ein förmliches Examen aus jedem der vorgezeichneten Gegenstände, sondern bloß praktisch mit dem Bataillon auf verschiedenen Terrains und gegen verschiedene Objekte, und in schriftlichen Ausarbeitungen, wobei man eine Veranlassung finden wird, aus den dießfälligen Leistungen des Konkurrenten auf das theoretische Wissen desselben zu schließen.

Vom Major aufwärts wären keine Prüfungen mehr nöthig, weil man voraussetzen muß, daß ein Mann, der es auf die vorbezeichnete Art bis zum Stabs-Offizier bringt und daher bis dahin sich fortwährend wissenschaftlich bilden mußte, nicht plötzlich inne halten, sondern sich vielmehr bemühen werde, die erlangten Kenntnisse zu vermehren und sich für höhere Würden tauglich zu machen.

Die Aufgaben zu den verschiedenen Ausarbeitungen für die Wintermonate hätten bis zum Hauptmann vom Regimentskommando, für die Hauptleute von der Brigade auszugehen, und die der letzteren Charge zensurirt der Prüfungs-Kommission des Generalkommando's unterlegt zu werden, die Aufsätze bis zum Hauptmann zensurirt das Regimentskommando und unterlegt das vorzüglichste davon der Brigade zur Einsicht.

Der Kadet und Unteroffizier, welcher als Kandidat für eine Offiziersstelle auftritt, muß, wie schon gesagt, die Offiziersschule besuchen, und daher auch die Prüfung aus den für den Subalternen beantragten Gegenständen machen.

In den Regiments-Kadetenschulen wären folgende Gegenstände vorzutragen:

a. Die deutsche Sprache, wie sie in den Normalschulen vorgeschrieben ist.

b. Die Sprache des Regiments, als italienisch, böhmisch ꝛc.

c. Diktandoschreiben in diesen Sprachen mit vorzüglicher Aufmerksamkeit auf die Orthographie.

d. Schönschreiben d. h. sich eine deutliche, leserliche Schrift ohne zeitraubende Verzierungen anzueignen.

e. Die vier Rechnungsarten in benannten und unbenannten Zahlen, dann die Regel de Tri.

f. Das Tabelliren, wobei nicht nur aufs mechanische schnelle Anfertigen aller Arten von Tabellen, sondern ganz besonders darauf zu sehen wäre, wie man Tabellen ohne Muster ihrem Inhalte gemäß zu verfassen hat. Der theoretische und praktische Theil dieses Gegenstandes wäre besonders vorzunehmen; im theoretischen kämen, nebst den gewöhnlichen Tabellir-Regeln, die verschiedenen Gebühren an Geld, Naturalien, Fourage, Montur, Armatur, Rüstung ꝛc. — kurz jenes, was der manipulirende Feldwebel in dieser Beziehung wissen muß, dann was bei Uebernahme und Führung, so wie bei der Uebergabe verschiedenartiger Transporte zu beobachten ist, vorzunehmen; — im praktischen wäre die Stellung der Verpflegsliste, der Stand- und Dienst-Tabelle, Monturs-Rechnung und der sonstigen Eingaben zu üben.

g. Anleitung zum Geschäftsstyl und Uebungen in allerlei Meldungen und kleinern Geschäfts-Aufsätzen, wie sie im Felddienst und bei Transporten oder im Kompagnie-Dienste vorkommen.

h. Das Dienst-Reglement, so weit es den Gemeinen und Unteroffizier bis einschließlich den Feldwebel betrifft.

i. Das Exerzier-Reglement in gleichem Sinne; es genügt, wenn da gesagt wird, was jeder auf seinem Platze in der Kompagnie zu thun hat, und genau kennt, einen Zug zu führen.

k. Das Abrichtungs-Reglement vollständig.

Die Reglements sind mit denselben Modalitäten, wie es bei den Offiziers-Schulen gesagt wurde, versteht sich nach der Fassungskraft und dem Bedürfnisse der Schüler, vorzutragen.

12

l. Vom Pionnier-Dienst das und so viel, als schon jezt bei den Regimentern gelehrt wird.

m. Bajonet-Fechten und Schwimmen bis zu einer solchen Fertigkeit, daß die Schüler dann zum Abrichten Anderer brauchbar sind.

n. Feldbienst. So weit als er den Unteroffizier betrifft, mit praktischen Uebungen verbunden nach der Feld-Instruktion.

Um den kriegerischen Geist zu beleben, auf das Ehrgefühl und die Liebe zum Monarchen und zum Vaterlande zu wirken, wären ältere und neuere Heldenthaten, von der Mannschaft der österreichischen Armee ausgeführt, vorzulesen.

Ad 2. Der Kurs in der Offiziers-Schule hätte zwei Jahre zu dauern, ebenso anfangs in den Kadetenschulen. Später, wenn die Bataillons-Unteroffiziers-Schulen einige Jahre im Gange sind, könnten die aus selben in die Regiments-Kadeten-Schule tretenden Individuen auch in einem Jahre den Kurs beendigen.

Die Eintheilung der Schüler in Klassen, was in der ersten, was in der zweiten Klasse oder in jedem Jahrgange vorzutragen sei, wie viel Stunden täglich nöthig sind, überhaupt die ganze innere Gestaltung der Schulen wäre eine Sache, welche bei Verfassung des allgemeinen Lehrplanes bestimmt werden müßte.

Ad 3. Da in der Folge, wenn die Sache im Gange wäre, Niemand Offizier werden könnte, der nicht den vorgeschriebenen Kurs gemacht hätte, so wären zum Besuche der Offiziers-Schulen von den Offizieren nur jene verpflichtet, welche auf was immer für eine Art den Regimentern zuwachsen, ohne vorher die besagte Bildung genossen zu haben. Nur müßten die absolvirten Schüler, die Offiziere beim Regiments-Stabe bis zum Oberlieutenant exclusive bei allen praktischen Uebungen erscheinen, wenn sie nicht im Dienste stehen; theils um sich selbst z. B. im Aufnehmen mehr zu vervollkommnen, theils dem Lehrer hiebei im Unterrichte an die Hand zu gehen.

Wenn gleich der Oberlieutenant und Hauptmann durch die früher sich eigen gemachten Kenntnisse im Stande sind, sich in den für sie bestimmten Gegenständen durch Selbststudium weiter zu helfen, so wird es doch Fälle geben, wo ihnen die nöthigen Hilfsmittel, wie bei ausgedehnten Bequartirungen in Dörfern, fehlen. Es wären daher die zwei oder drei ältesten Oberlieutenants und Hauptleute, welche den Konkurs zur Beförderung machen wollen, auf eine bestimmte Zeit zum Regiments-Stabe zu berufen, um sich daselbst vorbereiten zu können.

Wer in die Regiments-Kadeten-Schulen aufzunehmen sei, habe ich bereits unter 1. gesagt.

**Ad 4.** Die gewöhnlichen Prüfungen wären jährlich einmal und zwar im Monat August mit den wirklich die vier bezeichneten Schulen frequentirenden Schülern im Beisein der Staabsoffiziere, des Obersten und Brigadiers, — letzterer als Präses —, vorzunehmen, damit diese die im September beginnende Truppen-Zusammenziehung mitmachen können. Bei diesen Prüfungen müßte darauf Rücksicht genommen werden, daß die Untergebenen bei den Prüfungen ihrer höheren Mitschüler nicht gegenwärtig seien, damit das Ansehen des Vorgesetzten auf keine Art kompromitirt werde, was aber der Fall wäre, wenn z. B. ein Offizier in der Prüfung schlecht bestände, die Kadeten und Unteroffiziere aber Zeugen seiner Beschämung wären. Diese Rücksicht müßte auch auf geeignete Art im Laufe des Schuljahres von den Lehrern genommen werden.

Die Konkursprüfungen zu Beförderungen finden alle halbe Jahre Statt. Daß solche kommissionel unter dem Vorsitz der Stabsoffiziere, des Obersten und Brigadiers oder Divisionärs — letzterer als Präses — bis zum Hauptmann vorzunehmen wäre, habe ich bereits angedeutet, so wie auch, daß die praktische Prüfung der Hauptleute in Gegenwart des kommandirenden Generals oder dessen Stellvertreters zu geschehen hätte, zu welchem Behufe sich die Konkurrenten nach dem Sitze des Brigade-, Divisions- oder General-Kommando's verfügen müßten. Der Erfolg wäre sonach von der betreffenden Stelle bis zum Hauptmann dem Regiments-Inhaber, vom Hauptmann aber dem Ministerium jedesmal anzuzeigen.

Zum Konkurs wären stets die drei Aeltesten jeder Charge, vom Hauptmann abwärts, zuzulassen, mit welchem nach der Tour bis zur Hälfte der Zahl der Offiziere jeder Charge bei den nächsten Prüfungen fortgesetzt werden könnte, wobei dafür Sorge zu tragen wäre, daß auf eine passende Art dieser Theil der Subalternen-Offiziere im praktischen Dienste freier als die andere Hälfte gehalten werden könnte. Dieses würde um so leichter möglich werden, wenn man es durch geeignete Maßregeln erzielte, weniger Offiziere von einem Regimente da und dort kommandirt zu haben. Somit wäre die ältere Hälfte der Offiziere — aus der die Lehrer für die verschiedenen Schulen gewählt werden könnten — mehr dem scientifischen, die jüngern aber mehr dem praktischen Wirken zugewiesen, und diese beiden Elemente somit zur nöthigen Harmonie gebracht. Jene, welche das erste Mal nicht bestehen, könnten bis zur nächsten Prüfung Frist zur Verbesserung erhalten, und dieses in so lange, bis sie Genüge leisten oder einsehen, daß sie zu höheren Stellen nicht die Fähigkeiten besitzen.

Aus den drei Konkurrenten wäre dann derjenige, der am besten bestanden ist, zur Beförderung in Vorschlag zu bringen; daß sich aus den Resultaten der Prüfung unter den für die Beförderung Geprüften eine andere Tour neben jener der Anciennetät nach der Tüchtigkeit ergeben würde, ist klar, so wie, daß dieses Verschmelzen beider begründeten Ansprüche nur die besten Früchte tragen müßte. Es käme hier noch zu bemerken, daß kein jüngerer Kamerad seinem Vordermann in derselben Charge in der Tour vorgesetzt werden könnte, wenn letzterer seine Konkursprüfung für die höhere Charge bereits günstig abgelegt hat.

Ad 5. Von dem Tage an, als diese Maßregel ins Leben tritt, beginnt auch die Verbindlichkeit zur Konkursprüfung. Da aber zur Zeit der Einführung die bereits vorhandenen Offiziere nicht alle die geforderten Kenntnisse besitzen dürften, und da gerade die ältesten bei den nach jenem Zeitpunkte eintretenden Beförderungen im Nachtheil ständen, so müßte eine billige Rücksicht auf diesen Umstand genommen werden, was sich leicht dadurch thun ließe, daß man ihnen die nöthige Zeit zum Nachholen des Mangelnden gestattete, sie aber erst nach abgelegter Prüfung befördern und in ihren alten Rang wieder einsetzen könnte. Ein anderer Ausnahmsfall wäre vielleicht für die unteren Grade in der Beziehung auch als bleibend bei jenen Individuen zu machen, welche in Folge der Tapferkeit vor dem Feinde sich der Offiziers-Charge würdig gemacht haben.

Jedenfalls wäre aber, um allen Mißbräuchen vorzubeugen und das Ganze bald in einen regelmäßigen Gang zu bringen, ein Zeitraum festzusetzen, binnen welchem besonders jüngere Offiziere bis zum Hauptmann ihre noch rückständigen Prüfungen nachzutragen hätten. Mit jenen Offizieren, welche in Akademien oder Kadeten-Kompagnien erzogen worden sind, könnte mit der Nachprüfung eine Ausnahme gemacht werden, da sie ohnehin bei der nächsten Konkurs-Prüfung das etwa dem Gedächtniß Entschwundene nachgeholt haben müssen.

Ad 6. Hierüber will ich nur meine Meinung dahin aussprechen, daß die Kosten mit den Vortheilen, den diese neue Maßregel bringen müßte, in gar keinem Verhältnisse stehen, und bei einer zweckmäßigen Regelung und Ueberwachung eben nicht so außerordentlich groß sich herausstellen würden. Einen Maßstab hiezu erhielte man leicht von jenen Armeen, wo Einrichtungen dieser oder ähnlicher Art bereits seit vielen Jahren bestehen.

Zum Schlusse will ich noch bemerken, daß die fast bei jedem Regimente seit lange her bestehenden Bibliotheken, welche die Quelle sind, aus der die Offiziere die nöthigen Behelfe zu ihrer Weiterbildung schöpfen sollen —, nur einer besseren Einrichtung bedürften, um in dieser Beziehung vom höchstem Nutzen zu werden.

Die Regiments-Bibliothek sollte stets beim Regiments-Stabe gleich einem Lese-Kabinete eingerichtet bestehen, wo die Offiziere ihre freien Stunden behaglich der Lektüre widmen könnten, das um so mehr Anklang fände, wenn daselbst neben den besseren militärischen Zeitschriften auch einige der besten politischen Blätter zu finden wären, um nicht genöthiget zu sein, bloß deshalb ins Kaffeehaus zu gehen, und da mehrere Stunden des Tags zu vertändeln. Dieses wird sogar zur Nothwendigkeit, um in dem Strome ereignißvoller Tage nicht ganz zurückzubleiben, da jeder Offizier keinem der übrigen Gebildeten im klaren politischen Ueberblick nachstehen, daher auch in und mit der Zeit fortschreiten soll.

Um aber den Anforderungen zu entsprechen, welche an eine solche Regiments-Bibliothek vom Offizierskorps mit Recht gemacht werden können, da es aus Eigenem den Ankauf der Werke bestreitet, so muß die Verwaltung derselben, wie jene eines öffentlichen derlei Institutes geschehen, auf den Wünschen und Bedürfnissen desselben fußen, nicht aber von Privatneigungen und Vorurtheilen abhängen.

Die richtige Wahl eines das Bibliotheksgeschäft führenden Offiziers ist hiebei von großem Belange und sollte stets auf einen in der Literatur vielseitig bewanderten Offizier fallen, welcher noch vor Anschaffung eines Werkes sich von demselben Einsicht zu verschaffen, und das darüber in den Literaturzeitungen und anderen kompetenten Blättern ausgesprochene Urtheil mit zu berücksichtigen, sonach aber erst dem Offizierskorps den Antrag auf Beischaffung zu machen hätte. Der hohe Preis eines Werkes sollte die Beischaffung desselben — bei den oft unzureichenden Mitteln — nur verzögern, aber nie vereiteln.

Daß die Wahl beim Anschaffen von Werken nicht immer auf die Fachwissenschaften sich beschränken dürfe, sondern daß Werke über Geschichte, Statistik, Naturlehre, Naturgeschichte 2c. neben jenen der schöneren Literatur mit angeschafft werden müßten, ist um so nöthiger, als hier nicht nur der Zweck der Belehrung, sondern auch jener der Läuterung des Geschmackes, der Erhebung des Geistes bei den Offizieren mit in Anschlag gebracht werden muß, damit dieselben ihre in dem kleinlichen Detaildienste erschlafften Geisteskräfte wieder erquicken, nicht aber, daß solche dem Schlendrian des Alltagslebens anheim fallen und von demselben rein aufgezehrt erliegen. — Atlasse und Karten sind zwar sehr kostspielige Fächer, um so vorsichtiger soll man daher beim Ankauf derselben zu Werke gehen. Die große Generalstabskarte der österreichischen Monarchie, dann gute Spezialkarten aller Länder, besonders jener Deutschlands, sollten in keiner Regiments-Bibliothek neben den nöthigen Generalkarten fehlen.

Daß ein Katalog mit Sonderung und Specificirung der einzelnen Fächer vorhanden sein müßte, der wie in öffentlichen Lesebibliotheken verfaßt sein könnte, ist zur Evidenthaltung der Bibliothek unumgänglich nothwendig. Da nun die Offiziere bei einer derartigen konfortabeln Einrichtung der Bibliothek sich derselben mit Muße und nach ihrer Bequemlichkeit bedienen könnten, so wäre das Herausnehmen der Werke — wenigstens der wissenschaftlichen — ganz zu beseitigen, da sich jeder Offizier die ihm etwa zum weiteren Selbststudium nöthigen Auszüge in der auch hiezu eingerichteten Bibliothek machen könnte.

Hiemit glaube ich im Allgemeinen das Bild einer zweckmäßig eingerichteten Regiments-Bibliothek entworfen zu haben.

Wie viel überhaupt das hier Ausgesprochene noch zu wünschen übrig läßt, fühle ich selbst nur zu sehr, und ich wiederhole deßhalb nochmals, daß so hochwichtige Gegen-

Bände einer weit geschickteren Hand bedürfen, um ihre wahre Gestalt zu erlangen. Diese Abschweifung vom eigentlichen Zwecke meines Tagebuches möge daher von meinem gütigen Leser nur als ein schwacher Versuch, als ein frommer Wunsch angesehen werden, welcher eben nur dazu bestimmt war, meine Kerkerstunden zu verkürzen, weßhalb ich ihn hier aufzuführen mir erlaube. Daß ich hiebei vielleicht einige zu schroffe Ansichten mit eingeflochten habe, möge darin seine Entschuldigung finden, daß der Druck meiner Kerkermeister eben nicht geeignet war, zum günstigsten auf mich zu wirken, und mich sonach vielleicht befangen hielt.

## Legnani's Regime.

Der Polizei-Direktor Faba verfolgte unseren gütigen Kommandanten Scanagatta so lange, bis ihn das hohe Provisorium von seiner Stelle entsetzte, und, obgleich nur zwei Tage zur Beendigung des Monats Juni fehlten, durch einen Civilisten, Namens Legnani, — dessen Bruder im hohen Rathe dieser Regierung als Sekretär großen Einfluß übte, — ablösen ließ. Dieses war ein unfreundlicher Mann, seine steife Haltung verletzte uns umsomehr, als wir in ihm bald einen Philister ersten Ranges erkannten.

Gleich am ersten Tage seines Kommando's erneuerte er das Verbot, anderswo als unter seiner Aufsicht in der Kanzlei zu schreiben, — gestattete die Besuche nur zu den bestimmten Stunden, an Feiertagen aber gar nicht, — verfügte, daß nur Angehörige der gefangenen Offiziere diese besuchen durften, ließ Niemand mehr in's Magazin, um Sachen heraus zu nehmen oder hinein zu legen, — erbrach jeden anlangenden Brief, den er durch einen Trabanten, (der ihn stets begleitete, und welcher früher als Kadet beim Infanterie-Regimente E. H. Albrecht gedient hatte) durchbuchstabiren ließ, wobei es geschah, daß einige Herren Briefe erhielten, wo man eigene Anmerkungen beigefügt fand, ja sogar ganze Zeilen und Sätze herausgeschnitten waren. Bei der Abendsperre fehlte dieser Mann fast nie, um sich stets persönlich zu versichern, daß man uns richtig unter Schloß und Riegel gebracht habe; — er visitirte nicht nur ein oder zwei Stunden nach der Sperre, sondern öfter auch nach Mitternacht die Kerker.

Obwohl uns dieses Benehmen sehr lästig fiel, indem er noch außerdem jedem gefangenen Offizier, der sich ihm näherte, mit eisiger Kälte begegnete; so versöhnte uns doch zum Theile mit ihm die Obsorge, die er da und dort zeigte, so z. B. verschaffte er mehreren Primaplana-Familien, welche die Erlaubniß erhielten, in ihre Heimath zu gehen, nicht unansehnliche Geldbeträge als Unterstützung, wodurch wir unter der äußeren rauhen Rinde doch ein menschliches Herz erblickten.

Alle oft wiederholten Versuche, um von ihm die Allgemeine Augsburger Zeitung wieder zu erhalten, blieben erfolglos, und wir konnten nicht mehr erlangen, als daß er uns das schöne Lügenblatt „il ventidue Marzo“ gnädigst zukommen ließ. — Doch Nulli, der sich bis zu Ende in seiner Stellung behauptete, steckte uns einige italienische Blätter zu, und zeigte sich überhaupt in dieser Zeit gefällig, namentlich auch gegen mich.

Mein Leser dürfte nun so ziemlich darüber im Klaren sein, wie es den österreichischen Gefangenen in St. Margherita erging; damit aber dieser Galeeren-Sklavenbehandlung der Stempel vollendetster Schändlichkeit aufgedrückt werde, entblödete sich die provisorische Regierung nicht, in ihrer maßlosen Unverschämtheit offiziel in der Zeitung „il ventidue Marzo“ folgenden Artikel zu veröffentlichen, welcher, wie es scheint, als Entgegnung auf eine in der Allgemeinen Zeitung gemachte Mittheilung über die gute Behandlung dienen sollte, welche man den bei Montanara und Curtatone gefangenen Offizieren zu Mantua angedeihen ließ, da der dortige Festungskommandant General der Kavalleríe Garczkowsky sie zum Speisen einlud, die Bande spielen ließ und Alles that, um sie nur zu zerstreuen, und ihnen ihr herbes Schicksal vergessen zu machen. Der Artikel lautete, wie folgt: **Infra le angustie politiche, le guerresche vicende, fra l'alternare delle speranze e dei dubbj, avevamo mestieri di una gioja tutta pura, tutta nostra, tutta di famiglia, tutta italiana, qual è questa che tanto ci commuove nell' annunciarla. I nostri fratelli ci saranno ridonati; e dappoichè la storia dei loro dolori è compiuta, quanto più acerbi essi furono, faranno tanto maggior contrasto co'modi cortesi ed i riguardi onde noi italiani abbiamo saputo allenire la sorte di coloro che restarono infra noi prigionieri: come vogliamo vincere i nemici nel valore, così nella generosità** *).

Der letzte Ausdruck dieses Artikels empörte den Oberstlieutenant Baron Schneider derart, daß er dem Helfershelfer Nulli fast mit beiden Füßen ins Gesicht gesprungen wäre, da selber durchaus auf der Wahrheit dieser Behauptung bestehen wollte.

Um aber schließlich auch noch zu sagen, wie die gefangenen Offiziere im Venetianischen behandelt wurden, dann aber

*) Unter den politischen Bedrängnissen, den kriegerischen Begebenheiten, und unter dem Wechsel der Hoffnungen und der Zweifel hatten wir einer ungetrübten Freude vonnöthen, die ganz unser, ganz unserer Familie, die ganz italienisch war wie es die ist, welche uns bei ihrer Verkündigung so sehr entzückt. Unsere Brüder werden uns wieder geschenkt; und seitdem die Geschichte ihrer Leiden vollendet ist, werden diese, je herber sie waren, nur einen um so größern Gegensatz zu dem gefälligen und rücksichtsvollen Betrag en bilden, womit wir Italiener das Geschick derjenigen zu mildern gewußt haben, welche als Gefangene in unsere Hände gefallen waren. So wie wir die Feinde durch Tapferkeit besiegen wollen, ebenso wollen wir sie auch an Großmuth übertreffen.

auf welche Art man es mit den italienischen Gefangenen in den österreichisch-deutschen Provinzen hielt, will ich schon jetzt hier einen in der Beilage erst im Juli erschienenen, mit M. aus Verona datirten Artikel unter der Aufschrift: „Die österreichische Grausamkeit in Italien vor dem Richterstuhle der öffentlichen Meinung“ im Auszuge, jedoch mit den eigenen Worten folgen lassen, damit das Bild der „generosità italiana“ vollständig werde.

„Daß es in einem Feldzuge, welcher nach der Aussage der ältesten und gedientesten Militärs mehr Beschwerden und Entbehrungen darbot, als manche Kriege selbst der napoleonischen Epoche; daß es in einem Feldzuge, wo der Soldat gar oft mit der wirklichen oder vermeintlichen Ungunst der Bevölkerung zu kämpfen hat, und ein großer Theil der Truppe die Unbilden und namenlosen Aufreizungen der letzten Monate, die ihn bis aufs äußerste aufbringen mußten, im Herzen hatte, nicht ohne einzelne Exzesse abgehen konnte, ist natürlich; und dennoch — wir wagen vor der ganzen Welt mit unserem Ausspruch hervorzutreten — war die Haltung unserer Truppen in dieser, wie in jeder anderen Beziehung bewundernswerth. Wir weisen selbst auf die Presse Italiens hin, und fragen, wo es ihr bisher möglich wurde, außer vagen, ins Blaue zielende Klagen und Verwünschungen über die namenlosen Grausamkeiten der Kroaten, über die Unmenschlichkeiten der österreichischen Horden oder, um einen beliebten Ausdruck zu gebrauchen, über die iniquità dell' Austria ein Factum anzuführen, welches der obigen Behauptung widerspricht.

Wir aber wälzen den Stein getrost zurück, der gegen uns geschleudert wurde, und wollen Facta anführen.

Ewig schmälich für den italienischen Namen bleibt die schändliche, ächt machiavellistische Weise, mit der man nach Ausbruch der Insurrektionen in so vielen Städten sich der österreichischen Offiziere und Beamten, der zurückgelassenen Familien derselben, der Kranken, Gebrechlichen, Wehrlosen bemächtigte und sie wider alles Völkerrecht, wider alle Menschenwürde gefangen und eingekerkert hielt. Ein ewiger Schandfleck bleibt die Behandlung des greisen Feldherrn Bianchi in Treviso, der, nachdem er durch dreißig Jahre friedlich in seiner Provinz gelebt, sich dort ansäßig gemacht, ihr unendliche Wohlthaten erwiesen hatte, (er führte die Seidenzucht ein, und unterstützte viele der dort wohnenden Landleute aufs Großmüthigste bei Emporbringung dieses Kulturzweiges), plötzlich festgenommen und wie ein Kriminalverbrecher gehalten, nicht einmal frische Luft schöpfen durfte! Oder zeigt die Behandlung des Admirals Martini und der mit ihm aus bloßer Willkür gegen das in der Kapitulation heilig gewährleistete Versprechen festgehaltener, nicht gefangener Offiziere von der Würde der republikanischen Regierung St. Marco's? Die Antwort des venetianischen Marinekommando's auf die Auswechselungsanträge des wackern Feldmarschall-Lieutenants Gyulai ist so gemein, daß sich die Feder sträubt, sie zu Papier zu bringen!«

Ferner fährt der geschätzte Referent in seinem Artikel aus Verona eben so wahr, als treffend fort:

»Fürchten Sie bei der unveränderten Aufnahme dieser Zeilen keine Reklamationen; es gibt wenige unter uns, die nicht dort einen Bruder, einen Vater, einen Sohn, einen liebert Freund oder Verwandten in den Händen der Barbaren zu betrauern hätten, und hie und da finket doch ein verstohlenes Briefchen über Chur, München und Salzburg seinen Weg zu uns.

Wie alles, was deutsch war, oder nur entfernt mit

Deutschen in Verbindung stand, während der Zeit des Terrorismus zu leiden hatte, ist unbeschreiblich. Wollten wir Beispiele anführen, wir kämen weit über den bescheidenen Raum eines Artikels heraus! Wurde doch mancher nur festgehalten und eingekerkert, weil er ein Deutscher war; mußte doch manches Mädchen hart büßen, daß sie einst liebend einem österreichischen Offizier angehörte; mußten doch viele sich durch Flucht der Proscription entziehen! Ein Pfarrer auf den Besitzungen des Herzogs von Modena, der, seinen Standesgenossen unähnlich, es gewagt hatte, seine Pfarrkinder von einer Plünderung und Verwüstung des Palastes des Herzogs abzuwehren, da ihnen derselbe stets nur Gutes erwiesen, büßte diese Aeußerung mit dem Kerker. Ein Deutscher, der aus Versehen die Pio IX. umgetaufte Piazza dei Signori beim alten Namen nannte, hatte dasselbe Schicksal, und wurde nur durch das Einrücken der österreichischen Truppen in Padua befreit. Briefe wurden erbrochen und andere nie zugestellt. Jede Straßenecke war eine förmliche Proscriptionsliste; hievon kann sich noch heute jeder Reisende überzeugen — die öffentlichen Blätter ein Schlammpfuhl der niedrigsten und gemeinsten Ausfälle. Doch dieß alles sind Kleinigkeiten in Vergleich zu dem, was geschehen ist. Italiener, wagt es nicht, die Zeiten eines Ezzelin, eines Cäsar Borgia verschwunden zu nennen! Ja zur Schande der Menschheit, der italienischen Menschheit sei es gesagt, sie sind noch nicht verschwunden. Das nachfolgende Faktum, das selbst inländische Blätter eingestehen mußten, mag diese Behauptung rechtfertigen. Ein gewisser Burato, ein wohlhabender Bürger aus Este, der in Verdacht stand, ein Anhänger Oesterreichs zu sein, und Lieferungen für die Armee unternommen zu haben, wurde auf diesen Verdacht hin nebst einem modenesischen Agenten im eigentlichen Sinne des Wortes zerrissen, geviertheilt. Ganz Treviso, die entrüstete Bevölkerung von Este wird dieses Faktum bestätigen. Der Hauptanstifter Francesco Bona aus Treviso, ist jetzt in den Händen der Gerechtigkeit. Und eine Nation, in deren Schooß heute solche Handlungen möglich sind, vermißt sich, als ihr von Alters her gebührend, den Primat unter den Nationen der Erde in Anspruch zu nehmen.

Wie die Crociati, diese tugendsamen und heiligen christlichen Körperschaften gehaust und gewirthschaftet haben, genüge hier im allgemeinen zu sagen, daß die viel verschrieenen, in die Kategorie wilder Bestien gestellten Kroaten gegen sie fromme Kinder sind.

Daß man die Oesterreicher überhaupt als eine Horde wilder Thiere betrachtet, zeigt deutlich die Instruktion zur Vertheidigung der Stadt Vicenza, worin die tapfern Kämpfer (stets im Voraus valorosi e prodi genannt) angewiesen wurden, unaufhörlich die Glocken zu läuten, da die nordischen Barbaren wie scheue Ochsen diesen Ton nicht vertragen könnten, und dadurch in unaufhaltsame Flucht gejagt würden. Wen erinnert dieß nicht lebhaft an den Erlaß des Sohnes der Mitte, wodurch er befahl, den rothhaarigen Barbaren grimmige Gesichter zu schneiden, auf daß sie von den Fratzen geängstigt, das Weite suchten.

Und nun lassen Sie uns die Kehrseite der Medaille hervorziehen. Selbstlob ist eine Tugend, die dem Deutschen, (wir reden nicht von den mit holen Redensarten um sich werfenden Vortretern der neuesten Neuzeit) nicht eigen ist, und die ihm fast ein Verbrechen dünkt. Wenn wir demnach die milde, ächt menschenfreundliche Behandlung hervorheben, die den zahlreichen, uns bisher in die Hände gefallenen Kriegsgefangenen zu Theil wurde, so ist uns diese Erklärung nur eine nothgedrungene, aber auch wir haben die Pflicht unsere Ehre von jeden Flecken rein zu waschen. Die gefangenen Offiziere (wir hatten erst vor kurzen Gelegenheit, die bei Curtatone gefangenen Toskaner und Neapolitaner auf dem Durchzug nach Tirol in den Mauern Vicenza's zu sehen) werden auf das zuvorkommendste behandelt, in den Städten auf ihr Ehrenwort freigelassen, wo sie Umgang mit jedermann pflegen können; ja die Großmuth unserer Behörden geht so weit, daß ihnen bereits äußerst nahmhafte Summen auf Kosten des Aerars (in Vicenza allein Tausend Lire) zur Verfügung gestellt wurden. Die Truppen, worunter gar viele Volontairs und Crociati, werden verpflegt, wie unsere Leute, während unsere gefangenen Truppen in Mailand und Genua zu Zwangsarbeiten verwendet und kaum vor dem Verhungern geschützt werden. Erst kürzlich erhielt ein Offizier ein Schreiben von seinem beim Rückzug aus Cremona verrätherisch festgenommenen Diener, der nun in Genua schmachtet, und in wahrhaft rührenden Worten um Uebersendung von — nur 5 Gulden bittet, um sein Loos zu erleichtern. Täglich werden in unsern Offiziers-Korps Sammlungen eingeleitet, um genesene oder entlassene feindliche Soldaten in ihr Vaterland zu befördern, und man entblödet sich nicht, uns Barbaren zu nennen!

Die Geiseln Feldmarschall Radetzky's aus Mailand, über die man seiner Zeit so viel Aufhebens machte und die zu so mannigfacher Recrimination Anlaß gaben, sind auf freiem Fuß in Wien, und wir müßten mit Blindheit geschlagen sein, wenn es uns entgehen sollte, daß sie dort keinen geringen Antheil an jenen Wühlereien und Agitationen haben, durch welche das auf der untersten Stufe politischer Bildung stehende Publikum der Residenz unsern Operationen stets dann, wenn sie im besten Zug sind, den Todesstoß gibt. Vermaß man sich doch den Fall Peschlera's in der Residenz der österreichischen Monarchie öffentlich zu feiern, welchem Freudenfest ein Theil der patriotischen Bevölkerung der Hauptstadt sich zugesellte! Und sollte es sich bewähren, was in vagen Gerüchten an unser Ohr klingt, uns aber noch unglaublich erscheint, daß das Ministerium, in einem unbegreiflichen Anfall von Großmuth, jene Geiseln unbedingt frei geben wolle, dann würde es sich durch einen solchen Akt der Schwäche nur selbst brandmarken, die letzten Sympathien der Wohldenkenden einbüßen und den Fluch unserer unglücklichen gefesselten Waffengefährten und Landsleute auf sich laden. Mit welcher Milde und Schonung die österreichische Regierung ihre Organe und Gewaltträger, die Armee und ihre Führer, bisher in den wiedereroberten Provinzen vorgegangen sind, das mögen diese selbst bekennen. Der Grundsatz, keine Unschuldigen für die Sünden der Wühler büßen zu lassen, waltet überall vor. Udine, Vicenza, Treviso und neuerdings erst Palma erhielten die mildesten, wir möchten fast sagen allzu milde Kapitulationsbedingungen. Nirgends wurden Kontributionen ausgeschrieben, nirgends Konfiskationen bewirkt, nirgends fühlt das Land die Zuchtruthe des verrathenen, in seinen Rechten gekränkten Monarchen, überall die milde versöhnende Hand des vergebenden Vaters; ja, wir nehmen keinen Anstand, diese Worte zu wiederholen, so abgedroschen sie auch scheinen mögen, denn sie sind wahr und haben sich neuerdings in ihrem vollen Glanze gezeigt!«

# IV.

## Erlebnisse anderer gefangener Offiziere und Beamten.

Bis in die Hälfte des Monats Juli ließ man uns in den Kerkern St. Margherita zu Mailand schmachten, worauf uns ein anderes Schicksal traf. Bis zu diesem Zeitpunkte füllte ich meine Stunden mit dem Aufzeichnen so mancher abenteuerlicher Erlebnisse der übrigen gefangenen Offiziere, so gut es ging, aus. Ich theile sie nun hier, (die Person selbst sprechen lassend) meinem Leser mit, der wie ich denke, nicht wenig über die Schändlichkeiten entrüstet sein wird, welche Mailand's Regierung, die mit den Worten Großmuth und Edelsinn in allen Proklamationen so verschwenderisch war, entweder mittel- oder unmittelbar an diesen Unglücklichen da und dort ausübte.

### Oberlieutenant Franz Graf Thun-Hohenstein.

Zum Inhabers-Adjutanten beim Feldmarschall-Lieutenant Baron D'Aspre ernannt, meldete ich mich noch am 17. März — Freitag — als in dieser Eigenschaft an meine neue Bestimmung abreisen wollend, ohne nur zu ahnen, was statt dieser Reise schon am folgenden Tage kommen sollte.

Den 18. Vormittags war es noch ganz ruhig, doch schon eine halbe Stunde nach Mittag avisirte mich mein Hauptmann, daß in der Stadt die Revolution ausgebrochen

13

sei. Ich wollte es zwar noch nicht glauben, sah aber, daß einige Leute auf der Gasse herumliefen und die Thore der Häuser gesperrt wurden.

Ich begab mich nun in die Simpliciano-Kaserne. Hier fand ich den größten Theil der Offiziere des Regiments, — die Truppen waren in der Kaserne auf Befehl des Marschalls konsignirt. — Wie es aber noch draußen am Land ruhig war, möge zeigen, daß, da wir uns der Langweile überdrüssig auf dem Wege schlendernd gegen den Kastellplatz hin begaben, mehrere Husaren-Offiziere in einem Wagen aus Sarona nach Mailand kamen, um sich zu unterhalten. Als wir ihnen sagten, es sei in der Stadt eine Revolution ausgebrochen, verwunderten sie sich höchlich und kehrten gleich um. Während dieser Zeit sahen wir die Generäle Wallmoden, Woyna, Wocher und ihre Adjutanten ins Kastell reiten. Plötzlich ertönten die verhängnißvollen sieben Schüsse, welche uns auf die Alarmplätze beriefen. Hier angelangt wurde meine (zehnte) Kompagnie, es mag halb drei Uhr gewesen sein, in drei Theile getheilt, wovon zwei Züge in das Militär-Kommando-Gebäude, ein Zug unter meinem Kommando in die Hauptlotterie in Contrada del Giardino, und der vierte Zug zur Post Franchetti bestimmt wurden. Dieser letztere Zug konnte nicht mehr an seinen Aufstellungsplatz gelangen, da auf ihn von allen Seiten heftig gefeuert wurde, wobei nebst mehreren Gemeinen auch der Lieutenant Carcano mit einem Schrot nahe am Auge verwundet wurde, weßhalb sich dieser Zug ins Militär-Kommando-Gebäude zurückziehen mußte.

Ich mit meinem Zug marschirte hinter der eilften Kompagnie, welche die Bestimmung hatte, den Palazzo Marino zu besetzen, auf vierzig Schritte. Wie ich mit dem Zuge in die Contrada St. Giuseppe kam, fing es von allen Dächern Ziegel zu regnen an, und man schoß auch lebhaft. Ich mußte daher, um nicht nutzlos Menschenleben zu opfern, in die Seitengasse gegen die Polizei-Kaserne

St. Giovanni einbiegen, wo ich mir eine Polizei-Patrouille geben ließ, um mich von rückwärts in die Lotto-Kollektur zu führen. Diese bildete nun meine Vorhut, und als ich in die Gasse del Giardino einbog, wurde von der Polizei-Patrouille gerade ein Insurgent niedergemetzelt, was ich nicht mehr hindern konnte; doch gelang es mir, einen deutschen Arbeiter zu retten, den ersterer mit sich führte. Ich frug diesen Arbeiter aus, konnte aber von ihm nichts Näheres erfahren. Nun ließ ich den mit acht oder zehn Bajonettstichen Getödteten liegen und marschirte vor das mir bestimmte Gebäude; — dieses wollte man mir nicht öffnen, endlich geschah es doch, und ich fand daselbst einen Gefreiten und 9 Mann von Baumgartien, dann einen Korporal, einen Gefreiten und 15 Man von E. H. Albrecht Infanterie. Nun stellte ich meine Leute nach der Lokalität auf, verbarrikadirte die Thore, und verfügte mich zum Lotto-Kollektur-Direktor Pagani.

Derselbe empfing mich freundlich, wunderte sich über meine Mission und wußte nur, daß das Gouverneursgebäude gestürmt und die Wache niedergemacht worden sei.

Nun verging eine Stunde ganz in der Ruhe. — Endlich zog ein Haufe bewaffneter Pompiers und Bauern auf die abenteuerlichste Weise mit zwei Klafter hohen Hellebarden, Piken, Degen, alten Ritterschwertern, eisenbeschlagenen Stöcken, bewaffnet vorbei. Ich wollte schon auf sie feuern lassen, aber der Direktor stellte mir vor, es könnte dadurch das viele ärarische Geld 2c., das hier sei, gefährdet werden. Aus diesem Grunde, und weil ich auch gar keine nähere Instruktion hatte, unterließ ich es. Nun ließ sich Kanonen- und Pelotonfeuer vom Kastell und allen anderen Seiten her vernehmen, das bis an den Abend währte. Selbst noch vor dem Abend wurde eine Barrikade bei dem Wagenfabrikanten in meiner Nähe errichtet, die ich genommen hätte, wenn mich nicht der Direktor fort und fort gebeten hätte, nicht ohne Noth des Volkes Wuth gegen

*

mich zu kehren. Einsehend, daß ich wirklich hiemit nur Menschenleben geopfert hätte, ohne vor der Hand ein bestimmtes Ziel erreicht zu haben, gab ich den Gedanken umsomehr auf, als das gegenüberliegende Palais um zwei Stockwerke höher war, und mein Hof vom Kaffee Cova aus beschossen werden konnte.

Gegen zehn Uhr ließ sich ein sehr starkes Kanonenfeuer hören, welches der Erstürmung des Broletto galt, wie ich später erfuhr. Um 12 Uhr Nachts kam der Lieutenant Cracroft meines Regiments mit einem Zuge als Ablösung an. Er kam beim Kaffee Cova vorbei, von wo aus einige Schüsse auf seine Abtheilung fielen, ohne jedoch zu treffen. Ich rückte nun auf dem Wege, auf dem Kamerad Cracroft gekommen war, mich ganz nahe an den Häusern haltend, zu meiner Kompagnie im Militär-Kommando-Gebäude ein.

Hier erhielt ich den Auftrag, mit einer Patrouille auf Erkundigungen auszugehen. Ich rückte bei der Brera vorbei über Ponte Beatrice, wo ich dann mit dem Major Medl und Lieutenant Adelmann unseres Regiments zusammentraf und mich mit ihnen ins Kastell verfügte. Hier hoffte ich zu erwirken, daß man mich nach Pavia als Courier absenden würde, — da man mir es versprochen hätte, um von dort an meine Bestimmung gelangen zu können. Dieses war aber nicht mehr möglich, denn es gingen keine Couriere mehr. Ich marschirte daher mit meiner Abtheilung ins Broletto und fand da zwei Bataillone von Paumgartten, eine Division Jäger und zwei Zwölfpfünder.

Diese Truppen unter dem Kommando des Obersten Döll, welchem der Hauptmann Piret des Generalstabs beigegeben war, — erstürmten das Broletto, machten zweihundert Gefangene, darunter zwanzig der Ansehnlichsten, worunter Greppi, Belotti ꝛc. Das Ganze gab hier schon ein schauerlich kriegerisches Bild; denn da lagen eine Menge todter Insurgenten, die Thore waren noch mit Deligence-Wägen, Säcken mit Korn und Kukuruz gefüllt, barrikadirt. Die

Gefangenen befanden sich noch in einem Gewölbe eingesperrt, und die im Hofe bivouaquirende Mannschaft machte sich aus den Akten und sonstigem Holzgeräthe ein erquickliches Feuer, das in die dunkle Nacht hinein lustig prasselnd die Märzkälte von den es dicht umstehenden jungen Kriegern verscheuchte. —

Von hier marschirte ich dann über den Corso Olivetto ins Militär-Kommando-Gebäude zurück. Nun war Alles ruhig bis gegen Morgen, da die Straßen Carmine und Ponte Beatrice offen standen, auf denen die Insurgenten frei herumzogen. Hier sah man nur Bethschwestern und einzelne Leute, wovon auch mehrere, die bewaffnet waren, aufs Wachtzimmer gesetzt wurden. — Erst gegen Früh fing man in **Contrada dei Fiori** zu feuern an. Der Hauptmann Piret erhielt den Befehl, mit zwei Zügen von Prohaska und einem Sechspfünder das Haus Palavicini, aus dem man schoß, zu stürmen. Ich gesellte mich ihm gleich als Volantär bei, und nun ging es an. Sowohl diese Gasse dei **Fiori**, als das Thor bei Ponte Beatrice waren verbarrikadirt. Als wir daher in der Gasse gegen die Barrikade anrückten, wurde von beiden Seiten auf uns gefeuert; wir beschlossen nun von der Seite des Kanals die Barrikade vor dem Thore mit Kanonen einzuschießen und begannen das Feuer. Hierauf fing es von den nahen Dächern Ziegel und Steine förmlich zu regnen an. Der Artillerie-Lieutenant ließ aufs Dach einen Kartätschenschuß machen, welcher gut applicirt zu sein schien, denn die Zügelkünstler verschwanden darauf spurlos. Wir stürmten nun die Barrikade, welche aus Balken und Fässern, — die mit Ketten an die Häuser befestiget waren, — gebildet war, zerstörten solche, zogen mit den Leuten die Kanone durchs Thor, zerstörten die zweite Barrikade, gaben einen Kartätschenschuß in die Gasse, um die Leute vor einem Angriff abzuschrecken, stürmten das bezeichnete Haus, — nachdem früher durch Kanonenschüsse und Aexte das Thor eingebrochen worden war, fanden aber keine lebende Seele darin. Nun wurde auch das Thor des gegenüber liegenden Hauses erbrochen; aber auch hier fand sich kein Mensch, und nachdem die Soldaten einige Beute gemacht hatten, kehrten die zwei Züge mit der Kanone ins Kastell zurück, und ich ging ins Militär-Kommando-Gebäude. Bei diesem Angriffe wurde ein Korporal von Rukavina am Fuß leicht, ein Mann von Kaiser leicht in die Hand und ein Mann von Prohaska in den Schenkel schwer verwundet.

Da es uns im Militär-Kommando-Gebäude an Lebensmitteln gebrach, wurde ich in die Simpliciano-Kasern gesendet, um solche herbeizuschaffen. Hier fand ich den Major Medl, der mich versicherte, daß Fleisch sei nicht zu nehmen, da man es vergiftet habe, weßhalb auch der Fleischhauer von den Kroaten gehängt worden sei! Ich nahm daher nur Wein aus der Cantina und Komißbrot, und setzte mich in Rückmarsch ins Militär-Kommando-Gebäude, wo ich, obwohl mehrere Schüsse auf mich fielen, doch unbeschädigt anlangte.

Nun wurde ich beordert, eine Patrouille in die Polizei-Kaserne St. Giuseppe zu führen, um dort dem ins Lotto-Gebäude detachirten Zug Lebensmitteln zu bringen. Als ich daselbst anlangte, sagte man mir, daß der Direktor Pagani durchaus nicht gestatten wolle, jene die Kaserne und sein Gebäude trennende Mauer zur Kommunikation zu öffnen. Da mir auch der Polizei-Lieutenant mittheilte, er bedürfe dringend Munition, so zog ich mich wieder ins Militär-Kommando-Gebäude zurück, wo ich, ungeachtet aus dem Gebäude beim Genio auf mich Schüsse fielen, doch unverletzt ankam. — Nun ging ich ins Kastell, wo ich Patronen, aber nicht in hinreichender Anzahl — erhielt, mit welchen ich wieder in die Lotto-Kollektur mit einem Zuge marschirte, daselbst die Kommunikation mit der Polizei-Kaserne nach Uebergabe der Patronen bewirken ließ, und sofort ins Militär-Kommando-Gebäude zurückkehrte.

Gegen Abend verfügte ich mich abermal ins Kastell, um zu melden, daß bei Casa Confolonieri eine große Barrikade errichtet werde. Der Oberstlieutenant Leuzendorf erhielt den Auftrag, mit drei Zügen von Baron Geppert Infanterie und zwei Zwölfpfündern dieselbe zu zerstören. Ich schloß mich dieser Expedition freiwillig an. Der Oberstlieutenant ließ sechs Schüsse auf die Barrikade machen und selbe dann mit Sturm angreifen, da die Kanonen nur geringe Wirkung zeigten. — Sie wurde erstürmt und zerstört, indem sie durch die Artillerie in Brand gesteckt wurde. Mit diesem noch beschäftiget, hörten wir rufen: „Nestrilte Bratri!“! (Schießt nicht Brüder) — Dieser Ruf kam aus dem Hause, in welchem die Wohnung des Generals Wohlgemuth war, und in welches unsere Kanonenkugeln einschlugen. Man nahm die zwei Mann mit und zog sich ins Kastell zurück. Der Oberstlieutenant Lenzendorf war ganz wild, weil kein weiterer Zweck als die Erstürmung dieser Barrikade verfolgt werden konnte, da man nur für sechs Kanonenschüsse Munition gegeben hatte, welche Sparsamkeit auch nachtheilige Folgen hätte mit sich führen können.

Kaum war ich vom Kastell ins Militär-Kommando-Gebäude mit meiner Patrouille zurückgelangt, so mußte ich wieder ins Kastell zurück und erhielt dort den Auftrag, nicht nur weitere Befehle für meinen Hauptmann einzuholen, sondern auch beim Feldmarschall-Lieutenant Schönhals zu erwirken, daß sich die ins Militär-Kommando-Gebäude geflüchteten drei Militär-Frauen ins Kastell begeben dürften. Ich nahm gleichzeitig die bis dahin gemachten Arrestanten mit, und kam durch die freie Gasse Carmine leicht wieder ins Kastell. Nach vielen Bitten erhielt ich da den Befehl, besagte drei Damen sicher ins Kastell zu geleiten und meinem Hauptmann den Auftrag zu überbringen, sich im Militär-Kommando-Gebäude zu verbarrikadiren. Um ein Uhr am zwanzigsten brachte ich die Damen unversehrt ins Kastell. Hier rückte nun die Brigade Rath — welche einberufen ward, — ein, ebenso auch die Abtheilungen, welche die Burg, den Dom und die Hauptwache besetzt hatten. — Die Brigade Rath hatte den Auftrag erhalten, die eilfte Kompagnie unter dem Hauptmann Jeliezkh von Kaiser Infanterie aus dem Palaste Marino zurückzuführen, — doch sie vermochte es nicht und kehrte ohne diese um drei Uhr zurück. Nun verbreitete sich das Gerücht, daß man das Kastell anzünden wolle, weßhalb man mich nicht ins Militär-Kommando-Gebäude zurückgehen ließ.

Nachdem ich später zu meiner Kompagnie im Militärkommando-Gebäude eingerückt war, wurde ich von da mit einem Zuge in das Gebäude des Genio, welches durch eine schwache Abtheilung von uns besetzt war, und wo sich nebstdem noch eine Menge Diener von Offiziers befanden, — gesendet; — von da marschirte ich in die Polizei-Kaserne St. Giuseppe und übergab dem Lieutenant daselbst die für ihn bestimmten Patronen. Er fragte mich, ob ich für ihn andere Befehle habe. Als ich solches verneinte, wollte er vom Zurückbleiben nichts wissen, erklärend, er wolle da nicht als ein nutzloses Opfer nebst seiner Mannschaft bleiben, welche Gesinnung die Mannschaft ebenfalls theilte. Ich redete ihm zu; jedoch fruchtlos, denn er begriff nur zu gut seine mißliche Lage bei der in der Bevölkerung gegen die Polizei herrschenden, schrecklich aufgeregten Stimmung. Da ich seinen festen Entschluß, sich ins Kastell zurückzuziehen, erkannte, so vermochte ich ihn, mir bei der auszuführenden Rückberufung der eilften Kompagnie von Kaiser behilflich zu sein und sich zu diesem Zwecke am Platze St. Giuseppe als meine Reserve aufzustellen, was er auch mit seiner beiläufig zweihundert Mann starken Abtheilung bereitwillig that. — Nachdem ich den Lieutenant Cracroft mit seinem Zuge an mich gezogen hatte, begab ich mich zu der in derselben Gasse wohnenden Militär-Dame Baronin N. und stellte ihr vor, wie dieses nur noch der einzige günstige Zeitpunkt sei, sich vor der Hand ins Militärkommando-

Gebäude zu flüchten. Sie ließ sich von dieser Nothwendigkeit bald überzeugen, und ich sandte sie mit ihrem sechswochentlichen Kinde und dem Stubenmädchen unter der Bedeckung einer Patrouille von Albrecht Infanterie in's besagte Gebäude, wo sie auch glücklich anlangte. — Nun setzte ich mich, nachdem sich die Polizei-Abtheilung, wie erwähnt, als Reserve aufgestellt hatte, mit einer halben Kompagnie in Bewegung, um meine Hauptaufgabe zu erfüllen. Ich marschirte in gerader Richtung längs dem Scala-Theater, durchschritt die **Contrada del Giardino**, ohne irgendwie beunruhigt zu werden, und rückte im Sturmschritte unter ungeheuerem Hurrah-Geschrei in die, gerade auf den Platz St. Fedele zuführende Gasse, stürzte mich sonach auf diesen Platz selbst, welchen ich aber ganz menschenleer fand, da sich die Insurgenten, meinen Lärm hörend, in die zwei neben **Albergo bella Venezia** gegen den Dom führenden Straßen hinter die daselbst errichteten Barrikaden geflüchtet hatten. Ich ließ gleich die Eingänge zu diesen Straßen besetzen, und es gelang mir nach vielem Rufen, sich einem Manne der im Palaste Marino befindlichen Kompagnie verständlich zu machen, daß er seinem Kommandanten, dem Hauptmanne Jeliczuky sagen möge, sich auf mich, der sich zu seiner Aufnahme bei der Scala aufstellen wird, gleich zurückzuziehen, da vom Marschall die Räumung dieses Gebäudes befohlen worden sei. Nun zog ich mich schnell, aber unangefochten zurück, und stellte mich hinter den Säulen im gewölbten Porticus des Scala-Theaters auf. Sowohl aus der **Contrada Sta. Margherita**, als auch jener **del Giardino**, wo Barrikaden errichtet waren, wurde gegen mich ein heftiges Feuer eröffnet, das mir aber keinen Schaden zufügte, da ich in der bezeichneten Vorhalle dagegen gut gedeckt war, daher die Menge der mir zugesandten Kugeln gleich wie Talgpatzen an dem Gewölbe zerplatzten. — Beim Anrücken der eilften Kompagnie rief ich dem Kommandanten zu, es werde von beiden Sei-

Grenadieren unter dem Kommando des Oberlieutenants Radetzky, dann der Zug von Prohaska.

Ich theilte das eben Gesehene dem Hauptmanne Lehnert mit, der von nichts wußte, denn hier fing es eigentlich erst an, da von dem Scala-Theater her bedeutend gefeuert wurde. Da wir auch bis Piazza Carmine durch die Grenadiere, die von Contrada Brera dahin den Weg besetzt hielten, gedeckt waren, so kam von da der Grenadier-Feldwebel und meldete, es werde dort der Friede ausgerufen. Hierauf begab sich der Oberlieutenant Radetzky auf den Balkon des Militärkommando-Gebäudes und schwenkte die weiße Fahne.

Ich steckte den Säbel ein, nahm ein weißes Sacktuch und ging die Gasse Brera herab rufend: »pace! — pace! — Evviva l' Imperatore!! — Alle Jalousien öffneten sich, und man grüßte mich freundlich rufend: »Evviva! — pace! — pace!!« — Wie ich gegen das Caffé Brera kam, guckten einige Köpfe von Civilisten auf mich her, grüßten mit Händen und Hüten, machten die freundlichsten, aber zugleich die lächerlichsten Geberden, indem sie sich nähern wollten, aber vor Furcht doch nicht recht getrauten. Endlich waren mir Einige nahe gekommen; ich rief: »Evviva la pace! — Evviva l' Imperatore!« — riß mehreren die dreifarbige Kokarde vom Hute, indem ich ihnen begreiflich machte, diese seien jetzt ganz unnütz; — sie stimmten nicht nur in den Ruf ein, sondern auch darein, daß sie sich unter einander die Kokarden abnahmen. Hinter mir kam auch der Lieutenant Cracroft und der Oberlieutenant Radetzky, die ebenfalls in unsern Ruf einstimmten. — In diesem Augenblicke kommt ein Zug von Geppert Infanterie ohne Offizier, geführt von einem Korporale von Kaiser Infanterie, mit Brot, um solches den unter dem Kommando der Lieutenants Steiner und Dormann im Stadtkommando-Gebäude befindlichen Truppen von Geppert zu übergeben. Ich sehe, daß sich in die Reihen des Zugs eine Menge Volkes zu mengen beginnt, ziehe den Säbel und kommandire den Zug zum Weitermarschiren. Oberlieutenant Radetzky kehrt zurück, und Lieutenant Cracroft begleitet mich zum Stadtkommando-Gebäude. — Nun wollte ich von Cracroft begleitet in's Militärkommando-Gebäude zurück, doch das Volk drängte sich um mich, bat mich, mit ihnen auf die Munizipalität zu gehen, indem sie sagten, es werde viel zur Beruhigung des Volkes beitragen, wenn es einen Offizier im Vereine mit Civil friedlich gehen sehe. Ich wollte aber durchaus nicht, deßhalb fingen sie an, zudringlich zu werden und mir den Säbel abzufordern. Jetzt kam auch der Conte Erba Odescalchi, der mich auf Deutsch zu bearbeiten begann, vorgebend, er erkenne wohl meine Lage, da er bei Johann-Dragoner gewesen sei. Den Säbel solle man mir lassen, aber auch er meinte, ich solle das Volk beruhigen und mit ihm gehen, er gebe mir sein Ehrenwort, mich sodann wieder in's Militärkommando-Gebäude zu bringen. In demselben Augenblicke rief mir der Oberlieutenant Radetzky von Weitem zu: „Komm!“ — Ich antwortete ihm noch: „Gleich!“ — Doch der Haufe umringte mich, und ich sah eben, wie der Lieutenant Cracroft, der einen Mantelkragen umgehängt hatte, vom Volke entwaffnet und fortgeführt wurde. Ich wollte mich nun vom Haufen um jeden Preis fortmachen, doch es war schon zu spät. Nolens volens führten mich über hundert abenteuerlich bewaffnete Insurgenten gegen Monte Napoleone, und als man mich durch eine Barrikade schob, wo man in die Contrada Bili gelangt, stand ich vor Conte Casa Taverna, in welchem Gebäude die provisorische Regierung ihren Sitz aufgeschlagen hatte. Man hielt mir nun in Einem zehn Pistolen vor, schreiend: „Fuori la siabola!“ — mit welchem Rufe ich entwaffnet wurde.

Ich wurde sofort in den Saal vor den Conte Casati geführt; hier wollte ich die Schändlichkeit darthun, daß man mich festgenommen hatte; doch ich sah bald ein, daß

unter der Bewachung eines Offiziers der Guardia civica und sechs Gensd'armen ins Kastell.

Schrecklich war der Weg dahin, denn man beschimpfte uns auf alle mögliche Weise, besonders als wir uns dem Kastellplatze näherten; denn da standen Tausende von Menschen jeder Klasse unserer Ankunft sehnsichtig harrend, die schrien: „canaglie, siete qua, mazzatele queste carognaccie, questi ludri di tedeschi!“ (Lumpengesindel seid ihr hier, schlagt sie todt diese häßlichen Ludern, diese Mistvieher von Deutschen!) — Man schlug auf uns mit Stöcken und Fäusten, spuckte uns an, und in solch' einem Triumphzuge langten wir endlich im Kastell an. Im Hofe angekommen sahen wir da ein piemontesisches Bataillon Infanterie in Reih und Glied stehen, durchaus kleine Leute mit elendem Aussehen und schmutzig adjustirt. Als solche uns bemerkten, liefen die Gemeinen, Unter- und Oberoffiziere aus den Gliedern heraus und um uns herum. Warum? Um uns wie Wilde zu begaffen.

Noch immer schienen wir diesen Helden gefährlich, denn man fragte uns noch einmal um unsere Waffen, und sperrte uns sodann in die Kerker des Kastells, die Rochetta ein. Das Lager war hier ein Strohsack und eine schmutzige Kotze auf dem Fußboden; als Requisiten hatten wir einen eckelhaft aussehenden Schmeiß- und einen Wasserkübel nebst einer Schüssel. Man steckte uns alle in einen Kerker, wahrscheinlich, damit wir es wärmer bekämen. Zum Essen erhielten wir: Früh Kaffee, der sich solchen kaufen konnte, die anderen mußten sich mit der unreinen Kerkerluft begnügen. — Mittags gab man uns eine Abwaschsuppe, zwei Loth elendes, sein sollendes Rindsfleisch, war aber Kuhrücken, zwei Schnitteln Fritura nebst einem halben Pfund ordinären Brodes. — Abends — nichts. Dieses frugale Mahl reichte man uns durch das kleine Fenster der Kerkerthüre, durch das man uns auch zu besehen, zu bewitzeln und zu beschimpfen kam, welches namentlich mit besonderem

Geschicke von den Damen und Pfaffen sehr häufig geschah. Das Rauchen wurde uns verboten, angeblich weil Pulver in der Nähe sei, doch alle, die uns zu begaffen kamen, ohne Unterschied des Geschlechtes, hatten meist einen qualmenden Glühstümmel im Munde. — Es kostete uns viel Ersuchen, bis sich die Kerker-Fanghunde erweichen ließen, die Kübel mit Unrath zu leeren, denn es hieß, dieses sei von ihnen eine bloße Gefälligkeit und ganz unsere Arbeit.

Eine so schändliche Behandlung war nicht zu ertragen; wir klagten und es kam endlich eine Kommission, um unsere Wohnungen zu besichtigen, gegen welche sich der mitgefangene Feldkriegs-Kommissariats-Adjunkt Lichmann zum Besten Aller vorwortlich annehmen wollte, hiefür aber gleich zur Antwort erhielt: „Tacete, siamo noi vincitori, ingraziate Iddio ancora che siete trattati così, non siet degni d'essere messi avanti il canone" (Schweigt, wir sind Sieger, danket Gott, daß man euch noch so behandelt, ihr seid nicht werth, als Kanonenfutter zu dienen!) Und dieses rief uns ein vormaliger österreichisch-italienischer pensionirter Offizier zu! — Hier ließ man mich mit den übrigen Gefährten vier Tage, worauf ich abermal nach St. Margherita gebracht wurde, wo ich bis zur Abfahrt nach Genua blieb.

## Unterlieutenant Anton de Larenotière Ritter von Kriegsfeld.

Am 13. März marschirte ich mit dem zweiten Bataillone meines Regiments von Bergamo ab. Ich war froh, fortgekommen zu sein, denn die dortigen Krawalle versetzten alle Herren wie mich in die drückendste Stellung, — überall drohte Gefahr und Insult, — wir mußten ruhig zusehen und dulden. In Monza angelangt sah ich unseren Oberstlieutenant Lenzendorf zum letzten Male. — Der edle Mann! — Er war mir so gewogen! — Lorbeer deckt nun

14

seine Asche, denn er fand auf dem Felde der Ehre bei St. Lucia den für einen Soldaten immer beneidenswerthen Tod, welches er auch in seiner Männerbrust im letzten Augenblicke gefühlt haben muß, da er sterbend mit brechendem Auge die ihn umstehenden Kriegsgefährten erblickte und mit gebrochener Stimme noch seine letzten Athemzüge hiezu sammelnd, sprach: „Soldati! — voi perdete adesso il vostro padre!! — (Soldaten! — Ihr verlieret jetzt eueren Vater!) Sein Andenken bleibt auch diesen seinen Kriegsgefährten heilig, und dieses ist es auch, was ihm selbst über seinen Grabeshügel folgt; was nützt aber solches der trostlosen Gattin und den verwaisten Kindern? — Sie verloren das, was ihnen Niemand mehr zu ersetzen vermag; sie erhielten eine unheilbare, fort und fort klaffende Wunde, die zwar durch die Länge der Zeit weniger empfindlich wird, doch aber nie schwinden kann. — Der einzige Trost für seine zurückgebliebenen Lieben ist, daß er für seinen Kaiser, das Vaterland und die gerechte Sache im offenen Kampfe fiel, — denn weder das Bewußtsein, daß der Name eines pflichtgetreuen Mannes in den bestaubten Kanzelei-Akten auf einige Zeit erhalten wird, noch viel weniger Geld, das feile Metall, könnten ihnen hier einen genügenden Ersatz geben. — Ehre und Friede daher seiner Asche! —

Von Monza kam ich nach Seregno, wo ich recht zufrieden zu leben begann, und mit Ungeduld des Frühlings harrte. — Ja der Mensch denkt; aber höhere Gewalten bestimmen stets die umhüllte Zukunft seines Seyns. —

Es war Samstag der neunzehnte März, ein fürchterlicher Regen strömte den ganzen Tag über herab. Der Abend vereinigte die Herren zum friedlichen Gespräche im Gasthause, als unser Chef eintrat und uns erzählte: „Von Mailand habe man die Nachricht erhalten, daß daselbst der Aufstand ausgebrochen sei, — man höre draußen auch ziemlich deutlich den Kanonendonner. — Hierüber bewegte sich nun das Gespräch fort, als solches durch zwei eintretende Ordonnanzen unterbrochen wurde. Diese brachten die Nachricht, daß das erste Bataillon aus Monza schleunigst nach Mailand abgerückt sei, und an dessen Statt die in Desio detachirten Kompagnien gleich nach Monza abmarschiren müssen. — Da uns dieses nicht betraf, blieben wir ruhig beisammen; aber nicht lange währte diese Ruhe; denn kurz nach dem ersten kam ein zweiter Befehl, welcher anordnete, augenblicklich nach Monza zu rücken.

Es war neun Uhr des Nachts; der fort und fort herabströmende Regen hatte die Gassen des Oertchens in Bäche verwandelt, wir gingen, um der erhaltenen Ordre zu gehorchen. Ich wate oder schwimme vielmehr gleich einem Delphin durch diesen kleinen Wolkenbruch nach meiner Behausung, — überziehe mich schleunigst, hänge meine Marinara um, trage noch meinem Burschen auf, Alles einzupacken und eile zu meiner Kompagnie. Marsch! und vorwärts gings schon im nächsten Augenblicke in die finstere Nacht hinein trotz Wind und Regen. Das ferne Brummen des Kanonendonners durchflog die Lüfte dieser grauenvollen Nacht, und die tausend Gedanken, welche sich in der Brust eines Jeden von uns aufeinander drängten, verscheuchten jeden sonst bei den Herren auf Märschen üblichen guten Humor; Alle gingen lautlos vor sich hinbrütend vorwärts dem gesteckten Ziele entgegen. Meine Gedanken waren aber des leichtesten Gehaltes, denn nie hätte ich mir nur zu träumen gewagt, welches Loos uns und namentlich mir in Bälde bevorsteht. Es war Mitternacht vorüber, als ich in Monza halb durchnäßt auf einem Strohsack in der Kaserne Ruhe fand, und bis zum morgenden Tage ungestört schlief.

Dieser war ein Sonntag und so trübe und finster wie die Bewohner Monza's. Eine Menge Städter ziehen nach Mailand, von wo man fortwährend das Dröhnen der Kanonen hört; — eine Unzahl bewaffneten Landvolkes strömt nach Monza zu; — verworrene Nachrichten, unglücksfrohe

Bothschaften für uns gehen beim Volke von Mund zu Mund, da kommt der Befehl zum Ausrücken.

Wir marschiren auf den großen Platz, mit dem Rücken gegen das Seminar, drei Kompagnien stark auf, und bleiben da ruhig stehen. In kurzer Zeit füllt sich der Platz mit zahlreichem Volke, das nur wenige Schritte vor unserer Fronte stehen bleibt, auch sieht man eine dreifarbige Fahne durch den Volkshaufen tragen. Dieses ist zu viel, — der Major Sterchele gebietet, die Fahne sogleich verschwinden zu machen. — Es geschieht. Viele ehrsamen Bürger befleißen sich, die Massen zu zerstreuen, der Platz wird leer, — die Gassen, die auf denselben führen, werden besetzt, — so stehen wir nun ruhig bis eine andere Kompagnie, welche noch an einen andern Ort detachirt war, zu uns stößt. Nun wird ein Feldwebel mit Rapporten nach Mailand gesendet. Die Volksmassen zogen sich in die Gassen zurück und machten darin Lärm, letztere wurden aber von einzelnen, von Offizieren befehligten Zügen, welche von einigen Bürgern begleitet sind, gesäubert; wobei es auch mich traf, eine derlei Patrouille zu machen. Als ich von dieser Sendung zurückgekehrt war, gab mir der Major den Befehl, die Kassa-Wache zu beziehen. Die Regiments- und beide Bataillons-Kassen befanden sich nicht fünfzig Schritte vom Platze entfernt im Gasthause alla posta vecchia, einem Eckgebäude, wo sich vier Gassen kreuzten.

Nachdem ich meinen Posten bezogen hatte, ging ich im Hofe des Gasthauses auf und ab; — da hörte ich ein Decharge, — dann eine zweite, und dieses genügt mir, um die nöthige erste Vorsichtsmaßregel mit Abschließung des Thores vorzunehmen. Doch die Dechargen kamen nur von jenen in den Gassen postirten Zügen, welche, da man sie tödtlich insultirte, Feuer gaben, das die Aufrührer zurücktrieb. Oede, — ja Todesstille machte dem frühern Getöse Platz, und drei todte und mehrere verwundete Insurgenten waren unsere erste Ernte. Unserer Seits wurde kein Mann verwundet. Es war bereits vier Uhr Nachmittags geworden; man besetzte alle Straßen, die zum Platze führten, stellte vor der Fronte eine Plänklerkette auf, und nachdem es solchergestalt ruhig geworden war, kamen die Offiziere nach und nach ins Gasthaus, wo ich mich befand, zum Essen. Während die Herren ihre ermatteten Körper wieder erquicken, kommen die Hiopsposten, daß man die in Seregno und Desio bei der Bagage zurückgelassene Mannschaft entwaffnet, die Munitions-Vorräthe und Waffen weggenommen, und die Absenduug der Offiziers-Bagagen verhindert habe. Der nach Mailand gesendete Feldwebel kehrt auch nur mit Lebensgefahr zurück und erzählt, daß in Mailand ein schreckliches Gemetzel stattfinde, und daß sich die ganze Generalität in's Kastell zurückgezogen habe. Auch brachte er von unserem Obersten den Befehl, daß, wenn sich das Bataillon nicht mehr halten könne, es nach Mailand marschiren solle. — Dieser Befehl war wohl gut, doch, da Tausende von bewaffneten Landleuten vor den Thoren standen, schwer auszuführen. Das Bataillon bivouaquirte die ganze Nacht am Platze, denn man mochte sich denken: kommt Zeit, kommt auch Rath. — Dieses ist leider nicht immer der Fall, besonders bei militärischen Bewegungen, wo Zeitgewinn oft, ja meistens von der höchsten Wichtigkeit und Entscheidung ist. Auch ich brachte die Nacht auf meinem Posten zu, welche auch für mich ruhig verlief, — nur zeitweise kommt ein oder der andere Offizier vom Platze vor Kälte erstarrt, um sich im Gasthause zu stärken.

Montag herrschte im Orte vollständige, aber eine höchst belästigende Ruhe. Die Frau unseres verehrten Oberstlieutenants Lenzendorf fuhr mit der Post nach Linz durch, seither sah ich sie nicht mehr. Welch' ein herbes Wiedersehen steht mir nun bevor! — Abends wurden die Kassen und die Offiziers-Bagagen aufgeladen. Von Mailand kam keine Nachricht, nur der Kanonendonner erhielt uns in der Gewißheit, daß es dort heiß zugehe. Auch in der folgenden Nacht schlief ich fast gar nicht, sondern ging meine Marinara umgehängt im Hofe rauchend auf und ab, und dachte meistens an meine Eltern. So kam der Morgen, welcher trübe, kalt und ereignißschwanger war, denn Jeder ahnte Gefahr gleich mir, jedoch ohne Furcht. — Da heißt es wieder, Tausende von abenteuerlich bewaffneten Bauern rücken auf Monza zu, welches auch die Gensd'armerie bestätigte. Der Major formirt sein Bataillon auf dem Platze und gibt mir die Ordre: „Sie schließen die Thore und bleiben da, bis ich Sie abholen werde!“ — Nun gehts an, dachte ich mir, und richtig, so kam es. Der Major ruft alle Posten, welche die Gassen sperren, zurück; — kaum ist aber dieses geschehen, so kommen die Insurgenten, — da sie den Platz leer sehen, wohl angeführt — schleichend bis dahin, — legen sich daselbst in Verstecke, von wo aus sie in einem Nu unsere Stärke ermessen und hierauf gleich zwei bis an die Zähne Bewaffnete aus ihrer Mitte zum Major senden, ihm zu sagen, er soll ihnen den Durchzug durch die Stadt gestatten. Auf dieses erwiedert ihnen der Major, daß sie solches auch um die Stadt thun können. Damit nicht zufrieden sind sie keck genug, zu fordern: „Das Bataillon soll die Waffen niederlegen!“ — Diese niederträchtige Zumuthung wird mit Entrüstung zurückgewiesen, worauf diese zwei Apostel abziehen. Kaum aber hatten sich diese zurückgezogen, als sämmtliche Jalousien der Fenster an allen Häusern auf dem Platze geschlossen werden und Hunderte von Schüssen auf die Fronte des Bataillons fallen. Bis dahin war ich Augenzeuge, das Weitere erzählten mir die mit mir im Spitale befindlichen zwei verwundeten Kameraden.

Ich eilte auf meinen Posten, da hörte ich eine Bataillons-Decharge, dann einzelne Schüsse, — endlich eine Art Böllerschuß, — Stille, — ein paar Schüsse und nichts mehr, als die Trommel rühren und ein vielkehliges Lebehoch der Freiheit, dem Papste und Italien! — Ich steige schnell auf den Dachboden und sehe von meinem Bataillon nichts mehr!! — — Nur Verwundete desselben lagen am Platze. Im Herabsteigen hörte ich den Ruf „alla posta vecchia!“ — das hieß so viel, als nun gehe man auf mich los. Gut! — An ein Fenster treten und befehlen war Eines. Die Thore werden verrammelt, die Mannschaft postirt, kurz das Nöthige gethan. Eigenhändig mußte ich Bretter, Decken u. s. f. tragen, denn die Mannschaft war bis auf die Unteroffiziere und einige Privatdiener, — ich hatte zwei Korporäle und fünfzehn Mann — ganz außer sich. Der Erhaltungstrieb, gestärkt durch die an ihnen sichtliche Reue, nicht mit ihren Landsleuten (die sie schon vielseitig auf alle mögliche Art bearbeitet hatten) halten zu können, schien ihre Lage noch unerträglicher zu machen. Die Soldaten wußten mehr als wir Offiziere, — sie kannten die Lage Mailand's, wußten den Einfall des Sarden-Königs, den Anzug der Freischaaren und sogar die Namen der diese befehligenden Häuptlinge. Sie sprachen nun hievon unverholen zu mir, denn sie liebten mich und wußten, daß ich nicht der Mann sei, welcher in jedem freien Worte eines unverdorbenen gesunden Menschenverstandes ein Vergehen oder gar einen Verrath witterte. — Mit möglichster Beredtsamkeit hob ich ihre Zweifel, bestärkte sie in ihrer Pflicht und Treue; wo übrigens die Sprache zu schwach war, da sauste der Säbel um die Schädel, und so fand das eiserne Kommando keinen Widerstand. —

Ja hätte ich mir je denken können, der alte Marschall muß Mailand verlassen? — Nein, nie!! — Und doch geschah es!

Da kracht es, — Fensterscheiben klirren, Holzsplitter und abgelöste Holzstücke fliegen umher. — Es war der erste Schuß, den der Feind mit einer kleinen Kanone auf mein Haus gab. Ich trete an das Fenster, von wo aus ich Alles sehen konnte, ohne gesehen zu werden, und gewahre die etwa fünfzig Schritte von meinem Thore entfernte Kanone; man ladet sie eben, wie man solche aber gegen mich richten will, lasse ich darauf einen Schuß geben. Er war nicht ohne Erfolg, denn Zaudern tritt beim Feinde ein. — „Legen Sie die Waffen nieder!“ — schreit man mir zu. — Ich antworte mit Flintenschüssen. Es wird mein ganzes Haus umzingelt, — und es regnet nun von Außen Blei herein. — Ich spare meine Munition, — da fangen die beiden großen Hausthore zu brennen an, — indem man sie von Außen mit Scheidwasser bestrichen hatte, — ohne daß ich solches verhindern konnte. — Dieses hilft aber meinen Feinden nichts, denn wie Einer eintreten will, ist der Tod sein Loos, weil meine besten Schützen wohl gedeckt dastehen. — Die Wuth der Angreifer steigt, sie sind sehr gut geführt und beweisen eine von mir noch nicht gesehene Todesverachtung; — alle ihre Dispositionen lagen offen vor mir, während sie von meiner Stärke und den Vertheidigungsmaßregeln gar nichts sehen konnten. Da sie nun durch die Thore nicht einzudringen vermochten, so machten sie sich bei dem Fenster zunächst an einem dieser Thore einen Eingang, durch den sie in die Gastküche gelangten, wo sie die Fenster aufstießen. — Bis hieher und nicht weiter! Man mußte durch den Hof über eine enge Stiege, um zu mir in den ersten Stock, wo ich nun war, zu gelangen. In nicht treffenden Flintenschüssen machten sie daher ihrer Wuth Luft; — endlich weichen sie zurück und rufen mir zu: „Herr Offizier! ergeben Sie sich, Alles ist verloren, der Major ist auf der Flucht, — auf unser Wort, Ihnen soll kein Leid widerfahren!“ — Ich antworte: „Freien Abzug mit Waffen und Bagage! — dieses ist die Bedingung, unter der ich das Feuern einstelle!“ — Hundertfältige Flüche und Schmähungen folgen auf meine Antwort. — Noch einmal ruft man mir zu; — ich fordere aber eine Bestätigung von der Behörde, daß der Major abgezogen sei! — „Das ist nicht möglich!“ — schreit man mir hinauf. — Ich konnte mir die Lage des Majors nicht denken, daß er so schnell genöthiget worden sein soll, mit dem Bataillon abzuziehen, und mich mit einer Kasse, wo achtzig tausend Gulden Conventions-Münze theils an Geld, theils an Obligationen, sämmtliche Bagagen, des Obersten Equipage, — acht Reitpferde u. s. f.) sich befanden, preis zu geben; — ich hatte bis dahin stets der Hoffnung gelebt, daß ich in meiner Lage nicht als verlorener Posten betrachtet werden würde, welches auch im Sinne des erhaltenen Befehls, — da auszuharren, bis man mich abholen würde, keineswegs lag. — Leider verließ das Bataillon um 9 Uhr früh Monza; — ich ahnte die Gefahr meiner Lage gar nicht, noch jetzt — schon Nachmittags, — stand ich in der Erwartung eines Entsatzes, in welchem Irrthum mich die bekannten Trommelschläge eines übergetretenen Tambours vom eigenen Regimente bestärkten, welcher in den Gassen auf und ab ging und zur Werbung unter die Freischaaren für ihre gerechte Sache, — wie sie es zu nennen beliebten, wirbelte.

„Nieder mit den Waffen!“ — schreit man, indessen das mörderische Blei verwüstend um mich und die Meinigen saust, und Lebehochs auf die Freiheit des Vaterlandes sich von den Angegriffenen darein mischen, — während der bei mir sich befindende Unterarzt Mayrhöffer mit den Beinen schlotternd, und ein langer Engländer, der beim Regimente als Kadet eintreten wollte und so eben zum rechten Handkuß gekommen war, — stumm und ruhig mit verschränkten Armen gleich einer Bildsäule in einer Ecke steht. Während dieses höllischen Treibens gehe ich ruhig auf und ab. — Die Verantwortung und der Ehre Gebot drücken meine Brust, lassen mich aber Schauderhaftes ertragen. — Ich war noch ein Neuling in der Gefahr, dachte auch an nichts, als an meine mir heilige Pflicht, und in diesem Gefühle schien es mir, als sei ich unverletzlich. — So in mich gekehrt blicke ich zufällig auf den nahen Thurm, und zu meinem Erstaunen sehe ich im schönsten Sonnenlichte auf seidem die Revolutions-Fahne prangen; sogar der Himmel scheint sich im Siege meiner Feinde zu gefallen und will, daß sich ihre Tricolore in meinem Blute spiegle.

Indessen wurde meine Lage immer bedenklicher, — die Munition begann zu mangeln, — der Hof und die Gemächer füllten sich immer mehr und mehr mit Rauch von den fort und fort lodernden Thoren, — die Soldaten wurden immer muthloser, seit sie die Revolutions-Fahne ruhig am Thurme flattern sahen. Diese Fahne überzeugte mich endlich doch, daß es mit dem Abzug des Majors seine Richtigkeit haben müsse, welche Ansicht auch der hier befindliche Oberlieutenant und Regiments-Adjutant Pechar theilte, so wie solche auch die Mannschaft laut aussprach. In dieser verzweifelten Lage befand ich mich Dienstag den 21. März 1848 um drei Uhr Nachmittags nach einem sechsstündigen Kampfe gegen alle Insurgenten der Stadt Monza. Keine Hilfe war mehr zu hoffen, die Munition verschossen, die Mannschaft muthlos, — was blieb mir da anders übrig, als mich den Insurgenten, welche nach einer wiederholten fruchtlosen Aufforderung, durch meinen langen und hartneckigen Widerstand, welcher ihnen manche Opfer kostete, erbittert von keinen Bedingnissen mehr wissen wollten, mit Allem und in Allem zu ergeben. — Das Herz blutete mir, ich knirschte mit den Zähnen und weinte vor Ingrimm bitterlich. Doch was ist zu thun, auch dieser Kelch voll Bitterkeit muß geleert werden. Ich trete daher an eine Fensterbrüstung und winke mit meinem weißen Sacktuche. Gleich wird man mein Zeichen gewahr. — Friede erschallt es um mich her; das Feuern und Glockengeläute wird eingestellt, — noch einen Blick auf meinen Säbel und ich steige die Treppe herab — die Soldaten folgen mir. Unten angelangt übergebe ich meinen Säbel dem Anführer dieser Horde. Wilde, zerlumpte, auch halb nackte, wie Räuber bewaffnete Männer umstehen mich. — Da erfaßt man mich bei der Brust, stößt mich vorwärts durchs Thor, versetzt mir

Faustschläge ins Gesicht, bis ich auf der Gasse bin, hier schlägt man mir mit einem Kolben den Czako herab, und zwei Säbelhiebe von rückwärts geführt treffen meinen Kopf. Das Blut strömt herab, jedoch sinke ich noch nicht, man drängt mich daher vorwärts auf den Platz. Kaum hatte ich aber denselben betreten, als mich ein Bajonetstich am rechten Schenkel trifft. Nun sinke ich aufs Knie, — und jetzt beginnt das Stoßen dieser Elenden mit Spießen, Bajoneten und Lanzen auf mich wie auf ein Wild! — Kein Schmerzenslaut, keine Bitte entschlüpft meinen Lippen. „Ich habe nichts gethan“ ist das Einzige was ich spreche. Ich war ja auf Alles gefaßt, ruhig konnte ich sterben, denn kein Vorwurf drückte mein Gewissen, und ich erwartete daher auch getrost den Gnadenstoß, um von diesen Martern erlöset zu werden. — Endlich wird dieser Stoß auch auf mich geführt! — Aber es war noch nicht der Wille des Allmächtigen, mich zu sich zu nehmen, denn durch die Schnalle des Hosenträgers wird er aufgehalten. — Ich stütze mich auf eine Hand, mit der andern nehme ich das Sacktuch und trachte das Herabträufeln des Blutes von der Kopfwunde zu stillen; — man läßt es geschehen. Immer stehen sie noch um mich her diese im Blute gebadeten Unholde und scheinen sich an meinem Anblicke zu ergötzen oder meinen letzten Athemzug zu erwarten. Da höre ich die Worte: „Sind wir Kanibalen, daß wir einen Wehrlosen so behandeln!!“ — Meine Augen treffen diesen braven Mann, meine Lippen öffnen sich und ich sage ihm: „Eine alte Mutter und fünf Geschwister werden Sie ewig im Herzen tragen, für Sie beten!“ — Die Menge theilt sich, ich raffe mich auf, der edle Mann reicht mir seinen Arm und führt mich ins Spital. Der Weg dahin führt mich durch die Hauptgasse; Hunderte füllen die Gassen und Fenster, die Meisten sind bewaffnet. Ich eile an ihnen vorbei, schrecklich entstellt, im eigenen Blute getränkt. Glaubst Du, mein gütiger Leser! daß ich nur ein Wort des Mitleidens zu meinen Gunsten gehört hätte? — Nein, nicht Eines! — Ja im Gegentheil, wie ich beim Munizipalitäts-Gebäude vorübergehe, reißt man mir noch die Quasten meiner Schärpe vom Leibe und will es auch mit den Aufschlägen thun. — Endlich ist die Spitals-Thüre erreicht, erst hier höre ich die Worte: „Gott! der arme Mensch!“ Diese Worte waren für mich wie Balsam; hier dachte ich, ist doch eine Seele, die mit dir Mitleid fühlt. — Dieses war die Frau des Oberkrankenwärters, wie ich solches später erfuhr. — Nun schwinden mir aber die Sinne.

Beim Erwachen sehe ich mich auf einem Bette liegend, fremde Gesichter nebst dem Hausgeistlichen um mich. Die Aerzte entkleiden mich, waschen, reinigen und vernähen die Wunde. Ich muß gleich dem Lazarus nackt im Bette liegen; Alles war ja verloren gegangen!! — Ich fordere den Arzt auf, mir ganz offen zu sagen, ob mein Leben in Gefahr schwebe, oder ob für mich noch Hoffnung vorhanden sei. Seine Antwort war: „Ich kann Ihnen heute nichts Bestimmtes sagen.“ Indessen sagten mir die Geistlichen, ich müsse beichten, um mich mit Gott zu versöhnen, (denn der Arzt habe beim Weggehen dem Spitals-Doktor eröffnet, daß ich diese Nacht nicht mehr überleben werde, — was man mir später mittheilte). — „Gehen Sie und suchen Sie jene mit Gott zu versöhnen, die einen Menschen, der seinem Schwure getreu diente, mißhandelten; denn ich sterbe jeden Augenblick ruhig. Nur einen Gefallen erweisen Sie mir; wenn ich nicht mehr bin, so schreiben Sie meiner armen Mutter und lesen sie im Gebete meinen Namen,“ — war meine Antwort. Der Geistliche verläßt mich hierauf, und ich bin schon froh, endlich Ruhe zu haben, doch auch jetzt noch sehe ich mich hierin getäuscht; denn zwei Weibsbilder treten an mein Bett und murmeln Litaneien und weiß der Himmel was her. Doch dieser Schwanengesang wiegt mich endlich in Schlaf, den dreitägiges Wachen und Erschöpfung glücklich fördern.

Nun wirst du, mein lieber Leser, vielleicht glauben, daß ich Ruhe gefunden habe? Weit gefehlt; denn erst jetzt setzten diese Helden der Freiheit ihrem Schandwerke die Krone auf! — Stelle dir vor, eine Stunde — kurz es war Nacht — mochte ich geschlafen haben, da weckte mich Lichtschein und Lärm. Ich erblickte eine bewaffnete Schaar solcher Räuber an meinem Bette, und einer derselben fragt: „Wo ist der „Ex-Offizier?" — „Hier!" heißt es. Einer dieser Schurken entfaltet ein Papier und liest mir ein Langes und Breites vor. Ich verstehe kein Wort, nur fühle ich, wie man mir beide Füße mit einer schweren Brunnenkette fesselt und sonach um's Bett herum befestiget. — O schreckliches Gefühl! Könnt ich euch Elende mit meinen Blicken vergiften oder erdolchen — dachte ich mir, so wäre ja das für solch' eine unerhörte Scheußlichkeit, die ihr an mir übt, gewiß nur ein sehr geringer Lohn. — Doch verließ mich selbst jetzt noch dem Aeußern nach der Gleichmuth nicht; denn meine Lippen blieben geschlossen, um ihnen nicht noch einen weiteren Genuß zu verschaffen. Die Schaar verläßt mich bis auf zwei Bewaffnete, welche mich nun bewachen.

Erst jetzt kann ich meiner bedrängten Brust nicht mehr gebiethen, — ein Thränenstrom erleichtert sie mir. — Dieses schäme ich mich nicht zu sagen. — Das war doch zu viel! — Wie einen Verbrecher knebelte man mich. — Was hatte ich an meinen Mitmenschen verbrochen? — Nie that ich Jemanden das Geringste zu Leid, und doch so hart straft mich die Vorsehung! — Ich fügte mich nun in mein Geschick, verzieh' meinen Feinden, wie es der Erlöser der Welt (welche aber noch sehr arg im Finstern tappt und sein göttliches Wort nicht versteht) am Kreuze that, und schloß so im Innern beruhiget meine müden Augen zu einem sanften Schlafe. —

Noch Eines muß ich hier erzählen. In der Nacht erwachte ich, und da mich der Durst quälte, so will ich mich im Bette aufrichten, um ein wenig Wasser zu trinken.

Kaum war aber der Gedanke zur Ausführung gekommen, so stürzen die beiden Wachen mit gefällten Gewehren auf mich zu, schreiend: „Nicht sich rühren!" — Das war den im Saale liegenden Bauern doch zu viel; sogar diese empörte eine solche Unmenschlichkeit, sie schimpften auf die Wachen, — inzwischen trank ich, schlief auch bald wieder ein, und du, geduldiger Leser, denke dir das Deinige zu diesem Vorfalle. —

Mit meiner Heilung ging es wider alle Erwartung der Aerzte sehr gut; denn bei meinen beiden Kopfwunden, von welchen die gefährlichere zwischen sechs bis sieben Zoll lang war, da sie von der linken Nasenlappe quer über die Wange das linke Ohr in zwei Theile theilte und den Schädel des Hinterkopfes spaltete, (so zwar, daß man noch jetzt nach gänzlicher Heilung in das offen gebliebene Loch im Hinterkopfe die Spitze des kleinen Fingers bequem stecken kann), so wie bei den Stichen, mit Ausnahme jenes im rechten Schenkel, welcher mir viele Schmerzen verursachte, ging der Heilungsprozeß seinen natürlichen Gang.

Vielen Spaß machte mir und den übrigen Kameraden der regelmäßige dreimalige Besuch der barmherzigen Schwestern, welche uns jedesmal das Vaterunser und eigene Früh-, Mittags- und Abendgebete nachsagen, und sodann das in Italien so entheiligte Kreuz küssen ließen. Das größte Lob muß man diesen Schwestern für ihr aufopferndes Wirken bei den Kranken spenden; denn sie kamen zu jeder Amputation und sogar zu nicht decenten Schnitzlereien, und standen den Aerzten stets rühmlichst helfend bei; — besonders bei letzteren Operationen wußten sie einen stoischen Gleichmuth und eine an ihnen zu bewundernde Indifferenz in solchen Gefahren zu entwickeln. — Alle Monate mußte gebeichtet werden; der Geistliche, dem dieses Amt oblag, war ein Schweizer und in dieser Beziehung voll Toleranz. Auch der Spitals-Geistliche war sehr artig und gefällig, denn er gab mir Bücher und auch Zeitungen, leider war unter letzteren nur der ventidue Marzo und la gazzetta di Milano zu finden.

Da wir uns nur einige Herren hier befanden, so gab es, besonders als wir auf dem Wege der Besserung bedeutend vorgeschritten waren, der Langweile in Fülle. Unangenehm war uns auch der Ort, in dem man uns hielt, da wir mitten unter Insurgenten vom rohesten Schlage in der Zimmerecke, wo man uns doch zusammen legte, die abscheulichsten Beschimpfungen anhören mußten. — Auch waren wir dem Besuche aller Neugierigen der ganzen Stadt und ihrer Umgebung preis gegeben, welches uns, besonders Anfangs, — wo man meistentheils zu unserem Bette trat, um uns wie Christus den Herrn zu beschimpfen und auszuhöhnen, sehr lästig fiel. —

Die Kost war erträglich, hätte aber viel besser sein können. —

Nachdem der mit mir eben im Spital verwundet gelegene Cousin bereits früher nach Mailand abgeführt worden war, traf endlich auch mich dieses Los, wornach ich mich aber auch sehnte, um wieder unter mehrere Kameraden — wenn auch keine Freudes- sondern Leidensgefährten — zu kommen, mit denen ich sodann den Wermuthsbecher bis auf die Neige, von den so berüchtigten Kerkern in St. Margherita an bis zur Ranzionirung in Bobbio leerte.

## Rittmeister Johann Pooh.

In dem Augenblicke, als mein Regiment den Befehl erhielt, nach Verona abzumaschiren, welches am 20. März war, reiste ich Behufs meiner Pensionirung mit unserem Rittmeister-Auditor Grünes, welcher sich Pferde kaufen wollte, von Lodi ab.

Als wir über Crema nach Orsinove gegen eilf Uhr Nachts ankamen und weiter reisen wollten, hielt man uns da zurück, vorgebend, daß es wegen der Aufregung des Landvolkes höchst unsicher zu reisen sei. Wir ließen uns durch diesen uns trüftig scheinenden Grund bestimmen, hier zu übernachten, was wir auch mit dem Vorsatze thaten am kommenden Morgen zeitlich unsere Reise fortzusetzen. Nachdem wir die Nacht in behaglicher Ruhe zugebracht hatten, brachen wir den folgenden Tag um halb sieben Uhr früh auf, und langten gegen eilf Uhr Mittags in der Nähe von Brescia, nur zwei italienische Meilen davon entfernt, an, woher uns schon das Sturmgeläute entgegen tönte.

Dieses unangenehme Ereigniß bestimmte uns, bei einem Müller einzusprechen, welcher uns auch sehr gastfreundlich aufnahm und bewirthete. Grünes ganz aufgeregt wegen dieses Zwischenfalls steigt auf den Heuboden empor und sucht da Ruhe. Während für uns Polenta mit kleinen Vögeln bereitet wird, setze ich mich zum Müller und trachte im Gespräche herauszubekommen, ob man von da nach Verona fahren könne, ohne Brescia zu berühren; — doch der Müller gibt mir nur ausweichende Antworten, die mich etwas frappiren; doch ich halte es seiner Artigkeit zu gute, mir einbildend, es sei ihm daran gelegen, die Virtuosität seiner Gastfreundschaft möglichst lange an uns zu üben.

Endlich ist der Tisch gedeckt und der italienische Götterschmaus steht dampfend auf demselben, weßhalb ich auch meinen Freund Grünes herabbeschwöre, um seine und meine erschlafften Körperkräfte mit dem bereiteten Manna und Meth neu zu beleben, so wie zu versuchen, ob es möglich sei, hiemit auch den unangenehmen Eindruck des Glockengeklimpers zu verscheuchen, um sodann die Reise auf einem Umwege nach Verona fortzusetzen.

Wir setzen uns zu Tische und sind im Begriffe, nach dem Lucullischen Mahle zu greifen, als vierzig abendteuerlich Bewaffnete ins Zimmer stürzen, um uns den Nektar auf ihre Art zu reichen. Das ist ein sauberer Witz! — von so vierzig Kerls! — Nun Gott befohlen, wenns schon sein muß. Diese Räuberhorde, welche den Mann von Welt gewiß nicht gelesen hat, faßt und schleppt uns mit sich nach Brescia, ohne auf unsere Worte nur im Geringsten zu achten. Durch die Gassen von Brescia, die voll von bewaffneten Insurgenten stehen, müssen wir Puffe und Schimpfworte so im Großen geduldig hinnehmen, daß die Zurufe: „porco, — ludro, — morte ai tedeschi! —“ nur Artigkeiten gegen den Schlamm von Schimpf-Worten sind, die man auf uns, wie aus einer Höllenmaschine, von allen Seiten speit.

Man bringt uns endlich zur Munizipalität, wo wir die Schändlichkeit der Art und Weise, auf die man uns gefangen nahm, begreiflich machen. — Die frisch gebackene Autorität findet, daß wir im Rechte seien und versicherte, man werde uns auch sobald nur das Volk etwas zu Ruhe gekommen ist, gleich wieder frei lassen.

Nun begleitet man uns in ein Wirthshaus, gibt uns ein herrliches Zimmer, und selbst der Wirth biethet sich zu unserem persönlichen Schutze an, doch was nützt das alles? Die charmanten 40 Begleiter gewannen uns in dieser beispiellos kurzen Zeit so außerordentlich lieb, und wir sind ihnen so unendlich werth, daß sie ihre Obsorge für uns um keinen Preis dem Wirthe abtreten wollen, daher auch nicht mehr von unserer Seite weichen und aus purer Besorgniß um unsere Sicherheit unsere Ehrenwache bilden. Man sollte es aber auch gar nicht glauben, mit welcher Leichtigkeit der Mensch oft zu unerwarteten Ehren gelangt! — Diese kleine Aufmerksamkeit überzeugte uns übrigens vollkommen, was wir von unserer Freiheit zu halten haben.

Wie angenehm sind wir daher am 22. um 9 Uhr früh überrascht, als ein sehr nobel angezogener Herr des Comitato di guerra kommt, und uns bittet, mit ihm zu reisen, da er den Auftrag habe, uns in Freiheit zu bringen, d. i. uns gegen drei Brescianer Civilisten, welche der Feldmarschall-Lieutenant Fürst Schwarzenberg beim Abzuge von da mitgenommen habe, auszuwechseln. Als wir aber drei

15

italienische Meilen vor den Thoren Brescia's anlangen, zeigte es sich, daß die Austriaci barbari bereits entflohen sind, daher wir wieder zurück müssen. — Schöne Spazierfahrt in so prächtiger Gesellschaft und bei so herrlichen Hoffnungen. —

Bei der Ueberschwänglichkeit seiner Artigkeiten war es aber diesem Herrn nicht möglich, uns in das Gasthaus zurück zu geleiten, deßhalb nimmt er uns in seine eigene Wohnung auf. Der beliebten Sicherheit wegen haben wir auch hier nur darum Wachen, damit dieser Gentiluomo in der Ausübung seines Gastrechtes ja nicht gestört werden könne. — Oefter des Tags wechselt man nun diese Wachen, um sie nicht in dem so wichtigen und gefahrvollen Dienste einschlafen zu lassen; doch bei jeder Ablösung balgen sich dieselben um uns herum, da jede neue Wache regelmäßig zu uns einbrechen will, um uns zu erschlagen.

Endlich gibt uns der gastfreundliche italienische Nobile den Rath, welcher aber wie ein Befehl klingt, daß es für unsere vollkommene Sicherheit doch besser sei, sich zum Direktor in's Kastell zurück zu ziehen. Wir sind daher auch ganz natürlich so artig und nehmen solche Aufmerksamkeit und Sorgfalt mit gehörigem Danke an.

Hier im Kastell geht es uns zwar gut, doch was hilft das, der arme Freund Krünes muß sich — er mag wollen oder nicht — mit einigen Bewohnern mittelst Zeichen verdächtig machen, und unsere Herrlichkeit findet hiemit ihr Ende. So vieler auf uns mit so schlechtem Erfolge verwendeter Aufmerksamkeiten müde, läßt man uns vom Himmel auf die Erde fallen, und sperrt uns zu den andern Gefangenen in Sta. Giulia ein, deren Schicksal wir sofort theilen.

Schließlich muß ich aber meinem Leser noch sagen, daß, bevor man mich noch nach Sta. Giulia brachte, der Conte Palavicini zu mir kam, und mir mein Geld abforderte, das in Obligationen, Banknoten, Esterhazy'schen Loosen,

Silber und Gold sieben tausend acht hundert Gulden Conv.-Mze. betrug. Da ich ihm das Geld vorzählen mußte, so fand er es nicht einmal richtig, überzählte es öfter, und als er hiemit nicht fertig werden konnte, zwang er auch noch Krünes zum Zählen. — Nach vieler Mühe und hartem Drängen ließ er sich endlich herbei, mir über diesen Betrag einige Zeilen als Empfangsbestätigung zu geben. Während meiner Gefangenschaft habe ich öfter hinsichtlich meines Geldes die Anfrage schriftlich und mündlich gestellt, aber nie irgend eine Antwort erhalten! — Mit welchem Namen eine solche Handlung des Herrn Conte und der provisorischen Regierung zu bezeichnen ist, wird der gütige Leser wohl wissen.

## Oberlieutenant Paul Gobbato.

Am 20. März wurde ich von Brescia als Courier direkte nach Mailand gesendet, wozu man mir als Escorte den Gensd'armerie-Wachtmeister Arrigoti gibt. Ohne Hindernisse lange ich in Bergamo in der Vorstadt Borgo Palazzo an, wo das Volk auf mich losstürzt; es fallen Steine und Schüsse, von denen einer den neben mir sitzenden Wachtmeister todt niederstreckt; man umzingelt den Wagen, zerschlägt ihn in Stücke, nachdem man mich vorher mit dem Rufe: »Er ist's, — er ist's!« — herausgezogen hatte. Obwohl ich diesen wie Räuber aussehenden Freiheitsmännern zurufe: »Ihr irrt euch!« — so wäre mir — nach der Art, wie man über mich herfiel — bald der Garaus gemacht worden, wenn mir nicht der Wirth Alberto Guerini mit seiner Tochter hilfreich beigesprungen wäre, indem jener der Horde zurief: »Höret auf, und nehmet ihn lieber gefangen!« und die Tochter mich bei der Hand fassend mir zugelispelt hätte: »Um Gotteswillen reden sie italienisch, sonst sind sie verloren!« — Das Volk läßt von mir ab, zertheilt sich und der Wirth mit seinem Töchterchen führen mich in ihr Haus.

*

Den folgenden Tag in der Frühe kommen zwei Herren zu mir, um mich abzuholen; diese geben mir ihr Ehrenwort, daß sie mich in ihr eigenes Haus nehmen wollen, wo ich mit aller nur erdenklichen Rücksicht behandelt werden würde. — Saubere Rücksicht! Man sperrt mich in ein Zimmer, wo feile Dirnen und anderes derlei Gelichter sich befanden. — Die Schrecklichkeit einer solchen Lage übertrifft jede Vorstellung; — dem Himmel dankte ich daher, als noch an demselben Abende eine Wache kam, um mich abzuholen. Diese führte mich in eine Wachtstube, wo man mir die nackte Erde als Schlafstätte anwies. Solches empörte mich, und ich beklagte mich mit bittern Worten, was endlich doch die Wirkung hatte, daß man mich mit der Weisung in ein Gasthaus — al Falcone — brachte, nicht nur für meine Unterkunft und Verpflegung, sondern auch für jene meiner Scharwächter zu sorgen, zu welchem Behufe auch gleich das nöthige Geld depositirt werden mußte.

Am folgenden Tage nach einer qualvollen Nacht, mußte ich abermal wandern und zwar in die Carceri criminali di St. Francesco, wo ich gleich jedem andern Verbrecher am Leibe visitirt und in einen Kerker gesperrt wurde, wo ich noch — was sonst bei keinem Arrestanten geschieht, — für das elende Bett, das man mir gab, selbst bezahlen mußte. — Nachdem aber dieser Kerker mit andern, ganz gewöhnlichen Bewohnern, nämlich mit Gaunern, Dieben u. s. f. schon gefüllt war, so machten sich diese nach meiner Ankunft gleich über mich her, und forderten mich auf, — wie es bei diesen respektablen Herren der Gebrauch ist, — als neuer Zuwachs in ihrer Mitte ihnen eine tüchtige Weinzeche zu zahlen.

Außer mir vor Entrüstung über eine so maßlos schändliche Behandlung trachte ich auf die Wache mit meinen Klagen einen günstigen Eindruck zu machen, was mir auch endlich gelingt. Die Mannschaft derselben versprach mir eine Abhilfe, und wirklich in einigen Stunden kommt ein Herr, der mich zur Munizipalität führt.

Hier angelangt erkennt man mich als einen Italiener und gibt mir die Erlaubniß, in der Stadt frei herumzugehen, worauf ich in ein Gasthaus gehe, um für meine Unterkunft zu sorgen. — Kaum aber habe ich mich da bequem gemacht als schon wieder zwei andere Herren erscheinen und mich ersuchen ihnen zu folgen. Diese führen mich in ein ihnen anständiges Gasthaus, wo man mir zwei Wachen vor die Thüre stellt.

Da aber die provisorische Regierung vor allen Ausgaben für Gefangene eine heilige Scheu hatte, so wurde ich schon den folgenden Tag von da wieder abgeholt und in ein Privathaus gebracht, wo ein früherer eisgrauer österr. Offizier mein Zerberus wurde, und es auch so lange blieb, bis ich nach Mailand in die Kerker von St. Margherita abgeführt wurde.

Daß man mir auf meinen Kreuz- und Querzügen, wo ich mir wie Don Quixote vorkam, — manchen Puff und eine erkleckliche Masse von Beschimpfungen aller Art angedeihen ließ, wird mir wohl Jedermann aufs Wort glauben.

### Oberlieutenant Emanuel Delauwer.

Ich erhielt in Verona am 20. März die Bestimmung, einen aus neun vierspännigen Fuhrwesenswägen bestehenden Artillerie-Munitionstransport nach Mailand zu bringen. Als Bedeckung waren mir sechzig Mann mit den nöthigen Chargen des Broder Grenz-Regiments unter dem Kommando des Lieutenants Haas, dann zwei Korporäle und acht Kanoniere beigegeben. Die Eintheilung der Bedeckung wurde den Marschvorschriften und den erhaltenen Befehlen des Majors Trösch gemäß getroffen.

Noch am Vorabende meines Abmarsches sah ich — gleich der ganzen Garnison — die unbeschreiblichen Freuden- und Freundschaftsbezeigungen der Veroneser gegen uns wegen der von Sr. Majestät dem gnädigen Kaiser allen seinen Völkern — somit auch den Italienern — huldreichst verliehenen Conzessionen; ich hielt mich sonach versichert, daß hiedurch die Ruhe und Ordnung im ganzen Lande wieder hergestellt sei; — jedenfalls hatte ich nicht die mindeste Ahnung, daß das Volk gegen uns so feindlich gesinnt sei.

Ich rückte daher, — ohne selbst irgend eine Besorgniß hinsichtlich der glücklichen Beendigung meines Kommando's zu hegen, ab, und hatte schon die zwei Stationen Castelnuovo und Lonato unter den gehörigen Vorsichtsmaßregeln ohne den mindesten Anstand passirt. Auf dem Marsche gesellte sich der Oberlieutenant Badalich des Gradiscaner Grenz-Regiments, welcher für sich zu seinem Bataillon nach Gallerate einrückte, zu mir.

Als ich von Lonato abmarschirt war, schloß sich zufällig auf dem Wege, gleich außerhalb des Ortes, der Rest der ersten Kompagnie des vierten Artillerie-Regiments — bestehend aus sechzig Mann und sieben Bagagewägen — unter dem Kommando des Hauptmannes Tobis, mit dem Oberlieutenant Schmidtmayer und dem Lieutenant Mahl ebenfalls an, wodurch die Kolonne eine Länge von dreihundert fünfzig Schritten erhielt, und diese ganze Länge für den Fall eines Angriffes nur durch fünf und sechzig mit Feuergewehren bewaffnete Mann hätte vertheidigt werden müssen, da die Artillerie-Mannschaft bloß mit Säbeln bewaffnet war, somit gegenüber einer mit Feuerwaffen versehenen Masse wenig auszurichten vermocht hätte. Ganz Italien ist, — wie leider bekannt, — gleich einem Manne mit Allgewalt aufgestanden, — folglich hatte man den Feind von allen Seiten; — einzelnen kleinern Truppenkörpern, die ohne Anhaltspunkt, ohne Ersatz bei Verlusten waren, konnten sich um so weniger in einer so isolirten Lage behaupten oder gar einen Erfolg erringen, als es selbst in großen Garnisonen zur Lebensfrage wurde, ob man sich halten oder zurückziehen solle? — Für letztere Meinung wurde, um die Truppen nicht nutzlos zu opfern, in mehr als einem Falle gestimmt.

In einer so verzweifelten Lage befand sich der Transport am 22. März Vormittags 10 Uhr, als er auf der Straße nach Brescia vor dem Orte Rezzato stand. —

Dieser Ort — sechs Miglien von Brescia — läuft parallel rechts der Straße, ungefähr achthundert bis tausend Schritte von dieser entfernt, in einer langen Häuserreihe hin, und mündet in einen Bogen gegen die Straße aus, woselbst noch fünf bis sechs Häuser zu beiden Seiten der Straße stehen, durch deren Mitte links die Straße nach Castenedole führt, — daher sich hier zwei Straßen kreuzen. Die Straße nach Brescia selbst ist links durch einen tiefen Graben, und rechts durch einen Arm des Chiese, der bei fünfzehn Fuß breit ist, und sie von den stark mit Maulbeerbäumen bepflanzten Feldern trennt, begränzt.

Gleich beim Hinausrücken, bei den letzten Häusern des Ortes Virle, auf der Straße nach Brescia, ungefähr zwei tausend Schritte von Rezzato entfernt, hört man in der ganzen Umgebung Glockengeläute, welches ich aber für das gewöhnliche italienische Geklimper hielt, und es daher nicht im mindesten beachtete. Erst ungefähr auf etwa tausend Schritte von den an der Straße befindlichen Häusern von Rezzato angelangt, fällt mir doch das Geläute auf. Auch gewahre ich in Rezzato selbst und auf der Straße viele Menschen, darunter mehrere Mann vom Infanterie-Regimente Graf Haugwitz, einen Mann von der Gensd'armerie, alle vollständig armirt und montirt, und einen Bürgerlichen eine weiße Fahne schwingend; alle aber schrien und lärmten. Ich hielt dieses nur für eine in der Art bereits in Verona gesehene Freudenbezeigung über die erhaltenen Conzessionen, und marschirte daher auch unbekümmert weiter. Kaum war ich jedoch ungefähr fünfzig Schritte mit der Vorhut meiner Kolonne von den rechts und links an der Straße befindlichen Häusern von Rezzato gekommen, als ich auf der rechten Flanke schon vom Orte selbst ganz eingeschlossen, die Straße nach Brescia durch zwei quer über dieselbe aufgestellte Bauernwägen, so wie die Straße rechts nach Rezzato hinein, und links nach Castenedole durch Omnibusse gesperrt sah. In den Feldern rechts und links bemerkte man fast hinter jedem Baume mit Flinten bewaffnete Männer stehen, so wie eine bedeutende Schaar Bewaffneter von der links der Straße befindlichen Anhöhe von Castenedole herabkommen. Die Zahl der den Transport umzingelnden Insurgenten konnte sich auf ein tausend zwei- bis fünfhundert belaufen. (Später, als wir schon gefangen waren, sahen wir aus den Fenstern des Wirthshauses, wo man uns festhielt, bei dem auf der Anhöhe rechts der Straße liegenden und von dieser etwa acht hundert Schritte entfernten Schlosse zwei von den Insurgenten besetzte Geschütze, welche die Straße nach Brescia bestrichen, und die auf derselben angebrachte Barrikade vertheidigen konnten. Dieses wurde auch von dem Fuhrwesenskorporal, welcher die Wägen in dieses Schloß überführte, bestätiget.) —

Ich ließ halten, und befahl dem Lieutenant Haas, die Avantgarde mit sechs Mann zu verstärken, in der Absicht, die aufgestellten zwei Wägen wegräumen zu lassen, und falls Jemand etwas Feindliches gegen uns unternehmen sollte, sich zur Gegenwehr zu setzen. — Hierauf wurde fortmarschirt, und zwar so lange, bis die Spitze der Kolonne etwas über hundert Schritte von den Häusern entfernt war. Hier nahte sich mir ein Parlamentär mit der weißen Fahne und dem Zuruf, daß er mit mir sprechen wolle. Sonach befahl ich zu halten, ließ ihn herankommen, und da er den Säbel gezogen hatte, so rief ich ihm zu, denselben zu versorgen, wenn er mit mir sprechen wolle.

Es ist mir zwar nicht möglich, mich an ein jedes Wort zu erinnern, das nun zwischen mir und dem Parlamentär, einem gewissen Conte Longhena aus Brescia, gewechselt wurde, doch das Wichtigste will ich hier anführen. Er machte mich auf die gut bewaffnete Masse des Volkes aufmerksam, welche mich bereits von beiden Seiten eingeschlossen hatte und noch fort und fort durch das unaufhörliche Sturmläuten von allen Seiten zuströmte. — Dann äußerte er sich, daß ihnen die Ankunft des Transportes Abends zuvor bereits zu Brescia angezeigt wurde, worauf ihrer vier und dreißig an der Zahl aus den angesehensten Häusern, — worunter die Grafen Martinengo, Filippini u. m. a., die ich später selbst kennen gelernt habe — alle mit den herrlichsten Doppelstutzen, Pistolen und Säbeln bewaffnet, noch in derselben Nacht und zwar in den auf der Straße als Barrikade verwendeten zwei Omnibuswägen nach Rezzato gekommen seien, das Volk aus der ganzen Umgebung allarmirten und die nöthigen Anstalten zur Arretirung des Transportes mit dem einstimmigen Entschlusse trafen, eher zu sterben, als hier etwas zum Nachtheile ihrer Sache durchpassiren zu lassen. Nebenbei will ich noch erwähnen, daß der nach Mailand als Courier gesendete Hauptmann Baron Blumenkron des Generalstabs an demselben Tage schon um 5 Uhr früh zu Rezzate arretirt wurde, und daß ihm der Wirth, bei dem er eingesperrt ward, um 9 Uhr, d. i. eine Stunde vor meiner Ankunft sagte, es wären bereits neun hundert Bewaffnete der Umgegend versammelt, um einen anlangenden Munitions-Transport aufzuheben. Auch sagte mir dieser Parlamentär, daß die österreichische Regierung in Brescia bereits aufgehört habe und an ihre Stelle eine provisorische getreten sei; — daß der Delegat verhaftet worden; — daß ferner der Feldmarschall-Lieutenant Fürst Schwarzenberg in diesem Augenblicke im Begriffe stehe, mit der Stadt eine Kapitulation abzuschließen; endlich daß sechs hundert Infanterie-Feuergewehre an die Nationalgarde bereits vertheilt worden seien. Zum Beweise des Gesagten nahm er einem der zunächststehenden Insurgenten das Gewehr aus der Hand, und sowohl ich, als der mittlerweile herzu gekommene Hauptmann Tobis erkannten es als ein kaiserliches Infanterie-Gewehr, womit auch eine große Zahl der Insurgenten bewaffnet war. Auf alle diese Reden des Parlamentärs erwiederte ich, daß mich dieses alles nichts angehe, und daß ich die Absicht habe, dem Stadt-Kommando in Brescia von meiner Arretirung die Anzeige zu machen; ich versprach dagegen, bis zur Entscheidung auf der Straße zu bleiben, und wenn ich nicht angegriffen werde, nicht zu feuern. Mit dem war er aber nicht einverstanden, und es wurde lange hin und her geredet, während welcher Zeit sich immer mehr mit Stutzen bewaffnete Insurgenten an den Fenstern der Häuser zeigten, und auf der Straße sammelten. Letztere wurden sehr ungestüm und begannen mit dem Rufe: „Schlagt sie todt!“ auf mich und den Hauptmann Tobis einzudringen; — nur mit Mühe gelang es dem Parlamentär durch einige kräftige Worte und vorzüglich durch seine gegebene Versicherung, daß wir nicht feuern würden, sie von ihrem Vorhaben abzubringen. Unterdessen kamen auch die beim Transporte gegenwärtigen Offiziere zu uns heran und waren Zeugen von dem, was verhandelt wurde.

Der Parlamentär willigte endlich in unsere allgemeine Forderung, nämlich auf der Straße stehen zu bleiben und die Anzeige nach Brescia zu machen, jedoch seinem Verlangen gemäß an das **Governo provisorio**, von welchem es dann dem Fürsten Schwarzenberg bekannt gegeben werden sollte, welcher ohnedieß in diesem Augenblicke mit der Stadt in Unterhandlungen stehe, und uns sonach, als zu seiner Gornison gehörig, in selbe aufnehmen könne.

Nun verlangte er, daß die gesammte Mannschaft die Waffen ablegen solle, und daß dieselben einstweilen bis zur erfolgenden Antwort in einer Kammer des Hauses, in dessen Nähe wir standen, depositirt würden, und zwar, wie er sagte, einzig und allein aus der Ursache, um auf diese Art das Volk zu beruhigen. Dieses gingen wir nicht ein. Die Masse des Volkes wurde immer stürmischer, umschwärmte den Transport immer dichter. Indem es sich von Baum zu Baum näherte und uns einschloß, schlug uns der Parlamentär vor, in das nächste Haus hineinzugehen, um daselbst die Anzeige nach Brescia zu schreiben; gleichzeitig machte er einige Schritte gegen das Volk und gab ihm solches bekannt. Hiedurch gewannen wir einige Augenblicke Zeit, um einzusehen, daß wir bereits eingeschlossen seien, daß es rein unmöglich wäre, sich hier durchzuschlagen.

Die hinter den Bäumen und Mauern gedeckt stehenden Insurgenten konnten einen Mann um den andern mit größter Ruhe und Sicherheit wegschießen, ohne daß wir ihnen hätten schaden oder sie angreifen können. Auch zogen wir in Erwägung, daß selbst für den glücklichsten Fall, nämlich wenn wir uns hier durchzuschlagen vermöchten, doch wieder drei Miglien vorwärts gegen Brescia den eben in vollem Aufstande befindlichen, bedeutenden Ort St. Eufemia zu passiren hätten. — Mit einem Worte, wir erkannten, daß jede Anwendung von Gewalt rein unmöglich sei, ja wahnsinnig wäre; — wir beschlossen daher nochmals, auf der Straße stehen zu bleiben. Der Hauptmann Tobis und ich folgten daher den Häuptern der Insurgenten, darunter Conte Martinengo, Bevilacqua rc. mit den Parlamentär ins Haus.

Beim Eintritt in dasselbe verlangte der Parlamentär wirklich vom Wirthe Papier, Dinte und Feder, und als solches kam, stellt er uns neuerdings vor, daß es gut wäre, wenn die Mannschaft unterdessen die Waffen ablegen wollte, bloß um das Volk zu beruhigen, weil er sonst für nichts gut stehen könne. Wir schlugen es wiederholt ab, worauf man uns aber alsdann ganz kurz erklärte, daß wir somit gefangen seien, und unsere Waffen ablegen sollten. Nach einer heftigen Debatte von beinahe drei Viertel Stunden gab ich vom höchsten Schmerz ergriffen meinen Säbel her, den ich beinahe dreißig Jahre mit Ehren getragen, — ein gleiches that der Hauptmann Tobis.

Nun zwang man mich, in Begleitung von mehreren Insurgenten zum Transporte hinaus zu gehen, um das Vorgefallene den übrigen Offizieren und der Mannschaft mitzutheilen, welche insgesammt wohl erkannte, daß hier an eine Vertheidigung und an ein Durchkommen nicht mehr zu denken sei, und eben deßhalb die Waffen gleichfalls ablegte. An die Queue der Colonne schloß sich zufällig der Postwagen an, in welchem sich der pensionirte Hauptmann Grivicsich, — vom Infanterie Regimente Baron Geppert, und ein französischer Advokat befanden. Der Kondukteur Schimeck kam hervor, um zu sehen, was da vorgehe, wurde aber sogleich gefangen genommen — der Postwagen kehrte aber um und besagter Hauptmann und sein Begleiter entgingen so der sichern Gefangenschaft. —

Die Schilderung dieses unglücklichen Vorfalls, welcher für die Insurgenten einen so glücklichen Ausgang hatte, läßt sich in die drei Worte: „Verrath, List und Gewalt“ zusammenfassen. Letztere war auch so groß, daß nach der übereinstimmenden Ansicht aller hiebei gegenwärtig Gewesenen hier selbst eine Division Infanterie nicht ausgereicht haben würde, wenn ihr nicht wenigstens zwei Geschütze zu Gebote gestanden wären.

Ich halte es für nöthig, hier noch einige Details, die sich nach meiner Gefangennehmung ereigneten, und über die ich theilweise erst später Aufklärung erhielt, anzuführen.

Ungefähr eine halbe Stunde nach unserer Arretirung trat ein Grenadier-Hauptmann, der sich den Namen Schwarz beilegte und für einen Adjutanten des Feldmarschall-Lieutenants Fürsten Schwarzenberg ausgab, mit dem Säbel umgürtet in unsere Mitte, ließ sich von uns den numerischen Stand der Offiziere, der Mannschaft und der Pferde angeben und sagte, der Vorfall habe nicht viel zu bedeuten, indem der Fürst so eben im Begriffe stehe, eine Kapitulation abzuschließen und uns in dieselbe mit aufnehmen werde.

Um dieselbe Zeit wurde aus Brescia eine Kompagnie

Hohenlohe Infanterie zu unserem Entsatze entsendet. Der Kommandant Hauptmann Prinz Hohenlohe sah aber bald ein, daß die Anzahl der Insurgenten zu groß, und Rezzate zu sehr verbarrikadirt sei, um mit einer Kompagnie etwas ausrichten zu können; er blieb daher mit seiner Kompagnie vor Rezzate stehen, ließ diesen Umstand durch den nach Brescia rückkehrenden Hauptmann Schwarz dem Feld marschall-Lieutenant Fürsten Schwarzenberg melden und u m die weiteren Befehle bitten; da aber keine anlangten, so wollte er den Rückmarsch antreten, fand aber die vor St. Eufemia befindliche Brücke zum Theil abgetragen, und war sonach gezwungen, sich in das rechts von der Straße zwischen Rezzate und St. Eufemia liegende, einst zur Stückgießerei bestimmte Gebäude zu werfen, woselbst er bis Abends blieb und sich dann an jene Truppen anschloß, welche nach dem Abzug des Fürsten Schwarzenberg aus Brescia das dortige Kastell mittelst einer separirten Kapitulation räumten. — Da von dieser Kompagnie später der Lieutenant Tysen mit einem Zuge abgeschnitten und gefangen genommen wurde, und sodann das herbe Schicksal mit mir theilte, so war ich gern bereit, diese interessanten, mir von ihm mitgetheilten Einzelheiten hier aufzuzeichnen.

Nach unserer Gefangennehmung blieben wir noch einige Stunden in dem ersten Stocke des Hauses, in dem man uns festgenommen hatte. Die Mannschaft war im Hofe, und wurde später in einem Kloster untergebracht, wohin auch ein Offizier von uns mit sollte, nachdem sich aber die Geistlichen dagegen stemmten, so packte man uns um sechs Uhr Abends in einen Omnibus und führte uns nach Salò, wo wir noch auf dem Wege dahin den Hauptmann Blumenkron aufnahmen. Man gab uns nur einen ganz geringen Theil der Bagage, mit der Versicherung, der Rest derselben so wie auch die Kasse würden wir Tags darauf gewiß erhalten, wofür die schon genannten Conti Longhena und Martinengo ihr Ehrenwort verbürgten.

Unter der Eskorte von acht Mann kamen wir in Salò an, fuhren vor der Munizipalität auf, mußten da eine geraume Zeit warten, während welcher das Volk zusammenlief, den Wagen umringte, und da es abgehalten wurde, an uns Hand anzulegen, sich mit Lärmen und Schreien Luft machte. — Endlich brachte man uns in ein Gasthaus, quartierte uns in vier Zimmern ein, doch hatte man gegen uns die Aufmerksamkeit, vor jeder Thüre, auf der Stiege, im Hofe, kurz überall aus der besseren Klasse der Bewohner Wachen aufzustellen. — Sonst wurden wir hier gut behandelt. — Tags darauf hörten wir im Orte einen ungeheueren Lärm, sahen Barrikaden errichten, und erfuhren endlich, daß dieses geschehe, weil sich eine Truppenabtheilung von Oesterreichern auf zwei Miglien vom Orte entfernt zeige. Es erschien endlich auch der Kommandant der Bürgergarde bei uns im Zimmer und ersuchte, daß sich einer von uns dem Volke zeigen solle, weil es Verdacht geschöpft habe, daß wir entflohen seien, weßhalb er es nicht zurückhalten könnte, sobald es fordert, selbst herauf zu kommen und sich von unserer Anwesenheit zu überzeugen. Was blieb also übrig, als dem ungestümen Begehren des wilden Pöbels zu genügen?

Nun ersuchte er noch, daß einer von uns mit ihm als Parlamentär zu den **Austriaci** fahren möchte. Ich both mich hiezu an, da ich dachte, entweder uns oder wenigstens der anmarschirenden Truppe in etwas nützen zu können. — Als wir gegen Valsabi kamen, fanden wir auf der Straße drei Kompagnien von Hohenlohe, die beim Abzuge der Truppen aus Brescia ohne Nahrung und Munition im Kastell verlassen zurückblieben, und sonach abgesondert kapituliren mußten. Auch befanden sich einige Jäger, dann ungefähr acht Dragoner mit einem Offizier und vier Artilleristen bei denselben. — Als wir uns der Truppe näherten, machte ich Zeichen, wodurch es mir gelang, zum Kommandanten zu kommen, der die Kapitulation vorwies und ersuchte, vorzufahren und im nächsten Orte den Auftrag zu geben, daß man sie ungehindert passiren lasse, und dieses von Ort zu Ort weiter zu avisiren. Es gelang meinem Zureden, daß sich mein Civilbegleiter hiezu bequemte, und solches mit mir auch that, wobei ich wenigstens dieser Truppe Luft machte. Hiebei sah ich, welche Vorbereitungen man zum Empfange gemacht hatte; — Felsenblöcke waren nach allen Seiten zum Herabrollen bereit, so daß bei einem Angriff der Truppe schreckliche Hindernisse, die sie schwer hätte beseitigen können, entgegen getreten wären.

Bei meiner Rückkunft nach Salò waren alle Wachen bei uns verstärkt, und am 29. wurden wir in ein anderes Wirthshaus gebracht, wohin man uns zu zweien unter einer starken Bewachung führte. Hier erhielten wir für uns zwei Zimmer, nebst einem dritten anstoßenden, in welchem die Wache untergebracht wurde. Da blieben wir bis zum ersten April, wo man uns in einem Omnibus auf einem Gebirgswege nach Brescia transportirte. Dort fanden wir eine Menge Leidensgefährten und erhielten nach einigen Tagen unsere Bagage, aber wie! — Alle Koffer waren erbrochen; alles, was nur einen Werth hatte, sammt dem Gelde war gestohlen, ja sogar die Hutrosen und Goldborten überall abgetrennt; — Wäsche war fast keine mehr darin; — nur einige alte Kleidungsstücke und alte Schriften fanden sich noch vor. — So hielt ein Conte Longhena und Martinengo sein gegebenes Wort.

## Unterlieutenant Karl Edler von Rath.

Zu Riva, einem Städtchen in Südtirol am Garda-See, erhielt ich den Befehl, mich nach Peschiera zu begeben, um dort über den Stand der Dinge Erkundigungen einzuziehen. Da ich aber der italienischen Sprache durchaus unkundig bin, so wurde der Lieutenant Mazzoleni — welcher erst vor nicht langer Zeit von der italienischen Garde zum Regimente kam, mir beigegeben. Wir nahmen ein Boot und fuhren Abends um 10 Uhr in Civilkleidern nach Malcesine ab, wo wir übernachteten, und durch den Wirth für einen Wagen sorgen ließen, um den nächsten Tag zeitlich früh nach Lacise zu fahren.

Den folgenden Morgen war auch der bestellte Wagen für uns bereit, wir gingen daher zum Frühstück, um dann weiter zu reisen. Kaum begannen wir aber die Leere unseres klaffenden Magens zu beseitigen, so tritt ein Mann in's Zimmer, welcher unsere Pässe abverlangt. Wir konnten keine vorweisen, da uns der Podestà und auch der Richter in Riva versichert hatten, daß wir deren nicht bedürfen. Diese Entschuldigung oder Auskunft gab Mazzoleni dem Dränger in seiner Erwiederung, wie ich glaubte, da er mich versicherte, so gesprochen zu haben.

Als wir uns aber hinaus verfügen wollten, um einzusteigen, fanden wir sowohl unsere Zimmerthüre, als auch die Stiege mit bewaffneten Bauern besetzt, welche uns mit dem Bajonette zurückwiesen, mich gleich gefangen setzten, meinen Begleiter Mazzoleni aber mit sich fortführten.

Endlich kam Mazzoleni zurück, mir bedeutend, daß ihm kein anderer Ausweg geblieben sei, um fortzukommen, als anzugeben, er sei ein Italiener und ein Offizier, der die österreichische Fahne verlasse, um seinem Vaterlande zu dienen, — und ich sei sein Bedienter. Nun versicherte er mich, daß ich auf eine solche Art leicht werde durchkommen können, so wie, daß ich nun gar nichts mehr zu befürchten habe. — Ich bedeutete ihm, daß ich auf keinen Fall weiter gehe, sondern darauf bestehe, nach Riva zurückzukehren, da unter solchen Verhältnissen unser Auftrag unausführbar erscheine. Mazzoleni überredete mich jedoch, solches noch zu versuchen, indem man unverrichteter Dinge doch nicht rückkehren könne. Da ich aber bis jetzt noch der Idee von einem Verrathe meines Kameraden in meinem Innern keinen

Raum gab, bestieg ich mit ihm statt des Wagens ein Boot, um nach Lacise zu fahren.

Doch wie erstaunte ich, als ich bereits in dem Boote und weit vom Ufer erfuhr, daß der Paß, den Mazzoleni in Malcesine erhielt, nicht nach Lacise, sondern nach Gargnano am entgegengesetzten Ufer lautete. Auf die Vorspieglung des Mazzoleni, solches sei nur ein Verstoß, bestand ich aber nun — schon nichts Gutes mehr ahnend — darauf, nach Riva zurückzufahren.

Mazzoleni fügte sich meinem Willen; — als wir wieder in gleiche Höhe mit Malcesine — von wo wir bereits eine Stunde entfernt waren — kamen, hörten wir schreien und pfeifen, und da wir auf dieses nicht achteten, so fielen mehrere Schüsse auf uns; die Kugeln schlugen ganz nahe am Schiffe in's Wasser. Nun erklärten die zwei Schiffleute, daß sie nicht weiter fahren können, da sie ihr Leben augenscheinlicher Gefahr ausgesetzt sehen. Was konnte ich nun thun zwischen Himmel und Wasser in den Händen von Verräthern, vom eigenen Kameraden, wie Christus der Herr von Judas verkauft und verrathen? — Nach Riva waren noch drei Stunden, — selbst wenn die Schiffleute und der Verräther Mazzoleni mich hätten frei geben wollen, wäre solches nun auszuführen unmöglich geblieben, da man von Malcesine uns bald überholt und gefangen genommen hätte. — Ich ließ daher vor Ingrimm zitternd es geschehen, daß man umkehrte.

Kaum war unser Boot umgelegt, als ich auch schon ein mit bewaffneten Bauern bemanntes Schiff mit der größten Schnelligkeit auf uns lossteuern sah. Sobald dieses uns nahe war, wurden wir aufgefordert, uns gefangen zu geben. Ich protestirte dagegen und forderte von Mazzoleni, wenn er kein Verräther sei, wenigstens zu verlangen, daß man uns nur mit einem oder höchstens zwei Bewaffneten begleite, in der Hoffnung, auf irgend eine Art doch vielleicht entkommen zu können. — Doch dieses fruch-

16

tete nichts; denn man führte uns unter gehöriger Eskorte vor die Deputazione comunale in Gargnano, welche sich einen Anstrich von Wohlwollen gegen uns gab, indem sie uns einen Paß nach Desenzano ausfertigte, wodurch ich wieder zu hoffen begann, vielleicht ohne Mühe und Gefahr nach Peschiera zu entkommen.

Auch wieder eine gute Rechnung ohne den Wirth; denn als wir nach Salò kamen, wurden wir wieder festgenommen. Man visitirte mich, nahm mir meine zwei Terzerole ab, und escortirte uns nach Brescia, von wo wir mit einem Transport Gefangener nach Bergamo — der Vaterstadt meines saubern Kameraden Mazzoleni, — gebracht wurden. Hier empfahl sich dieser Elende, ohne sich weiter um mich zu kümmern, und trat in die Reihen der Insurgenten über.

Mich brachte man zu meinem Glücke noch in die Casa Grumelli, wo der vom Infanterie-Regimente Erzherzog Sigismund verwundet liegende Oberstlieutenant Baron Schneider sich befand; — hier blieb ich auch bis mehrere gefangene Herren nach Mailand transportirt wurden, welches in den letzten Tagen des Monats April 1848 geschah.

## Kapitän-Lieutenant Eugen Weiß von Weißenstein.

Bei der Dislokation des Regiments in siebzehn Ortschaften erhielt ich mit meiner Kompagnie — der sechsten — die Bestimmung, die Artillerie-Fußbatterie Nr. 3 in Cesana Maderna zu decken.

Am 19. März kam der Befehl, daß meine Kompagnie unter dem Kommando des Oberlieutenants Zwerenz nach Saronna zur Brigade des Generals Stralsoldo abzurücken hat, so wie, daß ich — als Gichtleidender — mit einem Korporal und sieben Mann, worunter sich noch ein Kranker befand, zurück zu bleiben haben; — auch hatte ich noch nebst meinen Fourierschützen drei Privatdiener bei mir.

Den ganzen neunzehnten und auch den folgenden Tag bis zehn Uhr Vormittag war im Orte die größte Ruhe, und ich ging noch auf die nahen Hügel spazieren. — Um eilf Uhr denselben Vormittag kam jedoch mein Diener eiligst ins Zimmer und machte mich auf das Glockengeläute aufmerksam, beifügend, dieß sei Sturmgeläute, und es liefen auch schon im Orte die Leute zusammen.

Ich war mit meiner geringen Mannschaft im zweiten Hofe eines dem Grafen Boromeo gehörigen, in diesem Orte gelegenen Palastes einquartiert. Dieser Hof hat zwei Eingänge; ich ließ daher eiligst die Thore der Eingänge, dann alle Fensterläden schließen, und es währte nicht lange, so kam auch schon ein Hagel von Steinen gegen Thore und Fenster geflogen. Ich ging nun an einen tauglichen Platz, um mir das Spektakel zu besehen; da präsentirten sich meinen Blicken eine Menge Knaben und Jungen jeden Alters, welche David's seligen Angedenkens meisterhafte Kunst gegen mich, aber mit etwas weniger Geschick, wie dieser solches gegen den Riesen Goliath that, übten. Sonst sah ich noch gegen dreißig Männer, die hinter Bäumen versteckt, ihrer Jugend hilfreich die Hand bothen. Da aber meistens nur mit Steinen geworfen, geschrien und Sturm geläutet wurde, so stieg ich von meinem Observatorium herab, und befahl meiner Mannschaft, um die Munition zu sparen, nicht zu feuern, den Jungen die Freude des nutzlosen Werfens zu lassen, da ich nicht gesonnen wäre, mich mit Kindern in einen Kampf einzulassen.

Während die tolle Jugend von Außen tobt, benütze ich die mir so gegönnte kostbare Zeit, um mich in die gehörige Verfassung zu setzen, einen mir bevorstehenden Kampf männlich aufzunehmen. Die sehr massiven Thore und die festen Fensterläden des Erdgeschosses und ersten Stockes wurden eiligst mit Kästen, Bäncken, kurz mit allem vorgefundenem Geräthe verbarrikadirt, und auf der Seite, von woher der Angriff zu gewärtigen stand, zwei meiner besten Schützen hinter eine Art von Schußscharten aufgestellt, und zwar hinter die eine im Erdgeschosse der Gemeine Dörflinger auf einem Stuhle so sitzend, daß er die ganze vorliegende Gegend gedeckt frei übersehen kann, und auf gleiche Weise auch im ersten Stocke der Gemeine Wasserbacher. — Die übrige Mannschaft erhält ebenfalls ihre angemessenen Plätze, worunter auch mehrere auf dem Dache.

Nach einigen Stunden des Gepolters, während welcher Zeit das Gesindel in den ersten Hof gedrungen war, wurde es dem Fattore — Pächter — zu arg, und er jagte diese Tollhäusler hinaus, sperrte das Thor zu, worauf es auch für einige Zeit ruhig wurde.

Um drei Uhr Nachmittags an demselben Tage stürmte eine Schaar Bewaffneter neuerdings meine Veste. Dieser Sturm wurde gleich abgeschlagen, denn es fielen von unseren Kugeln getroffen im Nu drei Insurgenten, welches die Horde zum Rückzuge vermochte. Nun setzte sich aber mein Gegner in angemessener Entfernung hinter einem Verstecke fest, und begann von da, so wie aus einem nahen Wirthschaftsgebäude auf mich zu feuern. Seine Anstrengung fruchtete aber nichts, denn ich befahl meinen Leuten, nur dann zu schießen, wenn sie nicht nur ihres Schusses sicher, sondern auch vollkommen gedeckt seien, um ja nicht verwundet zu werden; indem unsere Lage nur dann verzweifelt werden könnte, wenn Jemand blessirt würde, da wir ohne ärztliche Hülfe wären, und in einem solchen Falle sofort selbst bei diesem Gesindel um eine Capitulation ansuchen müßten, das wir durchaus nicht wünschen dürfen. Es strömte immer mehr Volk zusammen, und des Schießens, Lärmens, Schimpfens und Läutens war kein Ende. Doch keiner dieser Helden wagte sich näher zu uns heran; denn die erste Lektion hatte eine gute Wirkung zur Folge gehabt; und obwohl sie zu Anfang wußten, wie viel Mann ich habe, fingen sie nun doch selbst an, daran zu zweifeln und auf eine große Verstärkung, die mir zugekommen sein müsse, zu denken, da ihnen von allen Enden und Ecken, selbst vom Dache herab Schüsse zugesendet wurden.

So kam die Nacht des 20. auf den 21. Diese wollten meine Gegner benützen, um mich zu überrumpeln. Man sah nämlich vom Mondschein begünstigt, wie einer der Freiheitsmänner herbeischlich; ich machte Dörflinger auf denselben aufmerksam; dieser nahm ihn aufs Korn, — der Schuß fällt, und der kühne Schleicher stürzt ächzend am Kopfe getroffen zusammen. Dieses benimmt den übrigen Wackern den Rest von Muth gänzlich, und sie begnügen sich nun bis zum Morgen des 21. auf die Fenster, wo ich und die übrigen Offiziere wohnten, förmlich als auf eine Scheibe zu schießen, daher die Läden am folgenden Morgen wie ein Sieb durchlöchert waren. Das Stöhnen und Heulen des am Kopfe getroffenen Insurgenten, welcher sich nicht weiterschleppen konnte, tönte schauerlich in die Nacht hinein, das noch um so unangenehmer zu hören war, als man sein Ringen mit dem Tode sah. Ich ließ daher den Angreifern zurufen, daß ihnen das Abholen des Gefallenen gestattet werde, wenn sie ohne Waffen zu diesem Behufe herankommen. Sie trauten meinem Worte nicht und wollten demnach auch nicht kommen, — ich aber hielt es zu gewagt, da durch die Oeffnung des Thores meine Sache leicht gefährdet werden konnte. — So wurde das Stöhnen des Armen immer schwächer; bis er endlich verstummte, indem die kalte Nachtluft und der Blutverlust seinem Leben das von ihm gewiß heiß ersehnte Ziel setzten. Erst am Tage kamen einige Insurgenten ohne Waffen, um die Leiche; ich stellte das Feuer ein, und dieselben schleppten ihren todten Gefährten fort.

Von Außen wurde nun wieder das Feuern noch lebhafter als früher fortgesetzt, und ich endlich zur Kapitulation aufgefordert. Ich ließ ihnen zurufen — da ich der italienischen Sprache selbst unkundig bin, — daß ich nur dann von ihnen eine Mission annehme, wenn mir so viele Lebensmittel und Wein gegen Bezahlung gereicht würden, als ich brauche; — denn wir hatten in dieser Beziehung bereits eine ziemliche Noth. Als mir der Fattore die Lebensmittel und den Wein gegeben hatte, erklärte ich, nicht kapituliren zu können, da sie meine Waffen wollten. Das Feuer begann nun heftiger als zuvor, und in diesem Ton ging es fort bis den 22., wo man mir wieder einen Knaben mit einer weißen Fahne zusandte, um mich zur Kapitulation aufzuforderu. Ich gestattete aber diesem kleinen Parlamentär nur unter der Bedingung sich mir zur Konferenz zu nähern, wenn er uns Lebensmittel gegen Bezahlung bringe; da er solches that, ich aber durchaus nicht kapituliren wollte, so schickte ich ihn mit dieser abschlägigen Antwort wieder zurück.

An demselben Tage, sagte man mir, hätten sich um 10 Uhr Vormittags die Pfarrer aller nahen Ortschaften versammelt und berathen, was bei meiner Hartnäckigkeit mit mir zu thun sei. Man beschloß in diesem hohen Priesterrathe: In allen nahen Dörfern Sturm zu läuten, — welches auch um 1 Uhr Nachmittag in Pinzano, Bovisio, Monbello, Seveso, Barlasina, Meda und Lentatte geschah, woher dann das Volk in schrecklicher Menge gegen meine Festung anrückte und sehr heftig zu feuern begann. In diesem Takt ging es fort bis den 24. um 10 Uhr Nachts, wo man mit einem Mal zu feuern ganz aufhörte, was ich mir gar nicht zu erklären wußte. — Während dieser Tage wurden den Insurgenten wieder ein Mann getödtet und einer verwundet. Während dieses letzten Feuers zeichnete sich einer der Anführer dieser wie Briganten aussehenden Freiheitshelden besonders dadurch aus, daß er alle andern fortwährend anspornte, und immer rief: „Mazzate il Capitano, e poi è vinto!“ (Tödtet den Hauptmann, und dann ist gesiegt!) — Ich trug daher meinen beiden Schützen bei den Schußscharten auf, — da sie auch unter einander korrespondiren konnten, — diesen Maulaufreißer aufs

Korn zu nehmen und in die Ewigkeit zur Appellation zu schicken, indem er wohl nach seinem trefflichen Mundstücke zu schließen nichts anders als ein Advokat sein könne. „Ja“ gaben mir meine Schützen zur Antwort, diesen Vogel haben wir schon lange beide im Auge, und es ist ihm vor einer Viertelstunde eine Pille so nahe an den Ohren zugesendet worden, daß er seither außer unserem Bereiche bleibt, und sich jetzt nur auf einem für ihn sichern Terrain herumtummelt.

Die Zeit der Ruhe benützte ich dazu, meine Leute, die schon ganz erschöpft waren, ausruhen zu lassen, während dem ich mit noch zwei Mann abwechselnd Wache hielten. Diese Ruhe war uns auch höchst nothwendig, denn wir hatten schon seit der letzten Verproviantirung, sonach zwei Tage fast nichts mehr zu essen und zu trinken, waren von so langem Wachen und Feuern fast bis zum Tode ermattet und nahe daran umzusinken. Die ganze Nacht ließ man uns Ruhe, so daß wir am nächsten Morgen — Samstag den fünf und zwanzigsten — neu gekräftigt am Posten gestanden wären, und einem neuen Kampfe freudig entgegengesehen hätten, wenn nur auch uns Moses im Schlafe erschienen wäre, und unsere leeren Mägen, wenn nicht mit Manna, doch wenigstens mit Brot gefüllt und mit einem Zauberschlage aus irgend einer Wand unserer Veste einen erquickenden Wasserstrahl geschlagen hätte. — Aber diesem war leider nicht so! — Wir hatten keine derlei effektvolle Vision; — unsere Mägen waren beim Erwachen leerer, als beim Einschlafen, und so stand es auch um unsere Kehlen, ein wahrhaft trostloser Zustand! Doch alles dieses konnte uns nicht muthlos machen, denn unser Entschluß zu kämpfen war wie zu Anfang auch jetzt noch felsenfest, und von mir und meinen Treuen war beschlossen, nur in dem äußersten Falle und unter der Voraussetzung zu kapituliren, wenn wir, dem Aeußeren nach zu schließen, von ausgezeichneten Personen hiezu aufgefordert würden; — sonst aber lieber vor Hunger zu sterben, als sich einem so elenden Gesindel zu ergeben.

An demselben Tage Nachmittags begann das Feuer mit erneuerter Wuth, da zu den früheren Helden noch eine starke Schaar von Bewaffneten aus Mailand gekommen war. Um 4 Uhr denselben Nachmittag zeigte sich der uns so wohlbekannte schreiende Mephistopheles mit einer weißen Fahne in der Hand, um mit mir zu parlamentiren. Ich ließ diesen Marktschreier in den anstoßenden Hof kommen, befahl aber früher den daselbst postirten Leuten, auf ihn, so wie er nach gepflogener Conferenz abtreten will, anzuschlagen, aber nicht zu schießen, damit dieser Bramarbas für seinen Lärmen eine Höllenangst ausstehen möge. Kaum war dieser bärtige Thersites in den Hof getreten, als er kurzweg meine Waffen forderte, was ich eben so trocken verweigerte. Nun wollte er abziehen; doch da meine Leute auf ihn anschlugen, sprang er schnell hinter eine Säule des Corridors und fing an zu rufen: **Ajuto! — ajuto!! — per amor di Dio venite o fatte che venghi un signore per deliberarmi, se di no, sono morto!**" — (Hülfe! — Hülfe!! — um Gottes Willen kommt oder laßt einen Herrn kommen, um mich zu befreien, sonst bin ich ein Kind des Todes!) Auf dies kam ein sehr nobel gekleideter junger Mann von sechs bis sieben und zwanzig Jahren mit einer Trikolorfahne in der Hand und einer derlei Schärpe um den Leib in den Hof herein. Ich bedeutete ihm, sich zur hintern Thüre des Hofes zu verfügen, da ich nur dort mit ihm parlamentiren wolle. Dieses that ich aber nur aus dem Grunde, weil ich dort viel weniger, als wo ich gerade mich befand, dem Feinde ausgesetzt war. Den bebenden Marktschreier ließ ich aber so lange im angenehmen vis-à-vis der ihm auf Brust und Kopf gerichteten Musketen-Mündungen bis mein Zierbengel bei dem ihm bezeichneten Thore angelangt war, worauf ich diesen lustigen Schalken erst laufen ließ.

Ich fragte nun den jungen Mann, wer er sei? — und erhielt zur Antwort: „Conte Boromeo!“ — Nun befahl ich ihm, zu mir herauf zu kommen, während ein Mann den ihn begleitenden Bauern zurief, sich nicht zu rühren, da man sonst auf sie Feuer geben würde. Der Graf wollte nun seinen Degen ablegen, ich bedeutete ihm aber, daß er dieses nicht zu thun brauche; er stieg sofort zu mir die Stiege hinauf und überreichte mir dort eine schriftliche Kapitulation. Während ich aber dieses Papier mit der linken Hand ergriff, nahm ich ihn mit der rechten, und zog ihn durch die Thür zu mir herein, ihn hiebei höflich ersuchend, doch eintreten zu wollen.

Nach langem Deleberiren (wobei er mir nachwies, daß Mailand vom Marschall Grafen Radetzky und seinen Truppen bereits geräumt sei, so wie daß er selbst als einer der Ersten an der Spitze der provisorischen Regierung stehe und auch das Militär-Spital übernommen habe) kamen wir endlich dahin überein, daß uns Allen nach dem Niederlegen der Waffen das Leben und Eigenthum nebst einer guten Behandlung zugesichert wurde. Da bei der Verhandlung auch der Fattore gegenwärtig war, so befahl ich meinen Leuten, als ich mit dem Grafen eben herunter gehen wollte, diesen so lange fest zu halten, bis sie sich überzeugt hätten, daß man mich gut behandle; sollte dieses aber nicht der Fall sein, so hätten sie das Recht, den Fattore ohneweiters aufzuhängen und sich bis auf den letzten Mann zu vertheidigen, indem sie dann gewiß wüßten, welches Loos ihnen ohnehin bevorstehe.

Ich ging nun mit dem Grafen herunter zu den unten harrenden Herren — gegen dreißig an der Zahl — welche mich mit der größten Freundlichkeit empfingen, — worauf die Waffen abgelegt und auf einen Wagen geladen wurden. — Sowohl mir als meinen Leuten gab man zu essen und zu trinken, soviel wir nur wollten.

Während wir uns mit Speise und Trank labten, begann

das Volk zu rufen: „Vogliamo vedere il capitano!" — (Wir wollen den Hauptmann sehen!) Nach vielen Bitten der Herren und nach der mir gegebenen Versicherung, daß ich nicht den mindesten Insult erfahren werde, bequemte ich mich endlich dazu. Conte Boromeo nahm mich nun unter den Arm und führte mich, von fünf zu fünf Schritten dem Volke zurufend: „abasso l'arma, abasso il capello!" (Nieder mit den Waffen, herab mit dem Hute!) — durch dasselbe und wieder zurück. Während dieses Triumphzuges wurde ich mit aller Achtung und selbst mit freundlichen Grüßen empfangen, obwohl da und dort auch finstere Gesichter hervorblickten. Die Zahl der Bewaffneten war gering gerechnet zweitausend.

Abends wurde ich, die Mannschaft und die Bagage nach Mailand gebracht. In Fontana angelangt, mußten wir der Barrikaden halber aussteigen, und wurden nach Zurücklassung der Bagage zum Comitato di Guerra in Mailand geführt, auf welchem Wege ich gegen ein hundert sechzig Barrikaden passiren mußte, da von dreißig zu dreißig Schritten stets eine derlei Zierde von ein ein halb bis zwei Klafter Höhe erbaut war. Beim Passiren der Barrikaden mußte man stets zickzack von der einen zur anderen gehen, um durchzukommen.

Man behielt mich gleich im Gebäude des Comitato di Guerra, gab mir sammt den Fourierschützen ein Zimmer, und ließ mich durch zwei Schaarwächter bewachen. Den folgenden Tag — Sonntag den 26. März — um sechs Uhr früh führte man mich nebst meinem Diener in das Militär-Spital, wo ich sowohl in ärztlicher Behandlung, sonstiger Pflege und Bedienung sehr gut gehalten wurde. — Am ersten Mai trennte man mich von meinen Fourierschützen, — den man ins Kastell brachte, — und führte mich als prigioniero di guerra in die Kerker von St. Margherita.

Zum Schlusse muß ich noch erwähnen, daß ich meine

Bagage, obwohl mir vom Conte Boromeo selbst, wie gesagt, die Belassung derselben mittelst Kapitulation zugesichert worden war, nachdem ich in Fontana davon getrennt wurde, — nie mehr zu Gesicht bekam; weßhalb ich aller Reklamationen ungeachtet blos in der auf dem Leibe getragenen Wäsche und Kleidung so lange bleiben mußte, bis mir andere Leidensgefährten hierin aushelfen konnten, und ich mir selbst von den als Verpflegung erhaltenen zwei Zwanzigern — als Kapitän-Lieutenant, — so viel ersparte, um mir das noch unumgänglich Nothwendige anzuschaffen.

## Unterlieutenant Emanuel de Larenotière, Ritter von Kriegsfeld.

Beim Ausbruche der Revolution in Monza am 21. März befand ich mich bei dem am Platze en fronte aufgestellten Bataillon und erhielt den Befehl, mit einem Zuge das Vorrücken der Insurgenten in der gegen die linke Flanke des Bataillons führenden Gasse zu verhindern. Ich marschirte allsogleich dahin ab und traf dort die geeigneten Anstalten hiezu. Kurze Zeit darauf sah sich aber der linke Flügel des Bataillons genöthigt, da er einem starken Kreuzfeuer ausgesetzt war, sich in die von mir abgeschlossen gehaltene Gasse zu werfen, während sich der rechte Flügel in das nahe gelegene Seminar zurückzog und die Vertheidigung desselben allsogleich begann. Wir hielten uns mit dem linken Flügel über eine Stunde in der Gasse; doch als das Kreuzfeuer auch da immer heftiger wurde, ward beschlossen sich mit dem andern Flügel des Bataillons im Seminar zu vereinigen, das man auch im schnellen Laufe über den Platz bewerkstelligte, wobei ich einen Schuß in die rechte Wade erhielt. Im Seminar verwundet angekommen ließ ich mir mit einem Sacktuche durch den zunächst stehenden Korporal die verwundete Wade fest zusammenziehen und binden, und begab mich sonach gleich wieder zu meiner Truppe.

Die Vertheidigung des Seminars dauerte gegen zwei Stunden. Als der Major sich von allen Seiten umzingelt sah, fand er es für angemessen, nach einem früher erhaltenen Befehl auf der Rückseite des Seminars mittelst eines Sturmes in die Felder sich den Durchgang aus Monza zu erzwingen. — Während dieses Sturmes erhielt ich in dieselbe Wade, aber etwas höher, einen zweiten Schuß, welcher mich zu Boden streckte, und wodurch es mir unmöglich ward aufzustehen. So blieb ich am Platze verlassen liegen und sah das Bataillon verschwinden. Die nun von allen Seiten vordringenden Insurgenten hatten mich kaum erblickt, als sie schon gleich Räubern auf mich stürzten, mich mit Fußtritten, Pikenstichen, Schlägen mit eisernen Stangen — Mauerbrechern — am ganzen Körper, besonders am Kopf traktirten, und mich sodann mit dem Zurufe: „Ecco per te porco d un tedesco!" (da, dieses für dich Saukerl von einem Deutschen!) noch recht bespuckten. Nun schleiften sie mich von einem Orte zum andern, rissen mir alle Kleider bis auf das Hemd und die Gattien vom Leibe und ließen, nachdem sie mich so auf alle nur erdenkliche schändliche Art mißhandelt hatten, endlich in meinem Blute gebadet liegen.

Nebst den zwei Schußwunden hatte ich noch einen Stich und eine starke Contusion am Leibe, und lag nun gegen zwei Stunden da bei einem Sandhaufen, ohne daß man sich meiner erbarmt hätte. Endlich gingen zwei entwaffnete Soldaten vorbei. Ich rief sie an, sie erkannten mich und erwiesen mir den Dienst, mich in das nahe Seminar zu tragen, wo ich schon zwei andere verwundete Kameraden im Bette liegend fand.

Hier war ich in den Händen der Geistlichkeit, welche, (mit Ausnahme der Schweizer Seminaristen, die ihr Möglichstes thaten, um mir das harte Geschick zu erleichtern), in der Behandlung zwischen Deutschen und Italienern einen sehr erheblichen Unterschied machten. Besonders in den ersten Tagen war das, was man mit uns trieb, fast nicht mehr zu ertragen. Alle Augenblicke erschienen ganze Schaaren von Insurgenten im Krankenzimmer, beschimpften uns, hoben uns aus den Betten, legten uns auf den Boden und von da wieder in die Betten, vorgebend wir hätten bei uns Waffen versteckt. Eines Tags kam eine solche Kanibalenhorde und setzte mir und den übrigen blessirten Kameraden jedem zwei bis 3 Gewehre mit dem Rufe auf die Brust: »Le bandiere, o la vita, miserabili tedeschi!« (die Fahnen her, oder das Leben, ihr elenden Deutschen!). —

Nach acht Tagen führte man mich und die anderen Leidensgefährten endlich in das Civilspital, wo ich zu meinem großen Schmerze einen anderen Kameraden, nämlich meinen Cousin auf das Schrecklichste von Wunden entstellt fand. Auch da hatte ich noch so manchen Schimpf zu ertragen, bis man mich, ohne jedoch von meinen Wunden ganz hergestellt zu sein, und ohne mich zu fragen, ob ich wolle oder nicht, nach zwei ein halb Monaten unter dem Vorwande: »Le spese sono troppo grandi«, — die Kosten sind zu groß, — nach Mailand in die Kerker von St. Margherita abführte.

Nachdem man die Quartiere aller Offiziere in Monza nach dem Abzug der Truppe geplündert, mich auch noch am Platze ganz ausgezogen hatte, so mußte ich mir die nöthigsten Kleidungsstücke vor meinem Abgehen nach Mailand fast erbetteln. Doch einer edlen Handlung hier noch zu gedenken, ist meine heilige Pflicht, da sie um so schöner erscheint, als sie in Wahrheit die einzige war, welche mich überzeugte, daß selbst unter so elenden Menschen, wie die waren, welche eine Unzahl der schändlichsten Grausamkeiten an mir verübten, es doch noch solche gibt, welche die Benennung »Mensch« in seiner hohen Bedeutung ganz verdienen. Als ich nämlich aus dem Seminar in's Spital gebracht wurde, steckte mir ohne mein Wissen ein Schweizer Geistliche — Professor, — dessen Namen mir leider entfiel, in die mir geschenkte Wäsche noch ein hundert Zwanziger. Der Himmel möge es ihm lohnen, denn sie bekamen mir sehr wohl in dem Elende, das meiner noch harrte. —

Mein Leben in St. Margherita glich jenem der übrigen Herren, nur mit dem Unterschiede, daß ich krank war und nach zwei Monaten, da keine Besserung sich einstellte, in's Militärspital zu Mailand mich begeben mußte, wohin ich, weil ich nicht gehen konnte, aus meiner geringen Barschaft noch selbst die Fuhrkosten bestreiten mußte.

Dort angelangt legte man mich in einen großen, sehr hoch gewölbten Saal mit sechs großen Fenstern, wovon zwei ganz offen waren, weil sie keine Gläser hatten, denn früher war dieses Lokale als Magazin benützt worden. Um mir ja die möglichste Aufmerksamkeit zu erweisen, legte man mich, hart an der Thüre, einem solchen offenen Fenster gerade gegenüber, in ein Bett, das von Ungeziefer aller Art wimmelte, und nur aus einem mager gefüllten, zerrissenen Strohsacke mit zerrissenen Leintüchern bestand, aber keine Matratze hatte. Ein Glück für mich war die Sommerszeit, sonst wäre ich sicher in einer so elenden Lage zu Grunde gegangen.

Damit noch nicht zufrieden sorgte man auch dafür, mir meine Umgebung recht angenehm zu machen. In dem gedachten Saale lagen nämlich gegen 75 Kranke und Verwundete: Lombarden, Piemontesen und Polen, die mich von Morgens bis Abends, und wenn sie des Nachts nicht schlafen konnten, auch dann noch verhöhnten und beschimpften. Wie oft mußte ich Aeußerungen, wie diese: „E' meglio d'amazzare quel ludro, quel cane d'un tedesco, come di pagarlo o di mantenerlo!“ — (Es ist besser, dieses Luder, diesen Hund von einem Deutschen todtzuschlagen, als für ihn zu zahlen, oder ihn zu unterhalten) — anhören!

Welche Schändlichkeiten wurden mir da, als von den Oesterreichern begangen, aufgetischt, — die, wollte ich sie wieder geben, einen Ausbund der elendesten und unflätigsten Infamien bilden würden.

Das Vorbeigehen und das Ausspucken bei meinem Bette war etwas sehr Beliebtes; — auch gefiel man sich sehr darin, vor mir stehen zu bleiben und mich von oben bis unten höhnisch zu messen; — diese Manövers wurden täglich um die zehnte Stunde Vormittags, wo Personen vom Civilstande die Kranken zu besuchen pflegten, vorgenommen.

Die Kost war schlecht und die Krankenpflege elend. Kein Arzt betitelt mich anders als mit „voi“ (Ihr), und alle meine Bitten wegen Wechslung des Bettes oder Zimmers blieben unbeachtet. Erst zu Ende meines Aufenthalts in diesem Spitale, wo es mir wie in einer Räuberhöle unheimlich vorkam, legte man mich in einen anderen Saal, wo fast ein hundert Kranke zusammen gepfropft lagen; hier war wohl das Bett etwas besser, sonst aber auch nichts; im Gegentheil es zeigte sich hier noch eine andere Annehmlichkeit mehr, d. i. im ersten Stocke ober diesem Saal wurden die Zimmerwände durch- oder ganz abgebrochen und weiß der Himmel was noch gearbeitet; denn man hämmerte und polterte oben in der Halle den ganzen Tag darauf los, und warf des Nachts allen Schutt vor unseren Fenstern herab; kurz es war nicht möglich, nur eine Stunde ruhig zu schlafen.

Endlich brachte man zu meiner größten Freude den kranken Lieutenant Pesta vom Fuhrwesen in dasselbe Zimmer. Er nahm ein Bett neben dem meinigen, und so war ich schon darum ganz glücklich, daß ich mit einem Kameraden einige Worte wechseln konnte.

Ueber einen Monat lag ich bereits im Spitale, meine Wunden waren fast geheilt; da kam eines Tags zu Mittag ein Ufficiale di pace und sagte mir, daß, da die Oesterreicher gegen Mailand vorrücken, ich mich gleich bereit halten solle, ihm zu folgen. — Ich nahm mir auf meine Kosten einen Wagen, in welchem man mich in's

Kastell brachte, wo ich mit zwölf anderen gefangenen Offizieren in einen Kerker der Rochetta eingesperrt wurde. Hier wurden wir von Arrestanten, die mit eisernen Rosenkränzen beschenkt waren, bedient und mit einem Worte vielleicht noch schlechter als diese unter dem Kommando eines früheren österreichischen Oberlieutenants Margheritis gehalten. Zu meinem und Aller Glücke währte diese elende Lage nicht lange; denn das rasche Vorrücken unseres vielgeliebten Helden Feldmarschalls Grafen Radetzky mit seiner siegreichen Armee befreite uns bald von diesen Qualen, da wir in aller Eile nach Piemont transportirt wurden. Wie es mir da noch erging, werde ich meinem gütigen Leser später erzählen.

## Oberlieutenant Karl Schmits.

In der Nacht vom 18. auf den 19. erhielt das Bataillon, bei welchem ich stand, den Befehl, alsogleich nach Mailand abzurücken, wo es am 19. um acht Uhr im Kastell anlangte. Eine halbe Stunde darauf bekam ich den Auftrag, mit drei Zügen und drei Fuhrwesenswägen eine Holzfassung im Magazin, das sich in der Stadt befand, zu machen.

Ich rückte ab, kam auch unangefochten bis über die frühere Fuhrwesens-Kaserne St. Giovanni am Kanale, doch da fand ich beim Einmünden einer Gasse der Stadt auf dem Wege längs des Kanals die erste Barrikade, welche mir den Weg versperrte. Ich nahm sie mit Sturm, und verlor hiebei nur einen Mann, dann vom Fuhrwesenszuge ein Pferd.

Kaum war ich über diese Barrikade gekommen, als ich blos auf dem Stücke des Weges gegen Porta Ticinese, der vor mir lag und welchen ich unbedingt machen mußte, um meine Aufgabe zu lösen, nicht weniger als vier Barrikaden fand, wodurch es rein unmöglich wurde mit den Fuhrwesenswägen weiter zu kommen. Ich bog sonach in eine Seitengasse, um mich gegen die von den Barrikaden mir zugeschickten Schüsse zu decken; hier faßte ich den Entschluß, bei der Unmöglichkeit, meiner Sendung ferner genügen zu können, mich zurückzuziehen.

Nun setzte ich mich in Rückmarsch, den ich plänkelnd bis in die Nähe des Kastells zurücklegen mußte. Hiebei erhielt ich selbst mehrere Wunden, als: ein Schrot ins rechte Auge, dann einen in die Ober- und einen andern in die Unterlippe, — wobei ich einen Zahn verlor, — ferner einen Pfosten in den linken Oberarm, und rechts und links in die Brust zwei Schrot, welche aber wegen der Watte des Rockes nicht tief eindrangen. Nebst dem wurde noch ein Gefreiter neben mir erschossen, und ein Mann blessirt.

Im Kastell angelangt kam ich der Augenverletzung halber ins Ambulanten-Zimmer, wo sich schon mehrere Verwundete befanden, darunter auch ein Artillerie-Offizier mit einer leichten Contusion. — Den folgenden Tag wurden alle in der Ambulance befindlichen Blessirten, worunter auch ich war, in drei oder vier Fuhrwesenswägen unter der Bedeckung einer Kompagnie ins Militär-Spital überführt. Obwohl man bei Casa Litta auf uns schoß, wobei einige Kugeln die Leinwanddecken unserer Wägen durchlöcherten, so kamen wir Blessirten doch ohne den mindesten Schaden zu erleiden durch. —

Beim Abzug unserer Truppen aus Mailand blieb ich somit als Bessirter im Militär-Spitale zurück, und wurde nach meiner gänzlichen Heilung, — versteht sich mit Einbuße meines rechten Auges, — in die Kerker St. Margherita zu den übrigen von der provisorischen Regierung zurückgehaltenen Offizieren gebracht.

## Oberlieutenant Franz Ebeling, Edler von Dünkirchen.

Vom lombardisch-venetianischen General-Kommando erhielt ich die Ordre, am 19. März als Courier von Verona über Brescia und Bergamo nach Mailand abzugehen.

Diesem zu Folge reiste ich mit zwei Mann Bedeckung am besagten Tage um 3 Uhr Nachmittags ab, und langte gegen 10 Uhr in Brescia an.

Ich hatte vom General-Kommando einen mündlichen Auftrag an Se. Durchlaucht den Feldmarschall-Lieutenant Fürsten von Schwarzenberg erhalten; um mich desselben zu entledigen, verweilte ich beiläufig eine Stunde in Brescia, worauf ich gegen eilf ein viertel Uhr von dort wieder abreiste. Um drei Uhr früh langte ich im Orte Palazzolo an. Der dortige Postmeister weigerte sich aber mir Postpferde zu geben, weßhalb ich genöthiget war, meinen Weg zu Fuß fortzusetzen.

Ich beeilte mich nun so sehr, als es mir möglich war, die nächste Poststation zu erreichen, in der Hoffnung dort Pferde zu bekommen. Der herabströmende Regen, die finstere Nacht und der Umstand, daß das Posthaus — das Ziel meiner Anstrengung — bei Cavernago allein an der Straße steht, waren die Ursache, daß ich an demselben vorbeiging, ohne es zu wissen. Erst drei eine halbe Stunde von Bergamo hörte ich ein Pferdegetrappe. Es waren zwei Gensd'armen, welche, wie ich glaubte, Se. kaiserl. Hoheit den Erzherzog Sigismund von Bergamo nach Brescia begleitet hatten. Ich ersuchte sie, mir für jeden Preis einen Wagen zu verschaffen, und mich nach Bergamo zu begleiten. Sie sagten mir dieses zu, doch versicherten sie mich, daß in Bergamo die Gassen bereits verbarrikadirt seien, so wie, daß das Infanterie-Regiment Erzherzog Sigismund schon gestern Abends plötzlich abmarschirt sei, dann daß ein jeder Reisender ohne Unterschied von den Revoltirenden angehalten werde, welches mir auch der Stallmeister Sr. k. Hoheit bestätigte. Die Gensd'armen ritten fort und ich blieb in einem einzeln stehenden Hause, wohin sie den Wagen zu führen versprachen.

Ich hatte den Auftrag, dem Infanterieregimente Sigismund den Befehl zu bringen, daß es in Bergamo zu verbleiben habe; nachdem aber dieses Regiment, wie eben gesagt, vermöge Anordnung Sr. Excellenz des Feldmarschalls Grafen Radetzky bereits von dort abgerückt war, und ich daher jedenfalls zu spät nach Bergamo gekommen wäre, so entschloß ich mich nach zwei Stunden fruchtlosen Wartens auf den Wagen, in Erwägung, daß eine bedeutende Zahl von Bauern bereits in das Haus gekommen war, welche sich verlauten ließen, ich dürfe mich nur ohne Waffen von hier entfernen, durch das rückwärtige Thor diesem Gesindel zu entwischen, bei der nächsten Post Cavernago Pferde zu nehmen, um nach Palazzolo zurück zu fahren, und von dort direkte über Chiari nach Mailand zu reisen.

Ich schlüpfte auch mit meinen zwei Mann glücklich beim Thor hinaus und kam bis zum Posthause. Kaum zeigte ich mich aber da, so war ich schon von mehr als 200 mit Flinten, Pistolen und Knitteln bewaffneten Bauern umringt, die mir zuriefen: „abasso l'arma!“ — Waffen abgelegt! — Da ich mich Anfangs solches zu thun weigerte, schloß mich diese Horde immer enger ein und nun wurde ich sammt meinen Leuten entwaffnet, geknebelt und schändlich mißhandelt. — Endlich verlangten sie von mir die Depeschen. Ich versicherte, keine zu haben und reichte ihnen meine Brieftasche, die auch wirklich leer war. Sie begnügten sich jedoch damit nicht, sondern drohten, mich sammt meinen Leuten zu erschießen, wenn ich ihren Wünschen nicht nachkommen wollte. Da ich dieses nicht that, so rissen sie mir die Kleider vom Leibe, und durchsuchten mich bis auf die Haut, wo ihnen das Dienstschreiben, welches ich um den Leib gebunden hatte, in die Hände fiel.

*

Man führte mich nun nach Palazzolo, wo man bei meiner Ankunft Sturm zu läuten begann. Das Bauernvolk strömte mir entgegen und begann schon auf mich und meine zwei Mann mit Steinen zu werfen, und man hätte mich bei der einmal vorhandenen Erbitterung gewiß erschlagen, wenn sich nicht die Behörden des Ortes zu meiner Rettung in's Mittel gelegt hätten.

Man brachte mich sofort in eines der ersten Häuser, wo ich gut behandelt wurde. Nach drei Tagen brachte man mich unter Escorte nach Brescia, von wo aus ich das Geschick der Gefangenschaft mit den andern, schon da befindlichen Kameraden theilte.

## Hauptmann Franz von Zergollern.

Am 18. März um sieben Uhr Abends, gerade als ich mich mit mehreren andern Offizieren zu einer arrangirten Whistpartie setzen wollte, — erhielt ich die offene Ordre, mit der siebenten und der Hälfte der achten zu Desio garnisonirenden Kompagnie alsogleich mit Zurücklassung aller Bagage nach Monza abzurücken. — Somit war auch die Partie zu Desio zu Ende gespielt. Ich ließ Vergatterung schlagen und abmarschiren. Die Nacht war finster, und der in Strömen herabfallende Regen that das Seinige, um den Marsch recht angenehm zu machen. — Eilf Uhr mochte es sein, als ich in Monza einrückte. —

Am 19. wurde auf dem Platze vor dem Seminar bivuaquirt; — die Nacht war heiter und schön, die gerade stattgehabte totale Mondesfinsterniß und die Wachtfeuer aus unserem Lager hätten für einen Künstler in diesem Genre Stoff zu einem recht anziehenden Gemälde abgegeben; wir durchwachten daher auch diese Nacht bis zum 20. März in der besten Laune, und rückten an diesem Tage gegen neun Uhr in die Kaserne, weil es zu regnen begann. Die Offiziere wurden der Bereitschaft, so wie auch der eigenen

Sicherheit wegen in der Kaserne selbst untergebracht. Am Abende desselben Tages erhielten wir die Nachricht, daß die Insurgenten zu Desio unsere daselbst zurückgelassene Bagage durchsucht, und die aufgefundene scharfe Munition zu sich genommen hätten. In der folgenden Nacht kam auch der Korporal Lucioni der achten Kompagnie, welcher mit einer Anfrage an den Feldmarschall Grafen Radetzky nach Mailand gesendet war, von da entwaffnet zurück, und sagte aus, daß ihn die Beamten der Eisenbahn in Gemeinschaft mit einigen Bauern entwaffnet, geprügelt, und ihm den vom Feldmarschall empfangenen Befehl abgenommenen hätten. Diese zwei Vorfälle genügten, um zu wissen, es stehe uns auch in Monza ein Kampf bevor. — Am 21. um 7 Uhr früh ließ daher der Major Sterchele die 4 Kompagnien, wie es am 20. geschah, in Bereitschaft am Platze wieder ausrücken. Es währte auch nicht lange, so kamen der Podestà, Pretore und andere Beamten vor die Fronte des Bataillons mit einem vom Gouverneur O'Donel unterzeichneten gedruckten Dekret, und forderten den Major auf, die Erlaubniß zur Errichtung einer National-Garde zu geben. Der Major verweigerte es. — Nun verbreitete sich die Nachricht, daß einige Tauseud bewaffnete Bauern den Weg nach Mailand durch Monza nehmen wollten, und kurz darauf zeigten sich auch wirklich einige als Jäger mit Doppelflinten bewaffnete Civilisten. Mehrere von diesen kamen wieder zum Major und verlangten den Durchzug ihrer Schaar durch Monza. Als ihnen dieses ebenfalls kurz verweigert wurde, entfernten sie sich. Man sah nun, wie sich die Jalousien und die Läden der Fenster am ganzen Platze um uns herum schloßen; — einige Augenblicke, und das Feuer der Insurgenten begann aus den sicheren Verstecken auf das Bataillon. Dieses wird von unseren vier Kompagnien, ohne daß hiezu ein Befehl gegeben ward, erwiedert. — Der Augenblick der Entscheidung ist da. — Ich sehe mehrere unserer Leute, die ohne zu zielen in die Luft feuern. — Die in den Seitengassen postirten Tirailleurs werden einberufen und erregen beim Einrücken in die Fronte des Bataillons einige Unordnung, worauf sich die ganze Mannschaft gegen das Thor des Seminars drängt, da solches zum Rückzug bestimmt war. Diese rückgängige Bewegung sehend, hielt ich es aus eigenem Antriebe für nöthig solche zu decken. Nachdem mein Lieutenant Anton von Kriegsfeld bei der Kasse detachirt, und der Lieutenant Andreassy bereits blessirt waren, so stellte ich mich mit dem Rest meiner Kompagnie, bei dem Eingange des Thores auf, um das Eindringen der Insurgenten zu hindern und dem Bataillon Zeit zum Sammeln zu geben. — Schon fielen mehrere Schüsse dicht neben mir, da fühlte ich im linken Arme einen Stoß, wie einen elektrischen Schlag; — es ist eine Kugel, die mir durch den Ellenbogen fuhr; — ich fühle mich schwer getroffen und zu meinem Schmerze genöthiget, den Kampfplatz zu verlassen, um mir im Seminar den Arm verbinden zu lassen.

Während ich verbunden wurde, rückte das Bataillon aus dem Seminar rückwärts hinaus, schlug sich ins Freie und sofort nach Mailand durch. Auf diese Art blieb ich aber nebst dem da befindlichen Lieutenant Andreassy und dem später dahin gebrachten Lieutenant Emanuel Kriegsfeld — beide waren verwundet — zurück, und wurde von den in das Gebäude eingedrungenen Insurgenten festgenommen, jedoch im Seminarium belassen.

Hier blieb ich nun vier Tage und wurde von dem Arzte Semenza und den Klerikern — meist Schweizern — welche meine Wärter waren, gut behandelt. Mein Fourierschütz — ein treuer Mann — brachte mir meine ganze Bagage nebst dem Gelde, welches ich mir unter dem Krankenbett aufbewahrte. Am fünften Tage meiner Anwesenheit daselbst brachte man Abends eine Krankentrage ins Zimmer, legte mich ohne viele Umstände hinein und trug mich ins Civil-Spital, wo ich zu dem hier verwundet liegenden Lieutenant

Anton Kriegsfeld in ein ganz neu gebautes Zimmer gelegt wurde. Ich machte gegen dieses Lokale meine Ausstellungen und wurde Tags darauf nebst den übrigen verwundeten Offizieren in ein großes geräumiges Zimmer gebracht.

Bei meinem Uebertragen in's Civilspital ließ man meine Bagage mit der Versicherung im Seminar zurück, daß mir solche den folgenden Tag nachgesendet werden würde, — dieß geschah jedoch nicht; — im Gegentheile forderte man mir im Spitale die Schlüssel zu den Behältnissen ab, und so wie mich der Rektor Daverio versicherte, wurden solche ganz durchsucht, das Geld herausgenommen und dem Comitato di Guerra — Commissario Bellani — übergeben. — Obwohl ich öfter schriftlich beim Comitato di Guerra, wie nicht minder bei der provisorischen Regierung zu Mailand wegen Rückstellung meines Geldes und der Bagage das Ansuchen stellte, so erhielt ich weder das eine noch das andere, und mußte mich mit der am Leibe gehabten Wäsche und Kleidung so lange behelfen, bis es mir gelang, das Nöthigste durch eigenen Ankauf anzuschaffen, was ich nur dadurch zu thun vermochte, daß ich mir von den täglich zum Leben erhaltenen drei Zwanzigern das nöthige Geld hiezu ersparte.

Mein Verlust beläuft sich bloß im baren Gelde auf ein tausend zwei hundert dreißig acht Gulden Conventions-Münze, dann in Obligationen, — einem Reitpferde, das ich einige Tage vor dem Ausbruche der Revolution für dreihundert Gulden Conv.-Münze gekauft hatte, — ferner in Prätiosen, Kleidern und andern Kleinigkeiten nebst Waffen. —

Da ich — wie schon gesagt — mit mehreren Offizieren des eigenen Regiments sowohl im Seminar, als später im Civilspitale verwundet lag, so will ich mich hinsichtlich der schändlichen Behandlung, die uns da zu Theil wurde, nur auf ihre Aussagen berufen, und füge selbst nur noch folgende Episode bei, da sie mehr gegen mich, als gegen die andern Herren gerichtet war. Es kam nämlich in den ersten Tagen eine Horde Freiheitsschnaubender unter der Anführung eines Obersten, wie sie ihn zu tituliren beliebten, der mit gezogenem Säbel auf mich eindrang und die Fahnen des Regiments, die ich versteckt haben sollte, forderte, indem er rief: „Voi siete Capitano e dovete averle!“ — (Ihr seid Hauptmann und müßt sie haben! —) Man zerrte mich nun aus dem Bette, — legte mich auf den bloßen Fußboden, — und durchsuchte das Bett, in welchem ich lag. Ich weiß nicht, wie es mir in dieser Stunde noch ergangen wäre, wenn sich meiner nicht der Rektor Daverio als Padrone di casa so warm angenommen hätte; — denn ich war ganz in den Händen des Abschaumes der Menschheit.

Im Monat Juni wurde ich mit den Lieutenants Anton Kriegsfeld und Andreassy nach Mailand in die Kerker St. Margherita, wohin man den Lieutenant Emanuel Kriegsfeld schon früher gebracht hatte, — mit dem vierten Transport nach Genua abgeführt. Da sich meine Wunde durchaus nicht schließen wollte, und auch die Bewegung beim Fahren auf mich ungünstig einwirkte; so rieth mir der uns besuchende Arzt, — als die übrigen gefangenen Herren in die kleinen Städte Piemonts versetzt wurden, — zur gehörigen Pflege in das Militärspital zu Genua zu gehen, welches ich that. Dort wurde ich gut gepflegt und behandelt, und ich blieb daselbst bis zur Auswechslung der Gefangenen. — Als diese stattfand, reihte man mich denjenigen gefangenen Herren an, die zur See aus Savona kamen, und ihrer Blessuren oder sonstigen Gebrechen wegen nicht auf Maulthieren nach Bobbio, sondern geraden Weges über Novi, Tortona, Voghera und Pavia zu Wagen nach Mailand transportirt wurden.

## Militär-Verpflegs-Assistent Franz Dirnböck.

Obwohl man aus den früher stattgehabten Kravallen auf nichts Gutes gefaßt war, so dachte man es sich wenigstens nicht gar so nahe bevorstehend. Es war daher ganz natürlich, daß die am 20. März zu Bergamo durch den plötzlichen Abmarsch des Infanterie-Regiments Erzherzog Sigismund nach Mailand, (welchen das Civile durchaus verhindern wollte) zum Ausbruch gebrachte Revolution Jedermann überraschte.

Ich wohnte im Verpflegsmagazins-Gebäude, wo auch die Hauptwache war; hier hielt ich mich auch am sichersten, immer voraussetzend, daß das Infanterie-Regiment Prinz Hohenlohe — wie verlautete — in den nächsten 48 Stunden an die Stelle des abgegangenen Regiments Sigismund in Bergamo eintreffen und der Aufstand damit sein Ende erreicht haben werde. Doch leider gestaltete sich die Lage der Dinge viel schlechter, als ich es mir nur zu träumen gewagt hätte. Die verschiedenartigsten Gerüchte durchkreuzten sich, des Sturmgeläutes und des Feuerns war kein Ende, was mich in einer nicht sehr angenehmen Aufregung erhielt. In dieser etwas pikanten Stimmung saß ich da in meinem Zimmer, den buntesten Zweifeln und Hoffnungen Raum gebend, als an meine Zimmerthüre geklopft wurde, und nach einem sonoren „avanti!“ der Platz-Major im Militärrock mit einem Familien-Parapluie unter dem Arme in völliger Rathlosigkeit und mit verstörten Zügen zu mir hereintrat. Er ersuchte mich, die ihm beim Abmarsch des Infanterie-Regiments Sigismund zur Obhut und als Mitsperre übergebenen Kassen aller Truppen-Abtheilungen zu übernehmen. Meine bestimmte und wohl begründete Weigerung brachte denselben so aus aller Fassung, daß er ein nahestehendes Unteroffiziersweib dringend fragte: „Sagen Sie mir doch um Gottes Willen, was soll ich mit den Kassen thun?“ — Endlich kam ihm der Gedanke, sie den

Offizieren der Hauptwache zu übergeben, und somit ging er nun getrost von dannen. Dessen ungeachtet erschienen bald darauf sechs Mann mit den Kassen in meinem Zimmer, wohin sie solche zu tragen beredet sein wollten. Ich wollte, wie ganz natürlich, von solch einem ausgezeichneten Vertrauen nichts wissen, und schaffte sie mit dem Auftrage ab, die Kassen auf das Offiziers-Wachtzimmer zu tragen.

Indessen ward es zur Vertheidigung der Hauptwache dringend nöthig, den ersten Stock d. i. meine Wohnung zum kräftigen Widerstande vorzubereiten, da man in Bälde besorgen mußte, von den Insurgenten angegriffen zu werden, welche sich bis jetzt noch immer am Pulver-Magazin mit den Grenzern unterhielten. Es wurden sonach die Fenster meiner Wahnung zur Vertheidigung hergerichtet, und aus meiner Wohnung ein verschanztes Lager im Kleinen gemacht.

Die Nacht blieben wir unangefochten; doch am Morgen des 21. März um 7 Uhr erregt ein immer näher kommender dumpfer Lärm meine Aufmerksamkeit, und fast gleichzeitig stürzt Muzio in die Kanzelei, und fordert mich unter der Versicherung, daß die höchste Gefahr vorhanden sei, dringend auf, das Verpflegs-Magazin zu verlassen, weil eine große Anzahl bewaffneten Volkes herankomme, um das Gebäude anzuzünden. — Ehe ich noch die Handkasse und einige Dokumente zusammenraffen konnte, krachten bereits Flinten- und Musketenschüsse, und es blieb mir daher auch nicht mehr möglich, mich vor dem anstürmenden Pöbel über die Straße in Sicherheit zu bringen. — Es blieb mir kein anderer Ausweg übrig, als mich unterm Dache in das anstoßende Gebäude der mir wohl bekannten Familie Merati zu flüchten, wo ich herzlich aufgenommen wurde, um wenigstens der Wuth des Volkes als Deutscher zu entgehen.

Das Feuer begann nun von und gegen die Hauptwache, und wurde mit größter Lebhaftigkeit fortgesetzt, es nahm auch bald so zu, daß, nachdem die Grenzer sehr hartneckigen Widerstand leisteten, die Insurgenten auch das Haus, wo ich war, zu besetzen forderten, um ihre Gegner besser in der Flanke fassen, und so delogiren zu können. Was blieb da anderes übrig, als sich neuerdings sammt der ganzen Familie zu flüchten. Es mochte eben Mittag sein, als Frauen, Mädchen, Kinder und Mägde mit mir über Mauern und sonach durch ein Stallfenster in den Hof des nächsten Hauses — Frizzoni — stiegen, und von da durchs zweite Thor, das außer der Schußlinie lag — zu dem Schweizer Zavarit in volle Sicherheit gelangten.

Hier hörte ich nun so manche Episode des Kampfes bei der Hauptwache. So soll der Rechnungsführer des Frizzoni mit einem Grenzer — beide vortreffliche Schützen, — auf sich gegenseitig um die Wette geschossen haben. Es befand sich nämlich der Rechnungsführer hinter einem Rauchfange des nahe an der Hauptwache befindlichen Palastes seines Herrn, während ihm gegenüber sein Gegner am Dache des Verpflegs-Magazins-Gebäudes saß. Da blitzt es fast zugleich aus beiden Feuerschlünden, und wer rollt vom Dache? — Der Herr Rechnungsführer zum Schrecken der Insurgenten. — So mancher Insurgent wurde von den Kroaten an Wand und Baum genagelt, bevor solche auf einen Rückzug in die Kaserne St. Augustino dachten, den sie aber auch sehr gut bewirkten; denn während die Aufständischen nur von vorne auf sie eindrangen, entwischten diese ihnen rückwärts durch Gärten und Felder. Nicht zufrieden mit diesen, machten die Grenzer in der Nacht vom 21. auf den 22. sogar noch einen recht klassischen Streifzug aus der Kaserne St. Augustino in das bereits von den Insurgenten besetzte Verpflegs-Magazin. Sie schlichen sich nämlich, als es in der Vorstadt nach Mitternacht ruhig geworden war, barfuß durch Gärten und über Felder durch dieselben Maueröffnungen, welche sie sich beim Rückzuge einige Stunden früher gemacht hatten, in besagtes Magazin, beluden sich da mit Brot, und kehrten wieder wohlbehalten in die Kaserne zurück. Welcher Genuß für den Betheiligten wäre das gewesen, zu sehen, wie diese kleine Schaar von mächtigen und ernstblickenden Gestalten vom gewöhnlichen Geräusche des soldatischen Schrittes entlediget leise dahinzog, und kaum ein gedämpftes Gemurmel in der Nähe vernehmen ließ, um mit Brot seine hungernden Kameraden zu laben; — wahrlich der Beobachter wäre versucht gewesen, zu glauben, dieses Bild sei ein Zug aus den Nebelkriegen der nordischen Mythe. —

In der Nacht vom 21. auf den 22. nachdem die Hauptwache von den Grenzern geräumt war, wurde es endlich in der Stadt stille und auch ich genoß sonach der Ruhe. Morgens an diesem Tage fand mich der Platz-Major sogar beim Zavarit auf, und wollte mir den zweiten Schlüssel der Kassen aufdringen, welcher Anforderung ich aber eben so wenig als seiner ersten entsprach.

Nach dem Abzug des Grenz-Bataillons der Szluiner brachte man mich als Gefangenen in Casa Merati, wo ich gleich dem eigenen Sohne des Hauses mit der größten Aufmerksamkeit behandelt wurde. Man wollte mich sogar mit einem Passe — als Beamter — nach Tirol ziehen lassen, was aber im letzten Augenblicke durch einen Zufall vereitelt wurde. In den letzten Tagen des Monats April wurde ich mit andern gefangenen Offizieren nach Mailand abgeführt und in die Kriminal-Kerker St. Margherita gelegt. Hier blieb ich bis zum siegreichen Anrücken unseres geliebten Feldmarschalls Grafen Radetzky, worauf man mich über Alessandria nach Savona transportirte und dann in Bobbio ranzionirte; daher ich auch vom April an bis zu Ende Augusts das herbe Schicksal mit den übrigen Gefangenen theilte.

## Unterlieutenant Hermann Steiner.

Es mochte am 20. März halb sieben Uhr Morgens sein, als ich den Befehl erhielt, mit einer halben Kompagnie das Platzkommando-Gebäude in Mailand zu besetzen. Alle übrigen Posten waren bis auf das Militär-Kommando-Gebäude zurückgezogen worden. Ich langte daselbst ohne einen Vorfall an, schloß die zwei Thore und besetzte das ganze Gebäude, welches bei seiner Größe die ganze Mannschaft erforderte, die sonach ohne Ablösung fortwährend am Platze bleiben mußte. — Da ich beim Anlangen daselbst schon zwei Korporäle und zwölf Mann nebst einem Ordonnanz-Korporalen vorfand, so behielt ich diese als meine Reserve. — Doch rings ums Haus war vollkommene Ruhe. — Ich wartete daher auf die mir noch zukommen sollende Verstärkung.

Um 2 Uhr Nachmittags langte ein Zug von 36 Mann von Geppert Infanterie mit Brot an, und mit diesem auch der Oberlieutenant Graf Thun, dann der Lieutenant Cracroft von Kaiser-Ferdinand-Infanterie, welch letztere sich aber auch gleich darauf wieder entfernten, nachdem sie mir noch die Mittheilung gemacht, daß allenthalben der Friede ausgerufen werde. — Ich öffnete daher auch die Thore. Wie dieses das Volk sah, so kam es in Masse zu mir heran, war unendlich freundlich und wollte mich überreden, mit ihnen in die Casa Gonfolonieri zu gehen, was ich aber durchaus ablehnte, worauf sie von mir Patronen forderten, was ich ebenfalls mit Entrüstung zurückwies. Während dieses Hin- und Herredens fällt ein Kanonenschuß, kurz darauf mehrere vom Kastell herab. Ich witterte sonach Verrath, drängte das Volk hinaus und schloß mit Gewalt das Thor. Alles blieb jedoch ruhig, und in der Gasse sah man noch immer keine Barrikaden. Erst um 4 Uhr bemerkte ich, daß man deren zu bauen begann, doch blieb die Ruhe am Abend und auch die ganze Nacht hindurch vollkommen ungestört.

Gegen 9 Uhr früh am 21. zeigte sich beiläufig eine Kompagnie Jäger, — wie ich später erfuhr, jene vom Dome, — welche mich abzuholen kamen; da sie aber keine Kanonen hatte, konnten sie der Barrikaden wegen nicht weiter, daher sie auch unverrichteter Sache wieder zurückkehrten.

Nun ist es gut, dacht' ich mir, ich bin so gut als verlassen.

Die Insurgenten besetzten nun die schon verlassene, rückwärts befindliche Polizei-Kaserne, von welcher aus man meinen Hof ganz übersehen konnte, so daß sich von meinen Leuten in demselben kein Mann zeigen durfte, ohne sich ganz bloßzustellen. Doch blieb es noch immer, einige Schüsse abgerechnet, ruhig.

Erst um halb ein Uhr Nachmittag begann das Civile mich zu stürmen und die Thore mit Hacken zu öffnen. Da ich aber durchs Thor schießen, und vom Dache und von den Fenstern herab Steine und Ziegel auf sie werfen ließ, so zogen sich dieselben wieder zurück und es blieb eine Viertel Stunde ruhig. Diese Zeit benützte ich dazu, die Thore mit Brettern, welche ich aus dem Magazin nahm, zu verrammeln. Als sie nun abermal stürmten, konnten sie die Thore nicht durchbrechen und legten daher an denselben Feuer an. Auf dieses kamen meine Unteroffiziere und die Mannschaft und baten mich die weiße Fahne auszustecken, was ich aber nicht gestattete, sondern, dieselben aufmunternd, mit ihnen das Feuer zu löschen begann. Aber bei dieser Operation ging es schlecht, denn die Bewohner des weitläufigen Gebäudes hatten ihre Quartiere abgesperrt, sie selbst aber waren im Keller und weiß Gott wo noch versteckt; — es waren sonach keine Gefäße vorhanden, um darin Wasser zum Löschen herbeizutragen, daher ich die vorhandenen Blumentöpfe nehmen, und die am Boden derselben befindlichen Löcher mit Brot verstopfen ließ. Unsere Mühe war aber erfolglos, denn je mehr Wasser wir auf die Thore gossen, desto lebhafter fingen sie zu brennen an, weil sie von den Insurgenten mit Vitriol und Scheidewasser bestrichen worden waren. Nun begann man aber auch noch aus hölzernen Kanonen und aus Trombons auf mich zu schießen; — der Brand der Thore wurde immer heftiger, und der Rauch nahm bedeutend überhand. — Auf dieses bat mich die Mannschaft wiederholt, die weiße Fahne aufzustecken. Da ich also sah, daß meine weitere Vertheidigung nutzlos sei, so gestattete ich solches endlich.

Nun drang eine Haufe Insurgenten ein. Man entwaffnete uns, mir gab man noch einen Säbelhieb von rückwärts auf den Czako, und führte mich und den Lieutenant Dormann nebst der Mannschaft aufs Comitato di Guerra.

Auf dem Wege dahin zog man meinen Kameraden Dormann bis auf das Hemde und die Hosen aus und riß mir die Schärpe vom Leibe.

Bei diesem Kampfe erschoß ich gewiß zehn Insurgenten, und darunter auch den Capitano Amfossi, welcher aus der Casa Gonfolonieri aus einer hölzernen Kanone auf mich feuerte. Aber auch ich verlor zwei Mann, nämlich einen Korporal, den man durch die Brust schoß, und einen Gemeinen, welcher in den Kopf getroffen wurde.

Ich kam nun zu den übrigen Gefangenen, und theilte mit ihnen das weitere Geschick mit dem einzigen Unterschiede, daß mich der Präsident des Governo provisorio Conte Casati am 26. März als Parlamentär wegen Auswechslung der Geiseln und gegen Abnahme meines Ehrenwortes, daß ich wieder zurückkehren wolle, in das Lager des Feldmarschalls Grafen Radetzky absandte.

## Oberlieutenant Hermann Knappel.

Um meine geschwächte Gesundheit wieder zu kräftigen, wurde ich außer der Tour als Inspektions-Offizier in das Mailänder Garnisons-Spital kommandirt, wo doch in der Regel ein weniger anstrengender Dienst als bei der Truppe selbst ist.

Ich trat diesen neuen Dienst am ersten März 1848 an. Die Zahl der Kranken belief sich auf sechshundert, darunter waren vier Offiziere: es mangelte mir daher keineswegs an Beschäftigung, zumal wir nur drei dienstthuende Offiziere waren. Ich lebte daher auch ganz sorglos einzig nur meiner Pflicht, und alle äußern Stürme gingen an mir spurlos vorüber, indem ich mir die zu meiner Kräftigung so nothwendige, in meinem Gemüthe herrschende tiefe Ruhe von der verhängnißvollen Zeit durchaus nicht rauben lassen wollte. So verging nun ein Tag nach dem anderen bis zum verhängnißvollen 18. März. Wie sehr befremdete es mich daher, als ich an diesem Tage nach der ärztlichen Morgen-Visite in mein Zimmer kam, die ganz betrübende Nachricht, daß es heute unmöglich sei, mir ein Frühbrot zu bereiten, da sämmtliche Gewölbe, Fenster und Thüren in allen Gassen geschlossen seien. — Eine düstere Ahnung ergriff mich, und ich eilte selbst herab, um mich von der Richtigkeit dieser Aussage zu überzeugen. Kaum war ich vor dem Spitale auf dem Platze St. Francesco angelangt, als ich schon die Stabs- und Oberoffiziere meines Regiments im vollkommenen Marschanzuge heraneilen sehe; ich befrage einige der Kameraden, was es denn da gebe? Sie sagten mir, die Revolution sei ausgebrochen, daher sie sich zu den Truppen in die Kaserne begeben. Es mochte auch noch kaum eine Viertelstunde vergangen sein, als die drei Allarmschüsse aus den Kanonen der Kastellthürme erdröhnten, welche die Garnison auf die bestimmten Plätze riefen.

Eine Freude war es den vortrefflichen Geist der Truppen zu sehen; unter Jubelruf, ohne Trommelschlag, binnen weniger als zehn Minuten waren die Regimenter aufgestellt, hatten geladen und marschirten auch schon ab.

Es folgte diesem ein seltener Anblick, eine schauerliche Stille, überall öde und wüste, und nichts Lebendes wagte sich auf der Straße zu zeigen. In wenigen Augenblicken darauf ließ sich Kleingewehrfeuer, dann ganze Dechargen und Kanonenschüsse hören. — Ich wußte nun, es stehe sehr schlimm.

Es währte nicht lange, als man schon aus allen Seiten der Stadt einzelne Verwundete und zwar stets unter starker Bedeckung ins Spital brachte; und selbst dieses konnte nicht unangefochten geschehen, indem die Eskorte sich mehrfältigen Angriffen ausgesetzt sah. Durch diese erfuhr ich die mißliche Lage der Truppen. Sie waren zwischen Mauern eingeengt, während man sie von den Barrikaden, aus Kellerlöchern, Fenstern und von den Dächern herab beschoß, mit Dachziegeln und Steinen bewarf, ja sogar mit heißem Wasser und siedendem Oele begoß. Es war jedenfalls eine äußerst bedrängte Lage, die Leute senkten wegen des ungewohnten Angriffes den Kopf, doch das Herz war muthig und sie schnaubten nach Rache, da sie ihre Brüder auf eine so schändliche und tückische Weise fallen sahen. — Aber auch der Himmel schien sich mit gegen uns verschworen zu haben, denn der Regen fiel in Strömen vom Himmel, und vereitelte so das Zerstören der Barrikaden durch Feuer.

So dauerte nun der Kampf drei volle Tage fort, die Truppen standen Tag und Nacht im Regen, griffen an oder vertheidigten sich, kurz sie kämpften diese ganze Zeit ohne Obdach, Ruhe und Nahrung. — Die Insurgenten unterbrachen die Kommunikation zum Spital, und man mußte sie mit Kartätschen öffnen. Alles zeigte sich da thätig, ja selbst die Privatdiener und Fourierschützen formirten sich bewaffnet, und nahmen in der Contrada Brisa eine Barrikade aus drei eleganten Wägen erbaut. Doch am dritten Tage waren die Truppen erschöpft, auch schien ihr Muth nicht gehörige Nahrung zu finden, da man ihnen das Eindringen in die Häuser nicht gestattete, und sie sich doch meist nur darnach sehnten, endlich einmal den elenden Frevlern auch ins Weiße des Auges zu sehen. Das Kanonenfeuer ward nun immer seltener, die Brandraketen zündeten auch äußerst selten, da sie auf Steinmassen fielen. Der Mangel an Nahrung fing nun auch an, sich fühlbar zu machen, und zwar im Spital selbst war schon kein Fleisch, kein Salz und kein Holz mehr vorhanden. Wegen Mangel an

18

Bettfornitouren war man ebenfalls in großer Verlegenheit, und die schon gleich nach dem Beginne des Kampfes auf ein hundert und zwanzig Verwundete angewachsene Anzahl derselben mehrte sich noch immer. Viele von diesen starben bald nachdem sie ins Spital gekommen waren. Was für Gräuelthaten mir diese armen verwundeten Soldaten erzählten; wie, wo und auf welch schändliche Weise man viele von ihnen verstümmelte; — es hätte einem das Herz brechen mögen, dieses alles anzuhören. So mancher von ihnen lag da, den Tod vor sich, und für nichts fand er Worte, als für Verwünschungen solcher Elenden, die nur hinter Mauern und Barrikaden sich ihm zu nahen getrauten, oder man hörte den heißen Wunsch äußern, daß ihnen der Himmel vor ihrem Hinscheiden nichts weiter mehr gönnen möchte, als diese elenden Feiglinge im offenen Felde noch bekämpfen zu können. Selten konnten wir unseren geliebten Feldherren Meldungen zusenden. Unsere Lage wurde immer drückender; dem Mangel an Holz halfen wir dadurch ab, daß die von den Privatdienern erbeuteten Wägen uns als Kochholz dienen mußten.

Gleich beim Beginn der Revolution hatte eine halbe Kompagnie meines Regiments nebst zwei Offizieren den Befehl erhalten, das Spital zu besetzen. Diese schloßen und verrammelten die Thore und postirten die Mannschaft zur Vertheidigung des Spitals nach Bedarf, während ich Tag und Nacht, fast ohne Nahrung und Ruhe beim Thore stand, um jeden Augenblick die Verwundeten zu empfangen, oder wenn es dazu käme, mit zu kämpfen. Nach drei Tagen mußte jedoch diese Abtheilung einrücken, und selbst die Hälfte der Krankenwärter ward dem Spital abgenommen. So blieben nun, um dieses ungeheure Gebäude zu vertheidigen, nur zwei und zwanzig Mann Grenzer. Die Leute, ihre schlimme Lage einsehend, begannen zaghaft zu werden; ich ermuthigte und tröstete sie, wo und wie ich es nur vermochte; doch man begann zuletzt ungläubig den Kopf zu schütteln, und ich sah mit Schmerz, daß da Worte wenig oder gar nichts mehr fruchten. — Strenge hätte vielleicht noch gewirkt; doch diese wollte ich nicht anwenden, und so nahm die Willkür bei den Wärtern und den Kranken zu. Endlich kam der letzte Tag. Ich bat meinen Kommandanten, zu befehlen, daß Alles, was im Spital nur ein Gewehr tragen könne, Behufs der Vertheidigung zur Disposition gestellt werde; aber dies geschah erst dann, als man schon von allen Seiten bedroht und bedrängt war.

Ich raffte daher in aller Eile so gut es ging, Wärter und solche Kranke und Blessirte, die doch noch in diesem entscheidenden Augenblicke die Waffe gebrauchen konnten, zusammen, armirte sie, und gab ihnen die nöthigen Patronen. So brachte ich nun achtzehn Rotten zusammen, welche mit Inbegriff der Grenzer, die nun zu meiner Disposition gestellte Macht bildeten. Mein Kommandant wollte selbst die ihm nöthig scheinende Vertheidigungsmaßregel im Garten treffen, doch sie gefiel mir nicht am besten und mißglückte ganz, als von den Kranken ein falscher Allarm wegen des vermeintlichen Eindringens der Insurgenten veranlaßt wurde. Ich begann nun auf meine eigene Faust zu handeln. Die aus der Apotheke in den Garten führenden Thüren wurden abgesperrt und mit Brettern verrammelt, während zu allen Fenstern und von wo aus man den anrückenden Feind erreichen konnte, ein oder zwei Mann mit dem Befehl gestellt wurden, nicht eher zu feuern, bis der Feind in den Garten hinabgestiegen sein würde. Das Hauptthor und die vordere Fronte des Gebäudes besetzte ich ebenfalls, und stellte die Scharfschützen auf die gefährlichsten Punkte; selbst aber vertheidigte ich das dritte und vierte Thor mit der Stockhauswache und dem Reste der übrigen armirten kranken Mannschaft.

Es mochte nun eilf Uhr in der hellen Mondnacht gewesen sein, als der Oberst Festetits mit einer vor das Gesicht gehaltenen gespannten Pistol nebst meinem Kommandanten

*

und einer Bedeckung von einem Offizier und drei Mann ins Spital kam, und die getroffenen Vertheidigungsmaßregeln besah. Er rieth noch Bettgestelle zur Verrammlung zu benützen, fand aber sonst die Disposition gut; worauf er sich auch entfernte.

Vor dem Abgehen des Obersten Festetits sagte mir der mit ihm gekommene Offizier des eigenen Regiments im Vertrauen, wie es mit der Garnison stehe, und daß ich da geopfert sei, nachdem die Truppen Mailand bereits verlassen hätten. Mein Entschluß war gleich gefaßt, ich wollte nämlich mit meinem Kameraden zum Regimente einrücken. Doch als ich zum Hauptthor kam, um den eben gefaßten Entschluß auszuführen, redete mich mein Kommandant an, mir befehlend, das hintere Thor zu halten, da dieses auf Anordnung des Herrn Obersten Festetits zu geschehen habe. Hier ließen sich nun keine Einwendungen machen und ich verfügte mich sonach auf meinen Posten.

Zwölf Uhr war es, als die Insurgenten näher rückten und ein starkes Feuer zu unterhalten begannen. Nach einer Weile kam mein Kommandant, und ich bat ihn an meiner Statt beim Thore eine kurze Zeit bleiben zu wollen, um meinen schon seit mehreren Tagen ausgehungerten Körper etwas zu erfrischen, was er mir auch gestattete.

Ich ging nun mit einem ganz unheimlichen Gefühle auf meine Zelle, nahm ein steinhartes, vier Tage altes Brot zur Hand, begann daran zu nagen und benetzte die trockene Kehle mit dem wenigen Wein, den ich noch hatte; dann steckte ich einen Glühstümmel in den Mund und sank ermattet auf einige Augenblicke, auch meinen matten Füssen, die ich schwer wie Blei fühlte, einen Schmaus gebend, auf einen Stuhl. Endlich nach so frugalem Mahle raffte ich mich wieder auf, und ging zum Waffen-Tanze. — In die Nähe des Thores gelangt ziehe ich mein gutes altes Eisen aus der Scheide, und schreite meinem Posten zu; — doch wer beschreibt mein Erstaunen, als ich auf denselben komme, und ihn ganz menschenleer finde. Ich eile unter einem furchtbarem Gefluche zu dem daselbst im Wachtzimmer befindlichen Grenz-Korporal, und befehle ihm, die Leute gleich zur Stelle zu schaffen. — Ich sah den Lieutenant Füretta daher kommen und fragte ihn, wo der Kommandant sei. Er wußte es mir nicht zu sagen. Endlich fand ich diesen bei einem kranken Offizier am Bette. — Als ich auf meinem Posten wieder anlangte, besetzte ich die wichtigen Plätze wie früher, und mich um das Schießen gar nicht kümmernd ging ich bei selben am Gange auf und ab. — Da pfiff eine Kugel so nahe an mir vorbei in die Wand, daß der von dieser abgelöste Kalk mir auf den Kopf flog. Das Feuern wurde nun heftiger, doch da meine Kroaten es gut erwiedern, so läßt es da wieder nach, und die Insurgenten probiren ihr Glück beim andern Thor, wo Füretta stand. Da gelingt es ihnen, durch den Verrath dieses Elenden einzudringen, welcher auf einer Leiter die Mauer erstieg, den Insurgenten seinen Degen mit dem Zuruf hinwarf: „Sono fratello vostro, quà mia ciarpa!" („Ich bin euer Bruder, hier meine Schärpe!") Sodann öffnete er ihnen das Thor. — Die Insurgenten drangen nun ein und nahmen mich auf meinem Posten gefangen.

Anfangs kam man mir höflich entgegen und plauschte mir vieles von fratellanza und egualianza vor. Man ließ mir sogar meinen Säbel so lange, bis zwei kühne Gemeine von Baumgartten auf den rohen Haufen ihre Gewehre anschlugen, worauf man sich auch auf mich stürzte, mir eine Menge Pistolen, Trombons und Bajonnete entgegenhielt, und die Waffen abforderte. Ich gab hin, was ich auf keine Weise zu behalten vermochte und ging nun entwaffnet in tiefe Gedanken versunken auf den Gängen auf und nieder. Doch nicht lange währte es und man griff mich wieder auf, mit der Anforderung, die noch im Spitale vorhandenen Waffen auszuliefern. Ich wies die Horde an den Kommandanten, doch sie fand es viel kürzer die

Thüre des Magazins, wo solche waren, zu erbrechen und dieselben unter sich zu vertheilen. Dieses genügte ihnen jedoch keineswegs, sondern sie forderten uns unter Androhen einer köeperlichen Visitation wiederholt auf, alle sonst noch besitzenden Waffen, welcher Art sie immer sein mögen, allsogleich abzugeben. Das Herz blutete mir, doch was war zu thun? Wir gaben unsere Jagdgewehre, Säbel, Pistolen, kurz was jeder hatte, ab, nur gelang es mir noch, der zur Vertheidigung im ersten Stocke aufgestellten Mannschaft den Befehl zu geben, ihre Gewehre und Munition in den Abort zu werfen, — was dieselbe auch that.

Nun sperrte man mich in mein Zimmer ein, stellte mir einen bewaffneten Bauer vor die Thüre, gab mir nothdürftig Nahrung, und verspottete und verhöhnte mich auf alle nur erdenkliche Art.

Man quälte sowohl die gesunden als die kranken Gefangenen mit den erbämlichsten Nachrichten. So sagte man uns: der Kaiser sei geflohen, — Metternich gestürzt und in Wien Revolution; es gebe keine österreichische Regierung, auch keine österr. Armee mehr, denn Radetzky sei gefangen und werde täglich um drei Uhr Nachmittag auf dem Kastellplatze zur Schau ausgestellt.

Unsere Soldaten waren nach der verrätherischen Besetzung des Spitals von den Insurgenten nicht mehr zu kennen. Man sah ihre Röcke zerrissen an Bäumen und am Boden umherliegen. Dieses, und der Anblick der Insurgenten, welche meistens mit österreichischen Gewehren versehen waren, dann das Vorbeitragen einer unserer Fahnen sammt Band zerriß mir vollends das Herz, und ich verfiel in ein fortwährendes Brüten, aus dem mich nur das tägliche, fast dreißigmal wiederholte Fragen um Name, Stand und Geburtsort, von den niedrigsten Bemerkungen begleitet, weckte.

Endlich kam man eines Tags uns mit einer starken Eskorte abzuholen, und führte uns wie die schändlichsten Verbrecher durch die Gassen, wo wir mit Worten und Geberden auf alle nur erdenkliche Weise verhöhnt wurden, in die Kerker von St. Margherita.

## Oberlieutenant Karl Pechar.

Bis zur Gefangennehmung hatte ich das ganz gleiche Schicksal wie der Lieutenant Anton Kriegsfeld zu Monza in dem Gasthause Posta vecchia, wo sich nebst den Kassen des Regiments auch sämmtliche Offiziers-Bagagen befanden, und wo wir uns über fünf Stunden so lange mit wenigen Mann vertheidigten, bis uns die Munition ausging, und keine weitere Hülfe mehr zu gewärtigen stand. Wie es nun kam, daß wir uns in dieser trostlosen Lage gegen Abend den 22. März an die Insurgenten ergeben mußten, hat schon mein geehrter Kamerad erzählt, mir erübrigt sonach nur noch, meinem gütigen Leser jenes vorzuführen, was sich mit mir erst hinfort ereignet hat.

Nachdem mein Kamerad Kriegsfeld auf eine niederträchtige Weise erst dann verwundet ward, als er den Insurgenten seinen ihm abgeforderten Säbel überreicht hatte, kam gleich darauf ein Soldat zu mir, mich ersuchend, ja nichts zu reden, da es mir sonst wie diesem ergehen könnte. Ich befolgte diesen Rath; — die Insurgenten packten mich alsbald, belegten mich mit den gemeinsten Schmäh- und Schimpfworten, nannten mich: „Porco, — cane, — ludro, — tedesco di merda etc. (Saukerl, Hund, Luder, Scheißkerl von einem Deutschen u. s. f.)

Einige schreien: „Non ammazzarlo, ma abbruciare quel infame barbaro, che ha ucciso i nostri poveri fratelli, — perchè ha fatto tanta resistenza ecc.“ — (Nicht erschlagen, sondern verbrennen soll man diesen infamen Barbaren, welcher unsere armen Brüder getödtet hat; — denn er hat so lange Widerstand geleistet ꝛc.) In einer solchen Scene wurde ich auf die Gasse geführt, tausende und tausende von Händen sah ich mit einer unbeschreiblichen Hast nach mir langen, als wollten sie mich erwürgen. Einer von ihnen nahm mir die Kappe mit einem Büschel von Kopfhaaren so sanft ab, daß ich alle Sterne mit einem Blicke sah. Jetzt erwartete ich den Schlag auf den Kopf entweder mit einem Gewehrkolben, mit einer Krampe, oder aber mit einer Schaufel, womit die Insurgenten größtentheils bewaffnet waren. In diesem Zustande brachte man mich auf den Platz, und sie würden mich ohne Zweifel ermordet haben, wenn ich nicht in diesem verhängnißvollen Augenblicke unter dem Volke einen mir bekannten Herrn erblickt und ihm gewunken hätte, der sogleich herbeisprang und mich in Sicherheit nahm. Dieser Herr, dessen Namen ich nicht weiß, hat mir eigentlich das Leben gerettet.

Die Insurgenten ließen sich aber durchaus nicht beruhigen, sondern forderten, daß man mich in der Stadt herumführen möchte, was mein Lebensretter nicht verhindern konnte. Man führte mich sonach unter beständigem Schimpfen in allen Gassen herum, wo von den Fenstern auf mich heruntergespuckt wurde.

Nach allen den Irrwegen, die ich in der Stadt bei solch einem Aufzuge machen mußte, führte man mich endlich auf die Munizipalität und von da in das Seminarium; endlich sperrte man mich in den finstersten und eckelhaftesten Kriminalkerker ein, — wo ich fünf Tage bei elender Kost bleiben mußte.

Am 26. März wurde ich nach Mailand abgeführt und daselbst in der Rochetta des Kastells eingesperrt. Während man mich durch die Gassen von Mailand führte, ward ich auf die gemeinste und herabwürdigendste Weise vom Publikum beschimpft, einige sehr wohl beflissene Freiheitsmänner hoben sogar Steine auf und wollten sie gegen mich schleudern; am Kastellplatze hatte man sogar mit Gewehren auf mich angeschlagen.

Aus der Rochetta wurde ich dann später mit den daselbst

befindlichen Kameraden ebenfalls in die Kriminalkerker von St. Margherita gebracht.

## Unterlieutenant Michael Binder von Degenschild.

Nachmittags um fünf Uhr den 22. März erhielt das Regiment den Befehl, über Lodi nach Mantua zu marschiren, und es ward bestimmt, daß um ein Uhr nach Mitternacht drei Kanonenschüsse gegeben werden sollten, worauf dann die ganze Garnison und die einzelnen Wachposten am Alarmplatze zusammenkommen sollten.

Um neun Uhr Abends ging ich aus meiner Wohnung, um mich in die Kaserne zu verfügen, als ich aber in die nächste Seitengasse komme, begegnen mir zwei Civilpersonen, welche, als sie einige Schritte über mich hinaus waren, einen gellenden Pfiff ausstießen. Dieses Zeichen erwiederten Andere und bald darauf kamen mehrere Personen von verschiedenen Seiten auf mich zu. Ich schöpfte Verdacht, da ich in den letzten Tagen gehört hatte, daß die Italiener sich vorgenommen haben, einzeln gehende Offiziere zu insultiren. Doch gelang es mir diesmal noch, in eine Seitengasse einzubiegen und ohne irgend eine Belästigung in meine Wohnung zu gelangen. Hier blieb ich nun in der Erwartung des Alarmzeichens und der Patrouille, welche mich in die Kaserne abholen sollte. Diese Disposition war nämlich für jene Herren getroffen worden, welche von der Kaserne weiter entlegene Wohnungen hatten. — Doch es wurde halb ein, endlich ein Uhr Nachts, und es ließen sich weder die Kanonenschüsse hören, noch kam eine Patrouille, um mich abzuholen. Ich machte mich sonach selbst auf den Weg in die Kaserne. Es glückte mir auch dahin zu gelangen, doch wie erstaunte ich, als ich solche von unserer Truppe verlassen fand. Nun, dachte ich mir, bleibt nichts anderes übrig, nachdem das Regiment abmarschirt

das Volk, wozu noch kam, daß eine Menge bewaffneter Bauern dem Orte zuströmte und mit Gewalt die Sturmglocke läuten wollte. Ich hatte fünfzig Schneider zur Anfertigung der Röcke; diese Leute lagen im Dorfe zerstreut in verschiedenen Quartieren. Um daher diese sowoh als das Materiale der Gefahr zu entrücken, befahl ich, da mir meine Stellung ohnehin unheimlich vorkam, alle Sachen auf einen Wagen zu laden, und die Gewehre scharf zu laden. Den Wagen ließ ich sofort von den Leuten in Ermanglung von Pferden in die Kaserne ziehen, und begleitete denselben mit meiner ganzen bewaffneten Mannschaft. So glaubte ich, konzentrirt in einem einzigen Gebäude, im Falle eines Angriffes auf mich gewiß so lange halten zu können, bis das Bataillon käme, um mich, wie verabredet worden war, aufzunehmen. Es mochte gegen Mittag gehen, als der Deputirte zu mir kam und mich fragte, was den geschehen würde, wenn die Sturmglocke im Orte geläutet würde; worauf ich ihm bemerkte, solches könnte nur die schrecklichsten Folgen nach sich ziehen. Auf dieses ging ich zum Pfarrer und forderte ihn auf, die Schlüssel des Glockenthurmes selbst zu sich zu nehmen, und das Läuten nicht zu gestatten; — er versprach mir solches, und hielt auch Wort. Nachmittags um zwei Uhr erfuhr ich, daß das Volk sich bewaffnet versammle, und daß im Orte die Kroaten plündern. Ich ging nun aus der Kaserne heraus, um zu sehen, was an diesen Gerüchten Wahres sei. Kaum war ich einige Schritte außer der Kaserne, als mir der Deputirte wieder begegnete und auf meine Fragen erwiederte, es seien zwar keine Kroaten im Orte, doch das Volk wolle durchaus die Sturmglocken ziehen. Im Vereine mit dem Pfarrer, welcher mich unterstützte, gelang es, das Volk zu beruhigen und zu zerstreuen.

Nun da ich aber sah, daß die Aufregung einen sehr ernsten Charakter angenommen habe, so verbarrikadirte ich mit den vorhandenen Verschlägen und Kisten das Kasern-Thor und traf die nöthige Disposition mit der Mannschaft der Art, um nicht nur kräftigen Widerstand zu leisten, sondern im Falle, als mein Bataillon anlangen sollte, mich demselben schnell anschließen zu können.

Mein Bataillon rückte später zwar am Orte vorbei, da ich dies aber erst nach der Hand erfuhr, so war ich außer Stande, mich demselben anschließen zu können. Indessen blieb ich in Bereitschaft, und es verging die Nacht vom 19. auf den 20. in voller Ruhe.

Am Morgen dieses Tages brachte man drei Mann unsers Bataillons, die in Monza verwundet wurden auf einem Karren in den Ort. Darauf begann aber auch von Neuem das Lärmen und die Bewaffnung des Volkes im Orte selbst. — Seit der Verrammlung des Thores kam kein Mann mehr aus der Kaserne, deßhalb verschaffte mir der Fleischhauer des Dorfes die nöthigen Lebensmittel, weil er neben der Kaserne wohnte. Ein Fenster seines Hauses ging in die Kaserne, durch das er mir auch alle Vorfallenheiten mittheilte. — An demselben Tage bat mich der Führer Morelli ihm zu erlauben, nach Monza zu seiner Familie gehen zu dürfen, das ich ihm mit dem Auftrage gestattete, sich beim Bataillons-Kommandanten anzufragen, wie ich mich weiter zu verhalten habe? Diesen Führer sah ich hierauf nicht eher wieder als bis im Kerker, wo er mich zu besuchen kam und mir die Mittheilung machte, er habe als Antwort auf meine Anfrage die Weisung erhalten, ich solle nur von den Schneidern fort arbeiten lassen.

Bis zum 22. hielt mich das bewaffnete Volk umzingelt. Ich litt daher meistens nur an Brot Mangel, da die Mannschaft schon seit sechs Tagen keines mehr erhalten hatte, — es wäre mir aber überhaupt in dieser Beziehung schlecht gegangen, wenn ich nicht die sonst nöthigen Lebensmittel dem Fleischhacker hätte bezahlen können, wozu ich aber zum größten Glücke in einem Kistchen Geld fand, das ich sonach als Verpflegsgeld benützte. Nun kamen einige Insurgenten und riefen mir zu, sie wollen mit dem Kommandanten sprechen; worauf ich mit sechs Mann heraustrat, und sie um ihr Begehren fragte. Der Kommandant der aus Lecco herbeigekommenen Schaar forderte mich auf, die Waffen zu strecken, um Menschenblut zu schonen, da ja ohnehin meine Sache verloren sei. Dieses stellte ich kurzweg in Abrede und trat zurück. Doch mein sauberer Gegner trug Scheu vor Eröffnung des Feuers und forderte mich kurz darauf noch zweimal, wie kurz zuvor auf, die Waffen abzulegen. Als die Insurgenten die Erfolglosigkeit aller ihrer Ueberredungsversuche erkannten, begannen sie gegen halb neun Uhr von allen Seiten auf mich zu feuern. Ich beantwortete diese Grüße allerseits auf gleiche Weise, ja selbst vom Dache aus, wohin ich gleichfalls Leute postirt hatte. Um eilf Uhr gelang es ihnen jedoch, in das anstoßende Bauernhaus einzudringen, von dort aus das rückwärtige Kasern-Thor einzubrechen und die Mannschaft im zweiten Hofe zu entwaffnen. Ich trachtete noch den möglichsten Widerstand zu leisten, doch Alles nützte zuletzt nichts mehr, und man nahm mich gegen zwölf Uhr Mittags gefangen, wobei ich noch demjenigen, der mir, indem er mich beim Rockkragen faßte, den Säbel aus der Hand reißen wollte, die ganze Hand, mit welcher er meine Waffe gefaßt hatte, zerschnitt. Nun riß man mir die Schärpe und die Säbelscheide vom Leibe, und führte mich so zum Deputato.

Auf dem Wege dahin sah ich unter den vielleicht zweitausend Insurgenten viele übergetretene Leute von unserem Regimente, dann vier Geistliche, welche ganz kleine Kanonen zogen und bedienten.

Von mir wurden sechs Mann verwundet, wovon einer mit Nägeln aus einer der eben erwähnten kleinen Kanonen.

Beim Deputato angelangt sperrte man mich ein, doch es gelang mir, diesen guten Mann so weit mit Vorspiegelungen zu überreden, daß er mich in ein nahes Wirthshaus führte, wo ich wußte, daß unsere Leute sich gewiß zechend aufhalten würden, wodurch ich Hoffnung bekam, mit Hilfe dieser vielleicht selbst zu entkommen. Der Tropf geleitete mich wie gesagt auch richtig hin, und in kurzer Zeit hatten ihn da einige Mann von mir so ins Gespräch verwickelt, daß ich mich entfernen konnte. Mit wenigen Schritten war ich in meiner Wohnung, woselbst sich noch mein Privatdiener befand. Ich warf mich in aller Eile in Civilkleider und lief gerade von der Stiege herab, um ins Freie zu gelangen, als Herr Mephistopheles il Deputato mit sechs Insurgenten mich auf der Stiege in Empfang nahmen. — Jetzt saß ich erst recht fest.

Von nun an erhielt ich drei Schildwachen vor die Thür, und wurde gleich einem Verbrecher gehalten. Am 23. um neun Uhr früh führte man mich nach Monza und am 26. März nach Mailand. Den Weg dahin mußte ich zu Fuß machen. In Mailand angelangt, führte man mich zum Comitato di Guerra, und ließ mich da über drei Stunden zur Schau des Volkes im Hofe stehen, wo die größten Schändlichkeiten ohne Maß an mir geübt wurden. Hierauf ward ich in die Rochetta des Kastells in einem Kerker mit acht anderen Kameraden eingesperrt, wo man ohne Licht, auf bloßen Strohsäcken am Fußboden liegen mußte, und mit der elendesten Kost ein Mal des Tages genährt wurde. Daß es da weder einen Tisch noch einen Stuhl gab, versteht sich von selbst, denn man zwang uns ja sogar den eigenen Unrath aus dem Kerker zu schaffen.

Endlich am ersten April brachte man mich in die Kriminal-Kerker nach St. Margherita, wo ich am Wege durch die Stadt bespuckt, kurz gesagt, auf die schändlichste und empörendste Art behandelt wurde.

## Oberlieutenant Joseph Badalich.

Mein Bataillon rückte aus der Stabs-Station am 12. Jänner ab, und da ich krank war, so blieb ich zurück, reiste aber am 1. März dem Bataillon nach.

Ich nahm mir zwei Wagen-Pferde mit einem schönen Bagage-Wagen, dann ein Reitpferd in der Absicht mit, dieselben in Italien günstig anzubringen. Meine Rechnung war aber diesmal ohne Wirth gemacht worden. Schon in Laibach, dann in Görz, endlich auch in Udine zeigten sich zwar mehrere Käufer, doch ich hatte mich an dieses bequeme Reisen schon zu sehr gewöhnt und dachte mir hiebei auch noch, je weiter ich nach Italien komme, um so mehr müßte ich auch für mein Werkel bekommen, — daher sei hiebei nichts zu verlieren. Ich ließ die Käufer gehen und reiste weiter. In Conegliano, wo gerade Markt war, liefen mir noch zwei Pferdemäckler nach, um mich zum Verkauf der Pferde zu bewegen, doch ich war felsenfest in meinem Vorsatze und fuhr auch da weiter.

So kam ich am 20. März in Verona an. Ich speiste da gerade als Gast bei den Kameraden des Broder Grenz-Bataillons in der Kaserne, als der Inspektions-Feldwebel den Befehl vorzulesen kam. Dieser brachte als Neues, daß der Lieutenant Haas dieses Bataillons mit sechzig Mann einen Munitions-Transport nach Mailand zu eskortiren habe. Hierüber war ich sehr erfreut, und beschloß mich diesem Transporte anzuschließen. Dieses geschah auch, indem wir noch an demselben Tage abrückten.

In der Nacht langten wir in Castelfranco und am 21. und 22. in Lonato an. Am 22. näherten wir uns dem Orte Rezzato, als die Vortruppe meldete, sie sehe vor sich die Straße verbarrikadirt. Herrlicher Spaß bei neun Rüstwägen und hiezu noch meiner Wenigkeit! — Fast gleichzeitig schließt sich an den unglücksschwangeren Transport noch der Oberlieutenant Tobis an, der zur Raketen-Baterie nach Brescia seiner neuen Bestimmung zueilte. — Der Oberlieutenant Dellauer von der Artillerie war der Kommandant des Munitions-Transportes, daher er auch gleich nach vorwärts ging, um den Anstand zu beseitigen; — aber diesem war nicht mehr abzuhelfen. In einem Nu zeigten sich auf den Anhöhen um uns herum achthundert bis eintausend abenteuerlich bewaffnete Bauern, die uns von allen Seiten umzingelten. Die Sache macht sich gut, dachte ich mir; in einen Kessel, ganz zum absieden geeignet, eingezwengt, — sauberer Jux.

Einige Augenblicke darauf sah ich, wie man dem Oberlieutenant Dellauer entwaffnet, und die Kanoniere ihre Säbel ablegen. — Nun ist's geschehen, — gute Nacht! — Zu meinem Wagen kommen die Grafen Longhena, Martinengo und Bevilacqua, welche mich ersuchen, auszusteigen und sie zu begleiten. Ich will ihren Wünschen kein Gehör schenken; — sie fordern mir nun meinen Säbel ab, auch das verweigere ich; — doch ein Blick nach Vorwärts belehrt mich bald eines Besseren, denn ich sehe bereits die ganze Bedeckungs-Mannschaft des Transportes entwaffnet. Was ist da zu thun, als sich dem Unglück zu unterwerfen. um nicht nutzlos nebst Hab und Gut auch noch das Leben zu verlieren. Ich übergebe nun meine Waffe und ersuche nur, mir meine Sachen zu lassen und für die Pferde zu sorgen, wofür mir auch diese drei Conti ihr Ehrenwort gaben.

Doch als mein Privatdiener, den sie nun zwingen, meine Pferde und den Wagen mit der Bagage auf die Anhöhe zu führen, sich von mir hiemit auf einige hundert Schritte entfernt hatte, wird derselbe zum Gefangenen gemacht, und man theilt sich noch vor meinen Augen in meiner Habe als gute Beute. — Der Eine nimmt sich das Reitpferd, der andere den Wagen, einem Dritten gefällt das eine Wagenpferd, und auch das zweite findet bald seinen Liebhaber; — nun geht es an die Bagage und da bedienen sich Viele, denn von allen Seiten langt man zu; ich sehe zu meinem Erstaunen, wie gut allen diesen Herren meine Sachen passen, ohne daß sie nöthig hatten, sich das Maß nehmen zu lassen. — Kurz ich war bis auf das, was ich am Leibe trug in einem Augenblicke ganz beraubt.

Mich führte man nun nach Salò in ein Gasthaus, wo ich gut verpflegt wurde. Am ersten April wurde ich aber nach Brescia abgeführt, wo ich mit den übrigen Gefangenen zusammenkam und ihr Schicksal sofort theilte.

## Unterlieutenant August Pokels.

Ich befand mich im Garnisons-Spital zu Mailand krank, als dieses von den Insurgenten genommen wurde. Da mir mein Gesundheits-Zustand bereits das Gehen gestattete, so ward ich am 22. März, nach erfolgter Uebernahme des Spitals von Seite des Civile, von dem frühern Kommandanten desselben als Parlamentär ins Kastell zum Feldmarschall Grafen Radetzky gesendet, um ihm über das Vorgefallene Bericht zu erstatten.

Ehe ich aus dem Spitale trat, gaben mir die daselbst befindlichen Bürger ihr Ehrenwort, mich sicher ins Kastell zu begleiten, wogegen sie mir mein Wort abnahmen, nicht nur selbst wieder zurückzukehren, sondern auch sie wohlbehalten zurückzubringen.

Ich nahm nun meinen Säbel und die Feldbinde, setzte den blanken Czako auf und ging in Begleitung dieser Bürger aus dem Spitale. Als wir uns auf der Gasse befanden, ersuchten sie mich, sie zur provisorischen Regierung zu begleiten, da sie ihnen gewiß noch einen zweiten Auftrag zu geben haben dürfte. — Dieses war aber nur ein elender Vorwand; denn man führte mich, uneingedenk des gegebenen Ehrenwortes, in Casa Boromeo und von da in Casa Taverna als Gefangenen, wo man mich bis zum 27. März ließ. Da mein Uebel noch einer weitern ärztlichen Pflege bedurfte, so wurde ich am besagten Tage wieder ins Militär-Spital zurückgebracht.

Auf welche niederträchtige Weise der rohe Pöbel sowohl, als die Bürger auf offener Gasse, als man mich durch die Stadt führte, durch die gemeinsten Schimpfworte ihren Haß an den Tag legten, kann nur derjenige ganz würdigen, welcher in diesen Tagen die Italiener als Rebellen gesehen hat. Um die Richtigkeit dieses Ausspruchs, der vielleicht manchem meiner geehrten Leser zu hart scheinen möchte, darzuthun, will ich nur eine von den tausend Scenen anführen, wovon ich auf diesem schrecklichsten Gange meines Lebens nicht nur Augenzeuge, sondern selbst der Gegenstand gewesen bin.

Als ich bei **Casa Creppi** vorbeigeführt wurde, kam eine sehr elegant gekleidete Dame aus dem Palaste heraus, um, nachdem mich diese Holde mit dem Schimpfworte; „Boja“ (Schinder) beehrt hatte, mich in höchst eigener Person anzuspucken. Dieser Explosion folgte ein Strom der niedrigsten Schimpfworte gegen die Deutschen, welche selbst den Mund der ausgelassensten Dirne beschmutzt hätten. — Als ich meine Begleiter nach dem Namen dieser Göttin des italienischen Olymps fragte, versicherten sie mich einstimmig, es sei die **Contessa Creppi** selbst. — Es dürfte schwer halten, das rechte Wort zu finden, um die Handlungsweise einer so fein gebildeten Dame gehörig zu bezeichnen.

Ich blieb nun im Spital mit den daselbst noch krank liegenden Kameraden, und ward mit selben endlich auch in die Kerker von St. Margherita gebracht.

## Unterlieutenant August Piazza.

Kaum hatte ich mein erstes, heiß ersehntes Ziel, die Beförderung zum Lieutenant — erreicht, als ich gleich darauf mit meiner — der zehnten — Kompagnie eine der herrlichsten Gegenden Italiens, das romantisch am Comer-

*

See gelegene Lecco als Garnisonsort angewiesen erhielt. — Schon zwei Monate hatte ich die reizende Lage meiner neuen Garnison genossen, als mich am 18. März einer meiner Kameraden ersuchte, an seiner Statt, nachdem er sich selbst durchaus nicht entfernen konnte, nach Como zu reisen, um bei seinen Verwandten daselbst ein wichtiges Geschäft abzuthun.

Meine vierstündige ununterbrochene Reise both des Hochgenusses für einen Freund der Natur meines Schlages in Fülle; so wie auch die äußerst anmuthige Lage der lieblichen Stadt Como auf meine meist heitere Stimmung einen sehr wohlthätigen Einfluß übte. Ein angenehmes Gefühl verdrängte das andere in meiner Brust, die sich lange nach einem so schönen Genusse gesehnt hatte, und der Gedanke, wie himmlisch es da — diesem irdischen Eden — in der Rosenzeit, bei einem konfortabeln ruhigen Leben, an der Seite eines vergötterten Wesens zu weilen sein möchte, durchzitterte elektrisch auch die letzte meiner Fibern.

So angenehm bis ins Innerste bewegt langte ich in Como, dem Paradiese Ober-Italiens an, und stieg im Gasthofe **alla Brianza** ab. Kaum hatte ich meinen Anzug in etwas geordnet, als ich mich gleich in das mir vom Kameraden bezeichnete Haus verfügte, wo ich von drei himmlischen Wesen — wahren Grazien — im höchsten Grade zuvorkommend freundlich aufgenommen wurde. Da der Herr Papa sich eben nicht zu Hause befand, — was mir, im Vorbeigehen gesagt, in der Nähe von solchen Engeln weder unangenehm noch unerwünscht war, — so verflog die Zeit meines Harrens auf ihn mit unbeschreiblicher Schnelligkeit, denn die humoristischen Wendungen des von den drei Göttlichen neif unterhaltenen Gesprächs machten Stunden zu Minuten und diese zu Sekunden, ohne daß ich es gewahr wurde. — Sonach kam der Herr Papa, der mich ebenfalls sehr herzlich empfing, worauf ich mich meines Auftrages entledigte, und mich — ich gestehe es mit etwas Unbehagen —

zum Abschied anschickte. — Doch wer beschreibt meine freudige Ueberraschung, als das gute alte Mütterchen mich in patriachalischer Weise nicht nur zum längeren Verweilen, sondern sogar zum gänzlichen Verbleiben in ihrem Hause nöthigte. — Ich leiste zwar Widerstand, doch nachdem auch Herr Papa mich durchaus für einige Tage ganz im trauten Kreise seiner Familie genießen will, zudem die lieblichen drei Schäferinnen eben in mich dringen und meinen Weigerungs-Protesten mit schmollenden Mienen begegnen, so ergebe ich mich als überwunden ohne Kapitulation ganz auf Diskretion in die Gewalt der mich so himmlisch freundlich umstrickenden lieben Menschen.

Was für ein Jubel ob des Streichens meiner imperiosen Flagge im Hause, und welche Wonne für mich von so guten Menschen auf diese Art besiegt worden zu sein!

Man wies mir gleich ein Zimmer an, und nun hatten meine Holden des Auf- und Zutragens, in Vorbereitung alles in demselben nach ihrer Meinung für mich Nöthigen vollauf zu thun, was zu sehen mich unendlich freute, da mir dieses den vollgewichtigsten Beweis gab, daß ich sehr gern gesehen bin. Ich bekam eine Art von stolzen Selbstgefühl, und wer wollte mir dieses auch verargen? — Meine Lage war gewiß beneidenswerth, und ich fühlte mich glücklich wie ein König.

Selige Stunden, die nun folgten, denn Alle schienen nur da, um mir angenehm zu sein und ich, — ja ich ging in ihnen diesen guten Menschen ganz auf! Es schien mir, als wäre ich von Jugend auf unter ihnen; — ich wurde auch so offen und frei, wie man es nur im Hause der eigenen Eltern zu sein pflegt. In dieser Zutraulichkeit machte ich ihnen den Vorschlag, mit mir zu reisen und so ihre Angehörigen in Lecco zu überraschen. — Der Vater ging, als er von mir und den Mädchen wohl bearbeitet war, endlich in den Vorschlag mit der Bedingniß ein, daß die eine von den Grazien zu Hause bleiben müsse. — Das war eine harte Bedingniß für meine Schönen, denn keine von ihnen wollte diese Eine sein. — Einen herrlichen Spaß gab aber solches wieder ab, denn ich schlug das Loosen unter ihnen vor, und somit ging es daran. — O weh! — Wen trifft das harte Geschick? — Es ist die Jüngste, welche dem guten Papa Gesellschaft leisten muß. — Sie schmollt zwar ein wenig, klagt über Unrecht und wie sonst sie es noch nennt, — doch was ist zu thun, der Wille des Herren muß diesmal geschehen. — Mit solchen Späßen und anderen Scherzen ward der Abend verbracht, und es kam zu meinem Verdruße die Stunde der Ruhe, deren ich und die Mädchen gewiß nicht bedürftig waren, indem wir herzlich gerne die ganze Nacht über geschäckert hätten. Man ließ daher geschehen, was nicht zu ändern war, gab sich eine gute Nacht und ging allseits zu Bette. Nachdem ich mich noch kurze Zeit in den Gedanken des gehabten überschwänglich köstlichen Genusses vom verflossenen Tage, und in der Hoffnung auf den mir am folgenden Morgen noch weiter bevorstehenden wiegte, schloß ich endlich die Augen, und ich lag auch bald ganz in den Armen des Morpheus, welcher mir unter phantastischen Gestalten feenartig die Fortsetzung des letzten — für mich auf lange Zeit — heitersten Tages meines Lebens verschaffte.

Nach Mitternacht weckte mich ein furchtbarer Lärm; — ich stürzte gleich zum Fenster und sah gegen hundert junge Leute — es konnten nur Studenten sein — mit Fackeln und allen nur erdenklichen Waffen versehen, welche heulend und brüllend durch die Straßen zogen. Ihres betäubenden Lärmens fortwährender Refrain war: „Evviva l'Italia, morte ai Tedeschi! — Evviva la libertà!“ — (Es lebe Italien, — Tod den Deutschen! — Es lebe die Freiheit!) — Ja was soll das heißen, was soll das bedeuten, sagte ich zu mir; denn ich hatte keine Ahnung von dem, was später kam. Ich wollte mir schon diese ganze Scene aus dem Kopfe schlagen und mich zu Bette legen, als an meiner Thüre geklopft wurde und der alte Hausherr um Einlaß bat. Beim Eintritt ins Zimmer gibt er mir die Kunde, daß in der Stadt die Revolution ausgebrochen sei. Gut, — sagte ich zu ihm, — wenn es so ist, so reise ich morgen früh gleich fort; — dann lachte ich herzlich ob der mir toll scheinenden Idee der guten Comascher. Der alte Papa ging, und ich versuchte zu schlafen, woran mich aber das Lärmen auf der Gasse bis gegen drei Uhr früh abhielt. — Gegen Morgen begann aber dieses furchtbare Spektakel auf's Neue; — man sah Insurgenten zu Klumpen beisammen stehen und herumrennen, von einer Militär-Patrouille oder sonst von Soldaten aber keine Spur. So ging es einige Stunden fort, als sich ein Sturm von bewaffneten Insurgenten wie eine Lavine gegen das Stadt-Thor wälzte. Nun läßt sich eine Trommel hören, es ist unser Reisemarsch, den man schlägt; — ich kann mir das Ganze nicht erklären, und stehe da, wie man zu sagen pflegt, gleich dem Kinde beim Brei, — meine Göttlichen weinen und der Herr Papa schneidet bedenkliche Gesichter, das heißt doch herrlich angenagelt sein, dacht' ich mir. Indessen wurde das Trommeln immer stärker; die Insurgenten rennen nun heulend wieder zurück, mit dem Geschrei: „all' Armi, all' Armi!“ — (zu den Waffen, zu den Waffen!) — Die Sturmglocke ertönt. — Sauberer Spaß für mich. Indem ich meine Nymphen tröstete, kam ihr Vater und rief mich zum Fenster, wo ich zu meiner größten Freude eine Division des Infanterie-Regiments Prohaska einrücken sah. Diese kam als Verstärkung der Garnison.

Während das ganze Volk dieser einmarschirenden Truppe nachlief, wurde es um das Haus meines gastfreundlichen Hausherrn ganz leer, welche sehr günstige Gelegenheit auch gleich benützt wurde. Ich ließ einspannen, setzte meine Turteltäubchen in den Wagen, umhüllte mich mit dem Mantel, um nicht erkannt zu werden, und fuhr im gestreckten Laufe nach Lecco, wo ich meinen Kameraden höchlich überraschte. — Bis hieher ging es gut; aber nun begann auch die Revolte in Lecco. Man fing die Offiziere förmlich ab, worauf die Mannschaft die Waffen streckte und übertrat. Mich, so wie die andern Offiziere der Kompagnie brachte man nun in die eigenen Quartiere unter gehöriger Bewachung.

Der Segretario del Comitato di Guerra, das sich hier gleich gebildet hatte, kannte meinen seligen Vater sehr gut, und wollte mich im Vereine mit andern Bewohnern von Lecco durchaus überreden, bei ihrer Guardia civica Hauptmann zu werden, was ich standhaft und mit Entrüstung ablehnte. Nun ging man mich an, ihnen die Leute abzurichten, forderte mich auf, die dreifarbige Cocarde aufzustecken oder wenigstens die Kappe zu wechseln; — doch Alles fruchtlos. Nachdem sie sich somit überzeugt hatten, daß aus mir zu ihren Gunsten durchaus nicht das Geringste herauszubringen ist, ward ich nach Mailand in die Kriminal-Kerker zu St. Margherita abgeführt.

### Unterlieutenant Johann Freiherr Baselli von Süßenberg.

Ich garnisonirte zu Cremona und hatte vom 18. auf den 19. März die Inspektion. Des Nachts hielten wir die erste Bereitschaft, wo man noch in der Kaserne — um die Mannschaft bei gutem Humor zu erhalten — die Regiments-Bande spielen ließ; die Offiziere tanzten sogar mit den Leuten, um dadurch auf sie günstig einzuwirken. Den folgenden Tag zeigten sich schon große Volkshaufen mit dreifarbigen Cocarden und schrien: „Evviva l'Italia! evviva l'Indipendenza!“ (Es lebe Italien! — Es lebe die Unabhängigkeit!) Dieses Schreien nahm am Nachmittage noch zu. Indessen blieb das Regiment consignirt. Am Abend ward die Stadt beleuchtet und die ganze Nacht währte der Lärm auf den Straßen fort.

Den folgenden Tag wurde die Bürgergarde errichtet, und man sah allgemein das Tragen der Waffen beim Civile und bemerkte schon einige Soldaten — mit den Bürgern vermengt — die dreifarbigen Cocarden tragen. An demselben Tage kam es so weit, daß die Kanonen von der Hauptwache weggeführt, und unser Oberst auf der Munizipalität gefangen genommen wurde, weßhalb auch die ganze Garnison ausrückte, um denselben zu befreien. — Doch diesem reihte sich ein zweites Mißgeschick an; denn das halbe Bataillon von Ceccopieri-Infanterie verließ treubrüchig seine Fahne, welche Schändlichkeit schon von mehreren unserer Leute da und dort mit: „Evviva!" begrüßt wurde. Doch im Ganzen war bei uns — dem Scheine nach zu urtheilen — noch immer ein guter Geist, denn das ganze Regiment stand am Alarmplatze von neun Uhr Abends bis drei Uhr früh; war über das Gefangenhalten des Obersten höchst erbittert und hätte, wenn es nöthig gewesen wäre, die Munizipalität sicher gestürmt, um denselben zu befreien. Bei seiner Freilassung, als sich derselbe zeigte, brach das Regiment in einen förmlichen Jubel aus, worauf man in die Kaserne einrückte. Die Mannschaft war ganz ruhig, legte sich zu Bette, — Offiziers-Patrouillen unterhielten die Verbindung zwischen den Truppen und den verschiedenen Kasernen, doch ereigneten sich einige Unfälle. — Ein Wachtmeister der Uhlanen schoß — noch wahrscheinlich aus Erbitterung gegen die Italiener — seine Pistole auf einen Mann der Patrouille vom Infanterie-Regimente Graf Ceccopieri ab, worauf er aber von einem Soldaten derselben stark im Schenkel verwundet vom Pferde fiel und da noch einen Bajonettstich in die Seite erhielt, in Folge welcher Verwundungen er auch nach drei Tagen im Spitale starb, da sich der Brand eingestellt hatte.

Auch ich führte eine solche Patrouille und langte gerade bei der Hauptwache an, als die zwei Schüsse fielen, die dem besagten Wachtmeister galten, und kurz darauf fielen noch zwei andere, welche wieder von Soldaten des dritten Bataillons von Ceccopieri auf einen Uhlanen gemacht wurden, jedoch ohne daß er verwundet wurde.

Nun zeigten sich da und dort bereits Barrikaden. Der Major Zagen wurde von den Bürgern festgenommen, und man wollte ihn mit einer auf die Brust gesetzten Pistole zum Uebertritte zwingen. Er soll aber sehr würdig geantwortet haben: „Lieber will ich sterben, als wie als Verräther leben!“ — Auch hörte ich, daß dem General Schönhals und seinen Adjutanten aus dem Hause Trecchi nachgeschossen worden sei; so wie, daß drei Mann von Ceccopieri vom Civile entwaffnet wurden.

Am 21. wurde der Mannschaft wieder das Ausgehen zum Theil gestattet und die Guardia civica patrouillirte vermischt mit einigen Soldaten in der Stadt. Eine Kompagnie bezog die Hauptwache, und eine andere stellte sich bei Porta Milano auf. — Es zeigte sich nun auch bei unserm Regimente hie und da ein Haß gegen die Deutschen, da sie vom Civil stark bearbeitet wurden, denn es ließ sich in der Kaserne der Ruf hören: „Vogliamo andare in ajuto a' nostri fratelli!“ (Wir wollen unseren Brüdern zu Hülfe kommen!)

Sowohl die Uhlanen bis auf eine Eskadron, — welche in ihrer Kaserne von den Insurgenten eingeschlossen war, — als die Batterie waren zum Abmarsche aufgestellt und die Bestimmung getroffen, daß unser Regiment diesen Abmarsch zu decken habe. Doch von uns fehlten vier, und von Ceccopieri bereits fünf Kompagnien. Im Augenblicke, als wir abrücken sollen, kömmt ein Bürger, mit aufgehobenen Händen bittend, daß unser Regiment ruhig stehen bleiben solle, indem sonst ein schreckliches Blutbad entstehen würde, da nicht nur die so zahlreich bewaffneten Insurgenten, sondern auch die abgefallenen neun Kompagnien der Garnison, nachdem dieselben nur auf einen Wink harrten, um aus ihren sichern Verstecken in den uns umgebenden Häusern, von den Fenstern und sogar vom Dache, ihr Feuer auf uns zu beginnen. Nur den Uhlanen wolle man, sagte er, unter der Bedingung, freien Abzug gestatten, daß die ganze Infanterie nebst der Batterie noch in Cremona verblieben. Mitlerweile ritt die Gräfin Nieri, die weiße Fahne schwingend auf uns zu, unser Bataillons-Kommandant dieses sehend, rief ganz entzückt aus: „Da kommt unser rettender Engel!" — Sie forderte, man solle die nöthigen Zeichen geben, daß man gegen die Stadt nicht feindlich einschreiten wolle, wofür sie versprach, jene in der Kaserne Nunciata vom Civile eingeschlossene und durch Barrikaden daselbst festgehaltene Eskadron Uhlanen gleich zu befreien. Man sandte nun einen Uhlanen-Offizier und einen von unserem Regimente mit einem Bürger durch die ganze Stadt, um das Volk zu beruhigen, welche allenthalben mit „Evviva" begrüßt wurden. Die Gräfin Nieri hielt sonach Wort und langte mit dem Obersten Gravert und der fehlenden Eskadron am Kastellplatz an, worauf die Uhlanen auch unangefochten abmarschirten. Wir waren von drei Uhr Nachmittags bis halb zehn Uhr Abends am Kastellplatze aufgestellt; als daher die Kavallerie abzog, marschirten wir in unsere Kaserne, und die Kanonen wurden vom Civil und Militär bewacht auf ihren Platz gebracht. Auf dieses stellte sich die größte Stille in der Stadt ein, und so folgte auf Angst bei der Mannschaft Freude, denn es wurde derselben gestattet, aus der Kaserne zu gehen; die Leute kamen auch bis auf einige Ueberläufer ordentlich in die Kaserne zurück. — Was ich aber bemerken muß, ist, daß die Frau Beltrami bereits die Hauptwache bezog. Eben führte auch die Nieri — Tochter des Obersten Mederer — Patrouillen, ebenso die Marchande de Modes Pisati und noch ein anderes Mädchen. Ueberhaupt begann Alles aus den Fugen zu gehen, denn die Kameraden Giorgi, Zastavnikovich und Lazzer wurden von einigen Soldaten auf die Hauptwache geführt, wo man ihnen Gewehre gab und Mannschafts-Mäntel anzog, um sie ficher in die Kaserne zu geleiten. — Am selben Tage wurde auch der Feldwebel Maga, als er vom Wirthshause in die Kaserne ging, von einem Gemeinen der zwölften Kompagnie auf der Gasse erschossen; der Lieutenant Plakwitz mußte sich, um sein Leben zu retten, in ein Gewölbe zurückziehen.

So kam endlich der verhängnißvolle 22. März, der letzte Tag meines Aufenthalts in Cremona. — Die Kapitulation ward abgeschlossen, worin den Offizieren ihre Waffen und Bagage, der Artillerie das Geschütz, der deutschen Mannschaft vom Felbwebel abwärts ihre Waffen belassen und Allen diesen der freie Abzug nach Riva zugesichert wurde.

Was ich nun sah, das übersteigt jeden Begriff. Das Kasernthor wurde von der Guardia civica besetzt; — die Mannschaft lief mit den Gewehren in der Stadt herum und verkaufte solche für drei oder vier Zwanziger; — man sah Soldaten, die zehn bis fünfzehn Bajonettscheiden und Zeltflaschen sich angehängt hatten; — von Czakos und Kappen wurden alle Borten abgetrennt; — um Mittag war schon alles besoffen. Man schoß in den Gassen. Den Hauptleuten Hugelmann, Karassek u. m. a. stellten die Soldaten nach dem Leben; — überhaupt riefen sie den Offizieren meist „ciau“ zu, oder wollten ihnen die Hände drücken, wer sich dieses nicht gefallen lassen wollte, wurde mit Verachtung von ihnen behandelt.

Um nicht Insulte zu bekommen, blieb ich und fast alle Offiziere in der Kaserne; — unsere Lage war schrecklich. So z. B. schenkte ich meinem Privatdiener, welcher schon zwei Jahre bei mir Dienste leistete und immer aufs Menschlichste behandelt wurde, viele meiner Sachen, mußte aber noch sehen, daß er mich bestahl. Als ich ihn hierwegen zu Rede stellte, wollte er mich hiefür noch erschießen. Es ward endlich beschlossen, in der Nacht auf den 23. März im Sinne der Kapitulation abzurücken. Solches erfolgte auch gegen fünf Uhr früh. Wie es mir da und weiter erging wird ein anderer Kamerad meinem Leser erzählen.

## Unterlieutenant Friedrich Jung.

Auch ich war einer der Unglücksgefährten zu Cremona in den verhängnißvollen Märztagen und will eine Episode, die sich unter meinen Augen zutrug, hier folgen lassen.

Schon am 19. März fanden sich an den Gasseneken Anschlagzettel mit dem Aufruf: „Soldati! imitate la guarnigione di Vienna e sarete bravi!“ (Soldaten! ahmet die Wiener Garnison nach, und ihr werdet brav sein.) Frauen trugen Fahnen mit der Inschrift: „Viva l'indipendenza d'Italia. (Es lebe die Unabhängigkeit Italiens!) Die Civilmusikbande zog in der Stadt herum und spielte und sang die Hymne des Papstes.

Da, wo sich aber unser General und der Oberst zeigten, wurden dieselben mit „Evviva“ begrüßt.

Am folgenden Tag entschuldigte sich auch die Munizipalität ob dieser Ruhestörung damit, daß dieses nur Freudenbezeigungen wegen der erhaltenen Konstitution gewesen seien.

Nun aber ereignete sich ein ernsterer Vorfall.

Ich hatte den Obersten Grafen Wimpfen vom Generalen Schönhals einen Auftrag zu überbringen, und da ich ihn nicht fand, so ging ich durch die Lauben zur Haupttreppe der Munizipalität, welche durch acht oder zehn Civiche bewacht war. Ich fragte Einen, ob der Oberst oben wäre; — er gab mir zur Antwort, nein! — Doch gefiel mir der Kerl nicht, ich traute sonach seinen Worten nicht und wandte mich an einen Andern, der mir eine bejahende Antwort gab. Noch hatte ich nicht Zeit, über die Antwort nachzudenken, was nun zu thun sei, als mich ein Dritter dieser Schaarwächter beim Arme faßte und ersuchte ihm im Auftrage der Munizipalität zu folgen. Kaum hatte ich aber einen Schritt gethan, als mich die ganze Wache von allen Seiten anfiel — ich hatte große Mühe, meinen Säbel zu retten, — die Eindringlinge zur Ruhe zu bringen und ihnen begreiflich zu machen, daß ich ja ohnehin mich selbst da-

sicher in die Kaserne zu geleiten. — Am selben Tage wurde auch der Feldwebel Maga, als er vom Wirthshause in die Kaserne ging, von einem Gemeinen der zwölften Kompagnie auf der Gasse erschossen; der Lieutenant Plakwitz mußte sich, um sein Leben zu retten, in ein Gewölbe zurückziehen.

So kam endlich der verhängnißvolle 22. März, der letzte Tag meines Aufenthalts in Cremona. — Die Kapitulation ward abgeschlossen, worin den Offizieren ihre Waffen und Bagage, der Artillerie das Geschütz, der deutschen Mannschaft vom Feldwebel abwärts ihre Waffen belassen und Allen diesen der freie Abzug nach Riva zugesichert wurde.

Was ich nun sah, das übersteigt jeden Begriff. Das Kasernthor wurde von der Guardia civica besetzt; — die Mannschaft lief mit den Gewehren in der Stadt herum und verkaufte solche für drei oder vier Zwanziger; — man sah Soldaten, die zehn bis fünfzehn Bajonettscheiden und Zeltflaschen sich angehängt hatten; — von Czakos und Kappen wurden alle Borten abgetrennt; — um Mittag war schon alles besoffen. Man schoß in den Gassen. Den Hauptleuten Hugelmann, Karassek u. m. a. stellten die Soldaten nach dem Leben; — überhaupt riefen sie den Offizieren meist „ciau" zu, oder wollten ihnen die Hände drücken, wer sich dieses nicht gefallen lassen wollte, wurde mit Verachtung von ihnen behandelt.

Um nicht Insulte zu bekommen, blieb ich und fast alle Offiziere in der Kaserne; — unsere Lage war schrecklich. So z. B. schenkte ich meinem Privatdiener, welcher schon zwei Jahre bei mir Dienste leistete und immer aufs Menschlichste behandelt wurde, viele meiner Sachen, mußte aber noch sehen, daß er mich bestahl. Als ich ihn hierwegen zu Rede stellte, wollte er mich hiefür noch erschießen. Es ward endlich beschlossen, in der Nacht auf den 23. März im Sinne der Kapitulation abzurücken. Solches erfolgte auch gegen fünf Uhr früh. Wie es mir da und weiter erging wird ein anderer Kamerad meinem Leser erzählen.

## Unterlieutenant Friedrich Jung.

Auch ich war einer der Unglücksgefährten zu Cremona in den verhängnißvollen Märztagen und will eine Episode, die sich unter meinen Augen zutrug, hier folgen lassen.

Schon am 19. März fanden sich an den Gassenecken Anschlagzettel mit dem Aufruf: „Soldati! imitate la guarnigione di Vienna e sarete bravi!“ (Soldaten! ahmet die Wiener Garnison nach, und ihr werdet brav sein.) Frauen trugen Fahnen mit der Inschrift: „Viva l'indipendenza d'Italia. (Es lebe die Unabhängigkeit Italiens!) Die Civilmusikbande zog in der Stadt herum und spielte und sang die Hymne des Papstes.

Da, wo sich aber unser General und der Oberst zeigten, wurden dieselben mit „Evviva“ begrüßt.

Am folgenden Tag entschuldigte sich auch die Munizipalität ob dieser Ruhestörung damit, daß dieses nur Freudenbezeigungen wegen der erhaltenen Konstitution gewesen seien.

Nun aber ereignete sich ein ernsterer Vorfall.

Ich hatte den Obersten Grafen Wimpfen vom Generalen Schönhals einen Auftrag zu überbringen, und da ich ihn nicht fand, so ging ich durch die Lauben zur Haupttreppe der Munizipalität, welche durch acht oder zehn Civiche bewacht war. Ich fragte Einen, ob der Oberst oben wäre; — er gab mir zur Antwort, nein! — Doch gefiel mir der Kerl nicht, ich traute sonach seinen Worten nicht und wandte mich an einen Andern, der mir eine bejahende Antwort gab. Noch hatte ich nicht Zeit, über die Antwort nachzudenken, was nun zu thun sei, als mich ein. Dritter dieser Schaarwächter beim Arme faßte und ersuchte ihm im Auftrage der Munizipalität zu folgen. Kaum hatte ich aber einen Schritt gethan, als mich die ganze Wache von allen Seiten anfiel — ich hatte große Mühe, meinen Säbel zu retten, — die Eindringlinge zur Ruhe zu bringen und ihnen begreiflich zu machen, daß ich ja ohnehin mich selbst dahin zu begeben wünsche, wohin zu gehen sie mich zwingen wollten. Eben war ich im Begriffe die erste Stiege zu ersteigen, als ich plötzlich einen Gemeinen der fünften Kompagnie meines Regiments, der mitten durch die Wache gedrungen war, vor mir sah, der sich bei mir meldete, er sei mit vier Mann da, um mich in die Kaserne zu begleiten. Ich dankte ihm beifügend, er solle nur in die Kaserne gehen, da ich durchaus mit dem Obersten sprechen müsse, daher ich mich auch zur Munizipalität, wo er sich eben befinde, verfügen wolle. Kaum hatte ich die Hälfte der Treppe erstiegen, als mir der Inspektions-Feldwebel des Bataillons begegnete, welcher ebenfalls den Obersten suchte. Ich wurde in meinem Gange noch öfter aufgehalten, weigerte mich aber standhaft, Jemanden andern als den Obersten meinen Auftrag mitzutheilen — damit er ihm ausgerichtet werde, wie die Dränger meinten; — endlich gestattete man mir den Eintritt, jedoch nur unter der Bedingung, nicht anders als italienisch zu sprechen.

Was präsentirte sich aber da nun meinen Augen? Unser Oberst und der Major Zaghen standen hier umgeben von den Mitgliedern der Munizipalität und etwa dreißig Bewaffneten. — Ich richtete dem Obersten nicht den erhaltenen rechten, sondern einen improvisirten, ganz unrichtigen Befehl des Generals aus und wollte mich sonach entfernen. Aber vergebens, denn man rief mir zu, dieser Befehl wäre nicht nöthig und ich möchte doch den Obersten nicht verlassen; — kurz ich war gleich dem Obersten und dem Major gefangen. Man versicherte uns, es werde Niemanden etwas zu leide gethan werden, trug uns Stühle an, gab aber einem Jeden von uns eine Ordonnanz, um unsere Gespräche zu belauschen. Ungeachtet dieser schlauen Vorsicht fand ich doch Gelegenheit, meinem Obersten den erhaltenen wahren Befehl wegen Abführung der Kanonen zuzuflüstern.

Nun wurde der Oberst von den Insurgenten aufgefordert, dem Generale den Ort seines Aufenthalts durch eine Zuschrift bekannt zu geben und darin zu erwähnen, daß er vollkommen sicher sei, doch wegen des unten stehenden Pöbels vor Mitternacht nicht ohne Gefahr freigelassen werden könnte.

Alle Augenblicke kamen Patrouillen der Civica, die das Ausrücken der Truppe auf den Kastellplatz, die Besetzung des Mailänder Thores mit Geschützen, so wie die Entfernung der Cavallerie zum Thor hinaus meldeten. Uns wollte man jedoch glauben machen, daß nur die vier Kompagnien unter dem Oberstlieutenant Macchio in der Kaserne Porta di Pietro beisammen seien, alle andern Truppen aber übergetreten wären.

Es fand sich auch die Gelegenheit, daß mir der Oberst mittheilte, er wäre, bevor er festgenommen worden, mit dem Oberstlieutenant Macchio im Kaffeehause gewesen, und beim Herausgehen von einem Bürger benachrichtiget worden, daß der Major Zaghen auf die Munizipalität gegangen sei, wo er in Lebensgefahr schwebe. Hierauf sei er selbst herbeigeeilt, um nach dem Major zu sehen; es habe ihm auf der Stiege ein wüthender Pöbelhaufe umrungen, und aus dieser Horde habe auch schon ein Elender in dem Augenblicke den Dolch auf ihn gezückt, als er von einem jungen starken Menschen die Stiege mühsam hinaufgerissen worden sei. Mit aller Kraft habe er seinen Säbel, den man ihm entreißen wollte, festgehalten; — sein Mantel wäre ihm aber oben im Vorzimmer von der Schulter herabgefallen und verschwunden. — Der Oberstlieutenant Macchio aber, welcher den Obersten begleitet hatte, entkam, wie ich später hörte, auf die in der Nähe befindliche Tribunal-Wache und von da als Korporal verkleideter in die Kaserne.

Die Scene, welche sich während unserer Gefangenschaft auf der Munizipalität ereignete, war sehr wilder Natur; denn es hatte sich der Saal mit jungen Studenten und Hauptschreiern gefüllt, die auf jede, von den ausgesandten Patrouillen gebrachte Nachricht lärmten und tobten. Man sah hier die abenteuerlichsten Costüme, auch an Amazonen fehlte es nicht. Der Polizei-Oberkommissär Marcobruni war öfter zum Generalen gegangen, und kam mit dessen Begehren, den Obersten und uns allsogleich frei zu lassen, zurück. — Auf dieses erhob sich nun ein Lärm; man verlangte die Waffen der Soldaten, die Kanonen; — nur mit Mühe konnte in diesem schönen Vereine die Ruhe wieder hergestellt werden. Kaum war es etwas stiller geworden, als man vom Obersten verlangte, er solle dem General schreiben, daß die Garnison einrücken und die Kanonen vom Civile gemeinschaftlich mit dem Militär bewacht werden sollen. Als dieses der Oberst nicht eingehen wollte, forderte man von ihm einen Befehl an den Oberstlieutenant Macchio, daß das Regiment Albrecht einrücke. Wir standen beim Tische mit den Mitgliedern der neuen Regierung, um uns herum der ganze Saal voll Bewaffneter. Der Lärm legte sich endlich wieder, und der Oberst rief seine Brust entblößend aus: »Ihr habt mir mein Leben garantirt, nehmt es hin! Eher will ich als Ehrenmann sterben, als irgend einen Befehl oder ein Gesuch unterschreiben; ich bin gefangen, die Andern wissen, was ihre Pflicht ist!« — Nun hätte man die Umwandlung sehen sollen, welche auf diese mit entschlossener und fester Stimme gesprochenen Worte folgte. Die ärgsten Schreier ließen nun den Obersten hoch leben, — man drängte sich um ihn und bot sich zu seinem Schutze an. — Indessen legte sich der Lärm abermal; man bewog viele Maulaufreisser sich zu entfernen und schickte andere mit Befehlen fort.

Während dieses vorging, war der Hauptmann Gonfalonieri mit einer großen Kokarde an seinem Paletot auf das Comité gekommen und hatte sich weder dem Obersten noch dem Major genähert, daher ich ihn auch für einen Verräther hielt und nicht ansah. Aus seinen Gesprächen mit den Umstehenden ging hervor, daß er in seinem Quartier von Soldaten und Bürgern mit Gewalt abgeholt und mit Evviva's in die Kaserne geführt worden, wo man von ihm verlangt habe, er solle sich erkundigen und sehen, ob das Bataillon feindlich gegen die Einwohner gesinnt sei. Er habe sodann — erzählte er weiter — auf den ganz freien Platz vor der Kaserne viele Soldaten unbewaffnet hinausgehen gemacht, um den Einwohnern zu zeigen, daß dieselben nichts gegen sie vor hätten, und wäre alsdann von ihnen selbst zum Major Zaghen geschickt worden, um dieses zu melden und seine Befehle zu empfangen. Man ließ aber dieses gute Vögelchen ebenfalls nicht mehr aus.

Nach langem Debattiren wurde endlich dem General ein schriftlicher Vorschlag überschickt, bei welcher Gelegenheit der Hauptmann Gonfalonieri, der ebenfalls beim Tische stand und mitreden wollte, zum Schweigen verwiesen wurde, so wie er auch auf das Andringen der Civilpersonen seine Kokarde zu meiner großen Freude ablegen mußte. — Ob dieses bloß ein Theaterstückchen oder ein Beweis von Gereiztheit gegen seine Person von Seiten des Civils war, weiß ich nicht. Indessen blieben w r hier noch bis zwei ein halb Uhr sitzen, während welcher Zeit man Wein und Brot in Menge herumreichte.

Die in Cremona angekommene Post wurde abgefangen, auf die Munizipalität gebracht und dort durch den Postbeamten geöffnet. Hier las man nun Briefe aus Brescia vor, aus welchen die Errichtung der Guardia civica und ihr gemeinschaftlicher Dienst mit dem Militär zu entnehmen war. Von Piacenza erfuhr man das Anrücken der Piemontesen.

Endlich kam von der unteren Hauptwache, von dem bei einer früheren Deputation vom General als Geisel zurückbehaltenen Vice-Delegaten folgende Antwort: Auslieferung des Obersten bis drei Uhr, sonst wird die Stadt beschossen und die Munizipalität gestürmt. Die Truppen würden jedoch nach der Auslieferung des Obersten in die Kaserne rücken und das Militär sodann nichts unternehmen. Schreiend forderte man die Unterschrift des Vice-Delegaten und des Generals zu sehen. Es gab aber nicht eher eine Ruhe,

20

bis nicht jeder dieser Helden die Unterschriften gesehen und der Oberst noch oben darein mündlich versichert hatte, daß er seine Gefangennehmung an ihnen nicht rächen wolle. Als nun diese Braven von uns diese abgenöthigte Versicherung hatten, drängten sie sich um den Obersten, mich und den Feldwebel, und alle bothen sich uns nun als Begleiter an; aber nur wenige dieser Lieben wurden auserlesen, unsere Ehrenwache zu bilden, unter die sich aber auch die Amazone Beltrami selbst hineindrängte.

Ruhig passirten wir den Corso und einige aus Omnibus und Kirchenbänken gemachte Barrikaden. Bei der Hauptwache angelangt ward der Oberst von der hier befindlichen fünften Kompagnie des eigenen Regiments mit großem Jubel empfangen. Der Vice-Delegat, welcher hier noch immer als Geisel für den Major Zaghen festgehalten ward, wurde mit dem Bedeuten entlassen, nun auch diesen Major frei zu geben, was jedoch nicht geschah.

Die halbe fünfte Kompagnie begleitete nun den General und den Obersten auf den Exerzierplatz, wo unser Regiment seinen Obersten mit ungemein großem Jubel empfing. Sogar die erste Division, welche beim Verpflegs-Magazin stand und den Befehl zum Einrücken erhielt, verlangte früher auf den Kastellplatz geführt zu werden, um den Obersten zu sehen. — Auch erfuhr ich, daß die vierte Kompagnie auf die Nachricht, der Oberst sei gefangen, nur mit größter Mühe abgehalten werden konnte, aus der Kaserne zu stürmen, um ihn zu befreien.

Somit war ich wieder bei meinen Kameraden und fand mit ihnen sodann dasselbe Loos, das uns so hart getroffen.

## Unterlieutenant Robert Sacher.

Nachdem wir in Cremona das Schmerzlichste, was einem Militär geschehen kann, erlebt hatten, d. i. daß uns unsere Mannschaft verließ, zum Feinde überging und sich auf den Dächern der Häuser postirte, um gegen die eigenen Offiziere Gebrauch von ihren Waffen zu machen; Kameraden selbst ihren Eid und ihre Ehre vergaßen, ihre Fahnen treulos verließen, (solcher Schändlichen gab es bei Albrecht fünf und bei Ceccopieri dreizehn,) ja selbst ein Offizier von Ceccopieri — ein Dalmatiner, — welcher am 21. März die Hauptwache bezogen hatte, die für diesen Posten zu ebener Erde bestimmten Lokalitäten nun verließ und die obere Etage des Gebäudes besetzte, um, falls denn doch von uns ein Angriff auf selbe geschehen sollte, vereint mit den Insurgenten, welche sich da gesammelt hatten, gegen uns kräftiger auftreten zu können; — eine Kompagnie, welche beim Mailänder Thor zur Deckung unseres Rückzuges aufgestellt war, ihrem Kommandanten nicht nur den Gehorsam verweigerte, sondern auch ihn gefangen nahm und einsperrte; wurde endlich am 21. März eine Kapitulation abgeschlossen, in welcher unter anderm uns auch die Herbeischaffung der nöthigen Transportmittel zugesichert ward, damit wir am folgenden Tage abziehen könnten.

Um aber hinlängliche Zeit zu erhalten, den wahrscheinlich schon beschlossenen Wortbruch und die solchem gefolgten Schändlichkeiten auszuführen, und das Nöthige hiezu vorzubereiten, wurden uns von Seite der Cremoneser provisorischen Regierung eine Menge Hindernisse in den Weg gelegt, indem man gegebene Versprechen nicht hielt, und obzwar in der Kapitulation bedungen war, daß die Batterie als Eigenthum des österreichischen Aerars unser verbleibe, uns solche doch nicht ausgefolgt wurde, u. s. f. so zwar, daß wir er erst am 23. früh gegen fünf Uhr uns in Marsch setzen konnten.

Wir waren im Ganzen nebst dem General fünf und vierzig Offiziere von Albrecht, darunter fünf verheirathete mit Familie, eilf von Ceccopieri, dann an Feldwebeln, Korporälen, Kadeten, Bandisten &c. fünfzig Mann von beiden

Truppenkörpern, welche mit Gewehren bewaffnet waren; — ferner noch die Artillerie- und Fuhrwesensmannschaft der Batterie mit ihren Säbeln. — Die Uhlanen waren schon am 21. Nachts abgezogen. Es gelang uns dennoch fünfzig ärarische Pferde zu retten und zur Fortbringung der nöthigsten Bagage, wovon aber der größte Theil zurückgelassen werden mußte, — dann der nicht unbedeutenden Anzahl Weiber und Kinder der Mannschaft mitzubekommen.

So zogen wir beim Stadtthor heraus, geführt durch zwei von der Cremoneser-Regierung bestimmte Geleitsmänner, und mußten hier noch das letzte Lebewohl unserer Soldaten hinnehmen, welche mit angeschlagenen Gewehren die Stadtmauern besetzt hatten und uns in dieser Stellung so lange im Auge behielten, bis wir aus ihrem Gesichtskreise verschwunden waren. Vielleicht hätten sie uns noch einige Kugeln mit auf den Weg gegeben, wenn unsere beiden Führer sich nicht alle erdenkliche Mühe gegeben hätten, sie davon abzuhalten.

Nachdem uns die Cremoneser gesagt hatten, daß sie uns nur über Desenzano und weiter am Lago di Garda sicheres Fortkommen garantiren können, da sie auf den übrigen Routen nicht die Macht hätten, uns vor der Wuth des Landvolkes zu schützen, mußten wir nothgedrungen diesen Weg, auf dem wir keine Stadt zu passiren hatten, einschlagen. In Robecco angelangt waren wir genöthigt Halt zu machen, um die Pferde zu füttern, da sie während der letzten Tage beinahe gar nicht gefüttert werden konnten und dadurch so gelitten hatten, daß wir fürchteten mit ihnen nicht mehr weiter zu kommen. — Wir selbst hatten in der letzten Zeit fast gar keine Nahrung zu uns genommen, und waren durch die in einem so kurzen Zeitraume erlebten schmerzlichen Scenen moralisch aufs Tiefste gebeugt, so daß auch wir einen Augenblick der Ruhe bedurften.

Nicht lange war es uns jedoch gegönnt uns zu erholen, denn bald fingen die Bauern an sich zusammen zu rotten, und unsere Führer machten uns aufmerksam, daß es räthlicher wäre, den Wanderstab wieder zu ergreifen. Was war nun da zu thun? wir mußten gehen. So durchzogen wir mehrere Dörfer. In jedes derselben mußten die zwei Führer, begleitet von irgend Jemanden von uns, vorausfahren und verhandeln, damit wir freien Durchzug erhielten. — Da es schon anfing Abend zu werden, als wir Alle ermüdet — da sogar die Offiziere zu Fuß gehen mußten — in Leno ankamen und mit den Pferden es auch nicht mehr möglich war, Montechiari zu erreichen, so waren wir genöthigt in diesem Orte über Nacht zu bleiben. Nach einer fast einstündigen Verhandlung wurde endlich hiezu von der Ortsobrigkeit die Bewilligung ertheilt, — die Mannschaft in das Schulgebäude unter Invigilirung bewaffneter Bauern, die Offiziere zusammen in ein Wirthshaus, der General und ich aber in ein Privathaus einquartirt.

Obwohl ich mir vorgenommen hatte, die Nacht wachend zuzubringen, weil mir manches verdächtig vorkam, so konnte ich mich doch des Schlafes nicht erwehren, da ich fünfmal vier und zwanzig Stunden kein Auge geschlossen hatte. — Nicht lange genoß ich derselben, denn ein Versuch, meine Thüre zu öffnen, weckte mich auf. Meinem Anrufe, wer es sei, folgten bloß schnelle Tritte die Stiege herab, und als ich aus dem Zimmer trat, sah ich Niemanden mehr.

In derselben Nacht durchzog eine Abtheilung von Baiern-Dragoner mit einigen Wägen den Ort, hielt sich aber — wie wir später erfuhren — gar nicht auf, so daß wir auf diese Art des Glückes verlustig giengen, uns anschließen zu können.

Tags darauf machten wir uns zeitlich früh wieder auf den Weg. — Gegen 11 Uhr Vormittags langten wir in Montechiari an. Hier wurden die Pferde gefüttert und ein wenig gerastet. — Als wir uns zur Weiterreise wieder bereiteten, ging einem von der Mannschaft das Gewehr los, wodurch der ganze Ort allarmirt wurde; — da wir aber schon auf der Weiterreise begriffen waren, so zogen wir auch hier ohne weiteren Unfall ab.

Ob zwar die Kunde von den zu Mailand und in anderen Städten stattgehabten Kämpfen überall verbreitet war, und die Erbitterung der Italiener gegen uns deutlich hervorblickte, uns auch einige mit Gewehren auf einen Flintenschuß Entfernung zur Seite gingen: so hörte ich doch hin und wieder von einem oder dem anderen sagen, daß es doch nicht schön von unseren Leuten war, uns so schändlich verlassen zu haben. Es war abermal gegen Abend, als wir in der Nähe von Desenzano anlangten. Von Lonato aus, von wo uns, wie überall, nach ertheilter Bewilligung zum Durchzuge, eine Schaar Bewaffneter entgegen kam, und uns durch das Weichbild des Ortes escortirte, wurden abermal unsere beiden Führer vorausgeschickt. Ein Offizier von Erzherzog Albrecht, der, ob zwar Italiener, doch mit uns abzog und das Vertrauen sowohl der Vorgesetzten, als auch der Kameraden besaß, (da wir glaubten, daß er aus Pflichtgefühl mit uns ging, während er es bloß that, um der Wuth der ihrer strengen Disziplin entledigten Soldaten, die durch sein brutal despotisches Benehmen gegen sie, ihm Rache schworen und sie auch sicher ausgeführt hätten) drängte sich vor, um nach Desenzano vorauszugehen. Dieß wurde ihm gestattet, und er rechtfertigte das Vertrauen seiner Kameraden ganz auf Judasart. Als wir uns dem Dorfe Desenzano, welches verbarrikadirt und mit bewaffneten Bauern besetzt war, näherten, kam uns eine Deputation entgegen — an ihrer Spitze ein gewisser Polidori, — welche aussagte, daß bloß ein Dampfschiff bereit wäre, um uns Offiziere allein, ohne Mannschaft, Pferde und Bagage nach Riva überzuführen, beifügend, die Mannschaft würde erst Tags darauf nachgesendet werden. — Da wir aber wußten, daß in Salò bereits einige Offiziere gefangen saßen, und wir aus dem ganzen Benehmen der Desenzaner Verrath befürchteten, weßhalb wir auch glauben mußten, daß man uns von der Mannschaft zu trennen beabsichtige, um uns so in kleineren Parthien leichter gefangen nehmen zu können, so wurde dieser Vorschlag nicht angenommen, im Gegentheile ausgesprochen, daß wir uns von der Mannschaft auf keinen Fall trennen wollten. Da uns gesagt worden war, daß man uns in Desenzano nicht einlassen werde, so verlangten wir wenigstens Durchzug, um nach Peschiera unsern Weg fortsetzen zu können. Hierauf erhielten wir eine kurze und bestimmte Verneinung und sahen gleichzeitig, wie einige der mitgekommenen Desenzaner mit in's Ohr gelispelten Aufträgen weggeschickt wurden. Wir konnten, — da wir einsahen, daß wir mit Gewalt nicht durch Desenzano kommen könnten, — nach langen Debatten nur so viel erlangen, daß wir vor dem Orte die Nacht über ein Bivouak beziehen durften, um Tags darauf bis Gargnano, am linken Ufer des See's zu marschiren, uns dort einzuschiffen und nach Riva hinüber zu fahren. Doch man machte uns auch da wieder dadurch neue Anstände, daß man uns weder Nahrung noch Fourage verabfolgen wollte. — Endlich waren auch diese behoben, und wir gingen auf den für uns bestimmten Platz bei der Villa Campagnoli, nahe bei Padenghe. — Hier lagerten wir auf der Straße, die ganz nahe am See vorbeiführt; sperrten durch quer aufgefahrene Wägen die Straße, stellten Avisoposten aus, brachten die Frauen und Kinder in der vorbenanten Villa unter und erwarteten so, fast fortwährend wachend, den Anbruch des Tages.

Unser Lagerplatz war von allen Seiten von Hügeln im Bereiche des Gewehrfeuers umgeben. Hinter diesen sammelten sich während der Nacht eine ungeheuere Menge bewaffneter Bauern und blieben da versteckt. Als wir bei Tagesanbruch uns herrichteten, um weiter zu marschieren, erschienen diese Kerls auf der Höhe der Hügel, und wir sahen uns in einem Augenblicke von allen Seiten dicht umzingelt. — Gleichzeitig kam abermal eine Deputation aus Desenzano und sagte, daß sie vom **Comitato di Brescia** den Befehl erhalten habe, uns nicht weiter ziehen zu lassen. Wir wurden nun aufgefordert, die Waffen abzugeben mit der Versicherung, daß wir nicht als Gefangene angesehen würden, daß man unsere Waffen vor der Hand nur depositiren wolle, um sie uns seiner Zeit wieder zurückzustellen. — Indessen nahten sich die Insurgenten immer mehr. Als deren Anführer sahen wir Geistliche in ihrem Habit mit Gewehren und Patrontaschen, unter welchen sich wieder einer auszeichnete, den man trotz seines Priestergewandes eher für einen Straßenräuber als für einen Geistlichen gehalten hätte. Wir waren in einem Zimmer des Erdgeschosses der Villa versammelt und entschlossen, unsere Waffen nicht abzugeben, eher das Aeußerste zu wagen, um uns wo möglich durchzuschlagen oder aber zu unterliegen. Da drang unglücklicherweise eine Stabsoffiziersfrau weinend und schreiend in's Zimmer, und fragte uns, ob wir die Frauen und Kinder dem Volke preisgeben wollten. — Dieses war für uns entscheidend und gab der Sache eine andere Wendung. Mit so vielen Weibern und Kindern, als wir bei uns hatten, konnten wir uns unmöglich durch die um viele Hunderte uns überlegene Bauernhorde durchschlagen. Obwohl wir gegen zwei hundert Köpfe stark waren, so hatten wir doch nur vierzig Gewehre; auch wäre es sehr unmenschlich gewesen, die Kinder und Weiber im Stiche zu lassen. Zwar blieben mehrere Herren noch der Ansicht, sich durchzuschlagen, voraussetzend, daß die Insurgenten wohl nicht ihre Rache an diesen unschuldigen Geschöpfen würden kühlen wollen. Einer der Offiziere von dieser Ansicht, dessen Frau eben anwesend war (den ich nur aus dem Grunde nicht nenne, weil ich nicht weiß, ob es ihm genehm wäre) konnte durchaus nicht von dem Entschlusse abgebracht werden, sich kämpfend durchzuschlagen, und er gab, — als ihm einer der Kameraden bemerkte, der General und der Oberst seien ja schon entschlossen, in einer so schrecklichen Lage die Waffen abzulegen, und er möge zudem doch auch an seine Frau denken, — die eines Spartaners würdige Antwort: „Bei solchen Gelegenheiten habe ich keine Frau!“ —

Endlich entschlossen wir uns nach schrecklichen inneren Kämpfen, die Waffen abzulegen, wobei so Manchem, der lieber das Gefährlichste unternommen hätte, als diesen Akt thun zu müssen, die Thränen aus den Augen traten. — Die Waffen wurden nun unter der erneuerten Zusicherung, daß sie nur depositirt bleiben würden, auf einen Wagen geladen und wir unter Escorte nach Desenzano geführt, — statt nach Riva, um von dort nach Verona zur Armee zu gelangen, wie es unser Wille war.

Es war Mittags, als wir in Desenzano ankangten; die Mannschaft wurde von uns getrennt, die Bagage im Finanz-Depot eingesperrt und wir auf die Munizipalität geführt. Hier empfing uns ein gewisser Longhena, der sich den Titel eines Generals beigelegt hatte, und auf eine höchst theatralische Art gekleidet war; an seiner Seite hatte er einen ungeheueren Säbel hängen, und in der Hand hielt er eine Reitpeitsche, mit welcher er fortwährend herumfocht. Er brachte einige leere Entschuldigungen vor, daß es die Vorschrift erheische, uns noch nicht abziehen zu lassen — daß wir aber durchaus nicht gefangen seien und uns in wenigen Tagen unsere Weiterreise werde bewilliget werden. Als nun auch diese Demüthigung vorüber war, wurde gemeldet, daß die Stabsoffiziere mit noch einigen Offizieren in dem einen, die übrigen Offiziere in einem anderen Gasthofe ihr Quartier bereitet fänden. Man geleitete uns nun dahin, — vor dem Thore wurden Wachen aufgestellt, vorgeblich unserer Sicherheit wegen, und aus demselben Grunde wurde uns auch das Ausgehen von den Wachen nicht gestattet. Gegen diese letzte Maßregel protestirten wir aber, und es wurde sonach auch dieser Befehl aufgehoben, worauf wir uns alle in einem Gasthofe versammelten und den Abend zusammen zubrachten.

Gleich nach unserem Eintreffen verlangte der General einen Bericht an den Feldmarschall Grafen Radetzky über unsere Anwesenheit in Desenzano zu senden. — Dieses wurde ohne Umstände zugesagt, aber wie es zur Ausführung kam, unter einer Menge von Vorwänden doch nicht gethan.

Des anderen Tages in der Frühe erschien Longhena beim General, und bath ihn zu erlauben, die Waffen der Mannschaft an die Bewohner des Ortes austheilen zu dürfen; worauf ihm erwiedert wurde, daß dieses unmöglich erlaubt werden könne, wobei Longhena an sein gegebenes Wort erinnert wurde, das er auch nochmals wiederholte. Während dieses verhandelt wurde, stand ich am Fenster und sah Civilisten herumgehen, die schon mit den Waffen unserer Mannschaft versehen waren. — Als ich nun hierauf aufmerksam machte, stellte sich Longhena überrascht und verwundert, und begab sich hinweg, um die Waffen — wie er sagte — sogleich depositiren zu lassen. — Wir sahen ihn nach dieser Scene nicht mehr, erhielten aber um zwölf Uhr Mittags die Weisung, uns bereit zu machen, sogleich nach Brescia abgeführt zu werden, von wo uns auch der gemessene Befehl hierwegen zukam.

Mit diesem Abgehen machte man so viel Eile, daß man uns nicht einmal früher essen lassen wollte, und doch war es schon vier Uhr Nachmittags, als wir uns in Marsch setzten. Unsere Pferde nahm man uns ab, und unsere Eskorte bestieg selbe, wobei man aber immer die Aufmerksamkeit hatte, uns zu versichern, daß uns nichts verloren gehen würde. Unter dem heftigsten Regen mußten wir Alle zu Fuß abmarschiren. In Lonato wurde endlich ein Stellwagen aufgenommen, um die Offiziere abwechselnd fahren zu lassen, worauf wir nach einer kurzen Weile unseren Weg fortsetzten. — Eine pechfinstere Nacht war hereingebrochen, und wir hatten von Glück zu sagen, daß wir uns ohne Unfall durch die vielen ungeheueren Barrikaden und Abgrabungen, die sich auf der Straße befanden, durcharbeiteten. So in Koth eingehüllt und bis auf die Haut durchnäßt langten wir um Mitternacht beim Thore von Brescia an.

Hier erst ließ man uns eine gute halbe Stunde vor dem Thore im heftigsten Regen warten, bis man es genehm fand, solches für uns zu öffnen. Nun wurden wir von einer Eskorte bewaffneter Menschen aller Klassen, unter diesen Geistliche mit Messern, Degen und Flinten, dann zerrissene, zerlumpte Kerls mit gleichen Waffen, und junge, sehr nobel gekleidete Stutzer bis an die Zähne bewaffnet, welche uns zur Munizipalität führen sollten, empfangen. Um unseren Einzug solenner zu machen, waren unserem Zuge Fackelträger beigegeben und die Fenster — in jenen Gassen nämlich, durch welche man uns führte — beleuchtet. Im ersten Wagen fuhr ich mit dem General und bemerkte unter dieser Horde unheimlicher Gestalten einen jungen zerlumpten Kerl mit einem langen Küchenmesser in der Hand, der sich mit aller Gewalt zu unserem Wagen vordrängte und ununterbrochen schrie: „Daß die im ersten Wagen sein seien, und er allein mit ihnen seine Rechnung machen müsse.“ Seine wüthenden Geberden und seine Raserei ergötzte anfänglich die Eskorte; nachdem sie aber sah, daß es doch Ernst sei, wurde er mit Gewalt vom Wagen weggeschleppt, an dessen Tritt er sich schon fest angeklammert hatte. Auf diese Art und unter fortwährenden Schimpfreden und anderen Insulten kamen wir beim Munizipalitäts-Gebäude an, wo uns befohlen wurde, auszusteigen. Der General, ich und seine Bedienten wurden nun in einen Kerker zu ebener Erde geführt, in dem sich zwei elende Betten befanden. Hier verlangte der General zum Regierungs-Comité geführt zu werden, um gegen dieses schändliche Benehmen, welches man sich gegen uns erlaubte, zu protestiren. Dieses wurde verweigert, jedoch versprochen, ein Mitglied des Kriegs-Comites herbeizuholen. Während dieses geschah, stürzte unser Eskorteführer in den Kerker und verkündete dem General, daß, nachdem der Oberst entwichen sei, wir es nur ganz gerecht finden würden, wenn man uns für die Entweichung desselben unser Leben als verwirkt erkläre, daher wir uns, falls der Oberst nicht in einer Viertelstunde gefunden würde, zum Tode vorzubereiten hätten. — Kaum war aber diese Drohung ausgesprochen, als der Oberst hereingeführt wurde, welcher sich in der Zeit, als man ihn suchte, mit den andern Offizieren besprochen hatte. — Kurz darauf erschien auch ein Mitglied des Kriegs-Comités, welchem nun das Unredliche und Schändliche der Behandlungsweise gegen uns vorgehalten wurde. Die einzige Entgegnung, die er gab war, daß, wenn Cremona eine Kapitulation abgeschlossen habe, Brescia nicht verbunden sei, diese zu halten; ferner, daß auch sie trachten müßten, Geiseln zu bekommen, nachdem der Marschall Radetzky deren mit sich weggeführt habe. Alle unsere Vorstellungen, daß solches gegen das Völkerrecht sei, und ein solches Benehmen nicht einem Volke, sondern einer Räuberhorde Unehre mache, blieben fruchtlos und dem General und dem Obersten wurde bedeutet, daß dieser Kerker nun ihre Wohnung sei. Ich aber erhielt die Weisung, troz dem, daß ich bath, bei meinem Chef bleiben zu dürfen, welche Bitte derselbe auch unterstützte, mich zu den übrigen Kameraden zu verfügen und das Weitere dort abzuwarten.

Nun wurde ich hinausgeführt und kam gerade dazu, als ein junger Mensch die Offiziere, welche Insulte aller Art erdulden mußten, abzählte. Einem Andern, der ihn fragte was er mache, antwortete er, „ich zähle die Schafe ab, die zur Schlachtbank geführt werden.“ — Hierauf erfrechte er sich, auf eine unverschämt brutale Weise halbrechts zu kommandiren und dieses Kommando mit einer Bewegung der Hand zu begleiten. Nun führte man uns zu zweien, ganz so, als wenn es zur Hinrichtung ginge; denn neben uns giengen rechts und links bewaffnete Kerls, die uns eisenfest mit der einen Hand hielten, während sie in der andern das Gewehr hatten, — neben diesen gieng anderes Gesindel mit Fackeln in den Händen. — So wurden wir im Triumphe mit einigen Umwegen durch die Stadt in die alte Kirche l'ospedale vecchio geschleppt. Die Bagage blieb auf der Munizipalität, die Pferde bekamen wir aber nicht mehr zu Gesichte. Selbst die Frauen wollte man von den Männern trennen. Da sich aber dieselben durchaus nicht fügen wollten, so gestattete man endlich, daß sie sammt den Kindern bei ihren Männern bleiben durften. In ospedale vecchio — das in der letzten Zeit von einer Abtheilung Hohenlohe-Infanterie besetzt war, — wurden wir einzeln eingelassen und hier neuerdings mit dem Beifügen abgezählt, daß man sich überzeugen müsse, ob alle Opfer da seien. Wir befanden uns endlich in der weiten Halle, wo Tische, Bänke, Betten, Decken, Leintücher, zurückgebliebene Bagage im buntesten Gewühl, zerbrochen und zerrissen unter einander lagen; — hier sahen wir nicht nur bei jedem Fenster oder jeder Thür, (ob zwar erstere zwei Klafter hoch über den Fußboden waren) Blutflecken und von Kugeln durchlöcherte Thüren, welches alles zeigte, daß hier ein Kampf stattgefunden hatte, sondern auch Beweise, daß die Mannschaft hier längere Zeit abgesperrt gewesen sein mußte, da man Unrath aller Art in allen Ecken fand.

In diesem Lokale waren wir alle, vom Oberstlieutenant abwärts, mit den Frauen und Kindern eingesperrt. Zitternd vor Kälte, da die Kleider am Leibe noch nicht trocken waren, gelang es uns erst nach langer Mühe, von unserer Wache zu erlangen, daß man wenigstens für die Kinder, welche gegen sechzehn Stunden nichts gegessen hatten, etwas Nahrung herbeischaffte. — Zum Ausruhen ward uns der Boden angewiesen. Selbst wenn es unser festester Wille gewesen wäre, hätten wir hier keine Ruhe finden können, da die Kälte, das Lamentiren und Weinen der Frauen und

stimmt, der uns dafür ein Mittagessen verabfolgen sollte. — Für Frühstück, Abendmahl, Wäsche und ähnliche Auslagen war gar nicht gesorgt, indem man wahrscheinlich glaubte, daß man ein Hemd mehrere Jahre tragen könne, ohne es zu wechseln. Für dreißig Kreuzer hätte man ein Mittagessen bekommen können, welches vielleicht als Nahrung für vier und zwanzig Stunden genügt hätte; da aber nebst dem Wirthe die uns umgebende Menge von diesem Herzblute zehrte, so bekamen wir die Portionen für höchst überspannte Preise so karg zugemessen, daß vom Sattwerden für das ausgelegte Geld nicht entfernt die Rede sein konnte. Alle Beschwerden, die darüber und über die Art, wie man uns abfütterte, erhoben wurden, waren fruchtlos, denn wir erhielten bloß immer die Antwort, daß wir froh sein können, noch so behandelt zu werden. — Zum Glücke hatte jeder einige Gulden bei sich, die ihn vor dem Verhungern retteten und auch gestatteten, die Wäsche reinigen zu lassen. — Wie gesagt, nach einigen Tagen war endlich für jeden ein Theil seiner Bagage angekommen, aus der uns aber nicht mehr zu nehmen erlaubt war, als was wir zum Wechseln der Wäsche nöthig hatten. Bei dieser Gelegenheit hatte ich das Vergnügen, mich zu überzeugen, daß ein Koffer von mir bei der Munizipalität, daher mit Vorwissen derselben, erbrochen worden war, — welche unliebsame Bemerkung fast alle Herren an ihrer Bagage zu machen genöthiget waren.

Alle Fenster unserer Lokalität, die nicht Gitter hatten, wurden während unsers Aufenthaltes in denselben damit versehen; — einige Ausgänge wurden vermauert, um das Entweichen zu verhindern. Auch war man so aufmerksam, für eine Zerstreuung für uns zu sorgen, indem man die Freischärler in dieselbe Kaserne, wo wir waren, einquartierte, und jene Thür, die von uns zu ihnen führte, unbewacht ließ, und daß diese Söhne der Freiheit bequem und ohne die mindeste Beirrung ihrem Witze über uns freien

Lauf lassen könnten. — Sowohl das Lesen der Zeitungen, als das Schreiben von Briefen ward uns strenge untersagt; — endlich erlangten wir doch später die Erlaubniß zu beiden, ja sogar auch uns unter Tags in unsern Hof begeben zu dürfen, um uns da einige Bewegung zu machen. In der ersten Zeit hörten wir manchmal Sturmläuten — ohne zu wissen warum. Bei jedem derlei Anlasse war die Wuth des Volkes immer gegen uns, so daß wir von einem Augenblick zum andern auf einen unwillkommenen Besuch von Seiten des souveränen Volkes gefaßt sein mußten. — Unter solchen Verhältnissen lasen wir am 15. April in der Mailänder Zeitung, daß man Repressalien an den Gefangenen für die sogenannten Gräuelthaten nehmen werde, die der Feldmarschall von nun an begehen werde. Am 24. April entstand ein Lärm, daß die Gefangenen Fluchtversuche gemacht hätten. — Da man aber das Volk glauben machte, wir seien es, so strömte es gegen unsere Kaserne; zum Glücke für uns wurde es endlich doch noch zeitlich genug belehrt, daß dieses im Kastell, aber nicht bei uns der Fall sei, wonach sich der Sturm von uns ab- und dahin wandte. Tags darauf erfuhren wir, daß der angebliche General Longhena, der uns in Desenzano so hochmüthig und schändlich behandelt hatte, wegen Veruntreuung von Kassen gefänglich eingezogen wurde.

Nachdem wir unter solchen Verhältnissen vom 26. März an 32 Tage so zugebracht hatten, wurde uns am 27. April Abends verkündiget, daß wir nach Mailand gesendet werden. Durch verschiedenartige Zuwächse waren wir auf eine bedeutende Anzahl angewachsen, daher man uns in 2 Parthien nach Mailand sandte. Abends wurden diejenigen verlesen, welche den ersten Transport zu bilden hatten, worunter auch ich mich nennen hörte. Um 6 Uhr erschienen 4 Omnibuswägen mit der dreifarbigen Fahne, in die unser 58 gepfropft wurden. Vorne, hinten und auf der Decke des Wagens saßen Bewaffnete; — rechts und links

21

ritten Gensd'armen und gingen bewaffnete Insurgenten, endlich fuhr sowohl an der Spitze als am Schlusse des Zuges noch ein Wagen mit Wachen. So bewacht verließen wir die Thore von Brescia und es ging im Trapp fort gegen Treviglio.

Auf der ersten Poststation, wo die Pferde gewechselt wurden, hielten wir vor einem Wirthshause auf dem Platze. Unsere Wächter stimmten einige, im Volke allgemein gekannte Spottlieder gegen die Deutschen an, wodurch das Volk, das theilweise schon wegen des Seltsamen unserer Erscheinung neugierig sich näherte, in Menge herbeigerufen ward. Diesen sagten nun unsere Wächter, wir seien Kroaten, — auf dem Schlachtfelde gefangen, — die Würger ihrer Brüder und die Mordbrenner von Castelnuovo und Mailand u. s. w. kurz diese stachelten den Pöbel zur Wuth gegen uns so auf, daß sich derselbe endlich mit den schändlichsten Schmähungen und Beschimpfungen gegen uns Luft machte. Ich glaube nicht, daß es in der italienischen Sprache ein Schimpfwort gibt, welches wir nicht beigelegt bekommen hätten, — hauptsächlich zeichneten sich Pfaffen und alte Weiber durch die eckelhaftesten Zoten aus, die sie uns zuriefen. Das Toben des Pöbels wurde immer heftiger, während sich unsere Wächter im Wirthshause gütlich thaten, als einige wüthende Kerls zu schreien anfingen: „Herab mit den Köpfen dieser Hunde, — schlagt sie todt, wie sie unsere Brüder erschlugen!“ — Man brachte Stricke, aus denen man Schlingen machte, unter dem Zurufe, daß man uns erhängen müsse; — ein Barbier mit dem Rasiermesser in der Hand schrie, daß man ihm einige geben soll, damit er ihnen den Bart für immer abnehmen könne; — andere schrieen, man soll uns niederschießen, — kurz es war ein Lärmen ohne Gleichen. Zu unserem Glücke versammelten sich endlich einige unserer Wächter und mehrere Bewaffnete des Ortes, welche doch ein wenig besser gegen uns gesinnt waren, und das Volk von Thätlichkeiten abhielten. Gott weiß es jedoch, ob ihnen solches auf längere Zeit noch gelungen wäre, wenn nicht unsere Pferde gekommen und eingespannt worden wären, welches Intermezzo die Aufmerksamkeit der uns umstehenden Horde theilte, welche sich nun damit begnügte, uns fortwährend anzuspucken und die scheußlichsten Fratzen gegen uns zu schneiden. Endlich fuhren wir unter den wüthendsten Schimpfreden und Flüchen weiter, während unsere Wächter wieder ihre Spottlieder anstimmten. — So ging es nun fort. Ein Gensd'arme, der neben dem Wagen ritt, wo ich saß, bemerkte, daß er an seiner Mütze noch die gelbschwarze Schnur habe; — er trennte sie sonach, während wir etwas langsamer fuhren, herab, warf sie vor unseren Augen auf den Boden und spuckte darauf. Es fing unterdessen zu regnen an, was wahrscheinlich die Ursache sein mochte, daß wir in der nächsten Station beim Wechseln der Pferde etwas gelimpflicher durchkamen, indem sich hier weniger Leute sammelten, die uns bloß beschimpften, ohne uns weitere Drohungen an den Hals zu werfen.

Um halb vier Uhr langten wir in Treviglio an und fuhren in den Bahnhof ein, wo der Train, nach Mailand zu fahren bereit, nur noch auf uns wartete. Hier sahen wir einige Pfaffen und Freischärler, die wir nach ihrem Anzuge für Römer hielten, und welche ohne Zweifel der Rest jener Heldenschaar waren, welche bei Caffaro kurz zuvor tüchtig gedroschen worden sind, da sie wuthentbrannt gegen die Oesterreicher nach Mailand zogen; dieselben sprachen von den Ereignissen bei der Armee, und wir entnahmen aus abgebrochenen Worten, daß sie einander Gräuelthaten erzählten, welche durch die österreichischen Truppen verübt worden sein sollten. Einer dieser Römer machte sich sonach zu dem Wagen, wo ich saß, und fing an uns zu lästern, gab uns eine Menge Schimpfworte, wobei er schwur, daß wir nun in Mailand gewiß für alles büßen, ja daß von uns nicht einmal alle Mailand mehr erreichen werden. Die anderen Kerls hatten sich indessen in gleicher Absicht zu den anderen Wägen begeben, und überschütteten uns während der Zeit, bis wir auf den Eisenbahnzug kamen, mit den beliebtesten Schimpfworten, darunter auch mit: „Hunde von Deutschen und Barbaren.“ — Endlich waren wir auf der Eisenbahn und glaubten vor solchen Unbilden gesichert zu sein, als wir den Kerl, der früher bei meinem Wagen stand — in demselben Waggon erblickten. Er hatte nach der Entfernung von unseren Wagen sich so postirt, daß er uns einen nach dem andern defiliren lassen konnte, und faßte dabei besonders den Hauptmann Dölser von Ceccopieri-Infanterie ins Auge, welchem gegenüber er sich auch im Waggon postirte. Obzwar unsere Wachen dabei waren, so schützten sie uns doch nicht gegen die fortwährenden Beschimpfungen dieses elendesten aller elenden Kerls, und wir mußten sie durch eine volle Stunde während unserer Fahrt ertragen. Da seine Schmähungen fruchtlos blieben, — nachdem ihn Niemand einer Antwort würdigte, — so wurde Eisele endlich der Art wüthend, daß er alle Augenblicke seine Pistole herauszog und sie gegen den Hauptmann Dölser anschlug mit dem Schwure, daß dieser wenigstens Mailand nicht erreichen dürfe. Er führte sein Vorhaben doch nicht aus, obgleich er diese Scene sehr oft wiederholte, weil ihn einer unserer Wächter davon abzuhalten sich bestrebte. Da er einsah, daß all sein Bramarbasiren zu keinem Ziele führe, so wandte er sich endlich gegen diesen Wächter mit der Klage, daß wir ihn beschimpft hätten; — dieser wies ihn jedoch ab, da er selbst sah und hörte, wie viel Gehör wir ihm gaben. So langten wir im Bahnhofe zu Mailand an.

Obgleich wir uns nach dem, was wir bisher erduldet hatten, von unserem Einzuge in Mailand eben keine sehr brillante Vorstellung machten, so waren doch unsere Erwartungen durch das, was wir nun erlebten, weit übertroffen.

Nach einigem Warten, was man nur darum vorsätzlich

that, damit sich der uns schon hinter den Planken des Bahnhofes angrunzende Pöbel in noch größerer Anzahl sammle, um sein Opfer würdig zu empfangen, verließen wir endlich die Waggons und begaben uns in die bereit stehenden Stellwägen. Kaum waren wir aus dem Bahnhofe gekommen, als wir uns schon von Tausenden aus der Hefe des Volkes umzingelt sahen, welche sich nun mit den niedrigsten Schmähungen und den scheußlichsten Grimassen, heulend wie eine Lavine, welche fort und fort von allen Seiten an Masse wächst, auf unsere langsam weiter rollenden Wägen stürzten. Doch der ungeheure Lärm, den diese kannibalische Horde machte, verhinderte, daß wir zum Glück nicht alle diese Liebestitel verstehen konnten, mit denen sie uns begrüßten. Das Unglück harrte unser aber vor dem Stadtthore, denn da angelangt riß beim ersten Wagen der Strang, mit dem das vordere Pferd eingespannt war, und der ganze Zug mußte stehen bleiben. — Auf dieses nun im Angesichte des Thores, das die Mailänder aus der Ursache, weil durch solches der Marschall Radetzky sich zurückgezogen hatte — Porta vittoria (Siegespforte) nannten, drang das Volk auf uns ein, spie uns an, schlug mit Stöcken auf uns los, warf Schlingen in die Wägen, um uns so herauszureißen, was ihnen aber nicht gelang. In der Eile wurde der Strang zusammengeknüpft und wir fuhren weiter. Doch waren wir kaum bei den ersten zerstörten Häusern innerhalb des Thores angelangt, als derselbe Strang zum zweiten Male riß, worauf das Volk mit Wuth verlangte, daß man uns aus den Wägen herauswerfen und ihm übergeben soll; zum Glück für uns waren gerade einige bewaffnete Nobili von Mailand in der Uniform der Nationalgarde zu Pferde in der Nähe. Diese sprengten — die sich eben vorbereitende Schreckensscene sehend — mit gezogenen Säbeln auf diese Wahnsinnigen los, und es gelang ihrer so wie der Bemühung einiger unserer Wachen, solche etwas zurückzudrängen und hiemit wenigstens das

Schrecklichste zu verhindern. Unmöglich war es ihnen aber uns von weiteren Beschimpfungen und Schlägen mit dicken Stöcken zu schützen. Jeder von uns war jedoch in diesem schrecklichsten Augenblicke unserer ganzen Gefangenschaft darauf gefaßt, von irgend einer Seite ein Messer in den Rücken gebohrt zu fühlen. Zum zweiten Mal war der verhängnißvolle Strick zusammengebunden, und man fuhr von allen Seiten vom Pöbel umrungen wieder weiter. Nun zeichnete sich unter den Läufern ein sehr gut gekleideter Civilist durch seine Wuth gegen uns aus, denn indem er fortwährend neben den Wägen lief, schrie er in einem Athem, daß wir mit unserem Blute den Brand der Häuser von Mailand löschen müßten, so wie, daß wir unbekümmert sein sollten, denn wenn wir dem Volke auch jetzt entrissen würden, so werde solches gewiß nur auf kurze Zeit geschehen. Einige riefen daneben: „mi voglio aver il gusto di straparti il fegato, — mi voglio strozzarti l'anima, cavarti gli occhi! — varda che denti!" — (Ich will den Genuß haben, dir die Leber herauszureißen, — ich will dich erdrosseln, — dir die Augen ausstechen! Da schaut, was für Zähne!); noch andere schrien: „E quà il Radezky! — Per cinque centesimi il testamento del Ex-Vice-Re e del Radezky! — (Ist hier Radetzky! — Um fünf Centesimi das Testament des Ex-Vice-Königs und des Radetzky!) So ging es neben uns fort durch alle Gassen, bis wir endlich das Kriminal-Gefängniß St. Margherita, das uns zum Aufenthalte bestimmt war, erreichten. Im Hofe dieses Gebäudes stand eine Abtheilung berittener Gensd'armen, welche nach unserem Einfahren in's Gebäude das Volk vom Eindringen abhielt. Nun stiegen wir aus und man führte uns unseren neuen Wohnungen, den Kerkerzellen, zu, an welche als nächste Nachbarschaft mit Dieben und ähnlichem Gelichter vollgepfropfte Gefängnisse stießen. Hier harrten unser schon andere Leidensgefährten, welche, als sie uns sahen und grüßten, von unserm neuen Kommandanten — ehemaligen österreichischen Major Francia, damaligen würdigen Oberschergen der Mailänder provisorischen Regierung, — im indignirendsten Tone mit dem Rufe zurückgewiesen wurden: „Einer wird mir die Butter zahlen!!! —“

---

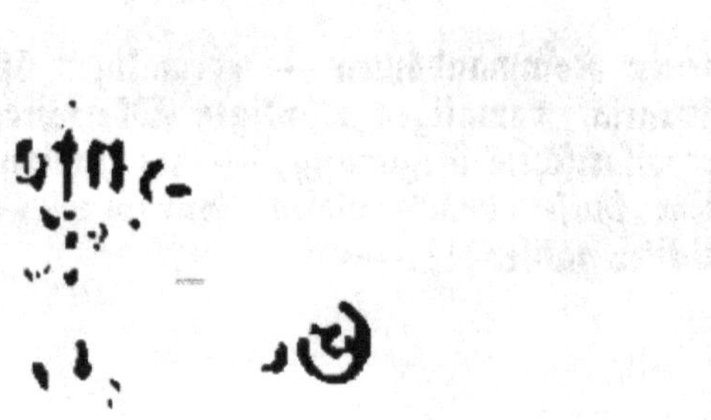

## Verbesserungen im I. Bande.

| Seite | Zeile | von oben lies | statt |
|---|---|---|---|
| 4 | 12 | Treviglio | Trevéglia |
| 7 | 15 | lasse | ließ |
| 8 | 26 | der Bastion | dem Bastion |
| 10 | 13 | wegen den | wegen der |
| 10 | 16 | Frage ist | Frage war |
| 16 | 16 | Caterina | Catarina |
| 17 | 3 | unser geliebte | unser geliebter |
| 17 | 31 | Erzieher, nur | Erzieher nur |
| 20 | 4 | Comandante | Commandante |
| 22 | 11 | Plenklerketten zu | Plenklerketten sich zu |
| 22 | 17 | Camozzi | Comozzi |
| 23 | 1 | il bonetto | il bunetto |
| 24 | 5 | Rinaldini | Riccaldini |
| 32 | 16 | Magari | Mangare |
| 32 | 21 | dalla gentilezza | alla gentilezza |
| 33 | 28 | ; er brach | ; brach |
| 35 | 25 | zu mir | mir zu; |
| 36 | 5 | bezeichnete | bezeichne |
| 38 | 5 | , er bat | , und bat |
| 39 | 7 | , die lagen, wach | , die lagen wach |
| 40 | 4 | anzustellen. | an zu stellen. |
| 41 | 21 | ihres Seyns | ihres Sieges |
| 49 | 23 | nicht auszugehen | nichtauszugehen |
| 52 | 28 | Sprache vertrauten Männern nicht | Sprache nicht |
| 54 | 28 | des Lombardisch-venetianischen | des Lombardischen |
| 55 | 9 | , waren | woran |
| 57 | 4 | zu verspeisen. | verspeisen. |
| 58 | 31 | Fuini | Tuini |
| 60 | 27 | Melegnano | Malegnano |
| 66 | 28 | Aerarial-Zöglinge | Aserarial-Zöglinge |
| 71 | 30 | kurz nach dem | kurz vor dem |
| 80 | 1 | Commesso | Commessario |
| 80 | 10 | Colonnello | Collonnello |
| 84 | 24 | Geheimniß), | Geheimniß, |

| Seite | Zeile | von oben lies | von oben statt |
|---|---|---|---|
| 97 | 29 | belustigte | belästigte |
| 111 | 5 | (meine Nährerin) | (meine Näherin) |
| 116 | 15 | welches | welcher |
| 121 | 12 | visitirte | visirte |
| 127 | 34 | (welcher einer des | (welcher des |
| 151 | 6 | Daß | Das |
| 155 | 4 | so wohl | sowohl |
| 159 | 8 | an den Offizieren zu | an sie zu |
| 160 | 32 | immer 4 bis | immer 4 und |
| 164 | 6 | es ein Leichtes | es ein ein Leichtes |
| 169 | 8 | zu sagen | beizubringen |
| 169 | 34 | Akademiker | Akademien |
| 200 | 4 | Idiczukh | Zeliczukh |
| 201 | 22 | » | » |
| 202 | 3 | » | » |
| 209 | 16 | siete | siet |
| 209 | 34 | Leuzendorf | Lenzendorf |
| 210 | 5 | erblickend | erblickte und |
| 213 | 30 | Leuzendorf | Lenzendorf |
| 217 | 10 | lag. | keineswegs lag. |
| 221 | 34 | so wollte ich | so will ich |
| 223 | 31 | Krünes | Grünes |
| 224 | 12 | » | » |
| 224 | 24 | » | » |
| 225 | 13 | versichert | versicherte |
| 228 | 15 | nur selbst für | nur für |
| 229 | 14 | früher — eisgrauer — | früher eisgrauer |
| 231 | 14 | der Chiesa | des Chiesa |
| 249 | 13 | Deliberiren | Deleberiren |
| 257 | 27 | Blessirten | Bessirten |
| 264 | 17 | , — wohin | , wohin |
| 264 | 18 | , — dann mit | , — mit |
| 266 | 4 | beordet | beredet |
| 282 | 33 | nachsenden | nachliefern |
| 284 | 12 | , mich im Falle | , im Falle |
| 284 | 13 | Angriffes gewiß | Angriffes auf mich gewiß |
| 284 | 33 | Nachdem ich | Nun da ich |

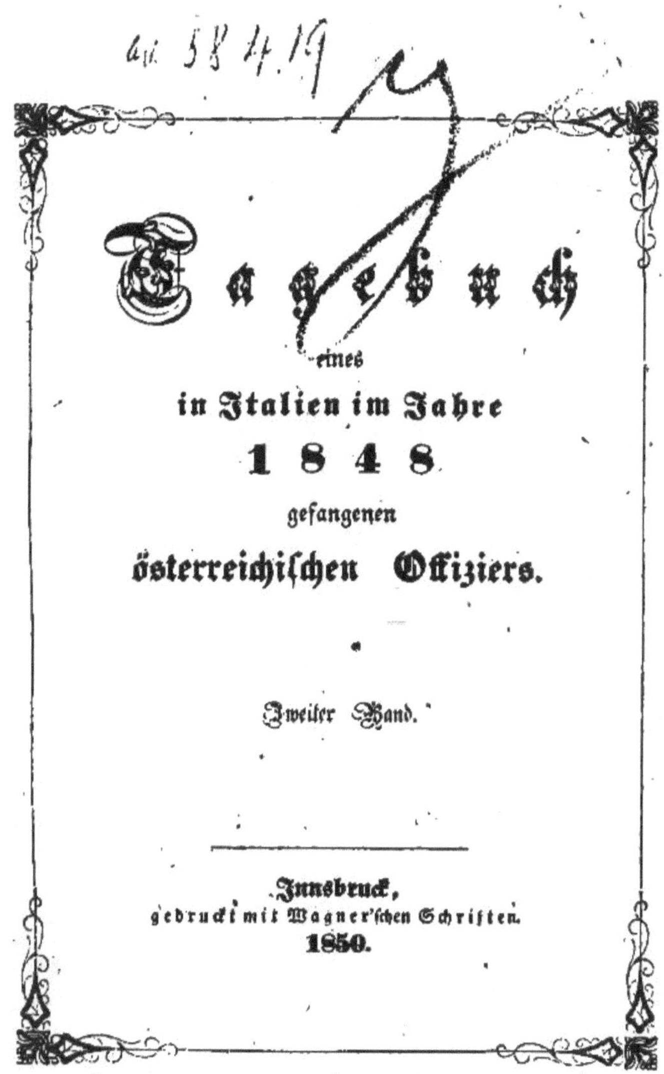

# Tagebuch

eines

in Italien im Jahre

1848

gefangenen

österreichischen Offiziers.

Zweiter Band.

Innsbruck,

gedruckt mit Wagner'schen Schriften.

1850.

# Tagebuch

eines

in Italien im Jahre

**1848**

gefangenen

österreichischen Offiziers.

Zweiter Band.

---

Innsbruck,
gedruckt mit Wagner'schen Schriften
1850.

# Inhalts-Verzeichniß.

## Zweiter Band.

### I.

### Uebernahme der in der Lombardie gefangenen österreichischen Militärs vom König von Sardinien und Abtransportirung derselben nach Piemont.



### II.

### Parthienweise Vertheilung der gefangenen Offiziere im ganzen Königreiche Piemont.

## III.

### Dritter Zug über die Seealpen an die Küste des mittelländischen Meeres.



## IV.

### Seefahrt und viertes Ueberschreiten der See-Alpen zur Ranzionirung.

## I.

# Uebernahme der in der Lombardie gefangenen österreichischen Militärs vom Könige von Sardinien und Transportirung derselben nach Piemont.

### Reise nach Genua.

Die glänzenden Gefechte des unter unserm greisen Helden, Marschall Grafen Radetzky, stehenden Heeres bei Montanara und am Curtatone, — der kühne Marsch desselben von da nach Vicenza, — der nach mehreren Stunden des heißesten Kampfes mit einer jedes Lob überragenden Todesverachtung erfochtene Sieg bei dieser Stadt und die Einnahme derselben, — der Fall Treviso's und die Uebergabe von Padua nebst der Vereinigung des Nugent'schen Corps mit der Hauptarmee, wodurch nicht nur die ganze venetianische Terra ferma, mit Ausnahme von Palmanuova und Osoppo, gänzlich unterworfen, sondern auch Radetzky's tapferes und treues Heer bedeutend verstärkt wurde, erweckten in uns die freudigsten Hoffnungen, gleichzeitig aber auch einige Besorgnisse, was denn mit uns verwaist scheinenden Gefangenen bei einem sich der Entscheidung nun bald nahenden günstigen oder ungünstigen Kriegsereignisse geschehen werde. —

1

Diese Hoffnungen und Besorgnisse beherrschten die Gemüther von uns Allen, und aus dieser heterogenen Lage ging der Wunsch beim unzubezweifelnden Siege unseres Heeres hervor, daß wir Gefangenen wenigstens der tausendkralligen lombardischen provisorischen Regierung und der Wuth des aufgestachelten Pöbels entrückt, einer geregelten Macht, wenn auch dem verrätherischen Könige Karl Albert überantwortet und nach Piemont transportirt würden. Diese Sehnsucht, vor der Hand wenigstens in die Gewalt der Albertisten zu kommen, von der wir doch erwarten durften und mußten, besser als in der gegenwärtigen Lage behandelt, wie nicht minder gegen jeden Exceß des Pöbels, — den man damals im extremsten Falle stets gewärtigen mußte, — gesichert zu sein, wurde selbst von unserm letzten Kerkermeister genährt, der uns den Trost gab, solches sei bereits im Antrage, und werde, nachdem die Einverleibung der Lombardie mit Sardinien zu Einem Staate geschehen sei, gleich effectuirt werden. Das Chaos von Nachrichten und Neuigkeiten, die man uns brachte, vermehrte nur unsere Leiden; denn sie waren, soweit man sie von den Italienern erhielt, meist nur darauf berechnet, uns moralisch ganz zu vernichten.

In diesem Labyrinthe von den vagesten Notizen gewann um den 10. Juli jene unserer Transportirung nach Piemont immer mehr Consistenz; — doch wohin man uns daselbst bringen wolle, blieb noch immer ein Räthsel, das die Meisten für da- und dorthin zu entziffern versuchten, jedoch stets ohne Erfolg. Nulli — der Sekretär — sowie der düstere Kommandant Legnani sagten, man habe für uns die Festung Alessandria, bald äußerten sie sich, es sei Pignerollo oder ein anderer Horst an der äußersten Grenze Sardiniens in der Nähe der Schweiz oder Frankreichs bestimmt. Aber nichts Gewisses gab man uns bis zum letzten Tag.

Erst am 13. Juli — als wir wie gewöhnlich unseren Tagessold erhielten — verlautete, man bringe uns Alle nach

Genua. Einige Stunden darauf war schon die Namensliste derjenigen Herren an der Wand des Corso unseres Ganges angepickt, welche den folgenden Tag zeitlich früh zur Abreise bereit sein mußten, mit dem Beisatze, sich denselben Nachmittag um 3 Uhr aus dem Magazine nur das Unentbehrlichste — mit Ausnahme von Koffern — herauszunehmen, da nur dieses mit auf die Wägen geladen werden dürfe, indem der Rest der Bagage schon seiner Zeit werde nachgesendet werden. —

Ich war diesmal nicht unter den Auserwählten. Obwohl sich der Oberstlieutenant Baron Schneider mittelbar verwendete, mich mit ihm, da er abzureisen bestimmt war, gehen zu lassen, so wollte man solches doch nicht zugeben, da es wahrscheinlich nach der Ansicht der terroristischen Machthaber eine Schwäche beurkundet hätte, eine bereits getroffene Anordnung in solch' einer Geringfügigkeit zu ändern. Es blieb uns sonach nichts anderes übrig, als sich dem Unabänderlichen zu fügen. Dem Oberstlieutenant trug sich der Lieutenant Baselli als mein Ersatzmann an, und somit war jeder Anstand gehoben.

Drei Diligenz-Wägen standen bereits im Hofe. Sie wurden von uns Gefangenen gleich Polarsternen freudig besehen; sie waren es, mit denen wir unsern Quälern entführt wurden, obgleich wir in andere, fast Allen noch ganz unbekannte Regionen kommen sollten.

Nun erfolgte ein endloses Hin- und Herrennen nach allen Seiten, um sich die wenigen Sachen zusammenzuklauben. Die Rückbleibenden sahen diesem Treiben mit Leidwesen zu; denn Jeder dachte sich, weiß der Himmel, was noch der morgige oder nächstfolgende Tag ihnen statt der Abreise bringen könne. In diesem unangenehmen Gefühle verging den Rückbleibenden der Rest des Tages, — es kam der Abend, und der Kerkerschließer klapperte mit seinem Schlüsselbunde, die Nummer eines jeden unserer Kerker vor sich hinraunend, das diesmal für Mehrere wenigstens in Mailand zum letzten Mal die höfliche Einladung zur freiwilligen Ruhe war. — Ich packte dem Oberstlieutenant seine Wenigkeit ein, putzte selbem noch zum letzten Male die Stiefel, besorgte das sonst noch Häusliche in unserer düstern Klause, warf mich etwas verstimmt, daß ich nicht schon diesmal auch aus diesem elenden Hause auf Niewiedersehen fortziehen konnte, auf mein Bett, und sagte der Welt eine gute Nacht.

So kam der für die Ersterwählten glückliche 14. Juli. Man weckte die Herren um 2 Uhr früh auf. Auch ich verließ mein Lager, um den Oberstlieutenant und überhaupt die erste Abfahrt zu sehen. Gegen 3 Uhr kam ein Unteroffizier mit sechs berittenen Gensdarmen und bald darauf die Wagenpferde; die Glücklichsten unter uns saßen seelenfroh in die Wägen ein, und nahmen so manchen Seufzer aus der bedrängten Brust der Rückgebliebenen mit einem, jedoch nicht minder herzlichen Lebewohl mit sich. Das Thor öffnete sich und es rollten unsere Lieben hinaus, indem jeder Wagen rechts und links zur Seite einen Gensdarmen hatte, welchen Zug der Unteroffizier schloß. Mit diesem ersten Transporte ging der Kommandant Legnani als Führer mit, saß mit einem unserer Herren in den Cherp des ersten Wagens, und zwar — dem Aeußern nach — unbewaffnet.

An der Art und Weise, wie nun diese Herren gefahren wurden, konnte man nichts ausstellen, worüber wir auch ganz vergnügt waren, und uns mit dem sehnsüchtigsten Wunsche, es möge auch uns nur recht bald dieses Glück treffen, in unsere Kerker zurückzogen.

Nun schlichen die folgenden Tage meist langsam dahin, da wir den glücklichen Augenblick nicht erwarten konnten, der uns aus den Mauern der revoltirten Stadt bringen sollte. Tausend Pläne und Hoffnungen schwebten Jedem über die umhüllte nächste Zukunft vor. Legnani wurde den dritten Tag längstens bis Mittags erwartet, da man wußte, der Weg werde von der Diligenze in achtzehn Stunden zurückgelegt. Wer nicht wieder kam, war Legnani. Unsere Besorgnisse wuchsen daher, indem wir zu fürchten begannen, man habe die Kameraden nicht nach Genua, sondern weiß der Himmel in welches Nest, wie z. B. Pignerollo, — deren in Sardinien mehrere sind, — gebracht, indem man uns nur wieder aus dem Grunde mit Genua gute Hoffnungen machte, um uns etwas aus dem Schandpfuhl zu heben, damit man im Stande sei, uns nur um so tiefer in selben hineinfallen lassen zu können. — Obwohl man dieses perfide Spiel mit uns fort und fort trieb, so war es diesmal doch nicht so schlimm, als wir es uns ausgemalt hatten; denn Legnani kehrte am Vortage Abends, als der zweite Transport abzugehen hatte, — bei dem ich mich wieder nicht befand, — zurück. Derselbe theilte uns eine Menge Umstände mit, die er auf seiner Mission gehabt hatte. Als nämlich die Herren in Pavia anlangten, empfing sie da das versammelte Volk mit Gepfeife, spuckte und stürmte gegen die Wägen, da man den Oberstlieutenant Macchio für den Polizei-Commissär Bolza und den Major Koch für den Polizei-Beamten Garimbati ansah, weil dieselben — wie überhaupt fast alle Herren dieses Transportes — in Civil gekleidet waren; man glaubte auf diese Art die Wuth des Pöbels weniger auf sich zu ziehen. — Nur mit vieler Mühe gelang es dem Kommandanten Legnani, — welchen man ebenfalls mit spia beehrte, — das Volk zu überzeugen, daß die Herren Offiziere, jedoch keine Polizei-Beamten seien. Nun mußten sich die Herren in Militär umkleiden, und es ging endlich weiter.

Als man aber nach Gravellone kam, — wo die Uebernahme der Gefangenen von Seite Piemonts geschehen sollte, — hatte man da keine Befehle, und die Post wollte keine Pferde verabfolgen. Legnani mußte sonach wieder nach Pavia zum piemontesischen Stations-Kommandanten zurück, wo es ihm erst nach mehreren Stunden gelang, die Anstände zu beheben. — Er erzählte uns, daß alle Herren in einem schönen Palaste Genua's untergebracht, sehr gut gehalten sind, und in der Stadt selbst ganz frei herumgehen dürfen, welches auch einige, von den Herren uns geschriebene Briefe, die Legnani selbst mitgebracht hatte, bestätigten. Ueberhaupt drückte sich Legnani aus, daß, so sehr man unsere Herren in der Lombardie schlecht behandelte und hielt, ebenso seien sie in Piemont aber gerade nur entgegengesetzt aufgenommen. Jeder meiner Leser wird sich nun überzeugt halten, daß die Herren über solch angenehme Kunde ganz entzückt waren.

Unser düsterer Kommandant Legnani war seit seiner Rückkunft aus Genua ein ganz anderer Mensch. Wir erfuhren nun, daß alle gefangenen Offiziere, — mit Ausnahme der pensionirten Herren und jener, welche Friedensanstellungen hatten, dann aller Militär-Beamten und Aerzte, die in Mailand zurückbleiben sollten, — in vier Transporten nach Genua abgeführt werden. Dem ersten, wie gesagt bereits am 14. Juli abgegangenen Transporte hatte der zweite am 17., der dritte am 20. und der vierte am 24. desselben Monats auf gleiche Art zu folgen; nur wurden die Herren diesmal ersucht, sich in Militär zu kleiden, um sich in Piemont keinen Insulten ausgesetzt zu sehen.

Nach Abfahrt des zweiten Transportes, welcher von dem übergetretenen österreichischen Offiziere Opio geführt wurde, ward es in unseren Kerkern so ziemlich leer; doch wir wurden bald darauf wieder vermehrt; denn um Mittag des 18. Juli langten die noch mit dem General Schönhals zu Brescia gefangen zurückbehaltenen Herren an, worunter sich nebst dem General Schönhals auch der Oberst Graf Wimpffen und der Major Baron Wimpffen befanden.

Schon den Tag früher mittelte man für diese Herren ihre Plätze aus. Das Zimmer Nr. 4., wo ich mit dem Oberstlieutenant Baron Schneider mich befand, wurde für den General, und das Vorzimmer Nr. 3. für den Obersten bestimmt.

# 7

Der Major Baron Wimpffen ward in das Zimmer Nro. 2. eingetheilt, und ich — der den Platz zu räumen hatte — legte mich in das Zimmer der Hauptleute Nr. 1., wo ich auch gleich das Rechnungsgeschäft statt des abgegangenen Hauptmanns Merkel übernahm.

Im Laufe dieser letzten Tage fiel wenig Bemerkenswerthes vor; nur sperrte man die Abtheilung, wo nun der General und Oberst waren, statt beim Untergange der Sonne erst gegen 10 Uhr Nachts ab. Auch kam am 19. der einstmalige österreichische Oberst Conte Anoni, den Obersten Grafen Wimpffen spät Abends zu besuchen. Derselbe entfernte sich aber bald, als er aus dem gegen ihn gezeigten Benehmen deutlich entnahm, daß sein Besuch wenig ansprach. Er soll sich geäußert haben, daß er nach Genua berufen und dort aufgefordert worden sei, ein Cavallerie-Regiment zu errichten, was er aber ausgeschlagen habe, da seine zerrütteten finanziellen Verhältnisse solches nicht zuließen.

Endlich fand ich bei der Ankündigung der mit dem vorletzten Transporte abzugehenden Herren auch meinen Namen, nicht aber jenen meines Cousins Anton; — doch gelang es zu meiner großen Freude, daß auch er eingeschoben wurde. Meine letzten Stunden benützte ich sonach noch dazu, um in Aquarell ein treues Bild jenes Ortes zu machen, wo ich als Märtyrer der gerechten Sache durch so lange Zeit auf der Folterbank lag.

Nun war auch für mich der Augenblick da, meine unentbehrlichsten Sachen im Magazine zusammenzuklauben und den Rest dem Schicksale zu überlassen. Hier war es, wo sich der Schreiber Rulli gegen mich ganz besonders gefällig zeigte; denn er gestattete mir nicht nur alle meine Sachen, sondern sogar selbst eine nicht unbedeutend voluminöse Kiste mitzunehmen, — worin die Uebergabs-Dokumente nebst den letzten Rechnungen und sonstigen mir zur Rechtfertigung nöthig werdenden Schriften und Protokolle des unter meinem

Kommando gestandenen Instituts, — welche ausnahmsweise an mir geübte Gefälligkeit ich dankend anerkennen mußte.

Am 20. Juli ward ich mit noch 27 anderen Kameraden früh um 3 Uhr einballirt, und fuhr im zweiten Wagen — all' meine erlittenen Miserien freudig als würdiges Erbtheil meinen Henkern zurücklassend — aus den Mauern der Stadt, deren Rebellenhäupter noch im tiefen Schlafe lagen, dem Himmel dankend, endlich ganz aus den Geierklauen derselben entkommen zu sein.

Ohne den mindesten Insult oder sonstigen Anstand ging die Fahrt fort längs dem Naviglio gegen Pavia, wo wir gegen 7 Uhr anlangten, im Gasthof alla posta einfuhren, und von unserem Kommandanten Legnani zum Aussteigen beordert wurden, um das für alle Herren bereit gehaltene Frühstück einzunehmen. Seit mehreren Monaten war es das erste Mal, daß wir uns in einem ordentlichen saubern Saale an einen gedeckten Tisch setzten, und was wir zu essen wünschten — freilich für enorme Preise — anschaffen konnten. Unten im Hofe und vor dem Wirthshaus war zwar eine Menge Volkes, doch Niemand erlaubte sich gegen uns nur den mindesten Insult, welches auch da nicht geschah, als mehrere Herren von uns zum Fenster und auf den Balkon gingen. Von der Stiege durfte jedoch keiner hinab; denn da war ein Posten von beiläufig 20 Mann der Guardia civica aufgezogen. In der Gasse und den Häusern vor dem Gasthofe sah man viele in feuerrothe Blusen gehüllte Leute, welches — wie uns der Cameriere sagte — die treuen Mannen des Avanturiers Garibaldi waren, die sich da gerade im Zuzuge — aus Genua kommend — in's Lager des Sardenkönigs befanden.

Nach einer halben Stunde hieß es: Eingestiegen; man fuhr zu unserm großen Erstaunen wieder ohne Insult durch die große Masse des versammelten souverainen Volkes über die schöne gedeckte Brücke des Ticino, und sofort über eine sehr lange Schiffsbrücke des Po nach Gravellone. Hier angelangt wurde gehalten, und es fand unsere Uebergabe an einen piemontesischen Offizier der Karabiniers statt. Der Kommandant Legnani übergab uns und die letzten in Mailand für unsere Herren angelangten, von demselben aber auf ausdrücklichen Befehl der provisorischen Regierung zurückbehaltenen Blätter der Augsburger allgemeinen Zeitung. Indem er sich nun bei allen Herren auf Wiedersehen recht höflich empfahl, kehrte er wieder in die Capitale der Lombarden zurück.

Die seligsten Gefühle überkamen uns bei dem Gedanken, nicht mehr in den Händen der Rebellen zu sein. Ein Unteroffizier mit zwei Karabiniers, — welche durchaus schöne Leute, nett angezogen und sehr gut beritten waren, — bildeten nun unsere ganze Eskorte, deren Führer uns stets bei der Uebernahme und Uebergabe mit militärischem Anstande grüßte und überhaupt artig war, welches uns, die wir so viel Schmach bis dahin erduldet hatten, sehr angenehm berührte.

Nun ging es fort über Vogera und Tortona, wo man auf den östlichen Theil des so berühmt gewordenen Schlachtfeldes von Marengo kam, gegen Novi. Die Hitze und der Staub waren fast unerträglich doch die Abwechslung der Gegend, da das Terrain und die Kultur in diesem Theile Piemonts ganz von jener des lombardisch-venetianischen Gebietes — nicht zum Vortheil des ersteren — verschieden ist, wie nicht minder der klassisch-geschichtliche Boden gaben des Stoffes zu sprechen und zu denken in Fülle. Hiezu kam noch, daß man die Zeitung durchflog und durch die Menge der in voller Thätigkeit begriffenen Telegraphen, welche in der Nähe unseres Weges von einem Hügel zum andern aufgestellt waren, eben einigen Zeitvertreib hatte. So langten wir wohlgemuth gegen 4 Uhr Nachmittags in Novi an, welcher Ort uns als Nachtstation angewiesen war. Man fuhr in den Gasthof Albergo grande ein, und eine Abtheilung der Guardia nazionale (da fast ganz Piemont von Militär bis auf schwache Kommando's entblößt war) bezog die Wache bei uns. Wir erhielten im zweiten Stocke alle Zimmer zur Disposition; solche waren mit sauberen Betten versehen. Nachdem man die Staubkruste von sich abgelöst hatte, ging Alles in die zwei Salons im ersten Stock hinab zur bestellten Mittagstafel, welche auch alle Herren sowohl in Hinsicht der Quantität als Qualität bis auf den Preis vollkommen befriedigte. Das vor dem Gasthofe versammelte Volk zeigte nur Neugierde, da es glaubte, wir seien gerade in den letzten Tagen auf dem Schlachtfelde gefangen worden; sonst verhielt es sich ganz ruhig. Hier blieben wir, bis es dunkel wurde, worauf die Herren sich in ihre Schlafzimmer verfügten.

Ich mochte kaum einige Stunden geschlafen haben, so weckte mich ein in der Nähe meines Zimmers entstandener Lärm auf. Es waren die Stimmen des Oberlieutenants Grafen Thun und des Lieutenants Fiedler, dann noch mir unbekannter Personen. Der Streit war heftig; ich hörte den König Albert, Mailand und die provisorische Regierung, Kerker und so dergleichen nennen. Die fremden Stimmen wurden arrogant, und das Ende vom Liede war, daß, nachdem es ruhig wurde, sich neben unserm Schlafzimmer die Tritte einer aufgestellten Schildwache hören ließen. — Auch gut, dachte ich mir, gehe du nur, mein lieber Schaarwächter, recht fleißig herum; ich werde mich aber auf die andere Seite wenden und schlafen; — was mir auch glücklich sobald gelang. — Am nächsten Morgen erfuhr ich die ganze des Nachts vorgefallene Geschichte; doch nachdem sie für die bezeichneten zwei Herren von unangehmen Folgen wurde, so will ich solche erst später meinen Lesern näher vorführen, um dem Anfange auch das Ende folgen lassen zu können.

Am nächsten Tage wurde um halb drei Uhr aufgestanden, gefrühstückt und um drei Uhr weiter gefahren, welches wahrlich für uns ein Glück war, da uns sonst das Volk, welches den nächtlichen Vorfall erfahren hatte, wenigstens derb ausgepfiffen hätte, wie dieses auch den Herren des vierten Transportes geschah.

Wir fuhren ohne Anstand bis zu einem an der Hauptstraße gelegenen Wirthshause, wo eine halbe Stunde gehalten und ein zweites Gabelfrühstück eingenommen ward. Von da aus ging der Weg im Gebirge fortwährend bergab bis an die Küste des mittelländischen Meeres nach Genua. Die Gegend, die sich da unseren Augen öffnete, war einzig in ihrer Art. Rechts und links die herrlichsten Gebirgsthäler mit einzelnen, da und dort romantisch gelegenen Dörfern, Weilern, Klöstern und Villen, dann Ueberreste alter Ritterburgen. Der Hauptgebirgszug der Apenninen selbst im schönsten, mannigfachen und alle Stufenleitern der Abwechslung durchgehenden fernichten Dunkelgrün bewaldet, welchem sich das verschiedenartigste, saftige Grün der Wiesen beigesellte, in dem sich die mit weißgrauem Schiefer gedeckten Dächer der Häuser prächtig ausnahmen. Auf mehrere Stunden Ferne hatte man stets die Hauptstraße im fantastischen Zickzack, sich der einst so mächtigen Beherrscherin des mittelländischen Gestades zusenkend, vor Augen, und am fernsten Horizonte tauchte bald das Bild des einen, bald des andern festen Kastells dieser republikanischen Hydra-Stadt nebst der unübersehbaren dunkelblauen, spiegelglatten Meeresfläche empor. Dieses prachtvolle, majestätische, pittoreske Bild ward noch durch die großartigen Anlagen der schon seit fünf Jahren im Werke begriffenen, die zwei Hauptstädte des Sardenkönigs verbinden sollenden Eisenbahn verschönert, eines Werkes, das, wenn es noch unter dem jetzigen Herrscher beendet werden sollte, demselben unbezweifelt bei der Nachwelt viel mehr Ehre machen wird, als sein verrätherisch treubrüchiger Amazonenzug mit den voll Rodomontaden aufgeblasener Kinderbacken seiner Helfershelfer, gegen die arme, in die Barbarei wieder versunkene Austria.

Eine Poststation vor Genua begegneten wir einem Bataillon piemontesischer Infanterie, das, im Marsche in die Lombardie begriffen, schon auf der ersten Station den Contre-Befehl erhielt, und wegen ausgebrochenen oder auszubrechenden Unruhen wieder nach Genua zurückgehen mußte.

In die Nähe Genua's gelangt, führt der Weg längs eines Gießbaches und die Hügel so wie die schmale Ebene sind mit den schönsten Landhäusern besäet. Die Meeresfläche in ihrer ganzen Majestät entfaltete sich da vor den Blicken, und nicht minder großartig treten die vielen, mit cremaillirten Mauern verbundenen Kastelle Genua's hervor, welche die ganze umliegende Gegend beherrschen und einem Belagerer jedenfalls sehr harte Nüsse zum Aufknacken geben würden.

Ein Uhr Nachmittags mochte es vorüber sein, als wir beim großen Leuchtthurme und einer Strandbatterie vorbei in das erste Thor, das durch eine starke Felsenbatterie geschützt und gerade von der Nationalgarde besetzt war, fuhren. Von da ging es kreisförmig um den ganzen Hafen herum, bei einer Reihe an den Felsen unansehnlich angebauter Häuser vorbei, bis fast vis-à-vis dem neuen Lido, auf dem ein zweiter Leuchtthurm erbaut ist, wo die Hauptgasse und die eigentliche Stadt beginnt. Noch vor der Einfahrt in diese Gasse ist ein offener Platz, auf welchem bereits auf der rechten Seite das Piedestal steht, auf dem die Bildsäule eines der größten Männer, die je lebten, des bei der Menschheit unsterblichen Genuesers — Cristoforo Colombo — gesetzt werden wird. Das da zur linken Seite gestandene Thor und Kloster ward demolirt, nachdem man beabsichtigt, hier den Bahnhof der nach Turin führenden Eisenbahn zu bauen.

Unser Wagenzug lenkte nun in diese schönste, aus den imposantesten Palästen erbaute breite Corsogasse ein und fuhr im Schritte weiter. Eine Menge Volkes lief um die Wägen herum; doch nur einige fügten dem Begaffen noch halblaute Zurufe bei: „aha! siete quà? — dove è Radetzky?!“ (Aha! seid ihr hier? — wo ist Radetzky?!) — Einige Gassenjungen liefen vor dem Zuge und schrieen zum Verkaufe erlogener Bulletins und Nachrichten vom Schlachtfelde aus, die von nicht geringeren Erfolgen, als von einer großen Niederlage der Oesterreicher und Tausenden von Gefangenen sprachen. Doch im Allgemeinen blieb das Volk noch in den Schranken des vernünftigen Maßes; als wir bergauf fuhren, kamen sogar die Lazaroni und schoben unsere Wägen vor, da die Pferde von der Hitze und vom langen Wege ermattet zu weichen begannen. Wir fuhren beim Volksgarten vorbei. Hier bekamen wir eine freie Umsicht auf die zweite Hälfte der Stadt, wo sich auch das neue erste Strafgefängniß nach dem pensilvanischen Systeme befindet.

Endlich nach einem mehr als einstündigen Triumphzuge, auf dem uns das getäuschte Volk für frisch gefangene Offiziere, die man gerade vom Schlachtfelde bringe, hielt, lenkten die Wägen in eine enge Seitengasse ein, und blieben vor dem Eingange einer klosterartigen Kaserne stehen, wo schon ein Platz-Offizier unserer harrte. Nun hieß es aussteigen, und man führte uns durch ein enges Gäßchen, begleitet von den Neugierigsten des Volkes, in den festen Palazzo Carignan am Platze und in der Nähe der schönen Kirche gleichen Namens.

Hier angelangt, stellte uns der freundliche piomentesische Offizier in zwei Glieder und hielt den Apell, um sich von der Präsenz aller Herren zu überzeugen; worauf wir uns in den ersten Stock verfügten, wo wir die mit den früheren zwei Transporten angelangten Leidensgefährten gerade beim Mittagessen fanden, welche uns jauchzend entgegeneilten. Sofort hieß es, sich selbst die Zimmer im ersten, zweiten oder dritten Stock aufzusuchen. Nachdem der gütige Oberstlieutenant Baron Schneider mich zu sich (wo bereits auch schon der Lieutenant Baselli war) in sein Zimmer nahm, so ließ ich mir in selbes ein Bett bringen; somit war mein neuer Wohnsitz aufgeschlagen.

Auf gleiche Art kam auch der vierte Transport an, der sich nur über einiges Gepfeife in Novi mehr zu beklagen hatte. —

## Episode auf der Reise und ihre Folgen.

Armer Thun und Fiedler! Was war das für eine Geschichte auf der Herreise in Novi? Mit dieser Frage drängten sich alle Herren um die so eben genannten zwei Kameraden, gegen welche von Novi aus beim Gouvernement die Klage eingegangen war, das schon den folgenden Tag nach unserm Anlangen unsern ältesten Stabs-Offizier schriftlich aufforderte, sich gleich hierüber zu äußern. Es wurde in dieser Aufforderung die Alternative gestellt: entweder auf Verlangen aller gefangenen Offiziere die Beschuldigten dem piemontesischen Gouvernement zur Bestrafung zu übergeben, oder aber die Untersuchung selbst zu pflegen und die Akten dem piemontesischen Kriegsgerichte zur weiteren Beschlußnahme zu unterlegen. —

Nach der von unseren Stabsoffizieren gepflogenen Untersuchung schmolz diese gegen die Herren erhobene schwere Beschuldigung zu einer bloßen Unvorsichtigkeit herab.

Dieselben befanden sich nämlich zusammen in ihrem Schlafzimmer des Gasthaues zu Novi noch plaudernd, als die übrigen Herren bereits zur Ruhe gegangen waren. Ein Barbier des Ortes (den diese Herren für den Wirth hielten, da er meist sich bei uns im Gastzimmer aufhielt und eine Menge von Fabeln erzählte, aus welchen diese Herren auf österreichische Gesinnung schließen mochten) machte sich zu denselben um jene Stunde in's Zimmer, und im Hin- und Herreden kam es endlich dazu, daß die Herren ihm die schändliche Behandlung in den Kerkern zu Mailand, von der sie eben befreit waren, erzählten, zum Schlusse beifügend, sie seien nun froh, in den Händen des Königs Karl Albert zu sein. Dieses Gespräch wurde von dem Conducteur — welcher in einem an das ihrige anstoßenden Zimmer sich befand — gehört. Da er ein Lombarde war, so ging er zu dem wachehabenden Offiziere der Guardia nazionale und erzählte ihm die Sache ganz entstellt, indem er angab, diese Herren hätten gegen die piemontesische Regierung und selbst den König Karl Albert gelästert. —

Durch solch' eine Angabe aufgereizt, machte sich nun dieser Wachtoffizier auf und kam mit dem Conducteur zu den Herren in's Zimmer, wodurch ein jämmerlicher Lärm entstand, der damit endete, daß sich diese zwei Helden mit dem Zurufe entfernten, solches werde schon den Herren in Genua entgolten werden. — Nun ward eine Schildwache bei den Thüren dieser beiden Herren aufgestellt; als solche schon im Bette waren, kam noch der Wachtoffizier zu ihnen und forderte von ihnen die Angabe ihrer Namen.

Nachdem diese zwei Herren den übrigen Kameraden am folgenden Tage den unangenehmen Vorfall mitgetheilt hatten, ging der älteste Hauptmann zu dem Wachtoffiziere und that sein Möglichstes, ihn über die wahre Sachlage aufzuklären. Doch solches fruchtete wenig; denn derselbe hielt uns gleich Räubern umzingelt, bis wir abfuhren, und machte noch seine weiteren Schritte, wie es sich gezeigt hat.

Um nun weder dem einen noch dem andern Motive der vom Genueser Gouvernement gestellten Alternative zu genügen, da man hiemit immer in eine prekäre Stellung gekommen wäre, fand man darin den Ausweg, daß man dem Gouvernement die schriftliche Mittheilung machte: dieser Vorfall sei schon früher dem ältesten Stabs-Offiziere zu Ohren gekommen und von ihm gleich untersucht worden; daraus aber sei hervorgegangen, daß die Herren nur gegen die Mailänder provisorische Regierung der erduldeten Leiden halber unvortheilhafte Aeußerungen machten, gegen den König Karl Albert aber nichts sprachen, sondern vielmehr sich ausgedrückt hätten, nun sehr zufrieden zu sein, daß sie unter Sr. Majestät Machtvollkommenheit gekommen seien; so wie, daß sie diese betreffenden Herren wegen dieser Unvorsichtigkeit in der gegenwärtigen Lage und im gegenwärtigen Augenblicke so etwas an einem öffentlichen Orte gesprochen zu haben, mit achttägigem Arreste in einem Zimmer des Lokals bestraft haben, sich darauf stützend, dieses sei zu Folge der ihnen hiezu zustehenden Machtvollkommenheit nach dem zweiten Punkte des für die gefangenen Offiziere herausgegebenen Reglements effectuirt worden.

Der Gouverneur theilte dieses nach Novi unter dem Bedeuten mit, daß er der Aussage der Herren vollen Glauben schenke, und man solle die Sache daselbst noch näher untersuchen; falls weiter etwas Erhebliches sich zeigen sollte, die Anzeige hierüber an's Gouvernement nach Genua erstatten.

Beide Herren wurden wirklich in ein Zimmer des ersten Stockes eingesperrt, und nach zwei Tagen kam vom Gouverneur die Eröffnung: diese Herren nur frei zu lassen, nachdem von Novi aus auf keine weitere Untersuchung angetragen worden sei. Schließlich ward dieser Eröffnung beigefügt, es genüge zwar dem Gouverneur das Wort der beiden Herren; doch ersuche er sämmtliche gefangenen Offiziere, sich in gar kein Gespräch der Art einzulassen, und weder über diese noch die Mailänder Regierung sich unvortheilhaft auszusprechen, da man nicht wissen könne, wohin so etwas bei jetzigen Zeiten führen kann.

Dieses war eine gute Lektion, nach der wir und alle Herren in der Folge volle Ursache uns zu halten hatten, um eben nicht in einen gleichen oder noch viel unangenehmeren Unfall zu kommen.

## Leben in Genua.

Als uns der Kommandant der Gefangenen zu Mailand — Legnani — bei seiner Rückkunft aus Genua sagte, die Offiziere dürften daselbst innerhalb der Stadt frei herumgehen, war Jeder hierüber zwar entzückt; doch ich und so mancher Andere befürchteten noch, daß solches jedoch nicht lange dauern werde. Wir waren daher zwar unangenehm, doch nicht ganz überrascht, nach den ersten mit unseren Kameraden beim Anlangen in Genua gemachten Begrüßungen schon so früh unsere Befürchtungen bestätiget zu sehen. Diese theilten uns nämlich mit, daß den Tag vor unserm Anlangen das Volk Demonstrationen wegen unserer Herren gemacht habe, nachdem es einem Schuster — wie wir später erfuhren — durchaus nicht genehm war, daß die gefangenen österreichischen Offiziere in der Stadt frei umhergingen. Der Gouverneur ließ sonach durch den Platz-Kommandanten die Herren ersuchen, für einige Zeit nicht über den Bereich des Platzes vor dem Gebäude auszugehen, um das souveraine Volk nicht aufzuregen. Die Herren waren zu feinfühlend, um von solch' einem lächerlichen Schatten der Freiheit einen Gebrauch zu machen; sie blieben sonach ganz zu Hause. In einigen Tagen aber verlor man auch die Hoffnung, zum freien Ausgehen die Erlaubniß zu erhalten. Somit hatten wir alle, mit dem dritten und vierten Transport angelangten Herren Genua schon gesehen.

Damit mein geehrter Leser klar sehe, wie man uns selbst in Piemont meist nur mit der Freiheit und guten Behandlung hänselte, will ich, — bevor ich noch das Leben der Gefangenen in Genua vorführe, — nachstehende, beim Anlangen des ersten Transportes für dieselben erlassenen Vorschriften wörtlich hier anführen:

2

provisorische Regierung der erduldeten Leiden halber unvortheilhafte Aeußerungen machten, gegen den König Karl Albert aber nichts sprachen, sondern vielmehr sich ausgedrückt hätten, nun sehr zufrieden zu sein, daß sie unter Sr. Majestät Machtvollkommenheit gekommen seien; so wie, daß sie diese betreffenden Herren wegen dieser Unvorsichtigkeit in der gegenwärtigen Lage und im gegenwärtigen Augenblicke so etwas an einem öffentlichen Orte gesprochen zu haben, mit achttägigem Arreste in einem Zimmer des Lokals bestraft haben, sich darauf stützend, dieses sei zu Folge der ihnen hiezu zustehenden Machtvollkommenheit nach dem zweiten Punkte des für die gefangenen Offiziere herausgegebenen Reglements effectuirt worden.

Der Gouverneur theilte dieses nach Novi unter dem Bedeuten mit, daß er der Aussage der Herren vollen Glauben schenke, und man solle die Sache daselbst noch näher untersuchen; falls weiter etwas Erhebliches sich zeigen sollte, die Anzeige hierüber an's Gouvernement nach Genua erstatten.

Beide Herren wurden wirklich in ein Zimmer des ersten Stockes eingesperrt, und nach zwei Tagen kam vom Gouverneur die Eröffnung: diese Herren nur frei zu lassen, nachdem von Novi aus auf keine weitere Untersuchung angetragen worden sei. Schließlich ward dieser Eröffnung beigefügt, es genüge zwar dem Gouverneur das Wort der beiden Herren; doch ersuche er sämmtliche gefangenen Offiziere, sich in gar kein Gespräch der Art einzulassen, und weder über diese noch die Mailänder Regierung sich unvortheilhaft auszusprechen, da man nicht wissen könne, wohin so etwas bei jetzigen Zeiten führen kann.

Dieses war eine gute Lektion, nach der wir und alle Herren in der Folge volle Ursache uns zu halten hatten, um eben nicht in einen gleichen oder noch viel unangenehmeren Unfall zu kommen.

## 17

### Leben in Genua.

Als uns der Kommandant der Gefangenen zu Mailand — Legnani — bei seiner Rückkunft aus Genua sagte, die Offiziere dürften daselbst innerhalb der Stadt frei herumgehen, war Jeder hierüber zwar entzückt; doch ich und so mancher Andere befürchteten noch, daß solches jedoch nicht lange dauern werde. Wir waren daher zwar unangenehm, doch nicht ganz überrascht, nach den ersten mit unseren Kameraden beim Anlangen in Genua gemachten Begrüßungen schon so früh unsere Befürchtungen bestätiget zu sehen. Diese theilten uns nämlich mit, daß den Tag vor unserm Anlangen das Volk Demonstrationen wegen unserer Herren gemacht habe, nachdem es einem Schuster — wie wir später erfuhren — durchaus nicht genehm war, daß die gefangenen österreichischen Offiziere in der Stadt frei umhergingen. Der Gouverneur ließ sonach durch den Platz-Kommandanten die Herren ersuchen, für einige Zeit nicht über den Bereich des Platzes vor dem Gebäude auszugehen, um das souveraine Volk nicht aufzuregen. Die Herren waren zu feinfühlend, um von solch' einem lächerlichen Schatten der Freiheit einen Gebrauch zu machen; sie blieben sonach ganz zu Hause. In einigen Tagen aber verlor man auch die Hoffnung, zum freien Ausgehen die Erlaubniß zu erhalten. Somit hatten wir alle, mit dem dritten und vierten Transport angelangten Herren Genua schon gesehen.

Damit mein geehrter Leser klar sehe, wie man uns selbst in Piemont meist nur mit der Freiheit und guten Behandlung hänselte, will ich, — bevor ich noch das Leben der Gefangenen in Genua vorführe, — nachstehende, beim Anlangen des ersten Transportes für dieselben erlassenen Vorschriften wörtlich hier anführen:

2

## General-Gouvernement der Division von Genua.

### Disciplinar-Vorschriften, welche in Beziehung auf die kriegsgefangenen österreichischen Offiziere zu beobachten kommen.

Die sehr beträchtliche Anzahl kriegsgefangener österreichischer Offiziere, welche in dieser Stadt versammelt sind und werden, schreiben dem Gouvernement derselben besondere Vorsichtsmaßregeln auch selbst in Hinsicht der Garantie für die eigenen Einwohner vor; obwohl diese zu anständiger, ehrenwerther Behandlung der Kriegsgefangenen geneigt sind, so fühlen sie sich dennoch in dem Rechte, jede Gefahr einer Aufwiegelung zur Ruhestörung oder Entweichungsversuche entfernt sehen zu wollen, was doch leicht annehmbar ist, wenn sich in der Bevölkerung die leiseste Veranlassung zu einem derlei Verdachte einschliche; welches alsdann nur zum Schaden der Gefangenen selbst ausfiele, indem höheren Orts auf Beschränkung und Strenge gedacht werden müßte. —

Der Divisions-Gouverneur, um jede Art von Mißhelligkeiten zu vermeiden, und gleichzeitig die Gefangenschaft der Herren Offiziere nach Möglichkeit zu erleichtern, verfügt und ordnet die nachfolgenden Maßregeln zur genauen Befolgung an:

1. Wollen alle Herren auf Ehrenwort erklären, keinerlei Entweichungsversuche oder Unruhestiftungen gegen die Regierung mittelst Kabalen oder Aufstände oder Theilnahme an solchen, welche von irgend einer betheiligten Parthei denselben angeboten werden könnten, zu unternehmen.

Eine ähnliche Erklärung ist von ihnen selbst aufzusetzen und sodann am Schlusse von allen zu unterfertigen, wonach sie mittelst des Platz-Kommandanten dem Gouvernement vorzulegen kommt.

2. Die kriegsgefangenen Offiziere werden in Rücksicht der inneren Ordnung ihren eigenen Stabs-Offizieren oder sonst Höchsten in der Charge unterstehen, und dieser wieder für

alle Unterstehenden verantwortlich gemacht, wofür er aber auch beim Gouvernement Stütze und Mittel zum Zwange finden wird, wo solcher nothwendig werden sollte.

3. Wird denselben gestattet, täglich bis zur Hälfte der Gesammtzahl auszugehen, frei in der Stadt herumzugehen, jedoch immer innerhalb der äußersten Umfangsmauern, — mit der Vorschrift, daß nie mehr als vier, höchstens sechs Herren vereint seien. —

Vom höheren Stabs-Offiziere werden sonach diejenigen zu bestimmen sein, welche in der Frühe und welche Nachmittags ausgehen können.

Die Stabs-Offiziere allein können am Tage hindurch immer, und wenn es ihnen beliebt, ausgehen. —

Die Freistunden zum Ausgehen beginnen nach der ersten Visite des Morgens und reichen bis zum Einbruch der Nacht. —

4. Die kriegsgefangenen Offiziere müssen sich täglich dreien Visiten von Seite des Platz-Kommando's in dem eingeräumten Locale selbst unterziehen, deren erste mit der ersten Tagsstunde, die zweite um Mittag und die dritte um die erste Stunde der einbrechenden Nacht statthaben wird. —

Bei dieser Visitirung haben die Offiziere immer gegenwärtig zu sein.

Nach geschehener Abend-Visite kann Niemand mehr aus der Kaserne gehen, ohne mit einem eigens hiezu ausgefertigten Erlaubnißscheine des Platz-Kommandanten versehen zu sein, welcher Passirschein dem Kasernen-Wacht-Kommandanten beim Hinausgehen vorgewiesen, und von selbem beim Nachhausekommen dem ausgewesenen Offiziere jedoch abgenommen wird. —

5. Ferner wird gestattet, daß aus der Zahl der kriegsgefangenen Soldaten der hiesigen Depôts Leute zur Privatbedienung für die Offiziere ausgewählt werden können, und zwar einen für je acht Subalternen, und einen für vier

*

Stabs-Offiziere; diesen Leuten wird erlaubt, in demselben Lokale zu wohnen. —

Diese Soldaten können nur täglich auf zwei Stunden des Morgens, aber nur für den Dienst der Offiziere — und nie mehr als 4 Mann zusammen — und in Begleitung einer Eskorte von 2 Mann der Kasernenwache ausgehen. —

Die Mannszucht dieser Privatdiener untersteht gleichfalls dem höheren Stabs-Offiziere; dieselben werden den Visitirungen in gleicher Stunde wie die Offiziere und zwar mittelst des Wacht-Kommandanten unterzogen, welcher sodann über die richtig befundene Zahl dem anwesenden Platz-Offizier den Rapport zu erstatten hat. —

6. Ein Arzt wird jeden Morgen zur Sanitäts-Visite in die Kaserne kommen und die Erkrankten behandeln; — jene, welche einer besonderen und ernsteren Behandlung zu unterziehen erachtet würden, werden in das Militär-Spital untergebracht und genießen dort der gleichen Pflege, wie die Offiziere der königlich sardinischen Armee. —

7. Das Traktament für die kriegsgefangenen Offiziere außer der Unterkunft in Natura wird, wie folgt, nach den verschiedenen Graden bemessen:

Der General täglich 6 Franks, der Stabs-Offizier 4, der Hauptmann, Kriegs-Commissär und Adjunkt 3, der Ober- und Unterlieutenant, Kapellan, Auditor, Rechnungsführer, Regiments-Arzt 2, der Ober- und Unterarzt $1\frac{1}{2}$ Frank.

Mit diesem Vorschusse (respective Ausmaß), welcher ihnen vom Feld-Kriegs-Commissariate verabfolgt werden wird, müssen sie alle ihre Bedürfnisse bestreiten. —

8. Die Wache, welche zur Kasernen-Aufsicht aufgestellt ist, hat die besondere Weisung, Niemanden einzulassen, der nicht zur Truppe gehört, oder zum inneren Dienste und zur Bedienung der gefangenen Offiziere in irgend einer Beziehung steht. —

Nach abgehaltener Abend-Visite und bis zur ersten Tages-Visite läßt die Wache Niemanden mehr ausgehen, der nicht einen Erlaubniß-Schein des Platz-Komandanten vorweisen kann. Genua, am 17. Juli 1848.

Regis m. p., Gouverneur.

Aus dieser Disciplinar-Vorschrift, in der sich das Gouvernement lächerlich emsig bemüht, uns zu kriegsgefangenen Offizieren zu stempeln, wo wir doch nur alle von den lombardischen Insurgenten da und dort verrätherischer Weise zusammengeklaubt und zurückgehalten, dem sardinischen Könige ohne besondere Lorbeeren nur überantwortet wurden, dürfte genug des Beweises für den Ausspruch sein, man habe mit uns nur darum ein gemeines Spiel getrieben, um uns damit besser zu foltern, indem man uns von der Ferne immer nur den Himmel darum zeigte, um uns gleich darauf das Feuer der Hölle besser fühlen lassen zu können. Alle die vom hohen Senate uns gemachten Concessionen waren am dritten Tage schon zu leeren Floskeln geworden, da diesmal der Knieriemen kräftigere Demonstrationen machte, als es vielleicht je die Knute zu thun vermocht hätte; denn weder das zurückgekehrte Infanterie-Bataillon, noch die tausendköpfige Nationalgarde waren im Stande, dem mächtigen Lenker des neuartigen Heeres zu widerstehen, welcher sich schon durchaus vorgenommen hatte, uns nicht nur gleich in vier Mauern bei sich eingesperrt, sondern ganz von seiner Nähe verbannt zu sehen.

Dem ersten Punkte, eine Erklärung von sich abzugeben, kam man durchaus nicht nach, und von dem übrigen Bene blieb einem nur die Bedienung unserer Leute, welche wir uns selbst wählen konnten. Wir suchten zwar wenigstens die Erlaubniß zu erhalten, bei der großen Hitze am sehr nahen Meeresgestade uns baden zu können, doch fruchtlos.

Uebrigens war das Leben hier doch in jeder Beziehung um hundert Procent besser als in Mailand.

Die Herren hatten in diesem grandiös gebauten Palaste Carignan, welcher nach Vertreibung der Jesuiten — deren

Eigenthum er zuletzt war — Nationalgut geworden war, ziemlich saubere Zimmer, die gerade auch nicht überlegt waren. Einige hatten sogar schöne Zimmerchen. Der General, der Oberst und die übrigen Stabs-Offiziere, bis auf den Oberstlieutenant Schneider, hatten eigene Lokallen. Von Möbeln war nur das da, was man unerläßlich bedurfte, und wem es genehm war, der konnte vom Trödler gegen eigene Bezahlung für billigen Preis noch haben, was er zum confortabeln Leben nur wollte; so machte der Oberstlieutenant Baron Schneider z. B. aus unserm herrlich gelegenen Eckzimmer, das nach der Meer- und Landseite zu sah, ein Paradies im Kleinen. Die langen, breiten und hochgewölbten Gänge, wie nicht minder die großen Fenster hatten Luft, Licht und Schatten in Fülle; der Speisesaal war so groß, daß 120 bis 150 Personen abgespeist werden konnten; zudem nahm er an Höhe den ersten und zweiten Stock ein, und fast unter seinen Fenstern lag der Meeresspiegel. Von der Mitte des Palastes führten majestätische Treppen rechts und links bis in den dritten Stock, welches uns eben sehr zu gute kam. Da wir auf dem Dache auch eine geräumige Specula hatten, so fehlte uns zum Ganzen nur noch ein Garten, welcher sich zwar am Gebäude befand, für uns aber abgeschlossen war.

Unsere Tages-Ordnung war ziemlich einfach. Man stand nach Belieben auf und ging sonach herab in den Speisesaal, wo man von dem eigens für uns aufgenommenen Gastwirthe oder Kaffeesieder (welche sich im Lokale hiezu gut eingerichtet und mit allem Nöthigen versehen hatten), was immer für ein Frühstück aus eigenen Mitteln und nach beliebigem Ermessen sich anschaffen konnte. Einige standen recht früh auf und konnten von der Specula das Auftauchen der allbelebenden Sonne aus dem Meere und die einzig schöne Morgenbeleuchtung des herrlichen Panorama's bewundern, und erst dann dem Vater Bachus oder dessen Sohne Silen das schuldige Opfer bringen. — Nach dem Frühstücke las man die bereits erschienenen Morgenblätter und ging dann bald da bald dort zu einem Fenster, um sich in der Umgegend umzusehen, wobei uns die mitgebrachten Ferngläser sehr gute Dienste leisteten. Da zeigten sich am fernsten Horizonte ein oder mehrere große oder kleine Segel, welche man näher herankommen ließ, — dort fuhr gerade ein Dampfer oder sonst ein großer Kauffahrer nahe bei unseren Fenstern vorbei, — kurz es gab da immer etwas zu sehen. Nur das, was noch viele nicht sahen, und jeder von uns gerne wieder gesehen hätte, d. i. einen erklecklichen Sturm, bekamen wir nicht zu genießen, da die schönsten, fast windstillen Tage kaum die unübersehbare Meeresfläche zum Kräuseln brachten. Viele schrieben Briefe, spielten oder plauschten in irgend einem Zimmer. So vergingen die Morgenstunden. Gegen 10 Uhr Vormittags brachte man die Post, und da erhielt man bald von da bald von dort Neuigkeiten, wo dann die Augsburger allgemeine Zeitung im Lesekabinet — wozu ein mittelgroßer Saal gemacht ward — den Herren zum Besten gegeben wurde. Meist kam auch um diese Zeit entweder der Platz-Major oder sonst ein Platz-Offizier, um der Form zu genügen, d. i. sich von unserer Präsenz zu überzeugen und nach den Bedürfnissen zu fragen, wozu wir öfter in Uniform — wer sie hatte — erscheinen mußten.

So wurde es Mittag und auch zwei Uhr, um welche Stunde die erste Hälfte der Herren speiste; für die zweite ward der Tisch um vier Uhr bereitet. Das Essen war gut und billig, denn wir zahlten ohne Unterschied der Person $1\frac{1}{2}$ Frank und hatten hiefür nebst Suppe noch drei Speisen, eine Flasche rothen oder weißen Wein, Brot und Obst. Wer sonst noch extra etwas wollte, konnte nur befehlen. Es versteht sich, daß für ein anständiges Tischzeug und Eßbesteck hierbei schon von Seite des Wirthes gesorgt war. Nach dem Mittagessen — was bei der zweiten Parthie bis $\frac{1}{2}6$, oft auch bis 6 Uhr dauerte — machte man im Speisesaale und den Gängen Promenade, ging zu den Fenstern der auf den Platz zusehenden Fronte des Palastes, um den Corso — den die Genueser da vor uns hielten — sich zu besehen

Sobald es finster wurde, kamen die meisten Herren im Speisesaale zusammen und ließen sich ein kleines Abendessen vorsetzen, wobei die Meerfische besonders goutirt wurden. Hatte man sich gelabt und ausgeplauscht, so ging man zur Ruhe, in der Erwartung dessen, was der folgende Morgen bringen werde.

Täglich um die neunte Stunde Abends kam wieder ein Platz-Offizier, um sich seiner Pflicht nach von unserer Präsenz zu überzeugen, das aber meist nur darin bestand, daß er unseren ältesten Stabs-Offizier fragte, ob etwas Neues vorgekommen sei; — derselbe blieb dann ein Stündchen bei uns und benahm sich immer ausgezeichnet artig

Einige Abende wurden dazu benützt, auf der Specula den herrlich fantastischen Anblick zu genießen, den man von da im Ueberblick der ganzen, wie ein Krippelspiel vor einem ausgebreiteten umfangreichen, von mehr als 90,000 Seelen bewohnten Stadt und ihren großen, schönen, reich bemasteten Hafen mit der unübersehbaren spiegelglatten Meeresfläche hatte; über welcher das Diamantengewölbe des Himmels schimmernd ausgespannt lag, und das Ganze vom blassen Scheine des Mondes beleuchtet, ein göttliches Bild zu Tausend und einer Nacht bilden konnte. Die lichten Steindächer der Häuser und der Wiederschein der Sterne im Meere erhöhten den Gesammteindruck der in ihrer Majestät sich hier zeigenden Natur zur höchsten Potenz. Um diesen Hochgenuß — wenn es noch möglich ist — zu erhöhen, spielte Lieutenant Baselli, unser Troubadour, einige vaterländische Weisen auf seiner Zither, und dieses gab für jeden Fühlenden einen unübertrefflichen wonnevollen Genuß ganz eigener Art. Solcher göttlichen Abendstunden hatten wir während unserer kurzen Anwesenheit in Genua mehrere; — leider verflogen sie zu schnell, wie es mit solchen Augenblicken des Lebens immer der Fall ist.

Eine Menge Verkäufer fanden sich bei uns im Lokale ein und fanden nicht unbedeutenden Absatz, da wir einer Unzahl von Kleinigkeiten bedurften, deren man im gewöhnlichen Leben nicht entbehren kann.

In den ersten Tagen, als die Herren noch ausgehen durften, kamen auch mehrere Unteroffiziere unserer in den Forts gefangenen Mannschaft zu uns, welche Anhänglichkeit die Herren sehr freute. Sogar Nachrichten, die den Herren früher als uns zukamen, machten sie uns gleich zu wissen. So theilte ein Gemeiner in böhmischer Sprache auf eine höchst ergötzliche Weise einen günstigen Ausfall unserer Truppen aus Verona mit, indem er unter anderen possirlichen Ausdrücken die aus der Stadt genommenen Kanonen sehr lakonisch Spritzen taufte, mit denen die Piemontesen gut bedient worden seien. Die Mannschaft war in den zwei Forts gut gehalten und vom besten Geiste beseelt. Auch da kam der böse Geist, sie zu versuchen, d. i. der einstmalige österreichische Regiments-Kaplan, doch es erging ihm hier noch schlechter als im Kastell zu Mailand, wo er ebenfalls — wie ich schon sagte — die Mannschaft zum Treubruche verleiten wollte; denn hier wurde er sogar gesteiniget. Als die Mannschaft von unserem geliebten Vater dem Marschall Radetzky in zwei Theilen 4500 Zwanziger zum Ankauf von Taback rc. erhielt, da gab es ein gar nicht enden wollendes Vivat.

Auch den in Mailand gefangenen Offizieren sandte der Feldmarschall Radetzky den bedeutenden Betrag von 225 halben Souveraind'ors, welche denselben in Genua zukamen und nach Maßgabe der Bedürftigkeit an dieselben vertheilt wurden. Daß sowohl die gefangenen Offiziere, als die Mannschaft für solch' gnädige väterliche Fürsorge dem geliebten Feldmarschall den schuldigsten Dank — von letzteren geschah es auf eine höchst rührende Weise — zollten, bedarf kaum der Erwähnung.

Aus dem Gesagten geht hervor, daß das Leben in Genua wohl zu ertragen war, indem man uns zwar eingesperrt hielt, jedoch durchaus nicht molestirte. Ja, wir wären hier auch gerne bis an's Ende unseres harten Looses geblieben; jedoch dem souveränen Volke zu Genua oder wahrscheinlich den lombardischen Emissären stach selbst dieses noch in die Nase. Nachdem die erste Demonstration uns die Thür vor der Nase, wie man zu sagen pflegt, zuschlug, — so mußte, um unserer ganz los zu werden, erneuert von diesen Helden des neuen Schlages gepoltert werden. Am 28. Juli um 5 Uhr Nachmittags, als gerade die zweite Parthie beim Speisen war, entstand in der Stadt ein Tumult. Das Weib, welches bei uns im Gebäude auf den Gängen Obst verkaufte, langte aus der Stadt außer sich vor Schrecken zurück und packte ihren ganzen Kram zusammen, denn es hieß, daß das Volk einen Sturm auf uns machen wolle. Die Nationalgarde schlug wirklich den Generalmarsch, eine starke Abtheilung derselben marschirte am Platze vor unserm Palaste auf, besetzte solchen ringsum mit Wachen, und blieb da, die Gewehre in Piramiden stellend. Nachts quartierte sich dieselbe in den nächsten Häusern ein und bewachte unser Gebäude bis den folgenden Tag gegen Mittag. Da aber bis dahin kein Angriff geschah, so zog solche sofort ab.

Am 29. Juli kam vom Ministerium aus Turin der Befehl, daß die Herren, um volle Freiheit zu genießen, in dem ganzen Königreiche parthienweise vertheilt würden. Die Stationen mit der dahin bestimmten Zahl wurden bestimmt, jedoch die einzelne Eintheilung der Herren selbst dem Generale überlassen.

Die Bestimmung war der Art getroffen, daß nach

Cunco 23 Herren,
Saviglione 23 „

Fossano 14 Herren,
Mondovi 22 „
Alba 10 „
Acqui 10 „
Asti 16 „

der bereits auf 118 — später bis auf 131 — angewachsenen Gefangenen eingetheilt wurden.

Denselben Tag spät Abends langte der frühere Kommandant zu St. Margherita — Legnani — mit der von den Herren bei deren Abtransportirung zurückgelassenen Bagage von Mailand richtig an, der uns eben die Mittheilung machte, daß von den noch in Cremona und Brescia zurückgebliebenen österreichischen Offizieren nach Pignerolo 19, und nach Ivrea 9 bestimmt seien.

Die am Ende beigegebene namentliche Liste zeigt die Eintheilung der Herren selbst in den verschiedenen Stationen an, wobei bemerkt wird, daß man von Genua aus alle blessirten oder sonst kranken Offiziere nach Acqui bestimmte, um dort die Schlammbäder zu gebrauchen. Lieutenant Baselli und ich gingen aber als stete Begleiter des Oberstlieutenants Baron Schneider mit, nachdem solches die festgesetzte Zahl noch zuließ.

Alle Bagage ohne Rücksicht mußte — bis auf einen Reisesack für Jeden — zurückgelassen werden, da die Herren mittelst Landkutschen gefahren wurden und man versicherte, daß die Bagage denselben von Genua in die verschiedenen Stationen nach einigen Tagen zugesendet werden würde, welches aber nicht geschah.

Ich lasse nun hier jene zu Genua in den wenigen Tagen meines Aufenthaltes daselbst mir aufgezeichneten Leidensgeschichten der Herren folgen.

## Unterlieutenant Karl Genser.

Wem ist es noch unbekannt, wie unser heiliger Vater Papst

Pius IX. sich ganz als schwacher Mensch zeigte, da er durch seinen anfänglich guten Willen, als temporärer Fürst seinem Volke unberechenbare Vortheile zu schenken, einen Brand durch die unter der Asche lodernde Kohle anfachte, welche ihn nicht nur selbst zu ganz diametralen Handlungen mit seiner hohen Mission als Vicarius unseres Erlösers führte, sondern sogar auch ein reiches Füllhorn des innern noch unberechenbarsten Unglückes nicht nur über sein, sondern auch andere Völker ausstreute. Freiwillig oder gezwungen ward vom Sitze Petri nach vielen Jahrhunderten wieder ein Kreuzzug geprediget, diesmal aber nicht gegen die ungläubigen Sarazenen, sondern gegen die Barbaren mit blauen Augen und blonden Haaren. Daß man sich in Rom mit dem Kreuze des Heilandes schmückte, und unter diesem heiligen Panier Nationen gegen Nationen hetzte, die Unterthanen von ihrem heiligen Schwure gegen ihre legitimen Fürsten löste, den ersten Beschirmer der päpstlichen Macht, den treuesten Sohn der Kirche zu excommuniciren gesonnen war, dieses aber alles nur darum, damit Gott ein wohlthätiges Werk geschehe, das zum Heile der Seele unentbehrlich sei, ist nur zu sehr bekannt. Ob der hiemit zu erreichende Zweck ein hoher oder edler war, weiß ich nicht; doch gerade Gott, den man hiebei stets im Munde führte und seinem Willen die Bahn gerade vorschrieb, indem man an allen Enden und Ecken, fast auf jedem Käsezettel mit Riesenschrift schrieb: „Dio lo vuole!“, dürfte mit dem Gegentheile — besser als diese Helden — seinen unumstößlichen Willen ausgesprochen haben. —

Alles dieses gebe ich nur darum als Einleitung meiner folgenden Leiden, um zu sagen, wie diese in der Civilisation privilegirte Nation selbst das Allerheiligste mißbrauchte, um ihrem schönen Werke eine würdige Krone aufzusetzen.

Der schnelle Abzug der Truppen aus Pavia in der Nacht vom 22. auf den 23. März brachte unter anderen angestellten Offizieren und Beamten, welche nicht in der Lage waren, sich den Rückziehenden anzuschließen, auch mich in die Hände der Rebellen. Gleich beim Abzuge der Truppen hatte sich noch um Mitternacht die provisorische Regierung in Pavia gebildet, und den folgenden Tag zeitlich früh ward auf alle Deutschen, die im Orte als Offiziere, Beamte, Professoren, Sprachmeister, Kaufleute, Krämer, Wirthe, Handwerker jeder Art, ja sogar auf Bediente, welche in einigen italienischen Familien schon seit dreißig und mehr Jahren mit der den Deutschen eigenen Treue Dienste geleistet hatten, förmliche Jagd gemacht. Alle diese warf man in den Kerker und gesellte ihnen nach und nach auch noch jene der eigenen Landsleute zu, welche während der Anwesenheit der nun verhaßten Deutschen mit selben materiellen Interesses halber — wie es meist nur der Fall ist — einen näheren Umgang pflegten. — Doch das Werk muß ja den Meister loben, und hier lobt wahrlich eines das andere würdig.

Wie ich nun schon sagte, der Kerker im ganzen und wahren Sinne des Wortes ward nun meine Behausung. Ich hatte zwar ein eigenes Kerker-Appartement, aber an selbes gränzten rechts und links gleiche Behausungen, die mit Straßenräubern, Dieben und anderen Elenden gefüllt waren. Für unsere persönliche Sicherheit wahrscheinlich oder vielleicht zur Vermeidung einer Communication hatte meine Kerkerzelle zwei Thüren mit vier eisernen massiven Riegeln. Die zwei Fenster von mäßiger Größe hatten zolldicke Eisengitter, vor denen sich noch ein Drahtgitter nebst einem hölzernen Kasten befand. Wie viel Licht und Luft, die nöthigsten Faktoren des Lebens, bei solcher Verwahrung einströmen konnte, überlasse ich dem Urtheile des geschätzten Lesers. Nachdem es mir untersagt war, ein Licht zu brennen, so hieß es, sobald es dunkel wurde, sich nolens volens in's Bett zu legen. Dieses Bett bestand aber aus zwei Kavallets mit drei Brettern, einem Strohsacke und zwei Leintüchern, welche dem gröbsten Segeltuche nichts nachgaben. Dieses wäre wohl bei reinem Zustande noch nicht zu arg, doch das Ungeziefer, das in tausenden von Generationen täglich sich mehrte, kroch einem am Leibe herum, als wenn man selben schon als Leiche angehörte; — war da nun an einen Schlaf zu denken? — gewiß nicht; wenigstens auf keinen ruhigen, denn die Höllenqualen hörten erst beim anbrechenden Tage etwas auf. Daß hier weder meine Vorstellungen wegen Abhilfe, noch meine Tag und Nacht geübten Vertilgungsversuche erkleckliche Früchte trugen, ist reine Wahrheit. Zweimal des Tages wurde nur bei der enormen Hitze frisches Trinkwasser gebracht. Die einzige Gesellschaft, welche ich des Tages hatte, war der Gefangenwärt:r, der mir das Essen brachte, — des Nachts aber waren es nebst meinen beflügelten und unbeflügelten Quälern noch die Ratten und die Mäuse. — Kurz, ich so wie die übrigen Gefangenen unterlagen denselben Disciplinar-Vorschriften wie jeder der gemeinsten Verbrecher, bis auf das Essen, das uns aus besonderer Gnade in besserer Qualität als jenen verabreicht wurde.

Eines Tages hatte ich mit meinen Leidensgefährten eine schöne Dame — die Frau eines österreichischen Stabsoffiziers — auf kurze Zeit zur Nachbarin, welche zwar eine geborene Mailänderin war, aber das Unglück hatte, blonde Haare zu haben, die eben für sie verhängnißvoll wurden. Dieselbe war gerade auf dem Wege in der Absicht, ihre kranke Freundin zu besuchen, als sie auf der Gasse vom wüthenden Pöbel mit dem Ausrufe: „dai alla tedesca!“ (schlage zu auf die Deutsche) umringt, gesteiniget und auf alle nur erdenkliche Weise mißhandelt wurde. Endlich kamen hiezu zwei Männer, welche sich der Aermsten annahmen und solche unter ihrer Protection nach Hause geleiten wollten. Das ließ aber der entmenschte Pöbel nicht nur nicht zu, sondern belohnte auch die zwei Edelgesinnten mit einigen Dolchstichen, und führte die fast in Ohnmacht gesunkene Dame in den

Kerker, wo sie auf Befehl des Comitato di sicurezza 24 Stunden eingesperrt blieb. Zur Ehre der Menschheit will ich da noch zugeben, daß die letztere Maßregel der provisorischen Regierung nicht ganz in ihrem Sinne lag, doch sie war zu ohnmächtig, um solchen Scenen zu steuern und sich dem wilden Pöbel mit Kraft und Erfolg entgegen zu stellen. Freilich hatte jede Note dieser kraft- und kopflosen Insurgenten-Regierung die Devise: „giustizia — verità“ u. s. f., doch solche waren zu leeren Floskeln herabgesunkene Worte und besudelten nur den Schild, welchem sie als Zierde zu dienen hatten.

Umsonst waren alle meine und der übrigen Gefangenen Beschwerden über die unerhört schändliche und unwürdige Behandlung, welche man an uns übte; denn die Gefühllosigkeit war in den Herzen unserer Tyrannen eben so grenzenlos groß, als das in ihnen erstorbene Rechtsgefühl. Nichts konnte diese rühren. Die Kerker, in denen man uns gefangen hielt, waren so feucht, daß es in selben von den Wänden wie in der Adelberger Grotte tröpfelte. Selbst als mehrere meiner Leidensgenossen in Folge dessen am Fieber erkrankten, wir Uebrigen sonach den Arzt baten, dieses im Namen der Menschlichkeit berücksichtigen und veranlassen zu wollen, daß man uns wenigstens in trockene Kerker bringen möge, entblödete sich dieser humane Mann nicht, zu antworten: „Ich kann nicht helfen, denn so sind die heutigen Gesetze!“

Unsere Zahl blieb sich jedoch nicht gleich, und obwohl wir wenige waren, so schienen wir diesen Helden doch zu gefährlich, denn mehrere Tage nach unserer Einkerkerung wurden einige von uns in Eisen mit anderen gemeinen Uebelthätern gemeinschaftlich geschlossen nach Mailand abgeführt. — An den Zurückgebliebenen übte man aber bis zu Ende das moderne pensylvanische Separations-System, worin man es auch zu einer großen Virtuosität in einer beispiellos kurzen Zeit gebracht hatte.

So blieb ich und meine Leidensgenossen bis zum 17. Juli, an welchem Tage für uns Alle die Erlösungsstunde schlug, da wir nach Genua abgeführt wurden.

## Hauptmann Anton Woller von Wollersthal.

Am 19. März rückten wir aus den verschiedenen Stationen nach Como zur Verstärkung der Garnison. Sowohl Compagnie- als Offiziers-Bagagen mußten zurückgelassen werden. Jeder Mann nahm nur 60 Patronen mit. Um 10 Uhr früh langten wir bei Como an und erhielten die Meldung, daß in und vor dieser Stadt große Haufen bewaffneter Bauern sich zeigen. Der Oberstlieutenant Braunmüller, welcher bei der Division war, ließ solche halten und die Gewehre laden. Dieses zu sehen, genügte dem elenden Gesindel; denn es zerstob nach allen Richtungen hin und wir rückten in die Stadt ohne den mindesten Anstand ein.

Hier befanden sich als Garnison fünf Compagnien Warasdiner-Kreutzer Grenzer, d. i. gegen 1000 Mann, dann ein Offizier und 38 Mann von Radetzky-Husaren und wir — eine Division von Prohaska-Infanterie — 250 Mann. Im Ganzen also 1250 Mann und 40 Pferde. — Diese Truppen waren in drei Kasernen untergebracht, als: drei Compagnien Grenzer in der Erba-Kaserne — Stadt —; eine Compagnie Grenzer nebst der Abtheilung Kavallerie in der Theresia-Kaserne in Borgo Vico, und zwei Compagnien von Prohaska-Infanterie nebst einer Compagnie Grenzer in der Francesco-Kaserne im Borgo St. Rocco. Diese Eintheilung hatte der Major Milutinovich, Kommandant des Grenz-Bataillons, als früherer Stadt-Commandant getroffen.

Gleich nach dem Einrücken wurden wir in der Kaserne in Bereitschaft gestellt, und unser Oberstlieutenant übernahm das Stadt-Commando. Derselbe verfügte sich auf die Delegation, um das Nöthige wegen der Aufrechthaltung der Ruhe zu besprechen, so wie auch hinsichtlich der bei unserem Einmarsche sich gezeigten bewaffneten Bauernhaufen Beschwerde zu führen. Im Laufe desselben Nachmittags kamen zwei Deputationen der Municipalität zum Oberstlieutenant Braunmüller in die Francesco-Kaserne mit einer gedruckten, vom Grafen Odonel — Gouverneur zu Mailand — unterfertigten Aufforderung zur Volksbewaffnung der männlichen Population von 20—60 Jahren, beifügend, daß nun auch zu Como diese Anordnung zur öffentlichen Sicherheit in Vollzug zu setzen sei, d. i. daß ungesäumt die Guardia civica organisirt werden sollte. — Nach langen Debatten wurde solches gestattet, nur ward die Guardia civica unter das Militär gestellt, und es mußten sich die Abtheilungen derselben in der Kaserne befinden.

Die Volksbewegung nahm sichtbar zu, so zwar, daß man noch an demselben Abend fast keinen Mann mehr unbewaffnet sah. Es mußten sonach denselben Abend so wie die folgende Nacht schon Patrouillen von 1 Offizier und 24 Mann, darunter vier Guardie civiche, ausgesendet werden. Um das Militär besser über das, was man vor hatte, zu täuschen, empfing man die Patrouillen von Seiten des Volkes mit großem Respekte, und es stellten sich zur Guardia civica sehr angesehene und wohlhabende Herren in der Kaserne. Die sich steigernde Bewegung sehend, wird eine Ordonnanz nach Saronna zur Brigade mit dem Ansuchen um eine halbe Batterie abgefertigt. Dieselbe langt wohl glücklich daselbst an, kehrt auch zurück, doch sagt sie aus, man habe nach ihr bei der Rückkehr zwei Mal geschossen, und sie habe einen großen Zuzug von Bewaffneten, so wie auch eine Menge Barrikaden und Straßenabgrabungen gesehen. Doch keine Verstärkungen langten an, und unsere Lage machte sich gegen eine Stadt von 18—20,000 Einwohner, um sie in Schach zu halten, schwierig. In der Nacht vom 19. auf den 20. begann man bereits alle Straßen abzusperren. Was für Alternativen sollten da aus solch' einer Lage hervorgehen; keine andere, als man mußte entweder den Aufstand bezwingen, oder diesen Platz als wenig bedeutend, die Garnison als einen verlorenen Posten betrachten und ihrem Schicksale überlassen.

Um der ersten Anforderung zu genügen, wären die Höhen um Como zu besetzen gewesen, um Herr des Thales zu bleiben, welches nicht geschah, wodurch man, so wie durch die anderweitigen Dispositionen, welche ich gleich andeuten werde, in die zweite Alternative gerieth, welche aber auch ohne die Division Prohaska stattgefunden hätte, und somit wenigstens nicht den ohnehin schon so großen Verlust der fünf Kompagnien Grenzer noch vermehrt hätte Man hatte nun freilich den Befehl, alle Meldungen an das Brigade-Commando nach Appiano zu senden, — was nützte aber das? denn da in Mailand die Revolution schon am 18. begonnen hatte, so war man daher gewiß anzunehmen berechtigt, daß die Disposition der Art getroffen sei, damit nöthigenfalls die ganze Brigade in taktischem Verbande operiren könne. Es bestanden aber nichts destoweniger zwischen uns und dem Gros der Brigade weder Aufnahmsposten noch Unterstützungen. Jedermann mußte nun unseren Posten als verloren betrachten, was er auch faktisch wirklich war, von dem wir aber erst durch den lakonischen Bescheid auf unser gemachtes Ansuchen in Kenntniß gelangten, „daß die Besatzung von Como, falls es ihr schlecht gienge, eine andere Meldung erstatten solle!" — Da dieses keine weitere Ermächtigung enthielt, so war hiemit eo ipso die Garnison aufgegeben und auf eine nutzlose Vertheidigung angewiesen.

Damit sich aber der geehrte Leser ein besseres Bild vom Schauplatze des Kampfes unserer Division machen könne, will ich über das Lokal-Verhältniß der Francesco-Kaserne einige erläuternde Worte sagen.

Diese Kaserne befindet sich außerhalb der Stadt, wie schon

gesagt, in der Vorstadt St. Rocco. Sie ist aber der ungehinderten Beschießung von drei Seiten durch den Umstand preisgegeben, daß ihre Hauptfaçade mit einer alten, aber noch festen cremaillirten und hohen Ringmauer der Stadt umgeben ist; — im Westen ist dieselbe von den ganz an sie anstoßenden niederen Vorstadt-Gebäuden flankirt; — im Süden bilden wohl die Felder und Weingärten die Grenze, sie sind aber mit hohen Umfassungsmauern wieder zum Vortheile der Angreifenden durchzogen. Das im Nord-Osten angebaut gewesene Kirchengebäude endlich, welches mit seinem Dachstuhle selbst die Kaserne überragt, diente dem Feinde nur als sicheres Deckungsmittel ungehinderter Annäherung und als sehr bequemer Herd der Brandlegung, um die Kaserne selbst den Flammen preis zu geben Hiezu kommt noch, daß die Francesco-Kaserne in der Mitte des Thalkessels von Como liegt, der nordwestlich an den gleichbenannten See stößt, und auf drei Seiten in der Form eines Hufeisens von einer ziemlich steilen und bei 1500 Fuß hohen Gebirgswand eingeschlossen ist. —

Man ließ gleich anfangs die Truppen in den Kasernen consignirt, was nur dazu dienen konnte, der Civil-Behörde Vertrauen einzuflößen, welches aber, wie es sich später zeigte, wenig gerechtfertiget war; die Garnison selbst aber machte man zu Gefangenen, und das immer nur darum, weil man zeigen wollte, daß man keinen Anlaß zu Feindseligkeiten geben wolle; — ein Wahn, den man theuer genug bezahlen mußte. — Schon als die drei Kompagnien Grenzer aus der Erba-Kaserne in die Stadt debouchirt waren, gelang es ihnen beim Ausbruche der Feindseligkeiten nur mit großer Noth, in die eigene Kaserne zurückgelangen zu können, da sie gleich in ein heftiges Kreuzfeuer, in einen Hagel von Steinen und Dachziegeln geriethen, und sich sonach nicht mehr mit der andern, im Feuer stehenden Hälfte der Garnison vereinigen konnten, da die Stadtthore von den Insurgenten gesperrt, und die zahllosen Barrikaden auch den kühnsten Versuch zum Durchbruche vereiteln mußten. Dieses ist auch die Ursache, weshalb die Truppe der Francesco-Kaserne jene der anderen Kasernen nicht befreien konnte.

Bis zum 20. früh gingen noch die Patrouillen. An diesem Tage wurde um 7 Uhr früh der Oberlieutenant Miari von Prohaska-Infanterie mit einer Patrouille, dann drei Husaren mit einem Bericht an die Brigade als Ordonnanzen abgesendet. Diese letzteren ritten ruhig fort, kamen aber auch kaum um die nächste Straßenecke, als Steine und Ziegeln auf sie geworfen wurden, und sie nach kaum fünfzig Schritten wieden umzukehren und in die Kaserne zurückzureiten genöthiget waren.

Da es aber nun um so dringlicher wurde, diese drei Ordonnanzen abzusenden, so befahl mir der Oberstlieutenant Braunmüller, gleich mit zwei Zügen — bei denen sich die Lieutenants Völkel und Mühsamer befanden — vorzugehen, und den Ordonnanzen zum Abgehen Luft zu machen. Ich löste sonach einen halben Zug auf und befahl dem Lieutenant Völkel vorzugehen, während ich mit dem Reste von anderthalb Zügen in halben Zügen folgte, bei der Queue aber die drei Husaren behielt. Lieutenant Völkel, welcher fünfzig Schritte vor mir marschirte, gelangte kaum auf 150 Schritte in der Gasse St. Rocco vor, als man auf die Plänkler und die Colonne heftig zu feuern begann und mit Dachziegeln und Steinen so heftig warf, daß an ein weiteres Vorgehen nicht mehr zu denken war. Nun begannen unsere Plänkler das Feuer, indem sie sich hinter den vorspringenden Ecken der Häuser und den Portici's höchst günstig postirten, wobei der Lieutenant Völkel durch sein herzhaftes Benehmen seiner Mannschaft das rühmlichste Beispiel gab. — Ich erwartete nun hier die weiteren Befehle. Alle Jalousien, Hausthüren und Boutiquen wurden schon beim ersten Angriff auf die Husaren geschlossen. Als in der Francesco-Kaserne die ersten Schüsse gehört wurden, ließ der Oberstlieutenant Braunmüller sogleich — mit Ausnahme eines angemessenen Bereitschafts-Commando's — den Rest der Truppen eiligst aus der Kaserne auf den vorliegenden Platz rücken, und zwei Züge Grenzer, denen die Zimmerleute beigegeben wurden, gegen das Statthor rücken, um es einzuschlagen.

Gegen die an der Straßenecke versammelte halbe Kompagnie, welche nur durch einen Zug Grenzer verstärkt war, zogen vom Borgo St. Bartolomeo Haufen mit Flinten bewaffneter Bauern, gegen die ich gleich aufschwenken und zuerst eine Decharge, dann ein Bataille-Feuer geben ließ; dieß genügte, um die Rebellen zu verjagen und die Straße gänzlich leer zu machen.

Während es nur mit Mühe gelang, das Stadtthor einzuschlagen und die wenigen Feinde hinter der Verrammlung unschädlich zu machen, hatten die Insurgenten die cremaillirte Stadtmauer besetzt und von da aus zu feuern begonnen, worauf unsere Truppen gegen sie Front machten und ihr Feuer erwiederten. In diesem Augenblicke aber begann aus den der Porta Torre zunächst gelegenen Vorstadt-Gebäuden ebenfalls auf die Truppen ein heftiges Feuer, wodurch solche genöthiget waren, sich in die Kaserne zurückzuziehen, um aus diesem Kreuzfeuer herauszukommen. Dieser Rückzug geschah theilweise in bester Ordnung; und machte sich hiebei besonders der Lieutenant und Bataillons-Abjutant von Kastenholz bemerkbar, da er aus eigenem Antriebe mitwirkte, und freiwillig als Kompagnie-Offizier in die dem feindlichen Feuer am längsten ausgesetzte Front eintrat, und erst mit der letzten, in die Kaserne sich zurückziehenden Abtheilung einrückte.

Hierauf begann man sowohl das Hauptthor der Kaserne, als das in den Hof führende, von festen Mauern begrenzte Thor sogleich zu verrammeln, die Truppen verhältnißmäßig in allen Räumen des Gebäudes, als in dem Keller und im

Erdgeschosse, so wie im ersten Stocke und auf dem Dachboden zu vertheilen, dann unmittelbar darauf alle dem feindlichen Feuer besonders blosgestellten Fenster-Oeffnungen mittelst der vorhandenen Kasernen-Geräthschaften solchergestalt zu blenden, daß die an dieselben gestellten Schützen die nöthige Deckung fänden. —

Nach dem Einrücken in die Kaserne zählte man nebst drei Todten achtzehn schwer Verwundete, worunter acht Grenzer und unser Oberstlieutenant Braunmüller, welcher unter dem linken Ohre einen Streifschuß erhielt; — von den Ersteren starben drei noch an demselben Tage.

Dieses war das Vorspiel der Feindseligkeiten für die in der Francesco-Kaserne gelegenen drei Kompagnien, die nun daselbst eingeschlossen eine dreitägige, fast ununterbrochene Beschießung zu bestehen hatten

Während dieser eben bei der Francesco-Kaserne stattgehabten Vorgänge ließ der Major Millutinovich seine Truppen auf unser erstes Feuern gleich aus der Kaserne auf den Platz Volta rücken. Sie hatten dort kaum Stellung genommen, als auch schon aus den Fenstern und von den Dächern auf sie geschossen und Steine und Ziegeln geworfen wurden. Der Major selbst, der sich mit zu großem Vertrauen zu weit vorgewagt hätte, wurde hiebei durch eine Flintenkugel in den linken Oberschenkel getroffen; er stürzte in Folge dieser Wunde zusammen, wurde gefangen genommen und in das Municipalitäts-Gebäude geschleppt. Der ihm im Range nächstfolgende Hauptmann Boichetta zog sich hierauf mit seiner Truppe plänkelnd in die Erba-Kaserne zurück und capitulirte schon am nächsten Tage.

Die Zahl der Bewaffneten wuchs von Stunde zu Stunde, theils durch Zuzüge vom Lande her, theils durch die Ankunft zahlreicher Schweizer Freischaaren. Man hörte nichts als Evviva's mit Sturmgeläute vermischt. — Gleich anfangs schoß man aber sehr schlecht mit kleinen Kanönchen gegen uns. Die Schweizer Freischaaren wußten diese jedoch besser zu gebrauchen, als die italienischen Prodi. Schon am 20. früh mochte sich die Zahl unserer Feinde auf 8000 Köpfe belaufen haben, welche aber durch das fortwährende Anschwellen bis zum dritten Tage der Art anwuchs, daß man am 22 ihre Stärke ohne die mindeste Uebertreibung auf 12,000 annehmen mußte.

Es mochte nun am 20. um 10 Uhr Vormittags gewesen sein, als von der Municipalität die ersten Parlamentärs kamen und die Truppen zum Niederlegen der Waffen aufforderten, um weiteres Blutvergießen zu vermeiden; wogegen sie das Anerbieten machten, uns auf ein Dampfschiff und sofort ungesäumt nach der nächsten Grenze unserer Heimath bringen und uns mit allem Nöthigen bei guter Verpflegung versehen zu lassen. Dieser Antrag wurde beim Thore, während man solches verrammelte, dem Oberstlieutenant Braunmüller bekannt gemacht, welcher solchen als unannehmbar zurückwies. Kaum hatten sich die Parlamentärs entfernt, so begann auch schon das Feuer. Lieutenant Mühsamer, welcher mit einem Zuge die Verrammlung des Thores vollzog und eben damit beschäftiget war, die letzten, der Stadtmauer zugekehrten Straßenfenster zu blenden, wurde hiebei durch einen Prellschuß an der rechten Brustseite getroffen. Glücklicherweise hatte die Kugel früher auf den Fensterstein aufgeschlagen und genannten Offizier daher nicht gar schwer getroffen. Derselbe wurde den Rest des Tages und die nächste Nacht hindurch ärztlich gepflegt, und leistete schon am folgenden Tage, den 21., aus eigenem Antriebe wieder Dienste.

Am 20. währte von 10 bis 12 Uhr Mittags das von den wohlbesetzten Stadtmauern auf die Francesco-Kaserne gerichtete Feuer unausgesetzt fort, und wurde von unseren Schützen mit so günstigem Erfolge erwiedert, daß schon eine auf der Stadtmauer aufgezogene weiße Fahne uns zum Parlamentiren einlud. Die vorgelassenen Parlamentärs erklärten dem Oberstlieutenant, er möchte einen Offizier auf die Municipalität senden, um zum Einstellen der Feindseligkeiten die nöthige Uebereinkunft zu treffen. Ich bot mich hiezu freiwillig an, und wurde unter dem Schutze der mit der weißen Fahne versehenen Abgeordneten der Stadt, deren einer, Conte Camuzzi, zum ältesten Adel der Stadt gehörte, auf Umwegen auf die Municipalität geführt. In der Mitte einer eben so zahlreichen, als aufgeregten, durchaus bewaffneten Versammlung angelangt, welcher der Podestà Perti präsidirte, mußte ich vor Allem die einstimmige Wiederholung der Aufforderung zur Niederlegung der Waffen und Ergebung als Gefangener vernehmen, da man sich darauf stützte, daß, nachdem von Seite des Militärs die Feindseligkeiten begonnen und zuerst auf das Volk gefeuert worden wäre, die Begünstigung einer augenblicklichen Absendung mittelst Dampfschiff verwirkt sei. — Weiter wurde noch die Nutzlosigkeit eines längeren Widerstandes durch die bereits erfolgte Ankunft vieler Tausend von bewaffneten Schweizern und deren stündliche Vermehrung geltend gemacht. Man berief sich auch auf den Umstand, daß die Stadt im Besitze von vielen Geschützen sei; dann, daß die andere Hälfte der Garnison, nämlich die drei Grenz-Kompagnien in der Erba-Kaserne bereits eingeschlossen und ihr Kommandant Major Baron Millutinovich schwer verwundet und gefangen genommen sei. — Ich widerlegte auf's Nachdrücklichste die Beschuldigung, daß man militärischer Seits die Feindseligkeiten begonnen habe, und trug der Wahrheit gemäß vor, wie auf die drei Ordonnanzen und dann auf die zwei Züge zuerst gefeuert worden sei, für welches Faktum wohl am deutlichsten die Todten und Verwundeten sprächen. — Nun drückte ich den Wunsch aus, den verwundeten und gefangenen Major Millutinovich zu sehen und zu sprechen, um meinem eigenen Kommandanten hierüber die bestimmte Mittheilung machen zu können. Dieses wurde mir gestattet, und man führte mich unter Eskorte zu demselben. Der arme, schwer verwundete Mann wurde gerade von einem Civil-Arzte verbunden. Kaum daß man mir erlaubte, demselben die Hand zu drücken (denn deutsch zu sprechen war nicht gestattet), den letzten Blick des zum ewigen Scheiden männlich Entschlossenen empfangend, zwang man mich mit der Eskorte wieder in den Versammlungs-Saal zu gehen. Nun trug ich auf einen sechsstündigen Waffenstillstand an, um gegenseitig für die nöthige Berathung zur thunlichsten Beilegung der Feindseligkeiten Zeit zu gewinnen. — Man ließ nur einen dreistündigen zu, worüber der Akt schriftlich verfaßt wurde. In demselben verpflichtete man sich, daß das Militär auf diese zweite Aufforderung bestimmte Antwort geben werde.

Ich kehrte nun zurück, theilte dieses Resultat dem Oberst-Lieutenant Braunmüller mit, welcher mit dem Officierkorps dann folgende Antwort erließ: „Es verträgt sich mit der Kriegsehre nicht, sich zu ergeben, ohne den äußersten Widerstand geleistet zu haben. Man kann daher die heute gemachten Anträge nicht annehmen; erklärt aber, sich solange neutral zu verhalten, bis von Seite der Stadt die Feindseligkeiten nicht selbst begonnen werden."

Die Insurgenten fingen ihr Feuer um halb 4 Uhr Nachmittags wieder an, und schossen aus zwei Geschützen, die sie hinter der nächsten Stadtmauer in einer Schußscharte aufgestellt hatten. Da die Gefahr hiedurch wesentlich zugenommen hatte, und man in eine Art von Belagerungszustand kam, so wurde beschlossen, die Kranken in ein sichereres Zimmer im ersten Stocke, und die Todten in ein anderes Zimmer, das als Todten-Zimmer bestimmt wurde, zu legen. Vom untersten Kellerfenster bis zum obersten Schornsteine am Dache waren sowohl von Prohaska, als von den Grenzern die besten Schützen postirt, die durch ihre wohlangebrachten Schüsse jeden Annäherungsversuch abhielten. Ungeachtet eines starken Regens entwickelten die Insurgenten doch eine große Thätigkeit. Ihre Führer gaben die Befehle durch's Sprachrohr, und man sah bereits die nächsten Abhänge der angrenzenden Gebirge von Bewaffneten in organisirten Abtheilungen theils besetzt, und zum Theile ganz feindliche Kolonnen sich darauf bewegen. Die Sturmglocken ertönten unaufhörlich, was einen höllischen Lärm verursachte.

So trat nun die Nacht ein. Die Feinde hatten mittlerweile aus der umliegenden Gegend so viele kleine Geschütze erhalten (größtentheils pöllerartige Stücke), daß sie nun auch außerhalb der Stadt, durch die Dunkelheit begünstigt, deren fünf Stücke placiren konnten, und zwar in der Nähe des Stadtthores, dann in und außerhalb des Giardino Cioffio. Es mochte ungefähr halb 9 Uhr sein, als die Insurgenten den ganzen Platz vom Porta Torre durch ein, in der Straßenecke errichtetes Allarmfeuer erleuchteten, und es ward nun das vordere Kasernen-Thor aus den kleinen Geschützen beschossen; — mehrere Kugeln drangen sogar durch die drei Klafter dicke Verrammelung, doch immer ohne besonderen Erfolg. Das sehr feste Thor widerstand, und es gelang dem Feinde weder in dieser, noch in der folgenden Nacht solches einzuschießen.

Gleichzeitig mit der Beschießung aus kleinen Kanonen suchten die Insurgenten durch Niederbrennung eines an die Francesco-Kirche angebrauten Magazin-Gebäudes uns zu bedrohen. Das Regenwetter und ein entgegengesetzter Luftzug vereitelten jedoch den erwarteten Erfolg, und die Flammen wirkten einstweilen nur vorbereitend für den nächsten Tag.

Gegen Mitternacht wurde ein Gemeiner der ersten Kompagnie meines Regiments nach seiner eigenen Einwilligung in Civil-Kleidern mit dem mündlichen Auftrage nach Appiano entsendet, um dem Brigadier die mißliche Lage der Garnison in Como zu melden, nnd um Sukkurs zu bitten. — Wie man später erfuhr, so mißglückte der Versuch, da dieser

Mann ungeachtet seiner Kenntniß der italienischen Sprache doch schon in den nächsten Gärten, welche von den Insurgenten wohl besetzt waren, gefangen genommen wurde, nachdem man mehrere Schüsse auf ihn abgefeuert hatte, ohne ihn aber zu treffen. Die Nacht verging nun unter zeitweiser gegenseitiger Beschießung, wobei es unserer Seits besonders auf die feindliche Geschützbedienung abgesehen war.

Dienstag den 21. März zeigte sich der sehr schlechten Witterung ungeachtet abermals sehr starke Thätigkeit and Bewegung auf den nahen Gebirgsabhängen, während die Beschießung der Kaserne unter erneuertem Geläute der Sturmglocken den ganzen Nachmittag ununterbrochen fortdauerte. Nachmittags aber loderten plötzlich aus dem Dache, der an die Kaserne anstoßenden, gleichbenannten St. Francesco-Kirche helle Flammen auf, und bis Abends stürzte der große Bau gänzlich ein. Noch immer begünstigte uns aber eine totale Windstille, so daß weder Flammen, noch besonders gefährliche Brände zu uns herüber in den Kasernenhof fielen, und hiebei glücklicher Weise noch die ganze, an die Kaserne stoßende Kirchenmauer zu unserem Schutze stehen blieb. Während des durch den Kirchen-Einsturz entstandenen Getöses und des stärkeren Aufloderns der Flamme schickten sich die Feinde an, jenes in den Kasernhof führende Thor erstürmen zu wollen; allein die an den geblendeten Fenstern im obern Stockwerke aufgestellten Vedetten machten sogleich Meldung davon, und richteten ein so wohlgezieltes Feuer auf die Vorderreihe der dem Thore schon ziemlich nahen Feinde, daß diese ihr Vorhaben wieder aufgaben; einige Wagehälse, die bereits ein paar Hackenhiebe in einen Thorflügel geführt hatten, trachteten ebenfalls wieder zu entkommen. Im Laufe des Tages wurden uns nur zwei Mann leicht blessirt, dagegen einer unserer Grenzer-Scharfschützen todtgeschossen. Er hatte einen Schuß gethan; um sich zu überzeugen, ob ein Gegner, den er auf's Korn genommen hatte, auch wirklich zusammengestürzt sei, öffnete er die Fensterblendung zu weit, und in diesem Augenblicke traf ihn das tödtende Blei.

Mit der einbrechenden Nacht wurde die Mannschaft zur größten Aufmerksamkeit ermahnt, damit den Insurgenten, welche in den letzten 24 Stunden, wie wir deutlich sahen, sehr bedeutende Verstärkungen erhielten, kein Ueberfall gelinge. — Alles stand unter dem Gewehr.

Gegen halb 10 Uhr wurden die Officiere versammelt, um auf's Neue zu berathen, was zu thun sei, da der erwartete Sukkurs auch an diesem zweiten Tage nicht gekommen, d. i. ob ein ferneres Hoffen auf Entsatz aufzugeben sei? — Der Antrag, sich durchzuschlagen, wurde in Erwägung gezogen, und ungeachtet der gegründeten Einwürfe, welche einerseits durch die Uebermacht der uns ganz umstellenden Feinde, andererseits durch die gleichsam unbesiegbaren Terrain-Hindernisse motivirt wurden, kam man endlich überein, wenigstens einen Versuch zu wagen, um die Lage der Truppe möglicher Weise zu verbessern. — Gegen 10 Uhr Nachts hatte man begonnen, die Verrammelung des Thores zur Seite zu schaffen, um dort zu debouchiren, weil man von da den kürzesten Weg auf die nächsten Anhöhen zu machen und nach deren Uebersteigung auch die kürzeste Strecke zur Brigade nach Appiano zurückzulegen hatte. Allerdings hatte man erwogen, daß nachdem man beim Stadtthore vorüber mußte, man daselbst dem stärksten Kreuzfeuer ausgesetzt sein würde; die Ueberzeugung jedoch, daß der kurzen Distanz wegen, mit der Erstürmung der Barrikade beim Giardino Ciossio die größte Gefahr beseitiget wäre, — da die kleinen Geschütze kaum zum zweiten Schuß kommen könnten, — belebte auf's Neue den Muth zur Unternehmung und ließ am Gelingen nicht zweifeln.

Während der Wegräumung der Barrikade des Ausfall-Thores jedoch hatte sich die als Begünstigung mit in Anschlag gebrachte trübe und den ganzen Tag von Nebeln begleitete Witterung plötzlich so ganz aufgeheitert, daß der Vollmond unerwartet im hellsten Lichte hervortrat, zum Verräther unseres Vorhabens wurde, und deßhalb das ganze Unternehmen aufgeben werden mußte, da jeder unserer Schritte im Freien den an Zahl uns wenigstens zehnfach überlegenen Feinden zur Direktion gedient hätte, um uns im Zustande der Erschöpfung auf den nahen Bergen zu umzingeln und aufzureiben. — Gegen einen Abzug auf die südlich an die Francesco-Kaserne grenzenden Grundstücke sprachen aber die vielen hohen Mauern, von welchen selbe als Eigenthums-Begrenzung durchschnitten sind, und deren Uebersteigung ein um so schwieriger zu beseitigendes Hinderniß gewesen wären, als selbe, wie man sich schon bei Tag überzeugt hatte, alle durch die Insurgenten besetzt waren. Man beschloß sonach ein ferneres Verbleiben in der Kaserne unter fortgesetzter Vertheidigung derselben, und baute darauf, daß vielleicht doch am nächstfolgenden dritten Tage ein Entsatz kommen werde.

Noch vor Anbruch des 22. Märzen meldeten die in den Kellergeschossenen vertheilten Vedetten, daß man von der Kirchenseite her graben, klopfen und hämmern hörte, was zeitweise durch Einstürze von Erde und Steinmassen unterbrochen werde. Man verdoppelte die Aufmerksamkeit, verstärkte die in den Keller-Räumen aufgestellten Abtheilungen und warnte vor Unachtsamkeit, damit die Feinde uns nicht überlisten, und durch unterirdische Einbrüche überfallen könnten. Später erfuhr man, daß die Gegner bereits einen Minen-Abzug begonnen hatten, um die Kaserne in die Luft zu sprengen. —

Am 20. früh noch vor Ausbruch der Feindseligkeiten, die nicht mit Bestimmtheit vorauszusehen waren, wurde zum letzten Mal für die Menage eingekauft, daher waren für den 21. nur noch wenige Züge mit einiger Ersparniß an Reis versehen. Man sah sich daher genöthiget, am Dienstag den

21. von der anwesenden Marketenderin ein großes und ein kleines Schwein — die sie noch disponibel hatte — anzukaufen, und dieselben gleichmäßig unter die ganze Besatzung der Kaserne zu vertheilen. Diese Vertheilung fiel jedoch schon so karg aus, daß kaum ein Viertelpfund Schweinfleisch auf zwei Mann kam. Am 22 waren aber in der Francesco-Kaserne die Lebensmittel so aufgezehrt, daß auch nicht ein Laib Brod mehr vorhanden und für den Fall, daß auch im Laufe dieses Tags kein Entsatz ankäme, bereits eines der vorhandenen Husaren-Pferde zu schlachten bestimmt war. Hiezu kam nun noch die Ermattung der Truppe, denn mit Anbruch des 22. März hatten die Grenzer eine, und die Division Prohaska-Infanterie drei Nächte in steter schußfertiger Bereitschaft unterm Gewehr gestanden. Der nöthigen Blendung wegen, und um die nächtlicherweile besonders oft versuchte feindliche Annäherung kräftig zurückweisen zu können, mußten alle Fenster offen bleiben, was besonders der schlechten Witterung halber Diarhöen und Fieber erzeugte. Aus den Todtenkammern verbreitete sich in der letzten Nacht schon ein so übler Geruch in der ganzen Kaserne, daß die vorhandenen drei Leichname in einem Keller-Winkel eingescharrt werden mußten, wogegen die von zwei anderen Erschossenen — der ersten Füsilier-Kompagnie von Prohaska — in einer nahen Wachstube außerhalb der Kaserne sich befanden und vor Schließung der Kaserne im Drange der Umstände dort belassen werden mußten. Unter solchen Umständen brach der Morgen des 22. Märzen — Mittwoch — an, und die Beschießung der Kaserne geschah nun aus den kleinen Geschützen heftiger als bisher.

Auch der Vormittag des 22. verstrich unter vergeblichem Hoffen eines Entsatzes. Die Beschießung der Kaserne dauerte ununterbrochen, und lärmende Anordnungen verriethen große Thätigkeit. Neue Zerstörungsversuche wurden hinter dem, die Kaserne gegen Osten und Süden begrenzenden Gemäuer gemacht. - Die auf den Umfassungshöhen aufgestellten armirten Massen hatten sich in gedeckten Stellungen mehr in's Thal herabgesenkt, und man war von Feinden und unzähligen Barrikaden dergestalt umschlossen, daß die Unmöglichkeit eines Entkommens von Niemanden mehr bezweifelt werden konnte.

Um die Mittagsstunde ungefähr ließen die Insurgenten abermals die weiße Fahne erscheinen, als Zeichen eines neuerlichen Wunsches von Seiten der Stadt mit uns zu parlamentiren. Man ließ sich dazu herbei, und die durch das Stadt-Thor gekommenen Parlamentärs brachten den gefangen genommenen Lieutenant Thekaich der Warasdiner-Kreuzer aus der Erba-Kaserne mit. Die Feinde erneuerten zum vierten Male ihre Aufforderung, daß wir uns ergeben sollten, denn wir seien von ihren bewaffneten Schaaren gänzlich eingeschlossen, die andere Hälfte der Garnison habe sich Tags zuvor schon ergeben, — wie dieses der mitgekommene Lieutenant Thekaich auch bestätigte; uns stehe daher im Falle eines längeren Widerstandes nur bevor, nach und nach in die Luft gesprengt zu werden, da die Unterminirung unserer Kaserne von Seite der Kirchenbrandstätte her bereits begonnen worden sei. — Letzteres wußten wir wohl auch.

Der Oberstlieutenant Braunmüller berieth sich hierauf nochmals mit dem Officier-Corps. Nachdem man einstimmig, nach Erwägung aller Umstände, die Nutzlosigkeit eines weiteren Widerstandes bei dem gänzlichen Mangel an Lebensmitteln und die höchste Wahrscheinlichkeit erkannt hatte, daß man selbst im glücklichsten Falle bei einem Versuche, sich in der nächsten Nacht durchzuschlagen und so mit einem Theile der Besatzung zu entkommen, von der uns so beträchtlich überlegenen Masse bewaffneten Volkes doch nach und nach aufgerieben werden müßte; in der fernern Ueberzeugung, daß man, selbst bis auf den letzten Mann sich opfernd, dennoch dem Staate in diesen Verhältnissen nichts mehr zu nützen im Stande gewesen wäre, wurde der herbe Entschluß gefaßt, sich auf Discretion zu ergeben. —

Ich und der Kapitän-Lieutenant Azich von den Grenzern wurden daher beauftragt, im Namen des Kommandanten — Oberstlieutenants Braunmüller — die diesfallsige Kapitulation abzuschließen, und wir begaben uns sonach mit den Parlamentärs der Stadt auf die Municipalität.

Diese Kapitulation lautete auf freien Abzug ohne Waffen und die Verpflichtung, sich nicht mehr gegen Italien zu stellen. —

Nachdem wir mit dem Original-Akte der Kapitulation in die Francesco-Kaserne zurückgekehrt und dieses unselige Document unserem Kommandanten eingehändigt hatten, richtete dieser, unter Bekanntmachung der geschehenen Kapitulation, einige Worte der Beschwichtigung an die versammelte Mannschaft, und legte das Kommando über dieselbe nieder. Die betreffenden Hauptleute mußten nun den schmerzlichen Akt der Waffenablegung ihrer Kompagnien in Vollzug setzen lassen. Zu einem so herben Akte den Befehl zu ertheilen, bedurfte es eines nicht geringeren Muthes, als hätte es der größten Gefahr gegolten. Mit der vom eigenen Schmerzgefühle und von heißen Thränen begleiteten Ermahnung, auch im Unglücke die nöthige Standhaftigkeit zu bewahren und überzeugt zu sein, daß die Vorgesetzten die eingegangene Kapitulation unbeschadet der Truppenehre zu verantworten wissen werden, wurde bei der ersten Kompagnie von Prohaska-Infanterie die Waffen-Ablegung zuerst angeordnet.

Herzergreifend war der Anblick der braven Truppen in diesem Momente; ein mächtiger Thränenstrom ergoß sich über Aller Wangen, und die bebenden Lippen sprachen unverholen den Wunsch aus, daß jeder der Braven lieber den Tod gefunden hätte, als solchem Schicksale weichen zu müssen. Selbst die Feinde mußten solcher Ehrenhaftigkeit der Truppe Achtung und ihrem Schmerzgefühle Theilnahme zollen, denn in dem vorbezeichneten Momente standen auch die Augen jener Abgeordneten in Thränen, welche die Insurgenten-Regierung ungesäumt in die Kaserne zur Waffenübernahme sandte. Als nach geschehener Waffenabgabe die Truppen aus der Kaserne heraustraten, um auf dem nahen Platze aufzumarschiren, verhielt sich das in Masse herbeigeströmte Volk ganz stille und lüftete vor den Offizieren die Hüte. — Auf ähnliche Weise zollte es unserem Unglücke noch seine Achtung, als über 20 schwer Blessirte theils langsam geführt, theils in Sänften getragen aus der Kaserne in das nächste Civil-Spital gebracht wurden.

Auf dem nahen Platze ließ die revolutionäre Regierung den erschöpften Truppen Wein verabfolgen, und viele aus dem Volke vertheilten unter sie Lebensmittel, mit dem oft wiederholten Beisatze: „Bravi, valorsi soldati! avete fatto il vostro dovere da uomini d'onore!“ (Brave, tapfere Soldaten! Ihr habet als Männer von Ehre eure Schuldigkeit gethan.)

Gegen 4 Uhr Nachmittags wurde die Mannschaft kompagnienweise, unter Begleitung der Guardia civica in entsprechende, für ihre Gefangenschaft bestimmte Lokalien — meistens Kirchengebäude —, die Offiziere aber für den ersten Augenblick in mehrere Gasthöfe gebracht, und ebenfalls unter Wache gestellt.

Auf diese Weise endete der Widerstand, welchen die k. k. Truppen zu Como der gewaltigsten Insurrection gegenüber leisteten, nachdem sie drei Tage vergebens auf Unterstützung gerechnet und sich endlich, von der Uebermacht im Abzuge verhindert, durch Hunger und Erschöpfung während einer dreitägigen Vertheidigung, so wie durch die begonnene Unterminirung der Francesco-Kaserne zur Kapitulation genöthigt gesehen hatten.

Nachträglich mußte man erfahren, daß schon in der Nacht vom 17. auf den 18. März — also noch vor dem Eintref-

4

fen der Division von Prohaska — der ganz unbewacht gewesene Pulverthurm von den Insurgenten genommen, und der Vorrath von sieben Zentner Pulver, welchen das Warasdiner-Kreuzer Grenz-Bataillon daselbst deponirt hatte, ohne Anstand auf einer Barke zur Disposition der Insurgenten davon geführt wurde. — Bereits Samstag den 18. März entstand schon auf dem Domplatze, mitten in der Stadt, ein Tumult und es wurde dabei scharf gefeuert. Von alle dem erfuhren wir aber kein Wort früher, als erst in der Gefangenschaft; vielmehr sagte man uns im Gegentheil: man könne in die ruhige Haltung der Stadt das unbegrenzteste Vertrauen setzen. Ueberhaupt schien der nach einigen Tagen in Folge seiner Blessur in der Gefangenschaft gestorbene Major Milutinovich sich so in Sicherheit gewiegt zu haben, daß er selbst noch beim offenen Ausbruche der Revolution sich äußerte: Es werde nichts, gewiß nichts Arges sich ereignen. — Der Arme hat die Folgen seiner Selbsttäuschung schwer gebüßt.

So lange wir in Como waren, hielt man uns gut, nur von einer Freilassung im Sinne der abgeschlossenen Kapitulation wollte man durchaus nichts wissen, und wir blieben gleich allen anderen in der Lombardie in die Hände der Insurgenten gerathenen Offizieren gefangen. Vom 23. bis 31. März hielt man uns, wie schon gesagt, in Gasthöfen, vom 1. April bis 24. Mai in der Volta-Kaserne, von wo wir am 25. Mai nach Mailand in die Kerker von St. Margherita abgeführt wurden.

## II.

# Parthienweise Vertheilung der gefangenen Offiziere im ganzen Königreiche Piemont.

### Reise nach Acqui.

Mehrere Gründe waren es, weßhalb wir Gefangenen Genua sehr ungern verließen; denn, obwohl eingesperrt, hatten wir doch die unumgänglich nothwendige Bequemlichkeit, gute Betten, gute Kost, Zeitungen rc., und wir wurden auch sonst mit möglichster Schonung von Seiten unserer Zwingherren behandelt; auch trug schon unsere große Anzahl dazu bei, daß wir unter einander mehr Zerstreuung fanden; was aber die meisten Herren verdroß, war, daß sie von Genua fort mußten, ohne die Stadt anders, als durch ein Fernrohr, so wie ein Panorama gesehen zu haben, so daß wir in gewisser Beziehung füglich sagen konnten: „Auch wir waren in Rom, ohne den Papst gesehen zu haben." — Der 31. Juli war nun zur Abreise für 26 Herren bestimmt, nämlich für jene, welche die Städte Acqui und Asti als Aufenthaltsorte angewiesen erhielten.

Alles war auf die noch zu erlebenden Abenteuer um so mehr gespannt, als eine Menge vager Gerüchte über unsere Zukunft verbreitet wurde. — Wir Acquianer versprachen uns unendlich viel, und wurden von den meisten der übrigen Herren um unser Loos beneidet; wir unsererseits dachten dagegen, daß man uns dasselbe durch sehr hohe Preise aller Bedürfnisse würde entgelten lassen, wohl wissend, daß an Badeorten — dergleichen unsere neue Residenz einer war — den Fremden das Geld buchstäblich aus der Tasche gezogen werde. Es hieß zwar, wir würden nur aus dem Grunde in so viele kleine Parthien vertheilt, um uns so ohne Beunruhigung des Volkes in den betreffenden Stationen frei herumgehen zu lassen, doch wußten wir nichts Bestimmtes, und somit sahen wir unsere nächste Zukunft — wie bisher durch die ganze Zeit unserer schmählichen Gefangenschaft — ziemlich dicht umhüllt. Die Vorsehung hat es wohl sehr weise eingerichtet, dem schwachen Menschen den Seherblick in die Zukunft zu benehmen; unsere damaligen Machthaber übertrafen aber diese Vorsehung noch um ein sehr erkleckliches Stückchen und beschnitzelten sogar die Gegenwart recht weidlich; auch wette ich sogar darauf, daß die humane provisorische Regierung zu Mailand gewiß nicht einmal bei diesem stehen geblieben wäre, wenn es nur in ihrer Macht gestanden hätte, uns auch um die Vergangenheit zu bringen, obwohl wir ihr jene seit den letzten Märztagen für ihre eigene Praxis als bleibende Gegenwart und Zukunft auch ohne Kaufschilling von Herzen gern abgelassen hätten. Wer es nicht selbst erlebte, als denkender Mann so ganz des eigenen Willens und jeder sonst noch so geringen Selbstständigkeit beraubt, der grauen Zukunft entgegen zu gehen, wie ein wildes Thier bewacht und mit Mehreren gleich diesen in einer Menagerie theils zur Befriedigung der Schaulust des Pöbels, theils zum Spotte hin und her geführt zu werden, kann sich unmöglich die schrecklichen Gefühle nur vorstellen, in denen wir wie in einer Stickluft lebten, welche uns wie ein Alp von einem Augenblick zum andern zu tödten drohte.

Unter Zweifeln, Hoffnungen und Qualen des Gemüthes

brach nun der Tag unseres Aufbruches an. Es war ein herrlicher Morgen; um halb 5 Uhr befanden wir uns schon im Speisesaale und nahmen, von den noch zurückbleibenden Herren uns beurlaubend, unser Frühstück ein. Um 5 Uhr hieß es, herabzugehen. Da man uns durchaus nicht gestattet hatte, die wenigen zu unserer Bedienung hier erhaltenen Männer mitzunehmen, — zudem nicht einmal zugeben wollte, daß wir uns unsere Reisesäcke von ihnen bis zu den Wägen tragen ließen, mußten wir, um nicht selbst die Bagage zu schleppen, solche den bei der Wache in Masse versammelten Lastträgern übergeben, die für kaum 250 Schritte übermäßig große Preise stellten, welche wir nolens volens bezahlen mußten. Ein Platz-Offizier mit einigen Carabiniers geleitete uns bis in die Nähe einer Kaserne, wo auf einem kleinen Platze fünf Lohnkutscher-Wägen für uns bereit standen, wovon zwei für die Herren nach Acqui, und die übrigen drei für jene nach Asti bestimmt waren. Bis unsere Reisesäcke in oder auf den Wägen untergebracht und wir eingestiegen waren, hielten Infanterie-Posten die Zugänge von den Gassen her zu diesem Platze besetzt, nicht etwa um den Andrang des Volkes abzuhalten, denn außer den Lastträgern sah man keine Seele, — sondern um einen etwaigen Fluchtversuch von unserer Seite hintan zu halten. — Lächerliche Vorsicht! —

Wir fuhren nun durch die Stadt denselben Weg, den wir beim Einzuge gemacht hatten, wieder hinaus; keine Seele war noch in den Gassen zu sehen. Die Fahrt ging etwas langsamer von Statten, als früher mit den lombardischen Dilligence-Wägen, doch hatten wir keinen Unfall oder sonst eine Unannehmlichkeit. — Die Carabiniers, welche uns eskortirten, benahmen sich wie früher würdig, denn wir konnten, da es bergauf ging, so oft und so viel unser nur wollten, aussteigen, — nahmen, auf der Höhe des Alpenzuges angelangt, ein zweites Gabelfrühstück, und langten um ein Uhr Nachmittags, mit Staub bedeckt und von der Hitze erschöpft, in Novi an, wo man uns in demselben Gasthofe, wie bei der Fahrt nach Genua, ablud, und durch die Nationalgarde bewachen ließ. Nachdem wir so versorgt waren, versammelte sich der Pöbel vor dem Gasthause und begann zu pfeifen, was, da gerade Sonntag und aus diesem Grunde ein großer Haufen des niederen Volkes um so leichter und schneller zusammenzubringen war, leicht zu einem größeren Excesse hätte führen können; doch blieb es diesmal beim Pfeifen, und in einigen Stunden darauf hörte auch dieses ganz auf, da wir dem Anrathen des Kommandanten der Carabiniers nachkamen, welcher uns ersuchen ließ, nicht zum Fenster zu gehen, um das Volk nicht zu reizen.

Wir speisten zu festgesetzten Preisen recht gut und theuer, und gingen sodann zur Ruhe, wobei es mich in ein Zimmer mit dem Oberstlieutenant Braunmüller traf.

Den folgenden Tag — 1. August — wurde die Reise frühzeitig nach Alessandria fortgesetzt. Diese Fahrt wäre unter anderen Verhältnissen vom größten Interesse gewesen, denn man fuhr quer über das weltberühmte Schlachtfeld von Marengo, wo sich Napoleons Glückstern im hohen militärischen Glanze zeigte. Es ist das aber auch ein Terrain wie von der Vorsehung nur dazu geschaffen, um hier das Schicksal der Reiche durch den Donner der Kanonen zu entscheiden. Eine unübersehbare Ebene, an die sich wellenförmiges Terrain mit allen nöthigen Abwechslungen für Positions-Stellungen und den kleinen Krieg anschließt, stempeln diesen Boden zu einem Schlachtfelde, auf dem der Kriegsgott alle drei Waffengattungen im größten Maßstab nach seinem Behagen spielen lassen kann. Die Straße, auf der wir nach Alessandria fuhren, führt hart an dem Thurme vorbei, von welchem Napoleon an einem und demselben Tage nach der ersten verlorenen die zweite für ihn glücklich geendete Schlacht schlug Das Thürmchen ist unansehnlich, viereckig, und ganz nach italienischer Art gebaut, mit einem flachen Dache versehen, und befindet sich in der Nähe einer Casine. Nur durch seine ausgezeichnet günstige Lage auf dem Felde der Ehre bleibt es von Bedeutung, da man von demselben aus das Schlachtfeld ringsum frei übersieht. Um das Andenken an diesen für den gallischen Hahn ruhmvollen Tag auch bei der Nachwelt durch ein Monument zu verewigen, ist nahe an dem historisch denkwürdig gewordenen Thürmchen von den Verehrern Napoleons ein herrliches Landhaus, jedoch, wie man uns sagte, unter einem anderen Namen erbaut worden, in dessen schönem Hofe, aus dem man in ein artiges Gärtchen gelangt, eine schöne Statue von weißem kararischen Marmor in mehr als Lebensgröße Napoleon als General der Republik darstellt. — Man sagte uns, was auch glaubwürdig scheint, daß das Landhaus mit dem Denkmal nicht weniger als eine halbe Million Franken gekostet haben soll.

Nahe an Alessandria kömmt man in das herrliche, die schönsten Auen umschließende Thal der Bormida. Keiner von uns konnte sich den Wunsch versagen, daß der treulose Herr dieses klassischen Bodens auf selbem vor den Wällen seiner eigenen Veste vom Doppelaar zum Stehen gebracht und nach Verdienst für seinen Frevel derb gezüchtiget werden möchte. Indessen war dies nur ein patriotischer Wunsch, dessen Erfüllung aber leicht zur Wirklichkeit gebracht werden könnte, welche in der für das Schlechte immer verhängnißvollen Zukunft liegt.

Gegen halb 10 Uhr langten wir in der Stadt Alessandria — die nicht befestiget ist — an, und fuhren in die Citadelle über eine herrliche gedeckte lange Steinbrücke. Die Bewohner der Stadt empfingen uns zwar mit finsteren Mienen, doch sonst ruhig, und beim Einfahren in die Citadelle bemerkten wir, daß da und dort an den ziemlich verwahrlosten Festungswerken Reparaturen vorgenommen wurden. Im Innern der Citadelle war das Erste, was wir zu sehen bekamen, ein österreichischer gefangener Stabs-Offizier von den

Grenzern, der im Hofe frei herumging, und uns wahrscheinlich nicht bemerkend, weiter schritt, ohne die anlangende Wenigkeit einer besonderen Aufmerksamkeit zu würdigen. Endlich blieben die Wägen am Platze vor dem Offiziers-Pavillon stehen; wir stiegen aus, und man führte uns in ein Zimmer, wo wir noch andere acht österreichische Offiziere als Gefangene fanden.

Die übrigen nach Asti bestimmten Herren erhielten früher als wir die Eskorte, und fuhren daher auch ab, während wir bis fast zwölf Uhr Mittags warten mußten.

Bis die Bedeckung und noch ein dritter Wagen für die drei Herren kam, welche sich hier an uns anschlossen, nämlich Capitän-Lieutenant Rezzer, Ober-Lieutenant Baumgartten und Lieutenant Tormin, gingen wir zum Traiteur, erquickten uns mit Speise und Trank, während uns die da getroffenen neuen Unglücksgefährten ihre Erlebnisse und das Neueste von unserer braven Armee mittheilten. In der Citadelle selbst waren dieselben gut gehalten und am Platze frei, doch in die Seitengassen und versteht sich um so mehr auf die Werke zu gehen, war ihnen verboten, was nichts als billig schien. In der Citadelle sind — so weit man sehen konnte — die bombenfesten Gebäude wohl erhalten, die Werke aber vernachlässiget. Die Mitte dieser Citadelle bildet ein schöner rechteckiger großer Platz, um welchen sich rings herum eine schattige Allee zieht. Die Einfassungsgebäude des Platzes stehen in zwei Reihen und enthalten nichts als den Offiziers-Pavillon und die Kanzleien, unter welchen sich unterirdisch die Kerker befinden, dann Kasernen, Laboratorien und Magazine. So sauber der Platz erscheint, eben so schmutzig ist das Innere der Gebäude. An der einen kürzeren Seite des Platzes lagen unlaffettirte Kanonen- und Haubitzen-Röhre verschiedenen Kalibers — gegen hundert Stück — dann sechs Stück große und kleine Bombenkessel und Mörser. Alles dieses Geschütz war meistens neu und von herrlichem Guße. Als Besatzung mochten hier kaum zwei schwache Kompagnien Infanterie liegen, — ihr Kommandant benahm sich sehr höflich und zuvorkommend; denn er gestattete, daß wir uns 2 Mann von der hier befindlichen gefangenen Mannschaft zur Bedienung auswählen und mit uns nach Acqui nehmen konnten. Wir wählten einen Feldwebel und einen Korporal von den Grenzern.

Endlich kam auch für uns die Eskorte, wir saßen ein und es ging nun weiter. Längs dem Thal der Bormida durchfuhren wir das schönste, wellenförmige Terrain, und wurden von nichts als vom Staube und der enorm drückenden Hitze belästiget. Bis Casine, einem kleinen Dörfchen, wo die Bewohner mit uns sehr höflich sprachen und höchlich erstaunten, daß wir nicht im Mindesten barbarisch aussähen, wie wir ihnen geschildert worden seien. Daß wir aber gar gut italienisch sprachen, das ergriff sie wunderbar. Wir erhielten nun bis Acqui statt der reitenden bloß Carabiniers zu Fuß zur Bedeckung.

Gegen 6 Uhr Nachmittags langten wir in Acqui an, wo wir im Albergo d'Italia abgeladen wurden. Obwohl uns eine große Menge Volkes umstand, so benahm sich dasselbe doch recht ruhig, und wir schritten durch selbes hindurch, ohne im mindesten beunruhigt zu werden, in die uns angewiesenen Zimmer, welche unseren Erwartungen nicht am Besten entsprachen.

## Leben in Acqui.

Schon beim Anlangen zeigte sich uns eine stereotype Figur von einem piemontesischen Offizier, welcher uns in den Speisesaal führte, von wo aus wir die Zimmer für je zwei zusammen angewiesen erhielten. Die Wenigsten waren mit den dumpfen schmutzigen Zimmern zufrieden, doch der eben angekommene Platz-Oberstlieutenant Baudi di Selve versicherte uns, es sei ihm sehr leid, kein besseres Gasthaus im Orte zu haben, um uns anständigere Zimmer zu verschaffen, fügte jedoch bei, daß, nachdem wir im Orte laut hoher Anordnung auf Ehrenwort frei sind, es nur von uns abhänge, in irgend einem andern Wirthshause ein gefälligeres Lokale aufzufinden, da es ihm ganz gleich sei, ob wir nun hier oder anderswo untergebracht sind. Wir gingen wohl später in dieser Absicht aus, fanden jedoch nicht viel besseres, und blieben sonach lieber ungetrennt beisammen. Der Platz-Oberstlieutenant ersuchte uns weiter noch täglich zwischen 10 bis 12 Uhr Vormittags, oder zu welcher Stunde es uns gerade genehm ist, im Vorbeigehen bei seiner Kanzlei sich täglich ihm vorzustellen, oder den eigenen Namen nur auf ein Blatt Papier aufzuschreiben Wegen der Bezahlung, sagte er, werde der Feld-Kriegs-Commissär kommen, welcher uns die wie in Genua nach der Charge bemessenen Gebühren ganz nach unserem Wunsche täglich, oder alle fünf oder zehn Tage erfolgen werde. Ueberhaupt war er sehr charmant und ersuchte uns, falls wir etwas, was es auch immer sein möge, bedürften, es ihm nur gleich unverhohlen zu sagen, daß er alles zu thun bereit sei, was nur irgend in seinen Kräften liege.

Solch einen guten Empfang hatten wir bis nun in der ganzen Zeit unserer Gefangenschaft noch nicht, und als er sich entfernt hatte, hing bei uns vor Freude, — wie man zu sagen pflegt, der Himmel voller „Baßgeigen.“

Nun wurde der Wirth gerufen und mit ihm für's Mittagessen ausgehandelt.

Noch denselben Tag gingen einige Herren in die Stadt und sagten bei ihrer Rückkunft, sie seien in einem schönen Kaffeehause gewesen und sowohl dort, als auch sonst vom Volke recht artig aufgenommen worden. Den folgenden Tag machten die Herren schon zeitlich in der Früh einen Spaziergang auf's Land, und durchkreuzten die Stadt nach allen Richtungen. Man gewöhnte sich auch schon in den ersten Tagen so an uns, daß sich bei unserem Ausgehen fast keine Neugierigen mehr zeigten. Der Platz-Oberstlieutenant, welchem wir einen Besuch abstatteten, lud uns in den ersten Tagen zu sich um 5 Uhr Nachmittags zum Kaffee ein, wohin wir auch alle zusammen gingen. Seine zwei engelschönen Töchterchen empfingen uns auf die artigste Weise, und wir verbrachten da die glücklichsten Stunden unserer ganzen Gefangenschaft. Obwohl sie beide an Schönheit Heben glichen, so mußte man doch zugeben, daß ihre Bildung die körperlichen Vorzüge bei weitem noch übertraf; vorzüglich anmuthig benahm sich die ältere Tochter, welche wir auch „die Unwiderstehliche“ nannten Dieser Engel in Menschengestalt war mit kaum 22 Jahren schon zum zweiten Mal Wittwe. Der schwarze Anzug, — denn die Holden trauerten um ihren bei der Armee des Königs im Mincio ertrunkenen Bruder, — hob ihren alabaster weißen Teint noch mehr und lieh ihren zarten, üppigen und schlanken Gestalten etwas Feenartiges. Man schäkerte recht viel, obwohl ein Pfaffe zugegen war, den man aber wenig beachtete. Es fing schon zu dunkeln an, als wir uns, von einer so entzückenden Gesellschaft ganz bezaubert, empfahlen. Am folgenden Tage führte uns der piemontesische Feld-Kriegs-Commissär, — ein ebenfalls sehr artiger und gebildeter Mann — in die Badeanstalt, welche sich jenseits der Bormida, eine Viertelstunde von der Stadt entfernt befindet. Wir übersetzten den Fluß auf einem Floße. Bei dieser Ueberfuhr sagte man uns, daß da über die Bormida eine sehr schöne Brücke zu bauen bereits beschlossen sei, aber bis nun noch nicht in Angriff genommen werden konnte. Das ganze pittoreske Thal dieses Flusses ist einzig in seiner Art, besonders aber von dieser Ueberfuhr aus gesehen, wo sich im Hintergrunde alte Ueberbleibsel von Bögen einer römischen Wasserleitung zeigen, welche der romantischen Gegend voll der herrlichsten Abwechslungen den classisch alterthümlichen Reitz verleihen. Durch eine Art vernachläßigten Parkes schreitend bogen wir links ein, und standen vor dem groß-artig erbauten Badehause. — Eine nicht unbedeutende Zahl von Kurgästen erging sich, da es gegen Abend war, in den Alleen und saß vor dem Kaffeehaus. Wir wurden von die-sen, da ein großer Theil Mailänder waren —, artig, aber etwas ernst empfangen. Der hier die Bäder gebrauchende piemontesische Oberst Moccherani —, ein noch junger Mann — empfing uns freundlich. Derselbe hatte gleich unserem Oberstlieutenant Baron Schneider eine Schußwunde im rech-ten Arm. Man führte uns nun in das Lokale selbst, das sehr gut eingerichtet ist. Es sind heiße Termen, das Wasser wird getrunken und hat einen höchst unangenehmen Geschmack nach faulen Eiern; die Hauptkuren bilden aber die Schlamm-bäder, daher das Bad auch für Verwundete ganz besonders specifisch ist. Das Etablissement für das Civile ist geräu-mig, groß und in Form eines Hufeisens zwei Stockwerke hoch. Es sind zwei Tische, einer für neun, und der andere für sieben Francs täglich; — rechnet man nun, daß hiemit das Quartier nebst dem Bade und was sonst noch nöthig wäre, bezahlt ist, so kann man den Preis für Italien noch immer billigenen. Neben diesem Gebäude ist die Militär-Bade-Anstalt, und ich muß gestehen, daß selbst uns der große Unterschied, welcher da zwischen der wohl eingerichteten und splendid bedachten Civilanstalt gegen diese besteht, sehr un-angenehm berührte. Diese, den Militärstand so wenig be-rücksichtigende Anstalt liefert einen Beweis mehr, daß man in Piemont dem Militär nur das gibt, was den Andern nicht mehr behagt; — diese Partheilichkeit muß auf einen jeden Menschenfreund einen sehr unangenehmen Eindruck machen. — Gleich daneben wird auch für die Armen ein Badehaus erbaut, das auch bereits begonnen ist, und wenigstens nach dem zu urtheilen, was man uns darüber sagte, sehr großartig werden dürfte.

Es wurde bereits Abend, und wir mußten sonach unsere Schritte der Stadt zuwenden. Als wir zur Ueberfuhr kamen, fanden wir hier eine Menge Pfaffen, von denen einige, als wir im Badehause waren, so niederträchtig waren, unter sich, jedoch so, daß wir es hören konnten, beleidigend über uns zu sprechen. Wir mußten uns auch auf dem Floße zusammen nehmen, um nicht Unannehmlichkeiten zu bekommen, da diese Elenden sich vorsätzlich mit uns überführen ließen.

Da von den Termen auch einige in der Stadt — und noch wärmere, als in der Badeanstalt — sind, so fanden wir in jedem Gasthause Bäder. Der Oberstlieutenant Baron Schneider und andere blessirte Herren stellten das Ansuchen, in der Badeanstalt die Kur gebrauchen zu dürfen, da man sie eben in dieser Absicht nach Acqui gesendet habe. Doch man ließ es nicht zu, und diese Herren mußten sich sonach mit den bloßen Bädern im Gasthause selbst ohne Anwendung des Schlammes, welcher eigentlich das Hauptspecificum ist, begnügen. — Dadurch, daß uns die vielen in der Badeanstalt befindlichen Mailänder sahen, merkten wir des Leuen Rache, und bald — wie später gesagt werden soll — zeigten sich die unangenehmen Folgen hievon.

An einem der Tage gingen wir zum Bischofe, einem jungen kräftigen Kapuziner voller Schlauheit und Geist, welcher einer der Wenigen ist, die sich bei feierlichen Hochämtern in der Kirche vor dem Hochaltare mit dem Schwerte umgürten. Er empfing uns sehr artig, und benahm sich während unserer Visite ganz als Mann vom wahren Takt für die Stellung, in der er sich uns gegenüber befand.

Auch zum Indentanten gingen wir, doch er war nicht zu Hause, und da man um ihn gleich sandte, so harrten wir seiner eine Zeit lang, aber vergebens. Erst am Heimwege begegneten wir ihm, fanden aber an ihm einen höchst schlauen und hochmüthigen Patron, daher wir auch herzlich froh waren, seiner los geworden zu sein.

Der piemontesische Feld-Kriegs-Commissär kam täglich mehrmal zu uns, und blieb in unserem Kreise plaudernd ganze Stunden lang. Ebenso auch der Civil- und gleichzeitig auch Militär-Chef-Arzt Barochini, ein Hableur erster Classe, der personificirteste Dulkamara, welchen man sich nur denken kann. Beide diese Herren waren zuvorkommend und höflich, luden uns zu sich ein, doch als wir dieser Einladung endlich folgen wollten, war es zu spät, denn gerade da erhielten wir für das Ausgehen ein Interdikt.

Vor dieser Sperre hatten wir aber einige Ausflüge in der Umgebung des kleinen, aber netten Städtchens im Umkreise einer Stunde Weges gemacht, welche in dem schönen hügeligten Terrain sehr interessant waren. Oefter begleitete uns der hier stationirte piemontesische Depot-Offizier mit seiner Frau. Derselbe, ein alter ehrlicher Haudegen, benahm sich äußerst artig, und da er in demselben Gasthause mit uns einquartirt war, so hatten wir ihn auch zum täglichen Gesellschafter Früh, Mittag und Abends; — nebst diesem war noch ein anderer junger Offizier da, welcher eben so höflich, jedoch sehr ruhigen Gemüthes sich zeigte. Im Allgemeinen waren diese zwei Herren wohl recht gemüthlich, verstanden sich eminent zu nähren, doch sollte man über ihr scientifisch militärisches Wissen urtheilen, so käme man eben so in Verlegenheit etwas Günstiges über sie sagen zu können, als es schwer fiele, ihre feinere Bildung anzurühmen. Ueberhaupt mit Ausnahme der höheren Offiziere, die zu uns in Genua kamen, mußte man sich von den piemontesischen Infanterie-Offizieren nach jenen Exemplaren, welche wir zu sehen und zu sprechen bekamen, ein nur höchst mittelmäßiges Bild machen. Einem unter diesen gebührt aber jedenfalls die Eselspalme, d. i. dem Platz-Lieutenant — zu unserer Zeit — von Acqui. Dieser Rustico umschwärmte uns fort und fort; war außerdem unerhört schmutzig und so gemein, daß er sich im Hofe des Gasthauses mit den Knechten auf eine Bank setzte, schmauchte und sich auf die niedrigste Art bis zur Vertraulichkeit mit jedem gemeinen Kerl herabließ. Dieses gewiß noch nie gesehene Möbel von einem Offizier hatte hiezu noch die unermeßliche Dreistigkeit uns vorzuraunen, der Kaiserstaat sei nun so gut, als verloren; Ungarn gehöre nicht mehr zu Oesterreich, und weiß der Himmel noch was. Wir jagten ihn endlich förmlich fort, doch das war eine dicke Haut, von ihr prallte der derbste Hieb, wie die an eine Wand geworfenen Erbsen ab. Dieses Individuum, das man füglich für ein Rinoceros in Menschengestalt zu halten stark versucht war —, wäre bei Oesterreich zu allen Zeiten selbst als Zimmermann zu schlecht, welchen Titel wir diesem Helden auch taxfrei ertheilten.

Indessen die paar Tage, in welchen man uns frei ließ, genossen wir der so lange entbehrten Freiheiten nach Möglichkeit. Alle Kaffeehäuser wurden ohne Anstand besucht, nur geschah uns in dem einen ein nicht vorsätzlicher Spaß; — eines Tags kam den Herren in den Kopf, nach dem Speisen den Kaffee — aus verzeihlichen Gründen — im nahen Kaffeehause alle tre m.... genannt zu nehmen. Die drei Grazien schoßen nach allen Seiten herum, darüber ganz entzückt und verlegen, so hohe Ehren zu empfangen. Des Spaffes gab es in Fülle während der Höllenbreu kochte. Endlich siehe da, man bringt den Nektar. Es wird eingeschenkt, gezuckert, man führt die Tasse zum Munde, schlürft die Narkose in sich, aber was für Gesichter folgen dem. Alles sieht sich an, und Jeder frägt, was ist denn das für ein Kaffeegeschmack? — Man ruft die Holden, — man kostet wieder und ebenso auch diese; man findet endlich heraus, daß die lockeren Menscher statt Brunnenwassers ein zum Polentakochen bereitetes Salzwasser zum Absud des Kaffee's genommen hatten. Was war zu machen, als den Spaß als Spaß oder Zufall hinzunehmen, und lachend einen zweiten Kaffee sich geben zu lassen. Die lieben Jungfern alle tre m . . . sahen uns aber nicht wieder.

Abends ging es im Speisesaale immer recht lustig zu. Unser Troubadour Lieutenant Baselli brachte oft seine Zither, und nachdem man sich an Speisen gelabt hatte, trank man ein Gläschen auf das Wohl Oesterreichs und unserer vielleicht eben kämpfenden Brüder, während Ländler und vaterländische Weisen gespielt, oder mit Begleitung einer Guitarre gesungen wurde. — Zu Bette ging man erst um 11 Uhr, oft auch um Mitternacht.

Nachdem uns unsere Bagage bis dahin nicht zugekommen war, so machten wir an das Gouvernement zu Genua deswegen ein fruchtloses Ansuchen.

Am 4. August erfuhren wir, daß ein Transport gefangener Mannschaft durchmarschiren werde. Da wir wußten, daß unsere Armee im Vorrücken sei, so schlossen wir hieraus, daß es den Piemontesen knapp gehen müsse, da sie die in Alessandria und Genua befindliche gefangene Manschaft weiter in's Land hineinsenden. Der Platz-Oberstlieutenant ließ uns durch den Feld-Kriegskommissär ersuchen, nicht auszugehen, wenn dieser Transport ankömmt. Den ganzen Tag fast ging der Tambour in den Gassen herum, und trommelte die Nationalgarde zusammen, doch ungeachtet dessen langten die Gefangenen nicht an. Den folgenden Tag brachte ein Feldwebel des Platz-Kommando's um 8 Uhr früh das nachstehende Dienstschreiben, obgleich wir ohnehin schon auf das mündliche Ersuchen zu Hause geblieben wären. Doch man war um uns zu sehr besorgt, als daß man es hätte über sich bringen können, uns nicht auch schriftlich noch zu belästigen.

Divisione d'Alessandria.
Regio Comando
della Città e Provincia d'Acqui.
Uffizio. Nro.

Oggetto
confidenziale.

Alli Illustrissimi Signori Ufficiali Austriaci Prigionieri di Guerra
in
Acqui.

Acqui, il 5 Agosto 1848.

Il passaggio, che ha luogo nel giorno d'oggi e di domani mattina d'alcuni drapelli della loro nazione mi pone nella circostanza, ond' evitare le dicerie della populazione, di pregare le SS. LL. Illustr. a voler astenersi dal avere communicazione coi medesimi rimanendo, perciò nei momenti d'arrivo e di partenza, in cui vi è maggiore confusione di populazione, per quanto puonno, ritirati.

Persuaso della somma loro prudenza e gentilezza in questa circostanza, godo d'aver l'onore di dichiararmi coi sensi della più alta considerazione

delle S. S. L. L. Illme.
divoto Servitore
il Tenente Colon. f. f. di Comandante
Baudi di Selve m. p.*)

---

*) Division von Alessandria.
K. Kommando
der Stadt und Provinz Acqui.
Dienst. Nro.

Gegenstand
vertraulich.

So artig auch dieses Ansuchen gestellt war, so wußten wir schon, daß man uns von nun an nicht mehr ausgehen lassen werde, da das souveräne Volk, nachdem schon der Anfang mit dem Zuhauseblelben gemacht ist, es dabei zu belassen wünschen dürfte, — welcher Wunsch in diesem Lande immer unbedingter Befehl ist.

An demselben Tage, nach vorhergegangenen stundenlangen Trommeleien in der ganzen Stadt, langten endlich die armen Gefangenen zwischen 9 und halb 10 Uhr früh richtig an; wir sahen sie von unseren Fenstern aus in der Ferne vorbeimarschiren. Nachdem dieselben gegessen hatten, trieb man sie noch an diesem Tage in der glühenden Hitze und im massenhaften Staube einen zweiten Marsch von sechs Stunden weiter. Bevor solche abrückten, stellten sie sich gerade vor unseren Fenstern in einer langen Colonne, welche gegen sechshundert Mann zählen konnte, in fünf und sechs Gliedern

---

An die kriegsgefangenen österreichischen Herren Offiziere
Hochwohlgeboren in

Acqui.

Acqui, den 5. August 1848.

Der Durchmarsch einiger Züge ihrer Nation, welcher heute und morgen früh stattfindet, versetzt mich in die Nothwendigkeit, um das Gerede des Volkes zu beseitigen, Ew. Hochwohlgeboren zu bitten, sich jeder Verbindung mit selben zu enthalten, indem Sie sich in den Augenblicken ihrer Ankunft und des Abmarsches, wo sich das Volk stets in wirren Haufen einfindet, so gut Sie können, zurückgezogen halten.

Ueberzeugt von Ihrer gewissen Mäßigung und Gefälligkeit in dieser Beziehung, habe ich die Ehre mich in dem Gefühle der ausgezeichnetste n Hochachtung zu nennen

Ew. Hochwohlgeboren
ergebener Diener
Stellvertreter des Kommandanten
Baudi di Selve m. p.,
Oberstlieutenant.

auf. Die Armen sahen jämmerlich aus. Die wenigsten hatten Pantalons an; da sah man einen Feldwebels-Czacko, dort einen Helm, da eine Holzmütze, — Röcke mit allen Farben an Aufschlägen, Infanterie, Kavallerie und Artillerie, — kurz, Alles durcheinander, Deutsche, Kroaten, Ungarn, Slaven ꝛc. — Vorne war ein Zug Nationalgarde, rechts und links ein Glied derselben und zum Schlusse wieder ein Zug. Ein mit Ochsen bespannter Wagen fuhr ebenfalls mit, auf welchem einige Marode lagen. So ging der Zug kaum 20 Schritte von unserer Wohnung vorbei. Uns blutete das Herz, so viele Brave in diesem Zustande zu sehen, und sie weder sprechen noch trösten zu können; nur versteckt konnten wir ihnen zur Erhöhung unseres Schmerzes — hinter den Jalousien stehend — nachsehen. Wie gerne hätte jeder von uns ihnen eine kleine Gabe gereicht, — aber es war nicht möglich.

Der zweite Transport kam am 6. früh um 9 Uhr an einem Feiertage an, und blieb sonach diesen Tag da. Am 7. um halb 6 Uhr früh rückte derselbe — ganz auf gleiche Art wie der erste — wieder bei unseren Fenstern vorbei. Dieser Transport war noch stärker als der erste, denn es mochten zwischen sieben bis achthundert Mann sein, und es schien uns, als seien dieses die in Mailand zurückgehalten gewesenen Leute.

Wir erfuhren auch, daß selbst die in Turin gefangene Mannschaft weiter gegen die Meeresküste gesendet worden sei.

Schon am 6. früh kam der Feld-Kriegskommissär und sagte uns im Geheimen, daß auch wir wieder weiter reisen müßten. Der gute Mann hatte uns in dieser kurzen Zeit so lieb gewonnen, daß er sogar zu weinen begann, indem er uns die Mittheilung machte, wir seien vor der Hand für Savona bestimmt, kämen aber später auf die Insel Sardinien nach Cagliari. Saubere Aussicht, in diesen Backofen zu wandern, wo nach dem Spruche der Leute nicht einmal der Stock einen Schatten wirft, — das wird lustig werden!

Unsere Voraussetzung, daß wir nun eingesperrt blieben, bestätigte sich auch wirklich, denn noch am Abende des 5. August kam das hier folgende zweite Schreiben, womit unsere Herrlichkeit ein Ende erreichte.

Divisione d'Alessandria.
Regio Comando
della Città e Provincia d'Acqui.
Ufficio Militare. Nro. 730.

Oggetto:
Divieto di sortire.

Alli Illustrissimi Signori Ufficiali Austriaci in Acqui.

Acqui, il 5. Agosto 1848.

Nel recarmi a dovere di participare alle S. S. L. L. Illme., che per disposizione pervenutami quest' oggi da S. E. il Sign. Governatore di questa Divisione non è più permesso a nissuno di loro di escire su parola per la città, pregiamò assicurarle che tale infausto annunzio mi pose nella circostanza, sullo scopo d'aver cura della loro salute, d'implorare dalla prefata E. S. il permesso di qualche ora di passegiata, sul che mi riservo a suo tempo di raguagliarle, mentre ho il piacere di dichiarmi colla massima considerazione

Il Tenente Colon. f. f. di Comandante
Baudi di Selve m. p.*)

---

*) Division von Alessandria.
Königl. Kommando
der Stadt und Provinz von Acqui.
Militär-Dienst. Nro. 730.

Ich hatte noch immer das meinem Bruder — welcher sich in Ivrea als Gefangener befand — gehörige, vom Feldmarschall Radetzky erhaltene Geld bei mir, zu dessen Absendung sich bis jetzt keine Gelegenheit fand. Ich sandte ihm zwar durch eine Privatperson einen Brief zu, erhielt aber aus dem einfachen Grunde keine Antwort, weil der gefällige Herr gerade noch so viel Schändlichkeit besaß, den Brief nicht abzugeben. Gut that ich noch, diesem Ehrenmanne nicht auch das Gold mitgegeben zu haben, da er solches gewiß als gute Prise angesehen hätte; sonach hatte ich wieder gute Ursache, dem alten und wahren Spruche: „Vorsicht ist die Mutter der Weisheit," — volle Anerkennung zu zollen.

In diesen Tagen fand sich bei uns ein musterhaft verkrüppelter Bettler ein, welcher uns für einige Heller mit seinen possierlichen Sprüngen viel zu lachen gab. Eine so ori-

---

Gegenstand:
Verbot auszugehen.

Den Hochwohlgeborenen österreichischen Herren Offizieren in Acqui.

Acqui, den 5. August 1848.

Dem Dienste nachkommend, mache ich den Hochgeborenen Herren nach der mir heute zugekommenen Weisung Sr. Excellenz des Gouverneurs dieser Division bekannt, daß Ihnen das Ausgehen auf's Ehrenwort in der Stadt nicht mehr erlaubt ist. Ich mache mir eine Ehre daraus, Sie zu versichern, daß mich diese unangenehme Eröffnung in die Lage versetzte, den Zweck, für Ihre Gesundheit Sorge zu tragen, im Auge behaltend, Se. Excellenz um die Ermächtigung zu ersuchen, Ihnen zu einem kurzen Spaziergange die Erlaubniß zu ertheilen. Indem ich mir vorbehalte, Ihnen seiner Zeit das Resultat mitzutheilen, habe ich die Ehre, mich mit größter Hochachtung zu nennen:

Der Stellvertreter des Kommandanten
Baudi di Selve m. p.,
Oberstlieutenant.

ginelle Figur ist aber auch eine Rarität. Sein Kopf war unsinnig groß, die Gesichtszüge scharf und nach allen Richtungen verzogen, die Nase gleich einer Sarazenen-Klinge groß, dürr und gebogen und koste das aufwärts gebogene spitzige Kinn. Der Mund reichte von einer Ohrlappe zur andern, und sperrte er diesen schmutzigen Rachen auf, da schien es, als ob sich zwischen Nase und Kinn die Kluft geöffnet hätte, in der Marcus Curtius sammt seinem Rosse verschwand. Der Mensch, wenn man eine solche Figur noch so nennen kann, ohne sich zu versündigen, hatte weder Brust noch Bauch; denn der ganze Rumpf des Körpers war ein Buckel, an dem zwei Füße wie große Kugelzieher angewachsen waren. Diese ekelhafte Figur reichte mit dem Kopfe kaum bis zur Höhe eines gewöhnlichen Tisches, und hatte zwei Arme, die wie bei einem Orangutang bis zum Boden hinabhingen. Daß eine solche Mißgeburt über fünfzig Jahre alt werden konnte, ist kaum zu glauben.

Schon am 6. Abends theilte uns der Feld-Kriegskommissär Giobergia mit, daß der Feldmarschall Radetzky bereits in Pavia sei, und daß man allgemein befürchte, er werde gegen Alessandria vorrücken. Uns schien das wie ein Traum; — wir hielten es für ein bloßes Gerücht, denn so schnell vorzurücken, ohne eine große entscheidende Schlacht zu liefern, von Custozza und Valeggio war uns keine Kunde zugekommen, da wir seit Genua keine deutsche Zeitung mehr erhielten, — schien nicht wahrscheinlich nach dem, was die Herren lombardischen Helden uns vormachten, und nach den Bramarbasaden, die man über Karl Albert und sein Heer aussprengte. — Der Feld-Kriegskommissär versicherte uns indessen, daß an dem Gerüchte etwas Wahres sein müsse, da bereits alle Gäste in der größten Eile aus der Badeanstalt abgereist seien. Wir unsererseits waren, wie sich leicht denken läßt, über eine so günstige Nachricht hoch erfreut, und es wurde die österreichische Volks-Hymne öfter gesungen und gespielt. Aus Alessandria langten bereits Flüchtlinge an, die sich dort nicht mehr sicher glaubten. Einer derselben kam mit seiner Frau zu uns in's Gastzimmer und that mit uns bald sehr zutraulich. An diesem Abende blieben wir bis nach Mitternacht, jauchzend vor Freude über die gute Kunde, beisammen, und giengen erst zur Ruhe, als uns Lieutenant Baselli zum wiederholten Male die geliebten Klänge der Hymne vorgespielt hatte.

Am 7. August früh kommt der stotternde Platz-Lieutenant und eröffnet uns unter tausend Entschuldigungen, daß wir am folgenden Tage nach Savona transportirt werden, so wie daß, nachdem die nach Alessandria gezogene Guardia nazionale alle Wägen sammt Pferden in Beschlag genommen hat, wir daher auf Karren mit Ochsen geführt würden und die eintägige Reise in drei Tagen machen müßten. Durch diese Mittheilung wurden wir eben nicht besonders erbaut; wir ersuchten, das Möglichste thun zu wollen, um uns in Wägen mit Pferden fortzubringen, und boten uns sogar an, dieselben aus Eigenem zu bezahlen — doch vergebens. Daß es den Helden von vorgestern nun schlecht gehen müsse, entnahmen wir mit wahrer Schadenfreude, welches uns auch über die bevorstehende elende Fahrt tröstete.

Wir saßen nach dem Mittagsessen noch bei Tische, als der Wirth hereinkam und uns mittheilte: „Meine Herren, eine sehr freudige Nachricht für Sie! Der Marschall Radetzky ist schon in Mailand!“ — Ah! — — Wir standen alle lautlos da, und als er das sah, rief er einen eben vom Schlachtfelde angelangten piemontesischen Korporal vom Regimente Real guardia — Namens Berde — herein, welcher uns versicherte, es sei die reine Wahrheit, daß die Signori Austriaci in Mailand seien, beifügend, er sei noch gut davon gekommen, indem er diesen Ausspruch seines wohlgeordneten Rückzuges mit einer sehr überzeugenden Geberde — stolz auf seine Füße deutend — begleitete. Derselbe erzählte uns noch, daß eine Capitulation abgeschlossen worden sei, in Folge welcher die Oesterreicher erst in Mailand eingerückt seien. Jubel auf Jubel, — wir umarmten uns vor Freude, mit thränenden Augen die Volks-Hymne singend. Schaffer's Reim auf die von dem Feldmarschall-Lieutenant Baron Welden der „spada d'Italia“ noch im April zugerufenen Herausforderung wurde buchstäblich wahr, denn er sprach schon viele Monate früher die prophetischen Worte:

»Italiens Degen, Albert Karl,
Wir sehen ihn bar der Scheide;
Ein Damascener ist es nicht,
Verlor zu schnell die Schneide.«

Einige Flaschen Wein wurden nun auf das Wohl unseres angebeteten Heerführers und der über alles Lob erhabenen tapfern Armee geleert; denn nun erwarteten auch wir mit Zuversicht baldige Befreiung. Wir beschlossen auch gleich — in der sichern Voraussetzung, daß das Ende unserer Leiden gekommen sei — das Möglichste zu thun, um nicht von Acqui abreisen zu müssen, daher wir durch einen Eilboten auf eigene Kosten im Einverständnisse mit dem Platz-Oberstlieutenant gleich folgendes Ansuchen stellten:

Eccellenza!

Tredici Ufficiali Austriaci — Prigionieri di guerra — dei quali dieci delle giornate di Marzo, stazionati in Acqui, hanno avuto la destinazione di partire l'indomani per Savona.

Sicome tra questo numero ve ne sono undici parte feriti, parte infermi, e mandati in Acqui per essere costì sottoposti alle cure termali, ed essendosi sparsa la voce quasi accertata, che fra le truppe di S. M. il Re Carlo Alberto e queste del nostro Imperatore si sia fatta una capitolazione tendente ad una pacificazione, noi si rivolgiamo a V. E. colla supplica di voler decidere se anche in tale circostanza la nostra partenza, la quale considerate le nostre infermità ci sarebbe tanto più dura, dovendosi in mancanza di veture effettuare sopra dei carri contadineschi.

Acqui, li 7 agosto 1848. *)

Was uns dieses Schreiben nützte, werde ich in der Folge sagen. —

Ja, die Italiener, die haben sich kurios verrechnet: das heißt doch die Rechnung ohne den Wirth machen. Da hatten sie schon den alten Marschall ganz erblinden lassen, und doch hat er ihnen den Tölpelstaar gestochen Welche Illusionen, und was für eine Enttäuschung! Ja, die Barbaren haben sich denn doch nicht freiwillig auf dem Bauche hinauswerfen lassen, und verstanden es wieder besser, dem Feinde in's Gesicht zu sehen, als ihre Gegner, das privilegirt civilisirte Volk der Priester und Sonettendudler, welche sich noch immer für

---

*) Excellenz!

Dreizehn österreichische Offiziere — Kriegsgefangene — hievon zehn von den Märztagen, welche sich in Acqui befinden, haben die Bestimmung erhalten, morgen nach Savona abzugehen. —

Nachdem unter dieser Zahl sich eilf befinden, welche theils wegen Wunden, theils aber krankheitshalber nach Acqui gesendet wurden, um dort die Badekur zu gebrauchen, und nachdem sich das fast sichere Gerücht verbreitet hat, daß zwischen den Truppen Sr. Majestät des Königs Karl Albert und jenen unseres Kaisers eine Kapitulation behufs einer Friedensausgleichung geschlossen worden sei, wenden wir uns an E. Excellenz mit der Bitte, entscheiden zu wollen, ob unsere Abreise auch unter diesen Verhältnissen stattzufinden habe, welche uns bei unseren kränklichen Zuständen um so mehr hart fallen müßte, als selbe beim Mangel an ordentlichen Wägen mittels Bauern-Karren bewerkstelligt werden müßte.

Acqui, den 7. August 1848.

die alten Römer hielten, die von Freiheit überströmen und doch nicht wissen, daß nur der der Herr und ein freier Mann ist, welcher dem Tode offen in's Angesicht zu schauen vermag. Ihre Possenreißerei ist ihnen schlecht bekommen, denn die alte Austria, die sie schon zu Tode gehetzt glaubten, — weil sie selbst in weiser Vorsicht so weit zurückwich, als sie es für nöthig erachtete, — klopfte diese Naseweise derb durch. Diese elenden Treiber, welche nicht das Glück ihres Vaterlandes und eine vernünftige Freiheit, sondern ihre Sonderinteressen im Auge hatten, wo waren sie? — Kämpften solche mit? — Ich zweifle daran sehr, denn sie verstanden nichts als durch List und Trug das arme Volk zu blenden, indem sie solchem goldene Berge versprachen. Was war wohl aber das Loos der armen Verführten? Gewiß nichts als Tod, Wunden und namenloses Elend. Diese Helden der Freiheit, was thaten sie aber selbst? — Sie scheuten ohne Zweifel den männlichen Kampf, und stoben beim ersten Anstoß gleich Spreu in alle Weltgegenden. Immer dieselben kopflosen und ehrgeizigen Menschen ohne Ruhe und Rast, denen Gesetze und Ordnung ein Gräuel sind, da sie, vom Schicksale zum Wohlleben bestimmt, nur schwelgen, und mit nichts zufrieden sind, welches die Folge ihrer Uebersättigung in allen nur erdenklichen Genüssen ist.

Nun war es eine Seligkeit für uns, mit eigenen Augen im Lande des treulosen Königs Karl Albert die Niedergeschlagenheit sehen zu können, welche die Gewißheit der totalen Niederlage dieses Eroberers neuer Art, der solche mit einem Verrathe begann, hervorbrachte. Zu Acqui sprach man sich nun allgemein dahin aus, daß es nie der Wille der Piemontesen gewesen sei, gegen Oesterreich aufzutreten; nur die Lombarden hätten dieses Unglück über sie gebracht, und sie gewärtigten die Oesterreicher nächster Tage in Turin und vor Alessandria zu sehen. — Hoch sonach Austria's Aar! denn er bethätigte der Welt auf's Neue, daß ihn kein Mißgeschick beugt, daß er im verzweifelten Kampfe nie besiegten Muthes, immer gleich ausdauernd, selbst nach den größten Niederlagen oder unter den ungünstigsten Verhältnissen stets gleich stark und furchtbar zu neuem Kampfe gerüstet dasteht, indem Unglück seine Kraft nur stählt und ihm die heiß ersehnte Gelegenheit gibt, nur um so kühner seiner Fittiche Schwungkraft zu erproben. Hoch sonach unserem Heldenführer und der tapferen Armee, die wie Helden kämpften!

Werden nun die Italiener zu diesem tragischen Ende ihrer Bramarbasaden auch sagen: Dio lo vuole?

## Oberlieutenant Wilhelm Baumgarten.

Ich war als zugetheilter Offizier des Generalquartiermeister-Stabs dem Festungs-Kommandanten von Mantua, General der Kavallerie Gorczkowsky, beigegeben, und erhielt von demselben am 8. Juli den Auftrag, nicht nur dem Orte Governolo Verstärkungen zuzuführen, sondern auch die gegen Ostiglia und Nogara vorrückende Colonne der Brigade Lichtenstein zu vereinigen und nach Mantua zu führen. Mit einer Escadron Karl-Uhlanen und einer Kavallerie-Batterie ritt ich nun im Trabe und Galopp über Cadi gegen Ronceferraro, um den in Governolo angreifenden Feind im Rücken anzufallen. In Ronceferraro angelangt, begegnete mir ein Zug Uhlanen und drei Kanonen unserer aus Governolo sich zurückziehenden Truppen mit der Nachricht, daß der Feind bereits brigadeweise über den Mincio gesetzt sei, und sonach auf eine Wiedereroberung des Ortes nicht mehr gedacht werden könnte. Die aus Governolo sich zurückziehende Truppe vereinigte sich mit meiner ihr zugeführten Verstärkung und rückte sofort nach Mantua zurück, ich selbst aber begab mich in Begleitung von sechs Uhlanen über Castellaro nach Nogara und Ostiglia, um dem zweiten Theile meines Auftrags nachzukommen. Als ich mich nach einem zweistündigen Marsche auf hundert Schritte dem Orte Castellaro näherte, ohne einen Feind erblickt zu haben, wurde ich plötzlich aus allen Häusern und Gebüschen vor und um mich mit Gewehrschüssen empfangen. Da fiel mein Pferd von mehreren Schüssen getroffen zu Boden, und meine Begleiter jagten hierauf mit verhängten Zügeln davon Ich stand nun allein neben meinem erschossenen Pferde da, von allen Seiten drangen die feindlichen Plänkler unter fortwährendem Schießen und Geschrei auf mich ein, und gleichzeitig sah ich auch eine Menge Lanciers auf mich zueilen. Was blieb da zu thun übrig, als sich vielleicht durch schnelle Flucht der Gefangenschaft, wenn es noch gienge, zu entziehen. Ich sprang sonach über den nahen Chaussée-Graben und suchte mich durch die Reisfelder zu retten. Doch die feindlichen Plänkler folgten mir auf dem Fuße nach, während die Lanciers auf der Straße vorsprengten und mir da den Weg abschnitten. Obgleich die Plänkler sich mir in immer engern Kreisen näherten, gelang es mir doch, durch fast eine halbe Stunde mich auf diese Weise der Feinde zu erwehren. Endlich waren aber meine Kräfte vom immerwährenden Laufen erschöpft, — ich konnte nicht mehr weiter, — die Schüsse fielen auch immer dichter und dichter um mich her, so zwar, daß ich eingeholt wurde und mich gefangen geben mußte.

Nun wurde ich durch die feindlichen Vorposten nach Susuno gebracht, wo mich — da ich ganz ermüdet war — die piemontesischen Offiziere mit Wein, Kaffee ꝛc. erquickten. Von dort führte mich ein piemontesischer Offizier in seiner Equipage nach Castelloro zum Herzoge von Savoyen. Der Prinz empfing mich sehr höflich und gütig, und fragte mich bloß um die Ursache meiner Reise. Ich sagte: Ich wollte der Avantgarde des Feldmarschalls Radetzky entgegengehen, da man dessen Ankunft mit der Armee erwarte. Dieses sagte ich aber nur absichtlich so, um den Feind irre zu führen und ihn glauben zu machen, daß des Feldmarschalls Operationen gegen den Po zu gehen, da ich auf diese Art hoffte, die Aufmerksamkeit des Feindes von Somma Campagna, wo meiner Vermuthung nach nächstens der Angriff stattfinden sollte, abzulenken.

Ich wurde zur Tafel gezogen, und da überhäuften mich alle Offiziere, besonders der General Somariva, mit Artigkeiten wie nicht minder der Prinz selbst, denn er glaubte — wie aus seinen Reden deutlich hervorging —, daß ich Depeschen gehabt haben müsse, die ich noch glücklich durch die entkommene Eskorte gerettet hätte. Nach der Tafel wurde ich befragt, ob ich keine Bedürfnisse hätte, und Alles trug sich an, mir Geld, Wäsche ꝛc zu geben. Ich schlug aber dankbar alles aus und übergab nun erst meinen Säbel, welchen man mir bis dahin gelassen hatte.

Nun ward ich in ein Bauernhaus gebracht, wo man mich unter der Bewachung zweier Gensdarmen die Nacht über ließ.

Am nächsten Morgen den 19. Juli wurde ich von einer ganzen Kompagnie über Canedole und Roverbella nach Marmirolo gebracht und da im Hauptquartier übergeben. Auch dort wurde ich noch mit aller Aufmerksamkeit behandelt, denn man lud mich wieder zu Tische ein, und drang mir vor dem Abgehen eine Summe von 150 Franken auf. Gegen Abend wurde ich in Begleitung eines Sergeantens von der Garde in einer Kalesche weiter über Goito, Garzoldo bis Piadena befördert, wo ich die Nacht in Gesellschaft eines Gensdarmen zubrachte, welcher, als er mit mir allein war, mir unter Thränen sein österreichisches Porte-épée zeigte, welches er wie eine Reliquie aufbewahrt hatte. Derselbe versicherte mich, daß er nur eine Gelegenheit suche, sich mit seinen übrigen Waffenbrüdern zu vereinigen.

Am folgenden Tage den 20. fuhr ich mit einem Sergeant nach Cremona, wo ich kalt empfangen und beinahe hart behandelt wurde. Man brachte mich da in einen großen alten Palast, wo die österreichischen Geiseln eingesperrt waren, welche ich aber nicht zu sehen bekam. Endlich führte man mich in ein Zimmer, wo ich zu meinem größten Erstaunen schon den Hauptmann Netzer des 8. Jägerbataillons fand, — später kam zu uns noch der Lieutenant Tormin, mit welchen ich das weitere harte Geschick theilte.

### Unterlieutenant Rudolf Justus Tormin.

Bei der aus Mantua gegen Goito am 30. Mai vorrückenden Brigade war auch mein Regiment, und ich befand mich bei der Avantgarde der Brigade, welche gegen 5 Uhr Nachmittags bei besagtem Orte anlangte. Es wurde links von der von Goito nach Mantua führenden Hauptstraße im Felde aufmarschirt, und sonach gleich Divisionsmassen formirt. Das zehnte Jäger-Bataillon stellte sich vor uns zum Tirailliren. Die erste Abtheilung, die vor ging, lenkte des Feindes Feuer auf sich.

Nun wurde vorgerückt und das 10. Jäger-Bataillon begann das Feuer. Wir hatten schon einige Mann verloren, da kommt der Oberst Kopal und ruft, das Regiment Hohenlohe soll zum Sturme vor. Es wird sofort die erste und dritte Division meines Bataillons zum Vorgehen beordert, während die zweite als Reserve folgt.

Mich trifft es, als zur ersten Division gehörig, in die Kette, mit der ich gegen zwanzig Minuten vorgehe, unvorsichtig etwas zu stark vorprelle und sehe, wie ein mir ganz fremdes Regiment in die Flanke kömmt. Während ich mich umsehe, bekomme ich einen Schuß in die linke Weiche, wobei mir die Säbelkuppel durchgeschossen wurde, und gleich darauf — indem ich mich nach vorwärts wende — einen zweiten Schuß in die rechte Achsel. Der Feind befand sich bereits zwischen mir und meiner Division, was blieb mir nun zu thun übrig, als mich links, so gut es ging, gegen ein Haus zu ziehen, woraus wohl gefeuert wurde, wo ich aber unsere Leute vermuthete. — Am Wege dahin ward ich zwar gedrängt, doch hätte ich es noch erreicht, wenn ich mich nicht durch den bedeutenden Verlust an Blut so erschöpft gefühlt hätte, daß mir nichts mehr erübrigte, als mich unter einen Baum zu werfen in der süssen Hoffnung, daß man mich vielleicht doch aus dem Auge verloren habe, und ich so doch noch unentdeckt zu den Meinigen durchschlüpfen könnte. Leider zerfiel schon nach fünf Minuten mein noch einziger goldener Berg in nichts, denn es präsentirten sich mir zwei feindliche Gardisten, und nahmen mich ohne weiters gefangen. Dieselben ergriffen mich nun unter dem Arm und führten mich gerade gegen das Haus, wohin meine Kräfte mir früher selbst zu gehen nicht gestattet hatten; — kaum sind wir aber diesem Gebäude nahe, so fällt auf uns aus demselben ein Schuß. Auf dieses läßt einer der Garden meinen Arm frei nnd greift zu seiner Waffe, und da aus dem Hause gegen uns nun mehrere Schüsse fallen, so erfaßt auch mein zweiter Begleiter das Gewehr.

Nachdem ich mich so ganz frei sehe und hiezu noch mein Seitengewehr besitze, ziehe ich meine treue Klinge aus der Scheide und haue gegen meine ungerufenen Freunde los, welche das Weite suchend mir Zeit geben, in's Haus zu gelangen. Doch das Glück lächelte mich nur an, und wich so schnell, als es gekommen war, auch wieder von mir; — denn während ich in's Haus ging, zogen sich unsere Leute schon rückwärts zurück, indem sie ihren Rücken vom Feinde bedroht sahen. Eingetreten fand ich da todte und verwundete Freunde und Feinde; ich suchte nun natürlich meine Leute einzuholen, um mich mit und durch ihre Hilfe zu retten; doch alle meine Anstrengungen waren fruchtlos, denn ich klappte wörtlich vor Mattigkeit zusammen, als ich in die Nähe meiner Leute kam! Es war mir nicht mehr möglich, nur einen Schritt zu machen, daher ich auch meinen letzten drei Mann zurief, sich nur selbst zu retten, während ich mich kriechend in den Schatten einer Thüre schleppte.

Ich mochte da kaum zehn Minuten gesessen sein, als sich der Ruf: „Evviva il Rè! — Evviva l' indipendenza d' Italia!“ — hören ließ. Gleich darauf traten fünfzehn Piemontesen in das Haus und schossen, ohne zu schauen, auf Alle, die da herum lagen. Mich sahen dieselben aber nicht gleich, sondern entdeckten mich erst nach einigen Augenblicken, wo sie zu schreien begannen: Vedi il Ufficiale austriaco! — Gleich darauf schlugen Alle ihre Gewehre auf mich an. Da ich eben sah, auf welche unwürdige Weise sie ihre Gewehre entladen hatten, so hob ich mit der Hand die mir vor die Nase hingehaltenen Gewehrläufe in die Höhe und rief nach einem Offizier, welcher auch wirklich kam und mir zurief: Rendez-vous! auf das ich ihm meinen Säbel übergab. Somit war es geschehen, und man führte mich nun beim Hause hinaus.

Da angelangt, schoß man noch zwei Mal nach mir, wo die Kugeln durch meinen Rock flogen, ohne mich aber zu verletzen — endlich wurde ich zweien Unteroffizieren übergeben, die mich auf ihren Gewehren auf den Verbandplatz trugen.

Am Wege, auf welchem mich die wilde, zuchtlose Soldateska begleitete, wollte man mich durchaus erschlagen, von welchem Schicksal mich wieder nur ein eben dazu gekommener Offizier rettete.

Nachdem ich verbunden war, ward ich in einer Ambulance nach Volta gebracht, wo ich fünfzig Tage blieb. Hier fand ich von uns bereits zwei Offiziere, den Oberlieutenant Baron Egkh, welcher daselbst auch starb — und den Major Fürsten Bentheim, — welcher später gegen den von uns gefangen genommenen Major Trotti ausgewechselt wurde.

In Volta ward ich gut gepflegt und von den feindlichen Offizieren freundlich behandelt.

Von Volta brachte man mich endlich nach Cremona, wo ich sehr schlecht empfangen, gehalten und behandelt wurde. Nicht viel besser erging es mir auf dem Wege von da nach Piacenza und Alessandria, wo ich alle erdenklichen moralischen Demüthigungen erleiden mußte.

Von Alessandria aus traf es mich mit den übrigen Herren nach Acqui als Verwundeter, mit welchen ich auch bis an's Ende der Gefangenschaft blieb.

## Unterlieutenant Joseph Tyssen.

Ich führte nach der vom Feldmarschall-Lieutenant Fürsten Karl Schwarzenberg zu Brescia abgeschlossenen Capitulation, die Vorhut der sich aus dieser Stadt rückziehenden Truppen und hatte das Unglück, von denselben abgeschnitten zu werden. Es blieb mir sonach nichts anderes übrig, als mich auf Gebirgswegen mit ihnen auf irgend eine Art wieder zu vereinigen.

Leider gelang mir solches nicht, da ich vom Schicksale als Opfer des schändlichsten Verrathes ausersehen war; denn während ich mit meiner Abtheilung mein Ziel zu erreichen strebte, begegnete mir ein Offizier der italienischen Nobelgarde in Uniform. Kaum hatte mich dieser Schändliche erblickt, als er mit offenen Armen auf mich zuging und mich in deutscher Sprache versicherte, daß er es als ein Glück betrachte, die Gelegenheit gefunden zu haben, mir in meiner bedrängten Lage von Nutzen sein zu können. Unter den heiligsten Betheuerungen gelobte er mir, daß er selbst auf dem rechten Wege mich zu meiner Truppe geleiten wolle. Ich schenkte endlich dem Ehrenworte dieses schändlichen Offiziers Gehör, und folgte ihm.

6

Dieser würdige Edelmann führte mich an das Ufer des Garda-See's, — warf hier seine Maske ab, indem er offen und höhnend mir erklärte, ich sei nun sein Gefangener, welchen Worten er mit einer Horde bewaffneten Gesindels auf eine sehr überzeugende Weise den so nöthigen Nachdruck zu geben wußte.

Meine Truppe ward aber noch von diesem in einen Hinterhalt gelockt, und da von dem bewaffneten Volke, — welches sich auf selbe wie eine Meute hungriger Jagdhunde stürzten —, entwaffnet, wobei der Anführer, ein elender Pfaffe, diese Entwaffnung selbst vornahm, indem er in der linken das Crucifix hoch emporhielt, während er mit der Rechten das Schergenwerk vollzog.

Ich und meine Leute wurden nun vom Volke übernommen, und zurück nach Brescia transportirt. Dort ward ich in die Kaserne St. Giulia eingesperrt, wohin man nach und nach eine bedeutende Zahl von Leidensgefährten, Offiziere aller Grade, Frauen und Kinder brachte, mit welchen ich sofort nicht die Schrecknisse einer Gefangenschaft, sondern jene Qualen eines Kerkers erduldete, welche nur Straßen-Räubern zu Theil werden.

## Ausbruch der Revolution in der Festung Pizzighetone.

(Mitgetheilt vom Unterlieutenant Johann Pasch.)

Der unheilvolle Tag, an dem in Pizzighetone das Vorspiel der Revolution begann, war der 15. März, denn da erlaubte sich das Volk bereits die Kalabreserhüte und die dreifarbigen Cocarden zu tragen, wogegen von Seite des Festungs-Commandanten Oberstlieutenant Haymann keine Einwendungen gemacht wurden.

Schon den folgenden Tag verbreitete sich das Gerücht, daß das Civile in Cremona nicht nur als Guardia civica bewaffnet wurde, sondern daß es auch mit dem Militär zusammen den Dienst verrichte. Diese Kunde benützte das Civile und machte nun an das Festungs-Commando die Anforderung, dieses auch in Pizzighetone zu gestatten, welches demselben aber rund abgeschlagen wurde. Der Festungs-Commandant erlaubte aber, daß der Distrikts-Commissär Conte Oldofredi nach Cremona reisen durfte, um sich von der Wahrheit dieses Gerüchtes zu überzeugen. Dieser kehrte auch mit einem Tricolorzeichen am Hute zurück, und bekräftigte das Gerücht.

Nichts natürlicher, als daß das Civile solches allsogleich zu einem erneuerten Versuche zur Erreichung seines Zieles benützte, weßhalb auch ungesäumt eine Deputation erschien. Der Festungs-Commandant ließ unter eigenem Vorsitze noch eine aus Militär und Civil bestehende Kommission zusammensetzen, welche einen ordentlichen schriftlichen Beschluß in achtzehn Punkten abfaßte, der im Wesentlichen Folgendes enthielt: — daß das Civile sich selbst bewaffnen könne, — daß es mit dem Militär gemeinschaftlich den Dienst in der Festung leiste, — daß ihm von einem der Festungsthore der Schlüssel übergeben werde, — wie nicht minder, daß im Falle eines Truppen-Durchmarsches, solcher nur zu je fünfzig Köpfen und mit gesenkten Bajonetten geschehen dürfe; — so wie auch, daß die Vertheidigung der Festung nur vom Militär in Gemeinschaft mit Civil zu geschehen habe.

Dieser unheilvolle Beschluß war die Quelle alles daraus erfolgten Unglücks. Die Rebellen beeilten sich aber, die so leichten Kaufes errungenen Vortheile gleich mit vollster Thatkraft zu benützen.

Der folgende Tag mußte natürlich wieder ein neues Gerücht gebären, das zu weiterer Ausdehnung der bereits erlangten günstigen Stellung benützt wurde. Es hieß nämlich, die

*

Bauern der nahen Ortschaften Codogno, Soresina u. s. f. beabsichtigten, die Festung in Masse anzugreifen, um sich der Kanonen zu bemächtigen und dieselben den Mailändern zuzuführen. Natürlich gab nun das Civile vor, solches dürfe nicht gestattet werden, da die Stadtbewohner loyal seien, und die Festung ihrem Monarchen ungeschmälert erhalten wollen. Aus dieser hochherzigen, von unverbrüchlicher Treue zeigenden Ansicht ergab sich von selbst die Folgerung, und sonach auch der Schluß als Forderung die Festungswerke in Vertheidigungsstand zu setzen.

Diesem Ansinnen gab wohl der Festungs-Commandant Gehör, doch entwickelte er, wie natürlich, etwas andere Ansichten in der Anordnung, wie solches zu geschehen habe, als es die allezeit getreuen Bürger für unbedingt nothwendig erachteten, worüber wieder ganz natürlich dieselben sich unzufrieden zeigten. Es ist nun nöthig zu sagen, wie stark die ganze Besatzung der Festung war. Nebst einer Division Infanterie — intalienischer Truppen — waren nur noch elf Mann der Garnisons-Artillerie und zwei Uhlanen als Ordonanzen da. Von Offizieren befanden sich nebst dem Oberstlieutenant Haymann und einem Platz-Lieutenant, noch zwei Hauptleute und vier Subalterne der Linie in der Festung.

Des Kommandanten Plan ging nun dahin, die in dem Vorwerke Gera befindliche Kompagnie in die Festung selbst nebst den Geschützen zurückzuziehen, und auf jener Seite an der Uferseite der Stadt eine angemessene Anzahl Geschütze auffahren zu lassen. Dieses aus dem Grunde, um seine wenigen Kräfte an einem Punkte zu sammeln, und so für alle Fälle in Bereitschaft zu sein.

Noch an demselben Nachmittag wollte sich nun der Festungs-Commandant selbst nach Gera verfügen, um die angeordnete Maßregel in's Werk setzen zu lassen; doch als er bei der Brücke anlangte, ward er vom Volke umringt, das ihn von der Ausführung seines Vorhabens abwendig zu machen versuchte, weil es damit nicht einverstanden sei. Der Kommandant wollte seinerseits durchaus nicht nachgeben, indem er ihnen begreiflich machte, er müsse doch besser wissen, als sie, was nöthig sei oder nicht, und zudem sei nur er der Befehlshaber der Festung, daher auch er allein für jede Verfügung verantwortlich. Ja, das war wohl gut und schön; — doch das nach Souverainetät lüsterne Volk wollte seine guten Gründe nicht gelten lassen; wurde seiner Oberherrschaft satt, und machte mit ihm kurzen Prozeß, indem es ihn zu Boden riß, und mit Fußtritten und derben Ohrfeigen zum Schweigen brachte. Nur mit Mühe gelang es dem Distrikts-Commissär Conte Oldofredi, den Oberstlieutenant noch lebend der wilden Horde zu entreißen, und in seinem eigenen Hause vor weiteren Insulten so lange zu schützen, bis ihn zwei Tage darnach, nämlich am 20., der nun das Festungs-Commando übernehmende ältere Hauptmann Weißmann unter Bedeckung zur Brigade nach Cremona abzuschicken vermochte. Doch in Cremona kam dieser Oberstlieutenant erst vom Regen in die Traufe, denn dort ging es ihm bei Weitem noch schlimmer, als in Pizzighetone; denn dort wurde er gleich als Gefangener behandelt, da man ihn nicht als unter die Zahl der dort mit der Garnison kapitulirenden Offiziere ansehen wollte.

Schon am folgenden Tage sah der neue Commandant von Pizzighetone die höchst mißliche Lage ein, da der günstige Moment, die Oberhand und die Gewalt in der Hand des Festungs-Commandanten festzuhalten, bereits durch den schriftlich abgeschlossenen Vertrag mit den Insurgenten versäumt war, wodurch jeder weitere Maßregel von vorneherein bereits die Spitze abgebrochen war. Er trachtete zwar wohl, sich aus dieser gefährlichen Lage zu ziehen, es war aber schon zu spät, denn der Corporal nebst einem Gemeinen, welche er verkleidet mit einem schriftlichen Ansuchen an den

Erzherzog Ernst — der Brigadier zu Lodi war — absandte, worin er die kritische Lage der Besatzung schilderte und um Verstärkung bat, wurden schon im nächsten Dorfe abgefangen, obwohl sie des Nachts abgiengen. Man nahm ihnen die Schriften ab, welches wir noch in derselben Nacht erfuhren.

Den folgenden Tag verbreitete sich das Gerücht vom Abzuge des Feldmarschalls Grafen Radetzky aus Mailand, und bald darauf die Nachricht, daß eine der rückziehenden Colonnen der Armee auch gegen Pizzighetone anrücke. Diese Kunde hatte in den Gutgesinnten die größte Freude hervorgebracht; doch deren gab es in der Festung nur mehr wenige, denn die Schändlichkeit des zweiten Hauptmannes Polli, welcher noch immer im Rathe mit der Maske eines rechtlichen Mannes saß, hatte bereits die italienische Truppe mit tausend der niedrigsten Künste zum Treubruche verleitet, wobei ihm das insurgirte Volk mit allen erdenklichen Mitteln behülflich war. Die Truppe war bereits ganz demoralisirt, und die Stimme des Offiziers fand keinen Gehorsam mehr. Alles trug Cokarden bis auf die Offiziere und einige ihrem Schwure treu gebliebene Ehrenmänner, die aber, wenn sie sich nur zeigten, vom Volke mißhandelt wurden, welches auch mir geschah, und wobei ich beinahe mein Leben verloren hätte, da man mich hierwegen durchaus in die Adda werfen wollte. Auf solche Vorgänge gestattete endlich der Kommandant diesen die Tricolore aufzustecken, um nicht nutzlos das Leben zu opfern.

Das Gerücht von dem Durchmarsche gewann immer mehr Bestand. Man erfuhr endlich, es sei eine Brigade und zuletzt sogar, daß es die des Obersten Benedeck ist. Der Hauptmann Weißmann drang nun darauf, daß das Civile von der Forderung, dieselbe nicht durchziehen zu lassen, abstehen möchte, doch es war fruchtlos. Es blieb nichts übrig, als sich an die Mannschaft selbst zu wenden.

Der Festungs-Commandant ging sonach in die Kaserne,

erklärte der Truppe, daß eine Brigade einrücken werde, daher sie sich in der Kaserne ruhig verhalten, und die Tricolor abnehmen sollten, wo man sich dann am nächsten Tage beim Abmarsch an diese Brigade anschließen würde; doch die Truppe wollte nicht gehorchen, frug, wohin man sie alsdann führen wollte, und daß sie nicht mitgehen wolle. Der verrätherische Hauptmann Polli hatte der Mannschaft unter andern auch gesagt, man wolle sie nach Deutschland fortführen, und wegen des Tragens der Cokarde und ihrer in der letzten Zeit gezeigten Stimmung wegen hätten sie nur die schrecklichsten Strafen zu gewärtigen. Es war sonach klar, daß des Hauptmanns Weißmann Vorstellungen durchaus nichts fruchteten, und nachdem nunmehr auch keine Autorität wirkte, so blieb ihm nichts übrig, als sich zu entfernen; denn die Mannschaft rief ihm zu, er wolle sie nur verrathen und der Brigade zur Bestrafung überliefern.

Kaum war aber der Kommandant aus der Kaserne, so rannte die ganze Mannschaft in die Zimmer, legte Sack und Pack an, und wurde von dem Verräther Polli nach Cremona geführt, wozu noch so viele Kanonen mitgenommen wurden, als mit den aufzutreibenden Pferden nur fortgebracht werden konnten. Da vier von den elff Mann der Garnisonsartillerie Italiener waren, so wurden die übrigen sieben Mann gezwungen, mit den Geschützen zu gehen. Nicht genug mit dem, so kam noch dieselbe Nacht ein ganzes übergetretenes Bataillon von E. H. Albrecht-Infanterie, vollkommen armirt, mit Kalabreserhüten auf dem Kopfe und die Gewehre auf Jägerart tragend nach Pizzighetone, brachte noch andere Pferde und nahm den Rest der zurückgebliebenen Kanonen nebst vierzehn Fässer Pulver mit sich fort.

Unter so vielen Schändlichen, die ihre Fahne verließen, war nebst dem Hauptmann Polli — die Seele der Rebellen — auch der Lieutenant Antonini, beide Mailänder, letzterer ein wahres Trotel, den man nur aus Rücksicht auf seine sehr lange Dienstzeit als Feldwebel, endlich auch um zu zeigen, daß jede Nationalität, besonders aber die seiner Landsleute, bei nur einigem Verdienste alle mögliche Berücksichtigung finde, zum Offizier gemacht. (Dieser Elende war selbst den Rebellen zu schlecht, denn diese, welche sich in einem Nu fast mehr Generäle und Oberste schufen, als Gemeine in den Reihen der Kämpfer standen, wollten ihn durchaus nicht einmal wieder zum Lieutenant machen.)

Unter allen italienischen Chargen, die bei der Division waren, befand sich nur der Feldwebel Johann Galli, welcher als Ehrenmann keinerlei Verlockungen ein Gehör gab, sondern seinem Schwure treu blieb. Als die Division treulos abmarschirte, verfügte sich Galli zu der Wachmannschaft bei den Festungs-Arrestanten, und wußte auf dieselben — indem er ihnen, wie der Vater kranken Kindern zuredete, und sogar aus eigenen Mitteln Wein und Lebensmittel holen ließ, um sie auch physisch zu befriedigen, — so einzuwirken, daß sie ihren Posten nicht verließen, und treu ihrer Pflicht sich der Freilassung von 120 Verbrechern, wie es die Insurgenten durchaus thun wollten, kräftigst mit Erfolg widersetzten. — Dieser brave Mann übergab erst beim Einrücken des Obersten Benedek mit seiner Brigade solchen seinen Posten. Er wurde auch, nachdem er sich noch in dem folgenden Feldzug auf dem Felde der Ehre die silberne Tapferkeits-Medaille verdient hatte, zum Offizier in seinem Regimente befördert.

Am Morgen des 26. März war sonach von der ganzen Garnison nur noch nebst dem Hauptmann Weißmann, vier Offiziere der Division, der Platz-Lieutenant, davon zwei Feldwebel und 42 Mann Infanterie verblieben.

Da die anrückende Brigade nur noch eine Station entfernt war, so wurde ihr ein Offizier in Begleitung eines Civilisten entgegen gesendet, welche den Obersten Benedek den gleich beim Beginn der Revolution abgeschlossenen schriftlichen Vertrag überreichten, von welchem aber der Oberst — wie ganz natürlich — nicht die mindeste Notiz nehmen wollte, sondern dieses Vorfalles wegen in gerechten Zorn gerieth.

Bei der Rückkunft des Offiziers und seines Begleiters, welch letzterer dem Civile den guten, ihm beim Obersten zu Theil gewordenen Empfang mittheilte, entflohen alle Aufwiegler aus der Festung.

Der einrückenden Brigade gingen die Offiziere und der Kadet-Feldwebel Pasch entgegen. Der Oberst Benedek frug einen dieser Herren nach dem andern, ob er auch diesen Vertrag mit unterschrieben habe; auf deren Bejahung befahl er ihnen, die Schärpe sogleich abzulegen, und sich zur Arriergarde zu verfügen, beisetzend, daß ihnen der Säbel nur zur persönlichen Sicherheit belassen werde. Den Kadet-Feldwebel Pasch, welcher nicht mit unterfertiget hatte, ließ er aber bei der Avantgarde marschiren.

Die Brigade rückte in Pizzighetone am 26. März um 11 Uhr Vormittags ein. Die Cavallerie lagerte am Platze, die Geschütze waren ebenfalls da aufgefahren, und die Infanterie lag theils in den Kasematten, theils bivouakirte sie auf den Festungswällen Sowohl die Hauptwache, als alle übrigen Posten wurden besetzt.

Von hier aus forderte der Oberst Benedek die Stadt Cremona unter Androhung der Erstürmung auf, alle ärarischen Geschütze, sonstige Waffen und die Kassen abzugeben, und den Durchmarsch der Brigade nicht zu beirren; doch die Cremoneser wollten solches selbst nach einer fünfmaligen Aufforderung nicht thun; alles, was sie zugaben, war, daß sie sich erklärten, die Brigade auf fünf Miglien von der Stadt unangefochten vorbeiziehen zu lassen.

Nachdem der Feldmarschall Radetzky nach gepflogener Anfrage befohlen hatte, Cremona seitwärts liegen zu lassen, setzte sich die Brigade am 28. März gegen Orsinovi in

wollen. Wir schnürten unser Päckelchen, nahmen ein schlechtes Frühstück und es ging von dannen. Da man uns drei mit Ochsen bespannte Karren zum Fortkommen gab, welche mit leichten quadrillirten Couvertdecken zum Schutze gegen die versengenden Sonnenstrahlen nothdürftig überdeckt waren, so blieb uns nichs anderes übrig, als meistens zu Fuß zu gehen, und nur unsere Ränzchen auf diese Mistkarren zu legen. Wir waren bei alle dem noch froh, daß man uns wenigstens zu gehen erlaubte.

Dieser Abzug brachte bei uns anfangs eine schlechte Stimmung hervor, doch kehrte nach und nach der gute Humor wieder, da uns unsere saubere Equipage viel Stoff zu Witzen gab, auch die herrliche Gegend, in der wir längs der Bormida fortzogen, hiezu viel beitrug. Die Hitze und der Staub waren unerträglich; man gestattete uns nach drei Stunden zu rasten, wo ein zweites Frühstück eingenommen wurde; nach diesem ging es wieder weiter, beinahe immer hart an dem prächtigen Ufer der Bormida. Der malerischen Gegend verlieh die historische Erinnerung, daß im Jahre 1799 der G. d. K. Baron Melas hier mit seinem Heere, — wobei eben der Heldenmarschall Graf Radetzky sich als Oberstlieutenant und Generaladjutant befand, — tapfer focht, das höchste Interesse. Wir fuhren auf einem Floße über die Bormida und langten von der Sonne ganz gebraten zu Spino, unserer ersten Station, um halb 2 Uhr Nachmittags an.

Spino ist ein elendes Nest. Man legte uns in ein Wirthshaus zusammen, wo wir ziemlich schlechte Betten fanden, — doch das Essen und die Behandlung von Seiten des uns hier übernehmenden Capitano della Guardia civica, Herrn Scaletta, war ausgezeichnet gut. Derselbe ließ uns ganz frei herumgehen, und da er selbst Soldat war, so wußte er sehr wohl, wie gefangene Offiziere, welcher Armee sie auch angehören mögen, zu behandeln sind. Beim Essen benahm er sich als ein sehr angenehmer Gesellschafter, und ließ uns sogar einige Bouteillen seines eigenen Weines vorsetzen. Wie gesagt, das Mittagsessen war köstlich und mundete uns um so mehr, als die Haustöchterchen — für Gefangene eine große Seltenheit — um uns herumhüpfend den Tisch besorgten, was Stoff genug zu Scherzen gab. Freilich kam nach Tisch die hinkende Post, denn 4 Frank per Kopf war doch etwas zu viel für uns Gefangene. —

Nach dem Essen führte uns unser freundlicher Kommandant in's Kaffeehaus, dann von da in und um den Ort herum. Das Bormida-Thal ist hier bedeutend breit, und in demselben stand die frühere Römerstadt Spigno, von der aber heutigen Tages durch die häufigen Ueberschwemmungen des Flusses auch die letzte Spur verwischt worden ist. Jedem von uns fielen aber die auf den angrenzenden Bergkuppen stehenden, sehr hohen viereckigen, ganz einzeln dastehenden Thürme auf; diese Ueberreste alter Burgen, ganz von massiven Quadersteinen erbaut, trotzten muthig dem Zahne der Zeit; sie bilden die Grabdenkmäler der Zwingherren, die einst dort hausten, während die festen Schlösser, einst die Wohnsitze mächtiger Herren, spurlos verschwunden sind, so wie Schnee, von der Sonnenglut getroffen, schmilzt und im Staube verfliegt. Da die Bormida in ihrer periodischen Wildheit die bei Spino über sie erbaute massive Brücke vor nicht langer Zeit zerstört hat, so hat man an einer geeigneteren Stelle die Erbauung einer neuen Brücke mit sehr bedeutenden Mitteln in Angriff genommen.

Bei der Rückkunft von unserer sehr angenehmen Excursion, wobei wir auch Gelegenheit hatten, die vielen, im Oertchen befindlichen Schönheiten zu besehen, fanden wir den piemontesischen Feld-Kriegs-Commissär aus Acqui, welcher uns nicht nur die folgende Antwort auf unsere von dort aus nach Alessandria gerichtete Protestation, sondern auch für den gefälligen Kommandanten Capitän Scaletta den Befehl des Intendanten, uns unter Wache im Wirthshause zu halten, brachte, von welchem aber dieser würdige Mann keine Notiz nahm, da er gleich uns eine solche Maßregel als ungeziemend und der Würde einer Nation entgegen ansah, und sich öfter äußerte, eine solche Idee könne nur aus dem Gehirn eines Verrückten oder Niederträchtigen entspringen. Für dieses hielten wir auch ohnehin den Intendanten gleich bei unserer ersten persönlichen Bekanntschaft.

Acqui, il 8 Agosto 1848.

Divisione d'Alessandria.

Reggio Comando

della Città e Provincia d'Acqui.

Ufficio militare.

Nro. 748. Oggetto:

Uffi. Austriaci.

All' Ill. Sign. Sindaco di Spigno.

(Si consegnerà la presente ai Sig. Uffi. Austriaci.)

La S. V. Illa. è invitata di far sentire ai Sig. Ufficiali Austriaci costì giunti da questa nella giornata d'oggi, che S. E. il Sign. Governatore della Divisione con suo foglio di questa stessa giornata mi incaricò di fargli sentire non poter aderire alle istanze portate dal loro ricorso, poicchè gli ordini che Egli ricevette, essendo precisi, non può rivocarli senza una speciale superiore autorizzazione, e che perciò la loro partenza alla volta di Savona deve avere il suo effetto.

Pregola intanto a voler aggradire i sensi di mia particolare considerazione.

Per il Comandante

Di Selva m. p.,

Tenente Colonello di Piazza.*)

---

*) Acqui, den 8. August 1848.

Division von Alessandria.

Königl. Kommando

Diese erfreuliche Nachricht kostete uns nur gleich eilf Frank als Lohn für den abgesendeten Expressen.

So wie sich bereits früher — noch am Vorabende unseres Abgehens von Acqui — der Militär-Arzt Dr. Barocchini und unser Wirth von uns Certificate über ihr gutes Betragen gegen uns erbeten hatten, eben so fand es der benannte Feld-Kriegs-Commissär zu seiner persönlichen Sicherheit nöthig, eine ähnliche Bitte an uns zu stellen. Wir genügten derselben in zweifelhaften Ausdrücken. Die Armen sahen und fühlten den Heldenmarschall Radetzky mit seinem tapferen Heere sich bereits auf dem Rücken. Schlauheit und Schwäche, gepaart mit der gerechten Furcht, wie es ihnen jetzt bei dem so maßlos geübten Verrathe und unerhörtem Treubruche ergehen werde, waren nun die vorherrschenden

---

der Stadt und Provinz von Acqui.
Militär-Abtheilung.

Nro. 748. Gegenstand:
Oesterreichische Offiziere.

An den Hochgeehrten Herren Richter von Spigno.
(Dieses Schreiben ist den österreichischen Offizieren einzuhändigen.)

Ew. Wohlgeboren werden ersucht, den dort am heutigen Tage angekommenen österreichischen Offizieren mitzutheilen, daß Se. Excellenz der Herr Gouverneur der Division mit einem Schreiben vom heutigen Tage mir auftrug, denselben die Mittheilung zu machen, daß er nicht in ihr, ihm vorgebrachtes Ansuchen willigen könne, nachdem die Befehle, welche derselbe erhielt, ganz gemessen sind, weshalb er solche ohne eine specielle Ermächtigung nicht widerrufen könne, daher ihre Abreise nach Savona stattfinden müsse.

Ich bitte Sie indessen, den Ausdruck meiner besonderen Hochachtung genehmigen zu wollen.

Für den Kommandanten:
Di Selva m. p.,
Platz-Oberstlieutenant.

Empfindungen bei allen italienischen Helden, und wäre unser Heldenführer über den Ticino nach Piemont gerückt, so hätte es ihm wahrlich wenig Mühe gekostet, ebenso siegreich in Turin und vielleicht auch in Genua einzuziehen, wie es bereits in Mailand der Fall war.

Wie gewöhnlich gab uns noch vor dem Schlafengehen unser Virtuose Lieutenant Baselli seine Zither-Klänge zum Besten, weßhalb wir uns auch ziemlich spät zu Bette begaben. —

Den folgenden Morgen ward um 3 Uhr aufgestanden und nach eingenommenem Frühstück abgefahren. Man gab uns wieder, wie am vorhergehenden Tage, Bauernkarren, diesmal jedoch mit Pferden bespannt, und befestigte auf denselben gewöhnliche Stühle. Wer nun je auf einem solchen Karren gefahren ist, wird wissen, daß die Bewegung der statt der Deichsel auf dem Pferde ruhenden Gabel jener des Reitens sehr ähnlich ist. Wie angenehm es nun in der drückenden Hitze, bei dem enormen Staube, für vier bis fünf Herren sein mochte, auf Sesseln, die hin- und herrutschten, auf solch einem Karren zu sitzen, kann sich Jedermann denken. Anfangs gingen wir zu Fuße, da uns unser Führer, der freundliche Capitän von Spigno, solches gestattete, doch in der halben Station in Diego wurde die Eskorte und der Führer gewechselt; letzterer war ein rabiater Kerl, der uns das Absteigen etwas beschränkte und vielleicht gar nicht gestattet hätte, wenn nicht der frühere Führer ihn hierwegen ausgescholten und für uns gebürgt hätte. Er war so von Achtung für uns erfüllt, daß er mit uns bis nach der zweiten Station Cairo ging, und da mit uns noch den ganzen Tag zubrachte. Dieses war einer der wenigen Ehrenmänner, mit welchen wir in der ganzen Zeit unserer Gefangenschaft zu thun hatten. Bis Diego war die Gegend einförmig, doch da entfaltete sich vor uns das klassische und geschichtlich merkwürdige Terrain, auf welchem der militärische Genius Napoleons das österreichische Heer nach dem Treffen von Montenotte gegen Milesimo unter dem erfahrenen greisen Feldherrn Melas 1796 zu weichen zwang. Es kann aber auch kein herrlicheres Terrain zu Positionsgefechten geben, als dieses; denn die Natur hat hier fast aus jedem Hügel und Berge förmliche Schanzen geformt. Wahrhaft einzig in seiner Art ist es zu sehen, wie die Vorsehung einige Landstriche oder Gegenden zu nichts anderem als gerade dazu geformt zu haben scheint, daß in denselben die Geschicke der Völker entschieden werden sollen. In Betrachtungen über das traurige Geschick, das unsere Väter hier traf, versunken, langten wir früher, als wir es uns dachten, in der zweiten Station an.

Hier wurden wir vom Sindaco empfangen, und nachdem ihm unser früherer Capitän Scaletta die besten Auskünfte über uns gegeben hatte, wie wir zu behandeln seien, ließ uns dieser ebenfalls im Orte frei herumgehen. Wir wurden in zwei Gasthäuser verlegt und hatten uns da über nichts zu beklagen. Nach dem Essen gingen wir in's Kaffeehaus, wo das Civile durchaus alles, was wir bestellten, zahlen wollte. Ueber diesem Kaffeehause befand sich noch ein altes Schild, das aus den Zeiten, als Cairo noch österreichisch war, — wie uns die Bewohner versicherten, — herrühren soll, da auf demselben noch zwei österreichische Offiziere, wie sie Billard spielen, abgebildet sind. Der Sindaco, ein wirklich wissenschaftlich gebildeter, im Aeußern aber schlichter Mann, führte uns in der Umgebung des Ortes herum, wo wir ein altes Ritterschloß, das sich auf dem zunächst am Dorfe liegenden Hügel befindet und einst den Scarpanti gehörte, — besichtigten. Im Orte selbst besuchten wir die Kirchen und ließen uns in das Spital führen, wo sich zwei unserer Leute befanden, welche in den letzten Tagen gefangen genommen wurden. Sie waren an der Ruhr erkrankt und mußten von dem nach Savona marschirenden Transporte hier zurückgelassen werden. Wir schenkten ihnen Geld, trösteten sie, und der Oberstlieutenant Baron Schneider gab ihnen auch Wäsche.

Es war gegen Abend, als wir zu Hause anlangten, wo wir den Sindaco, der uns früher verlassen hatte, bereits fanden. Er kündigte uns unter tausend Entschuldigungen an, daß ein Beamter aus Savona angekommen sei, der den Befehl gebracht habe, uns in den Gasthäusern gleich unter Wache zu stellen. Was konnten wir thun, als uns zurückziehen und wieder geduldig die Wachen vor der Thüre hinnehmen. So ließ man uns denn wieder einige Stunden frei, um uns gleich darauf die wieder angelegten Fesseln desto härter fühlen zu lassen. —

An diesem Tage wie an den früheren war die Sache doch nicht so desperat; denn wir waren bereits gegangen genug, und wären ohne Zweifel auch ohne dieses Verbot zu Hause geblieben, und zwar umsomehr, als im Hause selbst ein Doktor mit Familie wohnte, von welchem einige unserer Herren sehr artig ersucht wurden, zu ihm in die Visite zu kommen, welcher Einladung sie ganz natürlich gern nachkamen und sich bis spät in die Nacht hinein recht gut unterhielten.

Der gute Sindaco wußte sich so angenehm zu drehen und ein freundliches Gesicht zu machen, daß es nur um so possierlicher wurde, als er — wie uns schon früher ahnte — den Oberstlieutenant um die Mittheilung seines Namens bat, um solchen als Präservativ beim Einrücken unserer Truppen zu benützen. Der lose Schalk! — Um sich recht in Gnaden bei uns zu setzen, brachte er uns die Zeitung, aus welcher wir etwas Näheres über den Einzug unseres Heldenmarschalls in Mailand und den Rückzug der Feinde hinter den Ticino entnahmen; auch versprach er uns für den folgenden Tag schöne Wägen zu verschaffen, welches Versprechen er dem Scheine nach noch zu bekräftigen kam, als wir bereits zur Ruhe gegangen waren, beifügend, wir sollten uns um 5 Uhr früh am kommenden Morgen zur Abreise bereit halten; — doch die Ursache seines Kommens war nur eine maskirte Visite, um zu sehen und sich zu vergewissern, ob wir richtig schon im Bette sind.

Obwohl wir den 10. nach einem schlechten Frühstück zur bestimmten Stunde zur Abreise bereit waren, so ließ uns der gute Sindaco doch bis halb 7 Uhr warten, und statt der versprochenen, wenn nicht schönen, doch wenigstens uns angemessenen guten Wägen kam eine zerrumpelte, von zwei Katzen von Pferden mühevoll geschleppte Kalesche, ein Mistkarren, auf den links und rechts eine Bank gestellt und ein anderer beschränkter Sitz angebracht war, so daß darauf höchstens zwei Herren Platz finden konnten.

Als Eskorte geleitete uns ein Capitano della Guardia civica nebst 4 Mann. In jedem Dorfe, durch welches wir zogen, hielt man mit uns zu Viertel- und halben Stunden an, um dem Volke volle Augenweide zu verschaffen, da es, wie wir aus dessen Aeußerungen entnahmen, der festen Ansicht lebte, wir seien Gefangene, welche man eben vom Schlachtfelde bringe. Die Hitze an diesem Tage war schrecklich, die Straße eine der schlechtesten von Italien; denn da diese Strecke des Weges bis Savona seit vielen Jahren ganz vernachläßiget worden sein muß, so war der Staub spannenhoch, und es glich die Fahrt ganz jener über ein umgeackertes Feld. Dieses war sonach der schlechteste Tag unserer ganzen Reise in Piemont, und zwar umsomehr, als der Kommandant, ein roher Bengel, uns auf dem ganzen Wege nicht abzusteigen erlaubte; selbst wenn es die Noth gebot, ließ er uns von zwei Bewaffneten seines Gelichters begleiten, welche sich so benahmen, als wenn ein falscher Tritt sie berechtigte, das ihnen überantwortete Opfer gleich zu spießen. Diese immer getreue Leibwache wuchs auch von einem Dorfe zum anderen durch die sich anschließenden freiwilligen Schaarwächter; denn die Zahl der vier Getreuen, welche uns als Leibwache von Cairo beigegeben war, wuchs bis Savona auf achtzehn an, unter denen sich Buben von 12—13 Jahren, — zerlumpt und zerrissen, daß man sich ihrer erbarmen mußte, — befanden.

Zum letzten Male überschritten wir die Bormida auf einer herrlichen steinernen Brücke, von der sich rechts am linken Ufer eine noch wohl erhaltene Schanze befand, hinter der eine Menge von Grabeshügeln zu sehen waren; — wahrscheinlich modern da seit beinahe fünfzig Jahren die Angreifer und Vertheidiger der Schanze in friedlicher Eintracht beisammen. — Der halbe Weg von Cairo nach Savona mochte es sein, als wir den höchsten Kamm der See-Alpen — Altare genannt — erreichten, von wo aus man vor sich in der Ferne wieder die Spiegelfläche des mittelländischen Meeres, zur Linken aber die mit schönen Waldungen bewachsenen Höhen von Montenotte, wo einst die Unsrigen kämpften, erblickte.

Gegen halb 2 Uhr Nachmittags begann unser Eintritt in Savona, den wir mit vollem Rechte einen Einzug nennen konnten; denn die ganze Bevölkerung von 15,000 Seelen war auf den Beinen, um uns zu begaffen. Dieses war für uns ein schrecklicher Augenblick, — auf dem Mistkarren sitzend und wie Verbrecher bewacht, — von der Hitze erschöpft, mit Staub fingerdick bedeckt, fuhr man uns Schritt für Schritt durch die gaffende, von allen Seiten herzuströmende Menge über den Corso bis in die Nähe des Kastells. Hier angelangt, blieb der Zug stehen, denn der Kommandant des Kastells gab vor, keinen Befehl zu unserer Aufnahme zu haben, und man blieb nun da, während es hieß, es sei unsertwegen beim Stadt-Kommandanten die Anfrage gemacht worden. — Indessen blieben wir da, auf die Entscheidung harrend, was man mit uns beginnen werde, über drei Viertel-Stunden der Neugierde des Volkes preisgegeben. Dieses drängte sich zu Tausenden an uns heran, so daß wir, vor solch' einer perfiden Behandlung außer uns, einigen der Neugierigsten bemerkten, sie mögen uns doch gut besehen, ob wir auch solche Menschen sind, wie sie, oder ob sie vielleicht an uns irgend welche Abnormitäten fänden, wie z. B., daß wir vielleicht den Kopf unter dem Arme trügen, oder im Bauche ein Fenster hätten. Einer der so Angeredeten sagte: „Meine Herren! Sie dürften das natürlich finden, wenn ich Ihnen sage, daß wir seit wenigstens sechs und dreißig Jahren keinen Oesterreicher mehr sahen, und von dem ganzen hier versammelten Volke nicht viele Personen über dieses Alter hinausreichen möchten. Man werde sich wohl, meinte er, bald an uns gewöhnen, wo wir dann gewiß nicht mehr belästigt werden würden.“ Gegen dieses war nicht viel einzuwenden; doch ein Anderer meinte, wir kämen vom Schlachtfelde, und als wir ihm begreiflich machten, solches sei nicht wahr, so zeigte er sich hierüber höchlich verwundert. Obwohl es beim Begaffen blieb, und das Volk uns wirklich sonst keinerlei Insult anthat, bis auf einzelne Lümmel, die bei uns vorbeigehend bemerkten: „che macachi“, so war eine solche Lage für einen Mann von Ehre und Gefühl gleichwohl eine wahre Tantalusqual. Endlich kam der Platz-Major und entschuldigte sich, man habe gar nicht gewußt, daß wir an diesem Tage ankommen würden; er habe daher zu unserem Empfange auch keine Vorbereitungen getroffen u. dergl. Floskeln mehr. — Elende Menschen, welche Ironie! Wohl hatte man uns erwartet, und hiezu noch Alles gethan, um uns möglichst schmählich zu empfangen. Alles war Berechnung einiger Elenden. Man gab uns überall, bevor wir ankamen, für Kriegsgefangene aus, die ihr König Karl Albert in den letzten Schlachten gemacht haben sollte, um den übeln Eindruck, den seine totale Niederlage auf's Volk hervorgebracht hatte, hiedurch möglichst zu schwächen, und dem Rufe, ihre Armee sei nur dem Verrathe und der Uebermacht gewichen, Eingang und Glauben zu verschaffen. Uns daher dem gaffenden Volke als eine lebende Trophäe aller Orten möglichst lange zur

Anschauung zu lassen, war ein Plan, und zwar einer der niederträchtigsten Art.

Da wir die zwei Mann, welche wir zur Bedienung noch in Alessandria erhielten, mitgenommen hatten, so ließ der Platz-Major dieselben absteigen und in's Kastell führen. Da er einige der Herren auf dem Schinderkarren sitzen sah, so sagte er zum Oberstlieutenant Baron Schneider: „Es müssen ja mehr als bloß diese, mir von Ihnen bezeichneten zwei Mann vom Feldwebel abwärts da sein, denn ich sehe ja noch fünf oder sechs andere derselben auf dem letzen Wagen?" — „Ja, meinen sie diese," erwiederte der Oberstlieutenant, „solches sind ebenso Offiziere wie wir, und vorgestern hätten Sie auch mich so fahren sehen können," — worüber sich diese Wachsfigur noch sehr erstaunt stellte. Uns sagte er nun, wir würden im ersten Hotel der Stadt untergebracht, wohin auch gefahren werden solle. Gott Lob! endlich kam man wieder vom Fleck. Um aber ja Niemanden des popolo sovrano zu übergehen, der vielleicht doch bis dahin uns nicht in der Nähe gesehen hätte, fuhr man uns abermals den ganzen Korso durch die Kopf an Kopf gedrängte Menschenmasse wieder zurück, sodann erst in die Stadt vor das Albergo grande, wo man auf dem nahen Platze stehen blieb. Wir stiegen nun aus und gingen in's Gasthaus, wo man uns in dem zweiten Stocke die schmutzigsten, ekelhaftesten Bedientenzimmer anwies, welche noch voll Unrath waren, den die früheren, kurz vorher ausgezogenen Bewohner in beträchtlicher Menge sowohl im flüssigen, als im festen Zustande darin zurückgelassen hatten. Nicht einmal die schmutzigen Betten waren für uns in genügender Anzahl vorhanden, so daß einige Herren zu zweien zu schlafen angewiesen wurden. Damit war aber das Maaß unserer Geduld voll, und der Oberstlieutenant Baron Schneider und einige andere Herren fuhren über den Wirth her und zerarbeiteten diesen Schuft grimmig, worauf er sich zuletzt bequemte, nicht nur dem Oberstlieutenant ein anständiges Zimmer zu geben, sondern auch zu versichern, daß die übrigen Herren nach Möglichkeit bessere Lokalien noch an demselben oder längstens am folgenden Tage erhalten würden, indem einige eben anwesende Gäste abzureisen bereit wären. Auf dieses waren wir etwas beruhigt, und noch an demselben wie am folgenden Tage löste der Wirth sein gegebenes Versprechen, von welchem wir aber nicht lange profitirten, da sich die Verhältnisse bald anders gestalteten, als wir nach dem bereits Erlebten anzunehmen berechtigt waren.

## Leben in Savona.

Eben war der Oberstlieutenant Baron Schneider und ich — nachdem wir von unserem erträglichen Zimmer Besitz genommen hatten — damit beschäftiget, die dicke Staubkruste vom Körper abzulösen, als der Stadt-Kommandant General Rufiani, welchem der linke Arm fehlte, in Civilkleidern zu uns eintrat, und unter den artigsten Aeußerungen uns eröffnete, daß wir uns in der Stadt als ganz frei anzusehen hätten, nur meinte er, — als wir ihm bemerkten, daß es nöthig wäre, etwas genauer die Grenze anzugeben, bis zu der wir unsere uns sehr willkommene Freiheit ausdehnen dürften, damit man vielleicht in der Folge darin nicht einen anstößigen Grund fände, uns hierin zu beschränken, — daß, nachdem ihm überhaupt über die Art, wie wir zu halten seien, bis jetzt keine bestimmten Weisungen zugekommen seien, wir nur das Kastell nicht besuchen dürften. Weiters fragte er, wer noch von unseren Herren anlangen werde, beifügend, er müsse um Entschuldigung bitten, daß er nicht selbst gekommen sei, uns zu empfangen, sondern hiemit den Platz-Major beauftragt habe; doch sei er seiner Stellung satt und wolle abtreten, weßhalb er sich von Allem zurückziehe. Vor seinem Abgehen versicherte er uns noch der guten Aufnahme von Seiten der Bewohner und meinte, daß er uns den Feld-Kriegs-Commissär senden werde, um hinsichtlich der Verpflegung mit uns das Nähere zu besprechen. Indem er uns noch die aus Acqui erhaltene, uns betreffende Zuschrift zeigen wollte, welche er erst nach langem Suchen fand, das ihm auch sehr viele Freude zu machen schien und uns deutlich zeigte, welche saubere Stellung er habe, — entfernte er sich, indem er uns sagte, er werde jetzt gleich den Befehl ertheilen, daß die National-Wache, welche vor dem Gasthofe aufgezogen war, wieder abziehe.

Wir machten nun schnell, um in den Speisesaal hinabzukommen, damit wir noch nach Tische einige freie Schritte in der Stadt machen könnten. — Kaum waren wir aber beim Rindfleisch, als der Sindaco Zunini — Arzt — ein zaundürrer, klafterlanger alter Schöps mit dem echten Gesichte eines wahren Jesuiten, mit höhnischer Miene und tiefen Bücklingen hereinkam und mit verzuckerten Worten uns eröffnete, der General habe voreilig uns die Erlaubniß zum Ausgehen gegeben, er — dieser Tartüffe — könne uns solche aus Rücksichten auf das Volk, und da er deßwegen erst in Genua (!!!) anfragen müsse, nicht gestatten. Empört über eine so schnöde Behandlung, begannen nicht nur der Oberstlieutenant, sondern auch die übrigen Herren den Sindaco gräßlich zu zerarbeiten. Man sagte diesem langen Bandwurm, daß man dieser schimpflichen Behandlung genug habe, denn es sei gegen alles Völkerrecht, zurückgehaltene Offiziere, die man für seine Gefangenen ausgebe, gleich Verbrechern zu behandeln, da bei so schönen Rücksichten, die man übt, nur noch die Handschellen fehlten, um das Bild vollständig zu machen u. s. f. Erschrocken über unsere resolute Rede, steht der Gelsenkönig auf und versichert unter tausend und tausend Bücklingen, in einer Stunde wieder zu kommen, und uns irgend ein günstigeres Resultat seiner Vorstellungen, die er unsertwegen machen wolle, zu bringen.

Es mochte noch keine halbe Stunde vergangen sein, als der Herr Tartüffe in Begleitung des Platz-Majors wieder da war, wobei sich aber letzterer gleich einem Automaten immer hinter diesem Jesuiten hielt. Alles, was er uns nun anbot, war: er werde sein Möglichstes thun, um uns einen ähnlichen Palast, wie jener war, den wir in Genua hatten, zu verschaffen. Da wir des fortwährenden Hänselns satt und schon im Begriffe waren, diese Wohnung ganz zu verlassen, so wurde ihm noch an den Kopf geworfen, daß sie wohl bedenken mögen, daß sich auch Piemontesen in unseren Händen als Gefangene befinden, und wir wüßten sehr wohl, daß es ihrer eine ziemliche Anzahl wäre, die aber bis jetzt bei uns sehr gut behandelt worden seien. Wolle man auf diese niederträchtige Art gegen uns forthandeln, so dürfte es durchaus nicht schwer werden, Gleiches mit Gleichem zu vergelten und ihre wirklichen Gefangenen in die Bukowina, — ein zweites Sibirien für diese Herren, — zu schicken, beifügend, daß, wenn es sein müßte, so würde es uns gewiß nicht gar viel kosten, den Herren Piemontesen auch in dieser Hinsicht noch ein Zweifaches zum Voraus zu geben. Knirschend vor Zorn und Scham hob sich Freund Tartüffe mit dem hölzernen Platz-Major vom Sitze, und indem er versprach, unsere Lage gewiß zu verbessern, entfernten sich beide Helden. Beim Abgehen sagte der Oberstlieutenant Baron Schneider dem Platz-Major noch: „Ich bedaure Sie, eine solche Rolle spielen zu müssen;“ worauf dieser erwiederte: „Hier befiehlt die Civica!“ — Saubere Lage für einen Soldaten!

Noch vor Abend sendete man uns die früher zur Bedienung gehabten zwei Mann wieder.

Das Essen war elend, — die Kellner bedienten uns vorsätzlich schlecht, und einige Herren konnten für ihr Geld fast nichts erhalten; es schien, als seien diese Leute bestochen, uns so zu behandeln; denn im Nebensaal speiste eine flüchtige zahlreiche und wohlhabende Familie aus Mailand, die uns sicher diesen Spuk gemacht hatte.

Abends kam endlich der piemontesische Feld-Kriegs-Kommissär Buso im Amtsgewande und sagte, er schätze sich ganz glücklich, daß es ihm gelungen sei, durch die Thorwachen vor unserem Hotel zu uns gekommen zu sein. Man vereinbarte sich mit ihm über die Art unserer Verpflegung dahin, daß uns eine solche zu Theil werden sollte, wie wir sie in Genua genossen hatten.

Der Oberstlieutenant, den man stets und immer auf die allmächtige Guardia civica hinwies, ließ endlich den Kommandanten derselben zu sich ersuchen und gab sich Mühe, ihn zu bearbeiten; allein dieser suchte sich unter dem Vorgeben ebenfalls aus der Schlinge zu ziehen, daß ihm hier kein Verfügungsrecht zustehe.

Abgespannt an Körper und Geist von den buntesten Erlebnissen dieses Tages, suchten wir bald unseren Trost im Schlafe, hoffend, der kommende Tag werde sich vielleicht für uns besser gestalten.

Den folgenden Morgen — 11. August — hatten wir kaum gefrühstückt, als der Sindaco wieder mit der Versicherung zu uns kam, er gehe eben jetzt mit einer Commission hinaus auf das Land, um für uns eine schöne Villa zu miethen. — Da man schon seit einigen Tagen wieder keine Zeitung zu Gesicht bekommen hatte, so gingen wir den Tartüffe an, uns zu gestatten, daß uns der Wirth solche bringen dürfe, was von ihm jedoch verweigert wurde. Zu unserem Vergnügen ging er endlich fort, — kaum war er aber auf der Gasse, und kaum hatte er da mit einem seiner Helfershelfer einige Worte gesprochen, als wir schon sahen, wie dieser zu dem vor dem Gasthofe versammelten Volke trat und demselben wahrscheinlich uns betreffende Mittheilungen machte. Saubere Volksregierung! — Nachdem der Sindaco lange auf seinen Emissär gewartet hatte, wurde es ihm endlich doch zu viel, er rief sofort nach ihm; — man setzte sich sodann in die Kutsche, und die Machthaber fuhren, wie wir glaubten, auf Commission ab.

Der Bauer, welcher uns nach Savona führte, hatte Recht, als er sagte: „Meine Herren! in Genua hat man die rothe Fahne aufgepflanzt; — der König Karl Albert hat dort nichts mehr zu befehlen. Niemand läßt man aus der Stadt, die Kastelle sind in den Händen des Civils. — Savona hält mit Genua, fürchtet sich aber, offen aufzutreten, da es nicht mit Wällen umgeben ist, wie jene Stadt. Auch da ist es das Volk, welches befiehlt.“ Dieses ward zur Wahrheit.

Von unserer in Genua zurückgelassenen Bagage hörten wir nichts; wir wandten uns deßhalb an den Feld-Kriegs-Kommissär, dem wir ein Verzeichniß derselben gaben; er schickte dasselbe an seinen Kollegen nach Genua, um zu erfahren, was damit geschehen sei; erst kurz vor unserm Abgehen aus Savona erfuhren wir, dieselbe sei von Genua nach Mailand befördert worden.

Am 11. August gegen Abend kam die ganze Kommission, bestehend aus dem Tartüffe, dann dem Intendanten Radicati und dem Feld-Kriegs-Kommissär, uns ankündigend, daß das neue Lokal — ein Seminar — zu unserem Empfange bereit sei, wohin wir gleich zu übersiedeln hätten. Nachdem wir uns ein wenig über diese Aufmerksamkeit ausgelassen hatten, giengen wir hinauf, warfen nur in aller Eile unsere sieben Zwetschken in den Reisesack und folgten den bezeichneten Herren, welche wahrscheinlich durch erneuertes Lärmen eingeschreckt oder beschämt uns ohne bewaffnete Eskorte in's neue Paradies durch die Menge von Menschen, die sich vor dem Gasthause versammelt hatte, begleiteten. Da uns der Wirth sagte, die neue Wohnung sei außerhalb der Stadt, beinahe dem Gasthause gegenüber, am Berge, so waren wir höchlich erstaunt, als man mit uns nicht diesen Weg einschlug, sondern sich gegen den Korso wandte, — endlich in eine enge Gasse einbog, wo wir schon zu glauben begannen, es werde uns ein zweites Gefängniß St. Margherita zu Theil, da sich an einem, links am Ende der Gasse befindlichen hohen Gebäude die verhängnißvollen hölzernen Verschläge an den Fenstern zeigten. Doch diesmal hatten wir uns getäuscht; denn dieses Gebäude war ein Nonnenkloster, und daneben befand sich erst das für uns bestimmte Seminar.

Dieses Gebäude war ziemlich groß, hatte drei Stockwerke, von denen das erste von einigen Pfaffen bewohnt und abgeschlossen war; das zweite und dritte bestimmte man für uns. Der Oberstlieutenant und ich erhielten ein größeres Zimmer nebst einem Vorsaal, der von den Herren als Lese-Zimmer benützt wurde; alle andern Herren, die da untergebracht wurden, hatten jeder seine kleine Zelle, wo ein nettes Bett nebst einem kleinen Tischchen mit einem Stuhle und ein Kleiderrechen sich befanden. Der Hof war ungemein klein, die Küche und der Speisesaal aber geräumig.

Eine jede Zelle hatte ihr altrömisches Lämpchen von Messing, dann ein Gefäß mit Weihwasser nebst einem Kreuze.

Man empfing uns im Seminar höflich, und nachdem wir unsere neuen Wohnungen bezogen hatten, trugen sich die Pfaffen an, uns, — versteht sich für unser Geld —, ein Abendessen von ihrem Koche bereiten zu lassen, was wir auch mit Dank annahmen. Als wir uns bei diesem etwas frugaler, als wir es in unseren Umständen überhaupt vertragen konnten, bereiteten Mahle gütlich thaten, gesellte sich ein Pfaffe zu uns, über welchen wir uns auch gleich hermachten, und ihm alle erlebten Schändlichkeiten ziemlich grell aufgetragen vorrecitirten. Auf so viel schien er nicht gefaßt gewesen zu sein, denn er wußte nach allen seinen Vertheidigungsreden endlich nichts mehr zu sagen, und verlor endlich, als wir ihm sagten, solche Schandthaten rufen „zu dem Gotte, den sie so mißbraucht haben, um Rache, total den

Kopf. Als sich der Herr Abbate entfernt hatte, wurde es erst recht lustig, da wir erfuhren, daß am nächsten Tage noch 85 unserer Herren zu uns stoßen würden, von welchen der größere Theil in dem uns gegenüber liegendem Kloster untergebracht werden sollte. In den Zellen fanden die Herren noch einige Ueberreste des Pfaffenthums, die eben nicht wenig zu unserer Erheiterung beitrugen. Was wollte man auch thun; es war besser sich dem ohnehin selten gezeigten guten Humor hinzugeben, statt fort und fort über dem zu brüten, was man doch nicht ändern konnte. — Uns machte man früher zu Verbrechern, jetzt galt es vielleicht, aus uns Pfaffen zu ziehen Nicht schlecht, das hätte diese Leutchen doch ein tüchtiges Stück Arbeit gekostet, bei dem sie sicher hier schon auf Erden ihre Sünden hätten abbüßen können.

Erst spät Nachts, als wir noch mit Begleitung der Zither wieder unser geliebtes Volkslied gesungen hatten, empfahlen wir den Geist dem Herrn.

Am 12. August früh kam der Sindaco, und wir besorgten im gegenüber liegenden Kloster — **Convento degli Scoloppi** — die Lokalitäten für die nun ankommenden Herren; doch mit Ausnahme von drei Zimmern, welche für die Stabsoffiziere bestimmt wurden, waren alle anderen große Schlaf- und Studiensäle meist noch voll Schmutz, und zur Stunde unserer Ausmittlung noch mit sechs- bis zwölfjährigen Lausbuben im Pfaffen-Anzuge (Abbatini's) besetzt; diese sollten erst am Nachmittag oder Abende desselben Tages in die Ferien auf's Land abgehen. Nirgends war noch ein Bett aufgestellt, somit hatten die erschöpften Ankömmlinge einen guten Empfang zu gewärtigen. Die Geistlichen wollten in diesem Kloster durchaus weder die Küche, noch den Speisesaal den Herren zur Verfügung stellen; diese Weigerung brachte das Gute mit sich, daß die ungehinderte Verbindung unserer beider Zwinger gestattet werden mußte, was von uns — wie ich später sagen werde — gehörig ausgebeutet wurde.

Alles war darauf gespannt, zu erfahren, was das für Herren sein mögen, die noch mit uns vereiniget werden sollten. Für's Mittagessen wurde gesorgt, was nicht wenig Mühe kostete, da der Koch des Seminars erklärte, es nicht besorgen zu können; erst nach vielen Debatten konnten alle Schwierigkeiten beseitigt werden.

Früher, als wir es vermutheten, kamen die Herren in dem kläglichsten Zustande, beschmutzt, bestaubt und im Schweiß gebadet an. Ihnen hatte man durch ganz Piemont gar keine Wägen gegeben, und jeder, der nicht im Stande war, auf eigene Kosten einen Wagen aufzunehmen, mußte zu Fuße gehen. Dieser Transport gewährte einen wahrhaft erbärmlichen Anblick.

Es kamen nebst allen Herren von Asti zu unserem hohen Erstaunen auch alle bei unserem Abzuge aus Mailand nach Genua in St. Margherita zurückgebliebenen Militärbeamten, pensionirten und Platz-Offiziere, — welche wir uns schon lange in Freiheit dachten —, dann alle in der Rocchetta des Kastells zu Mailand eingesperrt gewesenen Militärärzte, — ebenfalls ein herrlicher Zug der humanen Behandlungsweise von Seiten der provisorischen Schandregierung, welche sie in den Spitälern bei unseren armen kranken Soldaten hätte Dienste leisten lassen können, statt sie so lange eingekerkert zu lassen; endlich ein hübsches Häuflein der bei Sommacampagna am 25. Juli gefangen genommenen Offiziere des Deutschbanater Grenz-Regiments, dann des Infanterie-Regiments Prinz Emil, nebst noch einigen von einzelnen Regimentern. Auch der Festungs-Kommandant von Pizzighetone befand sich unter den Ankommenden und zwar sammt Hund und Katze, — eine wirklich höchst drollige Figur in jeder Beziehung.

Diese Herren erhielten beim Durchmarsche durch Alessandria eine genügende Anzahl von unseren dort gefangen gehaltenen Soldaten zur Bedienung, welche auch mit ihnen anlangten. — Da, wie gesagt, die Lokalitäten für die meisten der angekommenen Herren noch nicht gehörig eingerichtet waren; die Herren aber vor Müdigkeit sich nicht mehr auf den Füßen erhalten konnten, so sah man sie, nachdem alle Zellen von ihnen besetzt waren, auf den Gängen und den Stiegen niedergekauert liegen; — ein wahrhaft kläglicher Anblick! Als Erfrischung reichten wir ihnen Wein, Brod und Käse, doch damit war ihnen bei ihrem so hoch gesteigerten Appetit nicht geholfen, und da in der Küche nebstdem noch Salami, Butter und Eier auf eigene Rechnung zu haben waren, so glich der Zudrang dahin einem Mongolen-Einfalle. Der arme Koch verlor hiebei ganz den Kopf, und kündigte uns an, den folgenden Tag nicht mehr für uns kochen zu wollen. Wir ließen uns indessen nicht irre machen. Bei einigen Herren war volle Ebbe in der Tasche eingetreten, deßhalb zahlte der Oberstlieutenant Baron Schneider im Namen unseres geliebten Feldmarschalls Grafen Radetzky das Frühstück aus den beihabenden Verpflegsgeldern.

Wären nur auch die jungen Pfaffen aus dem Collegium fort, damit die müden Herren zu ihren Betten kämen, war nun, wie natürlich, ihr einziger Gedanke. Endlich um halb 6 Uhr kommt dieses schwere Werk mit vieler Mühe zu Stande. Da der Koch wegen des tumultuosen langen Frühstückes an diesem Morgen erst um 7 Uhr Abends das Mittagessen für die zweite Hälfte auftischen konnte, so kamen diese Herren ziemlich spät an ihre Plätze.

Für gewöhnlich speisten wir zu Mittag in zwei Parthien, wie zu Genua, nämlich um zwei und um vier Uhr Nachmittag. Nachdem der Koch des Seminars abgedankt hatte, kam ein Wirth, der uns für anderthalb Franken zu Mittag nebst

Suppe noch drei Speisen, Obst, Wein und Brod; — dann ein Frühstück nach Belieben, entweder Kaffee mit einer Semmel, oder sonst eine Speiseportion mit einer halben Flasche Wein und Brod gab. Das Essen war im Ganzen genommen erträglich, obwohl es zeitweise Ursache zu Unzufriedenheit gab, wo wir uns aber auch derb hören ließen. Diese periodischen Klagen erzeugten bei einigen Herren einen Separationsgeist; der Oberstlieutenant Haymann an der Spitze der sich Absondernden setzte sich zu einem eigenen Tische, und vereinbarte sich mit dem Wirthe, für einen höheren Preis besser, als die anderen Herren und um eine Stunde früher zu speisen. — Diese Absonderung gefiel uns nicht und strafte sich selbst, denn in einigen Tagen zerfiel die ganze Partei, weil sie bald einsah, daß sie wohl mehr als wir zahlte, aber durchaus nicht besser aß. Nur der alte Kauz wollte wohl besser als wir essen, als es aber zum Zahlen kam, wollte er ungeachtet des Uebereinkommens nicht mehr, sondern noch weniger bezahlen. Da er sich Schanden halber durchaus nicht als überwunden ergeben wollte, so ließ er nun für sich allein aus dem Gasthause sein Essen holen, was uns aber gar nicht beirrte, sondern im Gegentheile noch freute. Einigemal gab es viel Spaß beim Essen, besonders an einem der letzten Tage, wo man dem Hauptmann Nappel des 2. Wiener Freiwilligen-Bataillons einen ungeheuren Sporn mit großem Gepränge verehrte, welches einen besondern Juchs gab, da ihm nebenbei noch Dankadressen in Prosa und Versen dargebracht wurden.

Am 13. hatten wir Geldauszahlung, was nun stets von fünf zu fünf Tag statt fand, wo gleich für die Kost der Abzug gemacht wurde.

Einen großen Genuß verschaffte uns ein im Kloster befindlicher Observations-Thurm, von dem man nicht nur ganz Savona, sondern auch die unübersehbare Meeresfläche nebst dem ganzen Küstenstriche vor sich hatte. Oft waren wir da stundenlang, um dieses göttliche Panorama zu genießen. Das Herrlichste bekamen wir aber nicht zu sehen, d. i. einen Sturm auf der See, — obwohl sich an einem Tage der Himmel trübte, so kam es doch kaum zu einigen Tropfen, viel weniger zu dem, was viele Herren, welche ein so großartiges Schauspiel noch nicht gesehen hatten, so sehnlich wünschten. Das Ab- und Zufahren von Schiffen blieb die schönste Augenweide, und öfter mußten Herren in den ersten Tagen am Katzentische essen, weil sie sich dort zu sehr verschauten, und am Tische keinen Platz mehr fanden. An sehr heiteren Tagen sah man von diesem Observatorium mit einem gewöhnlichen Pleßlischen Feldstecher nicht nur Genua im Allgemeinen, sondern man konnte deutlich sogar den Leuchtthurm, das Castelletto den Palast und die Kirche Carignan und andere ausgezeichnete Gebäude unterscheiden.

Am 14. kam der piemontesische Feldkriegs-Commissär und theilte dem Oberstlieutenant Baron Schneider im Vertrauen mit, daß er bereits das Aviso wegen unserer Auswechslung erhalten habe, da aber die politische Behörde hierwegen noch keinen Befehl habe, so müsse solches vor der Hand ein Geheimniß bleiben.

So sehr der Oberstlieutenant und mich diese Eröffnung freute, so schmerzte es uns auf der andern Seite recht sehr, gehalten zu sein, den anderen Leidensgefährten hievon die Mittheilung nicht machen zu dürfen, da sonst der Jubel der Herren über diese trostreiche Nachricht irgend einem bösegesinnten Civilisten leicht Gelegenheit hätte geben können, dem gefälligen Feldkriegs-Commissär große Unannehmlichkeiten zu verursachen. Um aber doch in die düstere Stimmung der Herren, — die sich mit Recht dieses Zurückhalten noch nach den bereits allgemein bekannten Capitulations-Punkten von Mailand nicht deuten konnten — einige Strahlen der

Hoffnung gelangen zu lassen, gaben wir diese angenehme Botschaft in Form eines gehabten Traumes.

Wie gesagt, die Nothwendigkeit uns gestatten zu müssen, aus dem Collegium in das Kloster Pius IX. gehen zu dürfen, hatte die gute Frucht getragen, daß wir uns im Anfang blos neben die Wache hinstellten, später uns da im Schatten niedersetzten, sofort müde des Sitzens einige Schritte in der Gasse auf und ab gingen, und auf diese Art uns nach und nach um so mehr manche Uebergriffe erlaubten, als die Guardia civica, nachdem sie doch endlich bemerkte, daß wir keine Bären seien, für die sie uns hielten, sich gegen uns immer zutraulicher benahm. Die drückende Hitze gab uns den natürlichen Gedanken ein, zu fordern, daß man uns erlauben solle, im Meer zu baden. Gelegenheit, diesen Wunsch vorzubringen, wurde uns dadurch gebothen, daß unsere, bei der Wache fortwährend angebrachten Klagen über unsere unziemende Behandlung allmählig in den Mund aller Bürger kamen, und endlich die Veranlassung wurden, daß der Adjutant der Guardia civica zum Oberstlieutenant Baron Schneider kam, und gegen unsere Klagen einen Protest einlegte. Da ging es ihm jedoch schlecht, denn dieses war nur Wasser auf unsere Mühle, und wir sagten ihm — wie überhaupt Allen, die sich uns nur nahten — derb die Wahrheit. Dieses wirkte; denn schon an demselben Tage, als der Tartüffe — Sindaco — wieder kam, meinte er, wir könnten ohne weiters baden gehen, wenn der Major der Guardia civica es uns erlaubte. Bald darauf kam auch wirklich der Adjutant dieser Garde und brachte uns hiezu die bestimmt lautende Erlaubniß. Am 16. früh ging sonach unter Begleitung eines Bürgers der Wache die erste Parthie von zehn Herren baden, nach ihrer Rückkehr die zweite, dann die dritte und vierte Vor- und Nachmittag. Dieses gab nun ein weites Feld von Ausbeute an Freiheit, je nachdem der Führer beschaffen war. So kam es nun, daß wir nicht nur in unserer Gasse hin und her gingen, sondern auch bald die zwei anliegenden Plätzchen besuchten, von diesen in eine und die andere Seitengasse einbogen, — beim Zuhausegehen vom Baden einen kleinen Umweg machten, endlich in's Kaffeehaus gingen, Kirchen besuchten, mit einer Guardia civica um die Stadt und sofort auch ohne ihre Begleitung gingen. Endlich machte man förmliche Spaziergänge und Excursionen zu einigen Stunden, selbst in Wagen außer die Stadt hinaus, fuhr in's Meer weit hinaus; kurz in den letzten Tagen unseres Seins in Savona waren wir im buchstäblichen Sinne frei, ohne jedoch die Erlaubniß dazu erhalten zu haben. Die Wache begann Anfangs sich bis auf einige wenige zu entfernen, dann kam sie ohne Gewehr sich blos beim Thore aufhaltend, und zuletzt blieb sie ganz aus, und wir, die man früher mit einer drakonischen Strenge bewacht hatte, konnten nun thun, was wir wollten. Der Oberstlieutenant Haymann ließ sich sogar einfallen, dem Sindaco, dem Intendanten, dem Bischof und dem General eine Visite abzustatten.

Das Kloster Pio IX., in welchem unsere Herren untergebracht waren, ist ein weitläufiges Gebäude mit schönen großen Sälen, und einem kleinen Garten, in welchen wir wohl gehen durften, der aber höchst vernachlässigt war, indem die Pfaffen darin wachsen ließen, was gerade der Herr wollte. Wir gingen ungeachtet der mangelnden Flora, doch in den ersten Tagen, besonders Abends, in denselben, da es in so langer Zeit der erste Garten war, in dem wir uns beim Mondschein in der kühlen Luft ergehen konnten. Im Kloster selbst ist eine Büste des Papstes Pius XI., deren Aufschrift mit der Anrufung: „Al Dio di Pio IX.!" beginnt.

Beim Baden ging es immer recht lustig zu. Man hatte uns zwischen Felsenriffen einen recht geeigneten Platz hiezu angewiesen, wohin wir stets in mehreren Kähnen — die wir natürlich selbst bezahlten — durch den ganzen Hafen an unser einsames Plätzchen fuhren. Hier angelangt entkleideten sich die Herren in den Kähnen oder am Ufer, und während die guten Schwimmer gleich kleinen Delphins in weiten Kreisen herumschwammen, klammerten sich die Nichtschwimmer entweder an die Felsenriffe an, oder legten sich in den seichten Stellen in den Sand und nahmen grönländische Bäder, welches letztere, sich von den Wellen anspülen zu lassen, von allen Herren dann angewendet wurde, wenn die Maretta eintrat. Nach genommenem Bade wurde gewöhnlich noch eine Strecke in's Meer hinausgefahren, und dann erst in den Hafen zurückgekehrt, wo man stets bei dem einen sehr unangenehmen Anblick gewährenden Cavafango vorbei mußte, auf welchem die Galeerensclaven der Insel Sardiniens fast täglich die Heraushebung des Hafenschlammes vornahmen; — eine höchst langweilige, aber gerade nicht sehr anstrengende Arbeit.

Der Hafen von Savona ist nach der Aussage der Schiffleute sicher, aber nicht geräumig. Der nicht vollendete Molo und der Leuchtthurm sind ein sprechender Beweis von der Armuth der Stadt. Besonders große Schiffe gab es keine, da sich einige Tage nur ein oder zwei unbedeutende Dreimaster hier befanden, — doch lagen im Hafen einige schöne Brigantinen und viele kleine Kauffarteischiffe. Endlich zeigte sich im Hafen noch ein kleiner Dampfer von dreißig Pferdekraft, der als Paketboot diente und täglich, mit Ausnahme der Sonn- und Feiertage, in der Frühe nach Genua fuhr, und Abends wieder zurückgelangte, wo dann am Molo stets eine Menge Volkes versammelt stand, um die Neuigkeiten noch warm in Empfang zu nehmen. Von da strömte das Volk dann auf die Plätze und vor die Kaffeehäuser, wo ihnen die angelangten Zeitungen vorgelesen wurden, was uns einen eigenthümlichen bizzaren Anblick darbot, da jeder Schuster nach höchst eigenen Ansichten seine besonderen Glossen zu machen geruhte. Es ist interessant zu sehen, wie die Schiffleute in einem Hafen die tausende sich durchkreuzenden Stricke, von denen jeder seinen eigenen Namen hat, entwirren; — dann wie die Matrosen auf den Segelstangen gleich Eichkätzchen herumklettern und über die Strickleitern auf die Maste und von diesen nur herabspringen, als wären solche die komodesten Herrschaftstreppen. Besonders anziehend ist das Hinaus- oder Hereinbuchsiren der Schiffe, das Ankerlichten und das Auf- und Abziehen der Flaggen, welch' letzteres täglich früh und Abends geschieht. Bevor ich noch vom Hafen scheide, muß ich der herrlichen Ansicht erwähnen, welche die Stadt mit ihrem starken Kastell darbietet; letzteres wird jedoch von der Höhe, auf der das Kloster Margherita steht, — in welchem die Segelleinwand für die piemontesische Marine gefertiget wird — ganz beherrscht und könnte von da aus mit gutem Erfolge beschossen werden.

Am 16. erfuhren wir aus der Zeitung, daß unser von den Italienern gefürchteter Feldmarschall-Lieutenant Baron Welden vor Bologna gerückt und solches gezüchtiget habe. Doch die nähern Umstände waren ganz nach Art der berühmt gewordenen Mailänder-Bulletins ausgemalt, daher wir solche auch sehr in Zweifel zogen.

Den folgenden Tag hieß es, daß bereits eine Abtheilung der gefangenen Mannschaft nach Bobbio und Piacenza in Marsch gesetzt sei, um ausgewechset zu werden, was für die Herren, die noch immer nichts Positives über die wirklich schon angeordnete Auswechslung wußten, ein neuer Hoffnungsstrahl war. Diese Leute marschirten, ohne zu wissen, wohin und zu welchem Ende, und erfuhren solches erst von einigen unserer Herren, welche einige Guardie civiche dahin zu bewegen wußten, daß man sie zu diesen hinführte, und mit ihnen sprechen ließ.

Am 18. August erhielt der Lieutenant Baron Baselle von seinem Kameraden Jung aus Cunea ein Schreiben, worin ihm mitgetheilt wurde, daß der König Karl Albert, um von den Mailändern nicht erschlagen zu werden, sich an den Leintüchern von seinem Fenster herabgelassen und von Radetzky-Husaren aus der Stadt begleitet werden mußte. Wenn dies wahr sein sollte, so wäre es gewiß höchst merkwürdig; sollte es sich aber nicht bestätigen, so bleibt es stets für den Stand der Dinge als ein in seinem eigenen Lande verbreitetes Gerücht sehr bezeichnend, indem man sich so etwas nur zu erfinden einfallen läßt. Schon Abends an demselben Tage brachte uns aber die piemontesische Zeitung — vom 16. August — das eigene Geständniß der spada d' Italia über die letzten Waffenthaten, die Capitulation von Mailand und die persönliche Gefahr des Sardenkönigs und seiner zwei Söhne. Er gibt da, der an ihn gesandten Genueser Deputation Antwort und bekennt selbst, es habe sich in jenem schrecklichen Augenblicke um nichts geringeres gehandelt, als entweder sammt seinen Söhnen vom Mailänder Volke erschlagen, oder aber von den Oesterreichern gefangen zu werden.

Noch vor dem Schlafengehen verbreiteten sich an diesem Tage noch unter unseren Herren über unsere Auswechslung ungünstige Nachrichten, die aber schon am folgenden Tage ganz schwanden, indem der erste durch Savona auf den Auswechslungsort bestimmte Mannschafts-Transport von 4—500 Köpfe anlangte, welches Jedermann wieder aufrichtete.

Einige Tage vor unserem Abgehen erfuhren wir, daß man aus uns drei Transporte machen werde, welche mittelst Dampfschiff nach Genua und von da nach Bobbio auf Mauleseln abgehend gemacht würden; da aber einige Herren der Wunden halber oder wegen sonst schwächlicher Gesundheit den Ritt auf Mauleseln nicht ausgehalten hätten, so gestattete die piemontesische Regierung, daß dieselben zu Wagen von Genua aus nach Pavia transportirt würden. Auf die hierwegen ergangene Aufforderung fanden sich fünfzehn derlei Herren vor. Auch der Oberstlieutenant Baron Schneider und zwei andere Herren wollten fahren, aber directe von Genua mit der Diligence nach Mailand auf eigene Kosten, weßwegen man auch das schriftliche Ansuchen an's Gouvernement nach Genua machte, hierauf aber zwar in den nächsten Tagen eine sehr artige, aber negative Antwort erhielt. Mittlerweile, da man schon wußte, in Bälde fortzukommen, hatte man die langweiligsten Tage, denn fast täglich gingen starke Mannschafts-Transporte zu Lande gegen Genua und Bobbio, als den Orten der Auswechslung, ab, nur uns ließ man bis auf die Letzt harren. Um sich diese letzten Tage, eine wahre Galgenfrist, zu verkürzen, ging man in allen Theilen der Stadt herum, und besuchte öfter unsere im Civilspital krank liegende Mannschaft, welche wir recht gut gepflegt und von Nonnen gewartet fanden. Auch gestattete man uns in diesen Tagen einige unserer Unteroffiziere aus dem Kastell zum Speisen einzuladen

Am 29. August theilte man den Herren erst die ganze Eintheilung mit, wobei nun bestimmt wurde, daß wir statt in drei — wie es früher hieß — in vier Abtheilungen abgehen würden, von denen die erste, an welche sich auch die zu Wagen bestimmten Herren anzuschließen hatten —, am 31. August; die zweite am 1. September; die dritte am 2 und die vierte am 4. besagten Monats jede zu 21 Köpfen abzugehen hätten.

Am vorletzten Tage kamen noch der Sindaco-Tartüffe, dann der Intendant, ein sehr lieber und gebildeter Mann, um von uns Abschied zu nehmen, welche Aufmerksamkeit wir wirklich nicht erwartet hatten; es zeigte sich sonach, daß, so schlecht unser Empfang beim Anlangen war, da man zweibeinige Bären in uns zu finden glaubte, ebenso charmant unser Abgang wurde, nachdem wir glücklich zwischen der Scylla und Charybdis hindurchgeschifft waren, und ihnen im Gegentheil bewiesen hatten, daß die Bärenhaut noch immer früher ihr als unser Erbtheil ist.

## Platz-Major Friedrich v. Spanner.

Der Oberst und Stadtkommandant von Pavia — Benedek, von dessen militärischem Rufe schon das Civile vollen Respekt hatte, benahm sich gleich zu Anfang der Krawalle auf eine sehr energische Weise. Am 20. März vereinigte er die ersten Personen der Stadt auf der Delegazion, wo schriftlich das Nöthige bestimmt wurde, auf welche Art die Ruhe der Stadt gesichert werden könne. Mit aller Bestimmtheit ward festgesetzt, daß bei einem Alarm im Kastell drei Kanonenschüsse gelöst würden, worauf sämmtliche Einwohner unverweilt die Straßen zu räumen, und ihre Häuser und Fenster zu schließen hätten. In dem Falle, als aus einem oder dem anderen Hause auf einen Mann der Garnison geschossen oder mit Projectilen was immer für einer Art geworfen würde, war bestimmt, das betreffende Haus mit Sturm zu nehmen, die männlichen Einwohner zu arretiren, und wenn der Thäter nicht gleich ermittelt werden könnte, alle so eingebrachten Bewohner vor eine gemischte Commission zu stellen und den Thäter sofort binnen 6 Stunden zu erschießen. — Die Bürger wurden weiter beauftragt, mit Patrouillen zu vier bis fünf Mann ohne Waffen das liederliche Gesindel mit Güte oder Gewalt, wie es eben nöthig werden sollte, aus der Stadt zu vertreiben Sollte sich aber ein Civilist, wer es auch immer sein möchte, mit einer Waffe treffen lassen, so war als unwiderruflich festgesetzt, gleich das Martialgesetz zu publiciren. Diese kategorische Erklärung wurde vom Obersten Benedek, mir, dem Delegaten, dem Podestà und mehr als dreißig der ersten Bürger und Gutsbesitzer gefertigt. Diese Maßregel hatte auch den besten

Erfolg, indem die Ruhe der Stadt auch nicht im Mindesten gestört wurde, obgleich mehrere tausend piemontesische Freischärler längstens auf eine Entfernung von einer halben oder ganzen Stunde von Gravelone nebst einer bedeutenden piemontesischen Truppenmacht entfernt standen.

Am 22. März Mittags ergab es sich, daß ein piemontesischer Freischärler vollkommen bewaffnet die Grenze überschritten hatte, und in Pavia durch eine Militär-Patrouille, der er sich bei der Arretirung widersetzte, zu Boden geschlagen und in die Arreste abgeliefert wurde. Dieses gab nun die Veranlassung, um das Martialgesetz zu proklamiren, zu dem es jedoch nicht kam, weil gerade in dem Augenblicke, als man sich hierwegen zur Versammlung in die Delegation verfügte, ein Dienstschreiben vom Feldmarschall Grafen Radetzky durch einen Gensd'armen aus Mailand dem Obersten Benedek übermittelt wurde, welches den Befehl enthielt, Pavia zu räumen und den Marsch über Corteolona und Casale nach Mantua anzutreten.

Die Commission wurde sonach verschoben und die nöthige Disposition zum Abmarsch der Garnison in der größten Stille getroffen. Nach getroffener Uebereinkunft sollte die erste Colonne von mir geführt und aus dem zweiten Bataillon des Regiments Gyulay, der Oberstlieutenant zweiten Eskadron von Kaiser-Uhlanen und der ersten Fußbatterie bestehend, um eilf Uhr Vormittags ihren Marsch antreten; die zweite Colonne unter dem Kommando des Obersten Benedek sollte um 12 Uhr Mittags, bestehend aus dem ersten Bataillon von Gyulay, der Oberstlieutenant ersten Eskadron der besagten Uhlanen und der Cavallerie-Batterie abrücken.

Der Oberstlieutenants zweiten Eskadron wurde der Befehl ertheilt, mir zur bestimmten Zeit ein Pferd nebst einer Ordonnanz zu senden. Zu diesem Behufe kam der Rittmeister und Eskadrons-Commandant von Wussin selbst zu mir und fragte mich, wann er mir dieses Pferd nebst der Ordonnanz senden solle? Ich äußerte den Wunsch, mir dasselbe gleich in mein Haus zu schicken, wo die nöthige Stallung sich finde, um es unterzubringen; er ersuchte mich aber, Mann und Pferd bis zum Abmarsche bei der Eskadron zu lassen, und versicherte mich, daß der Wachtmeister bereits den Befehl erhalten habe, mir die Ordonnanz und das Pferd ein und eine halbe Stunde vor dem Abmarsche sicher selbst zuzuführen.

Durch diese Versicherung beruhigt, besorgte ich schnell meine dringendsten Geschäfte, packte das Wenige, was möglich war, in zwei Koffern zusammen und übergab diese dem Adjutanten des ersten Bataillons, Oberlieutenant Utika

In diesem Hin- und Herarbeiten verging die Zeit. Mein Furierschütz hatte den Befehl, das Pferd am Fenster zu erwarten, während ich bereit war, augenblicklich abzugehen. Nachdem es aber bereits halb 11 Uhr geworden und das Pferd noch immer nicht gekommen war, schickte ich meinen Diener in die Kavallerie-Kaserne mit dem Auftrage, mir das Pferd augenblicklich zu übersenden; dieser kam aber bald darauf zurück und meldete mir, daß nach Aussage der Bürger die Kavallerie bereits seit einer halben Stunde die Kaserne verlassen habe. Ich vermuthete daher, es müsse irgend ein Irrthum geschehen sein, indem man vielleicht das Pferd in das Quartier des Obersten Benedek geführt habe. Alsogleich sandte ich daher meinen Diener in das Quartier des Obersten und den zurückbehaltenen Platz-Kommando-Schreiber auf den Kastellplatz, weil ich vermuthete, daß sich die Truppen daselbst formiren würden. Beide kehrten jedoch mit der Meldung zurück, daß die Garnison schon seit einer Stunde Pavia verlassen hätte und die Straßen bereits mit bewaffnetem Gesindel angefüllt seien, welches mir auch eine Gensd'armerie-Patrouille, die mit meinem Bedienten zurückkehrte, bestätigte. Nachdem ich mir selbst die nöthige Ueberzeugung von meiner unangenehmen Lage hinlänglich verschafft hatte, blieb mir nichts übrig, als mich dem Unabänderlichen zu fügen, einsehend, daß an ein Weiterkommen von meiner Seite nicht mehr zu denken sei, da die Straßen von freiwilligen Piemontesen und lombardischen Insurgenten wimmelten. Ich verfügte mich daher allein auf die Delegation, was man nicht hinderte, wo ich bereits die ganze provisorische Regierung versammelt fand, und ihnen sofort erklärte, daß, nachdem die Garnison abgerückt sei, sie nun selbst für die innere Ruhe der Stadt Sorge zu tragen hätten. Man empfing mich sehr artig und versicherte mich, daß meine Person nicht im Mindesten gefährdet sein werde. Dieselben überließen es mir, in mein Quartier zurückzukehren. Bevor ich mich noch entfernte, machte ich sie auf die Dringlichkeit aufmerksam, dafür Sorge zu tragen, daß die abgezogene Garnison nicht von den bereits in die Stadt gerückten Freischaaren in ihrem Marsche nach Cremona belästiget werde, da es für die Stadt oder die umliegenden Dörfer von den schrecklichsten Folgen sein würde. Diese Drohung hatte auch den erwünschten Erfolg, da man gleich befahl, das Cremoneser Thor abzusperren und das Verfolgen der Garnison strengstens zu untersagen, welches Verbot auch gehalten wurde

Es konnte ungefähr halb 2 Uhr Nachmittags sein, als zwei Abgeordnete der provisorischen Regierung in mein Haus kamen und mich ersuchten, sie an die Porta Cremona zu begleiten, indem sich daselbst drei Uhlanen befänden, welche mit mir zu sprechen wünschten. Ich vermuthete, wie natürlich, daß man den Irrthum entdeckt und mir mein Pferd nun zugesendet habe. In Begleitung der zwei Civilisten machte ich mich nun auf den Weg zum Thore; von denselben wurde ich ersucht, um ungesehen und ungestört dahin zu gelangen, durch die Contrada Borgo Alicario über die nahe gelegene Bastion zu gehen. Kaum hatten wir aber den halben Weg zurückgelegt, so befanden wir uns in der Mitte von fünfzig Bewaffneten, welche kreuz und quer durch die Stadt zogen, und alle kaiserlichen Adler und sonstigen Regierungszeichen zertrümmerten. Beim Thore angelangt, fanden wir im Inneren des geschlossenen Kastells mehr als hundert bewaffnete Insurgenten, die als Thorwache das Verfolgen der abgezogenen Garnison von Seiten der Freischärler verhinderten. Den um mich abgeschickten Wachtmeister, welcher, wie ich nun hörte, vom Pferde abgestiegen war und zu Fuß in mein Quartier gehen wollte, hatte man gleich entwaffnet und auf die Delegation geführt. Der gemeine Uhlane aber befand sich mit den beiden Pferden in der Mitte der Bewaffneten. Ich fragte diesen nun, was er wolle? Er erklärte, daß er vom Obersten Benedek abgeschickt worden sei, um mich abzuholen. Dieses wurde natürlich verweigert, der Mann sammt Pferden gefangen genommen und ich durch meine zwei Wächter in mein Quartier zurückgeführt. Nachdem wir aber in die Nähe desselben gekommen waren, — natürlich begleitet von mehr als hundert Menschen, — erklärte mir ein gewisser notajo Luigi Stabilini — einer der Fugitivi der Lombardie, — man könne es nicht gestatten, daß ich ungestört in meinem Quartier belassen werde, und nachdem sich ein heftiger Zank zwischen diesem und meinen Führern der provisorischen Regierung entsponnen hatte, erklärte der benannte Held im Bunde mit seinen ihn unterstützenden Freischärlern im Namen des Comitato superiore di Turino mich unter sicherer Verwahrung auf die Delegation zu führen. Meine Führer ersuchten mich daher, sie dahin zu begleiten. Somit ward ich dahin abgeführt, wo man mir die Delegations-Kanzlei als Wohnung mit dem Beisatze anwies, es handle sich um meine eigene Sicherheit, da von den Einwohnern der Stadt selbst wohl nichts, dagegen aber von dem aus Piemont in den Ort schon eingedrungenen Gesindel alles zu besorgen sei. Erst jetzt forderte man mir meinen Säbel ab.

In diesem Zimmer blieb ich durch fünf Tage in strenger Verwahrung, worauf man mich wieder in mein Quartier zurückführte, mich daselbst aber nur zwei Nächte unter strenger Bewachung beließ, wo ich bereits auch schon den Polizei-Ober-Kommissär Ziller, die Polizei-Komissäre Hän und Rossi, dann den Finanz-Ober-Kommissär Milberschak fand. Von da aus wurden wir in ein altes Kloster in der Nähe des Collegiums Gisiglieri gebracht. Jeder von uns erhielt da ein Zimmer, und es gesellte sich hier noch der dortige Professor und Spitals-Direktor Dr. Helm zu uns. Gegen die Polizei-Kommissäre erlaubten sich sowohl die Wache, als auch einzelne Personen des Volkes die rohesten Ausdrücke und Beschimpfungen, so zwar, daß diese armen Menschen in einer steten Beängstigung ihrer persönlichen Sicherheit wegen lebten.

Am 5. April trat ganz unverhofft ein von der provisorischen Regierung in Mailand Abgesandter mit Namen Volli mit mehreren Mitgliedern der provisorischen Regierung von Pavia zu mir in's Zimmer und stellten an mich die damals gewöhnlichen theatralischen Fragen: „Wie man mich behandle, ob ich über nichts zu klagen habe, nachdem die großmüthige italienische Nation diese ihre Großmuth auch auf die Gefangenen im weitesten Umfange auszudehnen angeordnet hätte?" — Ich konnte ihnen darauf nichts erwiedern, als daß ich kein Gefangener sei, indem ich mich selbst bei der provisorischen Regierung gestellt, und mir von dieser meine ungehinderte Freiheit zugesichert worden wäre. Die Antwort war ein Achselzucken, mit dem gleichzeitigen Auftrage, meine Bagage zu ordnen. Perfide Ironie! Meine Bagage war verschwunden, da man mich wie ich stand und ging gefangen genommen hatte. Dieses Eine sei mir nur gegönnt, sprachen diese Herolde, worauf ich abreisen müsse. Ich fragte nun wohin? — Ein klassisches Achselzucken war wieder die Antwort. Nun begann dieser Mailänder Held vor den im Zimmer befindlichen Guardie civiche eine Menge des infamsten Unsinns in den rohesten Ausdrücken gegen den Herrn

E.-H. Vice-König und den Feldmarschall Grafen Radetzky, welche man schon, wie er meinte, beide gefangen genommen hätte, in der Absicht auszustoßen, damit ich es nur mit anhören müßte. Statt in einer Stunde kam man erst um 1 Uhr nach Mitternacht, um uns in drei Wägen abzuholen, wo wir neun an der Zahl in einen Omnibus einstiegen, unter denen sich auch der beim Abmarsch gefangene Lieutenant Berger von Gyulay-Infanterie befand, welchen man mit einem Geistlichen Namens Taramella, — den man für einen Spion hielt, — zusammenschloß. Unser Führer, der Held des Tages, Hauptmann Volli, eröffnete uns vor dem Einsteigen in den Wagen, daß es nur erlaubt sei, italienisch zu sprechen, so wie er uns auf die, von ihm zu ergreifenden strengsten Maßregeln für den Fall aufmerksam machte, als wir uns irgendwie verdächtige Zeichen mit Händen, Füßen oder sonstige Geberden erlauben sollten. So kamen wir, ohne zu wissen, wohin man uns führte, — denn hierüber konnten wir durchaus nichts erfahren, um halb 6 Uhr früh am 6. April zu Mailand in den Polizei-Arresten St. Margherita an.

Hier unterzog man uns alle ohne Ausnahme gleich der strengsten körperlichen Visitation, wie sie an solchen Orten nur an den gemeinsten Verbrechern vorgenommen wird. Weder eine Scheere, noch ein Messer oder sonst etwas wurde uns belassen, sogar die Rosen an den Kappen, die Schnüre, kurz alle militärischen Ehrenzeichen trennte man von unseren Kleidern ab, und eignete sich solche zu. Nach dieser niederträchtigen Behandlung sperrte man uns erst in den zweiten Hof in den Kerker Nro. 35 ein, wo sich gleich bei der Thüre der Abört befand. Der Kerker selbst mußte kurz zuvor noch wahrscheinlich mit den scheußlichsten Verbrechern besetzt gewesen sein, denn der Koth und Urin bahnte sich in einem förmlichen Kanal den Weg bei der Thür hinaus und der Gestank drohte uns zu ersticken.

In dieser wirklich entehrenden, schändlichen Verwahrung blieb ich und der Lieutenant Perger bis zum 8. desselben Monats, wo wir dann dem übergetretenen österreichischen Major Francia, Kommandanten der in demselben Lokale befindlichen gefangenen Offiziere übergeben wurden. Dieser theilte uns nun in den Kerker Nro. 33 ein, wohin ich und die übrigen Herren gleich den gemeinsten Verbrechern den eigenen Strohsack und die Matratze von einem in den anderen Kerker tragen mußten.

Unsere Verköstigung bestand bis zum 20. April in $1\frac{1}{2}$ Pfund Brot, 1 Schale Menestra, 2 Unzen Rindfleisch, einer derartigen Portion entweder Schöpsfleisch oder einer Polpetta, oder aber Maccheroni, — wohl zu bemerken, kaum genießbar; dann in einem Glas Wein auf 24 Stunden. Doch nie vergaß man uns die große generosità della nazione italiana mit aufzutischen.

Hier blieb ich und erlitt nun alle Unbilden gleich den übrigen gefangenen Offizieren und Militär-Beamten, blieb aber nebst den letzteren und den pensionirten Offizieren beim Abgehen der Offiziere nach Genua zurück; statt aber, wie die zwei Geistlichen, entlassen zu werden, sendete man mich und die übrigen da Zurückgebliebenen — beim siegreichen Vorrücken unserer tapferen Armee — über Alessandria nach Savona.

## Oberlieutenant Georg Bognar.

Dem Rufe der Ehre und des bedrängten Vaterlandes folgend, trat ich im April meinen Weg nach Italien an, um als Freiwilliger im Heere meiner tapferen Brüder, so weit ich konnte, mitzuhelfen, den verrätherisch eingedrungenen Feind über die Marken der Monarchie zurückzuwerfen.

Ich war so glücklich, meine Eintheilung im zehnten Jäger-

Bataillon, der Schaar der Helden, zu erhalten, und schon am 6. Mai — einige Tage nach meiner Eintheilung — traf auch mich der ehrende Auftrag, den Friedhof Tombetta bei St. Lucia zu vertheidigen. Der ehrenvolle Kampf, der an diesem nun geschichtlichen Orte stattfand, wird meinem gütigen Leser gewiß bekannt sein, weßhalb ich auf den Moment übergehe, der für mich von den fatalsten Folgen wurde.

Beim Rückzuge aus dem Friedhofe erhielt ich den Befehl, zur Deckung desselben mich mit einigen Jägern hinter einem Verhaue aufzustellen, um von dort aus den Feind vom Verfolgen abzuhalten. Hier traf mich eine feindliche Kugel, welche mir unter dem rechten Auge, am untern Theile der Nase eindrang und unter dem linken Ohr hinausfuhr. Ich sank augenblicklich bewußtlos zu Boden, und kam erst dann wieder zum Bewußtsein, als mich die Piemontesen beim Plündern an meiner Halsschnur herumzogen. Als ich die Augen öffnete, gab mir ein piemontesischer Soldat einen Schlag mit dem Kolben auf die Schläfe, der mich abermals niederstreckte. Die Schnur, an welcher eine Geldtasche mit Gold hing, wurde endlich abgeschnitten, und ich kam durch das erneuerte Herumziehen gerade wieder zu mir, um noch zu sehen, wie sich die Plünderer entfernten; doch nicht lange und ich verlor durch den Blutverlust und die brennende Sonnenhitze das Bewußtsein gleich wieder. Wie lange ich nun so da lag, kann ich nicht angeben, doch ich fühlte mich rütteln, kam hiedurch wieder zu mir, und die Augen öffnend sah ich wieder piemontesische Truppen unter Anführung eines Offiziers, die um mich versammelt standen. Man lud mich auf Gewehre und brachte mich nach St. Lucia in einen Schoppen, wo ich inmitten einer Menge von Verwundeten, deren Anblick gräßlich war, zwischen ordentliche Blutlachen hingelegt wurde. Eine Menge von neugierigen Gaffern umstellten mich gleich, und darunter auch einige Geistliche, welche mich fragten, ob ich katholischer Religion sei? Auf meine Bejadung kam nach einer Weile ein junger Theologe von auffallend gutmüthigen Gesichtszügen, welcher mich mit aller Schonung und mit Beihilfe einiger Soldaten in einen bequemen Wagen brachte. So fuhr man mich mit einer bedeutenden Zahl von Wägen — unter denen sich auch einige des Königs Karl Albert befanden — Schritt für Schritt nach Sommacampagna, wobei ich von dem freundlichen jungen Priester auf's Sorgfältigste unterstützt wurde. In Sommacampagna angelangt, trug man mich mit aller Behutsamkeit in ein Gemach, wo zwei verwundete piemontesische Offiziere lagen, und wo auch bald darauf ein Arzt erschien.

Nachdem ich ein wenig Wein genommen hatte, stellte sich bei mir ein heftiger Blutsturz ein, worauf der Militärarzt Dr. Gaetano Arena kam und meine Wunde verband. Ich hatte von der Beschaffenheit meiner Wunde nicht die mindeste Ahnung, da sie völlig schmerzlos war; doch verfiel ich bald in ein heftiges Fieber, das bis spät in die Nacht dauerte. Die Behandlung, welche man mir hier angedeihen ließ, war durchaus voll Aufmerksamkeit und Fürsorge. Am 7. kamen zu verschiedenen Stunden drei Generäle, um sich nach unserem Befinden und unseren Bedürfnissen zu erkundigen. Ihre sorgsame Nachfrage freute mich, nur verbat ich mir den zugesprochenen Muth, an dem es mir durchaus nicht fehlte. Mit besonderer Güte nahm sich meiner der General Graf Lazari — Adjutant des Königs — an; er schickte mir, da ich von Allem entblößt war, einige Wäsche und empfahl mich der Güte des Königs, welcher sich nach meinen Wünschen erkundigen ließ Ich gab zur Antwort, daß, nachdem ich ohne mein Verschulden in die Gefangenschaft gerathen wäre, ich nur um das Einzige zu bitten hätte, mir die Freiheit zu gewähren; sonst, fügte ich bei, hätte ich um nichts zu bitten. Auf dieses theilte mir der General Lazari die Antwort des Königs mit, daß, seiner angelegentlichsten Verwendung ungeachtet, Se. Majestät mir diese Bitte dennoch nicht gewähren könne; jedoch habe er Befehl gegeben, daß von seinem Hauptquartier hiefür Sorge getragen werde, mich während meiner Gefangenschaft mit aller Aufmerksamkeit zu behandeln. Ich bekam auf mein Verlangen Dinte und Feder, und schrieb zwei Briefe, deren Absendung mir versprochen ward, und die auch, wie ich erfuhr, ohne Verzug nach Verona abgingen. — Anträge der Geistlichen, an mein Ende zu denken, wies ich zurück, und erst an diesem Tage erfuhr ich vom Arzte den eigentlichen Zustand meiner Verwundung.

Am 8. Mai gegen 9 Uhr früh wurde ich mit den beiden blessirten piemontesischen Offizieren in einen gedeckten Wagen gelegt, und gegen Brescia zu geführt. Die Hitze war bei der äußerst langsamen Reise völlig unausstehlich. Auf dem halben Wege ward Nachtlager gehalten, wo es mir mit meiner Kopfwunde so schlecht ging, daß ich gern in das Reich der Geister gewandert wäre, um nur des Schmerzes los zu werden. Am 9. wurde die Reise bis nach Brescia fortgesetzt, welche ich kaum überlebte. Wir langten da Abends an, und nachdem man meine gegen mich stets sehr artigen beiden piemontesischen Offiziere in Privathäusern untergebracht hatte, ließ man mich während dieser Zeit dem gaffenden Publikum im Wagen zur Schau ausgesetzt. Saubere Rücksicht, dachte ich mir. Endlich führte man mich zum Spital St. Gaetano, wo ich nach ziemlich langem Warten zur Zeit der Dämmerung in ein großes Krankenzimmer getragen ward, wo man mich in die Mitte zwischen die kranke Mannschaft legte. Ich weigerte mich, die Kleider abzulegen, da ich ein verpestetes Bett fürchtete; der Spitals-Fourrier Giulio Bianchi versicherte mich aber endlich in französischer Sprache, daß das Bettzeug neu hergeschafft worden sei, worauf ich mich erst zum Ausziehen verstand.

Meine Kleider und das wenige Geld, das mir die Plünderer noch ließen, wollte ich hüten, welches mich auch etwas unruhig machte. Neben mir lag auf einer Seite ein Sterdender, und auf der anderen ein schwer Leidender. In demselben Zimmer befanden sich auch einige unserer verwundeten und gefangenen Mannschaft, mit welchen ich auch öfter sprechen konnte, was mich auch sehr freute. Hingegen empörte mich die leichtfertige Behandlung eines jungen Arztes, der in Abwesenheit des Dr. Botti uns Kranke ärztlich zu behandeln hatte. Bis spät Abends kamen junge Leute aus der Stadt, mich wie ein Wunderthier zu besehen; sie benahmen sich hiebei gegen mich und unsere Leute auf die roheste Art. Endlich kam der Spital-Kommandant Hauptmann Stela zu mir und versprach mir, mich den nächsten Tag in ein abgesondertes Gemach bringen zu lassen. Diese Nacht brachte ich wieder sehr unruhig zu.

Am 10. ward ich noch vor der Visite des jungen Arztes auf mein Drängen in ein abgesondertes Gemach gebracht. Da mich aber der Arzt bei der Visite in meinem früheren Bette nicht fand, so begann er einen unsinnigen Lärm zu schlagen und beschuldigte den Kommandanten, er habe mich entlaufen lassen, welches diesem große Unannehmlichkeiten verursachte. Bald darauf kam aber unser Dr. Botti zurück, von dem mir unsere Leute sagten, er spreche deutsch und sei mit unseren Gefangenen sehr menschlich. Er war auch, wie ich es später fand, ein sehr liebenswürdiger Mann, welcher seine Studien in Wien gemacht, und ungeachtet seines feurigen Patriotismus doch das Möglichste that, um unsere Lage zu erleichtern.

Es befand sich hier noch mit mir vom Regimente Hohenlohe der gefangen gehaltene Regiments-Arzt Dr. Bertel, Oberarzt Dr. Mayer und einige Unterärzte, dann der Regiments-Kaplan Slvacek, welche mich täglich besuchten und deren Ansprache auf mich sehr wohlthuend wirkte. Zwar hatte ich noch andere Besuche, und zwar jene des gutmüthigen Brescianer Volkes, und diese dazu noch so häufig, daß ich endlich davon ermüdet einen piemontesischen Offizier bat, mich dagegen zu schützen, welches auch mittels einer aufgestellten Schildwache geschah.

Ueber die Behandlung im Spital kann ich sonst nicht klagen; die Kost war gut, nur blieb ich entblößt von allen Geldmitteln, da die wenigen Zwanziger, die mir durch einen glücklichen Zufall bei meiner Plünderung verblieben waren, zu den dringendsten Bedürfnissen nicht hinreichten. In dieser Lage lebte ich zwei Monate, während meine Kopfwunde und auch eine erhaltene Contusion am Fuße nur langsam heilten. Oefter besuchte mich der Stadt-Kommandant General Busetti, und bot mir mit größter Bereitwilligkeit seine Hilfe an, und da er mir trotz aller seiner Bemühungen die Gefangenenbesoldung doch nicht auswirken konnte, so unterstützte er mich auf die zarteste Art selbst, indem er mir zwanzig Francs vorstreckte, welche ich ihm später, als es mir möglich wurde, wieder zurückstellte.

Meine sehr herabgekommenen Körperkräfte erheischten dringend den Genuß der frischen Luft; da nun an solche in den verpesteten Räumen des Spitals nicht zu denken war, so verlangte mir der General mein Ehrenwort ab, keine Fluchtversuche zu machen, und gab mir dagegen die Erlaubniß, innerhalb der Stadt frei spazieren gehen zu dürfen, welche ich aber sehr mäßig benützte, da die mitgefangenen Aerzte mich vor einer ähnlichen inhumanen Behandlung, wie sie ihnen widerfahren war, warnten.

Zu Anfang des Monats Juli kam ein Beamter des Comitato di guerra, um sich über die Identität meiner Person zu vergewissern; hiebei ließ er Worte fallen, welche darauf hindeuteten, daß ich von Seiten des Landes eine tägliche Bezahlung bekommen würde, über welche Großmuth ich staunte, da ich nicht der Lombarden, sondern Piemonts Gefangener war. Doch der Widerspruch klärte sich bald auf, denn die mit mir als blessirt hieher transportirten zwei piemontesischen Offiziere brachten mir die Nachricht, daß Briefe und Geld aus Verona für die gefangenen Offiziere angekommen seien, und darunter namentlich für mich. Ich äußerte mich daher in Gegenwart gewisser Leute über das Zurückhalten meines Gutes mit Entrüstung, und fügte bei, wie häßlich es sei, mir mein eigenes Geld als paga giornaliera verabfolgen zu wollen. Den folgenden Tag kam der Conte Cesare Martinengo, einer der Koryphäen der Insurgenten-Regierung, und übergab mir einen Brief eines Verwandten, welcher schon am 16. Mai von Wien expedirt worden und dem eine kleine Rolle von Goldstücken beigefügt war. — Der Graf erklärte mir aber, daß er mir dieses Geld nur stückweise von Zeit zu Zeit ausfolgen werde. Als ich ihm hierüber Gegenvorstellungen machte, mich auf die schon höchst nöthig gewordene Nachschaffnng von Kleidern stützend, erklärte er, den Schuster und Schneider von meinem Gelde selbst zu bezahlen, was mich empörte und dazu bewog, allsogleich dem damaligen Stadt-Kommandanten Obersten Malpasuti, — der den General abgelöst hatte, — zu schreiben, und in diesem Briefe den ganzen Strom meiner Entrüstung über solch eine entehrende Behandlungsweise lebhaft zu schildern, worauf ich von demselben noch am nämlichen Tage spät Abends einen äußerst artigen Brief erhielt. In diesem versicherte er mich, nie an meinem Offiziers-Ehrenwort gezweifelt zu haben, und sagte weiter, daß er sonach gleich die nöthigen Anstalten treffen wolle, daß mir am nächsten Morgen nicht nur mein Geld ganz ausgezahlt werde, sondern daß ich auch die für Mai und Juni noch rückständige Gefangenenbesoldung bald möglichst erhalten werde. — Dieses Versprechen ward gehalten, und ich dadurch wieder in den Stand gesetzt, mich aus meiner bedrängten Lage zu erheben, und es mir wenigstens nicht am Nothwendigsten mangeln zu lassen.

Am 23. Juli ward mir abermals von einem Civilisten angekündigt, daß ich am nächsten Tage früh mit einem Trans-

mich dagegen zu schützen, welches auch mittels einer aufgestellten Schildwache geschah.

Ueber die Behandlung im Spital kann ich sonst nicht klagen; die Kost war gut, nur blieb ich entblößt von allen Geldmitteln, da die wenigen Zwanziger, die mir durch einen glücklichen Zufall bei meiner Plünderung verblieben waren, zu den dringendsten Bedürfnissen nicht hinreichten. In dieser Lage lebte ich zwei Monate, während meine Kopfwunde und auch eine erhaltene Contusion am Fuße nur langsam heilten. Oefter besuchte mich der Stadt-Kommandant General Busetti, und bot mir mit größter Bereitwilligkeit seine Hilfe an, und da er mir trotz aller seiner Bemühungen die Gefangenenbesoldung doch nicht auswirken konnte, so unterstützte er mich auf die zarteste Art selbst, indem er mir zwanzig Francs vorstreckte, welche ich ihm später, als es mir möglich wurde, wieder zurückstellte.

Meine sehr herabgekommenen Körperkräfte erheischten dringend den Genuß der frischen Luft; da nun an solche in den verpesteten Räumen des Spitals nicht zu denken war, so verlangte mir der General mein Ehrenwort ab, keine Fluchtversuche zu machen, und gab mir dagegen die Erlaubniß, innerhalb der Stadt frei spazieren gehen zu dürfen, welche ich aber sehr mäßig benützte, da die mitgefangenen Aerzte mich vor einer ähnlichen inhumanen Behandlung, wie sie ihnen widerfahren war, warnten.

Zu Anfang des Monats Juli kam ein Beamter des Comitato di guerra, um sich über die Identität meiner Person zu vergewissern; hiebei ließ er Worte fallen, welche darauf hindeuteten, daß ich von Seiten des Landes eine tägliche Bezahlung bekommen würde, über welche Großmuth ich staunte, da ich nicht der Lombarden, sondern Piemonts Gefangener war. Doch der Widerspruch klärte sich bald auf, denn die mit mir als blessirt hieher transportirten zwei piemontesischen Offiziere brachten mir die Nachricht, daß Briefe und Geld aus Verona für die gefangenen Offiziere angekommen seien, und darunter namentlich für mich. Ich äußerte mich daher in Gegenwart gewisser Leute über das Zurückhalten meines Gutes mit Entrüstung, und fügte bei, wie häßlich es sei, mir mein eigenes Geld als paga giornaliera verabfolgen zu wollen. Den folgenden Tag kam der Conte Cesare Martinengo, einer der Koryphäen der Insurgenten-Regierung, und übergab mir einen Brief eines Verwandten, welcher schon am 16. Mai von Wien expedirt worden und dem eine kleine Rolle von Goldstücken beigefügt war. — Der Graf erklärte mir aber, daß er mir dieses Geld nur stückweise von Zeit zu Zeit ausfolgen werde. Als ich ihm hierüber Gegenvorstellungen machte, mich auf die schon höchst nöthig gewordene Nachschaffung von Kleidern stützend, erklärte er, den Schuster und Schneider von meinem Gelde selbst zu bezahlen, was mich empörte und dazu bewog, allsogleich dem damaligen Stadt-Kommandanten Obersten Malpasuti, — der den General abgelöst hatte, — zu schreiben, und in diesem Briefe den ganzen Strom meiner Entrüstung über solch eine entehrende Behandlungsweise lebhaft zu schildern, worauf ich von demselben noch am nämlichen Tage spät Abends einen äußerst artigen Brief erhielt. In diesem versicherte er mich, nie an meinem Offiziers-Ehrenwort gezweifelt zu haben, und sagte weiter, daß er sonach gleich die nöthigen Anstalten treffen wolle, daß mir am nächsten Morgen nicht nur mein Geld ganz ausgezahlt werde, sondern daß ich auch die für Mai und Juni noch rückständige Gefangenenbesoldung bald möglichst erhalten werde. — Dieses Versprechen ward gehalten, und ich dadurch wieder in den Stand gesetzt, mich aus meiner bedrängten Lage zu erheben, und es mir wenigstens nicht am Nothwendigsten mangeln zu lassen.

Am 23. Juli ward mir abermals von einem Civilisten angekündigt, daß ich am nächsten Tage früh mit einem Transporte von Gefangenen nach Mailand abzureisen hätte. Ich ahnte aber ein Mißverständniß in dieser Mittheilung und ging zum Obersten, bei welchem ich mich für seine Güte bedankte und ihm anzeigte, daß man mich von hier entfernen wolle. Der Oberst protestirte sogleich dagegen, da die Civilbehörde über mich kein Recht hätte.

Als die Flüchtlinge von Rivoli am 24. und 25. Juli bei Brescia vorbeizogen, wurde ich den Tag darauf — am 26. Abends — unter Bedeckung eines Unteroffiziers mit einem blessirten und einem anderen Manne von Hohenlohe-Infanterie, — welch' letzteren man mir als Diener beigegeben hatte, — in einem Wagen eilends nach Cremona abgeführt. Der Unteroffizier forderte für uns auf dem Marsche Etappen, die man auch erfolgte.

In Cremona angelangt, ward ich zum ersten Male wie ein Verbrecher in ein vergittertes Zimmer eingesperrt, von Insurgenten bewacht und gleich einem Arrestanten behandelt. Doch schon am folgenden Tage ging es von da wieder weiter über Pizzighetone nach Piacenza, bei welcher Gelegenheit ich die Trümmer der fliehenden piem. Armee zur Seite hatte. In Pizzighetone äußerten sich einige von der Bevölkerung gegen mich gut österreichisch, was mir aber bei dem damaligen Stand des Krieges leicht erklärbar schien. Mittags langte ich in Piacenza an, wo man mich in der Kaserne absteigen ließ, und wo ich für mein eigenes Geld theuer zu essen erhielt. An demselben Tage wurde ich noch weiter bis Stradella gebracht, stets unter der Eskorte theils reitender theils fahrender Carabinieri.

Unter anderen Verhältnissen wäre eine solche Reise gewiß sehr angenehm und für mich höchst interessant gewesen, so verlor sie aber nicht wenig an Reiz, und brachte dagegen leider ungleich mehr, wenig beneidenswerthe Abwechslung mit sich. Uebrigens konnte ich mich durchaus nicht über unhöfliche Behandlung von Seiten meiner Eskorte beklagen. Ueber das Schlachtfeld von Marengo fahrend hörte ich da und dort sagen, man befürchte sehr, daß Oesterreichs Heer ehestens wieder auf diesem Terrain agiren werde.

Am 29. Juli Abends langte ich in Alessandria an, und man führte mich durch das gaffende Volk in die Citadelle, wo mir seit langer Zeit die innige Freude ward, österreichische Kameraden und Leidensgefährten zu finden, welche mir auch mit aller Herzlichkeit entgegenkamen

Die Behandlung in der Citadelle ließ nichts zu wünschen übrig, und ich blieb da so lange, bis einige Tage vor der Capitulation von Mailand die daselbst noch zurückgehaltenen Offiziere, Militäbeamten und Aerzte über Alessandria nach Savona geschafft wurden, welchen man auch mich beigesellte.

## Oberlieutenant Theodor Giesl von Gieslingen.

Die Brigade Simsen — früher Franz Fürst Lichtenstein — bei der ich war, bestand aus zwei Bataillons Haynau, zwei Bataillons Prinz Emil, einem Bataillon Deutschbanater-Grenzer, einem Bataillon Nugent, einer Division Uhlanen und einer Fußbatterie von acht Geschützen. Die Brigade rückte aus dem Lager am 24. Juli früh um 2 Uhr ab, und traf gegen 11 Uhr Vormittag in Sommacampagna ein. Gegen 1 Uhr, bis wohin die Zeit nicht am Lobenswerthesten ausgefüllt wurde — da sich die Mannschaft zu plündern erlaubte — kam der Befehl zum Abmarsche mit der Bestimmung, die Höhen nördlich von Villafranca zu besetzen. Das Bataillon Nugent besetzte Sommacampagna, wo unsere Bagage zurückblieb; auf dem Wege von da nach Goito standen die zwei Bataillone von Prinz Emil, weiter hin gedeckt hinter dem Kamm der Anhöhe mein Bataillon — die Deutschbanater — und das nächste Dorf, fast westlich von Villafranca — Volta — war der Rest der Brigade unter dem Kommando des Generals selbst.

Kaum war ich auf der Höhe mit einer Division angelangt, — denn die anderen vier Compagnien langten erst später an —, als man schon von Villafranca aus drei sehr starke feindliche Colonnen sich entwickeln sah, wovon sich eine, wie man mit dem Feldstecher deutlich erkannte, gegen Sommacampagna, die andere gegen unsere Höhen, und die letzte gegen das vom General besetzte Dorf bewegte.

Ich machte den Major darauf aufmerksam, daß es vielleicht nöthig sein dürfte, gegen die Straße am Abhange eine Tirailleurkette aufzustellen, und die links von uns befindlichen einzelnen Häuser zu besetzen; derselbe stimmte dieser Ansicht bei, nachdem die Staubwolken, in welche sich mittlerweile die anrückenden Colonnen gehüllt hatten, sich uns immer mehr näherten. Ich ließ sofort die erhaltenen zwei Züge links und rechts einer vorliegenden Schlucht in Tirailleurs auflösen. Nicht lange währte es, und der Feind begann schon auf eine lächerlich weite Distanz sein Feuer gegen uns. — Seine Kanonen spielten sowohl gegen unsere Höhen, als gegen jene, wo Prinz Emil Posto faßte, zwar heftig, doch gegen uns wenigstens ganz wirkungslos, da wir sehr gut gedeckt standen und zudem bei enormer Entfernung ein Treffer zum Weltwunder geworden wäre. Wir ließen geschehen, wie es dem Feinde gerade gefiel, feuerten aber selbst nicht einen einzigen Schuß ab. — Der Feind ließ indessen noch mehr Geschütze aufführen.

Die Colonne, welche auf das vom zweiten Bataillon Haynau besetzte Dorf rückte, — welches mittlerweile vom General mit den daselbst befindlichen Truppen geräumt werden mußte — umzingelte und besetzte solches später, wodurch wir in der rechten Flanke die Stütze verloren und unser Rücken bedroht wurde.

Der Feind rückte immer näher und das Regiment Prinz Emil stand bereits im Feuer; da begannen auch wir zu feuern, als der Feind in den Schußbereich kam. — Die Uebermacht des Feindes, welcher uns mit 12,000 Mann unter dem Kommando des Herzogs von Genua angriff, dem wir kaum 2000 bis 2300 Mann ohne Geschütz, Cavallerie oder sonst einen Sukkurs entgegen stellen konnten, verleitete den Major, sein Bataillon zu zersplittern, statt es beisammen zu behalten, um sich irgendwo Bahn zu brechen. Er löste das ganze Bataillon bis auf eine halbe Compagnie in Tirailleurs auf. Der Feind drängte uns immer mehr; — der Major fiel von zwei Kugeln getroffen, von denen ihn die eine in den Kopf und die andere in die Brust traf; — auch fielen noch zwei Offiziere, und der älteste Hauptmann Antollch übernahm daher das Kommando. Die Lage, in der wir uns befanden, war höchst kritisch; wir beschlossen, uns gegen Sammacampagna zurückzuziehen Da man zerstreut gegen die vordringenden Massen keinen Halt finden konnte, — denn von einer Vereinigung war nicht mehr die Rede — so trachtete ich mit dem Führer und einem anderen Offizier wenigstens die Fahne zu retten. Fortwährend kämpfend gelangten wir in die Nähe von Sommacampagna um 8 Uhr Abends, und waren somit froh, hier einen Anhaltspunkt zu finden. Aber wie bitter täuschten wir uns. Schon beim Zurückeilen zweier Militärs bei unserem Annähern, die wir in der Dunkelheit nicht genau sehen konnten, sagte ich, hier ist der Feind, denn die Unserigen würden nicht vor uns fliehen. — Es wurde nun beschlossen, die ersten Häuser des Ortes mit Sturm zu nehmen. Als wir uns nun in Ausführung desselben den ersten Häusern näherten, erhielten wir eine wohl gezielte Decharge; mehrere Leute fielen, und die Sturmkolonne kehrte um. Ich war nun vor Müdigkeit ganz erschöpft und fiel am Rande eines Abhanges fast bewußtlos zu Boden, raffte mich zwar nach etwa fünf Minuten wieder auf, aber wo war mein Bataillon? Ich sah in der Dunkelheit nichts mehr von ihm.

Was war zu thun? — Ich dachte mir nun, mich gegen die Etsch in's Gebirge zu wenden, vielleicht glückt es mir, die Meinigen, die nur noch diesen Weg eingeschlagen haben konnten, zu finden oder auf Prinz Emil oder Nugent, die sich vielleicht dahin zurückgezogen haben mochten, zu stossen. Als ich die Höhen erklommen hatte, fühlte ich mit dem Säbel am Boden umher und bemerkte, wie sechs oder acht Mann meines Bataillons sich mittelst ihrer Gewehre über eine Mauer zu helfen suchten. Da ich ein gleiches Manöver für mich nicht ausführbar hielt, schlich ich mich an der Mauer, die einen großen Garten umschloß, fort und gelangte endlich zum Eingangsthore, durch welches ich in den Garten schlüpfte und der Mauer entlang zu unseren Leuten gelangte. Ich fand ihrer acht; sie wußten aber vom Bataillon noch weniger als ich. Vor der Hand mußte man sich zuerst orientiren, weßhalb ich meinen Leuten sagte, sich ruhig zu verhalten, bis ich von meiner Recognoscirung zurückgelangt sein würde. Längs der Mauer mich fortziehend, kam ich fast bis in die Mitte des Gartens, wo ich eine Thüre suchte. In demselben Augenblick hörte ich ein Geflüster in italienischer Sprache. Natürlich war es nun mein erster Gedanke, hier nicht weiter vorzugehen, sondern umzukehren. Bei meinen Leuten angelangt erklärte ich ihnen, daß wir hier nicht bleiben können, da nach dem Gelispel zu urtheilen, man uns da sehr leicht auffinden könnte und sodann fangen würde. Hier galt es einen schnellen Entschluß zu fassen, falls wir uns aus der Schlinge noch herausziehen wollten. Wir zogen uns sonach vorsichtig aus dem Garten bei jener Thüre hinaus, bei welcher ich hereingekommen war, und setzten behutsam unseren Marsch in nord-westlicher Richtung fort. Endlich fast zu Tode ermattet, von Hunger und Durst gequält legten wir uns in ein Versteck, da wir eine Menge starker

Patrouillen sahen, welche nach allen Richtungen durchkreuzten, um wahrscheinlich Gefangene zu machen. — Daß dieses auch wirklich ihr Zweck war, erfuhren wir leider nur zu bald. Es mochte — am 25. Juli — den folgenden Tag früh halb 3 Uhr gewesen sein, als ein Streifkommando von einer halben Compagnie auf uns losstürzte. Ich ergriff zwar meinen Säbel, doch sah ich, wie meine Leute eben die Gewehre niederlegten und um Pardon riefen. Was konnte, wollte ich nun thun? — Ein piemontesischer Offizier faßte mich beim Arme und sagte, was hilft da noch Widerstand? Ergeben Sie sich in Ihre Lage. Und so mußte es leider geschehen. Man führte uns nun nach Sommacampagna, wo wir gegen 3 Uhr anlangten. — Wie schmerzlich wurde ich da aber durch den Anblick eines großen Theils der Mannschaft unseres Bataillons und der Offiziere, wie nicht minder jener der zwei Bataillone von Prinz Emil überrascht, die sich hier bereits als Gefangene befanden.

Die Herren erzählten mir nun, der Herzog von Genua habe sie gesprochen und gefragt, wo der Feldmarschall Radetzky, wo die Armee sei? Ob wir zu ihm gehören? — Dieses verneinten die Herren, da sie auch im Ernst weder von der Armee, noch von dem Marschall etwas wußten. Der Herzog soll sich auf diese Antwort völlig toll gezeigt haben; denn er sah sich hinters Licht geführt, indem er steif und fest dafür hielt, wir bildeten die Avantgarde des ganzen Heeres.

Ich war müde zum Niedersinken und legte mich in einer Küche auf's blanke Steinpflaster, das mir so weich vorkam, als wenn statt der Steine Eyderdunenkissen da wären. Kaum hatte ich einige Stunden geschlafen, denn es mochte 6 Uhr Morgens den 25. Juli gewesen sein, als man uns weckte und nach Villafranca führte, wo wir vom Volke schrecklich verhöhnt und beschimpft wurden. Der piemontesische Offizier, welcher uns in seine Obhut übernommen hatte, war recht höflich, was wir zu würdigen wußten. Noch an demselben Nachmittag begann ein sehr heftiges Kanonenfeuer, — man brachte eine Unzahl Verwundeter, die in demselben Kloster untergebracht wurden, wo man uns im zweiten Stocke in zwei Zimmern eingesperrt hatte. Der Kanonendonner, das Winseln der Blessirten, welche amputirt wurden, der Blutgeruch, das Schreien, Trompeten, Trommeln und Geläute war wirklich schrecklich zu hören. Von unseren Fenstern aus konnte man die ganze Schlacht sich entwickeln sehen, doch es wurde uns nicht gestattet, an's Fenster zu gehen, da man vorgab, das Volk sei in einer enormen Aufregung, was, wenn wir uns zeigten, von den gefährlichsten Folgen für uns werden könnte. Wir konnten jedoch aus ihrer Unruhe leicht erkennen, daß es ihnen recht schlecht gehe, was auch die wahre Ursache war, daß man uns von den Fenstern fern hielt. So tobte der Kanonendonner und das Schlachtgewühle bis in die Nacht hinein fort.

Um 1 Uhr vom 25. auf den 26. führte man uns — 25 Offiziere — in Begleitung von nicht weniger, als einem ganzen Regimente unter dem Commando eines Obersten weiter. Der Weg, den man einschlug, ging nach Goito, wo wir um 8 Uhr früh anlangten. Man wollte uns da lassen, doch hieß es bald, für uns sei hier kein Platz, und wir müßten noch vier Miglien weiter bis nach Gazzoldo, wohin wir aber diesmal nur von einem Bataillon escortirt wurden. Man führte uns durch's verschanzte Lager; hier war eine ungeheure Menge von Truppen in Masse, welche so ziemlich einem Ameisenhaufen glichen. Um sich Kosten und Mühe zu sparen, erhielten wir gar nichts zu essen. Man ließ uns da einige Stunden rasten, und auf einmal hieß es, der König Karl Albert werde uns besichtigen; dieses geschah aber nicht, und derselbe soll vielmehr gesagt haben, „er wolle keinen Oesterreicher mehr sehen.“

Endlich trieb man uns wieder wie eine Herde Thiere weiter, da sich zwischen unserem Orte und Goito ein heftiges Kanonenfeuer hören ließ, das gegen zwei Stunden dauerte. Wir langten um halb 2 Uhr den 27. in Bozzolo an, wurden in eine Kaserne einquartirt, ohne uns aber nur einen Bissen Brod zu essen zu geben. Das geht gut, nur so fort, dieses ist die schönste Art zu verhungern. —

Hier blieben wir bis den folgenden Tag, wo es um Mittag hieß — da sich auch an diesem Orte schon wieder eine starke Kanonade und ein enormer Lärm hören ließ, — die Oesterreicher kommen. Der Major, unser Commandant, kam und kündigte uns an, daß wir gleich fortgeführt würden, gleichzeitig ersuchte er uns aber, recht ruhig zu sein, denn es sei nur ein falscher Alarm, den einige sich zurückziehende Lombarden verursacht hätten; dann meinte er aber, im Falle, als die Oesterreicher kommen sollten, sei er überzeugt, daß wir ihm gewiß nur das beste Zeugniß über seine gute Behandlung gegen uns geben würden. Wir wußten nun, wie viel es geschlagen hatte. —

Man gab uns endlich zu essen, zwang uns aber, schnell damit zu machen, worauf wir weiter nach Pladena geführt wurden. Auf dem Wege dahin sahen wir wirklich das Schrecklichste, was der Rückzug einer geschlagenen Armee bieten kann. Hunderte und hunderte von Cavalleristen schleppten sich da mit verbundenen Köpfen und Armen weiter, ein Zeichen, wie gut unsere Cavallerie sie bei Goito bedient haben muß. Da sah man ganze Schaaren lombardischer Freiwilliger in dem erbärmlichsten Zustande mit und ohne Waffen vor panischem Schrecken gleich fliehenden Furien; dort kamen Kanonen, Pulverwägen, endlich ein unabsehbarer Train von Bagage, welches Alles an uns in Karriere und Galopp vorbei zurück fuhr. Hier klammerte sich Einer an die Achse eines Wagens; dort rang wieder ein Weib mit dem Kinde am Arme um Hilfe schreiend ihr fortzuhelfen; da überließ sich ein bis zum Tode ermatteter Lombarde oder Piemontese am Steinhaufen niedersinkend dem Schicksale. Die afrikanische Hitze und der Staub, der, wie der Sand in der Wüste vom Samum bewegt, sich durch die Lüfte erhob und die Sonne verhüllte, machte aus dem Ganzen eine wahre Höllenscene. — Uns führte man indessen auf einem schmalen Stege neben der Straße, und dieses schreckliche Treiben, diese Qual unserer Feinde war Balsam für unser Herz in dem Gedanken: Radetzky siegte, denn dieses sind die beredtesten Zeugen hievon. Hohe Wonne blieb es uns doch, dieses gränzenlose Elend zu sehen, wenn gleich der Mensch als solcher bei dem Anblicke der Leiden seines Nebenmenschen Mitleid fühlt und die dadurch hervorgerufene Rührung nicht unterdrücken kann. Doch der Gedanke: wir sind gerächt für so viel Schmach, und die Siege der Unsrigen bringen auch uns gewiß bald die theure Freiheit wieder, behielt die Oberhand. — Ja gerächt waren wir damals schon zum Theile für die maßlosen und infamen Beschimpfungen, welche man den Kroaten angethan hatte; aber befreit werden sollten wir diesmal noch nicht; freilich hofften wir dieses um so mehr, als der Kanonendonner mit uns fast gleichen Schritt hielt. — Auch hörten wir später, daß eine fliegende Division zu unserer Befreiung vorgerückt sei, — ob dies wahr gewesen, konnten wir natürlich bestimmter nicht erfahren, daß wir jedoch unbeirrt über Kopf und Hals weiter getrieben wurden, ist sicher. Wir langten in Piadena erst um 7 Uhr Abends an, und wurden in eine Kirche gelegt.

Am folgenden Tage wurde wieder um 3 Uhr früh aufgebrochen, indessen nahmen wir aus dem schrecklichsten Lärm ab, daß die Piemontesen die ganze Nacht reterirten. Die gestrige gräßliche Scene der Retirade fanden wir auch heute wieder am Wege bis nach Cremona, wo wir um 1 Uhr Nachmittags anlangten. Der Einzug in diese Stadt war für uns schrecklich; denn man beschimpfte uns auf alle erdenkliche Weise, selbst mit Steinen wurden wir beworfen. Zum Glücke ließ man uns da nicht lange; denn noch am selben Tage um 6 Uhr Abends überschritten wir den Po-Fluß und langten um 11 Uhr Nachts zu Monticello im Herzogthum Parma an.

Hier fanden wir den Ort beleuchtet; wem solches galt, erfuhren wir nicht, kann wohl sein der geschlagenen piemontesischen Armee. Man legte uns — 25 Offiziere — in zwei Gasthäuser, wo wir zu unserem Erstaunen sehr gut und dazu noch — was fast unglaublich klingt — unentgeltlich bewirthet wurden.

Am 29. um 6 Uhr früh wurden wir gegen Piacenza weiter fortgeführt, wo wir um 3 Uhr Nachmittag anlangten, und wieder in einer Kaserne einquartirt wurden. Hier erhielten wir die erste Geldverpflegung und zwar nur auf Einen Tag. Des Nachts brachten uns die Prodi italiani eine Katzenmusik. Das uns begleitende Militär mußte wieder auf das Feld der Ehre — zur Armee zurück, deßhalb wurden wir der Guardia civica übergeben.

Den folgenden Tag ging es schon um 3 Uhr früh wieder weiter nach Castello. Auf diesem Marsche ereignete sich eine höchst komische Scene. Es ging, ich weiß nicht durch welchen Zufall, einem der uns begleitenden Schaarwächter an der Spitze des Zuges das Gewehr los, wodurch gleich ein schreckliches Spektakel entstand; denn die ganze Eskorte schlug wie auf ein Kommandowort ihre mit Rost und Schmutz jeder Art bedeckten Waffen auf uns an, wodurch wir bei der Waffenfertigkeit unserer Tyrannen in nicht geringe Gefahr kamen; da, wenn auch nicht anders, doch durch den Schrecken dieser Helden ein oder das andere Züngelchen mehr als es nöthig ist, hätte gezogen werden können, wodurch von uns sehr leicht irgend Jemand hätte erschossen oder wenigstens blessirt werden können. — Doch dem Himmel sei Dank, der Alarm klärte sich dahin auf, daß es nämlich nicht ein Desarmirungsversuch von uns, sondern die Ungeschicklichkeit eines der Ihrigen die Ursache des Losgehens der Büchse war. Nach dieser Aufklärung dachten wir, es sei nun mit der Gefahr vorüber; aber dem war nicht so, denn gerade da begann solche erst recht. Die ausgezeichneten Schützen mußten den in ihrer Todesangst gespannten Hahn wieder in Ruhrast setzten; sie würgten über eine Viertelstunde mit ihren Gewehren herum, bis sie den rechten Zahn fanden, über welches Manöver wir innerlich, ungeachtet der Gefahr, in der wir fort und fort schwebten, herzlich lachen mußten. — Endlich war Alles wieder in schlagfertiger Ruhe, und es ging wieder weiter. Die gefangene Mannschaft, welche mit uns geführt wurde, machte uns auf diesem Marsche eben nicht wenig zu schaffen, denn es stellten sich viele derselben marode, um fahren zu können, wobei Einige so unverschämt waren, selbst Offiziere beinahe vom Wagen zu verdrängen.

Es brauchte wirklich viel Mühe, diese Zügellosen in der Ordnung zu erhalten.

Bevor wir noch Castello-Civico erreichten, strömte ein wolkenbruchartiger Regen herab; wir waren im Nu bis auf die Haut durchnäßt, und das Wasser, welches uns bei der Halsbinde eindrang, und über den ganzen Körper herab bei beiden Beinen wieder herauslief, bildete aus unseren Körpern lebend'ge Dachrinnen. So durchnäßt kamen wir nach drei Stunden in Castello-Civico an, wo man Rast machte, und die Eskorte wechselte, worauf es wieder weiter bis Stradella ging, der ersten piemontesischen Station, wo wir sehr spät anlangten. Hier wurden wir in zwei Wirthshäusern gut untergebracht und bewirthet. Man sagte uns erst jetzt das, was wir nach dem selbst mit angesehenen schrecklichen Rückzug der Piemontesen erkannten, nämlich daß ihre Armee gänzlich geschlagen sei und sich über den Po-Fluß zurückziehe.

Der nächste Tag sah uns schon um halb 5 Uhr früh wieder auf dem Marsche, auf welchem wir wieder einer ungeheuren Menge im Rückzug begriffener piemontesischer Bagagewägen und sehr vielen Familien begegneten, welche sich aus der Lombardie in die südlichen Theile Piemonts flüchteten. Um 11 Uhr Vormittags langten wir in Vogera an, wo man uns leidlich gut behandelte.

Am 1. August früh um 5 Uhr wurde wieder aufgebrochen, und man langte um 8 Uhr an demselben Morgen in Tortona an; hier wurden wir auch in einem Wirthshause untergebracht, wo wir uns für sehr theures Geld nicht nur enorm schlecht bedienen, sondern obendarein noch prellen lassen mußten; denn an die Göttin Gerechtigkeit apelliren zu wollen, wäre in unserer Lage eine der größten Lächerlichkeiten gewesen.

Von Tortona brachen wir den folgenden Tag früh um 4 Uhr auf. Der Marsch führte uns über das Schlachtfeld von Marengo an der Büste des tapferen französischen Generals Desaix vorbei nach Alessandria, wo wir um 9 Uhr Vormittags anlangten Hier hielt man mit uns einen Triumphzug, und beschimpfte uns auf alle Art. Als wir endlich diesem schändlichen Treiben des Volkes im Kastell uns entrückt sahen, dankten wir noch dem Himmel, wenigstens mit heiler Haut davongekommen zu sein.

Hier fanden wir als Gefangene den Major Rukavina und acht Offiziere vom zweiten Banat-Grenz-Regimente. Von da aus transportirte man uns in einigen Tagen nach Savona, wo wir das Schicksal der übrigen Gefangenenen bis zur Ranzionirung theilten.

## Oberlieutenant Auditor Carl Golling.

Unter jenen bei der Transportirung der gefangenen Offiziere nach Genua zu Mailand in den Kerkern St. Margherita zurückgebliebenen Herren befand auch ich mich, und harrte da nach den uns immer gemachten Verheißungen der Freilassung und Rückkehr nach Tirol. Doch ein Tag nach dem andern verging, und wir wurden da immer gleich schlecht wie früher gehalten, wozu nur noch kam, daß unser wenige waren, was die Existenz gewiß um ein nicht Unbedeutendes unangenehmer machte. Indessen Niemand konnte es ändern, und somit harrte man dessen, was noch in der nächsten Zukunft für uns verschleiert lag.

Beim Vorrücken unseres tapferen Heeres hätten wir um unser Leben nicht wenig besorgt sein müssen, wenn nicht die nöthigen zweckentsprechenden Maßregeln getroffen worden wären, da sonst das zügellose Volk seine Wuth im letzten Augenblicke sicher an uns Schlachtopfern gekühlt haben würde. Wir waren daher sehr froh am 31. Juli unsere Kerker zu verlassen, um nach Piemont transportirt zu werden. Um 3 Uhr früh zogen wir aus unseren schändlichen Hallen in Begleitung von fünf Gensdarmen, und wurden vom Schreiber Nulli zu dem Kanal begleitet, der nach Pavia führt. Da angelangt ließ man uns über eine gute Stunde warten, bis der Mannschafts-Transport unserer Gefangenen — 4 bis 500 an der Zahl — gleichfalls dort anlangte. In dieser Zeit schlossen sich nicht nur alle in der Rochetta des Kastells gefangen gehaltenen Militär-Aerzte, sondern auch der Polizeikommissär Eiberg an uns an. Dieser wurde dadurch höchst unangenehm überrascht, indem man ihn früher glauben machte, er werde nur zu seiner Sicherheit mit Wachen an die Grenze begleitet, um in seine Heimath zurückkehren zu können.

Endlich bestiegen wir fünf Schiffe, in welche man uns wie Pickelhäringe in die Tonne einpferchte, — und so ging es nun weiter. Zwischen zwei und drei Uhr Nachmittag langten wir in Pavia an; vom Kanal weg mußten wir zu Fuß in die Stadt gehen. Für die Stabs-Offiziere mochte dieser Einzug besonders herb sein, namentlich für den frühern Platz-Major Spaner, auf den alles mit den Fingern zeigte, doch wurden wir nicht beleidiget, im Gegentheil präsentirten die da und dort aufgestellten Wachen der Guardia Civica vor dem Major Spaner ihr Gewehr, um ihm ihre ganz besondere Achtung zu bezeigen. Man brachte uns in ein Kloster, wo wir zu unserem Erstaunen ausgezeichnet gut und unentgeltlich bewirthet wurden. Den Major Spaner besuchten sogar viele angesehene Bürger der Stadt, und die Bedienten hatten den Auftrag, uns auf's Ausgezeichnetste zu behandeln.

Hier sahen wir zu unserer Wonne die ersten piemontesischen Flüchtlinge; wir hofften daher auch, daß man uns vielleicht bis zur gänzlichen Entscheidung hier behalten werde. Doch da hatten wir uns stark verrechnet; denn nach dem Essen kamen lauter Herrschaftswägen — sicher zwölf an der Zahl — jeder mit ein oder zwei Guardie civiche, und wir mußten einsitzen, worauf man uns nach Vogera führte. Das Gesindel von Pavia konnte es jedoch nicht über sich bringen, uns so ganz ruhig fortziehen zu lassen, denn wir wurden bei der Hinausfahrt aus der Stadt erklecklich beschimpft. Am Wege sahen wir eine Anzahl der sich zurückziehenden piemontesischen Infanterie, durchaus im jämmerlichsten Zustande. Auch begegneten wir einem Transporte unserer gefangenen Leute, von denen man die Kranken, die vor Erschöpfung nicht mehr gehen konnten und auf den Steinhaufen an der Chaussée zusammensanken, mit Kolbenstössen und Fußtritten forttrieb. Es ist mir nicht ganz erinnerlich, ob es da oder zwischen Vogera und Tortona war, daß ein piemontesischer Soldat (Savoyarde) auf einen Gefangenen, welcher sich durchaus nicht mehr fortschleppen konnte, schoß, da sich aber dieser zwischen die Menge des Volkes flüchtete, so traf die Kugel statt ihn ein nahe stehendes Mädchen in den Unterleib. Uebrigens muß ich hier bemerken, daß die Piemontesen diesen Nichtswürdigen gleich in Ketten legten, dem ich der Gerechtigkeit und Menschlichkeit halber nicht den Grund unterschieben will, als sei solches nur geschehen, um die an dem Mädchen begangene Unthat zu sühnen, und das Volk nicht zu entrüsten.

Der Anblick der Verwundeten, welche auf Wägen zurückgeführt wurden, war gräßlich. Diese unangenehme Reise dauerte ziemlich lange; denn wir langten erst spät Abends nach eingetretener Dunkelheit in Vogera an, welches von reterirenden Piemontesen und flüchtigen Lombarden ganz überfüllt war. Man pfropfte uns sonach, da keine anderen leeren Lokalitäten mehr zu finden waren, in ein Schulzimmer. — Das Volk verhielt sich gegen uns ganz ruhig, doch erhielten wir auch später in Tortona nichts Warmes zu essen, und mußten Alle ohne Unterschied auf blossem Stroh am Fußboden schlafen.

Am 2. August ging es weiter nach Tortona, wo man uns wieder in zwei sehr schlechte Zimmer ohne Fenster eines elenden Klosters legte. Den folgenden Tag wurden wir weiter nach Alessandria geführt; auf dem Wege dahin benahm man sich gegen uns gemessen und ruhig, aber nicht so beim Einzug in Alessandria, denn hier hielt man die Beamten für Spione, warf uns Alle mit Steinen, Erde und spie uns sogar an. Als wir in's Kastell kamen, hofften wir endlich einmal von den erlittenen Insulten befreit zu sein, doch hierin hatten wir uns so ziemlich getäuscht; denn man sperrte uns in 2 Kasematten ein, welche voll des abscheulichsten Ungeziefers waren. Zum Glücke dauerte diese schändliche Behandlung nur anderthalb Stunden, denn es kam ein Major vom Gouverneur der Stadt, der sich entschuldigte, daß ihnen diese Behandlung sehr unlieb sei, doch wäre solches nur aus sbaglio (einem Irrthum) geschehen. Diese nichtssagende Entschuldigung half uns aber um so weniger etwas, als wir wohl wußten, das Ganze sei nur ein schlauer

Plan, um dem über den guten Karl Albert erboßten Volke uns darum preis zu geben, damit es seinen Zorn an den Gefangenen ein wenig abkühlen könnte. Nun wurden wir im Offiziers-Pavillon untergebracht, mußten aber auch da Alle ohne Unterschied auf dem Fußboden schlafen, und erhielten wie zum Hohn zu je vieren nur zwei Matratzen. Beim Markatender speisten wir indessen sehr gut, und durften im Haupthofe frei herumgehen. Hier blieben wir zwei Tage, da man noch die vom Felde und aus Asti kommenden Gefangenen erwartete, um sonach Alle zusammen weiter expediren zu können. Am zweiten Tage unseres Aufenthaltes in Alessandria hieß es, wir würden über Turin nach Aosta transportirt. Den folgenden Tag verließen wir um 6 Uhr früh zu Fuß Alessandria. Für sämmtliche Stabsoffiziere war nur Ein Wagen und für die müden Offiziere, Beamten und Aerzte ein elender Karren geliefert worden, deßhalb mußten diese sowohl, noch mehr aber wir übrigen auf diesen Märschen, die täglich fünf bis sechs Stunden währten, bei der afrikanischen Hitze und dem ungeheuren Staube unendlich viel ausstehen. Unser Marsch ging am ersten Tage nach Nizza della paglia, wo man uns wieder in zwei Kirchen auf Stroh legte; von da nach Asti, wo die höheren Offiziere eine ziemlich gute Unterkunft in einem Gasthause erhielten, während die anderen Herren abermals in einer Kirche auf Stroh gelegt wurden. Hier erfuhren wir erst, daß man uns nach Savona transportire. Am nächsten Tag kamen wir nach Acqui, wo man uns in einem Kloster gut unterbrachte. Den folgenden Tag ging es weiter über Spigno und Cairo, — in welchen Orten man uns in Privathäuser legte und ganz frei herumgehen ließ, — nach Savona. Hier langten wir ganz erschöpft unter der Führung eines übergetretenen Gendarmerie-Lieutenants an, um das weitere Geschick mit den da bereits vorhandenen gefangenen Offizieren bis zur Auswechslung in den ersten Tagen des Monats September zu theilen.

## Ausbruch der Revolution in Sondrio.

(Mitgetheilt von dem Unterlieutenant Friedrich Suppanzigh.)

Sondrio, die Hauptstadt des Veltlins, war in den verhängnißvollen Märztagen von einer Kompagnie — 180 Mann Italiener — besetzt. Bei dieser Truppe befand sich nebst dem Hauptmann Vollmar der Oberlieutenant Barier und Lieutenant Baron Lichtenthurn, noch der Oberlieutenant Baron Lichtenthurn, welch letzterer aber gleich beim Ausbruche der Revolution sich verkleidet zu der in Morbegno stationirten Kompagnie desselben Regiments begab, um die ganz abgebrochene Verbindung herzustellen, und vielleicht die dort eingelangten Befehle entgegenzunehmen; doch er wurde bei seinem Anlangen daselbst gleich von den Insurgenten gefangen genommen, und später nach Sondrio abgeführt.

Die Provinzial-Hauptstadt Sondrio hat ein dieselbe beherrschendes Kastell, in welchem die Compagnie untergebracht war; die Offiziere, mit Ausnahme des Lieutenant Baron Lichtenthurn, — welcher im Kastell logirte — wohnten in der Stadt in Privathäusern.

Erst am 22. März sah man vom Kastell aus deutlich, wie unten in der Stadt dreifarbige Fahnen herumgetragen wurden, auch hörte man einen anhaltenden Lärm. Bald darauf sah man deutlich, wie sich die Einwohnerschaft in jenem dem Kastell gegenüberliegenden Theater, in der Stadt unten bewaffnete.

Da sich im Kastell kein Brunnen befindet, so mußte man nicht nur das nöthige Wasser zum Kochen und Trinken täglich hinaufschaffen, sondern man war, weil das Kastell, wie natürlich, in jener Epoche nicht verprovianitrt war, genöthiget, ebenfalls täglich einen Korporal und 20 Mann in die Stadt herab um Lebensmittel zu senden. An diesem Tage sagten nun die bewaffneten Insurgenten dieser Mannschaft, sie hätten als Patrioten nichts zu befürchten, da man sie in Ruhe lassen wollte. Am folgenden Tag sah man schon die ganze männliche Bevölkerung fast ohne Ausnahme bewaffnet, und am 24. nahmen die Insurgenten den sich in's Kastell verfügen wollenden Hauptmann Vollmar gefangen.

Nicht lange darnach, als uns die Kunde von diesem Vorfalle bekannt geworden war, kamen zwei Civilisten in's Kastell, wo die Truppe schon seit vorigem Tage in Bereitschaft stand, und forderten den Kommandanten des Kastells, Lieutenant Baron Lichtenthurn, auf, „die Compagnie solle die Waffen ablegen.“ Diese Zumuthung wurde nicht nur von dem Kommandanten, sondern auch von der Mannschaft energisch zurückgewiesen, und gleichzeitig die Freilassung des gefangenen Hauptmanns Vollmar gefordert. Die beiden Civilisten entfernten sich sonach unverrichteter Sache. Bald darauf kehrten sie jedoch mit dem Hauptmann Vollmar wieder zurück und machten uns die Erklärung, daß, nachdem in Lecco und Morbegno die Truppen bereits die Waffen gestreckt hätten, uns ebenfalls kein anderer Ausweg offen stehe.

Der Hauptmann ordnete nun einen Kriegsrath an, wobei beschlossen wurde, „dem hartem Geschicke zu weichen, und unter den obwaltenden Verhältnissen die Waffen mittelst Kapitulation abzulegen.“ — Nach diesem Beschlusse wurde mit den Insurgenten die Kapitulation abgeschlossen, und dann der Kompagnie vorgelesen; diese bestand in Folgendem:

1) Strecke man die Waffen wegen Mangel an Wasser, Lebensmitteln und Geld.

2) Alle Offiziere und die Mannschaft, die es verlangt, könne abziehen, und zwar die Offiziere mit, die Mannschaft aber ohne ihre Waffen.

3) Der zurückbleibenden Mannschaft wurde freigestellt, zu thun, was ihr beliebt.

4) Wurde den Abziehenden ein sicheres Geleite bis an die Schweizer Grenze — sonst aber nichts zugesichert.

Nun führte der Kadet-Feldwedel Fololi — ein Mailänder — welcher gleich übergetreten war, die Kompagnie herab in die Stadt, um die Waffen abzulegen, da mit Ausnahme des Hauptmanns Vollmar, des Lieutenants Baron Lichtenthurn, des Unterarztes Finkelstein, dann des Kadeten Questio und Suppanzigh die ganze Compagnie ohne Ausnahme von der mittelst der Kapitulation erhaltenen Freiheit Gebrauch machen wollte. Der Oberlieutenant Barier verschwand aber gleich nach dem Abrücken der Mannschaft auf Niewiedersehen.

Die in die Stadt herabgekommene Kompagnie wurde von den Insurgenten mit Musik und einem ungemeinen Jubel empfangen; sie marschirte vor dem Theater, der Hauptwache der Insurgenten auf, dann rückte sie in selbe ein und legte die Waffen ab, welches wir vom Kastell aus sehr deutlich sahen.

Nun wurde von den Insurgenten auch das Kastell besetzt, und die zwei Kadeten mit dem Unterarzte in einem Zimmer des Kastells, der Hauptmann in seiner Wohnung in der Stadt, und der Lieutenant Baron Lichtentharn ebenfalls in se'nem Quartier im Kastell belassen.

Wir trachteten so schnell als nur möglich über die Grenze zu kommen, doch man machte eine Menge Anstände, alles nur um uns zurückzuhalten. In dieser Zeit bis zu unserem Abgehen gestattete man uns zwar das Ausgehen in die Stadt, doch wir machten hievon wenig Gebrauch.

Am 26. entstand ein jämmerlicher Lärm; von allen Seiten hörte man rufen, Croati! — Croati!! — Diese den italienischen Helden nicht sehr mundgerechten Worte brachten eine schreckliche Aufregung im Orte hervor.

Es strömten der Stadt von allen Seiten Bewaffnete zu, die in nicht mehr als einer halben Stunde mit den abenteuerlichsten Gestalten angefüllt war. Die Eingänge, so wie die Gassen selbst wurden verbarrikadirt, und man sprach sich gleich ganz offen dahin aus, daß im Falle, als die Kroaten kämen, man die fünf Kaiserlichen erschießen werde.

Als wir diese Androhung erfuhren, gingen wir alle zum Hauptmann, um den Heroen in diesem Falle die Mühe des einzelnen Aufsuchens zu ersparen. — Des Sturmgeläutes und Geschreies war kein Ende, obwohl noch immer kein Grenzer zu sehen war. Man wollte endlich diesen muthig entgegenziehen, — doch den jungen Scipionen kam dieses Vorhaben als ein zu großes Wagestück vor, nur der übergetretene Kadeten-Feldwebel Fololi, welcher noch vor seiner Schandthat einen guten Theil ärarischer Gelder gestohlen hatte, vermochte es, einige der Schreier als eine kühne Patrouille zu vereinigen, und dem unsichtbaren Feinde entgegen zu führen. — Das Ganze erwies sich als ein falscher Alarm; denn die Zahl der anziehenden Söhne der Wüste reduzirte sich auf fünf Köpfe, welche sich aus Como den Weg durch's Gebirge zur Armee bahnen wollten, aber wie natürlich ganz erschöpft, gleich dem Wilde verfolgt, vom Hunger ermattet in Morbegno aufgegriffen wurden. — Somit war auch der Schrecken zu Ende, und die Sondrianer machten nun so ernste Gesichter, als wenn sie das Heer Hannibals geschlagen hätten — und wir hatten wieder Ruhe.

Erst am 27. gab man uns von Seiten der sich da gebildeten provisorischen Regierung bekannt, daß wir uns bereit halten sollen, den folgenden Tag abzureisen Am folgenden Tag wurden wir um 7 Uhr früh vor die Hauptwache geführt, wo für uns zwei Wägen bereit standen, nämlich eine Kutsche für den Hauptmann, den Lieutenant und den Arzt, und ein Bagagewagen, auf welchem wir zwei Kadeten Platz nahmen. Bevor wir aber abfuhren, ließ man uns noch recht lange zur nochmaligen Wonne des Volkes auf dem Platze warten, worauf es endlich weiter bis Morbegno ging, wo wir abermal auf dem Wagen ziemlich lange aus gleichem Grunde warten mußten.

Bei unserem Anlangen in Morbegno hatte bereits auch da die Kompagnie ihre Waffen abgegeben, und die Offiziere saßen gefangen. Wir trachteten zwar, mit diesen Herren auf irgend eine Art zu sprechen, doch alle unsere Bemühungen wurden zu Wasser. Nachdem wir gegessen hatten, fuhren wir weiter nach Monte di Riva. In jedem Orte, durch den wir fuhren, wurden wir wohl stets visitirt und schief angesehen, doch wiederfuhr uns sonst kein Insult. Erst in Riva, ein kleines Nest, in dem wir schon dieser Unbedeutenheit halber, wenig disturbirt zu werden erwarteten, benahm sich das Volk, nachdem es unsere Papiere visitirt hatte, anfangs gut, und wollte uns schon weiter ziehen lassen, als ein etwa dreißig Jahre alter Pfaffe zu unserem Unglück aus einer Seitengasse auf uns zukam und schrie: „Wir sind lang genug unter der Tyrannei Oesterreichs gestanden, und nun werde ich ihnen zeigen, daß wir ihre Herren sind — wir dürfen nicht weiter, fügte er noch bei, sonst lasse er uns zusammenfeuern." Zu Letzterem zeigte sich das liebe Völkchen auch bereit. Zwei Mädchen, die eben daher kommend, das ganze Spektakel mit ansahen und hörten, schritten zu unseren Gunsten bei diesen Wahnsinnigen ein, doch konnten diese guten Geschöpfe wenig für uns erreichen, denn daß Ende vom Liede war, daß wir uns bequemen mußten, statt nach Chiavenna, nach Colico zurück zu gehen, wohin uns eine wilde Horde von zwölf bewaffneten Insurgenten mit gespanntem Hahne in einem Wagen hinter uns begleitete.

Als wir in diesem schönen Aufzuge in Colico angekommen waren, brachte man uns in ein Gasthaus, und der Beamte der provisorischen Regierung eröffnete uns, wir müßten da so lange bleiben, bis unser Führer von Sondrio eine weitere

Ermächtigung gebracht hätte, daß wir wirklich über die Grenze gelassen werden dürfen. Den folgenden Tag — 29. März — kam die vorgeblich nöthige Versicherung von Sondrio an; man ließ den Pfaffen, die Ursache des ganzen Vorfalls, rufen, und derselbe begleitete uns — wieder blos zu unserer persönlichen Sicherheit — über Colico, damit uns das Volk ruhig passiren lasse, was ohne den elenden Pfaffen auch am vorhergehenden Tage schon geschehen wäre. Wir setzten an demselben Tage unsere Reise bis Chiavenna fort, wo wir um zwei Uhr Nachmittag anlangten.

Hier wurden wir vom Volke in Masse erwartet, und es lief uns in diesem langen Gebirgsorte schreiend und pfeifend nach. Wir wurden in ein Gasthaus gebracht, dessen Hof sich aber in einem Augenblicke mit dem nachgelaufenen Volke so sehr füllte, daß man das Thor absperren mußte, um den weiteren Andrang des Gesindels abzuwehren. Beim Aussteigen hatten wir Mühe, uns durch die bereits in den Hof eingedrungene Menge in den Speisesaal hindurch zu arbeiten. Kaum waren wir da etwa zehn Minuten gewesen, als sich die Thüre mit Gerassel öffnete und eine zügellose Horde mit Gewehren und Stöcken auf uns mit dem Zurufe eindrang: „Hunde von Deutschen, ihr sollt es nun büßen! — Da seht den Stock, dieser ist nun für euch! u. s. f." — Der Hauptmann machte ihnen eine Menge von Vorstellungen, während sich der uns schützen sollende Führer fast ganz leidend verhielt. Doch die Rasenden wollten auf keine Gründe hören, und von uns durchaus nicht ablassen. Allem Anscheine nach wäre es uns hier noch sehr schlecht ergangen, wenn nicht während dieser Scene der Ortsvorsteher gekommen wäre, welcher dem Volke begreiflich machte, daß, nachdem wir kapitulirt hätten, und uns die Stadt Sondrio in Folge dessen in die Heimath ziehen lasse, von ihnen ein solcher Vertrag respektirt werden müsse. Nach vielem Hin- und Herreden brachte er endlich diese Elenden zum Fortgehen.

Man stellte uns nun Wachen vor die Thüren und Fenster, und somit hatten wir Ruhe. — Wir wollten weiter fahren, doch von dem wollte man schon wieder nichts wissen, und gab vor, man müsse sich in Sondrio noch einmal anfragen, ob es auch wirklich wahr sei, daß wir über die Grenze gelassen werden dürfen. Zwei Nächte mußten wir sonach hier — wie Verbrecher bewacht — bleiben; denn sogar auf den Abort geleiteten uns Wachen. Das Essen war sonst gut, aber theuer, welches unserer magern Börse sehr wehe that. Während unseres Aufenthaltes zu Chiavenna brachte man auch unsere in Morbegno gefangenen Herren in dasselbe Gasthaus, ohne daß es uns jedoch möglich wurde, solche nur zu sehen.

Endlich kam am 31. der Ortsvorsteher und theilte uns mit, daß wir weiter reisen dürfen, zu welchem Behufe uns nun eigene Pässe ausgefertiget wurden. In der That kamen wir auch an demselben Tage weiter, wurden in jedem Orte wie früher wieder angehalten und visitirt, langten aber doch am selben Tage noch in Isola an.

Am 1. April ging es weiter an die heiß ersehnte Grenze, endlich über den Splügen. Als wir nun am Splügen da anlangten, wo die Mauthpost sich befindet, kamen die — früher österreichischen — bewaffneten Zollbeamten auf uns zu, und zwangen uns auszusteigen. Da sie an unseren Kappen noch die österreichischen Rosen bemerkten, so schlugen sie ihre Gewehre auf uns an mit dem Zurufe, die Rosen entweder allsogleich herabzuschneiden, oder sich über den Haufen schießen zu lassen, da sie gar nicht begreifen könnten, wie wir nur so keck sein können, diese ihnen verhaßten Zeichen bis jetzt noch auf den Kappen zu behalten.

Einer dieser Enthusiasten, dem Mars zum Taufpathen gestanden haben muß, warf ganz rabiat sein geladenes Gewehr vor uns mit dem Ausrufe in den Schnee: „Ja, wenn man diesen da erlaubt, mit ihrer Cokarde jetzt noch durch's

Land zu reisen, so ist es wohl bald mit der Freiheit Italiens geschehen!" — Was man diesem Bramarbas jedenfalls nachrühmen muß, ist, daß er wenigstens Seheraugen hatte Es blieb uns sonach nichts zu thun übrig, als auf diese gar so artige Aufforderung sich dem Unabweislichen zu fügen, und die Rosen abzunehmen. Endlich ließ man uns weiter ziehen, und wir langten Abends zu Andeer in der Schweiz an, wo man uns mit unendlicher Höflichkeit empfing, als man erfuhr, wir seien flüchtige österreichische Offiziere.

Von da reisten wir weiter über Chur, Feldkirch und Bludenz nach Innsbruck, und sofort wieder südlich herab nach Verona zu unsern theuren Waffengefährten, mit welchen wir dann das hohe Glück hatten, den ganzen, für unsere Waffen so höchst glorreichen Feldzug unten unserem greisen Helden-Marschall Radetzky mitzumachen.

---

## IV.

## Seefahrt und viertes Ueberschreiten der See-Alpen zur Ranzionirung.

### Leben der gefangenen Offiziere in Asti.

Von Genua aus fuhren wir bis Alessandria mit den nach Aqui bestimmten Herren zusammen, wo man uns von selben trennte, und den Weg nach Asti, von den reitenden Carabiniers eskortirt, einschlagen ließ.

In Asti angelangt wurden wir sehr gut empfangen, und im Gasthofe „Albergo reale“ einlogirt. Es kam uns da beiläufig so vor, wie Einem, der aus der Hölle in's Paradies versetzt wird. Denn wir speisten nicht nur recht billig und ausgezeichnet gut, sondern wir hatten auch noch völlige Freiheit, die wir in der schönen Umgebung und der jedenfalls interessanten Stadt wohl benützten.

Diese Wonnezeit, welche man mit allem Fug die goldene Epoche unserer schmachvollen Gefangenschaft nennen kann, dauerte jedoch nicht lange, denn ein an sich unerhebliches zweideutiges Wort genügte, um uns wieder die Zuchtruthe unserer Peiniger, nach so lange ersehnter und so kurz genossener Freiheit, nur um so härter fühlen zu lassen. Doch daß es so und nicht anders kommen mußte, ahnten wir ohnehin;

wir kannten in dieser Beziehung unserer Tyrannen seit den Märztagen hinlänglich; dieselben mußten ja zeitweise ihre Zügel nachlassen und dann wieder straffer anziehen, alles um uns nur mit der raffinirtesten Perfidie moralisch recht nach Herzenslust zu knebeln.

Die entscheidende Veranlassung bot diesmal folgender Zufall. Der Hauptmann Woller ging an einem dieser Tage irrig in einen Laden, um Zündhölzchen zu kaufen, wo statt derselben Pistolen und Säbel zu haben waren. Zu seinem und unserem Unglücke wurde er von einem Bürger gesehen, welchem dieses genügte, um die Anzeige zu machen, „ein gefangener österreichischer Offizier habe sich in dem Laden zwei Pistolen gekauft.“ Noch denselben Tag kam eine Kommission von 50 Personen, welche aus allen Ständen, von Beamten und Bürgern bis zum Straßenbettler herab, bestand, diese untersuchte uns zwar mit aller Höflichkeit und unter tausend Entschuldigungen, jedoch mit großer Strenge, und suchte hiebei sogar in den Betten und am Aborte, — der als zufällig abgesperrt erbrochen werden mußte — nach Waffen, aber natürlich fruchtlos.

Nach einem kaum viertägigen Aufenthalte in Asti legte man uns nach diesem Vorfall in eine Kaserne, vor deren Thor eine Wache gestellt wurde, welche uns die Grenze unserer neuen Freiheit bezeichnete.

Indessen speisten wir beim Markatender noch immer billig und gut, und blieben sonst unangefochten, bis die aus Alessandria kommenden gefangenen Herren ankamen, welchen man uns zugesellte, und mit denen wir bei der grimmigsten Hitze und einem ungeheuern Staube zu Fuß nach Savona transportirt wurden.

## Reise zur See nach Genua.

Der glückliche 31. August sah uns schon früh Morgens auf den Füssen; denn der Gedanke, diese sind die letzten Stunden unserer Gefangenschaft, ließ uns des Nachts wenig Ruhe finden — Zur festgesetzten Stunde standen wir mit unserem Ränzchen bereit; es kam der Feldkriegs-Commissär und ein Capitano der Nationalgarde, und diese führten uns 38 an der Zahl zum Hafen, wo wir um die achte Stunde an Bord des für uns bestimmten kleinen Dampfschiffes gebracht wurden. Die Anker wurden unmittelbar darauf gelichtet, und wir fuhren, die traurig uns nachsehenden Kameraden — welche uns zum Hafen begleitet hatten, — grüßend, von dannen.

Ein herrlicher Tag erhöhte den Genuß der Fahrt. Wir blieben Alle auf den Verdeck und ergingen uns im köstlichen Anblick des majestätischen Meeres, auf dem unser Schiff leicht dahinglitt.

Auf der einen Seite verschwand in der Ferne immer mehr und mehr das freundliche Savona mit seiner Citadelle, während auf der andern Seite Genua's Häusermasse und die solches umgebenden mächtigen Forts aus ungewissen in klaren Formen, wie aus dem Meeresspiegel am Horizonte hervortauchten. — Während zu unserer Rechten der Horizont mit dem Meere koste, blieb uns zur Linken die mit sehr netten Villen, Parks und Dörfern wie besäete Küste ziemlich nahe. Die See war völlig ruhig, so daß man in die theilweise dunkelblaue, theilweise aber wieder fast grüne Meerestiefe oft bis auf den Grund sehen und das Treiben seiner Bewohner, — über denen wir mit unserem Koloß hinweg fuhren, ohne daß sie die mindeste Notiz davon nahmen, — belauschen konnte.

Endlich verlor sich Savona ganz aus unseren Augen, und wir waren nahe an Genua's mastenreichem Hafen.

Je näher wir dieser unruhigen Stadt kamen, desto mehr Ursache hatten wir, auf unsern Empfang, und dieses mit allem Grunde gespannt zu sein, da dessen Bewohner sich schon bei unserem ersten kurzen Aufenthalte daselbst nicht am freundlichsten gegen uns gezeigt hatten. Hiezu kam noch der, in den letzten Tagen des August's hier stattgehabte Kravall, in Folge dessen das souveraine Gesindel — welches die Unruhestifter so gern Volk nennen — von der Regierung ertrotzte, daß die zwei Kastelle St. Giorgio und Castelletto welche die unruhige Stadt beherrschen und bis nun als Zaum dienten, von ihnen selbst demolirt werden, mit welcher Arbeit wir eine bedeutende Zahl solcher Volkssouveraine beschäftiget fanden, die sogar, wie man uns versicherte, selbst des Nachts ihr Vernichtungswerk fortsetzten.

Um 10 Uhr langten wir beim ersten Leuchtthurm an, bogen um den Hafendamm in die Einfahrt des weiten Hafens, den zweiten Leuchtthurm zur Rechten lassend, ein, und bald darauf wurde der Anker ausgeworfen, worauf das schwimmende Gebäude in der Nähe anderer fünf bis sechs — aber viel größerer Dampfschiffe stillstand. Unser Führer begab sich nun an's Land, um des Ausschiffens wegen das Weitere zu besorgen.

Wir hatten während seiner ziemlich langen Abwesenheit hinlängliche Zerstreuung an dem Beschauen des Auf- und Abwogens der Kähne, des Ein- und Ausfahrens von Schiffen und an dem ganzen Getriebe der in sehr großer Zahl hier vor Anker liegenden Handelsschiffe. Von Kriegsfahrzeugen war aber keine Spur zu entdecken; es fehlte da sogar an einem Wachtschiffe für den Hafen, denn der Admiral Albini scheint den letzten Kahn mit sich nach Venedig genommen zu haben. Unsere besondere Aufmerksamkeit zog eine noble Dame auf sich, welche in Begleitung ihrer Kamerzofe in einem Kahne in unsere unmittelbare Nähe kam, und zwischen den Scolen vor unsern Augen von einem Matrosen Unterricht im Schwimmen nahm. Diese Scene ergötzte uns höchlich; denn sie both wirklich nicht wenig Interesse und Stoff zu beißenden Bemerkungen, womit uns die Zeit unendlich schnell verging. Endlich fast gegen ein Uhr Nachmittag kam ein

den unserer Gefangenschaft, ließ uns des Nachts wenig Ruhe finden — Zur festgesetzten Stunde standen wir mit unserem Ränzchen bereit; es kam der Feldkriegs-Commissär und ein Capitano der Nationalgarde, und diese führten uns 38 an der Zahl zum Hafen, wo wir um die achte Stunde an Bord des für uns bestimmten kleinen Dampfschiffes gebracht wurden. Die Anker wurden unmittelbar darauf gelichtet, und wir fuhren, die traurig uns nachsehenden Kameraden — welche uns zum Hafen begleitet hatten, — grüßend, von dannen.

Ein herrlicher Tag erhöhte den Genuß der Fahrt. Wir blieben Alle auf den Verdeck und ergingen uns im köstlichen Anblick des majestätischen Meeres, auf dem unser Schiff leicht dahinglitt.

Auf der einen Seite verschwand in der Ferne immer mehr und mehr das freundliche Savona mit seiner Citadelle, während auf der andern Seite Genua's Häusermasse und die solches umgebenden mächtigen Forts aus ungewissen in klaren Formen, wie aus dem Meeresspiegel am Horizonte hervortauchten. — Während zu unserer Rechten der Horizont mit dem Meere koste, blieb uns zur Linken die mit sehr netten Villen, Parks und Dörfern wie besäete Küste ziemlich nahe. Die See war völlig ruhig, so daß man in die theilweise dunkelblaue, theilweise aber wieder fast grüne Meerestiefe oft bis auf den Grund sehen und das Treiben seiner Bewohner, — über denen wir mit unserem Koloß hinweg fuhren, ohne daß sie die mindeste Notiz davon nahmen, — belauschen konnte.

Endlich verlor sich Savona ganz aus unseren Augen, und wir waren nahe an Genua's mastenreichem Hafen.

Je näher wir dieser unruhigen Stadt kamen, desto mehr Ursache hatten wir, auf unsern Empfang, und dieses mit allem Grunde gespannt zu sein, da dessen Bewohner sich schon bei unserem ersten kurzen Aufenthalte daselbst nicht am freundlichsten gegen uns gezeigt hatten. Hiezu kam noch der, in den letzten Tagen des August's hier stattgehabte Kravall, in Folge dessen das souveraine Gesindel — welches die Unruhestifter so gern Volk nennen — von der Regierung ertrotzte, daß die zwei Kastelle St. Giorgio und Castelletto welche die unruhige Stadt beherrschen und bis nun als Zaum dienten, von ihnen selbst demolirt werden, mit welcher Arbeit wir eine bedeutende Zahl solcher Volkssouveraine beschäftiget fanden, die sogar, wie man uns versicherte, selbst des Nachts ihr Vernichtungswerk fortsetzten.

Um 10 Uhr langten wir beim ersten Leuchtthurm an, bogen um den Hafendamm in die Einfahrt des weiten Hafens, den zweiten Leuchtthurm zur Rechten lassend, ein, und bald darauf wurde der Anker ausgeworfen, worauf das schwimmende Gebäude in der Nähe anderer fünf bis sechs — aber viel größerer Dampfschiffe stillstand. Unser Führer begab sich nun an's Land, um des Ausschiffens wegen das Weitere zu besorgen.

Wir hatten während seiner ziemlich langen Abwesenheit hinlängliche Zerstreuung an dem Beschauen des Auf- und Abwogens der Kähne, des Ein- und Ausfahrens von Schiffen und an dem ganzen Getriebe der in sehr großer Zahl hier vor Anker liegenden Handelsschiffe. Von Kriegsfahrzeugen war aber keine Spur zu entdecken; es fehlte da sogar an einem Wachtschiffe für den Hafen, denn der Admiral Albini scheint den letzten Kahn mit sich nach Venedig genommen zu haben. Unsere besondere Aufmerksamkeit zog eine noble Dame auf sich, welche in Begleitung ihrer Kamerzofe in einem Kahne in unsere unmittelbare Nähe kam, und zwischen den Scolen vor unsern Augen von einem Matrosen Unterricht im Schwimmen nahm. Diese Scene ergötzte uns höchlich; denn sie both wirklich nicht wenig Interesse und Stoff zu beißenden Bemerkungen, womit uns die Zeit unendlich schnell verging. Endlich fast gegen ein Uhr Nachmittag kam ein

II. 11

Kahn mit einem Polizei-Offizier und unserem Führer. Man ließ uns in kleinen Parthien zu sechs an's Land steigen, vorgebend, man wolle bei der sehr unruhigen Stimmung des Volkes mit uns kein Aufsehen erregen. Ich dachte mir, am Lande nicht viel zu gewinnen, da man uns nicht sagte, wohin und wie wir in der Stadt untergebracht würden, und blieb sonach bis zu letzt, so daß ich erst um 3 Uhr an's Land kam. Man führte uns gleich auf das im Hafen befindliche Polizei-Bureau, wo man die freie Wahl erhielt, in ein oder das andere in der Nähe des Hafens gelegene Hotel nach Belieben Mehrere zusammen sich einzulogieren, wofür wir Anweisungen erhielten, mit dem Beisatze, uns in der Stadt selbst als ganz auf freiem Fuße zu betrachten.

Dieses klang endlich honett. Freudig nahmen wir unser Päckchen auf den Buckel, und ließen uns von den da in Masse stehenden, stets dienstwilligen Lazzaroni's in das von uns gewählte endlich einmal freie Logis führen, wo wir gleich jedem anderen Fremden sehr gut untergebracht wurden.

Wir speisten vortrefflich und gingen dann aus, um die Stadt zu besehen, wo man uns nicht das Geringste in den Weg legte. Einige besuchten das Theater, die Kirchen, besahen sich den Regierungs-Palast, die Börse und andere bemerkenswerthe Gebäude und ergingen sich auf dem einzig in seiner Art breiten und aus lauter Palästen gebildeten Hauptcorso.

Die Hafen-Batterien wurden ebenfalls besehen, unter welchen besonders jene ganz aus weißem Marmor unten in Form einer Gallerie und oben als eine 12 Schritt breite und 375 Schritt lange Terasse besonders bemerkenswerth ist. Während dieser Prachtbau auf der Stadtseite nur Werkstätten, Kramläden, Kaffeehäuser und Magazine hat, sind auf der Seeseite zwei Etagen angebracht, wovon die untere mit Kanonen bespickt, die obere aber mit Schußlöchern zum Kleingewehrfeuer versehen ist. Der Hafen ist gegen jeden Angriff kräftigst von dem ihn umklammernden Batterien geschützt, und es wäre keine kleine Aufgabe, sich der Stadt so von der See- als Landseite her bemächtigen zu müssen.

Erst spät Abends fanden wir uns daher zu Hause ein, um für den folgenden Tag uns in den herrlichen Kissen — deren wir so lange entbehrten — der Ruhe zu überlassen.

Gleich, als wir in den Gasthöfen parthienweise uns einlogirt hatten, kam vom Platz-Commando der uns schon vom ersten Hiersein wohl bekannte Oberlieutenant, und theilte uns das Nöthige hinsichtlich der weiteren Transportirung mit. Der Oberstlieutenant Baron Schneider erwirkte beim Gouverneur General v. Sonnaz für sich, dann den Oberlieutenant Baumgarten und mich die Erlaubniß, mit der Diligence auf eigene Kosten, aber direkt nach Mailand fahren zu dürfen, zu welchem Behufe uns eigends ein Paß ausgestellt wurde.

## Ranzionirung der Gefangenen in Bobbio.

(Mitgetheilt vom Unterlieutenant Karl Andreassy.)

Um 1 Uhr früh den 1. September standen für uns die Maulesel in den Gasthöfen bereit, und unter der Begleitung eines piemont. Platz-Hauptmanns wurde die Reise von Genua gegen Bobbio zu angetreten. Der Weg über die Apenninen war höchst romantisch, und nachdem wir nach Belieben gehen oder reiten konnten, die Hitze eben im Gebirge noch zu ertragen war, so konnten wir mit der Art unserer Transportirung bei dem besonders artigen Benehmen unseres Führers nur höchst zufrieden sein.

In froher Stimmung darüber sich immer mehr den Unsrigen zu nähern, durchzogen wir die herrlichsten Gegenden der Alpen, nahmen zwei am halben Wege in einem elenden Dorfe von unseren nach Bobbio transportirten Leuten krankheitshalber zurückgebliebene Gemeine auf, und langten am selben Tage in Toriglia an, wo man uns im Wirthshause sehr gut bequartirte und ebenso behandelte.

In diesem Dorfe fanden wir wieder drei Mann unserer durchmarschirten gefangenen Mannschaft, welche krank in Privathäusern zurückgeblieben waren Nachdem sie aber nach ihrer eigenen Aussage hier sehr gut gehalten wurden, so ließen wir solche um so mehr zurück, als wir der bereits aufgenommenen zwei Mann halber uns nicht noch mehr Unbequemlichkeit aufladen konnten

Am folgenden Tage ging die Reise auf engen Stegen, zwischen tiefen Abgründen, bald rechts, bald links, wie am ersten Tage bis nach Ottone, und am nächstfolgenden Tage auf gleiche Weise nach Bobbio fort, wo wir von einem Lieutenant des piemontesischen Regiments Sardegna übernommen wurden.

Am 4 September setzten wir unsere Reise wieder auf Maulthieren bis nach Alvergaro fort, von wo wir endlich mittelst Wägen nach Piacenza geführt und daselbst dem Korps-Kommandanten Feldmarschall-Lieutenant Grafen Thurn übergeben wurden.

Auch auf diesem sehr interessanten Theil der Reise wurden wir nicht nur von unserem zweiten Führer, sondern auch von allen Bewohnern jener Orte, durch welche wir passirten, mit aller Achtung und Zuvorkommenheit behandelt, und aus allen ihren Reden ging deutlich hervor, daß sie der kurz vorher erst erhaltenen guten Lektion eingedenk, sich nach nichts mehr, als nach einer friedlichen Lösung der selbst herbeigeführten Wirren sehnten, wobei sich aber stets der Haß gegen die Lombarden mächtig vernehmen ließ, welche sie als ihre Verführer bei dem tollen Angriff auf Oesterreich bezeichneten.

Unbeschreiblich waren unsere Freudengefühle, als wir uns nach so viel Schmach und so vielen erduldeten Leiden wieder unter den Fittichen des Doppelaars befanden, und in die Mitte von Kameraden kamen, welche unsere Befreiung mit ihrem Blutte erkämpft hatten.

## Ranzionirung der Gefangenen in Pavia.

An demselben Tage, an welchem die Mulipartie gegen Bobbio abrückte, reisten auch die zu Wagen bestimmten 16 Herren ab, bei welchen die Zahl für den zurückgebliebenen Oberstlieutenant Baron Schneider der Hauptmann Zergollern ergänzte, welcher seiner noch immer offenen Armwunde halber sich seit der ersten Zeit unseres Aufenthals in Genua daselbst noch im Militär-Spitale — nach seiner Aussage sehr gut gepflegt und mit aller Rücksicht behandelt — befand Diese Herren sollten mittelst Lohnkutscher in 4 Tagen bis Mailand transportirt werden, doch kam man hievon dahin ab, daß sie am ersten Tage nach Novi, den zweiten Tag bis Pavia fuhren, woselbst sie an das österreichische Stations-Kommando übergeben wurden, und am folgenden Tage nach Mailand abgingen, wo sie noch zeitlich genug anlangten, daher auch an demselben Tage das Glück hatten, unserm Heldenmarschall Grafen Radetzky vorgestellt zu werden. Im Hauptquartier wurden sie und alle übrigen, aus der Gefangenschaft zurückgelangten Herren gleich mit Geld, Kleidungsstücken und Wäsche — ein sehr willkommenes Geschenk — betheilt, worauf ein Jeder erst zu seinem betreffenden Truppenkörper einrückte.

Der Oberstlieutenant Baron Schneider, dann der Ober-Lieutenant Baumgarten und ich konnten erst um drei Uhr Nachmittags am 1. September, wie gesagt, auf eigene Kosten, mit der Diligence directe aus Genua nach Mailand abreisen. Als wir kurz vor dieser Stunde uns zur Post verfügten, begegneten wir dem Militär-Verpflegs-Adjunkt Dirnböck, welcher über unser Begegnen sehr erstaunt war, weil er uns schon seit mehreren Stunden über alle Berge unserem Ziele näher glaubte. Wir hörten zu unserem Vergnügen, daß mit ihm, so wie es bereits bestimmt war, die ganze zweite Abtheilung angekommen sei, woraus wir mit Bestimmtheit schließen konnten, daß nun auch der Rest der Herren ganz gewiß an den festgesetzten Tagen abrücken werde, — welches auch später geschah.

Bei der Post angelangt fanden wir eine ältliche Dame mit einem sehr schönen jungen Mädchen, welche eben zur Abreise mit demselben Wagen nach Mailand die dritte Stunde erwarteten. Der Oberstlieutenant Baron Schneider erkannte gleich auf den ersten Blick in ihnen jene beiden Damen, welche er schon bei seiner ersten Anwesenheit in Genua im Monat Juli, als es ihm in den ersten Tagen noch gestattet war, in der Stadt herumzugehen, gesehen hatte. Damals rief die jüngere, als sie seiner ansichtig wurde, ganz im Wiener Dialect: „Da schau mal her, liebe Tante! da sind österreichische Offiziere.“

Die beiden Damen waren Wienerinnen, — die jüngere kam im Fasching vor dem Ausbruche der März-Revolution in Wien und Italien nach Genua als erste Ballettänzerin, die ältere war ihre Tante und gleichzeitig ihre Ehrendame. Sie harrten gleich uns der Lösung der Geschicke durch das tapfere Schwert der Unsrigen, und der ganz besondere Zufall wollte es, daß wir so glücklich waren, sie zu Reisegefährtinnen zu bekommen. Daß uns dieser Zufall nur höchst angenehm sein konnte, dürfte wohl keiner meiner Leser bezweifeln.

Endlich schlug die heiß ersehnte Stunde für uns Alle, wir stiegen ein und in dieser beneidenswerthen Gesellschaft rollte der schwere Diligenzwagen aus der Stadt und die ganze Nacht fort bis zum Morgen des 2. Septembers, wo wir uns gegen 6 Uhr in Gravelone befanden. Vor der Brücke über den Po-Fluß stiegen wir aus dem Wagen, um dem ersten österreichischen Posten zu Fuß entgegen zu gehen.

Laut pochte das Herz im Busen, als wir der ersten Vedette uns nahten. Es war ein Mann des zweiten Wiener Freiwilligen-Bataillons, welcher als Hort der Seinigen hier am Posten stand. Dieser und die rückwärtigen Leute des Pikets waren über unsere maßlosen Freudenbezeigungen erstaunt, ja völlig verblüfft; die guten Wiener wußten freilich nicht, was das heißt, eine so schmachvolle Gefangenschaft durchgemacht zu haben.

Wir gingen zum Stations-Commando in Pavia, um uns vorzustellen, sofort nahmen wir ein Frühstück, während die Pferde gewechselt wurden, setzten uns dann wieder in den Wagen, und es ging jetzt auf demselben Wege, auf dem man uns vor kaum anderthalb Monaten in ganz entgegengesetzter Richtung, und mit sehr verschiedenen Gefühlen als Gefangene weggeführt hatte, in vollkommener Freiheit weiter nach Mailand, wo wir nach 10 Uhr Vormittags anlangten.

Unsere erste Sorge war, das treue, so lange vermißte Schwert an die Seite zu hängen, und sich dem vielgeliebten Heldenmarschall Grafen Radetzky vorzustellen, welcher uns noch vor Mittag höchst gnädig empfing, worauf wir noch den übrigen hohen Generälen im Hauptquartiere, so wie dem damaligen Stadt-Commandanten Feldmarschall-Lieutenant Felix Schwarzenberg uns vorstellten.

Somit hatten wir das Ende unserer moralischen Leiden erreicht, und konnten endlich wieder als Männer von Pflicht und Ehre, und von Loyalität gegen unsern Monarchen und das Gesammtvaterland durchdrungen uns völlig aufrichtend mit den übrigen Kameraden vereinen, um dem heiß ersehnten Wunsche auch zu genügen, das Höchste des Mannes, im Falle es wieder nöthig werden sollte, zum erneuerten Siege der Wahrheit und des Rechtes über Gewalt, Schein, Verrath und Lüge einzusetzen.

Erst jetzt trennte sich der Oberstlieutenant Baron Schneider von mir, ich aber rückte an einem der folgenden Tage, als ich meine am Ende Juli in Genua zurückgelassene Bagage hier beim Platz-Commando wieder unbeschädigt vorfand, zu meinem Regimente nach Lodi ein.

## Leben der gefangenen Offiziere in Ivrea und ihre Ranzionirung

(Mitgetheilt vom Unterlieutenant Emanuel v. Kriegsfeld.)

Mein Elend in der Rochetta des Kastells zu Mailand hatte mit dem siegreichen Vorrücken unserer Armee sein heiß ersehntes Ende erreicht; denn man transportirte mich und die Uebrigen in aller Eile über Pavia, wo wir tüchtig ausgepfiffen wurden, nach Piemont.

Es erging uns zwar im Piemontesischen besser, als in der Lombardie, doch nachdem man uns mittelst Telegraphen überall früher schon angesagt hatte, so blieben wir stets noch im besten Falle einige Stunden in jedem, nur etwas bedeutendem Orte der Neugierde des Volkes preisgegeben stehen. Unsere Reise-Route lautete eigentlich nach Genua, — doch kam eine Station vor Novara der Befehl, uns nach Alessandria zu transportiren, wohin auch gleich der Weg eingeschlagen wurde.

Die Bewohner Alessandria's erwarteten uns in Masse, und beschimpften uns und pfiffen uns nach Herzenslust aus. Wir wurden leider nicht in's Kastell, sondern in ein Gasthaus geführt, welches das zügellose Volk stürmen wollte, so daß die Nationalgarde zu unserem Schutze ausrückte, und das Gebäude besetzte, wofür auch sie vom Volke ausgepfiffen wurde. Sonst fühlten wir uns im Gasthause nicht schlecht, denn man wies uns schöne Zimmer an, und eine recht wohl bestellte Tafel befriedigte vollkommen unsere klaffenden Mägen. Auch die Bedienung und sonstige Behandlung war anständig. Doch die Rechnung, welche uns nach dem Mahle gebracht wurde, trug nicht sehr zur guten Verdauung bei, denn Jeder hatte für's Essen allein sechs, und für's Quartier noch überhin zwei Zwanziger zu bezahlen.

Des aufgeregten Volkes, wahrscheinlich aber der Nähe Radetzky's halber wollte man uns hier nicht lassen, und man gestattete uns selbst, von den bestimmten Stationen eine zu wählen; dieses wurde sonach durch's Loos entschieden, wobei es mich nach Ivrea zu gehen traf.

Als wir noch vor unserer Abreise die um uns herum stehenden Nationalgardisten ansprachen, um vielleicht doch etwas über den Stand des Krieges zu erfahren, da wir selbst kein Zeitungsblatt bekommen konnten, tischte uns ein Offizier derselben die krassesten Unwahrheiten auf; so erzählte er uns z. B., daß der piemontesische General Bava, auf den sie großen Werth legten, von drei österreichischen Soldaten meuchlings ermordet worden sei; — ferner, daß unsere gefangenen Kameraden zu Genua, wo man ihnen frei in der Stadt herumzugehen erlaubt habe, mit dem Civile handgemein geworden wären. Dieses sei auch der Grund, warum uns das Volk von Alessandria gar so schlecht aufgenommen habe.

Am folgenden Tage ging es nach Ivrea weiter, welche Reise wir ganz auf gleiche Art von Carabiniers bewacht, wie jene nach Alessandria machten, wobei wir aber kaum sechs Miglien von letzterer Stadt entfernt durch einen glücklichen Zufall über unsere Lage nähere Kunde erhielten.

Es wurde nämlich in einem kleinen Orte, dessen Namen mir bereits entfallen ist, angehalten, wo die Pferde gewechselt wurden, und uns der Eskort-Commandant erlaubte, in das zunächst liegende Wirthshaus zu gehen, um etwas zu sich zu nehmen. Da gleichzeitig auch die Diligence anlangte und ebenfalls ihre Pferde wechselte, so kamen die Passagiere auch in dasselbe Wirthshaus, wo wir waren. Unter diesen befand sich ein Buchhändler aus Prag, welcher in Geschäften in Genua war und nun zurückreiste. Dieser sprach uns gleich beim Eintritte in's Gastzimmer deutsch an, und erzählte uns, so schnell, als es eben nur die Zeit und unsere Wache — welche uns fortzuführen androhte — gestattete, das Wichtigste, was er über das siegreiche Vorrücken unseres Heeres aus den in Genua gelesenen Zeitungen wußte. Aus seinen Mittheilungen schöpften wir erneuerte Kraft und die sichere Hoffnung, daß nun unsere Auslösung bald erfolgen müsse. Alles, was man uns bis nun erzählt hatte, versicherte er, seien Lügen, wie nicht minder auch die Mittheilung hinsichtlich eines stattgehabten Konfliktes unserer Kameraden zu Genua mit dem Civile. Mit herzlichem Danke trennten wir uns von unserem Landsmann, um in ganz entgegengesetzter Richtung unsere beiderseitige Reise fortzusetzen. Indessen hatten wir den Balsam eingesogen und fühlten uns ob des Gehörten ganz glücklich.

In Ivrea angelangt, kam uns der piemontesische Platz-Major entgegen, führte uns für den ersten Augenblick in ein Gasthaus mit der Erklärung, wir seien im Orte auf's Ehrenwort ganz frei, und hätten uns nur täglich dreimal beim Platz-Commando zu melden.

In dem Gasthause, wo wir einlogirt waren, speisten wir nach Accord zu Mittag auf's ganze Monat für 40 Franks sehr gut. Es fand sich da gewöhnlich auch ein im Orte schon seit 20 Jahren ansässiger Tiroler ein, welcher uns nicht nur eine Menge Neuigkeiten brachte, sondern auch mit Zitherspielen und seinen Bauchrednerkünsten recht gut unterhielt. — Eines Tags kam auch um die Mittagsstunde ein alter Mann, der als Soldat in der piemontesischen Armee alle Feldzüge Napoleons mitgemacht hatte; er sprach ziemlich gut deutsch und war ganz glücklich, sich in dieser Sprache mit uns unterhalten zu können. Er gewann uns nach einigen Tagen endlich so lieb, daß er die Herren bat, ihn auf seinem, nahe an der Stadt liegenden Landhause zu besuchen, wozu es aber nicht kam, denn schon den sechsten Tag nach unserem Anlangen in Ivrea hatte unsere Freiheit ihr Ende erreicht, indem man uns aus dem Gasthause mit einer Menge von Umtrieben von Seite des Platz-Commando's endlich in's Invalidenhaus transportirte, und daselbst einsperrte.

Hier wurden uns des Nachts zwei Nachtposten vor die Thüre gestellt, und Niemanden ohne Ausnahme wurde gestattet, mit uns nur ein Wort zu reden, wozu noch kam, daß diese Gemächer von Ungeziefer wimmelten.

So lebten wir hier wie in einem Kerker, bis wir Behufs der Auswechslung weiter transportirt wurden.

Zu unserer Auswechslung transportirte man uns von Ivrea über Biella nach Arona an die Grenze.

Diese Rückreise glich ganz der Hinreise; denn an allen Orten, durch die man uns führte, harrte das Volk schon auf uns und empfing uns allenthalben unter Geschrei, Murren Pfeifen, Schimpfen und andern verächtlichen Kundgebungen dieser Art. Daß man uns natürlich überall Schildwachen vor die Thüre stellte, bedarf keiner Erwähnung, denn sonst hätte dem souverainen Volke wahrscheinlich die uns zuerkannte Behandlung noch immer viel zu nobel geschienen.

Als wir nun so in Arona anlangten, hieß es, wir müßten da bleiben, nachdem hier wegen unserer Auswechslung kein Befehl vorhanden sei. Was war zu thun? Man hielt uns an diesem Orte drei volle Tage auf, während welcher wir keiner geringen Gefahr ausgesetzt waren; denn bei unserem Anlangen schiffte sich gerade der General Garibaldi, — nachdem er den Tag zuvor sich von den Bewohnern von Arona 7000 Franks, Frucht ꝛc hatte geben lassen — mit seiner Räuberschaar unter Schießen und Schreien ein, was wir mit eigenen Augen vom Fenster des Gasthauses aus sahen. Wohl uns, daß er von unserer Ankunft nichts wußte, sonst hätte er uns ohne Zweifel gleich als gute Prise eben mitgenommen. Da man diesem Abenteurer, welcher sich mit seiner Schaar nach der Schweiz wandte, dort den Eintritt nicht gestattete, so wollte er wieder umkehren und nach Arona zurückkommen. Jeder kann sich über diese Hiobspost unseren Schrecken denken; doch es langte der Herzog von Genua an der Spitze von drei tausend Mann in Arona an, um sich dieses Räuberhäuptlings zu bemächtigen.

Diese Gelegenheit benützten wir, und stellten uns beim Herzoge mit der Bitte vor, unsere Ranzionirung in Sesto-calende gestatten zu wollen, welches er zwar Anfangs nicht zugeben wollte, endlich aber doch hierwegen die nöthigen Befehle ertheilte.

Ein unvergeßlich seliger Augenblick bleibt für uns Alle jener, als wir nach so vieler erduldeter Schmach und so großen Leiden als freie Männer wieder in den Kreis der Unsigen traten.

## Leben der gefangenen Offiziere in Cuneo und ihre Ranzionirung.

(Mitgetheilt vom Oberlieutenant Karl Pechar.)

Bei der dritten Abtheilung, welche am 2. August von Genua nach Cuneo transportirt wurde, befand sich auch der

Oberst Graf Wimpffen nebst 21 Offizieren, und unter diesen auch ich. An diesem Tage fuhren wir in sehr guten Wägen, begleitet von der Nationalgarde, welche aus lauter sehr artigen und ausgezeichneten Bürgern bestand, bis Savona. Schon auf dem Wege war das Volk in jedem, auch dem kleinsten Orte versammelt, um uns gehörig zu begaffen, ohne uns aber im Mindesten zu insultiren; dieses war aber besonders in Savona der Fall, denn die Neugierigsten kamen uns sogar mehrere Miglien weit entgegen, und Tausende von Menschen standen auf der Straße und in den Gassen, durch die man uns bis auf den Platz führte, wo wir abstiegen und in's Albergo grande geführt wurden. Beim Hinaufgehen in die elenden Bedientenzimmer, welche man uns knapp unter dem Dache anwies, mußten wir durch den Speisesaal gehen, welcher mit den Damen Savona's ganz angefüllt war, die uns ordentlich vor sich defiliren ließen, worauf man uns in dem Taubenschlage einsperrte, und Schildwachen vor die Thüren stellte.

Am folgenden Tage den 3. — fuhren wir bis Millesimo, wo wir zwar wieder in ein Gasthaus eingesperrt und alle Ausgänge mit Schildwachen besetzt wurden; da wir aber Lärm machten und uns solch eine niederträchtige Behandlung nicht gefallen lassen wollten, so ließ man uns im Orte ganz frei herumgehen.

Den nächsten Morgen ging es wieder weiter. Mittags langten wir in Mondovi an. Hier wurde, während wir speisten, die Eskorte gewechselt; worauf es weiter an den wahren Ort der Bestimmung ging. Unsere neuen Begleiter waren sehr artige Leute, welche höchlich über die Art unseres Empfanges und der weiteren Behandlung in Cuneo erstaunten.

So wie in Savona, kam man uns auch da eine ziemliche Strecke Weges entgegen, und als wir uns der das vorliegende Terra in dominirenden Stadt — einer geschleiften Festung — näherten, waren die Rumpfwälle gepfropft voll

Menschen, was zwar kein übles Panorama gab, für uns aber jedenfalls wenig Anziehendes both.

Durch die Masse des Volkes fahrend, hörte man wohl keine Beleidigungen, sondern nur die gegenseitigen Mittheilungen des Erstaunens über unser gutes Aussehen; denn diese armen Leute glaubten nicht nur, daß wir eben erst Gefangene vom Schlachtfelde seien, daher sie auch öfter da und dort riefen: „Evviva il Re Carlo Alberto! evviva Italia!“ (Es lebe der König Karl Albert, es lebe Italien!) — sondern erwarteten in uns nichts weniger, als zweibeinige nordische Bären zu finden.

Indessen ging es nicht Schritt für Schritt, sondern fast schleichend durch die Menge des Volkes in den Gassen immer weiter in die Stadt hinein. Die Gasse wurde endlich immer enger und enger, und siehe da, vor den uns von Mailand aus wohlbekannten hölzernen Verschlägen an den Fenstern blieb endlich der erste Wagen stehen, und der Oberst Graf Wimpffen, welcher in demselben saß, stieg aus und schritt in eine hart neben dem Gefängnißgebäude offen stehende Thüre. Ein Wagen nach dem andern fuhr nun zur verhängnißvollen Pforte hinein, um hier seinen Inhalt — nämlich uns Gefangene abzugeben. So kam die Reihe auch an den unsrigen; wir stiegen aus, und der Oberlieutenant Baron Maasburg, der mit im Wagen saß, suchte in demselben einen Augenblick seinen Reisesack, um ihn mitzunehmen, wobei er von dem uns zu Theil gewordenen Quartier so unangenehm überrascht war, daß er unwillkürlich halb laut ausrief: „Che brutto sito!“ (Welch' garstiger Ort!) Diese Ausrufung hörte ein für des Vaterlands Wohl besorgter, ergriff den Kameraden beim Arm und rief, indem er ihn zur Thüre hineinschob: „Va là, che è ancora per voi altri troppo bello!“ (Geh' hinein, für euch ist es noch zu schön!)

Wir waren zwar in keinem Kerker, doch aber in einer verlassenen elenden Kaserne, an die unmittelbar die Kriminal-Gefängnisse stießen. Dem Oberst:n gab man ein kleines Zimmer, das schlecht genug war, uns alle legte man aber daneben in einen ungeheuern Saal, dessen Fenster jenen der nahen Kerker gerade gegenüber standen, aus denen uns die Verbrecher Tag und Nacht zuriefen: Ciau Austr:aci! — Man hielt uns zudem strenger bewacht, als die nachbarlichen Halunken.

Was die Verpflegung betrifft, so konnten wir uns nicht beklagen, denn man sorgte für einen eigenen Traiteur, bei dem wir zu Mittag für einen Frank, dann früh und Abends nach Belieben sehr gut speisten.

Da aber der Oberst Graf Wimpffen Klage erhob, und dem Stadt-Commando androhte, er werde eine so schändliche Unterkunft, die man hier den Offizieren gab, durchaus nicht ruhig hinnehmen, sondern solches gehörigen Orts anbringen, kam am 3. Tage der Stadt-Commandant mit dem Feld-Kriegs-Commissär — das eigentliche Factotum — und sagte, daß, da die Seminaristen am Lande auf Ferien abwesend wären, man uns in das Seminar verlegen wolle, wo jeder Offizier sein eigenes kleines Zimmer erhalten werde. Dem war auch so; noch an demselben Tage spät Abends führte man uns wohl bewacht in Abtheilungen von fünf bis sechs dahin. — Auch der Traiteur aus der Kaserne kam mit. Doch bewacht waren wir auch da, denn man sagte uns, es sei zwar früher der Befehl gekommen, uns ganz frei in der Stadt herumgehen zu lassen, doch wäre diese Anordnung widerrufen und anbefohlen worden, uns nur zu unserer Sicherheit bewachen zu lassen. Bis auf diesen Uebelstand ging es uns in dem Seminar recht gut, und beinahe noch besser, als früher selbst in Genua. Wir hatten einen Invaliden des Platz-Commando's als Ordonnanz, welcher unsere Briefe auf die Post trug, und von da wieder die für uns angekommenen überbrachte.

Am 13 August kam endlich der Platz-Commandant und theilte uns mit, daß der Feldmarschall Graf Radetzky in Mailand eingezogen, und daß eine Capitulation von Seiten der beiden sich bekriegenden Armeen abgeschlossen worden sei, in Folge welcher wir nächster Tage, sobald der Plan unserer Transportirung fertig sei, — da man uns auf ganz andern Straßen absenden müsse, um nicht durch ihre Vorposten gehen zu dürfen — in die Lombardie zur Auswechslung werden abgehen können.

Jubel ohne Ende!

Nach einem zehntägigen Aufenthalte wurden wir am 14. August auf Omnibus-Wägen unter Bedeckung nach Savigliona geführt, wo sich an uns die daselbst mit dem General Schönhals befindliche Parthie der Gefangenen anschloß, worauf dann die Reise über Turin gegen Arona, als den zur Auswechslung bestimmten Ort, fortgesetzt wurde.

Als wir aber in Gatinara anlangten, kam ein Gegenbefehl hinsichtlich der Richtung des Marsches, es hieß nämlich, daß, nachdem der Freischaaren-Anführer Garibaldi mit seiner Horde Arona besetzt habe, gegen welchen bereits piemontesische Truppen ausgerückt seien, unsere Auswechslung an diesem Orte nicht mehr vor sich gehen könne, daß wir unseren Weg nach Novara nehmen müßten, was auch geschah.

In Novara langten wir um Mittag an, und speisten da. Auf das vom Obersten Grafen Wimpffen an den Gouverneur gemachte dringliche Ansuchen, uns noch an demselben Tag weiter zu befördern, welches uns von diesem gestattet wurde, fuhren wir in Begleitung von blos zwei Carabiniers über Buffalora nach Magenta, wo wir nach einer 9tägigen Reise im Hauptquartier des Feldmarschall-Lieutenants Haller anlangten.

Welche Freude wir empfanden, endlich nach so langen Leiden uns wieder unter unseren tapfern Kameraden zu sehen, das treue Schwert wieder an die Seite zu schnallen, um, so Gott es wolle, bei Wiedereröffnung des Feldzuges mit diesem für Kaiser, Vaterland, Recht und Ehre gleich ihnen zu kämpfen, und die uns zugefügte Schmach zu rächen, kann nur der ganz fassen, welcher es vermag, sich in die Lage unserer schändlichen Gefangenschaft ganz hineinzudenken.

Am folgenden Tage fuhren wir nach Mailand, hatten das ausgezeichnete Glück, unserem Heldenmarschall Grafen Radetzky vorgestellt zu werden, der uns gleich mit Geld, Kleidungsstücken und Wäsche betheilen ließ, um unsere erbärmliche Lage nach Kräften zu verbessern, worauf wir zu unseren Regimentern einrückten.

## Johann Garimberti, k. k. Beamter bei der Polizei-Central-Direktion in Mailand.

Auch ich war einer der Unglücklichen, welche bei der in Mailand am 18. März 1848 ausgebrochenen beweinenswürdigen Revolution zur Sättigung der rasenden Volkswuth von den Machthabern des Revolutions-Comité's mit um so größerer Lust als Opfer auserseben wurde, als ich seit 28 Jahren meinem Monarchen mit Treue und Eifer in einer diesen Rebellen verhaßten Sphäre diente, und hiezu noch von meinem gnädigsten Souverain, bei Gelegenheit Allerhöchstdessen Krönung in Mailand, mit der goldenen Civil-Ehren-Medaille ausgezeichnet ward.

Es war den 20. besagten Monats gegen 6 Uhr früh, wo ich gerade zwischen den häuslichen Wänden versuchte, die vor Furcht zitternde Gemahlin, dann meine 80jährige

12

auf die Post trug, und von da wieder die für uns angekommenen überbrachte.

Am 13 August kam endlich der Platz-Commandant und theilte uns mit, daß der Feldmarschall Graf Radetzky in Mailand eingezogen, und daß eine Capitulation von Seiten der beiden sich bekriegenden Armeen abgeschlossen worden sei, in Folge welcher wir nächster Tage, sobald der Plan unserer Transportirung fertig sei, — da man uns auf ganz andern Straßen absenden müsse, um nicht durch ihre Vorposten gehen zu dürfen — in die Lombardie zur Auswechslung werden abgehen können.

Jubel ohne Ende!

Nach einem zehntägigen Aufenthalte wurden wir am 14. August auf Omnibus-Wägen unter Bedeckung nach Saviglione geführt, wo sich an uns die daselbst mit dem General Schönhals befindliche Parthie der Gefangenen anschloß, worauf dann die Reise über Turin gegen Arona, als den zur Auswechslung bestimmten Ort, fortgesetzt wurde.

Als wir aber in Gatinara anlangten, kam ein Gegenbefehl hinsichtlich der Richtung des Marsches, es hieß nämlich, daß, nachdem der Freischaaren-Anführer Garibaldi mit seiner Horde Arona besetzt habe, gegen welchen bereits piemontesische Truppen ausgerückt seien, unsere Auswechslung an diesem Orte nicht mehr vor sich gehen könne, daß wir unseren Weg nach Novara nehmen müßten, was auch geschah.

In Novara langten wir um Mittag an, und speisten da. Auf das vom Obersten Grafen Wimpffen an den Gouverneur gemachte dringliche Ansuchen, uns noch an demselben Tag weiter zu befördern, welches uns von diesem gestattet wurde, fuhren wir in Begleitung von blos zwei Carabiniers über Buffalora nach Magenta, wo wir nach einer 9tägigen Reise im Hauptquartier des Feldmarschall-Lieutenants Haller anlangten.

Welche Freude wir empfanden, endlich nach so langen Leiden uns wieder unter unseren tapfern Kameraden zu sehen, das treue Schwert wieder an die Seite zu schnallen, um, so Gott es wolle, bei Wiedereröffnung des Feldzuges mit diesem für Kaiser, Vaterland, Recht und Ehre gleich ihnen zu kämpfen, und die uns zugefügte Schmach zu rächen, kann nur der ganz fassen, welcher es vermag, sich in die Lage unserer schändlichen Gefangenschaft ganz hineinzudenken.

Am folgenden Tage fuhren wir nach Mailand, hatten das ausgezeichnete Glück, unserem Heldenmarschall Grafen Radetzky vorgestellt zu werden, der uns gleich mit Geld, Kleidungsstücken und Wäsche betheilen ließ, um unsere erbärmliche Lage nach Kräften zu verbessern, worauf wir zu unseren Regimentern einrückten.

## Johann Garimberti, k. k. Beamter bei der Polizei-Central-Direktion in Mailand.

Auch ich war einer der Unglücklichen, welche bei der in Mailand am 18. März 1848 ausgebrochenen beweinenswürdigen Revolution zur Sättigung der rasenden Volkswuth von den Machthabern des Revolutions-Comité's mit um so größerer Lust als Opfer ausersehen wurde, als ich seit 28 Jahren meinem Monarchen mit Treue und Eifer in einer diesen Rebellen verhaßten Sphäre diente, und hiezu noch von meinem gnädigsten Souverain, bei Gelegenheit Allerhöchstdessen Krönung in Mailand, mit der goldenen Civil-Ehren-Medaille ausgezeichnet ward.

Es war den 20. besagten Monats gegen 6 Uhr früh, wo ich gerade zwischen den häuslichen Wänden versuchte, die vor Furcht zitternde Gemahlin, dann meine 80jährige

12

Mutter und sieben weinende Kinder, welche alle zusammen einen herzzerreißenden, rührenden Anblick gewährten, zu trösten, als ein Haufe bis an die Zähne bewaffneten Pöbels in meine Wohnung drang, und mich aus den Arm.n meiner erschrockenen, jammernden und händeringenden Familie riß.

Diese Horde stützte sich hiebei auf einen Befehl des borromäischen Hauses, und führte mich auch wirklich in dasselbe unter einem Strom von Beschimpfungen der empörendsten Art, die man auf mich am Hinwege schleuderte.

Hier angelangt trat mir der expensionirte und mit dem Orden der eisernen Krone ausgezeichnete Zaffanelli entgegen, und nöthigte mich, unter dem Vorwande, um Blutvergießen, wo möglichst zu ersparen, in Gesellschaft des schon gefangen genommenen Lieutenants Sacchi, dann von einer Menge bewaffneten Volkes begleitet, mich zur Kaserne St. Bernardino zu begeben, um den Hauptmann Gnoato, der sich damals dort noch als Kommandant eines Polizei-Wacht-Corps-Detachements vertheidigte, zur Uebergabe der Waffen aufzufordern. — Ich weigerte mich, solches zu thun, doch dieses fruchtete nichts, und ich mußte der Macht weichen, die mich mit Androhung des Todes mit sich fortriß. Um nicht nutzlos mein Leben zu opfern, sah ich mich bei der Kaserne angelangt in die schwierigste aller Lagen versetzt, den mir in die Hände gesteckten Brief einem Feldwebel des genannten Detachements zu übergeben, welcher sich bei unserem Erscheinen am Thore zeigte. Als nun dieser Feldwebel die Antwort überbrachte, wurde ich wieder in das borromäische Haus zurückgeführt.

Zaffanelli und ein Bruder Prinetti's, die mich dorthin begleiteten, waren über die erhaltene abschlägige Antwort höchst erbittert und versuchten nun wieder durch Drohungen mich dahin zu bewegen, mich zum zweiten Mal zum obenbenannten Hauptmann zu begeben, und ihm zu bedeuten, daß man die Kaserne alsogleich anzünden werde, wenn er sie nicht alsbald verlassen sollte. Indessen scheiterten alle ihre Drohungen, die man nun gegen mich vorbrachte, an meiner Standhaftigkeit, da ich mit Entschlossenheit erklärte, diesem Auftrag nicht nachkommen zu wollen.

Am Abende führten mich die zu meiner Bewachung aufgestellten Häscher zum Grafen Boromeo, welcher Alles that, um mich zu vermögen, bei den Rebellen Dienste zu nehmen. Ich wies aber alle mir gemachten Anträge und Versprechungen mit dem Beisatze zurück, daß, wenn auch die Oesterreicher, von einer so großen Uebermacht überfallen, für den Augenblick nachgeben und sich zurückziehen müßten, sie doch in kurzer Zeit ihre Rechte wieder erlangen, und in den Besitz Italiens kommen werden. Am Schlusse fügte ich noch bei, es sei mir lieber, das Elend einer Gefangenschaft zu ertragen, als mich eines Meineides schuldig zu machen.

Nach dieser Besprechung brachte man mich in ein Zimmer, sperrte mich ein, bewachte und behandelte mich gleich dem größten Verbrecher bis zum 25. desselben Monats Abends.

An diesem Tage wurde ich in den Palast „al Marino" geführt — dem damaligen Sitz der despotischen Empörer, welche sich aus eigener Machtvollkommenheit zu Gliedern des Central-Comité's aufgeworfen hatten. Unter Schmähungen jeder nur erdenklichen Art dort angelangt, stellte man mich dreien, mir ganz unbekannte Individuen vor. Dieses Kleeblatt von Diktatoren machte mir eine Menge Vorwürfe und rechnete es mir als Verbrechen an, mit Eifer meinem Kaiser treue Dienste geleistet zu haben. Als man nun Alles an mir fruchtlos versucht hatte, um mich vielleicht doch noch auf irgend eine Weise zum Treubruche und Verrathe an der gerechten Sache zu bewegen, wurde ich in den Kerker des Kriminalgerichtes abgeführt.

Als man mich auf dem Wege dahin durch ein anderes Zimmer des genannten Palastes führte, wurde ich von einem gewissen Titus Brambilla bedroht, mir in's Gesicht zu spuken. Endlich ging, als ob die ohnehin starke Bedeckung für mich noch nicht hinreichend gewesen wäre, mir Elias Polli, Hauptmann der allgemeinen Sicherheit, mit 2 gespannten Pistolen zur Seite, indem er mir androhte, mich gleich niederzuschießen, falls ich nur die geringste Miene zur Flucht machen sollte.

Die Qualen, die ich in diesem Kerker durch 130 Tage erdulden mußte, übersteigen alle menschlichen Begriffe; denn man hielt mich da wie ein wildes Thier in einer Menagerie zum allgemeinen Spotte solcher Missethäter ausgesetzt, gegen welche ich früher zum Besten der allgemeinen Sicherheit und kraft meiner Pflicht gehandelt hatte. Der Kerkermeister Ceruti ließ seine eiserne Hand auf mir ruhen, und er trug keine Scheu, mich auf die gemeinste, feigste Art zu bedrücken, indem er mich in jeder Beziehung nicht mit der pflichtmäßigen Strenge, sondern mit Verachtung und der ausgesuchtesten Schändlichkeit behandelte. Zum Beweise hiefür will ich nur anführen, daß er sich dem Antrage eines bevollmächtigten Richters, welcher in meine Kerkerstube kam und beabsichtigte, den hölzernen Verschlag vor dem Fenster wegnehmen zu lassen, damit ich freier Luft schöpfen könnte, widersetzte; — auch erlaubte sich dieser Nichtswürdige ganz eigenmächtig, für die Auslagen meiner Ernährnng, — die mir gleich jedem Anderen in Folge Anordnung des provisorischen Guberniums zu Theil wurde — alle bei meiner persönlichen Durchsuchung mir abgenommenen und sequestrirten Sachen von Werth, vorgeblich als Bürgschaft der Bezahlung, die ich zu leisten hätte, zu behalten.

Am 29. Juli führte man mich aus diesem Kerker und wollte mich mit Schließeisen belegen; doch gab man endlich meinen langen entschlossenen und unabänderlichen Bitten Gehör und ersparte mir einen solchen Schimpf.

Ich wurde nun nach Alessandria — im Königreich Piemont — abgeführt, und am 30. desselben Monats in der

Citadelle in einen Kerker geworfen, wo ich als Staatsgefangener behandelt wurde.

Nur um anzudeuten, mit welcher beispiellosen Strenge man mich hier behandelte, dürfte es genügen, blos anzuführen, daß die Kosten meiner Erhaltung in sieben Tagen kaum den armseligen Betrag von 4 italienischen Lire und 2 Centesimi (1 fl. 35 kr. C.-M.) erreichten.

Am 5. August brachte man mich aus der Citadelle in das sogenannte Stabilimento penitenziario, wo ich mit mehr Schonung behandelt wurde, bis ich endlich in Folge des zwischen dem Feldmarschall Grafen Radetzky und dem König von Piemont geschlossenen Vertrages, in der nächsten Nacht aus dem genannten Strafhause befreit und bis Gravelone an die Grenze Piemonts von den königlich sardinischen Carabiniers eskortirt worden bin. Hier wurde ich dann Nachmittag den 14. desselben Monats auf freien Fuß gesetzt.

Kaum hatte ich den österreichischen Boden betreten, als ich schon von einem Offizier des österreichischen Pikets mit aller Höflichkeit empfangen wurde. Ich setzte nun meine Reise über Pavia nach Mailand fort, wo ich auch am Abende desselben Tages noch anlangte.

Hier fand ich endlich das Ende meiner Leiden, und mein Herz öffnete sich der süssesten Hoffnung einer glücklichen Zukunft unter der Aegide meines geliebten Monarchen und im Schooße meiner treuen Familie, welche von Entzücken überströmte, mich nach so schrecklichen Leiden und Gefahren noch wohlerhalten in ihrer Mitte wieder zu sehen.

---

# Namentliches Verzeichniß

aller

in der Lombardie gefangenen österreichischen Offiziere, Beamten, Militär-Aerzte und Geistlichen nebst der Angabe der Orte, wo dieselben festgehalten wurden.

## I.

## K. K. Offiziere:

Herr Georg v Schönhals, Generalmajor seit 24. September 1846 Brigadier in Cremona, befand sich gefangen zu Mailand, Brescia, dann zu Genua und Savigliano.

Herr Wilhelm Baron Blumenkron, Hauptmann im Generalstabe seit 1. Juni 1845, befand sich in Gefangenschaft zu Mailand, Brescia, dann zu Genua und Savigliano.

### Vom Kaiser Franz Joseph Infanterie-Regiment Nro. 1.

Herr Franz Graf Thun, Oberlieutenant seit 15. Mai 1847, befand sich in Gefangenschaft zu Mailand, Genua und Savigliano.

Herr Robert Cracroft, Lieutenant seit 6. Febr. 1844, befand sich gefangen zu Mailand, Genua und Savigliano.

Herr August Pokels, Lieutenant seit 16. Oktober 1846, befand sich gefangen zu Mailand, Genua und Savigliano.

## Vom Baron Prohaska Infanterie-Regiment Nro. 7

Herr Joseph Braunmüller, Oberstlieutenant seit 1. Oktober 1847, befand sich gefangen zu Mailand, Como, Genua, Asti und Savona.

Herr Anton Königsbrunn, Hauptmann seit 18. Dezember 1838, befand sich gefangen zu Mailand, Como, Genua, Asti und Savona.

Herr Anton Woller, Hauptmann seit 1. Mai 1843, befand sich gefangen zu Mailand, Como, Genua, Asti und Savona

Herr Eugen Weiß, Hauptmann seit 16. Juni 1847, befand sich gefangen zu Mailand, Genua, Acqui und Savona.

Herr Carl Schmitz, Oberlieutenant seit 11. Octob. 1845, befand sich gefangen zu Mailand, Genua, Acqui und Savona.

Herr Alexander Conte Miari, Oberlieutenant seit 17. März 1847, befand sich gefangen zu Mailand, Como, Genua, Asti und Savona.

Herr Jos. Wölfel, Lieutenant seit 16. März 1848, befand sich gefangen zu Mailand, Como, Genua, Asti und Savona.

Herr Karl Kastenholz, Lieutenant, befand sich gefangen zu Mailand, Como, Genua und Pignerolo.

Herr Eugen Aichinger, Lieutenant, befand sich gefangen zu Mailand, Genua und Pignerolo.

Herr Karl Pelzl, Lieutenant, befand sich gefangen zu Mailand, Genua, Acqui und Savona.

Herr Thomas Mühsammer, Lieutenant, befand sich gefangen zu Mailand, Como, Genua und Pignerolo.

Herr Joh. Leschanovsky, Lieutenant, befand sich gefangen zu Mailand, Como, Genua und Pignerolo.

Herr Karl Placzek, Lieutenant seit 1. Juni 1847, befand sich gefangen zu Mailand und zu Como.

## Graf Mazzuchelli Infanterie-Reg. Nro. 10.

Herr Eduard Rottée, Hauptmann seit 1. Jänner 1840, befand sich gefangen zu Mailand, Brescia, Genua und Cuneo.

## Prinz Hohenlohe Infanterie-Regiment Nro. 17.

Herr Joseph Tyssen, Lieutenant. befand sich gefangen zu Mailand, Brescia, Genua und Pignerolo.

## Baron Reisinger Infanterie-Reg. Nro. 18.

Herr Karl Drahokaupil, Hauptmann seit 1. Jänner 1845, befand sich gefangen zu Mailand, Genua und Mondovi.

## Fürst Schwarzenberg Infanterie-Reg. Nro. 19.

Herr Karl Rath, Lieutenant seit 1. Sept. 1839, befand sich gefangen zu Mailand, Bergamo, Genua und Cuneo.

## Baron Paumgarten Infanterie-Reg. Nro. 21.

Herr Jos. Kuberth, Hauptmann seit 15. März 1843, befand sich gefangen zu Mailand, Genua und Mondovi.

Herr Hermann Knappel, Oberlieutent seit 1. Juni 1847, befand sich gefangen zu Mailand, Genua und Fossano.

Graf Ceccopieri Infanterie-Regiment Nro. 23.

Herr Jakob Zaghen, Major, befand sich gefangen zu Mailand, Cremona, Genua und Savona.

Herr Franz Merkel, Hauptmann seit 16. Mai 1836, befand sich gefangen zu Mailand, Cremona und Savona.

Herr Jos. Delzer, Hauptmann seit 1. Nov. 1844, befand sich gefangen zu Mailand, Brescia, Cremona, Genua und Savigliano.

Herr Anton Schennet, Oberlieuteuant seit 16. Dezember 1847, befand sich gefangen zu Mailand, Brescia, Cremona, Genua und Savigliano.

Herr Anton Confalonieri, Hauptmann, befand sich gefangen zu Cremona und Ivrea.

Herr Costantin Govarcsin, Oberlieutenant seit 16. Dezemb. 1847, befand sich gefangen zu Mailand, Brescia, Cremona, Genua und Savigliano.

Herr Jos. Berlekovich, Oberlieutenant seit 16. Febr. 1844, befand sich gefangen zu Mailand, Brescia, Cremoua, Genua und Savigliano.

Herr Albin Gröller, Lieutenant seit 16. März 1844, befand sich gefangen zu Mailand, Brescia, Cremona, Genua und Savigliano.

Herr Otto Baron Uslar, Lieutenant seit 8. Jänner 1847, befand sich gefangen zu Mailand, Brescia, Cremona, Genua und Savigliano.

Herr Friedrich Hennig, Lieutenant seit 16. Dez. 1847, befand sich gefangen zu Mailand, Brescia, Cremona, Genua und Savigliano.

Herr Peter Galassy, Lieutenant seit 10. Dezemb 1847, befand sich gefangen zu Mailand, Brescia, Cremona, Genua und Savigliano

Herr Adolf Preveden, Lieutenant seit 7. Okt. 1844, befand sich gefangen zu Mailand, Brescia, Cremona, Genua und Savigliano.

Herr Giminian Parisini, Lieutenant seit 1. August 1845, befand sich gefangen zu Mailand, Brescia, Cremona, Genua und Savigliano.

Herr Heinrich Roch, Lieutenant seit 1. Mai 1843, befand sich gefangen zu Mailand, Brescia, Cremona, Genua und Savigliano.

## Baron Piret Infanterie-Regiment Nro. 27.

Herr Joh. Burggaller, Oberlieutenant seit 16. März 1846, befand sich gefangen zu Genua und Alba.

Herr Franz Filz, Lieutenant seit 13. Februar 1846, befand sich gefangen zu Genua und Alba.

Herr Anton Eder, Lieutenant seit 20. April 1848, befand sich gefangen zu Genua und Alba.

## Graf Nugent Infanterie-Regiment Nro. 30.

Herr Ignaz Potakowsky, Lieutenant, befand sich gefangen zu Savona.

Herr Friedrich Steinmetz, Lieutenant, befand sich gefangen zu Savona.

## E. H. Franz Ferdinand d'Este Inf.-Reg. Nro. 32.

Herr Wilhelm Baumgarten, Oberlieutenant, befand sich gefangen zu Alessandria, Acqui und Savona.

## Graf Gyulay Infanterie-Reg. Nro. 33.

Herr Georg Benko, Lieutenant, befand sich gefangen zu Mailand, Cremona, Genua und Signerolo.

Herr Michael Binder, Lieutenant, befand sich gefangen zu Mailand, Pavia, Genua nnd Signerolo.

## Graf Haugwitz Infanterie-Reg. Nro. 38.

Herr Coloman Freiherr Wimpfen, Major seit 4. Juni 1847, befand sich gefangen zn Mailand, Brescia, Genua und Alba.

Herr August Keiter, Hauptmann seit 1. Jänner 1841, befand sich gefangen zu Mailand, Brescia, Genua und Alba.

Herr Paul Gobato, Oberlieutenant seit 1. Juni 1843, befand sich gefangen zu Mailand, Bergamo, Genua und Alba.

Herr Michael Mihanovic, Oberlieutenant, befand sich gefangen zu Mailand, Brescia und Ivrea.

Herr Samuel Levay, Lieutenant seit 1. Nov. 1840, befand sich gefangen zu Mailand, Brescia, Genua und Alba.

## Baron Geppert Infanterie-Reg. Nro. 43.

Herr Franz Zergollern, Hauptmann seit 1. Oktober 1841, befand sich gefangen zu Mailand, Monza und Genua.

Herr Franz Kottas, Oberlieutenant seit 1. Juni 1839, befand sich gefangen zu Mailand, Lecco, Genua und Cuneo.

Herr Julius Blaschke, Oberlieutenant seit 1. Dezember 1839, befand sich gefangen zu Bergamo.

Herr Ferdinand Kriegsfeld, Oberlieutenant seit 1. Jänner 1840, befand sich gefangen zu Mailand, Bergamo, Genua, Acqui und Savona.

Herr Nikolaus Baron Maaßburg, Oberlieutenant seit 1. Mai 1844, befand sich gefangen zu Mailand Lodi, Genua und Cuneo.

Herr Karl Péchar, Oberlieutenant seit 1. Juli 1843, befand sich gefangen zu Mailand, Monza, Genua und Cuneo.

Herr Anton Kriegsfeld, Lieutenant, befand sich gefangen zu Mailand, Monza, Genua, Acqui und Savona.

Herr Diego Karwinsky, Lieutenant seit 30 September 1839, befand sich gefangen zu Mailand, Lecco, Genua und Cuneo.

Herr Hermann Steiner, Lieutenant seit 16. Dezember 1847, befand sich gefangen zu Mailand, Genua und Cuneo.

Herr Jos. Fiedler, Lieutenant seit 14. Juni 1844, befand sich gefangen zu Mailand, Monza, Genua und Cuneo.

Herr Karl Andrassy, Lieutenant seit 16. Dez. 1847, befand sich gefangen zu Mailand, Monza, Genua, Acqui und Savona.

Herr Emanuel Kriegsfeld, Lieutenant seit 16. Dezemb. 1847, befand sich gefangen zu Mailand, Monza, Genua und Ivrea

Herr Otto Dormann, Lieutenant seit 1. Febr. 1848, befand sich gefangen zu Mailand, Genua und Cuneo.

Herr August Piazza, Lieutenant seit 16. Febr. 1848, befand sich gefangen zu Mailand, Lecco, Genua und Cuneo.

## Erzherzog Albrecht Inf.-Reg. Nro. 44.

Herr Gustav Graf Wimpffen, Oberst seit 24. Febr. 1844, befand sich gefangen zu Mailand, Brescia, Cremona, Genua und Cuneo.

Herr Wenzel Macchio, Oberstlieutenant seit 24. Febr. 1844, befand sich gefangen zu Mailand, Brescia, Cremona, Genua und Mondovi.

Herr Leopold Koch, Major seit 23. Februar 1845, befand sich gefangen zu Mailand, Brescia, Cremona, Genua und Fossano.

Herr Karl Merkl, Hauptmann seit 16. Mai 1836, befand sich gefangen zu Mailand, Brescia, Cremona, Genua und Cuneo.

Herr Jakob Manegga, Hauptmann seit 15. März 1839, befand sich gefangen zu Mailand, Brescia, Cremona, Genua und Mondovi.

Herr Ferdinand Schiller, Hauptmann seit 1. Juni 1839, befand sich gefangen zu Mailand, Brescia, Cremona, Genua und Mondovi.

Herr Karl Kaim, Hauptmann seit 16. Nov. 1842, befand sich gefangen zu Mailand, Brescia, Cremona, Genua, Acqui und Savona.

Herr Andreas Gerhauser, Hauptmann seit 1. Dezemb. 1842, befand sich gefangen zu Mailand, Genua und Cuneo.

Herr Karl Hugelmann, Hauptmann, befand sich gefangen zu Cremona nnd Pignerolo.

Herr Franz Freiherr Rodenstein, Hauptmann seit 4. Oktober 1844, befand sich gefangen zu Mailand, Brescia, Cremona, Genua und Fossano.

Herr Ferdinand Freiherr Villani, Hauptmann seit 1. Nov. 1844, befand sich gefangen zu Mailand, Brescia, Cremona, Genua und Mondovi.

Herr Jos. Karassek, Hauptmann seit 8. Dez. 1847, befand sich gefangen zu Mailand, Brescia, Cremona, Genua und Fossano.

Herr Joh. Suppanchich, Hauptmann seit 16. Dezemb. 1847, befand sich gefangen zu Mailand, Brescia, Cremona, Genua und Cuneo.

Herr Wilhelm Zellenkay, Lieutenant seit 1. Juni 1847, befand sich gefangen zu Mailand, Brescia, Cremona, Genua und Fossano.

Herr Franz Forni, Lieutenant seit 1. Sept. 1847, befand sich gefangen zu Mailand, Brescia, Cremona, Genua und Mondovi.

Herr Heinrich Millossovich, Lieutenant seit 8. Oktober 1846, befand sich gefangen zu Mailand, Brescia, Cremona, Genua und Mondovi.

Herr Jakob Assenmacher, Lieutenant seit 8. Dezember 1847, befand sich gefangen zu Mailand, Brescia, Cremona, Genua und Mondovi.

Herr Karl Oechs, Lieutenant seit 8. Dezember 1847, befand sich gefangen zu Mailand, Brescia, Cremona und Pignerolo.

Herr Heinrich Hugelmann, Lieutenant seit 1. Oktob. 1847, befand sich gefangen zu Mailand, Brescia, Cremona, Genua und Fossano.

Herr Franz Melcher, Lieutenant, befand sich gefangen zu Mailand, Brescia, Cremona und Pignerolo.

Herr Anton Dienstl, Lieutenant, befand sich gefangen zu Mailand, Brescia, Cremona und Pignerolo.

Herr Georg Plakvitz, Lieutenant, befand sich gefangen zu Mailand, Brescia, Cremona und Pignerolo.

Herr August Kosmak, Lieutenant seit 16. Aug. 1847, befand sich gefangen zu Mailand, Brescia, Cremona, Genua und Mondovi.

## Erzherzog Sigismund Inf.-Reg. Nro. 45.

Herr Ludw. Baron Schneider von Arno, Oberstlieutenant, befand sich gefangen zu Mailand, Bergamo, Genua Acqui und Savona.

Herr Wilhelm Puppi, Oberlieutenant seit 16. Dezemb. 1847, befand sich gefangen zu Mailand, Bergamo, Genua und Alba.

Herr Emanuel Mitscherling, Oberlieutenant seit 15. Juni 1845, befand sich gefangen zu Mailand, Bergamo, Genua und Alba.

## E. H. Ernst Inf.-Reg. Nro. 48.

Herr Franz Ebeling, Oberlieutenant seit 15. Jän. 1842, befand sich gefangen zu Mailand, Brescia, Genua und Savigliano.

Herr Ignaz Guckler, Lieutenant, befand sich gefangen zu Mailand und Pignerolo.

## Prinz Emil von Hessen Inf.-Reg. Nro. 54.

Herr Anton Saamen, Hauptmann, befand sich gefangen zu Savona.

Herr Johann Weißbarth, Hauptmann, befand sich gefangen zu Savona.

Herr Philipp Widmann, Hauptmann, befand sich gefangen zu Savona.

Herr Johann Dölzer, Hauptmann, befand sich gefangen zu Savona.

Herr Nikolaus Kaurieniecki, Oberlieutenant, befand sich gefangen zu Savona.

Herr Georg Jossiphovich, Oberlieutenant, befand sich gefangen zu Savona.

Herr Ernst Koczizka, Oberlieutenant, befand sich gefangen zu Savona.

Herr Adolf Graf Baudissin, Lieutenant, befand sich gefangen zu Savona.

Herr Daniel Vollovics, Lieutenant, befand sich gefangen zu Savona.

## Grenz-Regiment Nro. 2.

Herr Georg Skarich, Lieutenant seit März 1833, befand sich gefangen zu Mailand, Bergamo, Genua und Mondovi.

## Szluiner Grenz-Infanterie-Reg. Nro. 4.

Herr Johann Maglich, Hauptmann, befand sich gefangen zu Alessandria, Genua und Savona.

Herr Stephan Tkalezz, Lieutenant seit 1. April 1833, befand sich gefangen zu Mailand, Bergamo, Genua und Savona.

## Warasdiner Kreuzer-Grenz-Inf.-Reg. Nro. 5.

Herr Nikolaus Boichetta, Hauptmann seit 16. April 1840, befand sich gefangen zu Mailand, Como, Genua, Asti und Savona.

Herr Jos. Trechich, Hauptmann seit 3. Febr. 1843, befand sich gefangen zu Mailand, Como, Genua, Asti und Savona.

Herr Thomas Gergich, Hauptmann, befand sich gefangen zu Mailand, Como und Ivrea.

Herr Joh. Sellovich, Hauptmann seit 1. Nov. 1844, befand sich gefangen zu Mailand, Como, Genua, Asti und Savona.

Herr Wolfg. Chwarek, Hauptmann seit 15. Febr. 1846, befand sich gefangen zu Mailand, Genua und Alba.

Herr Karl Agich, Hauptmann seit 1. März 1848, befand sich gefangen zu Mailand, Como, Genua, Asti und Savona.

Herr Friedr. Bujanovich, Oberlieutenant, befand sich gefangen zu Como und Ivrea.

Herr Franz Arany, Oberlieutenant, befand sich gefangen zu Mailand und Como.

Herr Jos. Gassich, Oberlieutenant seit 1. Juni 1842, befand sich gefangen zu Mailand, Como, Genua, Asti und Savona.

Herr Fr. Rebracha, Oberlieutenant seit 1. März 1843, befand sich gefangen zu Mailand, Como, Genua, Asti und Savona.

Herr Joh. Fuszich, Oberlieutenant, befand sich gefangen zu Como und Pignerolo.

Herr Emerich Poszavecz, Oberlieutenant seit 1. April 1837, befand sich gefangen zu Mailand, Como, Genua, Asti und Savona.

Herr Ernst Zaicz, Lieutenant, befand sich gefangen zu Mailand, Como und Pignerolo.

Herr Anton Poczavecz, Lieutenant, befand sich gefangen zu Mailand, Como und Pignerolo.

Herr Anton Zwittar, Lieutenant, befand sich gefangen zu Mailand und Ivrea.

Herr Thomas Wukaillovich, Lieutenant seit 1. März 1833, befand sich gefangen zu Mailand, Como, Genua, Asti und Savona.

Herr Karl Knesich, Lieutenant seit 15. September 1838, befand sich gefangen zu Mailand, Como, Genua, Asti und Savona.

Herr Thomas Perakovich, Lieutenant, befand sich gefangen zu Como und Pignerolo.

Herr Emerich Zepetich, Lieutenant, befand sich gefangen zu Como und Ivrea.

Herr Karl Topolchich, Lieutenant, befand sich gefangen zu Como und Ivrea.

Herr Johann Mallinarich, Lieutenant, befand sich gefangen zu Como und Pignerolo.

Herr Jakob Knessovich, Lieutenant, befand sich gefangen zu Como und Ivrea.

Herr Jos. Thekaich, Lieutenant, befand sich gefangen zu Como und Pignerolo.

Herr Thaddäus Radich, Lieutenant seit 16. Febr. 1847, befand sich gefangen zu Mailand, Como, Genua, Asti und Savona.

Herr Stephan Ragky de Rayk, Lieutenant, befand sich gefangen zu Mailand, Como, Genua, Asti und Savona.

## Broder Grenz-Infanterie-Reg. Nro. 7.

Herr Stephan Haaß, Lieutenant seit 1. Aug. 1833, befand sich gefangen zu Mailand, Brescia, Genua und Mondovi

## Gradiscaner Grenz-Inf.-Reg. Nro. 8.

Herr Jos. Vadalich, Oberlieutenant seit 18. Okt. 1845, befand sich gefangen zu Mailand, Como, Genua und Mondovi.

## Zweites Banal-Grenz-Infanterie-Reg. Nro. 11.

Herr Math. Ergottich, Oberlieutenant, befand sich gefangen zu Alessandria und Savona.

Herr Joh. Sivkovich, Oberlieutenant, befand sich gefangen zu Alessandria und Savona.

Herr Michael Bach, Lieutenant, befand sich gefangen zu Alessandria und Savona.

Herr Hermann Saponga, Lieutenant, befand sich gefangen zu Alessandria und Savona.

Herr Joh. Cernko, Lieutenant, befand sich gefangen zu Alessandria und Savona.

Herr Hieronysmus v. Rukawina, Major, befand sich gefangen zu Alessandria und Savona.

## Deutsch Banal-Grenz-Infanterie-Reg. Nro. 12.

Herr Eduard v. Antollich, Hauptmann, befand sich gefangen zu Alessandria und Savona.

Herr Michael Thurek, Hauptmann, befand sich gefangen zu Alessandria und Savona.

Herr Ludwig Grasbeck, Hauptmann, befand sich gefangen zu Alessandria und Savona.

Herr Jos. Scheravitza, Oberlieutenant, befand sich gefangen zu Alessandria und Savona.

Herr Theodor v. Giesel, Oberlieutenant, befand sich gefangen zu Alessandria und Savona

Herr Ant. Baumrucker, Lieutenant, befand sich gefangen zu Alessandria und Savona.

Herr Ferdinand Schmidt, Lieutenant, befand sich gefangen zu Alessandria und Savona.

Herr Hermann Pfeiffersberg, Lieutenant, befand sich gefangen zu Alessandria und Savona.

## Szekler Grenz-Infanterie-Reg. Nro. 14.

Herr Alexander Buskás, Hauptmann, befand sich gefangen zu Alessandria und Savona.

Herr Franz Schostarich, Oberlieutenant, befand sich gefangen zu Alessandria und Savona.

Herr Ant. Verständig, Lieutenant, befand sich gefangen zu Alessandria und Savona.

Herr Jos. Bloß, Lieutenant, befand sich gefangen zu Alessandria und Savona.

## Achtes Jäger-Bataillon.

Herr Eduard Netzer, Hauptmann, befand sich gefangen zu Alessandria, Acqui nnd Savona.

## Zehntes Jäger-Bataillon.

Herr Adolph Tormin, Lieutenant, befand sich gefangen zu Alessandria, Acqui und Savona.

Herr Gg. Bognar, Oberlieutenant, befand sich gefangen zu Brescia, Alessandria und Savona.

## Zweites Bataillon Wiener Freiwilligen.

Herr Franz Rappel, Kapitän-Lieutenant, befand sich gefangen zu Alessandria und Savona.

## Baiern-Dragoner.

Herr Joh. Pooh, Rittmeister, befand sich gefangen zu Mailand, Brescia und Savona.

## Radetzky-Husaren.

Herr Heinr. Diesbach, Oberlieutenant, befand sich gefangen zu Como.

## Kaiser-Ulahnen Nro. 4.

Herr Otto Graf Wickenburg, Rittmeister seit 1. Dezember 1847, befand sich gefangen zu Mailand, Brescia, Genua und Savigliano.

## Viertes Artillerie-Regiment.

Herr Franz Tobis, Hauptmann seit 16. Mai 1845, befand sich gefangen zu Mailand, Brescia, Genua und Savigliano.

Herr Adalbert Schmidtmayer, Oberlieutenant seit 1. Dez. 1846, befand sich gefangen zu Mailand, Brescia, Genua und Fossano.

Herr Anton Mahl, Lieutenant, befand sich gefangen zu Mailand, Brescia, Genua und Ivrea.

Herr Benedikt Zocher, Oberlieutenant seit 1. Okt. 1847, befand sich gefangen zu Mailand, Brescia, Genua und Savigliano.

Herr Anton Langwara, Oberlieutenant seit 18. Sept. 1842, befand sich gefangen zu Mailand, Brescia, Genua und Fossano.

## Fünftes Artillerie-Regiment.

Herr Emanuel Delauver, Oberlieutenant seit 16. März 1847, befand sich gefangen zu Mailand, Brescia, Genua Acqui und Savona.

## Garnisons-Artillerie.

Herr Jos. Kellner, Hauptmann seit 16. Juni 1835, befand sich gefangen zu Mailand, Brescia, Genua und Savigliano.

Herr Jos. Speer, Oberlieutenant seit 1. Nov. 1837, befand sich gefangen zu Mailand, Brescia, Genua und Fossano.

Herr Ign. Domaly, Kapitän-Lieutenant, befand sich gefangen zu Mailand, Brescia und Savona.

Herr Thomas Stumar, Unterzeugwart, befand sich gefangen zu Mailand, Brescia und Savona.

## Gensd'armerie.

Herr Gaetano Corbetta, Oberlieutenant, befand sich gefangen zu Mailand und Savona.

## Fuhrwesens-Corps.

Herr Eduard Blowsky, Lieutenant seit 1. Juni 1847, befand sich gefangen zu Mailand, Brescia, Genua und Savigliano.

Herr Alexander Doringer, Lieutenant, befand sich gefangen zu Alessandria und Savona

Herr Anton Pesther, Lieutenant, befand sich gefangen zu Mailand.

## Polizei-Wachtkorps.

Herr Ludw. Pokorny, Lieutenant, befand sich gefangen zu Mailand, Bergamo und Pignerolo.

Herr Adolph Genser, Lieutenant seit 1. Juli 1835, befand sich gefangen zu Mailand, Pavia, Genua und Mondovi.

## K. K. Platz-Commando's.

Herr Jos. Haymann, Oberstlieutenant und Festungs-Commandant zu Pizzighetone, befand sich gefangen zu Cremona und Savona.

Herr Leopold Schmidt, Major, befand sich gefangen zu Cremona und Savona.

Herr Friedr. Spanner, Major, befand sich gefangen zu Mailand, Pavia und Savona.

Herr Ant. Kirchmayer, Major, befand sich gefangen zu Bergamo.

Herr Andr. Hrbliczka, Hauptmann, befand sich gefangen zu Mailand und Bergamo.

Herr Karl Watterneaux, Lieutenant, befand sich gefangen zu Cremona.

## II.

## K. K. Beamten.

Herr Alexander Lichmann, Feldkriegs-Commissariats-Adjunkt zu Mailand, befand sich gefangen zu Mailand und Savona.

Herr Franz Dürnböck, Verpflegs-Assistent zu Bergamo, befand sich gefangen zu Mailand, Bergamo und Savona.

Herr Adolph Lobinger, Auditor beim 45. Lin.-Inf.-Reg., befand sich gefangen zu Mailand, Bergamo und Savona.

Herr Karl Golling, Auditor beim 43. Inf.-Reg., befand sich gefangen zu Mailand, Monza und Savona.

Herr Anton Krünes, Auditor bei Baiern-Dragoner, befand sich gefangen zu Mailand, Brescia und Savona.

Herr Ferdinand Oxenbauer, Auditor bei Karl-Ulahnen, befand sich gefangen zu Mailand, Brescia und Savona.

Herr Joh. Eiberg, Polizei-Commissär, befand sich gefangen zu Pavia, Alessandria und Savona.

Herr Joh. Garimberti, Beamter bei der Polizei-Central-Direktion in Mailand, befand sich gefangen zu Mailand und Alessandria.

## III.

## Militär-Aerzte.

Herr Jos. Nowotny,<br>
„ Math. Schulhof,<br>
„ Robert Ludwig,<br>
„ Peter Blaskovic,<br>
„ Franz Mayer,

} Doctores und Oberärzte, befanden sich gefangen zu Mailand und Savona.

## Unterärzte.

Herr Karl Nöbl,
" Leopold Holli,
" Georg Woern,
" Mart. Steinsinger,
" Adolph Fried,
" David Mayer,
" Joh. Preßl,
" Julius Turnovsky,
" Jos. Uresserigg,
" Emanuel Fubich,
" Ign. Prießnitz,
" Philipp Swoboda,
" Florian Schwarz,
" Kranz Reger,
" Jos. Jungbold,
" Farl Hausschild.

Diese Herren befanden sich gefangen zu Mailand und Savona.

## Geistliche.

Hochw. Hr. Franz Bunz, Regiments-Kaplan des E. H. Sigismund Regts., befand sich gefangen zu Mailand und Bergamo.

Hochw. Hr. Ant. Szabolits, Garnisons-Kaplan zu Piacenza, befand sich gefangen zu Mailand und Lodi.

## Anhang

jener Gefangenen, über deren Art der Ranzionirung nichts Weiteres bekannt ist.

Herr Anton Graf Porcia, Oberst des Inf.-Reg. Nro. 26, befand sich gefangen zu Mailand und Brescia, wurde gegen eine Civilgeisel ausgewechselt.

Herr Karl Baron Hammer-Burgstall, Oberlieutenant des Inf.-Regts. Nr. 44, befand sich gefangen zu Brescia, wurde gegen eine Civilgeisel ausgewechselt.

Herr Joh. Steffensen, Oberlieutenant des Gf. Ceccopieri Inf.-Regts. Nr. 23, befand sich gefangen zu Cremona.

Herr Eduard Driquet v. Ehrenbruck, Lieutenant des Inf.-Regts. Nr. 23, befand sich gefangen zu Cremona.

Herr Nik. Larisch, Oberlieutenant des Inf.-Regts. Nro. 23, befand sich gefangen zu Cremona.

Herr Konstantin Ballacs, Lieutenant des Inf.-Regts. Nro. 23, befand sich gefangen zu Cremona.

Herr Eduard Prieger, Lieutenant des Inf.-Regts-Nro. 23, befand sich gefangen zu Cremona.

Herr Joh. Ziller, Polizei-Oberkommissär, befand sich gefangen zu Mailand und Pavia.

Herr Aug. Hän, Polizei-Oberkommissär, befand sich gefangen zu Mailand und Pavia.

Herr Ign. Rossi, Polizei-Oberkommissär, befand sich gefangen zu Mailand und Papia.

Herr Friedr. Milberschak, Finanz-Oberkommissär, befand sich gefangen zu Mailand und Pavia.

Herr Dr. Alois Helm, Professor und Spital-Direktor, befand sich gefangen zu Mailand und Pavia.

Herr Dr. Bertel, Regiments-Arzt des Hohenlohe Inf.-Reg., befand sich gefangen zu Cremona.

Herr Sivacek, Regiments-Kaplan des Inf.-Regts. Hohenlohe, befand sich gefangen zu Cremona.

Herr Bolza, Polizei-Kommissär, befand sich gefangen zu Mailand und Alessandria.

Im Ganzen waren sonach 248 Herren gefangen.

---

## Verbesserungen im II. Bande.

| Seite | Zeile | von oben lies | statt |
|---|---|---|---|
| 2 | 10 | von denen wir | von der wir |
| 5 | 20 | Garimberti | Garimbati |
| 5 | 24 | Legnani | Lignani |
| 5 | 26 | Herrn, Offiziere | Herrn Offiziere |
| 26 | 33 | Cuneo | Cunco |
| 36 | 31 | Beispiel | Veispiel |
| 37 | 24 | ; hiebei machte sich | ; und machte sich hiebei |
| 60 | 9 | Macherani | Mocherani |
| 60 | 23 | billig nennen | billigenen |
| 61 | 21 | weckten | merkten |
| 61 | 31 | Intendanten | Indentanten |
| 56 | 13 | Baumgarten | Paumgartten |
| 98 | 14 | genug gegangen | gegangen genug |
| 104 | 21 | für das Volk | auf das Volk |
| 113 | 23 | den Oberstlieutenant | der Oberstlieutenant |
| 116 | 28 | zurücklangte | zurückgelangte |
| 117 | 33 | Baselli | Baselle |
| 123 | 2 | freiwilligen | freiwilligen |
| 127 | 29 | mitzuhelfen | mitzuhelfen |
| 132 | 28 | vergewissen | vergewissern |
| 139 | 1 | kreuzten | durchkreuzten |
| 140 | 28 | welches | welche |
| 145 | 26 | Banal=Grenz= | Banat=Grenz= |
| 152 | 5 | Foldi | Fololi |
| 153 | 14 | » | » |
| 156 | 31 | der Mars | dem Mars |
| 166 | 28 | von Wien nach Italien und Genua | in Wien und Italien nach Genua |
| 169 | 14 | überdieß | überhin |
| 171 | 12 | wozu | wozn |
| 172 | 33 | Terrain | Terra in |
| 175 | 12 | Früh und | früh und |
| 184 | 10 | Herr | Gerr |
| 187 | 3 | Pignerolo | Signerolo |
| 187 | 5 | » | » |

Inhalts=Verzeichniß II. Band: Seite 91 nicht 61.
Oberlieutenant nicht Oberlieutenants=Auditor Karl Golling.

Zeitfracht Medien GmbH
Ferdinand-Jühlke-Straße 7
99095 Erfurt, Deutschland
produktsicherheit@kolibri360.de